Die Europäisierung des Umweltstrafrechts

Von uneinheitlichen nationalen Regelungen über einheitliche europäische Mindeststandards hin zur Optimierung der Umweltstrafrechtsordnungen

Inaugural-Dissertation
zur Erlangung der Doktorwürde der
Rechtswissenschaftlichen Fakultät der
Albert-Ludwigs-Universität Freiburg im Breisgau

vorgelegt von
Silke Knaut
aus Groß-Umstadt

2004

Dekan:	Prof. Dr. Andreas Voßkuhle
Erstberichterstatter:	Prof. Dr. Dr. h.c. mult. Klaus Tiedemann
Zweitberichterstatter:	Prof. Dr. René Bloy
Dissertationsort:	Freiburg im Breisgau
Datum der mündlichen Prüfung:	29./30. November 2004
Erscheinungsjahr der Dissertation:	2005

Silke Knaut

Die Europäisierung des Umweltstrafrechts

Studien zum Wirtschaftsstrafrecht

herausgegeben von
Klaus Tiedemann / Bernd Schünemann

Band 23

Silke Knaut

Die Europäisierung des Umweltstrafrechts

Von uneinheitlichen nationalen Regelungen über einheitliche europäische Mindeststandards hin zur Optimierung der Umweltstrafrechtsordnungen

Centaurus Verlag & Media UG 2005

Silke Knaut, geb. 1971, studierte Rechtswissenschaften in Hannover, Frankreich und Freiburg im Breisgau, 2004 Promotion. Sie war wissenschaftliche Mitarbeiterin am Institut für Kriminologie und Wirtschaftsstrafrecht der Universität Freiburg und ist derzeit als Strafverteidigerin in einer Kanzlei in Hamburg tätig.

Die Deutsche Bibliothek – CIP-Einheitsaufnahme

Knaut, Silke:
Die Europäisierung des Umweltstrafrechts : Von uneinheitlichen nationalen Regelungen über einheitliche europäische Mindeststandards hin zur Optimierung der Umweltstrafrechtsordnungen / Silke Knaut –
Herbolzheim : Centaurus-Verl., 2005
(Studien zum Wirtschaftsstrafrecht ; Bd. 23)
Zugl.: Freiburg (Brsg.), Univ., Diss., 2004
ISBN 978-3-8255-0532-5 ISBN 978-3-86226-352-3 (eBook)
DOI 10.1007/978-3-86226-352-3

ISSN 0938-9512

Satz: Vorlage der Autorin
Umschlaggestaltung: Antje Walter, Hinterzarten

Para la Chefina

Vorwort

Die vorliegende Arbeit wurde im Mai 2004 abgeschlossen und von der juristischen Fakultät der Albert-Ludwigs-Universität Freiburg als Dissertation angenommen. Rechtsprechung und Literatur wurden bis zu diesem Zeitpunkt berücksichtigt.

An erster Stelle möchte ich meinem sehr geschätzten Doktorvater, Herrn Prof. Dr. Dr. h. c. mult. *Klaus Tiedemann*, ganz herzlich danken. Er hat die Entstehung dieser Arbeit angeregt, sie begleitet, in kürzester Zeit das Erstgutachten für sie erstellt und ihre Veröffentlichung in den „Studien zum Wirtschaftsstrafrecht" ermöglicht. Deren Mitherausgeber, Herrn Prof. Dr. *Bernd Schünemann*, sowie dem Centaurus Verlag danke ich für die Befürwortung dieser Veröffentlichung. Dank gebührt auch Herrn Prof. Dr. *René Bloy* für die Übernahme und ebenfalls zügige Erstellung des Zweitgutachtens. Herrn Dr. *Martin Waßmer* danke ich sehr für die Anregungen, die Hilfestellungen und die Gesprächsbereitschaft während der Anfertigung der Arbeit. Weiter danke ich Herrn Ministerialdirektor *Peter Wilkitzki* (Bundesministerium der Justiz) und Herrn Dr. *Martin Wasmeier* (Kommission der EU, GD Justiz und Inneres) für die aktuellen Informationen über die rechtspolitische Entwicklung und den Stand der Verhandlungen auf EU-Ebene.

Schließlich möchte ich denjenigen danken, die mich und die Arbeit in den letzten Jahren mit viel Geduld begleitet und unterstützt haben und so zu ihrem Gelingen beigetragen haben: Das sind meine Eltern, *Hanne und Rainer Knaut*, meine Geschwister, *Holger und Berthine Knaut*, sowie *Michael Völkel*, die mich viele Stunden entbehren und einiges aushalten mussten.

Freiburg im Breisgau, im Dezember 2004 *Silke Knaut*

Inhaltsverzeichnis

Vorwort *V*

Abkürzungsverzeichnis *XXIII*

Einleitung *1*

I. Bedeutung des Umweltschutzes 1
1. Internationale Entwicklung 1
2. Europäische Entwicklung 2

II. Ausgangslage 5
1. Übereinkommen über den Schutz der Umwelt durch das Strafrecht 5
2. Rechtsetzungstätigkeiten der Europäischen Union 5
3. Das deutsche Umweltstrafrecht 6
4. Abnehmendes Interesse am Umweltschutz? 7

III. Zentrale Probleme des Umweltstrafrechts 8
1. Lozierung der umweltstrafrechtlichen Regeln 9
2. Verwaltungsakzessorietät 9
3. Strafbarkeit von Amtsträgern 10
4. Weitere zentrale Probleme 10
a. Die Strafbarkeit fahrlässigen Verhaltens 10
b. Die Strafbarkeit juristischer Personen 10
c. Die möglichen Sanktionen 10
d. Das Strafanwendungsrecht 10

IV. Gang der Untersuchung und methodische Seite des Rechtsvergleichs 11
1. Das geltende deutsche Umweltstrafrecht 11
a. Legitimation des (Umwelt-) Strafrechts 11
b. Strafbarkeit fahrlässigen Verhaltens 11
c. Problemfelder des Umweltstrafrechts 11
2. Umweltstrafrecht in anderen Mitgliedstaaten 12
3. Übereinkommen des Europarats 13
4. Europäisches Strafrecht 13
a. Art. 37 EU-Charta 13
b. Strafrechtssetzungskompetenz 13
5. Rahmenbeschluss der Europäischen Union 14
6. Zusammenfassung 14

V. Ausblick 14

1. Kapitel: Das deutsche Umweltstrafrecht *16*

A. Historische Entwicklung 16

B. Probleme und Unzulänglichkeiten des geltenden Umweltstrafrechts 18

I. Die Legitimation des Umweltstrafrechts 19
1. Die Funktionen des Strafrechts 19
2. Die Aufgaben des Staats 20
a. Schutzpflichten des Staats 21
b. Strafpflichten des Staats? 21
aa. Rechtsprechung des Bundesverfassungsgerichts 22
bb. Rechtsprechung des Europäischen Gerichtshofs für Menschenrechte 22

3. Die legitimationsrechtlichen Grenzen des Strafrechts 23
a. Der Rechtsgutbegriff 23
b. Strafwürdigkeit und Strafbedürftigkeit als Grenze des Strafrechts 24
c. Begriff Strafe 24
d. Schutz der Umwelt durch abstrakte Gefährdungsdelikte 24
e. Zwischenergebnis 27
4. Ergebnis 28
5. Forderung der „Frankfurter Schule" und ihre Entkräftung 29
a. Grund für die Forderung nach Entkriminalisierung des Umweltstrafrechts 29
b. Kritik der „Frankfurter Schule" am modernen Strafrecht 30
c. Modernes Strafrecht als zeitgemäße Weiterentwicklung 31

II. Zum Problem der Strafbarkeit fahrlässigen Verhaltens 34
1. Problemdarstellung 34
2. Lösungsansätze 36
a. De lege lata 36
b. De lege ferenda 36
c. Bereichsspezifische Lösungsansätze 36
d. Stellungnahme 37
3. Problemlage speziell im Umweltstrafrecht 38
a. Problemdarstellung 38
b. Lösungsansätze 39
aa. Lösungsansatz von Heine und Meinberg 39
bb. Lösungsansatz von Winkemann 39
cc. Begrenzung auf Leichtfertigkeit 40
dd. Begrenzung auf Sonderdelikte 41
c. Ergebnis 41

III. Die geschützten Rechtsgüter und die Ausgestaltung der Delikte 42
1. Problemstellung 42
2. Der Umweltbegriff 43
3. Sichtweisen zur Bestimmung des umweltstrafrechtlich geschützten Rechtsguts 45
a. Rein ökologische Sichtweise 45
b. Rein anthropozentrische Sichtweise 45
c. Administrative (wasserwirtschaftliche) Sichtweise 46
d. Ökologisch-anthropozentrische Sichtweise 47
4. Die in den einzelnen Tatbeständen geschützten Rechtsgüter und die Deliktstypen 48
a. Tatbestände zum Schutz eines bestimmten Umweltmediums 48
b. Tatbestände zum Schutz verschiedener Rechtsgüter 51
c. Tatbestände zum Schutz anthropozentrischer Rechtsgüter 54
5. Zusammenfassung 55

IV. Verwaltungsakzessorietät 56
1. Problemstellung 56
2. Bedenken an der Verfassungsmäßigkeit der Verwaltungsakzessorietät 59
a. Verstoß gegen das Bestimmtheitsgebot 59
b. Verstoß gegen das Rechtsstaats- und Gewaltenteilungsprinzip 60
c. Verstoß gegen den Richtervorbehalt 60
d. Vorwurf der „Verfilzungen" 61
e. Ergebnis 61
3. Darstellung des Meinungsstands zur Verwaltungsakzessorietät 61
a. Systematischer Standort der verwaltungsrechtlichen Merkmale 62
b. Erscheinungsformen der Verwaltungsakzessorietät 62
aa. Begriffliche Akzessorietät 62
bb. Verwaltungsrechtsakzessorietät 63
cc. Verwaltungsaktsakzessorietät 64

dd. Behördliche Duldung 71
4. Andere verwaltungsakzessorisch ausgestaltete Rechtsgebiete 72
a. Allgemein 72
b. Das Außenwirtschaftsgesetz 73
c. Das Ausführungsgesetz zum Chemiewaffenübereinkommen 74
d. Das Kriegswaffenkontrollgesetz 74
e. Stellungnahme 75
5. Ergebnis 75
6. Internationales Verwaltungsrecht 76
a. Verwaltungsakzessorietät und Internationales Verwaltungsrecht 76
b. Völkerstrafrecht und Internationales Verwaltungsrecht 77

V. Strafbarkeit von Amtsträgern 78
1. Problemstellung 78
2. Aktuelle Rechtslage 79
a. Sonderdelikte 79
b. Allgemeindelikte 80
aa. Strafbarkeit durch Erteilung materiell fehlerhafter Erlaubnisse 80
bb. Strafbarkeit durch unterlassenen Widerruf einer fehlerhaften Erlaubnis 81
cc. Strafbarkeit durch Nichteinschreiten gegen Umweltdelikte Dritter 83
dd. Strafbarkeit der Behörde als Betreiber öffentlicher Anlagen 84
c. Erforderlichkeit eines eigenständigen Amtsträgerstraftatbestands 84
3. Ansätze zur Lösung des Problems der Strafbarkeit von Amtsträgern 84
a. Einführung eines eigenständigen Straftatbestands 84
b. Einführung einer Anzeigepflicht 88
4. Problem der Zusammenarbeit von Verwaltungsbehörden und Strafverfolgungsbehörden 90
a. Problemdarstellung 90
b. Parallele im Steuerstrafrecht 91
aa. Konflikt zwischen den Rechtspflichten im verwaltungsrechtlichen Besteuerungsverfahren und denjenigen im Steuerstrafverfahren 91
bb. Verwendung der Erkenntnisse aus dem Besteuerungsverfahren im Steuerstrafverfahren 92
c. Parallele im Insolvenzstrafrecht 93
d. Ergebnis 94
5. Stellungnahme 94
a. Zur Anzeigepflicht 94
b. Zum Amtsträgerdelikt 97

VI. Strafbarkeit juristischer Personen 98
1. Rechtslage in Deutschland 98
a. Problemstellung 98
b. Ordnungswidrigkeitenrechtliche Sanktionsmöglichkeiten nach geltender Rechtslage 101
aa. Verbandsgeldbuße, § 30 OWiG 102
bb. Aufsichtspflichtverletzung, § 130 OWiG 104
c. Strafrechtliche Eigentumssanktionen 105
aa. Verfall, §§ 73 ff. StGB 105
bb. Einziehung, § 330c und §§ 74 ff. StGB 106
d. Zwischenergebnis 106
2. Erforderlichkeit der Strafbarkeit juristischer Personen 107
3. Kritik und rechtliche Möglichkeit zur Einführung der strafrechtlichen Verantwortlichkeit juristischer Personen 108
a. Kritik 108
b. Rechtliche Möglichkeit 108

4. Mögliche Sanktionen 110
a. Geldstrafe 110
b. Unternehmensschließung 111
c. Verbandsauflösung 111
d. Urteilsveröffentlichung 111
e. Vermögensstrafe 112
f. Aufsichtsmaßnahmen 112
5. Ausblick 112
6. Stellungnahme 115

VII. Sanktionen 115
1. De lege lata mögliche Sanktionen 116
a. Freiheits- und Geldstrafen 116
b. Berufsverbot 117
c. Gewinnabschöpfung 118
aa. Verfall 118
bb. Einziehung 120
d. Verbandsgeldbuße 120
e. Verbandsgeldbußen nach dem Umweltordnungswidrigkeitenrecht 121
f. Verwaltungsrechtliche Sanktionen 121
2. Sanktionswirklichkeit 121
a. Allgemeines zur statistischen Entwicklung der Umweltstraftaten 121
b. Zur Entdeckungswahrscheinlichkeit 122
c. Zur Sanktionswahrscheinlichkeit 123
3. Stellungnahme 124

VIII. Strafanwendungsrecht (Internationales Strafrecht) 125
1. Problemdarstellung im Umweltstrafrecht 125
2. Begriff des Internationalen Strafrechts 126
a. Völkerstrafrecht 126
b. Europäisches Strafrecht 128
c. Ausländisches (Umwelt-) Strafrecht 128
d. Internationales Strafrecht 128
3. Prinzipien des Internationalen Strafrechts 129
4. Anwendbarkeit deutschen Umweltstrafrechts bei Umweltdelikten mit Auslandsbezug 132
a. Anwendbarkeit deutschen Umweltstrafrechts 132
b. Problem der Anwendbarkeit deutschen Umweltstrafrechts 134
aa. Erfolgsdelikte 134
bb. abstrakte und potentielle Gefährdungsdelikte 134
cc. Zwischenergebnis 138
5. Verwaltungsakzessorietät bei grenzüberschreitenden Umweltbeeinträchtigungen 139
a. Problemdarstellung 140
b. (relativ) unproblematische Konstellationen 140
c. Problematische Konstellationen 141
aa. Problemstellung 141
bb. Lösungsansätze 141
d. Kritische Würdigung 142

IX. Ergebnis 143

2. Kapitel: Die verschiedenen Modelle des Umweltstrafrechts *145*

A. Regelung des Umweltstrafrechts im Strafgesetzbuch 145

I. Das österreichische Umweltstrafrecht 146
1. Verfassungsrechtliche Verankerung 146
2. Allgemeines 146
3. Die Regeln im Einzelnen 147
4. Verwaltungsakzessorietät 148
5. Strafbarkeit von Amtsträgern 149
6. Strafbarkeit juristischer Personen 149
7. Ausblick 150
8. Zwischenergebnis 151

II. Das schwedische Umweltstrafrecht 151
1. Verfassungsrechtliche Verankerung 151
2. Historische Entwicklung 152
3. Allgemeines 152
4. Rechtsgüterschutz und Deliktstypen 153
5. Die Regeln im Einzelnen 153
6. Verwaltungsakzessorietät 154
7. Strafbarkeit von Amtsträgern 154
8. Strafbarkeit juristischer Personen 154
9. Strafen 155
10. Zwischenergebnis 155

III. Das portugiesische Umweltstrafrecht 156
1. Verfassungsrechtliche Verankerung 156
2. Allgemeines 156
3. Rechtsgüterschutz und Deliktstypen 156
4. Die Regeln im Einzelnen 157
5. Verwaltungsakzessorietät 158
6. Strafbarkeit von Amtsträgern 159
7. Strafbarkeit juristischer Personen 159
8. Strafen 159
9. Zwischenergebnis 159

IV. Das spanische Umweltstrafrecht 160
1. Verfassungsrechtliche Verankerung 160
2. Allgemeines 160
3. Die Regeln im Einzelnen 161
4. Verwaltungsakzessorietät 163
5. Strafbarkeit von Amtsträgern 163
6. Strafbarkeit juristischer Personen 164
7. Strafen 165
8. Zwischenergebnis 166

V. Das dänische Umweltstrafrecht 166
1. Verfassungsrechtliche Verankerung 166
2. Historische Entwicklung 166
3. Die Regel(n) im Einzelnen 167
4. Verwaltungsakzessorietät 168
5. Strafbarkeit von Amtsträgern 168
6. Strafbarkeit juristischer Personen 168
7. Strafen 169
8. Zwischenergebnis 169

VI. Das finnische Umweltstrafrecht 169
1. Verfassungsrechtliche Verankerung 169
2. Historische Entwicklung 169
3. Die Regeln im Einzelnen 171
4. Verwaltungsakzessorietät 171
5. Strafbarkeit von Amtsträgern 171
6. Strafbarkeit juristischer Personen 171
7. Strafen 172
8. Zwischenergebnis 172

VII. Auswertung 173

B. Regelung des Umweltstrafrechts in einem zentralen Umweltschutzgesetz 175

I. Das japanische Umweltstrafrecht 175
1. Verfassungsrechtliche Verankerung 175
2. Regeln im Strafgesetzbuch 175
3. Regeln im Umweltschutzgesetz 176
4. Zentrale Vorschriften, Rechtsgüterschutz, Deliktsstruktur, etc. 176
5. Verwaltungsakzessorietät 177
6. Kausalitätsvermutung 177
7. Strafbarkeit von Amtsträgern 178
8. Strafbarkeit juristischer Personen 178
9. Strafen 178
10. Nebengesetzliche Regeln 179
11. Zwischenergebnis 179

II. Das schweizerische Umweltstrafrecht 179
1. Verfassungsrechtliche Verankerung 179
2. Regelung des Umweltstrafrechts 179
3. Rechtsgüterschutz und Deliktsstruktur 180
4. Verwaltungsakzessorietät 180
5. Strafbarkeit von Amtsträgern 181
6. Strafbarkeit juristischer Personen 181
7. Strafen 182
8. Klagemöglichkeiten von Verbänden 183
9. Zwischenergebnis 183

III. Ergebnis 183

C. Regelung des Umweltstrafrechts im verwaltungsrechtlichen Nebenstrafrecht 183

I. Das französische Umweltstrafrecht 185
1. Verfassungsrechtliche Verankerung 185
2. Allgemeines 185
3. Rechtsgüterschutz 187
4. Deliktstypen 188
5. Regelungen im Strafgesetzbuch 189
6. Darstellung des Verwaltungsrechts 190
a. Einleitung 190
b. Allgemeines zum Verwaltungsprozessrecht 191
c. Der Verwaltungsakt 192
aa. Allgemeines 192
bb. Wirkkraft des Verwaltungsakts 192
(1) Rücknahme 193
(2) Widerruf 193
(3) Nichtigkeit 193

d. Formelle Seite des Verwaltungsrechtsschutzes 194
e. Materielle Seite des Verwaltungsrechtsschutzes 195
f. Verwaltungsrecht und Strafrecht 195
aa. Allgemeines 195
bb. Abhängigkeit des Strafrechts vom Verwaltungsrecht 196
(1) Verwaltungsakzessorische Straftatbestände 196
(2) Verwaltungsunabhängige Straftatbestände 197
(3) Behördliche Duldung 197
7. Strafbarkeit von Amtsträgern 197
8. Strafbarkeit juristischer Personen 198
9. Strafen 199
10. Zwischenergebnis 200

II. Das belgische Umweltstrafrecht 201
1. Verfassungsrechtliche Verankerung 201
2. Allgemeines 201
3. Rechtsgüterschutz 201
4. Deliktstypen 201
5. Verwaltungsakzessorietät 202
6. Strafbarkeit von Amtsträgern 202
7. Strafbarkeit juristischer Personen 202
8. Strafen 203
9. Zwischenergebnis 204

III. Das italienische Umweltstrafrecht 204
1. Verfassungsrechtliche Verankerung 204
2. Allgemeines 205
3. Rechtsgüterschutz und Deliktstypen 205
4. Die einzelnen Gesetze 206
5. Verwaltungsakzessorietät 208
6. Strafbarkeit von Amtsträgern 209
7. Strafbarkeit juristischer Personen 209
8. Strafen 210
9. Zwischenergebnis 210

IV. Das griechische Umweltstrafrecht 210
1. Verfassungsrechtliche Verankerung 210
2. Allgemeines 211
3. Regelungen im griechischen Strafgesetzbuch 211
4. Rechtsgüterschutz 212
5. Deliktstypen 213
6. Verwaltungsakzessorietät 214
7. Strafbarkeit von Amtsträgern 215
8. Strafbarkeit juristischer Personen 215
9. Strafen 216
10. Zwischenergebnis 216

V. Das niederländische Umweltstrafrecht 217
1. Verfassungsrechtliche Verankerung 217
2. Allgemeines 217
3. Rechtsgüterschutz und Deliktstypen 218
4. Verwaltungsakzessorietät 218
5. Strafbarkeit von Amtsträgern 219
6. Strafbarkeit juristischer Personen 219
7. Strafen 220
8. Zwischenergebnis 221

VI. Das britische Umweltstrafrecht 221
1. Verfassungsrechtliche Verankerung 221
2. Allgemeines 221
3. Rechtsgüterschutz 222
4. Deliktstypen 222
5. Darstellung des Verwaltungsrechts 223
a. Einleitung 223
b. Rechtsschutzmöglichkeiten im Umweltrecht nach dem Common Law 224
aa. Allgemeines 224
bb. Neuere Entwicklungen 224
cc. Verantwortlichkeit von Verwaltungsbehörden und ihren Mitarbeitern 225
dd. Die Durchsetzung verordnungsrechtlicher Pflichten 225
c. Verwaltungsprozessrecht 226
aa. Kontrolle der Verwaltung durch tribunals 226
bb. Kontrolle der Verwaltung durch Gerichte 227
d. Verwaltungsrecht 228
aa. Allgemeines 228
bb. Nichtigkeit 228
e. Formelle Seite des Verwaltungsrechtsschutzes 229
f. Materielle Seite des Verwaltungsrechtsschutzes 230
g. Abhängigkeit des Strafrechts vom Verwaltungsrecht 230
6. Strafbarkeit von Amtsträgern 232
7. Strafbarkeit juristischer Personen 232
8. Strafen 234
9. Zwischenergebnis 234

VII. Auswertung 234

D. Ergebnisse 238

3. Kapitel: Das Übereinkommen des Europarats über den Schutz der Umwelt durch das Strafrecht 243

A. Die rechtliche Bedeutung des Übereinkommens 243

I. Entstehungsgeschichte und Ziel des Übereinkommens 243

II. Zur Bindungswirkung völkerrechtlicher Verträge 244

B. Die Regelungen des Übereinkommens zum Schutz der Umwelt durch das Strafrecht 246

I. Allgemein 246
1. Regelung im allgemeinen Strafgesetzbuch oder in Nebengesetzen? 246
2. Geschützte Rechtsgüter 248
3. Verwaltungsakzessorietät 249
4. Strafbarkeit von Amtsträgern 250
5. Zusammenarbeit von Verwaltungsbehörden mit Strafermittlungs- und Strafverfolgungsbehörden (Informationspflicht) 250
6. Strafbarkeit juristischer Personen 252

II. Die zentrale Umweltschutzvorschrift (Art. 2 Absatz 1 Übereinkommen) 253
1. Schutz des Menschen 253
2. Schutz vor unbefugtem Einleiten, Abgeben oder Einbringen von Stoffen oder ionisierender Strahlung 254
3. Schutz vor rechtswidrigem Umgang mit gefährlichen Abfällen 255
4. Schutz vor unerlaubtem Betreiben von Anlagen 255
5. Schutz vor unerlaubtem Umgang mit nuklearen oder anderen gefährlichen radioaktiven Stoffen und Materialien 255

III. Strafbarkeit fahrlässigen Verhaltens 256

IV. Strafbarkeit des Versuchs 257

V. Weniger schwerwiegende Umweltbeeinträchtigungen 257

VI. Sanktionen und Maßnahmen 259
1. Freiheitsstrafen, finanzielle und andere Strafen (Art. 6 Übereinkommen) 259
2. Die Einziehung (Art. 7 Übereinkommen) 259
3. Die Wiederherstellung der Umwelt (Art. 8 Übereinkommen) 261

VII. Die Gerichtsbarkeit 262

VIII. Das Reziprozitätsprinzip 263

IX. Die Klagebefugnis bestimmter Personengruppen 264

C. Die Regelungen des Übereinkommens des Europarats im Vergleich mit dem deutschen Umweltstrafrecht 264

I. Bewusste Lücken des deutschen Umweltstrafrechts 264
1. Sachliche Beschränkungen 264
2. Quantitative Beschränkungen 265
3. Räumliche Beschränkungen 266
4. Thematische Beschränkungen 267
a. Ausschluss „urbanistischer“ Delikte 267
b. Gemeingefährliche Straftaten 267
5. Regelung durch das Übereinkommen? 268

II. Vergleich der einzelnen Tatbestände 268
1. Gemeinsamkeiten der beiden Regelungen 268
2. Unterschiede der beiden Regelungen 270
3. Vergleich der einzelnen Tatbestände 270
a. Begriffsklärung 270
b. Verwaltungsunabhängige Tatbestände 272
c. Verwaltungsakzessorische Tatbestände 273
aa. Schutz der Umweltmedien 273
bb. Unerlaubter Umgang mit gefährlichen Abfällen 274
cc. Unerlaubtes Betreiben von Anlagen 275
dd. Unerlaubter Umgang mit nuklearen oder anderen gefährlichen radioaktiven Stoffen 276
d. Strafbarkeit der Teilnahme 277
e. Strafbarkeit fahrlässigen Verhaltens 277
f. Strafbarkeit des Versuchs 278
g. Weniger schwerwiegende Umweltverstöße 279
aa. Schutz der Umweltmedien 279
bb. Unerlaubtes Verursachen von Lärm 279
cc. Unerlaubter Umgang mit Abfällen 280
dd. Unerlaubtes Betreiben einer Anlage 280
ee. Unerlaubter Umgang mit Kernmaterial, anderen radioaktiven Stoffen oder gefährlichen Chemikalien 280
ff. Schutz schutzwürdiger Gebiete 281
gg. Schutz frei lebender Tiere und Pflanzen 282
h. Sanktionen 283

III. Ergebnisse 286
1. Übereinstimmungen 286
2. Weitergehendes deutsches Umweltstrafrecht 288
3. Zurückbleibendes deutsches Umweltstrafrecht 289

4. Lücken im deutschen Umweltstrafrecht 290

D. Bewertung der Regelungen des Übereinkommens 292

I. Die Regelungen des Übereinkommens 292
1 Allgemein 292
2. Im Einzelnen 292

II. Rechtspolitische Bedeutsamkeit der Existenz des Übereinkommens 295

III. Ergebnis 295

4. Kapitel: Europäisches Strafrecht 297

A. Die Europäische Grundrechte-Charta 297

I. Allgemeines und Hintergründe zum Entwurf der Grundrechte-Charta 297
1. Allgemeines 297
2. Gründe für den Entwurf der Grundrechte-Charta 297
3. Hintergründe und Ziele des Entwurfs 298

II. Der Entwurf der Grundrechte-Charta 301
1. Allgemeines 301
2. Der Umweltschutz in der Grundrechte-Charta 302
3. Art. 37 EU-Charta als Staatszielbestimmung 304

B. Die Strafrechtssetzungskompetenz der Europäischen Union 305

I. Notwendigkeit der Schaffung eines Europäischen Strafrechts 305

II. Unterscheidung zwischen dem Recht des Europarats und dem Recht der Europäischen Union 307
1. Der Europarat 307
2. Die Europäische Union 308

III. Grenzen der Kompetenzen der Europäischen Union auf dem Gebiet des Strafrechts 308
1. Umfassende Kriminalstrafsetzungsgewalt der Europäischen Union? 309
a. Jurisdiction to prescribe und jurisdiction to enforce 309
b. Lehre vom effet utile 309
c. Implied powers-Lehre 310
d. Art. 280 Absatz 4 EGV 310
2. Begrenztes Europäisches Strafrecht 313
a. Verwaltungssanktionen 313
aa. Eigene Bußgeldgewalt der Europäischen Union 314
bb. Sanktionen nicht strafrechtlicher Art im Agrar- und Fischereibereich 314
b. Harmonisierungsmöglichkeiten 314
aa. Integration in nationales Strafrecht 314
bb. Verweisungen auf nationales Strafrecht 314
cc. Blankettnormen 315
dd. Anweisungskompetenz 315
ee. Pflicht zur Assimilation 316
ff. Anwendungsvorrang 317
gg. Richtlinienkonforme Auslegung 317
3. Neue Kompetenzen der Europäischen Union auf dem Gebiet des Strafrechts nach dem Verfassungsentwurf? 317

IV. Kompetenz der Europäischen Union im Umweltstrafrecht 320
1. Grundlagen zur Rechtsetzung im Umweltstrafrecht 320
2. Mögliche Wege zur Schaffung einheitlicher Regeln 323

a. Modellstrafgesetzbuch 323
b. Völkerrechtlich verbindliche Verträge 323
c. Rahmenbeschlüsse 324
d. EU-rechtlich verbindliche Regelungen 325
e. Positionen von Kommission und Rat hinsichtlich der Frage der Strafrechtsetzungskompetenz 325
f. Ergebnis 327
3. Stellungnahme 328
a. De lege lata 328
b. De lege ferenda 328

5. Kapitel: Aktuelle strafrechtssetzende Vorhaben und Regelungen auf EU-Ebene 330

A. Das „Corpus Juris zum Schutz der finanziellen Interessen der Europäischen Union" 330

B. Die „Europa-Delikte" 331

C. Der Rahmenbeschluss des Rats über den Schutz der Umwelt durch das Strafrecht 333

I. Der Weg zu einer einheitlichen europäischen Regelung im Umweltstrafrecht 333
1. Der kompetenzrechtliche Konflikt innerhalb der Europäischen Union 333
2. Der Inhalt der einzelnen Maßnahmen zum strafrechtlichen Schutz der Umwelt 335
a. Die Initiativen des Königreichs Dänemark 335
b. Der Vorschlag einer Richtlinie 337
c. Der Entwurf eines Rahmenbeschlusses 339

II. Die Verabschiedung eines Rahmenbeschlusses 339

III. Der Inhalt des Rahmenbeschlusses 340
1. Allgemein 340
2. Die Bestimmungen im Einzelnen 342
a. Begriffsbestimmungen 342
aa. Rechtswidrig 342
bb. Wasser 343
cc. Juristische Person 343
b. Umweltstraftaten 343
aa. Schutz des Menschen 343
bb. Schutz der Umweltmedien 343
cc. Rechtswidriger Umgang mit gefährlichen und anderen Abfällen 344
dd. Rechtswidriges Betreiben von Anlagen 344
ee. Rechtswidriger Umgang mit Kernmaterial und anderen gefährlichen radioaktiven Stoffen 344
ff. Schutz frei lebender Tier- und Pflanzenarten 344
gg. Schutz der Ozonschicht 344
c. Strafbarkeit fahrlässigen Verhaltens 344
d. Strafbarkeit der Teilnahme 345
e. Strafbarkeit von Amtsträgern 345
f. Strafbarkeit juristischer Personen 345
g. Sanktionen 345
h. Gerichtsbarkeit 346
i. Auslieferung 346

IV. Die Regelungen des Rahmenbeschlusses im Vergleich mit dem Übereinkommen des Europarats 347
1. Begriffsbestimmungen 347
2. Straftaten nach Art. 2 348
3. Strafbarkeit fahrlässigen Verhaltens 350

4. Strafbarkeit der Teilnahme 351
5. Strafbarkeit von Amtsträgern 351
6. Strafbarkeit juristischer Personen 351
7. Sanktionen 352
8. Zusammenarbeit der Behörden 353
9. Gerichtsbarkeit 353
10. Zusammenfassung und Wertung der Ergebnisse 354

V. Die Regelungen des Rahmenbeschlusses im Vergleich mit dem deutschen Umweltstrafrecht 357
1. Geschützte Rechtsgüter 357
2. Tatbestandsstruktur 358
3. Verwaltungsakzessorietät 359
4. Die einzelnen Straftatbestände 359
a. Schutz des Menschen 359
b. Schutz der Umweltmedien 359
c. Unerlaubter Umgang mit Abfällen 360
d. Unerlaubtes Betreiben von Anlagen 360
e. Unerlaubter Umgang mit Kernmaterial oder anderen gefährlichen radioaktiven Stoffen 361
f. Schutz wild lebender Tier- und Pflanzenarten 361
g. Schutz der Ozonschicht 362
5. Strafbarkeit fahrlässigen Verhaltens 363
6. Strafbarkeit der Teilnahme 363
7. Strafbarkeit juristischer Personen 363
8. Sanktionen 364
9. Gerichtsbarkeit 365
10. Handlungsbedarf seitens des deutschen Gesetzgebers 366

Zusammenfassung ***368***

A. Die Ergebnisse der Kapitel 1 bis 5 368

I. Deutsche Rechtslage auf dem Gebiet des Umweltstrafrechts 368
1. Legitimität des Umweltstrafrechts 368
2. Entkriminalisierung des Umweltstrafrechts 368
3. Strafbarkeit fahrlässigen Verhaltens 369
4. Rechtsgüterschutz 369
5. Deliktstypen 370
6. Verwaltungsakzessorietät 370
7. Strafbarkeit von Amtsträgern 372
8. Strafbarkeit juristischer Personen 373
9. Sanktionen gegen natürliche Personen 374
10. Strafanwendungsrecht 375

II. Die verschiedenen Modelle des Umweltstrafrechts 377
1. Kernstrafrechtliche Regelung 377
2. Rechtsgüterschutz 378
3. Deliktstypen 378
4. Verwaltungsakzessorietät 378
5. Strafbarkeit von Amtsträgern 378
6. Strafbarkeit juristischer Personen 379
7. Strafen 379
8. Wertung 379

III. Das Übereinkommen des Europarats 379
1. Bindungswirkung 380
2. Analyse der Regelungen 380
3. Rechtsvergleich mit dem deutschen Umweltstrafrecht 381

IV. Europäisches Strafrecht 383
1. Grundrechte-Charta der Europäischen Union 383
2. Strafrechtssetzungskompetenz der Europäischen Union 383

V. Der Rahmenbeschluss der Kommission 384
1. Rechtsvergleich mit dem Übereinkommen 385
2. Rechtsvergleich mit dem deutschen Umweltstrafrecht 386
3. Ergebnis 387

B. Optimierung der Umweltstrafrechtsordnungen 387

I. Notwendigkeit einer Vereinheitlichung der Umweltstrafrechtsordnungen 388

II. Kernstrafrechtliche Regelung 388

III. Begrenzung der Strafbarkeit fahrlässigen Verhaltens 389

IV. Rechtsgüterschutz 390

V. Verwaltungsakzessorietät 390
1. Grundsätzliche Beibehaltung der Verwaltungsakzessorietät 390
2. Lockerung der Verwaltungsakzessorietät 390
3. Internationales Verwaltungsrecht 391

VI. Strafbarkeit von Amtsträgern 391

VII. Strafbarkeit juristischer Personen 392

VIII. Sanktionen 392

IX. Strafanwendungsrecht 392

X. Ausblick 393

Literaturverzeichnis 395

Abkürzungsverzeichnis

A. A./a. A.	anderer Ansicht
ABl.	Amtsblatt der Europäischen Gemeinschaften; seit 01.02.2003 Amtsblatt der Europäischen Union
A. C.	Appeal Cases
a. E.	am Ende
a. F.	alte Fassung
AG	Amtsgericht
AktG	Aktiengesetz
All. E. R.	All English Law Reports
Anm.	Anmerkung
AO	Abgabenordnung
AöR	Archiv für öffentliches Recht
Art.	Artikel
AT	Allgemeiner Teil
AtG	Atomgesetz
AWG	Außenwirtschaftsgesetz
BAFA	Bundesamt für Ausfuhr
BayObLG	Bayrisches Oberstes Landesgericht
BB	Betriebs-Berater: Zeitschrift für Recht und Wirtschaft
BBl.	Bundesblatt
BBodSchG	Bundes-Bodenschutzgesetz
Bd.	Band
BGB	Bürgerliches Gesetzbuch
BGBl.	Bundesgesetzblatt
BGE	Amtliche Sammlung der Entscheidungen des Schweizerischen Bundesgerichts
BGH	Bundesgerichtshof
BGHSt	Entscheidungen Bundesgerichtshof in Strafsachen
BImSchG	Bundes-Immissionsschutzgesetz
Begr.	Begründer
belgStGB	belgisches Strafgesetzbuch
BMJ	Bundesministerium der Justiz
BNatSchG	Bundesnaturschutzgesetz
BR-Drs.	Bundesrats-Drucksache
BT	Besonderer Teil
BT-Drs.	Bundestags-Drucksache
Bull. crim.	Bulletin des arrêts de la Cour de Cassation, Chambre criminelle

BVerfGE	Entscheidungen des Bundesverfassungsgerichts
BVerfGG	Gesetz über das Bundesverfassungsgericht
BZRG	Bundeszentralregistergesetz
ca.	circa
Cass. crim.	Cour de Cassation, Chambre criminelle
ChemG	Chemikaliengesetz
CJ	Corpus Juris
C. O: D.	Crown Office Digest
Crim. App. R.	Criminal Appeal Reports
Crim. L. R.	Criminal Law Review
CR	Computer und Recht
CWÜAG	Ausführungsgesetz zum Chemiewaffenübereinkommen
dänStGB	dänisches Strafgesetzbuch
Ders./ders.	derselbe
D.P.R	Dekret des Präsidenten der Republik
DÖV	Die öffentliche Verwaltung
Dok. KOM	Dokumente der Kommission der Europäischen Gemein-schaf-ten
DRiZ	Deutsche Richterzeitung
dStGB	deutsches Strafgesetzbuch
DVBl.	Deutsches Verwaltungsblatt
EAGV	Vertrag zur Gründung der Europäischen Atomgemeinschaft
EdP	Erlaß des Präsidenten
EFTA	European Free Trade Agreement
EG	Europäische Gemeinschaften/Europäische Gemeinschaft
EGKSV	Vertrag zur Gründung der Europäischen Gemeinschaft für Kohle und Stahl
EGV	Vertrag zur Gründung der Europäischen Gemeinschaft
EMRK	Europäische Menschenrechtskonvention
endg.	endgültig
etc.	etcetera
ETS.	European Treaty Series
EU	Europäische Union
EuGH	Gerichtshof der Europäischen Gemeinschaften
EUV	Vertrag über die Europäische Union
EuZW	Europäische Zeitschrift für Wirtschaftsrecht
EWG	Europäische Wirtschaftsgemeinschaft
EWGV	Vertrag zur Gründung der Europäischen Wirtschaftsgemeinschaft
f. (ff.)	folgende (Mehrzahl)
FAZ	Frankfurter Allgemeine Zeitung

FCKW	Flour-Chlor-Kohlenwasserstoffe
finnStGB	finnisches Strafgesetzbuch
FlaggenrechtsG	Flaggenrechtsgesetz
Fn.	Fußnote(n)
franzStGB	französisches Strafgesetzbuch
GA	Goltdammer's Archiv für Strafrecht
Gaz. Pal.	Gazette du Palais
GdA	Gesundheitsrechtliche Anordnung
GeldwäscheG	Geldwäschegesetz
GenStA	Generalstaatsanwaltschaft
GewO	Gewerbeordnung
GG	Grundgesetz
Giur. it.	Giurisprudenza italiana
GmbHG	Gesetz betreffend die Gesellschaften mit beschränkter Haftung
griechStGB	griechisches Strafgesetzbuch
griechVerfassung	griechische Verfassung
H.M./h.M.	Herrschende Meinung
Hrsg.	Herausgeber
i. E.	im Ergebnis
ILM	International Law Material
InsO	Insolvenzordnung
IRG	Gesetz über die internationale Rechtshilfe in Strafsachen
italStGB	italienisches Strafgesetzbuch
italVerfassung	italienische Verfassung
i. V. m.	in Verbindung mit
JA	Juristische Arbeitsblätter für Ausbildung und Examen
Jh.	Jahrhundert
JR	Juristische Rundschau
Jura	Juristische Ausbildung
JuS	Juristische Schulung
JZ	Juristenzeitung
K. B.	King's Bench
KGB	Kriminalgesetzbuch
KK-OWiG	Kurzkommentar zum Gesetz über Ordnungswidrigkeiten
KJ	Kritische Justiz
Krit./krit.	kritisch
KritV	Kritische Vierteljahresschrift für Gesetzgebung und Rechtswissenschaft
KrW-/AbfG	Kreislaufwirtschafts- und Abfallgesetz
KWG	Kreditwesengesetz

KWKG	Kriegswaffenkontrollgesetz
L.	Loi
LG	Landgericht
lit.	litera
LuftverkehrsG	Luftverkehrsgesetz
m. N.	mit Nachweisen
MDR	Monatsschrift für deutsches Recht
MMR	Multimedia und Recht
Mor.	Morison's Dictionary of Decisions in the Court of Session
m. w. N.	mit weiteren Nachweisen
Nachw.	Nachweise(n)
NatSchG	Naturschutzgesetz
NCP	Nouveau code pénal
n. F.	neue Fassung
niedStGB	niederländisches Strafgesetzbuch
niedVerfassung	niederländische Verfassung
niedZivilgesetzbuch	niederländisches Zivilgesetzbuch
NJ	Neue Justiz
NJW	Neue Juristische Wochenschrift
N. N.	nomen nescio
Nr.	Nummer
NStZ	Neue Zeitschrift für Strafrecht
NuR	Natur und Recht
NVwZ	Neue Zeitschrift für Verwaltungsrecht
NZA	Neue Zeitschrift für Arbeitsrecht
NZV	Neue Zeitschrift für Verkehrsrecht
ÖJZ	Österreichische Juristen-Zeitung
öStGB	österreichisches Strafgesetzbuch
OLG	Oberlandesgericht
WiG	Gesetz über Ordnungswidrigkeiten
PE	Parlement européen
PHi	Haftpflicht international, Recht und Versicherung
PIF	Protection des Intérêts Financiers
portStGB	portugiesisches Strafgesetzbuch
portVerfassung	portugiesische Verfassung
Q. B.	Queen's Bench
R.	Règlement
Rev. sc. crim.	Revue de science criminelle et de droit pénal comparé
RGSt	Entscheidungen des Reichsgerichts in Strafsachen
R.J.E.	Revue Juridique de l'Environnement
Rn.	Randnummer(n)

Rs.	Rechtssache
RV	Rechtsverordnung
S.	Seite(n)
schweizStGB	schweizerisches Strafgesetzbuch
Slg.	Rechtsprechungssammlung des EuGH
Sp.	Spalte(n)
spanStGB	spanisches Strafgesetzbuch
spanVerfassung	spanische Verfassung
StA	Staatsanwaltschaft
StGB	Strafgesetzbuch
StPO	Strafprozessordnung
StV	Strafverteidiger
SubvG	Subventionsgesetz
TGV	Train de Grande Vitesse
u. a.	und andere
UGB	Umweltgesetzbuch
UKG	Umweltkriminalitätsgesetz
UN	United Nations
UNTS	United Nation Treaty Series
UPR	Umwelt- und Planungsrecht
USG	Umweltschutzgesetz
v.	von/vom oder versus
VereinsG	Vereinsgesetz
VerwArch	Verwaltungsarchiv
Vgl./vgl.	vergleiche
VO	Verordnung der Europäischen Gemeinschaft
VSSR	Vierteljahresschrift für Sozialrecht
VwVfG	Verwaltungsverfahrensgesetz des Bundes
VVDStRL	Veröffentlichungen der Vereinigung der Deutschen Staatsrechtslehrer
weit. Nachw.	weitere Nachweise
WHG	Wasserhaushaltsgesetz
wistra	Zeitschrift für Wirtschafts- und Steuerstrafrecht
WiVerw	Wirtschaft und Verwaltung
W.L.R.	Weekly Law Reports
ZfU	Zeitschrift für Umweltpolitik und Umweltrecht
ZfW	Zeitschrift für Wasserrecht
ZRP	Zeitschrift für Rechtspolitik
ZStR	Schweizerische Zeitschrift für Strafrecht
ZStW	Zeitschrift für die gesamte Strafrechtswissenschaft
ZVglRWiss	Zeitschrift für vergleichende Rechtswissenschaft

Einleitung

I. Bedeutung des Umweltschutzes

Die wachsende Bedeutung des Schutzes der Umwelt durch regulierende Maßnahmen, deren Wirksamkeit durch strafrechtliche Maßnahmen unterstützt wird, spiegelt sich auf internationaler und auf europäischer Ebene wider.
Umweltfragen sind teils globaler, teils regionaler, häufig jedenfalls grenzüberschreitender Natur („*ecology knows no boundaries*"), so dass auf dem Gebiet des Umweltschutzes nationale, europäische und internationale Regeln in enger Wechselbeziehung stehen.[1] Effektiver Umweltschutz ist nur möglich, wenn er weltweit, also international, erfolgt und bedarf deshalb in ganz besonderem Maße internationaler Maßnahmen. Auf dem Weg dorthin bewegt sich die Europäische Union, deren umweltschützenden Maßnahmen in zweierlei Hinsicht besondere Bedeutung zukommt: Zum einen haben auf EU-Ebene erlassene Maßnahmen aufgrund ihrer rechtlichen Verbindlichkeit eine größere Wirksamkeit als internationale Übereinkommen, und zum anderen erlangen sie vor allem nach der Aufnahme weiterer zehn Staaten in die Gemeinschaft für einen wachsenden Teil Europas Bedeutung. Durch die Erweiterung der Mitgliedstaaten der Europäischen Union von 15 auf 25 am 1. Mai 2004[2] ist der Wirkkreis EU-rechtlicher umweltschützender Maßnahmen vergrößert, und ein einheitlicher, an nationalen Grenzen nicht haltmachender Umweltschutz wird zumindest für Europa immer greifbarer.[3]

1. Internationale Entwicklung

Erst in den 60er Jahren des 20. Jahrhunderts ist das Umweltrecht aufgrund seiner grenzüberschreitenden Zusammenhänge als Teilbereich des Völkerrechts[4] entdeckt worden.[5] Zu Beginn der 70er Jahre wurde das Umweltproblem von den Vereinten Nationen aufgegriffen. Startpunkt und wichtiger Impuls für die weitere Entwicklung des Umweltvölkerrechts ist die erste UN-Umweltkonferenz in Stockholm von 1972, auf der eine Erklärung über die menschliche Umwelt angenommen wurde.[6] Inzwischen gibt es eine Reihe von Internationalen Abkommen, die sich mit grenzüber-

---

[1] Vgl. *Hecker*, ZStW **115** (2003) S. 880 ff.; *Vitzthum/Bothe*, Völkerrecht, 5. Abschn., Rn. 90.
[2] Die zehn neuen Mitgliedstaaten sind: Estland, Lettland, Litauen, Malta, Polen, Slowakische Republik, Slowenien, Tschechische Republik, Ungarn und Zypern.
[3] Vgl. *Oppermann*, Europarecht, Rn. 2037: Eine effektive europäische Umweltpolitik ist nur möglich, wenn die Maßnahmen über die EG-Staaten hinaus vom „weiteren Europa" übernommen werden. Ferner *Hecker*, ZStW **115** (2003) S. 880, 905.
[4] Vgl. *Kimminich/Hobe*, Völkerrecht, S. 401 ff.; *Vitzthum/Bothe*, Völkerrecht, 5. Abschn., Rn. 89 ff.
[5] *Bothe*, in: Dolde (Hrsg.), S. 51.
[6] United Nations Declaration on the Human Environment, Report of the United Nations Conference of the Human Environment, UN Doc. A/CONF. 48/14.

schreitenden Umweltbeeinträchtigungen und ihrer Vermeidung befassen.[7] Hervorzuheben sind hier vor allem das auf der Konferenz der Vereinten Nationen für Umwelt und Entwicklung im Juni 1992 in Rio de Janeiro verabschiedete Aktionsprogramm für das 21. Jahrhundert (Agenda 21) sowie das Kyoto-Protokoll zum Klimaschutz,[8] das bereits im Dezember 1997 auf der Konferenz der Vereinten Nationen in Kyoto angenommen wurde, aber nicht in Kraft getreten ist. Diese beiden Aktivitäten sind zugleich ein Beleg für das existierende Problem der Umsetzung internationaler Vertragsregime.[9]

Die Europäische Gemeinschaft beteiligt sich seit den siebziger Jahren an vielen multilateralen Umweltverträgen, insbesondere wenn deren Inhalt den EG-Raum betrifft.[10] Die Gemeinschaft ist so zu einer wichtigen internationalen Umweltorganisation geworden.

2. Europäische Entwicklung

Die Umweltpolitik ist ein Arbeitsfeld der Europäischen Gemeinschaft, in dem sie nicht von Anfang an tätig wurde. Bei Abschluss der Gründungsverträge der Gemeinschaft in den fünfziger Jahren war die Notwendigkeit eines umfassenden Umweltschutzes mittels regulierender Maßnahmen der öffentlichen Hand noch nicht ins allgemeine Bewusstsein gelangt. Deshalb erwähnen die Gründungsverträge die Umweltpolitik nicht ausdrücklich als Ziel der Gemeinschaft. Dies änderte sich Ende der sechziger Jahre als Umweltbelästigungen und Umweltschäden vor allem durch die Industrie gerade in Westeuropa zu einem Politikum ersten Ranges wurden. Die Europäische Gemeinschaft und die Mitgliedstaaten begannen, diesen Störungen und

---

[7] Genfer Übereinkommen über weiträumige, grenzüberschreitende Luftverunreinigung vom 13.11.1979 (BGBl. 1982 II, S. 374 ff., abgedruckt in Sartorius II, Nr. 450); Wiener Übereinkommen zum Schutz der Ozonschicht vom 22.03.1985 mit dem Montrealer Protokoll von 1987 (BGBl. 1988 II, S. 902 ff. und BGBl. 1988 II, S. 1015 ff., beide abgedruckt in Sartorius II, Nr. 454 und 455); Internationales Übereinkommen zur Verhütung von Meeresverschmutzung durch Schiffe vom 02.12.1973 – MARPOL – (BGBl. 1982 II, S. 2 ff.); Übereinkommen über die Verhütung von Meeresverschmutzung durch das Einbringen von Abfällen und anderen Stoffen vom 29.12.1972 – Dumping-Konvention – (BGBl. 1977 II, S. 180 ff. mit Änderung vom 11.10.1978, BGBl. 1987 II, S. 118 ff.); IAEA-Übereinkommen über frühzeitige Benachrichtigungen bzw. Hilfeleistung bei nuklearen Unfällen vom 26.09.1986 (BGBl. 1989 II, S. 441 ff.); Basler Konvention über die Kontrolle des grenzüberschreitenden Transports gefährlicher Stoffe vom 22.03.1989 (ILM 1989, S. 657 ff., abgedruckt in Sartorius II, Nr. 460); Konvention zum Schutz der biologischen Vielfalt vom 05.06.1992 (ILM 1992, S. 822 ff.); Klima-Konvention vom 05.06.1992 (ILM 1992, S. 851 ff.).

[8] ILM 1998, S. 22 ff.

[9] *Bothe*, in: Dolde (Hrsg.), S. 51 ff., 67 und 70. Ausführlich *Ehrmann*, Erfüllungskontrolle im Umweltvölkerrecht.

[10] Zum Beispiel: Konvention über den Schutz des Mittelmeeres gegen Verschmutzung (ABl. EG L 240, S. 5 ff. vom 19.09.1977), Übereinkommen über weiträumige grenzüberschreitende Luftverunreinigung (ABl. EG L 188, S. 9 ff. vom 27.06.1981), UN-Übereinkommen zum Schutz der Ozonschicht von 1985, etc.

Gefahren durch eine konzipierende Politik gegenzusteuern.[11] Als Geburtsstunde einer kohärenten Umweltpolitik der Europäischen Gemeinschaft wird die Pariser Gipfelkonferenz von 1972/1973 bezeichnet,[12] in der die Staats- und Regierungschefs der Gemeinschaft die Ausarbeitung eines umweltpolitischen Aktionsprogramms und eines Zeitplans beschlossen. Obwohl die Europäische Gemeinschaft bis zur Einheitlichen Europäischen Akte von 1987 nicht ausdrücklich ermächtigt war, sich im Bereich der Umweltpolitik zu betätigen, hat sie zahlreiche Umweltrichtlinien erlassen. Die Richtlinien beruhten zunächst auf einer sinngemäßen Auslegung der Präambel sowie auf Art. 2 EWGV, die übereinstimmend so verstanden wurden, dass sie auch den Umweltschutz als wesentliches Ziel der Gemeinschaft postulierten. Dann hat die Gemeinschaft die Rechtsangleichungszuständigkeit des Art. 100 EWGV (heute Art. 94 EGV) umweltpolitisch nutzbar gemacht, indem sie die Angleichung unterschiedlicher Umweltstandards der Mitgliedstaaten zur Beseitigung von Handelshemmnissen zur Formulierung einer eigenen Umweltpolitik verwendete[13] und nutzte daneben Art. 235 EWGV (heute Art. 308 EGV) für die Umweltpolitik.[14] Fortan ergingen bis zum Inkrafttreten der Einheitlichen Europäischen Akte am 01.07.1987 über 200 Umweltrichtlinien auf der doppelten Rechtsgrundlage von Art. 100 und 235 EWGV.[15] So war in Gestalt sekundären Gemeinschaftsrechts (und völkerrechtlicher Verträge) in seinem Umfang ein zwar bedeutsames, aber unübersichtliches und nicht besonders effektives EG-Umweltrecht entstanden. Die europäischen Schutzstandards stellten oft einen Kompromiss auf den kleinsten gemeinsamen Nenner dar, die EG-Entscheidungsprozesse waren langsam und die Durchführung der Richtlinien erfolgte oft mit erheblichen Verzögerungen. Deshalb war im Umweltbereich ständig eine große Zahl von Vertragsverletzungsverfahren gegen Mitgliedstaaten wegen mangelnder Umsetzung anhängig.[16]

Infolgedessen setzten sich bei der Ausarbeitung der Einheitlichen Europäischen Akte die Bestrebungen durch, den Umweltschutz im Vertrag eindeutig zu verankern.[17] Mit der Einheitlichen Europäischen Akte und ihren Ergänzungen in Maastricht 1992 und Amsterdam 1997 ist die Europäische Umweltpolitik als ein besonderer Titel „Umwelt“ (Art. 130r bis 130t, heute Art. 174 bis 176 EGV) zu den Zuständigkeiten der Gemeinschaft hinzugefügt worden. Damit ist der Umweltschutz nicht mehr bloßes

---

[11] Vgl. die seit 1973 ergangenen EG-Aktionsprogramme für den Umweltschutz, die Rahmen und grundsätzliche Zielrichtung der gesondert zu erlassenen eigentlichen Umweltrechtsakte abstecken: ABl. EG C 112, S. 1 ff. vom 20.12.1973; ABl. EG C 139, S. 1 ff. vom 13.06.1977; ABl. EG C 328, S. 1 ff. vom 07.12.1987; ABl. EG C 138, S. 1 ff. vom 17.05.1993; ABl. EG L 275 vom 10.10.1998, S. 1 ff.; ABl. EG L 242, S. 1 ff. vom 10.09.2002.

[12] *Oppermann*, Europarecht, Rn. 1993.

[13] Vgl. *Dannecker/Appel*, ZVglRWiss **89** (1990) S. 127, 150 f. und 153.

[14] *Dannecker/Appel*, ZVglRWiss **89** (1990) S. 127, 154; *Hecker*, ZStW **115** (2003) S. 880, 897.

[15] *Oppermann*, Europarecht, Rn. 1999 (ff.).

[16] Vgl. nur *Oppermann*, Europarecht, Rn. 2004.

[17] Vgl. *Oppermann*, Europarecht, Rn. 2004.

Mittel zur Verwirklichung der Vertragsziele, sondern eigenes Ziel des EG-Vertrags. Aus den Zusammenhängen und dem früheren Sekundärrecht ergibt sich, dass mit dem im EG-Vertrag verwendeten Begriff der Umwelt eine sehr weite, entwicklungsoffene Vorstellung verbunden ist, die über die natürliche Umwelt hinaus das ganze sozioökonomische Umfeld des Menschen miteinschließen soll.[18] Mit der in Art. 130s beziehungsweise Art. 175 EGV eingeführten Rechtsetzungszuständigkeit (die neben der Zuständigkeit nach Art. 100a beziehungsweise Art. 95 EGV für Binnenmarktrechtsangleichung besteht)[19] besitzt die Gemeinschaft für die ganze Breite denkbaren Umweltschutzrechts Rechtsetzungskompetenz. Als Handlungsform wird aus sachlichen Gründen in der Regel die Richtlinie gewählt, in geeigneten Fällen auch die Verordnung.[20]

Trotz dieser weiten Zuständigkeit der Europäischen Gemeinschaft und der inzwischen in vielen Bereichen erfolgten Aufstellung von wichtigen gemeinschaftsweiten Umweltstandards[21] sowie der Errichtung der Europäischen Umweltagentur in Kopenhagen[22] ist die Durchführung und Kontrolle des EG-Umweltrechts immer noch problematisch, was die große Zahl der Verfahren gegen praktisch alle Mitgliedstaaten wegen mangelhafter Umsetzung von Umweltrichtlinien oder deren Verletzung belegt.[23] Das umfangreiche europäische Umweltrecht hat großen Einfluss auf das deutsche Recht.[24] Da es immer umfangreicher wird und recht unübersichtlich ist (sowohl hinsichtlich des Auffindens von Rechtsakten als auch hinsichtlich der inneren Kohärenz),[25] gibt es Bemühungen, die Situation zu verbessern, das Umweltrecht transparenter und einfacher zu gestalten.[26]

Durch die Bezugnahme der Umweltstraftatbestände auf das Umweltverwaltungsrecht fanden gemeinschaftsrechtliche Vorgaben Eingang in das nationale Strafrecht.[27] Dieser mittelbare Einfluss reichte nicht aus, um die wirksame Durchsetzung des gemeinschaftsrechtlichen Umweltschutzes zu gewährleisten. Deswegen versucht die Europäische Gemeinschaft die effektive Durchsetzung der in den Umweltrichtlinien enthaltenen Standards nun mittels strafrechtlicher Sanktionen zu erreichen – auch und

---

18 *Oppermann*, Europarecht, Rn. 2006.

19 Zur Abgrenzung der Zuständigkeiten nach Art. 175 und Art. 95 EGV: *Streinz*, Europarecht, Rn. 945 f.

20 *Streinz*, Europarecht, Rn. 941.

21 Sektoriell: im Gewässerschutz, zur Luftreinhaltung, im Abfallrecht, zum Schutz bestimmter Tierarten und zum Waldsterben; allgemein: die Umweltverträglichkeitsprüfung, der freie Zugang zu Informationen über die Umwelt und das Öko-Audit-System.

22 VO 1210/90 vom 07.05.1990, ABl. EG L 120, S. 1 ff. vom 11.05.1990.

23 *Oppermann*, Europarecht, Rn. 2037; *Engelsberger*, Der Vollzug europarechtlicher Vorschriften auf dem Gebiet des Umweltschutzes, 1998; *Hansmann*, NVwZ **1995** 320 ff.

24 *Rengeling*, in: Rengeling (Hrsg.), Einführung, Rn. 1.

25 Zur Kritik vgl. *Sendler*, in: Rengeling (Hrsg.), § 94, Rn. 3 und 7 ff.

26 *Rengeling*, in: Rengeling (Hrsg.), Einführung, Rn. 2 und 7 f. zu einem europäischen Umweltgesetzbuch Rn. 14 sowie *ders.*, in: Dolde (Hrsg.), S. 171 ff.

27 Siehe 4. Kapitel B. III. 2. b. sowie *Hecker*, ZStW **115** (2003) S. 880, 898 ff.

obwohl die Europäische Union auf diesem Gebiet nach den Verträgen keine ausdrückliche Rechtsetzungszuständigkeit besitzt. Bei der Einführung strafrechtlicher Sanktionen zum Schutz der Umwelt ist die Kommission ebenso wie bei der Etablierung einer EG-Umweltpolitik die treibende Kraft und versucht dies mit dem Instrument der Richtlinie zu verwirklichen.

II. Ausgangslage

Ausgangslage dieser rechtsvergleichenden Arbeit ist die Tätigkeit des Europarats auf dem Gebiet des Umweltstrafrechts.

1. Übereinkommen über den Schutz der Umwelt durch das Strafrecht

Im Jahre 1998 wurde in Straßburg das „Übereinkommen über den Schutz der Umwelt durch das Strafrecht"[28] von sieben Vertragsstaaten[29] unterzeichnet und soll nach nur drei Ratifikationen in Kraft treten.[30]
Da Deutschland unterzeichnender Vertragspartner ist, ist die Frage von besonderem Interesse, ob und inwieweit das geltende deutsche Umweltstrafrecht den in dem Übereinkommen zugrunde gelegten und für Deutschland somit verbindlichen Mindeststandards[31] genügt. Ziel der Arbeit ist vor allem das Aufzeigen derjenigen Bereiche, in denen der deutsche Gesetzgeber zur Nachbesserung verpflichtet ist und deshalb handeln muss.

2. Rechtsetzungstätigkeiten der Europäischen Union

Inzwischen ist die Europäische Union rechtsetzend tätig geworden. Zunächst hat das Königreich Dänemark im Februar 1999, gestützt auf Art. K. 3 lit. b) EUV (in der Fassung von Maastricht), eine Initiative zur Bekämpfung der schweren Umweltkriminalität durch das Strafrecht[32] eingebracht, die auf die Annahme einer Gemeinsamen Maßnahme abzielte. Bereits ein Jahr später brachte Dänemark eine inhaltsgleiche Initiative ein, die auf Art. 31 und Art. 34 Absatz 2 b) EUV (in der Fassung von Amsterdam) gestützt war und zu einem Rahmenbeschluss führen sollte.[33] Da diese Initiative auf heftige Kritik gestoßen ist,[34] erschien ihre Umsetzung zwischenzeitlich äußerst unwahrscheinlich. Die Initiative galt sogar als überholt, als die Kommission der Europäischen Gemeinschaft Ende März 2001 einen Vorschlag für eine Richtlinie

---

[28] ETS. Nr. 172, vom 4. November 1998.
[29] Dänemark, Deutschland, Finnland, Frankreich, Griechenland, Island und Schweden.
[30] Art. 13 Absatz 3 Übereinkommen. Bisher hat nur Estland das Übereinkommen des Europarats ratifiziert – siehe unten 3. Kapitel A. II.
[31] *Möhrenschlager*, wistra **1999** VI.
[32] BT-Drs. 14/3434, S. 47.
[33] ABl. EG C 39, S. 4 ff. vom 11.02.2000 – siehe dazu 4. Kapitel B. IV. 2. f.
[34] Vgl. die zum Teil kritischen Hinweise von *Möhrenschlager*, wistra **1999** VI ff.

über den strafrechtlichen Schutz der Umwelt vorlegte.[35] Daraufhin kam es jedoch zu kompetenzrechtlichen Streitigkeiten zwischen der Kommission und dem Rat der Europäischen Union darüber, ob die Union überhaupt im Rahmen des Ersten Pfeilers (Vergemeinschaftung) strafrechtsetzend tätig werden darf. Letztendlich war politisch nur ein Handeln im Rahmen der intergouvernementalen Zusammenarbeit (Dritter Pfeiler) durchsetzbar, so dass europäische Mindeststandards im Umweltstrafrecht im Januar 2003 in einem Rahmenbeschluss[36] geregelt wurden.

Rechtsetzende Tätigkeiten der Europäischen Gemeinschaft sind für Deutschland und die anderen Mitgliedstaaten der Europäischen Union rechtspolitisch bedeutsamer als Tätigkeiten des Europarats. Während Übereinkommen des Europarats für die unterzeichnenden Vertragsstaaten zwar verbindlich, aber ihnen gegenüber nicht durchsetzbar sind, sind Regelungen der Europäischen Gemeinschaft für die Mitgliedstaaten verbindlich und unter Umständen sogar für den Bürger unmittelbar geltendes Recht,[37] das im Rahmen von Klageverfahren durch die Kommission oder andere Mitgliedstaaten (vgl. Art. 226 ff. EGV) vor dem Europäischen Gerichtshof in Luxemburg erzwingbar ist.[38]

Gegen den vom Rat erlassenen Rahmenbeschluss über den Schutz der Umwelt durch das Strafrecht wurde von der Kommission beim Europäischen Gerichtshof inzwischen Klage mit dem Ziel eingereicht, ihn mangels Kompetenz der Gemeinschaft[39] für nichtig erklären zu lassen.[40] Damit hängt es vom Erfolg dieser Nichtigkeitsklage ab, ob der Rahmenbeschluss neben dem Übereinkommen des Europarats Bestand haben wird und damit in nationales Recht umgesetzt werden muss.

3. Das deutsche Umweltstrafrecht

Das deutsche Umweltstrafrecht wird europaweit, wenn nicht gar weltweit als fortschrittlich und weitreichend eingestuft. Da die beiden europäischen Regelungswerke – das Übereinkommen und der Rahmenbeschluss – bloße Mindeststandards festlegen und folglich einen strafrechtlichen Mindestschutz der Umwelt bieten, soll der

---

35 KOM (2001) 139.

36 ABl. EG L 29, S. 55 ff. vom 05.02.2003.

37 Verordnungen nach Art. 249 Absatz 2 EGV und Richtlinien nach Art. 249 Absatz 3 EGV, sofern sie (1) inhaltlich unbedingt und hinreichend bestimmt (also *self-executing*) sind, (2) für den Bürger nicht belastend sind und (3) die Umsetzungsfrist abgelaufen ist und die Richtlinie nicht oder nur unzureichend umgesetzt wurde (ständige Rechtsprechung des EuGH: Rs. 41/74 *van Duyn/Home Office* Slg. 1974, 1337); vgl. auch *Dannecker*, in: Rengeling (Hrsg.), Rn. 64 und *Epiney*, DVBl. **1996** 409 ff. Rahmenbeschlüsse sind zwar für die Mitgliedstaaten insofern verbindlich als sie sie wie Richtlinien zur Umsetzung verpflichten (vgl. Art. 34 Abs. 2 b) und c) EUV), doch sind sie nicht unmittelbar wirksam; vgl. *Oppermann*, Europarecht, Rn. 1576 und *Streinz*, Europarecht, Rn. 422c.

38 Vgl. ferner die Nichtigkeitsklage nach Art. 230 EGV. Dazu nur *Streinz*, Europarecht, Rn. 512 ff. m.w.N.; zur Rechtskontrolle auf dem Gebiet des Strafrechts *Dannecker*, in: Rengeling (Hrsg.), Rn. 64 (ff.) und 92 m.w.N.

39 Es wird der Verstoß gegen Art. 47 EUV gerügt, der den Vorrang des Gemeinschaftsrechts vor dem Unionsrecht festlegt.

40 Die Klage basiert auf Art. 35 Absatz 6 EUV; siehe dazu 4. Kapitel B. IV. 2. f.

Vergleich ausleuchten, ob das deutsche Umweltstrafrecht tatsächlich einen so weitgehenden strafrechtlichen Umweltschutz gewährleistet, wie überwiegend angenommen wird, oder ob auch in Deutschland auf diesem Gebiet noch Defizite und Schutzlücken bestehen.

4. Abnehmendes Interesse am Umweltschutz?

Das abnehmende Interesse am Umweltschutz spiegelt sich vor allem auf politischer Ebene wieder und verdeutlicht, dass *„der deutsche Umweltschutz ein Kind der Wohlstandsgesellschaft"* ist:[41] Angesichts der derzeitigen wirtschaftlichen Probleme (Arbeitslosigkeit, Firmeninsolvenzen, leere öffentliche Kassen und die Krise der sozialen Sicherungssysteme etc.) ist die Umweltpolitik im politischen Machtspektrum zweitrangig geworden.[42] Das verdeutlichen die vielfachen Versuche auf politischer Ebene, das Dosenpfand, den Ausstieg aus der Atomenergie und die Stromproduktion aus Wind und Sonne rückgängig zu machen. Im Rahmen dieses „Rückwärtsgangs" in der Politik (*Vorholz* spricht von einer „Anti-Öko-Stimmung")[43] bleibt unbeachtet, dass nur 1,5% des Bruttoinlandsprodukts, also 30, 54 Milliarden Euro, für die Luftreinhaltung, den Gewässerschutz, die Lärmminderung und die Abfallbeseitigung ausgegeben werden.[44] Diesen Kosten stehen geschätzte Umweltschäden von jährlich 50 Milliarden Euro gegenüber. Außerdem bedeuten Investitionen in die Umwelt häufig, dass in anderen Bereichen Ausgaben eingespart werden müssen.
Aber auch auf wissenschaftlicher Ebene ist ein solcher Trend in Teilbereichen zu vermerken: So stammen die empirischen Untersuchungen zur strafrechtlichen Erfassung von Umweltbelastungen aus den 1980er Jahren. Den Anfang bildet die veröffentlichte Untersuchung von *Hümbs-Krusche/Krusche*[45] aus dem Jahr 1982, der weitere folgten,[46] die in der Tendenz aus dem erhobenen Material die Schlussfolgerung ableiteten, dass sich das Umweltstrafrecht nicht bewährt habe und wirkungslos sei. Zwar sei die Zahl der polizeilich registrierten Umweltdelikte angestiegen, doch stehe dem keine nennenswerte Reaktion im Bereich der Sanktionspraxis gegenüber. Zudem zeigt die Statistik, dass Bagatelldelikte massenhaft erfasst wurden, während gravierende Beeinträchtigungen der Umwelt offenbar sanktionslos blieben. Seitdem wird dieser Bereich eher stiefmütterlich behandelt.

---

41 *Vorholz*, Die Zeit Nr. 45, S. 17.

42 Vgl. *Vorholz*, Die Zeit Nr. 45, S. 17 unter Hinweis auf *Bohne*, in: Bohne (Hrsg.), S. 113, 188 ff. und 359 ff.

43 Vgl. *Vorholz*, Die Zeit Nr. 45, S. 17.

44 1994 waren es noch 2% des Bruttoinlandsprodukts. Allerdings soll hier nicht verschwiegen werden, dass eine finanzielle Effektivierung auch des Ökosystems durchaus sinnvoll ist.

45 Die strafrechtliche Erfassung von Umweltdelikten, 1982.

46 *Kube/Seitz*, DRiZ **1987** 41 ff.; *Meinberg*, ZStW **100** (1988) S. 112 ff.; *Rüther*, Ursachen für den Anstieg polizeilich festgestellter Umweltschutzdelikte, 1986. Weitere Nachweise bei *Rogall*, in: Dolde (Hrsg.), S. 795, 805, Fn. 66.

Diesen Trend bestätigt ein Blick in die Kriminologie-Lehrbücher: Während im Kurzlehrbuch von *Günther Kaiser* in der 8. Auflage (1989 UTB-Ausgabe) der Umweltkriminalität noch ein eigenes Kapitel mit zwei Paragrafen gewidmet war, ist die Umweltkriminalität in der 10. Auflage von 1997 nicht mehr behandelt. Ähnlich sieht die Situation in den anderen Lehrbüchern der Kriminologie aus: Weder das Lehrbuch von *P.-A. Albrecht,* Kriminologie, 1999 (und die Neuauflage von 2002) noch dasjenige von *H. J. Schneider* aus dem Jahr 1987 haben einen eigenen Unterabschnitt zur Umweltkriminalität; es gibt lediglich die Stichwörter Umweltkriminalität und Umweltstrafrecht im Index. So auch im Lehrbuch der Kriminologie von *Göppinger* aus dem Jahr 1997, das nicht einmal das Stichwort Umweltkriminalität enthält. Das Kurzlehrbuch von *Bock* aus dem Jahre 2000 widmet dem Bereich der Umweltkriminalität eine gute Seite, *Eisenberg*, Kriminologie, 2000 behandelt Fragen der Umweltkriminalität immerhin als Teilbereich der Wirtschaftskriminalität (ca. drei Seiten) und im Rahmen der Anzeigeerstattung (ca. eine Seite) und *Kürzinger* (Kriminologie, 1996) beschäftigt sich auf drei Seiten mit der Umweltkriminalität. Eine Ausnahme bildet das Lehrbuch von *Hans-Dieter Schwind* (14. Auflage, 2004), das einen eigenen Abschnitt mit 25 Seiten (§ 22) zur Umweltkriminalität enthält.
Dieses Bild ändert sich, wenn man die Literatur zum Umweltstrafrecht betrachtet: Die Flut der Veröffentlichungen, die mit der Inkorporation des Umweltstrafrechts in das Strafgesetzbuch begann, nimmt kein Ende. Allein in den letzten vier Jahren gab es 15 Veröffentlichungen – Dissertationen, Habilitationsschriften, lehrbuchartige Werke und die Lehrbücher und Kommentare zum Besonderen Teil widmen dem Umweltstrafrecht ausführliche Erläuterungen.[47]
Damit zeigen und unterstreichen die Tätigkeiten des Europarats und der Europäischen Union auf dem Gebiet des Umweltstrafrechts, die zu einem EU-strafrechtlichen Schutz der Umwelt führen sollen, die Dringlichkeit und Ernsthaftigkeit dieser Materie. Sie stehen zugleich im Kontrast zu dem aufgezeigten nationalen rechtspolitischen Trend. Das Tätigwerden von Europarat und Europäischer Union sollte also nicht unterschätzt werden.

III. Zentrale Probleme des Umweltstrafrechts

Dass es beim Schutz der Umwelt durch das Strafrecht nach heute wohl einhelliger Meinung[48] nicht nur um den Schutz der Umwelt als Selbstzweck gehen kann, ist selbstverständlich. Ein solcher Schutz kann nur im Gleichgewicht mit anderen gesellschaftspolitischen Interessen – insbesondere den ökonomischen – erfolgen und dient

[47] Siehe die Literaturnachweise im Anhang.
[48] Vgl. nur *Steindorf*, LK Vor § 324, Rn. 8g, 13 und 18; *Triffterer*, Umweltstrafrecht, S. 34. Siehe 1. Kapitel B. III. 3. d.

letzten Endes immer dem Menschen.[49] Dennoch sind viele grundlegende Fragen nicht geklärt, die für den Schutz der Umwelt von zentraler Bedeutung sind.
Die dogmatischen Probleme des Umweltstrafrechts, die sich auf die Praxis auswirken, beruhen auf der engen Verzahnung des Umweltstrafrechts mit dem Umweltverwaltungsrecht – eine Ausnahme hierzu stellt § 330a StGB dar, der aus der Verwaltungsakzessorietät gelöst ist.[50] Diese enge Verzahnung liegt unter anderem in der Natur des Strafrechts als Sekundärrechtsordnung begründet: Das (Umwelt-) Strafrecht kann nur bestrafen, was (umwelt-) verwaltungsrechtlich nicht erlaubt ist.[51]

1. Lozierung der umweltstrafrechtlichen Regeln

Infolge dieser engen Anbindung des Umweltstrafrechts an die Primärrechtsordnung des (Umwelt-) Verwaltungsrechts ist seine Lozierung von besonderer Bedeutung. Es geht um die Frage, ob die Straftatbestände aufgrund ihrer Nähe zum Umweltverwaltungsrecht dort als umweltverwaltungsrechtliches Nebenstrafrecht geregelt, ob sie vom Verwaltungsrecht unabhängiger in das allgemeine Strafgesetzbuch integriert oder in ein eigenständiges, zentrales Umweltschutzgesetz loziert werden sollen. Von dieser Zuordnung der strafrechtlichen Regelungen hängt unter anderem die bewusstseinsbildende Kraft des Umweltstrafrechts, also seine (positive) generalpräventive Wirkung, und damit auch die Anzeigebereitschaft der Bevölkerung ab. Die Lozierung ist ebenso entscheidend für die Auslegung der Umweltstraftatbestände: Stehen sie im Verwaltungs(neben)recht, so spricht dies dafür, dass die Auslegung des Strafrechtssatzes der des Verwaltungsrechtssatzes zu entsprechen hat.[52] Sind die Straftatbestände hingegen im Strafgesetzbuch geregelt, so spricht dies für eine eigenständigere strafrechtliche Auslegung. Hier wird deutlich, dass diese auf den ersten Blick wenig bedeutsam erscheinende Frage grundlegende (dogmatische) Konsequenzen hat.

2. Verwaltungsakzessorietät

Unmittelbare Folge der engen Anbindung des Umweltstrafrechts an das Verwaltungsrecht ist die Abhängigkeit des Umweltstrafrechts vom Verwaltungsrecht, die so genannte Verwaltungsakzessorietät. Die Umweltbehörden verwalten die Umwelt auf der Grundlage des Umweltverwaltungsrechts und legen so fest, welche Handlungen

---

49 So die herrschende Meinung im Verfassungsrecht zur Staatszielbestimmung Umweltschutz des Art. 20a GG. Vgl. statt aller: *Murswiek*, NVwZ **1996** 222, 224.

50 Da § 330a StGB die Verbreitung von Giftstoffen schlechthin unter Strafe stellt, also nicht die Beeinträchtigung eines Umweltmediums voraussetzt, handelt es sich eigentlich nicht um eine spezifische Umweltstrafbestimmung. Vgl. nur *Arzt/Weber*, BT, § 41, Rn. 92.

51 *Frisch*, Verwaltungsakzessorietät, S. 9 f.

52 *Tiedemann*, Tatbestandsfunktionen, 1969, S. 46 f. Nicht vertieft werden soll hier die Frage, ob es sich bei den Bezugnahmen auf das Verwaltungsrecht im einzelnen um normative Tatbestandsmerkmale oder um echte, auf außerstrafrechtliche Normsetzungsinstanzen verweisende Blanketttatbestände handelt und die daran anknüpfenden umstrittenen Auslegungsfragen. Vgl. *Enderle*, Blankettstrafgesetze, 2000.

erlaubt und welche verboten sind. Hierbei müssen sie einen Ausgleich zwischen dem Interesse am Schutz der Umwelt und den anderen wichtigen gesellschaftlichen Interessen gewährleisten und bestimmen damit zugleich die Reichweite des strafrechtlichen Schutzes der Umwelt. Umstritten ist, wie eng diese Bindung des Umweltstrafrechts an das Verwaltungsrecht sein muss, und wo Lockerungen bis hin zur Eigenständigkeit des Umweltstrafrechts gegenüber dem Verwaltungsrecht sinnvoll sind.[53]

3. Strafbarkeit von Amtsträgern

Eine weitere Frage, die sich aus der Verwaltungsakzessorietät ergibt, ist die nach der strafrechtlichen Verantwortlichkeit von Amtsträgern. Bedarf es eines Sonderstraftatbestands für Umweltverwaltungsbeamte, die bei der Wahrnehmung ihrer Aufgaben Fehler machen, also rechtswidrig handeln. Eng verbunden ist damit die Frage nach eventuellen Mitwirkungs-, Informations- und Anzeigepflichten der Umweltverwaltungsbehörden gegenüber den Strafverfolgungsbehörden, wenn erstere von einer strafbaren, die Umwelt gefährdenden Handlung erfahren.

4. Weitere zentrale Probleme

Weitere zentrale Fragen betreffen:

a. Die Strafbarkeit fahrlässigen Verhaltens

Hier geht es um die Frage, ob die Einschränkung der Strafbarkeit fahrlässigen Verhaltens gerade im Bereich des Umweltstrafrechts sinnvoll ist, weil zum einen die Umweltstraftabestände durchgehend die Strafbarkeit fahrlässigen Verhaltens vorsehen und zum anderen die an einen „umweltbewussten Rechtsgenossen" gestellten Sorgfaltspflichten sehr umfangreich sind.

b. Die Strafbarkeit juristischer Personen

Die rechtspolitisch aktuelle Frage nach der Strafbarkeit juristischer Personen stellt sich gerade im Umweltstrafrecht als Teilbereich des Wirtschaftsstrafrecht, weil vor allem die von Unternehmen ausgehenden Umweltbeeinträchtigungen gravierend sind und häufig wesentlich schwerwiegendere Schäden an der Umwelt verursachen als die von Privatpersonen ausgehenden Beeinträchtigungen.

c. Die möglichen Sanktionen

Hier sollen die möglichen Sanktionen und Sanktionsrahmen sowie die Sanktionswirklichkeit dargestellt werden, um unter anderem zu überprüfen, ob die Forderung, die Strafrahmen anzuheben gerechtfertigt ist.

d. Das Strafanwendungsrecht

Das Strafanwendungsrecht ist für das Umweltstrafrecht von besonderer Bedeutung, weil Umweltbeeinträchtigungen oft Auswirkungen auf Nachbarstaaten haben. Damit stellt sich die Frage nach der strafrechtlichen Erfassung grenzüberschreitende Um-

---

[53] Vgl. 1. Kapitel B. IV. 3. b.

weltbeeinträchtigungen, deren Beantwortung im Umweltstrafrecht wegen der oft als abstrakte Gefährdungsdelikte ausgestalteten Straftatbestände Probleme bereitet.

IV. Gang der Untersuchung und methodische Seite des Rechtsvergleichs

Für die geplante Rechtsvergleichung ist es notwendig, zunächst die *geltende Rechtslage im deutschen Umweltstrafrecht* darzustellen. Hierbei werden Systematik, Dogmatik und Problembereiche im deutschen Umweltstrafrecht aufgezeigt, um als Vergleichsgrundlage zu dienen.

Der *Gang der Untersuchung* ist fünfgeteilt:

1. Das geltende deutsche Umweltstrafrecht

Vergleichsgrundlage und insofern Ausgangspunkt der vorliegenden Arbeit ist das geltende deutsche Umweltstrafrecht.

a. Legitimation des (Umwelt-) Strafrechts

Nach einer kurzen historischen Einführung wird die Frage nach der Legitimation des (Umwelt-) Strafrechts gemessen an dessen Schutzfunktion und dem Ruf (der sog. *Frankfurter Schule*) nach Entkriminalisierung – auch und gerade im Bereich – des Umweltstrafrechts erörtert.

b. Strafbarkeit fahrlässigen Verhaltens

Ebenfalls unabhängig von einzelnen Tatbeständen ist die daran anschließende Diskussion des Problems fahrlässigen Verhaltens. Dieser Fragestellung kommt im Umweltstrafrecht deshalb besondere Bedeutung zu, weil jeder Straftatbestand auch die fahrlässige Begehungsweise mit Strafe bewehrt.

c. Problemfelder des Umweltstrafrechts

Nach diesen grundlegenden, nicht auf das Umweltstrafrecht beschränkten Erörterungen, folgt die Auseinandersetzung mit sechs speziellen Problemfeldern des Umweltstrafrechts.

Den Anfang bildet die Untersuchung der *Rechtsgüterproblematik* und der *Ausgestaltung der Delikte.*

Bei der Behandlung des Problems der *Verwaltungsakzessorietät* des Umweltstrafrechts wird aufgezeigt, wo derzeit die Grenze der Abhängigkeit vom Verwaltungsrecht beziehungsweise der Eigenständigkeit des Umweltstrafrechts verläuft.

Eng damit verknüpft ist die Frage nach der *Strafbarkeit von Amtsträgern* in Umweltbehörden, ob es hierfür eines speziellen Straftatbestands für Amtsträger bedarf. Bei der Erörterung dieses Problemkreises wird auf eventuelle Mitwirkungs- und Informationspflichten der Verwaltungsbeamten mit Blick auf den Grundsatz *nemo tenetur se ipsum accusare* eingegangen.

Die Frage nach der *Strafbarkeit juristischer Personen* wird entsprechend ihrer Aktualität ausführlich und mit Blick auf die Regelungen und gesetzgeberischen Tätigkeiten in anderen EU-Mitgliedstaaten sowie mit Blick auf die EU-Ebene behandelt.
Nach diesen Überlegungen zu den Strafbarkeitsvoraussetzungen wird kurz auf die möglichen *Straffolgen* eingegangen. Auch wenn europäische Maßnahmen grundsätzlich keine bestimmten Strafen und Strafrahmen vorsehen, hat dieser Abschnitt für die Beantwortung folgender zwei Fragen Bedeutung: Welche Strafen sind möglich (Freiheitsstrafen oder Geldstrafen, die Verhängung eines Berufsverbots, Regeln zur Einziehung und zum Verfall etc.) und kommt ihnen eine abschreckende Wirkung zu? Die daran anschließende Diskussion des Problems des *Strafanwendungsrechts* (§§ 3 ff. StGB) ist gerade deshalb von besonderer Bedeutung, weil es sich auf dem Gebiet des Umweltstrafrechts vielfach um transnationale Rechtsgüter handelt und die die Umwelt beeinträchtigenden Straftaten und ihre Auswirkungen nicht selten Staatsgrenzen überschreiten. Da es sich bei den Umweltstraftatbeständen – ähnlich den Straftatbeständen, die Delikte im Internet erfassen – vielfach um erfolgsunabhängige, abstrakte und potentielle Gefährdungsdelikte handelt, werden die aktuellen Lösungsansätze aus dem Internet-Strafrecht ergänzend zu den Lösungsansätzen im Umweltstrafrecht herangezogen.

2. Umweltstrafrecht in anderen Mitgliedstaaten

Vor dem Hintergrund des Umweltstrafrechts einiger ausgewählter Mitgliedstaaten der Europäischen Union soll der Trend der Rechtsentwicklung und die Umsetzbarkeit europäischer umweltstrafrechtlicher Regelungen auf EU-Ebene deutlich gemacht werden. Hierbei kann zwischen kernstrafrechtlichen, eigenständigen und nebenstrafrechtlichen Regelungsmodellen des Umweltstrafrechts, entsprechend der Lozierung des Umweltstrafrechts in dem jeweiligen Land, differenziert werden. Da das Umweltstrafrecht in Deutschland im Strafgesetzbuch geregelt ist, werden zunächst die EU-Länder mit kernstrafrechtlichen Regelungsmodellen dargestellt. Als Beispiel für Staaten, die das Umweltstrafrecht in einem eigenständigen Umweltschutzgesetz regeln, wird sodann das Umweltstrafrecht der Nicht-EU-Staaten Japan und Schweiz behandelt, weil kein EU-Mitgliedstaat von diesem Regelungsmodell Gebrauch gemacht hat, seine Aufnahme für eine vollständige Darstellung der Regelungsmodelle aber unverzichtbar ist. Als letztes folgt die Untersuchung der nebenstrafrechtlichen Regelung des Umweltstrafrechts, weil dieses Modell dogmatisch die größten Unterschiede zum kernstrafrechtlichen Modell aufweist und zeitlich die frühere Form darstellt. Innerhalb der Darstellung des Umweltstrafrechts der einzelnen Länder werden – ebenso wie bei der Analyse des deutschen Umweltstrafrechts – die sechs großen Problemfelder – Ausgestaltung des Rechtsgüterschutzes und der Deliktstypen, Verwaltungsakzessorietät, Strafbarkeit von Amtsträgern, Strafbarkeit juristischer Personen, vorgesehene Sanktionen – behandelt. Im Rahmen der Erörterung der Verwaltungsakzessorietät in Frankreich und Großbritannien wird auch das französische beziehungsweise britische Verwaltungsrecht dargestellt, um so Grenzen und Lockerungen der Abhängigkeit des (Umwelt-) Strafrechts vom Verwaltungsrecht in anderen mitgliedstaatlichen Rechtsordnungen als Vergleichsgrundlage zu haben. Dabei wurde Frankreich exemplarisch für die Länder, deren Verwaltungsrechtsordnungen vom französischen Verwaltungsrecht geprägt sind, und Großbritannien stellvertretend für den angloamerikanisch geprägten Rechtsraum gewählt.

3. Übereinkommen des Europarats

Im Anschluss an den rechtsvergleichenden Teil wird das Übereinkommen des Europarats auf seine völkerrechtliche Bedeutung und insbesondere seine völkerrechtliche und nationale Bindungswirkung hin untersucht. Die Regeln des Übereinkommens werden ausführlich dargestellt und interpretiert. Dabei wird herausgearbeitet, welches Regelungsmodell dem Übereinkommen zugrunde liegt und wie dort die im deutschen Umweltstrafrecht problematischen Bereiche behandelt werden. Den Abschluss dieses dritten Teils bildet der Vergleich des Übereinkommens mit dem deutschen Umweltstrafrecht und die rechtspolitische Bewertung des Übereinkommens wegen seiner grundlegenden Bedeutung im Hinblick auf den zeitlich später verabschiedeten Rahmenbeschluss der Europäischen Union.

4. Europäisches Strafrecht

Der sodann folgende rechtspolitische Teil der Arbeit befasst sich mit dem europäischen Strafrecht.

a. Art. 37 EU-Charta

Art. 37 (Umweltschutz) der Charta der Grundrechte der Europäischen Union verdeutlicht, welch hoher Stellenwert dem Schutz der Umwelt auf der Ebene der Europäischen Union inzwischen beigemessen wird. Allerdings soll diese Regelung den Bürgern der Europäischen Union keine subjektiven Rechte verleihen, auf die sie sich unmittelbar berufen und die sie einklagen können. Art. 37 EU-Charta ist ebenso wie Art. 20a GG nur als Handlungsziel für die Gemeinschaftsorgane in dem Sinne verbindlich, dass sie den Umweltschutz bei ihren Tätigkeiten fortlaufend zu beachten haben.

b. Strafrechtssetzungskompetenz

Bei den Streitigkeiten über die Strafrechtssetzungskompetenzen in der Europäischen Gemeinschaft – mit besonderem Augenmerk auf das Gebiet des Umweltstrafrechts – geht es um die Frage, ob die Europäische Union im Rahmen des Ersten oder des Dritten Pfeilers tätig werden kann oder muss, wenn sie durch die Schaffung von EU-weit geltenden strafrechtlichen Mindeststandards einen effizienten Umweltschutz durchsetzen möchte. Um die darauf fußenden kompetenzrechtlichen Streitigkeiten innerhalb der Europäischen Union besser verstehen zu können, werden die hier vertretenen Meinungen eingehend erörtert und der Weg zu dem ergangenen Rahmenbeschluss nachgezeichnet.

5. Rahmenbeschluss der Europäischen Union

Im abschließenden fünften Kapitel wird der nun geltende Rahmenbeschluss der Europäischen Union analysiert.
Zunächst wird die Entwicklung hin zu einer für alle Mitgliedstaaten verbindlichen, einheitlichen Regelung des Umweltstrafrechts dargestellt und aufgezeigt, weshalb der Rechtsakt eines Rahmenbeschlusses und nicht der einer Richtlinie gewählt wurde.
Dann werden die Bestimmungen des Rahmenbeschlusses mit den Regeln des Übereinkommens des Europarats und den Bestimmungen des deutschen Umweltstrafrechts verglichen. Dabei werden sowohl die Vorzüge der europäischen Regelungen herausgearbeitet als auch der Handlungsbedarf für den deutschen Gesetzgeber aufgezeigt. Auch hier geht es um die zentrale Frage, ob und inwieweit das deutsche Umweltstrafrecht hinter dem im Rahmenbeschluss festgelegten Mindestschutz der Umwelt vor schwerer Umweltkriminalität zurückbleibt.

6. Zusammenfassung

In der Zusammenfassung der wichtigsten Ergebnisse aus den ersten fünf Kapiteln nehmen vor allem die Ergebnisse des vorangegangenen Rechtsvergleichs des Rahmenbeschlusses mit dem deutschen Umweltstrafrecht eine hervorgehobene Stellung ein. Die Unterschiede zwischen den auf europäischer Ebene vorgesehenen und den auf deutscher Ebene geltenden Rechtsinstrumenten, die ein Tätigwerden des deutschen Gesetzgebers zur Erreichung eines *Mindestschutzes* der Umwelt durch das Strafrecht erforderlich machen, werden als rechtspolitisch besonders wichtiges Ergebnis herausgestellt.
In einem Ausblick soll deutlich gemacht werden, was zur *Optimierung der Umweltstrafrechtsordnungen* über die Einhaltung der europäischen Mindeststandards hinaus noch zu fordern ist, um ein Sanktionenrecht zu schaffen, das zum optimalen Schutz der Umwelt notwendig ist.

V. Ausblick

Ziel des Rechtsvergleichs ist es nicht, einen möglichen maximalen strafrechtlichen Schutz der Umwelt aufzuzeigen und zu fordern – aber auch nicht, sich mit einem minimalen Schutz zu begnügen. Vielmehr ist ein optimaler Umweltschutz unter Einbeziehung aller gesellschaftspolitischen Interessen mit Hilfe des Strafrechts anzustreben. Dabei wird der Begriff des Optimums (an Umweltschutz) im biologischen Sinne verstanden:[54] Das Optimum ist der Grad an äußeren Lebensbedingungen für Pflanzen, bei dem die Lebenstätigkeit der Organismen für sie am günstigsten abläuft; ab dem Minimum beginnt aktives Leben und bei Überschreitung des Maximums hört es

[54] *Nultsch*, Allgemeine Botanik, S. 534 f.; *Strasburger*, Lehrbuch der Botanik, S. 886.

auf (Kardinalpunkte). Übertragen auf das Umweltstrafrecht bedeutet es, dass der strafrechtliche Schutz der Umweltmedien die Bedingungen für optimales aktives Leben gewährleisten soll. Ein maximaler Schutz, unter dem die wirtschaftliche Entwicklung leidet, ist ebenso wenig zuträglich wie ein minimaler, die Umweltgüter vernachlässigender Schutz.

Der Rahmenbeschluss der Europäischen Union zum Schutz der Umwelt bezweckt lediglich ein Mindestschutzniveau der Umweltgüter gegen schwerwiegende Beeinträchtigungen. Deshalb ist Ziel der Untersuchung eine Bestandsaufnahme der Umweltschutzvorschriften in den verschiedenen Staaten, gemessen an den europäischen Vorgaben, wobei das deutsche Umweltstrafrecht den Schwerpunkt bildet. Die europäischen Vorgaben werden darauf untersucht, ob sie einen optimalen Umweltschutz gewährleisten (können). Ist dies nicht der Fall, so soll ausgeführt werden, was für einen optimalen Schutz der Umwelt als Lebensgrundlage des Menschen darüber hinaus erforderlich ist.

Geht man davon aus, dass das Recht Spiegel der gesellschaftlichen Entwicklungen ist, so muss das Umweltstrafrecht europäisch beziehungsweise international sein. Da das Recht gesellschaftliche Prozesse nicht nur aufgreift und nachzeichnet, sondern auch Anstoß gibt, besteht hier die Chance für das Recht, Motor für die Europäisierung und Internationalisierung des Umweltstrafrechts zu sein.

1. Kapitel: Das deutsche Umweltstrafrecht

Der Abschnitt über das deutsche Umweltstrafrecht und seiner besonders umstrittenen Regelungen dient als Grundlage und Ausgangspunkt für den später erfolgenden Rechtsvergleich. Die Darstellung der strittigen Gebiete des deutschen Rechts (Rechtsgüterschutz, Verwaltungsakzessorietät, Amtsträgerstrafbarkeit etc.) soll die Vergleichsgrundlage für den qualitativen Rechtsvergleich mit dem Übereinkommen des Europarats bilden. Erst auf dieser Basis ist eine Überprüfung der in dem Übereinkommen und in dem Rahmenbeschluss getroffenen Regelungen mit einem „vorgeschärften" Blick möglich. Bei diesem Vergleich können Regelungsmodi hervortreten, die als besonders oder als weniger gelungen bewertet werden und je nachdem als Vorbild dienen können.

A. Historische Entwicklung

Bereits im Römischen Recht gab es vereinzelt Regelungen, die dem Umweltschutz dienten und deren Verletzung mit strafrechtlichen Mitteln sanktioniert wurde.[55] Dennoch kannte das deutsche Strafgesetzbuch bis 1980 keine nennenswerten Regelungen zum Schutz der Umwelt. Dies änderte sich erst, als eine Reihe von Umweltskandalen in den 70er und 80er Jahren[56] für eine Bewusstseinsänderung in der Bevölkerung sorgte.[57] Durch die in diesem Zusammenhang entstehenden Bürgerinitiativen und ökologisch orientierten politischen Gruppierungen wurde der Gesetzgeber zum Handeln veranlasst. Er erkannte, dass der zivil- und verwaltungsrechtlich geregelte Umweltschutz nicht ohne strafrechtliche Unterstützung auskommt. Zunächst wurden strafrechtliche Regelungen aufgrund ihrer großen Sachnähe in die Umweltverwaltungsgesetze (zum Beispiel in das Abfall-, Atom-, Bundesimmissionsschutz- und Wasserhaushaltsgesetz) eingefügt.[58] Zwar konnte hierdurch zur Beschreibung der Tatbestandsmerkmale auf die gesetzlichen Vorschriften dieser Nebengesetze zurückgegriffen und eine relativ große Bestimmtheit der Strafbarkeitsvoraussetzungen erreicht werden (Art. 103 Absatz 2 GG),[59] doch kam es bei der Ahndung von Strafta-

---

[55] Vgl. *Bloy*, ZStW **100** (1988) S. 485 Fn. 4 a.E.; *ders.*, JuS **1997** 577 und ausführlich zur Geschichte des Umweltschutzes *Heine*, GA **1989** 116 ff.

[56] Siehe die Serie über Giftmüllskandale im Spiegel 1974 und den Sandoz-Skandal in Basel 1986 sowie Tschernobyl im gleichen Jahr.

[57] Vgl. nur die Kriminalistik-Tagung, die dem Umweltschutz gewidmet war, *N.N.*, Kriminalistik **1978** 559 f.

[58] **Krit.** *Backes*, JZ **1973** 337, 342.

[59] *Otto*, Jura **1995** 134; *Steindorf*, LK Vor § 324, Rn. 1.

ten zu Disharmonien zwischen diesem verwaltungsrechtlichen Nebenstrafrecht und dem Hauptstrafrecht[60] des Strafgesetzbuches sowie teilweise auch zu Ahndungslücken.[61]

Aufgrund dessen integrierte der Gesetzgeber mit dem Gesetz zur Bekämpfung der Umweltkriminalität (1. UKG) im Jahre 1980 schließlich den Kernbereich der ursprünglich im Umweltverwaltungsrecht geregelten Tatbestände zum Schutz der Umwelt in das Strafgesetzbuch, §§ 324 bis 330d StGB, als eigenen 28. Abschnitt.[62] Erklärtes Ziel dieser Maßnahme war sowohl die Konzentration als auch die Harmonisierung der wichtigsten Umweltstraftatbestände und die Aufwertung der nun scheinbar selbständigen Strafbestimmungen.[63] Mit der Aufnahme dieser Regelungen in das allgemeine Strafgesetzbuch sollte die Bedeutung der geschützten Rechtsgüter hervorgehoben und der sozialschädliche Charakter solcher Taten verstärkt ins Bewusstsein der Bevölkerung gebracht werden: Ihre ökologische Wichtigkeit und die Wirksamkeit ihres Strafschutzes sollte damit erhöht werden.[64] Doch zeigte sich bald, dass diese erste Reform die Erwartungen weitgehend unerfüllt ließ und sich das auf dem 1. UKG beruhende Umweltstrafrecht als nicht hinreichend wirksam erwies.[65] Hinsichtlich seiner eigentlichen Zielsetzung[66] blieb das Umweltstrafrecht vielmehr wirkungslos und die Strafjustiz war hauptsächlich damit beschäftigt, die zu unbestimmten und die (wegen der verwaltungsrechtlichen Vorfragen) schwer handhabbaren Tatbestände auszulegen.[67]

Deshalb wurde der 28. Abschnitt 1994 durch das Zweite Gesetz zur Bekämpfung der Umweltkriminalität (2. UKG) novelliert.[68] Mit dieser Reform sollten die bedeutendsten Mängel des ersten Umweltkriminalitätsgesetzes, die durch die Praxis zu Tage getreten waren, behoben werden. Ziel war insbesondere die Schließung von Lücken bei der Strafverfolgung sowie die Harmonisierung des strafrechtlichen Schutzes der

---

60 Näher dazu *Steindorf*, LK Vor § 324, Rn. 2.

61 Vgl. nur *Otto*, Jura **1995** 134 f.

62 18. StRÄndG vom 28.03.1980 (BGBl. I, S. 373).

63 BT-Drs. 8/2382, S. 9 ff.; *Bloy*, ZStW **100** (1988) S. 485; *Kloepfer/Vierhaus*, Umweltstrafrecht, Rn. 9; *Rogall*, Köln-Festschrift, S. 505; *Schönke/Schröder/Cramer/Heine*, Vorbem §§ 324 ff., Rn. 2; *Steindorf*, LK Vor § 324, Rn. 3; *Storm*, JZ **1980** 366; *Tiedemann*, Neuordnung, S. 9.

64 BT-Drs. 8/2382, S. 1; *Bottke*, JuS **1980** 539, 541; *Kühl*, Lackner-Festschrift, S. 815, 824; *Michalke*, Umweltstrafsachen, Rn. 3; *Otto*, Jura **1995** 134, 135; *Rogall*, Köln-Festschrift, S. 505; *Steindorf*, LK Vor § 324, Rn. 3 und 7a; *Tiedemann*, LK Vor § 298, Rn. 3 (zur Bewusstseinsbildung durch das StGB); *ders.*, in: Kimminich/v.Lersner/Storm (Hrsg.) Bd. II, Sp. 2440, 2443; *ders.*, Neuordnung S. 18 f.; *Triffterer*, in: Ulsamer (Hrsg.), S. 1034, 1035; *ders.*, Umweltstrafrecht, S. 31 f.; *Tröndle/Fischer*, Vor § 324, Rn. 4; *Wessels/Hettinger*, BT/1, Rn. 1053.

65 *Bloy*, JuS **1997** 577, 578; *Hamm*, StV **1990** 220; *Michalke*, Umweltstrafsachen, Rn. 3; *Möhrenschlager*, NStZ **1994** 513; *Otto*, Jura **1995** 134, 135; *Steindorf*, LK Vor § 324, Rn. 8.

66 *Steindorf*, LK Vor § 324, Rn. 8. Zur Kritik am 28. Abschnitt vgl. ferner: *Arzt*, Kriminalistik **1981** 117, 120; *Backes*, JZ **1973** 337; *Hamm*, StV **1990** 220; *Nadler*, JZ **1977** 296, 297.

67 Vgl. Rspr.-Übersicht bei *Schall*, NStZ **1992** 209 ff. und 265 ff.

68 31. StRÄndG, BGBl. I, S. 1440. Heute aufgrund des Gesetzes vom 13.08.1997 (BGBl. I, S. 2038): 29. Abschnitt.

Umweltmedien.[69] Jedoch geschah dies nur halbherzig, so dass beide Gesetzesreformen nur Teilerfolge ausweisen können.[70] Bei der Reform durch das 2. UKG wurden nur die im Wesentlichen unbestrittenen Reformanliegen durchgeführt: So wurden die Straftatbestände zum Umweltschutz zwar zusammengefasst, erweitert und ergänzt, doch ist ihre Harmonisierung nicht (vollständig) gelungen.[71]

B. Probleme und Unzulänglichkeiten des geltenden Umweltstrafrechts

Mit der Inkorporierung der Normen zum Umweltschutz in das Strafgesetzbuch hat der Staat im Rahmen seiner Schutzpflichten neue kollektive Rechtsgüter in das Kernstrafrecht aufgenommen.
Da die *Frankfurter Schule* den strafrechtlichen Schutz dieser kollektiven Rechtsgüter als überflüssig geißelt, werden zunächst Funktion und Grenzen des Strafrechts und die Aufgaben des Staats erörtert, um die Kritik der *Frankfurter Schule* einordnen und widerlegen zu können. Mit den verfassungsrechtlichen Anforderungen an das (Umwelt-) Strafrecht eng verknüpft ist die nachfolgend erörterte Frage nach der Strafbarkeit fahrlässigen Verhaltens und ihren Grenzen.
Nach Erörterung der Frage, ob die Kritik am strafrechtlichen Schutz der Umwelt gerechtfertigt ist und ob sich dieser Schutz im Rahmen der verfassungsrechtlichen Befugnisse zur Strafrechtssetzung befindet, werden die sechs zentralen Probleme des geltenden Umweltstrafrechts (Rechtsgüterschutz und Deliktstypen, Verwaltungsakzessorietät, Amtsträgerstrafbarkeit, Strafbarkeit juristischer Personen, Sanktionen und Strafanwendungsrecht) analysiert.

[69] BT-Drs. 12/192, S. 10; *Kinkel*, ZRP **1991** 413, 414; *Möhrenschlager*, NStZ **1994** 513, 514; *Otto*, Jura **1995** 134, 135; *Triffterer*, in: Ulsamer (Hrsg.), S. 1034, 1047; *Tröndle/Fischer*, Vor § 324, Rn. 1a.

[70] Vgl. *Lackner/Kühl*, Vor § 324, Rn. 6a; *Schönke/Schröder/Cramer/Heine*, Vorbem §§ 324 ff., Rn. 2 (ff.); *Steindorf*, LK Vor § 324, Rn. 7 und 8f; *Tröndle/Fischer*, Vor § 324, Rn. 4.

[71] *Steindorf*, LK Vor § 324, Rn. 7 und 8f. Vgl. zu den „Kernstücken" der Novelle: *Sanden*, Umweltrecht, S. 344; *Schönke/Schröder/Cramer/Heine*, Vorbem §§ 324 ff., Rn. 2 spricht vom „*Verzicht auf grundlegende Neugestaltung*".

I. Die Legitimation des Umweltstrafrechts

1. Die Funktionen des Strafrechts

Das Strafrecht ist eines der einschneidendsten Zwangsmittel des Staats[72] und hat die Aufgabe vor besonders unerträglichen Verstößen gegen Rechtsgüter, die für die Erhaltung der Bedingungen menschlichen Zusammenlebens und die freie Entfaltung des Individuums unerlässlich sind, zu schützen.[73] Es sichert in letzter Instanz die Erzwingbarkeit von Geboten und Verboten der Rechtsordnung.[74] Allerdings gibt es keinen feststehenden Kanon an strafrechtlich zu schützenden Rechtsgütern, sondern nur Einigkeit über einen Kernbereich erhaltenswerter Güter und Zustände, wie Leben, körperliche Integrität und Freiheit.[75] Diese klassischen Rechtsgüter sind stets Individualrechtsgüter.[76] Als *Friedens- und Schutzordnung* für die menschlichen Sozialbeziehungen hat das Strafrecht fundamentale Bedeutung.

Die Androhung der Strafe hält im Bewusstsein der Bevölkerung die Verbindlichkeit der betreffenden Norm wach[77] und gibt demjenigen, der sich über sie hinwegsetzen möchte, ein starkes Motiv, dies nicht zu tun.[78]

Der Rechtsstaat verbietet – abgesehen von gesetzlich geregelten Ausnahmefällen[79] – Privatgewalt.[80] Das verpflichtet den Staat, für die Sicherheit seiner Bürger zu sorgen und die Achtung ihrer Rechte sicherzustellen[81] und so Selbsthilfe und Privatjustiz zu unterbinden.[82] Diese *Rechtsbewehrungswirkung* der Strafe ist vor allem dann wichtig,

---

72 BVerfGE **88** 203, 258; *Hefendehl*, Kollektive Rechtsgüter, S. 42; *Herzog*, Gesellschaftliche Unsicherheit, S. 119 f.; *Kindhäuser*, Madrid-Symposium, S. 125, 128; *Weigend*, Hirsch-Festschrift, S. 917, 935. Andere vertreten beziehungsweise geben zu bedenken, ob nicht die Sanktionsmöglichkeiten des Zivil- und Verwaltungsrechts ebenso oder nicht gar spürbarere Eingriffe in die Freiheitsräume des Einzelnen darstellen. Vgl. *Szczekalla*, Schutzpflichten, S. 358 ff. Kritisch *Tiedemann*, Verfassungsrecht, S. 52, der das Strafrecht als *aliud* ansieht, das sogar milder sein kann als verwaltungsrechtliche Kontrollen.

73 BVerfGE **27** 18, 29; **39** 1, 46; **45** 187, 253 f.; **51** 60, 74 f.; **88** 203, 257 und **90** 145, 184: Schutz wichtiger und elementarer Grundlagen eines geordneten Gemeinschaftslebens. Vgl. *Appel*, KritV **1999** 278 f.; *ders.*, Verfassung und Strafe, S. 73; *Dannecker*, Jahrbuch des öffentlichen Rechts, S. 127, 130 und *Würtenberger*, K. Peters-Festschrift, S. 209, 212 f. Ferner *Herzog*, Gesellschaftliche Unsicherheit, S. 120 mit Zitat von *Maurach/Zipf*, AT 1, § 2 III A und auf S. 122 mit Zitat von *Otto*, Instrument, S. 403 f.

74 H.M. BVerfGE **51** 324, 343 f.; *Dannecker*, Jahrbuch des öffentlichen Rechts, S. 127, 130; *Jescheck/Weigend*, AT, S. 2; *Merten*, Rechtsstaat, S. 67.

75 *Frisch*, Stree/Wessels-Festschrift, S. 69, 71; *Nowakowski*, ÖJZ **1965** 281 und 282.

76 *Hassemer*, ZRP **1992** 378, 381.

77 Vgl. zur h. M. *Tiedemann*, Verfassungsrecht, S. 20, 22 und 29 und *Weigend*, Hirsch-Festschrift, S. 917, 926 und 933.

78 Vgl. nur *Weigend*, Hirsch-Festschrift, S. 917, 926.

79 Notwehr und Nothilfe, § 32 StGB sowie Notstand, § 34 StGB, Selbsthilfe, §§ 229 ff., 561 und 859 BGB und vorläufige Festnahme, § 127 Absatz 1 StPO. Vgl. auch *Merten*, Rechtsstaat, S. 57.

80 Das Grundgesetz geht von der Monopolisierung der Gewalt beim Staat aus – siehe nur *Merten*, Rechtsstaat, S. 38; ferner *Dannecker*, Jahrbuch des öffentlichen Rechts, S. 127, 130 und *Jescheck/ Weigend*, AT, S. 16.

81 BVerfGE **74** 257, 262; *Merten*, Rechtsstaat, S. 56.

82 BVerfGE **74** 257, 261 f.; *Dannecker*, Jahrbuch des öffentlichen Rechts, S. 127, 130; *Jescheck/Weigend*, AT, S. 2.

wenn der natürliche Unwertgehalt des Delikts gering ist; gerade ein reaktionslos hingenommener Ladendiebstahl verleitet zur Nachahmung – nicht der unbestrafte Mord oder Totschlag.[83] Der Einsatz von Strafe ist deshalb auch im Bereich der mittleren und leichten Kriminalität notwendig,[84] um den Rechtsfrieden[85] in der Gesellschaft zu wahren, Nachahmung des Delikts zu unterbinden[86] und Selbsthilfe durch staatliche Verfolgung und Vergeltung[87] zu verhindern.[88]

Zur Erreichung und Absicherung dieser Ziele ist es notwendig, dass das Opfer *Genugtuung* erlangt und empfindet. Dazu ist der Schaden des Opfers ideell und materiell wiedergutzumachen[89] und das Opfer ist vor weiteren Verletzungen zu schützen.[90]

Das Strafrecht soll neben der Freiheit und den Gütern des (potentiellen) Opfers auch die *Freiheitsräume* des (potentiellen) Täters *schützen*. Es muss also zwischen dem mit der Strafe verbundenen Grundrechtseingriff, der zum Zweck des Schuldausgleichs gewollt ist,[91] und den zu schützenden Belangen des Gemeinwohls[92] die richtige und gerechte Mitte gefunden werden.[93]

2. Die Aufgaben des Staats

Die Aufgabe des Staats ist die Sicherung und Erhaltung der vom Staat gesetzten Rechtsordnung, die Gewährleistung des Rechtsfriedens sowie der Schutz des Einzelnen vor erheblichen Rechtsverletzungen. Daneben enthält der moderne Verfassungsstaat aber auch Freiheitsgewährleistungen gegenüber dem strafenden Staat.[94] Es besteht die Pflicht, Freiheitsrechte zu sichern.

Insofern stellt sich die Frage, inwieweit der Gesetzgeber verpflichtet ist, fehlenden Strafrechtsschutz durch die Schaffung neuer Straftatbestände zu beseitigen. Es geht also zunächst um die Frage nach verfassungsrechtlichen Schutzpflichten des Staats[95] und dann um die daraus folgenden Strafpflichten.

---

83 *Dannecker*, Jahrbuch des öffentlichen Rechts, S. 127, 131; *Szczekalla*, Schutzpflichten, S. 364.

84 Das gilt auch für den Einsatz von Verwaltungsstrafen und Geldbußen, vgl. *Dannecker*, Jahrbuch des öffentlichen Rechts, S. 127, 131. Wohl auch *Merten*, Rechtsstaat, S. 43, der davon spricht, dass *jede* Verletzung von Rechtsnormen, die Rechtsordnung in Frage stellt und so die öffentliche Sicherheit gefährdet.

85 Zum Begriff des Rechtsfriedens, vgl. *Würtenberger*, K. Peters-Festschrift, S. 209 ff.

86 Positive und negative generalpräventive Wirkung des Strafrechts, vgl. nur *Jescheck/Weigend*, AT, S. 3; *Weigend*, Hirsch-Festschrift, S. 917, 923.

87 *Weigend*, Hirsch-Festschrift, S. 917, 923, Fn. 35 unter Hinweis auf BVerfGE **95** 96, 140.

88 *Jescheck/Weigend*, AT, S. 2.

89 Zur wiedergutmachenden Funktion *B.-D. Meier*, ZRP **1991** 68 ff. (69).

90 *Dannecker*, Jahrbuch des öffentlichen Rechts, S. 127, 131.

91 *Weigend*, Hirsch-Festschrift, S. 917, 919 und 930; ferner *Nowakowski*, ÖJZ **1965** 281, 284.

92 BVerfGE **92** 277, 326.

93 *Dannecker*, Jahrbuch des öffentlichen Rechts, S. 127, 131; *Nowakowski*, ÖJZ **1965** 281, 283 und 287.

94 *Appel*, Verfassung und Strafe, S. 21; grundlegend *Böckenförde*, NJW **1974** 1529, 1530.

95 Vgl. *Robbers*, Sicherheit als Menschenrecht.

a. Schutzpflichten des Staats

Das Bundesverfassungsgericht hat in seiner Rechtsprechung unter bestimmten engen Voraussetzungen (objektive) Schutzpflichten des Staats aus der Verfassung, insbesondere aus den Grundrechten und der durch sie verkörperten objektiven Wertordnung, für einen kleinen Bereich dieser Ordnung, für den Schutz von Leben und Gesundheit, hergeleitet.[96] Ebenso hat das Bundesverfassungsgericht aus dem objektivrechtlichen Gehalt von Art. 2 Absatz 2 GG die Schutzpflicht des Staats zum Schutz vor Lärm gefolgert.[97] Eine Schutzpflicht des Staats kann auch daraus folgen, dass der Staat durch die Erteilung einer Genehmigung eine eigene Mitverantwortung für diese Gefahr übernimmt.[98] Aus der Staatszielbestimmung des Art. 20a GG[99] folgt hingegen kein subjektives Recht des Einzelnen gegen oder auf hoheitliches Handeln. Art. 20a GG enthält nur einen Handlungsauftrag an den Staat, der verpflichtet ist, dieses Ziel anzustreben.[100] Ein solches subjektives Recht auf Schutz der natürlichen Lebensgrundlagen, wie sie Art. 20a GG nennt, kann sich nur aus den Grundrechten selbst ergeben.[101] Jedoch ist inzwischen fast einhellig anerkannt, dass die Grundrechte keine für den Umweltschutz bedeutsamen Grundrechtspositionen einräumen, deren subjektiv-rechtlicher Schutz über die Rechtsgüter Leben, Gesundheit, Freiheit und Eigentum hinausginge.[102] Damit sind aus verfassungsrechtlicher Sicht alle sich nicht unmittelbar lebens-, gesundheits- oder eigentumsgefährdend auswirkenden Schädigungen der Umwelt von jedermann hinzunehmen.[103]

b. Strafpflichten des Staats?

Aus diesen bestehenden Schutzpflichten folgt nicht zwingend eine Pflicht des (Straf-) Gesetzgebers zur Strafbewehrung bestimmter Rechtsgüter.[104] Auch aus der Entscheidung des Bundesverfassungsgerichts zum Schwangerschaftsabbruch[105] lässt sich

---

96 BVerfGE **39** 1, 42 und 46; **46** 160, 164; **49** 89, 141 f.; **53** 30, 57; **56** 54, 73; **77** 170, 214; *Tiedemann*, Verfassungsrecht, S. 53, der daneben noch die Bewegungsfreiheit und das Eigentum nennt.

97 BVerfGE **56** 54, 73; **53** 30, 57 (Mülheim-Kärlich) und **49** 89, 141 (Kalkar). Vgl. auch *Robbers*, Sicherheit als Menschenrecht, S. 131 ff.

98 BVerfGE **53** 30, 58: Es ging um die Genehmigung eines Kernkraftwerks.

99 *Westphal*, JuS **2000** 339 ff.

100 *Murswiek*, NVwZ **1996** 222, 223; *Westphal*, JuS **2000** 339.

101 *Kottula*, KJ **2000** 22; ferner *Murswiek*, NVwZ **1996** 222, 224 und 230.

102 Vgl. nur *Kottula*, KJ **2000** 22, 23; ferner *Sailer*, DVBl. **1976** 521 ff. unter Hinweis auf *Häberle* (VVDStRL **30** 43, 95 f. und 138, Leitsatz 36: Die Sozialstaatsklausel fordere die Schaffung materieller Grundrechtsvoraussetzungen und ermögliche so erst die Entfaltung der klassischen Freiheitsrechte wie zum Beispiel den Umweltschutz), *Rehbinder* (in: *Klein*, Weber-Festschrift, S. 643, 650: In der komplexen Industriegesellschaft lasse sich die persönliche Freiheit, Leben, Körperintegrität nur aktualisieren, wenn der Staat die ökonomischen wie ökologischen Voraussetzungen schafft sowie erhält, um sie realiter auszuüben) und *Rupp* (JZ **1971** 401, 402: Die Grundrechte enthalten soziale Schutzansprüche auf positive Fürsorge und Hilfe des Staats, auf Schaffung derjenigen Bedingungen, unter denen in der heutigen Umwelt überhaupt noch ein freies menschenwürdiges Leben des einzelnen möglich ist).

103 *Kottula*, KJ **2000** 22, 23.

104 *Appel*, Verfassung und Strafe, S. 68 f.

105 BVerfGE **39** 1, 49 ff.

eine Pflicht des Staats zur Schaffung von Straftatbeständen nicht entnehmen.[106] Somit bleibt die Wahl der richtigen Schutzinstrumente und gegebenenfalls der Rückgriff auf strafrechtliche Mittel seiner Einschätzungsprärogative überlassen.[107]

aa. Rechtsprechung des Bundesverfassungsgerichts

Der Strafgesetzgeber muss laut Bundesverfassungsgericht das zu schützende Rechtsgut einem bestimmten Schutzkonzept unterstellen, das einen angemessenen und wirksamen Schutz gewährleistet.[108] Nur ausnahmsweise kann sich die Schutzpflicht zu einer Pönalisierungspflicht verdichten – nämlich dann, wenn kein anderes Mittel verfügbar ist, um das vom Bundesverfassungsgericht geforderte Schutzniveau zu erreichen.[109] In diesem Fall reduziert sich das Ermessen des Gesetzgebers bei der Entscheidung über die Strafbarkeit auf Null.

Aus den Schutzpflichten des Staats lassen sich auch keine konkreten Vorgaben für ein bestimmtes sanktionsrechtliches Repressionsniveau entnehmen. Allerdings gibt es in der Rechtsprechung des Bundesverfassungsgerichts Hinweise dafür, dass bei besonders elementaren, Schutzgütern die Abkehr vom strafrechtlichen zu einem nichtstrafrechtlichen Schutzkonzept rechtfertigungsbedürftig sein soll.[110] Bei der Entscheidung des Gesetzgebers, ob er das Rechtsgut mittels einer Geldbuße oder mittels einer (Kriminal-) Strafe schützt, steht ihm ein nicht unerheblicher Spielraum eigenverantwortlicher Bewertung zu. Die Grenzlinie zwischen kriminellem Unrecht und Ordnungsunrecht kann der Gesetzgeber festlegen.[111]

bb. Rechtsprechung des Europäischen Gerichtshofs für Menschenrechte

In seiner Rechtsprechung zu den Schutz- und Pönalisierungspflichten des Gesetzgebers begreift der Europäische Gerichtshof für Menschenrechte ebenso wie das Bundesverfassungsgericht das Strafrecht als Schutzrecht, das in bestimmten Regelungsbereichen einen effektiven Rechtsgüterschutz gewährleisten soll. Sofern grundsätzliche Werte betroffen sind, soll das Strafrecht als Instrument des Rechtsgüterschutzes in Betracht kommen und auch wegen der Abschreckungsfunktion unverzichtbar sein.[112] Grundsätzlich sieht es der Europäische Gerichtshof für Menschenrechte als Sache der Vertragsstaaten und deren Gesetzgebung an, bei bestehenden Schutzpflichten Schutzmittel auszuwählen, die ein bestimmtes Schutzniveau gewährleisten. Der Schutz durch Strafvorschriften ist nur eine Möglichkeit neben anderen. Damit

---

106 *Appel*, Verfassung und Strafe, S. 68. **A.A.:** *J. Vogel*, StV **1996** 110, 11 f.; differenzierter *Tiedemann*, Verfassungsrecht, S. 50 ff. (53); so schon *ders.*, Tatbestandsfunktionen, 1969, S. 30.

107 *Tiedemann*, Verfassungsrecht, S. 50 f.; ferner *Robbers*, Sicherheit als Menschenrecht, S. 204.

108 *Appel*, Verfassung und Strafe, S. 70.

109 *Appel*, Verfassung und Strafe, S. 70; *Tiedemann*, Verfassungsrecht, S. 51.

110 Vgl. *Appel*, Verfassung und Strafe, S. 72 und S. 187, der sich hierzu kritisch äußert, da dadurch die Vermutung für die Notwendigkeit eines strafrechtlichen Schutzes aufgestellt würde.

111 BVerfGE **80** 182, 185 f.

112 Urteil vom EGMR vom 26.03.1985, Série A Nr. 91, Ziff. 27=EUGRZ **1985** 297, 299 und Urteil vom EGMR vom 21.02.1984, Série A Nr. 73, Ziff. 53=EUGRZ **1985** 62, 67.

ist auch für den Europäischen Gerichtshof für Menschenrechte entscheidend, ob die Schutzkonzepte ausreichenden Schutz für das zu schützende Gut gewähren.[113]

3. Die legitimationsrechtlichen Grenzen des Strafrechts

a. *Der Rechtsgutbegriff*

Was allgemein unter dem Begriff Rechtsgut zu verstehen ist, ist streitig.[114] Die neuere Lehre[115] hebt hervor, dass Rechtsgüter nicht als materielle Güter zu verstehen sind, sondern dass es sich um die Beziehungen des Menschen zu seinen Lebensinteressen handelt. Rechtsgüter sind durch das Strafrecht geschützte abstrakte und elementare Werte der Sozialordnung, an deren Erhaltung die Gemeinschaft ein Interesse hat.[116] Nach *Kindhäuser*[117] sind es Güter, die dem Einzelnen zur freien Entfaltung in der Gesellschaft dienen[118] und dem Einzelnen (Individualrechtsgut) oder der Gemeinschaft (Kollektivrechtsgut) zugeordnet sein können. Diese Begriffsbestimmung soll dazu dienen, Sanktionen auf strafwürdiges, gemeinschädliches Verhalten zu beschränken.[119]

Vom Rechtsgut ist das materielle Gut (das Handlungsobjekt), gegen das sich die tatbestandsmäßige Handlung richtet,[120] zu unterscheiden, auch wenn beide aufeinander bezogen sind. Das Rechtsgut ist der ideelle Wert, der sich in dem Handlungsobjekt verkörpert. So bildet zum Beispiel beim Diebstahl die fremde bewegliche Sache das Angriffsobjekt, wohingegen das geschützte Rechtsgut das Eigentum und der Gewahrsam sind.[121]

Die Frage, welche Rechtsgüter strafrechtlichen Schutz erfahren, soll nicht mehr von dem Rechtsgutbegriff,[122] sondern von der jeweiligen Gesellschaft, ihrer Verfasstheit, ihrem Gesellschaftsmodell und ihren Systembedingungen abhängen.[123] Das Konzept

---

113 Vgl. *Appel*, Verfassung und Strafe, S. 261 f.

114 Zum Streitstand *Kareklás*, Rechtsgut, S. 24 ff.; *Rogall*, Köln-Festschrift, S. 505, 509 ff.; *Rudolphi*, SK Vor § 1, Rn. 3 ff.; *Steindorf*, LK Vor § 324, Rn. 12 m.w.N.

115 *Hohmann*, GA **1992** 76, 77 f.; *Kareklás*, Rechtsgut, S. 58 ff. und 87; *Kindhäuser*, Madrid-Symposium, S. 125, 128 und 131; *M. Marx*, Rechtsgut, S. 62 ff.

116 BVerfGE **39** 1, 46; *Fahrenhorst*, in: Ulsamer (Hrsg.), S. 934, 935; *Kindhäuser*, Madrid-Symposium, S. 125, 128 und 131; *Jescheck/Weigend*, AT, S. 257; *Wessels/Beulke*, AT, Rn. 6.

117 Madrid-Symposium, S. 125, 128 f.

118 *M. Marx*, Rechtsgut, S. 62.

119 *Jescheck/Weigend*, AT, S. 258. **Krit.** *Appel*, KritV **1999** 278, der diesen Standpunkt aus heutiger Sicht als überholt ansieht.

120 *Jakobs*, AT, 2/6; *Jescheck/Weigend*, AT, S. 259 f.; *Wessels/Beulke*, AT, Rn. 8. Ferner *Hefendehl*, Kollektive Rechtsgüter, S. 39 ff.

121 *Jakobs*, AT, 2/6; *Jescheck/Weigend*, AT, S. 259 f.; *Roxin*, AT I, Rn. 34, *Wessels/Beulke*, AT, Rn. 8 je m.w.N.

122 So vermochte der Rechtsgutbegriff solange nichts gegen die Strafbarkeit bestimmter Sexualdelikte auszurichten, als die entsprechenden Moral- beziehungsweise Wertvorstellungen noch stark und wichtig genug erschienen, um ihre strafrechtliche Sanktionierung zu legitimieren. Der Rechtsgutbegriff wirkt nur dort strafrechtsbegrenzend, wo entsprechende Wertvorstellungen bereits erodiert sind. Vgl. *Appel*, KritV **1999** 278, 285; *Frisch*, Stree/Wessels-Festschrift, S. 69, 72.

123 *Frisch*, Stree/Wessels-Festschrift, S. 69, 71 f.; ferner *Appel*, KritV **1999** 278, 291 ff.

der Strafrechtsbegrenzung mittels der Rechtsguttheorie stammt aus einer Zeit, in der einem verfassungsrechtlich noch weitgehend ungebundenen Strafgesetzgeber Grenzen gesetzt werden mussten.[124] Diese Art der Eingrenzung war damals sinnvoll und folgerichtig. Da der Gesetzgeber inzwischen als einzige staatliche Instanz unmittelbar demokratisch legitimiert ist und die Verfassung mit ihrer Grundrechtsdogmatik dem strafbewehrenden und strafenden Staat verbindlich Grenzen zieht, sind strafrechtsimmanente Grenzen systemwidrig und überflüssig und bedürfen der Revision.[125]

b. Strafwürdigkeit und Strafbedürftigkeit als Grenze des Strafrechts

Die Strafwürdigkeit und Strafbedürftigkeit bestimmen, ob ein schuldhaftes, sozialschädliches und rechtsguttangierendes Verhalten[126] Strafe verdient.[127] Bei der Strafwürdigkeit geht es um die Frage, ob der in der Strafe liegende Eingriff in den Rechtsstatus des Täters angesichts der Art und Schwere der Tat angemessen ist. Wegen fehlender Strafbedürftigkeit hat Strafe dann auszuscheiden, wenn bestimmten Verhaltensweisen auch mit Mitteln unterhalb des Strafrechts (Zivilrecht und öffentliches Recht) begegnet werden kann.

c. Begriff Strafe

Entscheidend für die Grenze der Strafbarkeit ist damit der Begriff Strafe. Strafe ist der besonders gravierende, sozialethische Vorwurf des Staats und sein letztes und gewichtigstes Mittel zur Disqualifizierung von Fehlverhalten (*ultima ratio*). Es handelt sich nicht um präventiven Rechtsgüterschutz, sondern um die Verhängung repressiver Sanktionen.[128] Strafe kann deshalb nicht für alles Unerwünschte beziehungsweise unwertig Erscheinende eingesetzt werden. Sie ist nur legitimierbar, wenn es um einen engeren Kreis besonders unerträglicher Verstöße geht.[129]

d. Schutz der Umwelt durch abstrakte Gefährdungsdelikte

Während die oben genannten klassischen individuellen Rechtsgüter meist in der Form von Verletzungsdelikten geschützt wurden, ist das bei den kollektiven Rechtsgütern oft nur begrenzt möglich. Der Schaden am Rechtsgut ist meist nur schwer nachweisbar, weil er abstrakt und unbestimmt bleibt.

Für die Sanktionierung individueller Fehlleistung ist erforderlich, dass ein Rechtsgut als individuell konkretisierbare Wert- und Schädigungserfahrung zur Verfügung steht.[130] Aufgrund der kumulativen, summativen und synergetischen Effekte der die Umwelt beeinträchtigenden Handlungen, ist nicht nur schwer nachvollziehbar, wer die schädigende Handlung vorgenommen hat, sondern auch ob diese Handlung für

---

124 *Appel*, KritV **1999** 278, 287.

125 *Appel*, KritV **1999** 278, 287 und 300; ferner *Hefendehl*, Kollektive Rechtsgüter, S. 42.

126 *Frisch*, Stree/Wessels-Festschrift, S. 69, 76.

127 Verfassungsrechtlich wird vom *erforderlichen* beziehungsweise *verhältnismäßigen* Strafeinsatz gesprochen. Dazu bereits *Otto*, Schröder-Gedächtnisschrift, S. 53 ff.

128 *Tiedemann*, Verfassungsrecht, S. 28.

129 *Frisch*, Verwaltungsakzessorietät, S. 139; *Otto*, Schröder- Gedächtnisschrift, S. 53, 55.

130 *Ronzani*, Erfolg und individuelle Zurechnung, S. 19 ff. und 24; *Tiedemann/Kindhäuser*, NStZ **1988** 337, 340.

die Schädigung des Rechtsguts kausal war.[131] Da nur schwer nachweisbar, ist es nicht verwunderlich, dass viele Tatbestände des Umweltstrafrechts als abstrakte Gefährdungsdelikte ausgestaltet sind.[132] So sollen die Rechtsgüter nicht nur vor aktuellen Schäden, sondern zugleich vor künftigen Schadensentwicklungen geschützt werden, die den nachfolgenden Generationen eine lebenswürdige Umwelt streitig machen.[133] Bei abstrakten Gefährdungsdelikten ist die Möglichkeit der beliebig weiten Vorverlagerung der Strafbarkeit problematisch.[134] Der Vorteil abstrakter Gefährdungsdelikte liegt in der Erleichterung der Erfolgszurechnung,[135] weil statt des Kausalitätsnachweises ein Wahrscheinlichkeitsurteil, das aufgrund bestimmter Schädigungs- und Risikoprognosen gefällt wird, genügt.[136] Dennoch lassen sich aufgrund der kumulativen, summativen und synergetischen Effekte bei Umweltschäden nur schwer verlässliche Risikostandards entwickeln.

Die Einführung abstrakt-konkreter Gefährdungstatbestände,[137] die eine „Eignung" zur Schädigung verlangen, erleichtert ebenfalls den Nachweis der Kausalität.[138] Für den Nachweis dieser Schädigungseignung ist aber ebenfalls erforderlich, dass naturwissenschaftlich gesicherte Kausalgesetze existieren, die aus wiederholbaren Experimenten stammen und hinreichend gesichert sind.[139] Diese Nachweisprobleme versucht *Kuhlen*[140] durch die Einführung von Kumulationsdelikten in das Umweltstrafrecht zu umgehen. Bei den Kumulationsdelikten soll als Nachweis der Tatbestandsmäßigkeit des Handelns genügen, dass mehrere für sich genommen unschädliche Handlungen in ihrer Häufung eine nachteilige Veränderung des Gewässers bewirken.[141] Der Vorteil dieses Deliktstyps besteht zwar in der Behebung des Problems des Kausalitätsnachweises, doch wird mit den Kumulationsdelikten die Strafbarkeit noch weiter vorverlagert als bei abstrakten Gefährdungsdelikten. Sie würden Baga-

---

131 *Daxenberger*, Kumulationseffekte, S. 16 und 31 (ff.); *Kindhäuser*, Madrid-Symposium, S. 125, 129; *Lackner/Kühl*, Vor § 324, Rn. 5; *Möhrenschläger*, WiVerw **1984** 47 ff. m.w.N.; *Ronzani*, Erfolg und individuelle Zurechnung, S. 25 ff. und 43 ff.; *Samson*, ZStW **99** (1987) S. 617, 618 (insgesamt zum Problem der Zurechnung: S. 626 ff.); *Tiedemann/Kindhäuser*, NStZ **1988** 337, 340.

132 Vgl. *Bottke*, JuS **1980** 539, 540; *Kuhlen*, ZStW **105** (1993) S. 697, 711; *Rengier*, BT 2, § 47, 5; *Schönke/Schröder/Cramer/Heine*, Vorbem §§ 324 ff, Rn. 9.

133 *Bottke*, JuS **1980** 539, 540; *Hefendehl*, Kollektive Rechtsgüter, S. 307; *Ransiek*, Unternehmensstrafrecht, S. 128; *Schünemann*, Madrid-Symposium, S. 265, 293.

134 Zu den verschiedenen Versuchen, abstrakte Gefährdungsdelikte einzugrenzen *Zieschang*, Die Gefährdungsdelikte, S. 349 ff.

135 *Ronzani*, Erfolg und individuelle Zurechnung, S. 87.

136 Ausführlich *Hefendehl*, Kollektive Rechtsgüter, S. 164 ff.; *Ronzani*, Erfolg und individuelle Zurechnung, S. 72 ff.; *Lackner/Kühl*, Vor § 324, Rn. 4 f.

137 **Krit.**: *Schönke/Schröder/Cramer/Heine*, Vorbem §§ 324 ff., Rn. 9, der sie als *„Spielart der abstrakten Gefährdungsdelikte"* ansieht. Ferner *Hefendehl*, Kollektive Rechtsgüter, S. 156 ff.

138 Zu den Eignungsdelikten *Hoyer*, Die Eignungsdelikte.

139 *Daxenberger*, Kumulationseffekte, S. 31 f.; *Hoyer*, Die Eignungsdelikte, S. 111 ff.; *Tiedemann*, in: Kimminich/v.Lersner/Storm (Hrsg.), Bd. II, Sp. 2440, 2448; *ders./Kindhäuser*, NStZ **1988** 337, 341.

140 GA **1986** 389, 399 ff. und *ders.*, ZStW **105** (1993) S. 697, 715 ff.

141 *Kuhlen*, GA **1986** 389, 399. **Krit.** *Rengier*, in: Schulz (Hrsg.), S. 52 f; *Rogall*, Köln-Festschrift, S. 505, 519.

tellverstöße erfassen und fast jedes Handeln wäre tatbestandsmäßig. Damit weiten Kumulationsdelikte die Strafbarkeit zu sehr aus und sind mit dem Schuldgrundsatz nicht mehr zu vereinbaren,[142] weil der Täter letztlich für das hypothetische Handeln anderer haften muss.[143]

Die Verfassungsmäßigkeit abstrakter Gefährdungsdelikte wird in der neueren Literatur gleichwohl kaum noch bezweifelt.[144]

Ausgangspunkt des Problems ist die Überlegung,[145] dass kollektive Rechtsgüter nur insoweit strafrechtlich geschützte Rechtsgüter sein können, als sie für die freie Entfaltung des Bürgers notwendig sind. Folglich verbietet sich eine all zu weite Ausdehnung der Strafbarkeit ins Vorfeld für nicht unmittelbar rechtsgutgefährdende Verhaltensweisen. So erhält das Rechtsgut eine strafrechtsbegrenzende Funktion. Kollektive Rechtsgüter sind als qualifizierte (elementare)[146] Gemeinschaftswerte auch verfassungsrechtlich unbedenkliche Strafrechtsgüter. Entscheidend ist nicht, ob es sich um individuelle oder kollektive Rechtsgüter, sondern ob es sich um elementare Gemeinschaftswerte handelt, die geschützt werden sollen.[147]

Der Gesetzgeber ist über Art. 20 Absatz 3 und Art. 1 Absatz 3 GG ausdrücklich an die Grundrechte gebunden. Der Strafgesetzgeber legt fest, welche Verhaltensnormen durch Sanktionen geschützt werden, und damit, was strafbares Verhalten und was Rechtsgut ist.[148] Der Strafgesetzgeber kann grundsätzlich Werte der freiheitlich demokratischen Grundordnung durch Strafgesetze schützen.[149] In diesem Bereich liegt die Grenze seiner Befugnisse allein im Verhältnismäßigkeitsgrundsatz (Geeignetheit, Erforderlichkeit und Angemessenheit der Regelung bezogen auf den legitimen Zweck). Hierbei kommt dem Strafgesetzgeber ein weiter Beurteilungsspielraum und eine Einschätzungsprärogative zu.[150]

Die absolute Untergrenze bildet die Strafbewehrung solcher Belange, die überhaupt keinen Gemeinschaftsbezug aufweisen und sich in bloßem Ungehorsam oder Ungehorsam gegenüber Verwaltungsvorschriften, also typischem Verwaltungsunrecht,

---

142 Diese Kritik weist *Kuhlen*, ZStW **105** (1993) S. 697, 712 zurück.

143 **Krit.:** *Daxenberger*, Kumulationseffekte, S. 59 ff., 65 und 71; *Ransiek*, Unternehmensstrafrecht, S. 188 f. (der das „Dilemma" zwischen dem Problem des Kausalitätsnachweises und des Schuldgrundsatzes über strafprozessuale Regeln, wie §§ 153, 153a StPO, lösen möchte); *Rengier*, in: Schulz (Hrsg.), S. 33, 52 f.; *Kindhäuser*, Madrid-Symposium, S. 125, 129.

144 *Appel*, KritV **1999** 278 ff.; *Kuhlen*, ZStW **105** (1993) S. 697, 705; *J. Vogel*, StV **1996** 110 ff.; *Kindhäuser*, Madrid-Symposium, S. 125, 134.

145 Vgl. *Rudolphi*, SK Vor § 1, Rn. 1 ff.; *Kindhäuser*, Madrid-Symposium, S. 125, 131.

146 Dieses Erfordernisses bedarf es wegen der Subsidiarität des Strafrechts.

147 *Hefendehl*, Kollektive Rechtsgüter, S. 42; *J. Vogel*, StV **1996** 110, 111.

148 BVerfGE **27** 18, 28 (ff.); *Appel*, KritV **1999** 278, 299 f.; *Fahrenhorst*, in: Ulsamer (Hrsg.), S. 934, 935; *Hefendehl*, Kollektive Rechtsgüter, S. 44 f.; *J. Vogel*, StV **1996** 110, 112.

149 Vgl. BVerfGE **75** 329, 345. Ferner *Appel*, KritV **1999** 278, 301, *Tiedemann*, Verfassungsrecht, S. 45 und i.E. ebenfalls *J. Vogel*, StV **1996** 110, 112.

150 *Tiedemann*, Verfassungsrecht, S. 31.

erschöpfen.[151] An dieser vom Bundesverfassungsgericht gezogenen Untergrenze ist aber bislang noch kein Strafgesetz gescheitert.[152]
Somit bleibt festzuhalten, dass kollektive Interessen als Rechtsgüter geschützt werden können, sofern sie vor dem Grundgesetz Bestand haben und elementare Gemeinschaftswerte darstellen. Damit begegnet der strafrechtliche Schutz des kollektiven Rechtsguts Umwelt aus verfassungsrechtlicher Sicht grundsätzlich keinen Bedenken.[153] Diese elementaren Werte können auch schon tangiert sein, wenn sie nur abstrakt gefährdet werden.[154] Bereits die abstrakte Gefahr kann aus verfassungsrechtlicher Sicht problemlos als Anknüpfungspunkt für eine Strafbewehrung dienen.
Der Gesetzgeber darf auch verwaltungsrechtliche Pflichten und verwaltungsbehördliche Anordnungen mit Strafen oder Bußen bewehren, um auf diese Weise der Gehorsamspflicht Nachdruck zu verleihen.[155] Ob er das im jeweiligen Fachgesetz, also im Nebenstrafrecht, oder im Strafgesetzbuch selber vornimmt, unterliegt seiner Entscheidungsfreiheit.[156]

e. Zwischenergebnis

Strafrecht ist damit Schutzrecht der verfassungsgemäßen staatlichen Ordnung. Es gestaltet die bestehende gesellschaftliche und staatliche Ordnung nicht, sondern schützt und sichert sie.[157] Gegenstand und Bezugspunkt des Strafrechts sind damit die vom Gesetzgeber erlassenen, verfassungsgemäßen Verhaltensnormen,[158] die dieser mit Strafe bewehrt und somit einem besonderen Schutzkonzept unterstellt. Strafrecht ist insofern akzessorisches (Schutz-) Recht.[159] Durch die Bewehrung dieser Verhaltensanforderung mit Strafe sollen in der Bevölkerung lebendige Wertvorstellungen und Anschauungen über Recht und Unrecht gestärkt und unterstützt, aber auch Rechtsbewusstsein gebildet werden.[160] Die Rolle des Strafrechts ist es, das Recht gegenüber dem vom Täter begangenen Unrecht durchzusetzen und die Unverbrüchlichkeit der Rechtsordnung zu gewährleisten.[161] In dem Verstoß gegen diese Norm kommt die defizitäre Einstellung des Täters zur Verhaltensnorm zum Ausdruck: Er setzt sich in Widerspruch zu der normsetzenden Instanz, so dass ein sozialer Konflikt entsteht. Die strafrechtliche Sanktionsnorm will diesen Konflikt vermeiden und gegebenenfalls bewältigen. Der Gesetzgeber versieht folglich nicht ein Rechtsgut mit

---

151 Vgl. *Appel*, KritV **1999** 278 und *J. Vogel*, StV **1996** 110, 112.
152 *Appel*, KritV **1999** 278, 304; *Hefendehl*, Kollektive Rechtsgüter, S. 45; *J. Vogel*, StV **1996** 110, 112
153 *Appel*, KritV **1999** 278, 302.
154 *Kindhäuser*, Madrid-Symposium, S. 125, 133.
155 *Appel*, Verfassung und Strafe, S. 82.
156 BVerfGE **87** 399, 407 und BVerfGE **75** 329, 343.
157 *Appel*, Verfassung und Strafe, S. 77.
158 *Appel*, Verfassung und Strafe, S. 440.
159 BVerfGE **21** 391, 408; **24** 18, 29; **39** 1, 46; **45** 187, 253; **51** 60, 74 f.; **80** 244, 255 f.; **88** 203, 257; **90** 145, 175; *Appel*, KritV **1999** 278, 306; *ders.*, Verfassung und Strafe, S. 62 ff. und 440.
160 *Appel*, Verfassung und Strafe, S. 65. Kritisch zu dieser vom Bundesverfassungsgericht angenommenen verhaltenssteuernden Kraft von Straftatbeständen *Tiedemann*, Verfassungsrecht, S. 51.
161 *Appel*, Verfassung und Strafe, S. 78 unter Berufung auf BVerfGE **45** 187, 256 f.

Strafbewehrung, sondern eine Verhaltensanforderung. Erst durch die dem unmittelbar demokratisch legitimierten Gesetzgeber obliegende Entscheidung, eine besonders schutzwürdige und schutzbedürftige gesetzliche Verhaltensanforderung mit Strafe zu bewehren, wird ein Fehlverhalten zur (potentiellen) Straftat. Nur so ist es dem Gesetzgeber möglich, neueren Entwicklungen der (Risiko-) Gesellschaft und den daraus erwachsenden, zunehmend abstrakten Gefährdungen der Umwelt[162] durch differenzierte staatliche Regelungen und nötigenfalls strafrechtliche Sanktionierungen angemessen Rechnung zu tragen.[163]

4. Ergebnis

Der Gesetzgeber ist – von den verfassungsrechtlichen Grenzen abgesehen – frei, die von ihm erlassenen (verfassungsgemäßen) Verhaltensnormen mit strafrechtlichen Sanktionen zu bewehren. Die Frage, welches Maß an Strafrecht sinnvoll und (kriminal-) politisch wünschenswert ist, lässt sich unter Berufung auf die Verfassung nicht beantworten. Es ist grundsätzlich der Einschätzungsprärogative des Strafgesetzgebers überlassen, ob er die Umweltgüter durch Strafbewehrung der entsprechenden Verhaltensnormen in den Verwaltungsfachgesetzen dem strafrechtlichen Schutz unterstellt. Dies ist eine rechtspolitische Frage, die vom demokratisch legitimierten Gesetzgeber zu entscheiden ist.[164] Das maßgebende Kriterium für die Kriminalpolitik bei der Frage, ob ein Schutzgut mit Kriminalstrafe zu bedrohen ist, sollte die empirisch zu bestimmende Sozialschädlichkeit dieses verbotenen Verhaltens sein.[165]

Da es die Aufgabe des Staats ist, die Existenz und Entfaltung des Menschen zu gewährleisten, sind solche Verhaltensweisen, die die menschlichen Existenz- oder Entfaltungsbedingungen beeinträchtigen oder zu beeinträchtigen drohen, zu pönalisieren.[166] Damit sind Umweltverstöße dann strafwürdig, wenn durch sie über entsprechende Beeinträchtigungen der Umweltgüter Existenz- oder Entfaltungsbedingungen der gegenwärtigen und zukünftigen Menschen gefährdet, beeinträchtigt oder vernichtet werden. Verhaltensweisen, die erst aufgrund von realistischen Kumulationseffekten zu solchen Beeinträchtigungen führen (können), sind auch erfasst.[167]

Die vom Bundesverfassungsgericht aufgestellte Untergrenze der Bestrafung bloßen Ungehorsams wird durch die Strafbarkeit umweltschädigender Handlungen nicht unterschritten, weil es mittelbar um den Schutz von Leben und Gesundheit der Menschen geht.

---

162 Siehe 2. Kapitel B. I. 2. und 3. c.

163 *Appel*, KritV **1999** 278, 310.

164 Vgl. *Appel*, Verfassung und Strafe, S. 597.

165 *Tiedemann*, Verfassungsrecht, S. 54.

166 *Frisch*, Verwaltungsakzessorietät, S. 139.

167 *Frisch*, Verwaltungsakzessorietät, S. 141.

5. Forderung der „Frankfurter Schule" und ihre Entkräftung

a. *Grund für die Forderung nach Entkriminalisierung des Umweltstrafrechts*

Die Ergebnisse der empirischen Untersuchungen von *Heine* und *Meinberg* Ende der 1980er Jahre zeigen,[168] dass zwar die Zahl der eingeleiteten Ermittlungsverfahren gegen Umweltstraftäter zugenommen hat, jedoch wurde die Mehrzahl der Verfahren von der Staatsanwaltschaft wieder eingestellt. Zudem wurde deutlich, dass nur Taten von kleinen (meist privaten) Umweltverschmutzern zur Verurteilung kommen und in der Regel nur geringe Geldstrafen verhängt werden. Die die Umwelt verschmutzenden Großunternehmen können oft nicht strafrechtlich verfolgt werden, weil ihre umweltschädlichen Handlungen von verwaltungsrechtlichen Genehmigungen legalisiert wurden.[169] Dies führte dazu, dass sich der Zustand der Umwelt auch fast zehn Jahre nach Einführung der Straftatbestände zum Schutz der Umweltmedien in das Strafgesetzbuch (§§ 324 ff. StGB) nicht verbessert hat.[170] Dies fördert den ohnehin schon vorhandenen Trend, das („moderne") Strafrecht zu entkriminalisieren.[171] Strafgesetze zum Schutz der Umwelt können nur auf bereits geschehene Umweltbeeinträchtigungen reagieren und nicht wie das Umweltverwaltungsrecht steuernd eingreifen.[172]

---

168 *Heine/Meinberg*, Gutachten D für den 57. Deutschen Juristentag, 1988; *Meinberg*, ZStW **100** (1988) S. 112 ff.; *Heine*, ZStW **101** (1989) S. 722 ff. Vgl. *Hassemer*, ZRP **1992** 378, 382; *Rüther*, KritV **1993** 227, 231 f.

169 *Rüther*, KritV **1993** 227, 230.

170 *Rüther*, KritV **1993** 227, 228 ff.: Weder wurde die Harmonisierung der einzelnen Tatbestände zum Schutz der Umwelt noch die Konzentrierung der Strafverfolgung auf gravierende Umweltdelikte zufrieden stellend erreicht.

171 *Hassemer*, NStZ **1989** 553 ff.; *ders.*, ZRP **1992** 378 ff.; *ders.*, Roxin-Festschrift, S. 1001, 1002. Zur Entkriminalisierung allgemein und des Ladendiebstahls, des Drogenmissbrauchs, etc.: *Hund*, ZRP **1994** 4 ff.; dagegen *Dohmen*, ZRP **1994** 200; *Krüger*, Kriminalistik **1995** 306 ff.; *Landau/Fünfsinn*, ZRP **2000** 5 ff.

172 **Krit.:** *Bieber*, Die Zeit, Nr. 45, S. 60: Die Unfähigkeit der Gesetze zum Umweltschutz diesen auch zu gewähren, läge darin begründet, dass sie nicht um der Natur willen geschaffen wurden, sondern stets nur der Sicherung der Nutzung der Natur durch den Menschen dien(t)en (anthropozentrischer Ansatz der Schutzgesetzgebung). Dieser Schutzzweck käme bereits durch das Wort „Umwelt" zum Ausdruck: kein Schutz des Werts und der Gesamtheit der Natur an sich, sondern nur zur Vermeidung von Schäden für den Menschen und die Produktion. Zudem stünde dem effektiven Umweltschutz entgegen, dass die Vorschriften zu ihrem Schutz in medienspezifische Spezialgesetze zersplittert seien, die quasi unverbunden nebeneinander stünden. Vgl. *Merkel*, Die Zeit, Nr. 43, S. 66, der das Problem des Verwaltungsrechts hauptsächlich in dem Erfordernis der Verletzung eines subjektiven Rechts des § 42 Absatz 2 VwGO (das die entscheidende Voraussetzung der Klagebefugnis im Verwaltungsrecht ist) verortet und deshalb die Einführung der Verbandsklage im Umweltschutz für Naturschutzverbände auf Bundesebene fordert. Ferner *Rüther*, KritV **1993** 227, 244, der auf den ökonomischen Hebel als wesentliches Instrument zur Erreichung ökologischer Ziele abstellt: Umwelt als knappes Wirtschaftsgut. **A.A.:** *Hamm*, Die Zeit, Nr. 44, S. 64, der die Meinung vertritt, dass das Strafrecht *„eher ein Klotz am Bein der Umweltverwaltung"* sei.

b. Kritik der „Frankfurter Schule" am modernen Strafrecht

Aufgrund dieser „Misere" des Umweltstrafrechts fordert insbesondere die so genannte *Frankfurter Schule*[173] die Entkriminalisierung des Strafrechts mit Nachdruck. Sie unterstellt dem „modernen" Strafrecht, das im Gegensatz zum klassischen Strafrecht als Instrument zum Schutz bürgerlicher Freiheiten und für das menschliche Zusammenleben unverzichtbar sei,[174] zum symbolischen Strafrecht verkommen zu sein, seiner Funktion nicht mehr zu genügen und somit an Glaubwürdigkeit zu verlieren.[175] Unter symbolischem Strafrecht versteht *Hassemer*, dass die gewollte Wirkung der tatsächlichen nicht mehr entspricht.[176]
Gerade im Bereich der Umwelt vertritt ein Teil der *Frankfurter Schule*,[177] dass das klassische Strafrecht – insbesondere die §§ 223 ff. und 303 StGB – die auftretenden Fallkonstellationen bereits erfasst. Dagegen sprechen allerdings die tatsächlich aufgetretenen Schwierigkeiten diese Fallkonstellationen strafrechtlich erfassen zu können, die dann auch zur Einführung der §§ 324 ff. StGB geführt haben.[178]
Unter „modernem" Strafrecht versteht diese Strömung hauptsächlich die Rechtsgebiete Umwelt- und Wirtschaftsstrafrecht – mit ihren „opferlosen Delikten" – sowie die Organisierte Kriminalität, die das Strafrecht (im Strafgesetzbuch) neu erfasst. Diese Bereiche des Strafrechts zeichneten sich durch diffuse, vage gefasste, universelle Rechtsgüter[179] sowie durch die Dominanz abstrakter Gefährdungsdelikte aus, die die klassische Form der Verletzungsdelikte ablösten.[180] So würde aufgrund der vagen und außerordentlich weiten Fassung der Straftatbestände dem Bestimmtheitsgebot des Art. 103 Absatz 2 GG nicht mehr genüge getan, der strafrechtliche Schutz (unerträglich) weit vorverlagert, die Anforderungen an den Nachweis individueller Verantwortlichkeit gemindert, das Schuldprinzip aufgeweicht, um auch Kollektive strafrechtlich erfassen zu können. Es käme insgesamt zu einer Umkehr der Beweislast sowie zu Einschränkungen der Verteidigungsmöglichkeiten des Betroffenen.[181]

---

173 Als Vertreter sind insbesondere zu nennen: *Hassemer, Hohmann, Jäger, Lüderssen, Naucke, Voß*. Aber auch *Rüther*, KritV **1993** 227, 243 ff. Dagegen *Hefendehl*, Kollektive Rechtsgüter, S. 310 ff.

174 *Hassemer*, ZRP **1992** 378, 380: Das Strafrecht dürfe sich nicht verselbständigen: Es ist *ultima ratio* zur Lösung gesellschaftlicher Probleme.

175 *Hassemer*, NStZ **1989** 553 ff. (559); *ders.*, ZRP **1992** 378 ff. (382); *ders.*, Roxin-Festschrift, S. 1001, 1004.

176 NStZ **1989** 553, 555 f.; *ders.*, Roxin-Festschrift, S. 1001, 1016 f.: Es gehe nicht um ein Entweder-Oder, sondern um ein Mehr-oder-Weniger.

177 *Hamm*, Die Zeit, Nr. 44, S. 64.

178 Vgl. nur *Lackner/Kühl*, Vor § 324, Rn. 5 und § 324, Rn. 13.

179 **Krit.** *Hassemer*, NStZ **1989** 553, 557: Die Lehre vom Rechtsgut verlöre seine zentrale negative und gesetzeskritische Botschaft, dass der Gesetzgeber nur dasjenige Verhalten bestrafen dürfe, das konkrete Rechtsgüter bedrohe. *Ders.*, ZRP **1992** 378, 381.

180 *Hassemer*, NStZ **1989** 553, 558; *ders.*, ZRP **1992** 378, 381; *ders.*, Roxin-Festschrift, S. 1001, 1007. Ferner *Hamm*, Die Zeit, Nr. 44, S. 64.

181 *Hamm*, Die Zeit, Nr. 44, S. 64; *Hassemer*, NStZ **1989** 553, 558; *ders.*, ZRP **1992** 378, 382.

In diesen Charakteristika des „modernen" Strafrechts liege unter anderem das Vollzugsdefizit, das besonders die neuen Rechtsgebiete charakterisiere, begründet.[182] Der Gesetzgeber benutze das Strafrecht nicht mehr als *ultima ratio*, sondern als politisches Steuerungs- und Erziehungsinstrumentarium, um in der Bevölkerung bewusstseinsbildend zu wirken und Handlungswillen und -fähigkeit zu zeigen („man tut etwas" gegen die Verschmutzung der Umwelt).[183]

Ein weiteres zentrales Kennzeichen sei die Wandlung der Lehre vom Rechtsgüterschutz zu einem Bestrafungsgebot statt einem Bestrafungsverbot, seine Beherrschung von präventiven Interessen sowie seine Folgenorientierung. Dieses „moderne" Strafrecht verkomme zu einem rein symbolischen Strafrecht, weil das Strafrecht als politisches Steuerungsinstrument nicht tauge und die damit bezweckten Ziele nicht erreicht werden könnten.[184] Es täusche etwas vor, das nicht einhaltbar sei, wecke Erwartungen, die so nicht erfüllbar seien, und verliere so seine Glaubwürdigkeit. Durch diese „Neukriminalisierung" erweitere das Strafrecht zudem seinen Anwendungsbereich und vermindere die Bedeutung des Kernstrafrechts.

Weiterhin wird kritisiert, dass mit dieser Entwicklung ein Abbau der rechtsstaatlichen Anforderungen an materielle und prozessuale Strafgesetze einherginge.[185]

c. Modernes Strafrecht als zeitgemäße Weiterentwicklung

Dass sich das Strafrecht auch auf neue, moderne Rechtsgebiete bezieht und diese unter seinen Schutz stellt, ist rechtsstaatlich keineswegs bedenklich, sondern wünschenswert: Bei dem Schutz bestimmter Rechtsgüter durch das Strafrecht geht es um das für ein gedeihliches gesellschaftliches Zusammenleben unerlässliche Verbot sozialschädlichen Verhaltens (siehe oben 1. Kapitel B. I. 1.). Gerade im Bereich des Umweltstrafrechts, das stets von den Kritikern des so genannten modernen, symbolischen Strafrechts als bedenklich „überkriminalisiertes" Gebiet hervorgehoben wird,[186] geht es um Werte, um Rechtsgüter, die nicht nur für das Zusammenleben, sondern für das Leben überhaupt grundlegend sind. Treffend hat es *Frisch*[187] formuliert: „*Sinnvoll, aber auch legitimierbar ist der Einsatz einer so verstandenen Strafe (als ultima ratio einen gravierenden sozialethischen Vorwurf enthaltend) vielmehr nur, soweit es um einen engen Kreis von – auch unter sozialethischem Aspekt – besonders unerträglichen Verstößen geht. In einem Staat, dessen Aufgabe die Gewährleistung der Existenz und der Entfaltung der Menschen ist und*

182 *Hassemer*, NStZ **1989** 553, 558; *ders.*, Roxin-Festschrift, S. 1001, 1004 und 1008.

183 *Hassemer*, Roxin-Festschrift, S. 1001, 1004 und 1006 ff.; *ders.*, ZRP **1992** 378, 380. Für eine Rückführung des Strafrechts auf seine *ultima ratio*-Funktion ist *Rüther*, KritV **1993** 227, 244 f.

184 Vgl. *Hamm*, Die Zeit, Nr. 44, S. 64. *Hassemer* NStZ **1989** 553, 558: Strafgesetzgebung und Strafrechtsanwendung als Bluff. *Ders.* ZRP **1992** 378, 382. **Kritisch** *Heine*, ZStW **101** (1989) S. 722, 753 f.

185 *Hamm* (Die Zeit, Nr. 44, S. 64) spricht vom Verzicht auf die elementarsten Voraussetzungen staatlichen Strafens und sieht im Strafrecht schlechthin ein „*archaisches Mittel des Staates*", das stets ein Legitimationsdefizit verzeichne (unter Hinweis auf *Radbruch* und *v. Liszt*); *Hassemer*, ZRP **1992** 378, 382 mit dem Beispiel des „Deal" im Strafrecht.

186 Vgl. *Hamm*, Die Zeit, Nr. 44, S. 64; *Hassemer*, Roxin-Festschrift, S. 1001 ff.; *ders.*, ZRP **1992** 378 ff.; *ders.*, NStZ **1989** 553 ff.; *Merkel*, Die Zeit, Nr. 43, S. 64; *Rüther*, KritV **1993** 227 ff.

187 Verwaltungsakzessorietät, S. 139.

der allein hieraus seine Legitimation bezieht, sind das diejenigen Verhaltensweisen, die die menschlichen Existenz- oder Entfaltungsbedingungen beeinträchtigen oder zu beeinträchtigen drohen."

Vor der Industrialisierung und Globalisierung war der Schutz der Umweltgüter noch nicht dominierend wichtig. Heute stellt sich die Situation anders dar: Die gesellschaftliche und industrielle Entwicklung vernachlässigt die Umweltmedien und bedenkt nicht ihre knappe und fragile Existenz. Sie wird nicht *per se* als wirklich schützenswert erachtet. Deswegen ist es unerlässlich, die Umweltmedien von Staats wegen strafrechtlich zu schützen.

Dass sich das „moderne" Strafrecht regelmäßig auch auf universelle Rechtsgüter bezieht, ist eine Entwicklung, die mit der weltweiten gesellschaftlichen Entwicklung einhergeht. Seit Jahren ist ein Globalisierungstrend zu vermerken, der auch die strafrechtlich zu schützenden Rechtsgüter umfasst. Dieser weltweiten Entwicklung kann sich das Strafrecht nicht verschließen, möchte es nicht ineffektiv und obsolet werden. Hierher gehört auch die seit langem bestehende Forderung, die Strafbarkeit juristischer Personen einzuführen. Auch dort wird deutlich, dass die weltweite gesellschaftliche Entwicklung weg vom Individuellen hin zum Universellen ist. Dieser Lebenswirklichkeit darf sich das Strafrecht nicht verschließen, möchte es nicht obsolet und in Teilbereichen ineffizient werden und so zu Privilegierungen bestimmter Gruppen führen.[188] Eine Rückbeziehung auf das klassische Strafrecht wäre insofern fatal.[189]

Der Schutz der Umweltmedien erfolgt im Strafgesetzbuch oft durch abstrakte und potentielle Gefährdungsdelikte. Die §§ 324 ff. StGB stellen allein auf die gefährdende Handlung und nicht auf einen konkreten Erfolg ab. So wird der Gefährlichkeit der Handlung eine eigene Qualität beigemessen.[190] Dieser weitreichende Schutz der Umweltgüter ist eine erforderliche und angemessene Reaktion auf die berechtigte Unsicherheit der Gesellschaft. Würde man im Umweltstrafrecht allein auf den Verletzungserfolg abstellen wollen, so würde man den kumulativen, summativen und synergetischen Effekten nicht gerecht werden und kaum eine Handlung strafrechtlich erfassen. [191] Die Erstreckung auf kollektive Rechtsgüter und die damit oft einhergehende Vorverlagerung des strafrechtlichen Schutzes in Form von abstrakten und potentiellen Gefährdungsdelikten, wie sie das Strafrecht im Umweltrecht vornimmt, ist mit dem Grundgesetz vereinbar. So hat das Bundesverfassungsgericht[192] entschieden, dass § 327 Absatz 2 Nr. 1 StGB den verfassungsrechtlichen Bestimmtheitsanforderungen genügt. Durch die ausdrückliche Verweisung auf das Bundesimmissionsschutzgesetz ergibt sich, welche Anlagen genehmigungspflichtig sind. Folglich

---

188 Siehe unten 1. Kapitel B. VI.

189 Vgl. *Bloy*, JuS **1997** 577, 587; *Hefendehl*, Kollektive Rechtsgüter, S. 311 ff.; *Heine*, ZStW **101** (1989) S. 722, 753; *Schünemann*, Triffterer-Festschrift, S. 437, 455 f.

190 Nach überwiegender Meinung bleiben ungefährliche Handlungen straflos. Statt aller *Schwinge*, Sanktionen, S. 21, Fn. 88 m.w.N.

191 Vgl. *Schwinge*, Sanktionen, S. 21 und soeben 1. Kapitel B. I. 3. d.

192 BVerfGE **75** 329, 340 ff. und 343 ff. – allerdings bezieht sich die Entscheidung allein auf das Problem der Blankettgesetzgebung.

wird die Kenntnisnahme des Normadressaten vom Verbotsinhalt der Strafnorm nicht unangemessen erschwert.[193]

Der Vorwurf, dass das Umweltstrafrecht nur in der Lage sei, Bagatellkriminalität strafrechtlich zu erfassen, ist kein Argument für die Abschaffung dieser Regelungen, sondern sollte den Ruf nach deren besserer Ausgestaltung wecken. So würde die Einführung der strafrechtlichen Verantwortlichkeit juristischer Personen die effektive Durchsetzung des Umweltstrafrechts gegenüber (Groß-) Unternehmen wesentlich erleichtern und verbessern.[194]

Richtig ist selbstverständlich, dass die Umweltverschmutzung und -ausbeutung nicht allein durch die Einführung strafrechtlicher Normen verhindert werden kann.[195] Doch ist die vom allgemeinen Strafgesetzbuch ausgehende bewusstseinsbildende Funktion nicht zu unterschätzen.[196] So sorgt bereits die Existenz der umweltstrafrechtlichen Normen für eine Sensibilisierung der Bevölkerung gegenüber den Belangen der Umwelt und bewirkt ihr gegenüber ein gesteigertes Verantwortungsgefühl. Zudem geht von den Anzeigen der Umweltschutzorganisationen und den Strafverfahren eine Prangerwirkung aus, deren publikumswirksame Effekte erheblich sind.[197]

Eng verbunden mit dem Vorwurf nur Bagatellkriminalität zu erfassen, ist der Vorwurf, ineffizient zu sein, was durch das herrschende Vollzugsdefizit zum Ausdruck käme. Die Ursache hierfür wird in der Ungeeignetheit des Strafrechts zum Schutz dieser Materie gesehen.[198] Unbestritten richtig ist zwar, dass der Vollzug des Umweltstrafrechts besser sein könnte. Die Ursache hierfür liegt jedoch darin begründet, dass die Ausgestaltung der verwaltungsrechtlichen Gesetze zum Schutz der Umwelt ungenügend ist und die Abhängigkeit des Strafrechts von diesen Regeln zu unbefriedigenden Strafbarkeitslücken führt.[199] Gerade die staatlich erlaubte Umweltverschmutzung ist diejenige, die die Umwelt am meisten beeinträchtigt und dem Umweltstrafrecht einen nur beschränkten Wirkungsbereich belässt. Deshalb ist eine Lockerung der prinzipiell unumgänglichen Verwaltungsakzessorietät[200] sowie die Einführung von Anzeigepflichten der Umweltverwaltungsbehörden und die Einführung der spe-

---

193 *Steindorf*, LK Vor § 324, Rn. 28.

194 *Schwinge*, Sanktionen, S. 24 f. unter Hinweis auf die Lederspray-Entscheidung des BGH (St **37** 106 ff.).

195 *Schwinge*, Sanktionen, S. 22. Aber auch andere Straftatbestände, wie zum Beispiel § 242 StGB haben nicht dazu geführt, dass es keine Diebstähle mehr gibt. Und das, obwohl er ein Individualrechtsgut und kein kollektives Rechtsgut schützt!

196 *Schwinge*, Sanktionen, S. 22.

197 Vgl. *Schwinge*, Sanktionen, S. 22.

198 *Hefendehl*, Kollektive Rechtsgüter, S. 179 f.

199 Ferner *Schwinge*, Sanktionen, S. 6 f.: Die von Umweltverwaltungsbehörden erteilten Genehmigungen stellten für die Unternehmen häufig einen Freibrief zur Umweltverschmutzung dar, weil sie selten überprüft würden.

200 *Schwinge*, Sanktionen, S. 8: Insbesondere die Aufgabe der Abhängigkeit des Strafrechts von rechtswidrigen Verwaltungshandeln (zumindest bezüglich der Verwaltungs*akt*akzessorietät – Fn. 29) wird gefordert. Siehe unten 1. Kapitel B. IV.

ziell geregelten Strafbarkeit von Amtsträgern in Umweltverwaltungsbehörden zu überdenken.[201]

Die erziehende, bewusstseinsbildende Wirkung der strafrechtlichen Schutzbestimmungen für die Umwelt lässt sich kaum noch leugnen.[202] Im Gegensatz zum Beginn der 1970er Jahre gibt es heute in der Gesellschaft ein weit verbreitetes Bewusstsein für umweltschädliche beziehungsweise umweltschonende Verhaltensweisen – und zwar durch alle Bevölkerungsschichten und über alle Alters- und Parteigrenzen hinweg: Jeder kennt die Mülltrennung, die meisten vermeiden Abfall, viele fahren mit dem Fahrrad oder den öffentlichen Verkehrsmitteln, kaufen FCKW-freie Produkte, etc. und entlasten so die Umwelt. Insofern ist das Umwelt(straf)recht eine „Erfolgsstory" und ganz und gar nicht einzig und allein vom Vollzugsdefizit gekennzeichnet. Die unterstützende Funktion des Strafrechts im Bereich des Umweltschutzes kann – da es um die Lebensgrundlage der Menschheit geht – gar nicht hoch genug veranschlagt werden. Ein Rückzug des Strafrechts aus diesem Bereich wäre kriminalpolitisch das falsche Zeichen.[203]

Die Forderung der *Frankfurter Schule* ist rechtspolitisch überholt, weil sowohl in anderen europäischen Ländern Umweltstraftatbestände in das allgemeine Strafgesetzbuch eingeführt wurden,[204] als auch auf europäischer Ebene das Übereinkommen zum Schutz der Umwelt durch das Strafrecht des Europarats[205] sowie der Rahmenbeschluss zum Schutz der Umwelt durch das Strafrecht[206] verabschiedet wurden.

II. Zum Problem der Strafbarkeit fahrlässigen Verhaltens

1. Problemdarstellung

Insbesondere im Umweltstrafrecht[207] wird die Frage virulent, ob durch leicht fahrlässiges Verhalten entstandene Rechtsgutverletzungen (generell) straffrei bleiben sollten,[208] weil hier erst- und einmalig jeder Vorsatztatbestand ein fahrlässiges Pendant erhalten hat, §§ 324 Absatz 3, 324a Absatz 3, 325 Absatz 3, 325a Absatz 3, 326 Absatz 5, 327 Absatz 3, 328 Absatz 5, 329 Absatz 4, 330a Absatz 4 StGB. Dabei bleibt die Strafdrohung jeweils gegenüber der Vorsatzalternative deutlich zurück. Der neue

201 Siehe unten 1. Kapitel B. V.
202 *Schwinge*, Sanktionen, S. 22.
203 *Bloy*, JuS **1997** 577, 587; *Hefendehl*, Kollektive Rechtsgüter, S. 311 f.; *Schünemann*, Triffterer-Festschrift, S. 437, 455 f.; *Schwinge*, Sanktionen, S. 22 und 24; ferner *Heine*, ZStW **101** (1989) S. 722, 752 und 753.
204 Siehe 2. Kapitel A. und D.
205 ETS 172, vom 04.11.1998.
206 ABl. EU L 29, S. 55 ff. vom 05.02.2003.
207 Andere Rechtsgebiete sind zum Besipiel das Arzt- und Verkehrsrecht, siehe sogleich sowie unten 1. Kapitel B. II. 2. c.
208 *Stratenwerth*, AT I, § 15, Rn. 55.

§ 330a Absatz 5 StGB bestraft leichtfertiges Handeln, also eine gesteigerte Form der Fahrlässigkeit.
Das deutsche Strafrecht kennt als subjektives Tatelement Fahrlässigkeit und Vorsatz. Die Fahrlässigkeit reicht von der geringsten und unbewussten bis zur gröbsten und bewussten Fahrlässigkeit;[209] der Vorsatz umfasst die Bereiche vom Eventualvorsatz (Fürmöglichhalten und Inkaufnahme des Erfolgseintritts) über das sichere Wissen hin zur Absicht. Die Abgrenzung vom Eventualvorsatz zur groben Fahrlässigkeit ist äußerst schwierig, aber notwendig, weil die Strafdrohung für fahrlässiges Verhalten wesentlich geringer ist, als die für vorsätzliches Handeln.[210] Sobald ein Straftatbestand des Besonderen Teils die Strafbarkeit fahrlässigen Verhaltens vorschreibt, ist auch die leichteste Fahrlässigkeit, die sich in der Regel gerade durch ein fehlendes Gefahrbewusstsein auszeichnet, strafbar. Beim Fahrlässigkeitstäter kommt der Erfolg ohne dessen Willen dadurch zustande, dass er eine Sorgfaltspflicht verletzt.
Die Strafbarkeit von leichtesten Unachtsamkeiten in gefährlichen und risikoreichen Lebensbereichen ruft insbesondere deshalb Zweifel an der Gerechtigkeit hervor, weil in unserer Gesellschaft solche Verhaltensweisen sozial akzeptiert und gewollt sind.[211] So können im Bereich des Verkehrsstrafrechts bereits geringe Unachtsamkeiten zum Tod einer anderen Person führen, ohne dass dem Täter der Vorwurf gemacht werden kann, besonders sorgfaltswidrig gehandelt zu haben. Da auch einer normalerweise gewissenhaft handelnden Person durchaus Fehler unterlaufen können, wird jedermann zu einem potentiellen Täter.[212]
Die zivilrechtliche Parallele dazu ist die Gefährdungshaftung: Dort werden die durch Betriebe im weiten Sinne geschaffenen neuartigen Gefahren wegen ihrer überwiegenden sozialen Nützlichkeit nicht schlicht verboten, sondern mit der verschuldensunabhängigen Haftung der Betreiber mehr oder weniger „erkauft".[213] So wurden Gefährdungshaftungstatbestände (vgl. §§ 25 ff. AtG) für schädigende Umwelteinwirkungen bestimmter Anlagen eingeführt. Hier genügt bereits die Realisierung der spe-

---

209 Vgl. nur die Entscheidung des Reichsgerichts aus dem Jahre 1886, wonach man für alle Stufen der Fahrlässigkeit haftet, RGSt **14** 362 ff.: *„Fahrlässig handelt der, welcher etwas thut oder zu thun unterlässt, obwohl er bei Anwendung der gewöhnlichen Sorgfalt und Vorsicht den eingetretenen Erfolg als eine mögliche Folge seiner Handlungsweise hätte vorhersehen können."* und BGHSt **42** 235, 236: Gegenstand des strafrechtlichen Vorwurfs ist bei fahrlässigen Erfolgsdelikten *„jedes in bezug auf den tatbestandsmäßigen Erfolg sorgfaltswidrige Verhalten des Täters, das diesen ursächlich herbeiführt."*

210 Vgl. nur *Vogel*, Freiburg-Symposium, S. 125, 141 und *Weigend*, ZStW **93** (1981) S. 657, 661 und 687.

211 Vgl. das von *Maurach* geprägte Begriffspaar fehlerhafter Betriebshandlungen im Rahmen eines Gesamtbetriebs, der wertvolle, unentbehrliche und rechtlich gebilligte Ziele verfolgt, also obwohl gefahrschaffend, gesellschaftlich akzeptiert ist. Daneben bestehen auch Zweifel an der Gerechtigkeit der Ungleichbehandlung von bewusst fahrlässigem und bedingt vorsätzlichem Verhalten, *Vogel*, Freiburg-Symposium, S. 125, 141.

212 Vgl. *Stratenwerth*, AT I, § 15, Rn. 54; *Webel*, Fahrlässigkeitsstrafbarkeit, S. 14.

213 *Roth*, Strafbarkeit leicht fahrlässigen Verhaltens, S. 24.

zifischen mit dem Betrieb der Einrichtung verbundenen Gefahr, um die Schadensersatzpflicht des faktisch Verantwortlichen zu begründen.[214]

2. Lösungsansätze

Infolge der (zu) weitreichenden Strafbarkeit fahrlässigen Verhaltens werden seit langem verschiedene Versuche unternommen, die Strafbarkeit leichter Fahrlässigkeit einzuschränken beziehungsweise ganz abzuschaffen.[215]

a. *De lege lata*

Die zur Einschränkung der Fahrlässigkeitsstrafbarkeit vertretenen Lösungsansätze[216] reichen von der Anwendung des übergesetzlichen Rechtfertigungsgrunds der Güterkollision,[217] über die Unzumutbarkeit anderen Verhaltens als Schuldausschließungsgrund[218] bis hin zur verfahrensrechtlichen Lösung der Einstellung des Verfahrens wegen geringer Schuld (§§ 153, 153a StPO).[219]

b. *De lege ferenda*

Neben diesen Lösungsansätzen gibt es die Auffassung, dass die Strafbarkeit leichter Fahrlässigkeit ganz abgeschafft werden sollte.[220] Damit würde aus rechtsstaatlichen Gründen dem Umstand Rechnung getragen, dass bei *geringfügig* fahrlässigem Verhalten keine kriminelle Schuld nachweisbar sei. Allerdings soll es sich nur dann um geringfügig fahrlässiges Verhalten handeln, wenn der eingetretene Erfolg nicht schwer wiegt.[221] In diesem Fall würde die Strafdrohung nämlich nicht präventiv wirken können. Die präventive Wirkung der Strafdrohung beruht darauf, dass sie von den Rechtsgenossen als gerecht empfunden wird. Das ist bei leichtester Fahrlässigkeit gerade nicht der Fall, weil hier selbst der Gewissenhafteste nicht vor Bestrafung für fahrlässiges Verhalten sicher ist.[222]

c. *Bereichsspezifische Lösungsansätze*

Andere[223] fordern, in Anlehnung an das österreichische Strafrecht, eine nur bereichsspezifische Abschaffung der Strafbarkeit für leicht fahrlässiges Verhalten. Die Abschaffung soll gerade in den Bereichen des Arzt- und Verkehrsrechts erfolgen. Im

---

214 *Roth*, Strafbarkeit leicht fahrlässigen Verhaltens, S. 24.

215 Zur umstrittenen Frage der Strafwürdigkeit leichter Fahrlässigkeit *Duttge*, Handlungsunwert, S. 29 ff.

216 *Webel*, Fahrlässigkeitsstrafbarkeit, S. 216 ff.

217 *Maurach/Gössel/Zipf*, AT 2, § 44, Rn. 27 f. und *Gössel*, Bengl-Festschrift, S. 23, 37 ff.

218 *Roxin*, AT I, Rn. 86 und 115 ff.

219 *Zielinski*, AK, §§ 15, 16, Rn. 98 und *Schroeder*, LK, § 16, Rn. 215.

220 *Roth*, Strafbarkeit leicht fahrlässigen Verhaltens, S. 227.

221 Zum Streit, ob der durch eine konkrete Handlung hervorgerufene Erfolgsunwert im Rahmen der Fahrlässigkeitstat zu berücksichtigen ist und gemeinsam mit dem Handlungsunwert das Unrecht der fahrlässigen Handlung darstellt, vgl. *Webel*, Fahrlässigkeitsstrafbarkeit, S. 191 ff.

222 *Stratenwerth*, AT I, § 15, Rn. 55 und 56.

223 Für das Arztrecht: *Deutsch*, Arztrecht, Rn. 196 und *Eser*, ZStW **97** (1985) S. 1, 45 Fn. 131. Für das Straßenverkehrsrecht: *Hoffmann*, NZV **1993** 209, 212 und *Müller-Metz*, NZV **1994** 89, 90. Allgemein dazu (**krit.**): *Webel*, Fahrlässigkeitsstrafbarkeit, S. 230 ff.

ersteren wegen der Schadensgeneigtheit der Handlungen im letzteren, weil dort die fahrlässig verursachten Körperverletzungen kein sozialethisches Unwerturteil verdienen.

d. Stellungnahme

Gegen die völlige, aber auch gegen die bereichsspezifische Abschaffung der Strafbarkeit und die Einstufung als Ordnungswidrigkeit spricht der Umstand, dass dann der Eintritt schwerer Folgen nicht erfasst werden kann. Das kann wiederum zum unerwünschten Verlust der Normakzeptanz führen.[224]

Der Vorschlag der Einführung eines dreistufigen Modells,[225] nach dem Vorbild der europäischen Länder England[226] und Frankreich, erscheint am sinnvollsten, um die Strafbarkeit leicht fahrlässigen Verhaltens einzuschränken.[227] Sie kennen neben den Kategorien des Vorsatzes und der Fahrlässigkeit auch die Kategorie „*recklessness*" beziehungsweise „*mise en danger déliberée*", was in Deutschland wohl in etwa der Leichtfertigkeit entspräche.[228]

Jemand handelt *reckless*, wenn er sich bewusst über ein beträchtliches und ungerechtfertigtes Risiko hinwegsetzt, dass das Tatbestandsmerkmal gegeben ist oder durch sein Verhalten verwirklicht wird. Das Verhalten des Täters muss eine grobe Abweichung von dem Verhaltensmaßstab darstellen, den eine rechtstreue Person in der Situation des Täters beobachten würde. Damit ist das Spezifikum der *recklessness* ein Handeln angesichts des Risikos der Tatbestandsverwirklichung. Daneben soll kein Gesinnungselement wie die Gleichgültigkeit gegenüber dem gefährdeten Rechtsgut erforderlich sein. Damit findet diese Kategorie im deutschen Recht kein Pendant. *Recklessness* ist weder Fahrlässigkeit noch Vorsatz. Sie wird als eine Art geringerer Vorsatz behandelt und soll mit diesem weit enger verwandt sein als mit der unbewussten groben Fahrlässigkeit.[229] Mit der Einführung dieser dritten Kategorie der Leichtfertigkeit könnte die Strafbarkeit leicht fahrlässigen Verhaltens von vornherein ausgeschieden werden, während leichtfertiges und vorsätzliches Handeln strafbar und somit die Tatsachenblindheit angemessen erfasst würde.[230] Zugleich würde die Situation vermieden, dass die Fälle extrem risikoreicher Tätigkeiten, die höchste Sorgfalt erfordern oder die Fälle von Schäden großen Ausmaßes ebenfalls nicht

---

224 *Webel*, Fahrlässigkeitsstrafbarkeit, S. 246 und 265.

225 Zum derzeit in Europa herrschenden zweistufigen Modell, das nur die Unterteilung in Vorsatz und Fahrlässigkeit kennt, siehe oben 1. Kapitel B. II. 1.

226 Zum US-amerikanischen Recht *Weigend*, ZStW **93** (1981) S. 657, 673.

227 *Vogel*, Freiburg-Symposium, S. 125, 141 f.; *Weigend*, ZStW **93** (1981) S. 657 und 687.

228 Zur problematischen Übersetzung des Begriffs „*recklessness*" mit „Leichtfertigkeit", siehe *Weigend*, ZStW **93** (1981) S. 657, 688 f.

229 *Weigend*, ZStW **93** (1981) S. 657, 687.

230 *K. A. Hall*, Mezger-Festschrift, S. 229, 248; *Vogel*, Freiburg-Symposium, S. 125, 128 und 141; *Weigend*, ZStW **93** (1981) S. 657, 660.

strafbar wären (wie es bei der generellen Straflosstellung leicht fahrlässigen Verhaltens der Fall wäre).[231]

Leichtfertigkeit muss dann in dem Sinne verstanden werden, dass der Täter die konkrete Gefahr für das Handlungsobjekt zwar erkennt, den Eintritt des Erfolgs aber nicht als sicher vorherzusehen vermag. Sie wäre eine eigene Stufe subjektiven Unrechts, die grundsätzlich weniger schwer wiegt als der Vorsatz im engeren Sinne, aber schwerer als die Fahrlässigkeit. Der spezifische Vorwurf an den leichtfertig Handelnden ist, dass er bewusst riskant gehandelt hat. Nicht leichtfertig, sondern fahrlässig handelt der Täter hingegen, wenn er zwar die Gefahr für das Handlungsobjekt erkannt hat, dabei aber sicher annimmt, dass sie sich nicht verwirklichen werde.

e. Ergebnis

Damit erscheint eine besonders effiziente Beschränkung der Strafbarkeit fahrlässigen Verhaltens in Anlehnung an das ausländische Recht möglich. Erst die Einführung einer dritten, vorsatznahen Kategorie ermöglicht die Ausklammerung der Strafbarkeit leicht fahrlässigen Verhaltens ohne zugleich strafwürdige Verhaltensweisen wie besonders riskoreiches Verhalten oder Fälle von Schäden großen Ausmaßes straflos zu stellen.

3. Problemlage speziell im Umweltstrafrecht

a. Problemdarstellung

Im Umweltstrafrecht wird als misslich empfunden, dass die Fahrlässigkeitsstrafbarkeit sehr weit geht. Das liegt zum einen daran, dass jeder Straftatbestand auch die fahrlässige Begehungsweise strafbewehrt (siehe oben 1.), was angesichts der erhöhten Risikopotentiale legitim ist.[232] Zum anderen sind die geltenden Sorgfaltspflichten sehr umfangreich. Die Rechtsprechung[233] verwendet einen strengen, am „umweltbewussten Rechtsgenossen" orientierten Sorgfaltsmaßstab, der durch spezielle – in umweltverwaltungsrechtlichen Rechtsnormen und in technischen Regelwerken enthaltene – Anforderungen konkretisiert wird.[234] So macht sich in den Fällen des § 326 Absatz 1 in Verbindung mit Absatz 5 StGB schon derjenige wegen fahrlässiger umweltgefährdender Abfallbeseitigung strafbar, der den zu entsorgenden Abfall an ein Abfallentsorgungsunternehmen verkauft, ohne sich zu vergewissern, dass dieses Unternehmen zur ordnungsgemäßen Abfallbeseitigung tatsächlich imstande und rechtlich befugt ist. Die Sorgfaltspflicht des Auftraggebers beinhaltet neben der Pflicht nachzufragen, ob das beauftragte Unternehmen die zur Entsorgung notwendigen Anlagen oder Einrichtungen besitzt, auch die Pflicht, einen entsprechenden Nachweis hierfür beziehungsweise zumindest eine verbindliche und überprüfbare Bestätigung darüber zu

---

231 *Vogel*, Freiburg-Symposium, S. 125, 142.

232 *Kloepfer/Vierhaus*, Umweltstarfrecht, Rn. 22.

233 OLG Celle, NuR **1991** 399; OLG Düsseldorf, WUR **1991** 50, 51; OLG Stuttgart, NStZ **1989** 122.

234 OLG Karlsruhe, ZfW **1992** 520, 524; zur Reichweite von Sorgfaltspflichten und verwaltungsrechtlichen Pflichten im Umweltstrafrecht *Rengier*, Boujong-Festschrift, S. 791 ff.

verlangen, dass die Entsorgungsanlage zur Beseitigung des Abfalls geeignet und behördlich zugelassen ist.[235]

b. Lösungsansätze

Im Umweltstrafrecht sind folgende Einschränkungsmöglichkeiten der Fahrlässigkeitshaftung diskutiert worden.

aa. Lösungsansatz von Heine und Meinberg

Heine und *Meinberg*[236] haben bereits 1988 versucht, im Rahmen der Gewässerverunreinigung eine dogmatisch ansetzende Entkriminalisierung des Fahrlässigkeitsbereiches zu bewirken. Sie wollten die fahrlässige Gewässerverunreinigung bejahen, wenn der Täter leichtfertig handelte[237] oder wenn er besondere verwaltungsrechtliche Pflichten verletzte.[238] Dahinter steht die Annahme, dass dem Täter besondere verwaltungsrechtliche Pflichten leichter erkennbar seien als die nach den allgemeinen Fahrlässigkeitsmaßstäben bestimmten sonstigen Sorgfaltspflichten.[239] Doch hat sich dieser Vorschlag mit der Reform des Umweltstrafrechts von 1994 nicht durchsetzen können.

bb. Lösungsansatz von Winkemann

Winkemann[240] stellte 1991 Überlegungen dazu an, ob die generelle Einführung von Fahrlässigkeitsstraftatbeständen im Umweltstrafrecht mit dem *ultima ratio*-Prinzip des Strafrechts vereinbar ist. Ausgangspunkt war die Frage, ob der Gesetzgeber dadurch nicht die Anforderungen an den subjektiven Tatbestand zu stark vereinfacht und so zwar eine größtmögliche beweisrechtliche Praktikabilität geschaffen hat,[241] aber zugleich alltägliche und sozialadäquate Vorgänge kriminalisiert habe. Dieser Verdacht wird durch die Erfahrungen der Praxis bestätigt.[242] Deswegen stellt *Winkemann* die Frage nach Strafwürdigkeit[243] und Strafbedürftigkeit fahrlässigen umweltgefährdenden Verhaltens.

Die Strafwürdigkeit bejaht *Winkemann* für diejenigen Delikte, die unmittelbar dem Schutz der Umweltmedien dienen (§§ 324, 324a und 325 StGB) aufgrund des hohen Stellenwerts des durch die Umweltstraftaten geschützten Rechtsguts – dem Schutz der Lebensgrundlage des Menschen.[244] Die Strafwürdigkeit der Fahrlässigkeit hin-

235 Vgl. BGHSt **40** 84 ff. (Falisanfall) und *Duttge*, Handlungsunwert, S. 348. Weitere Beispiele aus der Rechtsprechung sind OLG Düsseldorf, NJW **1993** 1408 (zu § 324 StGB) und BayObLG, NJW **1992** 925 (zu § 327 StGB).

236 Gutachten D zum 57. DJT, 1988, S. D 129 ff.

237 *Heine/Meinberg*, Gutachten D zum 57. DJT, 1988, S. D 132.

238 Vgl. Entwurf eines § 330d Nr. 2 StGB von *Heine/Meinberg*, Gutachten D zum 57. DJT, 1988, S. D 171.

239 *Heine/Meinberg*, Gutachten D zum 57. DJT, 1988, S. D 133.

240 Fahrlässigkeit im Umweltstrafrecht, 1991.

241 Vgl. auch *Weigend*, ZStW **93** (1981) S. 657, 691 unter Hinweis auf *Arzt* in Fn. 120, der von der Leichtfertigkeit als Auffangtatbestand, als Vorsatzverdacht spricht.

242 *Winkemann*, Fahrlässigkeit, S. 16 f.

243 Vgl. *Duttge*, Handlungsunwert, S. 29 ff.

244 *Winkemann*, Fahrlässigkeit, S. 38 f.

sichtlich der (Vorfeld-) Delikte, die an die die Umwelt gefährdende Handlung anknüpfen (§§ 326, 327, 328 und 329 StGB), beruhe auf dem Gefahrenpotential, das diese Tathandlungen beinhalten.[245]

Die Strafbedürftigkeit fahrlässigen Verhaltens bejaht er, weil ein ebenbürtiger Schutz durch das Zivil- und öffentliche Recht im Umweltstrafrecht gerade nicht gegeben sei; das Strafrecht lässt sich nicht vollständig durch präventive verwaltungsrechtliche Maßnahmen ersetzen. Mit der Androhung strafrechtlicher Sanktionen werde ein zusätzlicher Druck ausgeübt, der zur Einhaltung der umweltrechtlichen Normen führt. Zudem begrenzen strafrechtliche Sanktionen auch das Handeln von Verwaltungsbehörden, welches oft primär auf Kooperation mit den Unternehmen ausgerichtet ist. Ein umfassender Schutz der Umweltrechtsgüter liegt somit nicht immer im Interesse der Behörden, die vor Ort für den Umweltschutz zuständig sind. Eine adäquate Kontrolle des Verhaltens von Großemittenten kann nicht allein durch Verwaltungsbehörden gewährleistet werden.[246]

Die generelle Begrenzung der Fahrlässigkeitsstrafbarkeit auf leichtfertiges Verhalten lehnt er im Rahmen des § 324 StGB ab, weil dadurch ein effektiver Schutz des Umweltmediums Gewässer, den der Gesetzgeber bezweckte, nicht gewährleistet wird.[247] Wegen der hohen Schadensintensität kann eine Bestrafung auch dann geboten sein, wenn es sich nur um einen leichtfahrlässigen Sorgfaltsverstoß handelt.[248]

Winkemann schlägt vor, die Fahrlässigkeitsstrafbarkeit durch Auslegung zu beschränken: Der Handlungsunwert soll anhand einer Gefahrenabschätzung, die einem objektiven Dritten in der Situation möglich gewesen wäre, ermittelt werden.[249]

cc. Begrenzung auf Leichtfertigkeit

Im Besonderen Teil des Strafgesetzbuches gibt es bereits einige Tatbestände, die die Fahrlässigkeitsstrafbarkeit nur für leichtfertiges Verhalten vorsehen. Leichtfertigkeit in diesem herkömmlichen Sinne[250] bedeutet einen erhöhten Grad von Fahrlässigkeit und entspricht in etwa der groben Fahrlässigkeit des bürgerlichen Rechts, stellt aber auf die persönlichen Fähigkeiten des Täters ab.[251] Sie kommt in Betracht, wenn der Täter sich rücksichtslos über die klar erkannte Möglichkeit der Tatbestandsverwirklichung hinwegsetzt oder eine besonders ernst zu nehmende Pflicht verletzt.

So ist im Rahmen des Subventionsbetrugs, § 264 Absatz 4 StGB, nur für leichtfertiges Verhalten eine Fahrlässigkeitsstrafbarkeit vorgesehen. Diese soll dann vorliegen, wenn sich der Täter um die Vergabevoraussetzungen gar nicht oder nur ganz ober-

---

245 *Winkemann*, Fahrlässigkeit, S. 40.

246 *Winkemann*, Fahrlässigkeit, S. 41.

247 *Winkemann*, Fahrlässigkeit, S. 119.

248 *Winkemann*, Fahrlässigkeit, S. 118; vgl. auch *Vogel*, Freiburg-Symposium, S. 125, 142.

249 Vgl. *Winkemann*, Fahrlässigkeit, S. 122 f.

250 Im Unterschied zur Leichtfertigkeit als dritte Kategorie des subjektiven Tatbestands in Anlehnung an das englische, französische und US-amerikanische Recht: Vgl. *Vogel*, Freiburg-Symposium, S. 125, 141 f. und *Weigend*, ZStW **93** (1981) S. 657 und 687 (vgl. oben Fn. 226 ff.).

251 *Jakobs*, AT, 9/23; *Tröndle/Fischer*, § 15, Rn. 20 m.w.N.

flächlich kümmert, wenn er sich über die Frage der Vollständigkeit keinerlei Gedanken macht oder die Vorarbeit eines unzuverlässigen oder unerprobten Mitarbeiters ungeprüft übernimmt.[252] Bei § 261 Absatz 5 StGB greift die Fahrlässigkeitsstrafbarkeit für Geldwäsche nur, wenn der Täter leichtfertig nicht erkennt, dass der Gegenstand aus einer Straftat herrührt.[253] Das ist dann der Fall, wenn sich die dubiose Herkunft der Sache nach Sachlage aufdrängt und der Täter dies aus besonderer Gleichgültigkeit oder grober Unachtsamkeit außer Acht lässt.[254]

Des Weiteren kennen die §§ 97 Absatz 2 (Preisgabe von Staatsgeheimnissen), 109g Absatz 4 (sicherheitsgefährdendes Abbilden), 138 Absatz 3 (Nichtanzeige geplanter Straftaten); § 330a Absatz 5 (leichtfertiges Freisetzen von Giften) und 345 Absatz 2 (Vollstreckung gegen Unschuldige) StGB die Beschränkung der Strafbarkeit fahrlässigen Verhaltens auf Leichtfertigkeit.

dd. Begrenzung auf Sonderdelikte

Daneben ist erwägenswert, nur bei Sonderdelikten die Strafbarkeit fahrlässigen Verhaltens anzuordnen, um so sicherzustellen, dass nur Täter mit Sonderkenntnissen (Fachwissen) für selbst leichteste Fahrlässigkeit haften. Von ihnen kann im Gegensatz zum „einfachen" Bürger eher verlangt werden, eine besondere Obacht walten zu lassen. Danach wäre die Anordnung der Fahrlässigkeitsstrafbarkeit in § 324 Absatz 3, für § 326 Absatz 1 und für § 330a StGB aufzuheben, da dies Allgemeindelikte sind, die von jedermann begangen werden können.

c. Ergebnis

Aufgrund der im Umweltstrafrecht bestehenden Problematik, dass alle Straftatbestände die fahrlässige Begehung erfassen und dieser Fahrlässigkeitsbegriff auch die leichteste Unachtsamkeit erfasst, erscheint es sinnvoll, diesen Bereich der Strafbarkeit einzuschränken. Besonders effektiv erscheint die weitreichende Begrenzung der Strafbarkeit für fahrlässiges Verhalten auf Leichtfertigkeit durch die Einführung einer neuen, dritten Kategorie, die alle Fahrlässigkeitsstraftatbestände des Strafgesetzbuches betreffen würde.[255] Durch sie würde gewährleistet, dass auch die Fälle extrem risikoreicher Tätigkeit beziehungsweise die Fälle von Schäden großen Ausmaßes erfasst werden können.[256] Zugleich würde bloß nachlässiges und nicht vorwerfbares Verhalten, das jeden treffen kann, ausgeschieden.[257]

Ähnlich effektiv ist die Begrenzung der Fahrlässigkeit auf die Leichtfertigkeit im herkömmlichen Sinn. Diese Art der Begrenzung würde nur bestimmte Umweltstraftatbestände betreffen – wie es der Gesetzgeber bei § 330a Absatz 5 StGB begonnen hat

---

252 *Tröndle/Fischer*, § 264, Rn. 24 m.w.N.

253 Beachte, dass für die übrigen Tatbestandsmerkmale das Vorsatzerfordernis bestehen bleibt!

254 BGHSt **43** 158, 168; *Tröndle/Fischer*, § 261, Rn. 42 m.w.N. Ferner BGHSt **33** 66, 67; *Otto*, wistra **1995** 323, 326.

255 Siehe 1. Kapitel B. II. 2. d.

256 Siehe 1. Kapitel B. II. 2. d.

257 Siehe 1. Kapitel B. II. 1.

– und ist trotz des Nachteils, dass dadurch Fälle hoher Schadensintensität bei leicht fahrlässigem Verhalten nicht erfasst werden würden in Betracht zu ziehen.[258]
Auch die Begrenzung der Fahrlässigkeitsstrafbarkeit auf Sonderdelikte ist ein gut begehbarer Weg, weil so nur diejenigen für einfache Fahrlässigkeit strafrechtlich verantwortlich gemacht werden würden, die ein besonderes Fachwissen besitzen (sollten) und denen somit besonders gewissenhaftes Handeln abverlangt werden kann.

III. Die geschützten Rechtsgüter und die Ausgestaltung der Delikte

1. Problemstellung

Durch die Aufnahme der Straftaten gegen die Umwelt fanden neuartige Rechtsgüter Einzug in das Strafgesetzbuch.[259] Dies war aufgrund der sich ständig fortentwickelnden Gesellschaft notwendig. Da die Gesellschaft nicht statisch ist, sich vielmehr wandelt, ändern sich auch die für ein friedliches Zusammenleben elementaren Werte der Gemeinschaft und erfordern den Schutz neuer Rechtsgüter.[260]
Bis heute ist umstritten, was durch die §§ 324 ff. StGB geschützt wird:[261] Ob stets die traditionellen Rechtsgüter Leben und Gesundheit des Menschen geschützt werden (anthropozentrische Theorie),[262] ob die Umwelt um ihrer selbst willen, losgelöst vom Menschen geschützt wird (ökologische Theorie)[263] oder ob die Umwelt nur bezogen auf den Menschen (ökologisch-anthropozentrische Theorie)[264] geschützt wird.
Bei der Bestimmung der umweltstrafrechtlich geschützten Rechtsgüter geht es nicht um eine rein akademische Fragestellung.[265] Vielmehr spielen die geschützten Rechtsgüter eine große Rolle bei der Auslegung der Straftatbestände und so für die Reichweite des strafrechtlichen Schutzes.[266]

---

258 Siehe 1. Kapitel B. II. 3. b. cc.

259 *Ronzani*, Erfolg und individuelle Zurechnung, S. 25 ff. und 36 f. (Umwelt sei nicht im herkömmlichen Sinne als Rechtsgut zu begreifen).

260 *Kindhäuser*, Madrid-Symposium, S. 125, 128; *M. Marx*, Rechtsgut, S. 62; *Tiedemann/Kindhäuser*, NStZ **1988** 337, 340; siehe oben 1. Kapitel B. I.

261 Vgl. zum Streitstand: *Bloy*, ZStW **100** (1988) S. 485, 487 f.; *Kühl*, in: Nida-Rümelin/v. d. Pfordten (Hrsg.), S. 245 ff.; *Kuhlen*, ZStW **105** (1993) S. 697, 701 ff.; *Rengier*, BT 2, § 47, Rn. 9 ff.; *Steindorf*, LK Vor § 324, Rn. 12 ff. Dazu sogleich 1. Kapitel B. III. 3.

262 So der Alternativentwurf eines Strafgesetzbuches BT, Straftaten gegen die Person, 2. Halbband, 1971; *Backes*, JZ **1973** 337, 339 und *Hohmann*, Rechtsgut, S. 188 ff. Vgl. *Bloy*, ZStW **100** (1988) S. 485, 488 und 496.

263 *Arzt*, Kriminalistik **1981** 117, 120; *Arzt/Weber*, BT, § 41, Rn. 2 Fn. 11 m.w.N.

264 H. M.: *Bloy*, ZStW **100** (1988) S. 485, 498; *Horn*, SK Vor § 324, Rn. 2; *Kuhlen*, ZStW 105 (1993) S. 697, 703; *Lackner/Kühl*, Vor § 324, Rn. 7; *Schönke/Schröder/Cramer/Heine*, Vorbem §§ 324 ff., Rn. 8; *Tiedemann*, Neuordnung, S. 28; *Triffterer*, Umweltstrafrecht, S. 33 ff. und 70 f.

265 *Bloy*, ZStW **100** (1988) S. 485, 497 und *Tiedemann*, Neuordnung, S. 29.

266 *Miller*, Umweltstrafrecht, S. 4; *Rengier*, NJW **1990** 2506; *ders.*, in: Schulz (Hrsg.), S. 34; *Rogall*, Köln-Festschrift, S. 505, 509; *Tiedemann*, Neuordnung, S. 29; *ders./Kindhäuser*, NStZ **1988** 337, 338; *ders.*, in:

Häufig anzutreffen sind allgemeine Voraberörterungen über die geschützten Rechtsgüter, durch die der Eindruck erzeugt wird, als könne sich das hier geschützte Rechtsgut einheitlich für alle Tatbestände definieren lassen.[267] Angesichts der Ungleichartigkeit der unterschiedlichen Umweltstraftatbestände ist das aber nicht der Fall. Das geschützte Rechtsgut ist für jeden Tatbestand gesondert festzulegen.[268] Zwar wird mit der herrschenden Meinung[269] angenommen, dass generell die Umwelt als elementare Lebensgrundlage des Menschen geschützt wird, jedoch kann je nach Delikt mal der ökologische, mal der anthropozentrische und mal der administrative Aspekt in den Vordergrund treten.[270] Zum Teil wird auch von „mediatisierten" Zwischenrechtsgütern gesprochen: Damit soll zum Ausdruck gebracht werden, dass der Schutz der Umweltmedien nur dem Schutz des Lebens und der Gesundheit des Menschen vorgelagert ist.[271]

2. Der Umweltbegriff

Als Ausgangspunkt zur Beantwortung der Frage, welches Rechtsgut durch das Umweltstrafrecht geschützt wird, ist vorab zu klären, was unter dem Begriff „Umwelt" zu verstehen ist. Die Begriffsbestimmung ist wichtig, weil das Rechtsgut im gegenwärtigen Strafrechtssystem eine zentrale Rolle einnimmt: So fungiert das Rechtsgut als Grundlage dogmatischer Konstruktion, als Instrument zur Auslegung von Gesetzen sowie als kritischer Beurteilungsmaßstab und als Handlungsanweisung zur Neugestaltung strafrechtlicher Tatbestände.[272] Das Verständnis des Umweltbegriffs ist noch immer nicht einheitlich.[273] Zum strafrechtlichen Umweltbegriff werden im Wesentlichen folgende drei Meinungen vertreten:[274]

Kimminich/v.Lersner/Storm (Hrsg.), Bd. II, Sp. 2440, 2441 f. Insgesamt ablehnend zum Einsatz des Strafrechts: *Bottke*, JuS **1980** 539.

267 Vgl. nur *Rengier*, in: Schulz (Hrsg.), S. 34 Fn. 8 für weit. Nachw.

268 *Miller*, Umweltstrafrecht, S. 5 f.; *Rengier*, NJW **1990** 2506; *Schönke/Schröder/Cramer/Heine*, Vorbem §§ 324 ff., Rn. 8 a.E.; *Tiedemann*, in: Kimminich/v.Lersner/Storm (Hrsg.), Bd. II, Sp. 2440, 2444 ff.; *ders.*, Neuordnung, S. 18 und 28 (29) ff.

269 *Bloy*, ZStW **100** (1988) S. 485, 496; *ders.*, JuS **1997** 577, 580; *Horn*, SK Vor § 324, Rn. 2; *Kuhlen*, ZStW **105** (1993) S. 697, 701 und 726; *Lackner/Kühl*, Vor § 324, Rn. 7; *Rengier*, NJW **1990** 2506, 2514; *Steindorf*, LK Vor § 324, Rn. 12 ff. m.w.N; *Tiedemann*, Neuordnung, S. 29.

270 Vgl. *Rengier*, NJW **1990** 2506, 2515; *ders.*, BT 2, § 47, Rn. 10; *Schönke/Schröder/Cramer/Heine*, Vorbem §§ 324 ff., Rn. 8 a.E.; *Tiedemann*, Neuordnung, S. 29.

271 *Lackner/Kühl*, Vor § 324, Rn. 7; *Schönke/Schröder/Cramer/Heine*, Vorbem §§ 324 ff., Rn. 8; *Steindorf*, LK Vor § 324, Rn. 17 und 18; *Tiedemann*, Neuordnung, S. 28 f.; *ders.*, Tatbestandsfunktionen, 1969, S. 119 f. (für das Wirtschaftsstrafrecht).

272 Vgl. *Dannecker*, Steuerhinterziehung, S. 167.

273 *Arzt/Weber*, BT, § 41 Rn. 1 bis 6; *Arzt*, in: Roxin/Arzt/Tiedemann (Hrsg.), S. 98 f.; *Bloy*, ZStW **100** (1988) S. 485, 492; *Bottke*, JuS **1980** 539; *Kareklás*, Rechtsgut, S. 1; *Ronzani*, Erfolg und individuelle Zurechnung, S. 25; *Tiedemann*, Neuordnung, S. 28 ff. Zu Begriff und Inhalt: *Steindorf*, LK Vor § 324, Rn. 9 und *Triffterer*, Umweltstrafrecht, S. 23 ff.

274 Vgl. dazu *Bloy*, ZStW **100** (1988) S. 485, 495 ff.; *ders.*, JuS **1997** 577, 579; *Triffterer*, Umweltstrafrecht, S. 24 ff.

Einige[275] verstehen unter der Umwelt alles, was das menschliche Dasein und insbesondere die Lebensqualität in irgendeiner Weise positiv oder negativ (physisch, psychisch, technisch, ökonomisch, kulturell oder sozial) beeinflussen kann. Bei diesem weit gefassten und recht diffusem Umweltbegriff[276] besteht die Gefahr der Ineffektivität für die Anwendung im Strafrecht.
Für eine andere Sichtweise steht der biologisch eingefärbte Umweltbegriff,[277] der alleine die den Menschen umgebende Ökosphäre mit ihren einzelnen Umweltmedien und -faktoren (Boden, Wasser, Luft, Fauna und Flora) und deren Erscheinungsformen in der Natur erfassen soll. Doch setzt der Begriff „Umwelt" notwendig einen Bezugspunkt, ein Zentrum, voraus: Erfasst wird die Welt, die dieses Zentrum umgibt. Die Naturelemente und -phänomene selbst können nur Handlungsobjekt sein, so dass auch diese Begriffsbestimmung für den strafrechtlichen Umweltbegriff nicht geeignet ist.
Im Umweltstrafrecht handelt es sich naturgemäß um das Verhältnis zwischen Mensch und Umwelt.[278] Von daher ist die Umwelt die Summe aller natürlichen Lebensgrundlagen des Menschen. Das heißt, sowohl die Umweltmedien (Wasser, Boden und Luft) als auch die Umweltfaktoren (Klima, Licht, Tiere und Pflanzen) sind inbegriffen.[279] Dieser Begriff birgt gegenüber der weiten Definition den Vorteil, dass er die dort enthaltenen sozialen, kulturellen und wirtschaftlichen Aspekte ausklammert und so effektiver ist; gegenüber dem biologischen Umweltbegriff hat er den Vorteil, deutlich zu machen, dass es letzten Endes um den Schutz des Menschen geht.
Damit ist Umweltschutz im hier verstandenen Sinne die Summe aller Maßnahmen, die zur Vorsorge vor Schädigungen oder zur Beseitigung bereits eingetretener Schäden an den Umweltmedien beziehungsweise ihren Hauptfaktoren erforderlich sind.[280] Konsequenterweise hat der Umweltschutz den Menschen im Auge, der somit mittelbar geschützt wird.[281]
Diese Auffassung wird auch durch den 1994 eingeführten Art. 20a GG[282] gestützt.[283] Dieser schreibt den Umweltschutz als Staatszielbestimmung fest und bindet Legisla-

---

275 *Rüdiger*, Bekämpfung sozialgefährlicher Umweltverstöße, S. 6 f.; *Wegscheider*, ÖJZ **1985** 481, 486.
276 *Steindorf*, LK Vor § 324, Rn. 9c sieht diesen Umweltbegriff als durch Art. 20a GG überholt an. Vgl. *Epiney*, in: v. Mangoldt/Klein/Starck (Hrsg.), Art. 20a, Rn. 16.
277 *Krey*, BT 1, Rn. 813.
278 *Bloy*, ZStW **100** (1988) S. 485, 494.
279 *Bottke*, JuS **1980** 539, 540; *Kareklás*, Rechtsgut, S. 8; *Rudolphi*, NStZ **1984** 193; *Triffterer*, Umweltstrafrecht, S. 24 ff.; *ders.*, in: Ulsamer (Hrsg.), S. 1034.
280 *Triffterer*, Umweltstrafrecht, S. 26.
281 *Bloy*, ZStW **100** (1988) S. 485, 495. Ebenso *Lackner/Kühl*, Vor § 324, Rn. 7; *Schönke/Schröder/Cramer/Heine*, Vorbem §§ 324 ff., Rn. 8.
282 Gesetz vom 27.10.1994 (BGBl. I S. 3146).
283 BT-Drs. 8/2382, S. 9 f.; *Brockmeyer*, in: Schmidt-Bleibtreu/Klein (Hrsg.), Art. 20a, Rn. 10 ff.; *Epiney*, in: v. Mangoldt/Klein/Starck (Hrsg.), Art. 20a, Rn. 24 ff.; *Murswiek*, in: Sachs (Hrsg.), Art. 20a, Rn. 22

tive, Exekutive und Judikative. Er ist zwar kein Grundrecht,[284] aber bei der Auslegung der §§ 324 ff. StGB zu berücksichtigen, so dass diese strafbewehrten Verhaltensnormen mittelbar beeinflusst werden.

3. Sichtweisen zur Bestimmung des umweltstrafrechtlich geschützten Rechtsguts

a. *Rein ökologische Sichtweise*

Nach der ökologischen Theorie soll die Umwelt um ihrer selbst willen als ideelles Gut geschützt werden, ohne dass es auf einen Bezug zum Menschen ankäme.[285] Nach *Bloy*[286] handelt es sich hier um *„ethischen Umweltschutz"*, durch den zum Ausdruck gebracht wird, dass der *„Mensch für die Welt, in der er lebt, Verantwortung trägt"*. Das ist zwar moralisch ein durchaus achtenswertes und hochstehendes Motiv, doch würden die §§ 324 ff. StGB dann Wertüberzeugungen als „neue Moral"[287] kriminalisieren und sich dem Vorwurf der übermäßigen Ethisierung des Strafrechts aussetzen.[288] Dies lässt sich nicht vertreten, da auch in der Gesetzesbegründung[289] ausdrücklich auf den Menschen Bezug genommen wird und ein Letztbezug zum Menschen nicht wegzudenken ist in einer Umwelt, in der dieser lebt. Auch sprechen die §§ 330, 330a StGB, in denen der Mensch ausdrücklich erwähnt wird, gegen diese strenge ökologische Auffassung.

b. *Rein anthropozentrische Sichtweise*

Die Mehrheit der Vertreter der anthropozentrischen Sichtweise haben den Gesetzesentwurf zum Alternativen Strafgesetzbuch[290] (mit-) entworfen.[291] Sie sind der Auffassung, dass es bei den Umweltdelikten allein um den Schutz der klassischen Rechtsgüter (Leben und Gesundheit des Menschen) geht. In dem Alternativentwurf von 1971 kam dieser anthropozentrische Aspekt dadurch zum Ausdruck, dass die Umweltdelikte unter dem Titel „Personengefährdungen" zusammengefasst worden waren.[292] Auch diese Auffassung ist mit der Gesetzesbegründung, die ausdrücklich die Umwelt als geschütztes Rechtsgut nennt, nicht vereinbar:[293] Der *„Lebensraum und die natürlichen*

---

ff.; *Sommermann*, in: v. Münch/Kunig (Hrsg.), Art. 20a, Rn. 19 ff.; ebenso *Steindorf*, LK Vor § 324, Rn. 9b.

284 *Brockmeyer*, in: Schmidt-Bleibtreu/Klein (Hrsg.), Art. 20a, Rn. 3; *Murswiek*, NVwZ **1996** 222, 223; *Sommermann*, in: v. Münch/Kunig (Hrsg.), Art. 20a, Rn. 10; *Steindorf*, LK Vor § 324, Rn. 8g.

285 *Arzt*, Kriminalistik **1981** 117, 120 und *Krey*, BT 1, Rn. 813.

286 ZStW **100** (1988) S. 485, 493.

287 *Bloy*, ZStW **100** (1988) S. 485, 493.

288 *Bloy*, ZStW **100** (1988) S. 489 und 494; *ders.*, JuS **1997** 577; *M. Marx*, Rechtsgut, S. 84 ff. u.a.

289 BT-Drs. 8/2382, S. 9 f.

290 Alternativentwurf eines Strafgesetzbuches BT, Straftaten gegen die Person, 2. Halbband, 1971.

291 Vgl. *Backes*, JZ **1973** 339 f.; *Baumann*, ZfW **1973** 63, 70; *Hohmann*, GA **1992** 76, 85; *ders.*, Rechtsgut, S. 194 ff.; *Schmidhäuser*, BT, 15/47. Ausführlich *Kareklás*, Rechtsgut, S. 90 ff.

292 Alternativentwurf eines Strafgesetzbuches BT, Straftaten gegen die Person, 2. Halbband, 1971, S. 49.

293 BT-Drs. 8/2382, S. 9f. Vgl. *Rengier*, NJW **1990** 2506, 2514.

Lebensgrundlagen des Menschen – und zwar sowohl des einzelnen Menschen, als auch der gesamten Bevölkerung – verdienen den strafrechtlichen Schutz und die Beachtung, die dem Kernbereich des Strafrechts zum Schutze der klassischen, insbesondere individualrechtlichen Rechtsgüter seit langem selbstverständlich sind. Der strafrechtliche Umweltschutz darf sich nicht allein auf den Schutz menschlichen Lebens und menschlicher Gesundheit vor den Gefahren der Umwelt beschränken; er muss auch den Schutz elementarer Lebensgrundlagen wie Wasser, Luft und Boden als Bestandteile des menschlichen Lebensraumes einbeziehen und solche ökologischen Schutzgüter auch als Rechtsgüter anerkennen.“

c. Administrative (wasserwirtschaftliche) Sichtweise

Die Vertreter der administrativen Sichtweise[294] sehen als geschütztes Rechtsgut der §§ 324 ff. StGB die behördliche Tätigkeit, ihre Kontrollfunktion, also das formelle Umweltverwaltungsrecht. Diese Auffassung beruht auf dem Umstand, dass die Reichweite des Umweltstrafrechts in hohem Maße von behördlichen Vorentscheidungen abhängt: Die Verwaltung prüft, ob bestimmte Handlungen umweltverwaltungsrechtlich erlaubt sind und legt mit ihren Genehmigungen die Schutzbedingungen und damit den Strafbarkeitsbereich des Umweltstrafrechts fest.

Folgte man dieser Meinung, so würde letztlich der bloße Verwaltungsungehorsam pönalisiert. Damit würde dem Willen des Gesetzgebers insoweit nicht genüge getan, als er die zentralen Strafvorschriften für den Umweltschutz in das Strafgesetzbuch eingestellt hat, um deren Bedeutung und Wichtigkeit hervorzuheben. Mit der Bestimmung der „behördlichen Tätigkeit“ als alleiniges Rechtsgut käme dies nicht vollends zum Ausdruck.

Die formelle administrative Sichtweise kann allenfalls dann Zustimmung finden, wenn sie als administrativ-ökologisch-anthropozentrische Sichtweise zu verstehen ist.[295]

Mit der materiell-administrativen Theorie träten nicht nur inakzeptable Strafbarkeitseinschränkungen im Bereich der Amtsträgerstrafbarkeit sowie inakzeptable Konsequenzen im Bereich der Irrtümer auf, sie würde zudem der ökologischen Grundorientierung des Umweltstrafrechts nicht gerecht werden.[296]

Im Übrigen ist es grundsätzlich die Aufgabe des Ordnungswidrigkeitenrechts – und nicht diejenige des Strafrechts – Verstöße gegen Verwaltungsvorschriften zu ahnden. Das Umweltstrafrecht kann nicht bloßes Ordnungswidrigkeitenrecht sein, wie schon ein Vergleich zum Verkehrsstrafrecht zeigt:[297] Dort wird das Fahren ohne Fahrerlaubnis sachgerecht als Ordnungswidrigkeit geahndet; das Betreiben eines Atomkraftwerks ohne die erforderliche Genehmigung ist um ein vielfaches gefährlicher und somit nicht dem Ordnungswidrigkeitenrecht zuordenbar. Bei den Umweltdelik-

---

[294] *Papier*, NuR **1986** 1 ff. und *Wernicke*, NJW **1977** 1662, 1666. Zusammenfassend: *Kareklás*, Rechtsgut, S. 103 ff.

[295] Vgl. *Rengier*, NJW **1990** 2506, 2514 f. **Kritik** *Rogall*, Köln-Festschrift, S. 505, 511 f. und 513.

[296] *Rengier*, NJW **1990** 2506, 2508 f. und 2515.

[297] Zum Unterschied zwischen Straf- und Ordnungswidrigkeitenrecht: 1. Kapitel B. VI. 1. a.

ten handelt es sich um Kriminalstrafrecht,[298] was auch aus deren Nähe zu den gemeingefährlichen Straftaten deutlich wird.[299] Dass auch administrative Interessen geschützt werden, bleibt unbestritten. Denn letztenendes hat die Umweltverwaltungsbehörde bei ihren Entscheidungen (Genehmigungen, etc.) den Schutzzweck des Verwaltungsgesetzes, das sie ausführt, zu beachten. Die dortigen Zweckbestimmungen regeln meist den Schutz der jeweiligen Materie als Lebensgrundlage des Menschen, vgl. § 1 Absatz 1 BNatSchG, § 1 BImSchG und § 1 in Verbindung mit § 2 Absatz 2 Nr. 1a BBodSchG.

d. Ökologisch-anthropozentrische Sichtweise

Diese von der herrschenden Meinung[300] vertretene Theorie besagt, dass die ökologischen Rechtsgüter nur als Bestandteil des menschlichen Lebensraums geschützt werden sollen. Damit ist sie mit dem Willen des Gesetzgebers, der den Schutz der Rechtsgüter Gewässer, Luft, Boden, Tiere und Pflanzen[301] ausdrücklich hervorhebt und zum Ausdruck bringt, dass es ihm zumindest mittelbar auch um den Schutz des Menschen[302] geht, vereinbar. Gestützt wird diese Sicht ebenfalls durch Art. 20a GG.[303]

Somit sind die ökologischen Rechtsgüter einerseits selbständig geschützte Rechtsgüter der Allgemeinheit (Kollektivrechtsgüter), andererseits steht hinter ihrem Schutz der Mensch. Sie werden als elementare Lebensgrundlage des Menschen und nicht um ihrer selbst willen geschützt.[304]

Dieses Verständnis der geschützten Rechtsgüter korrespondiert auch mit dem Begriff „Umwelt" wie es hier verstanden wird.

---

298 *Bloy*, ZStW **100** (1988) S. 485, 495 f.; *Kindhäuser*, Madrid-Symposium, S. 125, 128 und 134; *Tiedemann/Kindhäuser*, NStZ **1988** 337, 338; *ders.*, Neuordnung, S. 13 ff. und 18.

299 *Bloy*, ZStW **100** (1988) S. 485, 498 und *Tiedemann*, Neuordnung, S. 18.

300 *Bloy*, ZStW **100** (1988) S. 485, 495 f.; *ders.*, JuS **1997** 577, 580; *Horn*, SK Vor § 324, Rn. 2; *Kareklás*, Rechtsgut, S. 110 ff.; *Kuhlen*, ZStW **105** (1993) S. 697, 705 (der sie allerdings ökologische Theorie nennt); *Lackner/Kühl*, Vor § 324, Rn. 7; *Möhrenschlager*, NStZ **1994** 513, 514; *Rengier*, NJW **1990** 2506 und 2514 f.; *Rogall*, Köln-Festschrift, S. 505, 513; *Schönke/Schröder/Cramer/Heine*, Vorbem §§ 324 ff., Rn. 8; *Steindorf*, LK Vor § 324, Rn. 12 ff.; *Tiedemann/Kindhäuser*, NStZ **1988** 337, 339 f.; *Tiedemann*, Neuordnung, S. 28 f.; *Wessels/Hettinger*, BT/1, Rn. 1057.

301 Besser: Reinheit der Luft etc. als geschütztes Rechtsgut wie *Bloy*, ZStW **100** (1988) S. 485, 493 in Fn. 38 zutreffend präzisiert. Denn geschütztes Rechtsgut sind die Werte, welche die Umweltmedien für den Menschen verkörpern.

302 Der Mensch wird als Schutzobjekt in den §§ 324a, 325, 325a, 326, 328, 330 Absatz 1 und 330a StGB ausdrücklich genannt.

303 *Brockmeyer*, in: Schmidt-Bleibtreu/Klein (Hrsg.), Art. 20a, Rn. 10 ff.; *Epiney*, in: v.Mangoldt/ Klein/ Starck (Hrsg.), Art. 20a, Rn. 24 ff.; *Murswiek*, in: Sachs (Hrsg.), Art. 20a, Rn. 22 ff.; *Sommermann*, in: v. Münch/Kunig (Hrsg.), Art. 20a, Rn. 19 ff.

304 Statt aller *Lackner/Kühl*, Vor § 324, Rn. 7.

4. Die in den einzelnen Tatbeständen geschützten Rechtsgüter und die Deliktstypen

Trotz der damit verbundenen Vergröberung sollen die Delikte des Umweltstrafrechts im Folgenden in drei Tatbestandsgruppen unterteilt werden:[305] Die erste Gruppe besteht aus Delikten, die ein bestimmtes Umweltmedium vor genau definierten Beeinträchtigungen direkt schützen.[306] Hier handelt es sich primär um den Schutz ökologischer Rechtsgüter durch Verletzungs- und Eignungsdelikte. Von der zweiten Gruppe werden bestimmte Verhaltensweisen, die erfahrungsgemäß negative Auswirkungen auf unterschiedliche Umweltmedien haben können, erfasst.[307] Bei ihnen handelt es sich um abstrakte Gefährdungsdelikte. Die dritte Gruppe besteht aus Tatbeständen, die bestimmte typischerweise gefährliche Verhaltensweisen bestrafen, wenn eine konkrete Gefahr für anthropozentrische Rechtsgüter eingetreten ist.

a. Tatbestände zum Schutz eines bestimmten Umweltmediums

Hierunter fallen die §§ 324, 324a, 325 Absatz 2 und 329 Absatz 3 StGB, die primär den Schutz der ökologischen Rechtsgüter der Reinheit des Wassers, des Bodens und der Luft bezwecken. Trotz ihrer unterschiedlichen Ausgestaltung als Verletzungs- und Eignungsdelikte ist ihnen gemeinsam, dass sie bestimmte Umweltmedien zu erhalten suchen, indem sie beeinträchtigende Veränderungen derselben bestrafen.

Nach nahezu einhelliger Meinung[308] wird durch § 324 StGB das Gewässer im Sinne von § 330d Nr. 1 StGB (als Angriffsobjekt) absolut, umfassend geschützt. Erfasst wird so gut wie jede Handlung, die eine nachteilige Veränderung (chemisch, physikalisch oder thermisch) des Gewässers nach sich ziehen kann. Lediglich Bagatellverstöße („Minima-Klausel") sollen ausscheiden.

Bei der Auslegung des Tatbestandsmerkmals „nachteilig" zeigt sich die Art des Rechtsgüterschutzes: Geschütztes Rechtsgut ist das Gewässer als elementare Lebensgrundlage des Menschen.[309] Das heißt, dass die dem Gewässer in seinem Naturzustand innewohnende Funktion für die Umwelt des Menschen geschützt wird. Der für jeden Rechtsgüterschutz letztlich vorhandene Bezug auf den Menschen tritt zurück,[310] so dass bei § 324 StGB der ökologische Aspekt des Rechtsgüterschutzes stark dominiert. Eine Beschränkung des Rechtsgüterschutzes auf wasserwirtschaftliche Bedürfnisse bedeutet demgegenüber einen Rückschritt,[311] weil das Gewässer nicht so umfassend geschützt würde, wie durch das ökologische Rechtsgutverständnis. Nur

---

305 *Kloepfer/Vierhaus*, Umweltstrafrecht, Rn. 17; *Tiedemann/Kindhäuser*, NStZ **1988** 337, 338.

306 *Tiedemann/Kindhäuser*, NStZ **1988** 337, 338 sprechen von *„medialen Regelungen"*.

307 *Tiedemann/Kindhäuser*, NStZ **1988** 337, 338 sprechen von *„multimedialen Regelungen"*.

308 Vgl. nur *Schönke/Schröder/Cramer/Heine*, § 324, Rn. 1; *Steindorf*, LK § 324, Rn. 6 m.w.N.; *Tiedemann*, in: Kimminich/v.Lersner/Storm (Hrsg.), Bd. II, Sp. 2440, 2444.

309 *Kuhlen*, ZStW **105** (1993) S. 697, 714; *Lackner/Kühl*, § 324, Rn. 1; *Schönke/Schröder/Cramer/Heine*, § 324, Rn. 1 (*„in seiner Funktion für Mensch und Umwelt"*); *Steindorf*, LK § 324, Rn. 3.

310 *Rengier*, NJW **1990** 2506, 2515; *ders.*, BT 2, § 47, Rn. 10; *Tiedemann/Kindhäuser*, NStZ **1988** 337, 340; *ders.*, in: Kimminich/v.Lersner/Storm (Hrsg.), Bd. II, Sp. 2440, 2445; *Tröndle/Fischer*, § 324, Rn. 1 a.E.

311 *Rengier*, NJW **1990** 2506, 2510; *Tiedemann/Kindhäuser*, NStZ **1988** 337, 340.

durch die ökologische Ausrichtung wird dem Umweltschutz die notwendige Dynamik verliehen und zur gewünschten Bewusstseinsbildung in der Bevölkerung beigetragen.[312]

Der § 324 StGB wird überwiegend als Erfolgsdelikt in Form eines Verletzungsdelikts gesehen.[313] Nur vereinzelt wird angenommen, es handele sich hierbei um ein abstraktes (oder potentielles)[314] Gefährdungsdelikt.[315] *Kuhlen*[316] will für die Umweltdelikte sogar eine neue Kategorie des Deliktstyps einführen: das Kumulationsdelikt.[317]

Da es nicht auf den Eintritt eines konkreten Schadens ankommt, ist § 324 StGB nach herrschender Meinung ein Verletzungsdelikt.[318] Zur Tatbestandsverwirklichung genügt, dass der Erfolg, die Verschlechterung[319] der Gewässereigenschaft, tatsächlich eingetreten ist. Das ist dann der Fall, wenn durch den Eingriff erstmalig eine Abweichung des Gewässerzustands vom Naturzustand (Vergleichsgröße ist der Gewässerzustand vor dem Eingriff) bewirkt wird oder diese Abweichung auch nur vergrößert wird und nicht ganz unwesentlich ist.[320] Dadurch wird ein weitergehender Schutz erreicht, als durch die Einführung einer Gefährdungsstrafbarkeit bezüglich der menschlichen Gesundheit oder der Benutzbarkeit des Gewässers zu menschlichen Zwecken (so die Vertreter wasserwirtschaftlichen Betrachtungsweise und diejenigen, die ein abstraktes Gefährdungsdelikt annehmen).[321]

Der Tatbestand der Bodenverunreinigung (§ 324a StGB) wurde erst durch das 2. UKG[322] eingeführt und ist stark an den Tatbestand der Luftverunreinigung (§ 325 Absatz 1 StGB) angelehnt. Durch § 324a StGB wird anerkannt, dass der Boden für den Naturhaushalt und als Lebensgrundlage und Lebensraum für Menschen, Tiere und Pflanzen überragende Bedeutung hat und strafrechtlichen Schutz verdient und benötigt.[323] Der Boden wird als ökologisch-anthropozentrisch bedeutsames Umweltmedium mit seinen Funktionen in ihrer Gesamtheit als Rechtsgut geschützt.[324]

---

312 *Tiedemann/Kindhäuser*, NStZ **1988** 337, 340.

313 *Lackner/Kühl*, § 324, Rn. 1; *Rengier*, BT 2, § 48, Rn. 3; *Schönke/Schröder/Cramer/Heine*, § 324, Rn. 1; *Steindorf*, LK § 324, Rn. 40; *Tiedemann/Kindhäuser*, NStZ **1988** 337, 340; *Tröndle/Fischer*, § 324, Rn. 1.

314 *Rogall*, Köln-Festschrift, S. 505, 519.

315 *Winkelbauer*, Verwaltungsakzessorietät, S. 49 m.w.N.

316 GA **1986** 389 ff. und *ders.*, ZStW **105** (1993) S. 697, 715 ff.

317 Siehe oben 1. Kapitel B. I. 3. d.

318 *Tröndle/Fischer*, § 324, Rn. 2 m.w.N.

319 *Ronzani*, Erfolg und individuelle Zurechnung, S. 59: *„jede wie auch immer geartete Belastung des Gewässers“*.

320 *Steindorf*, LK § 324, Rn. 40.

321 *Bloy*, JuS **1997** 577, 591; *Kuhlen*, GA **1986** 389, 398 und Fn. 53 (für die wasserwirtschaftliche Betrachtungsweise); *Schönke/Schröder/Cramer/Heine*, § 324, Rn. 1; *Tiedemann/Kindhäuser*, NStZ **1988** 377, 340; *Steindorf*, LK § 324, Rn. 40: Eine Umdeutung in diese Deliktsarten verbiete sich, da diese Entscheidung dem Gesetzgeber vorbehalten bleibt.

322 BGBl. I S. 1440 (siehe auch 2. Kapitel A. a.E.).

323 *Lackner/Kühl*, § 324a, Rn. 1; *Möhrenschlager*, NStZ **1994** 513, 516; *Rengier*, BT 2, § 48, Rn. 11; *Steindorf*, LK § 324a, Rn. 4; *Tröndle/Fischer*, § 324a, Rn. 2.

324 *Rengier*, BT 2, § 48, Rn. 11; *Steindorf*, LK § 324a, Rn. 5.

Hier wird die Gemengelage der geschützten Interessen deutlich: Geschützt wird in erster Linie der Boden als Naturgut und nur mittelbar werden Menschen, Tiere, Pflanzen und andere Sachen von bedeutendem Wert geschützt.
Bei § 324a Absatz 1 Nr. 1 StGB handelt es sich um ein potentielles Gefährdungsdelikt. Er setzt sowohl die Verunreinigung des Rechtsguts Bodens als auch die Eignung zur Schädigung bestimmter anderer Rechtsgüter voraus.[325] § 324a Absatz 1 Nr. 2 StGB ist an § 324 StGB angelehnt und stellt dogmatisch ein reines Verletzungsdelikt dar.[326]
Der Emissionstatbestand, § 325 Absatz 2 StGB, schützt die Luft als Rechtsgut; ein direkter Bezug zum Menschen ist nicht ersichtlich, so dass – ähnlich wie bei § 324 StGB – der erhaltenswerte Ist-Zustand der Luft geschützt wird.[327]
§ 325 Absatz 2 StGB ist ein abstraktes Gefährdungsdelikt.[328] Da auf die Eignungsklausel verzichtet wurde, muss eine konkrete Gefährdung nicht nachgewiesen werden. Es kommt allein auf die Gefährlichkeit der freigesetzten Stoffe als solche an.
Aufgrund der restriktiven Tatbestandsmerkmale spielt § 325 Absatz 2 StGB keine große Rolle in der Praxis der Strafverfolgung.[329] Zum einen unterfällt eine der Hauptquellen schädlicher Emissionen, der Kraftfahrzeug- und Luftverkehr, nicht der Vorschrift (§ 325 Absatz 5 StGB), zum anderen wird verlangt, dass Schadstoffe *„von bedenklichem Umfang“* unter *„grober Verletzung verwaltungsrechtlicher Pflichten“* freigesetzt wurden.[330]
§ 329 Absatz 3 StGB schützt Naturschutzgebiete und Nationalparks, indem er bestimmte Verstöße sanktioniert. Es geht allein um naturschutzrechtliche, ökologische Aspekte des Rechtsgüterschutzes. Nach wohl überwiegender Meinung[331] ist § 329 Absatz 3 StGB auch nach seiner Neufassung durch das 2. UKG ein Verletzungsdelikt; das Erfordernis der Beeinträchtigung – das nicht mehr auf Bestandteile des Naturhaushalts, sondern auf den Schutzzweck selbst bezogen ist – besteht auch nach der Neufassung.

---

325 *Lackner/Kühl*, § 324a, Rn. 1; *Miller*, Umweltstrafrecht, S. 11; *Rengier*, BT 2, § 48, Rn. 13; *Schönke/Schröder/Cramer/Heine*, § 324a, Rn. 1; *Steindorf*, LK § 324a, Rn. 1; *Tröndle/Fischer*, § 324a, Rn. 2; **a.A:** *Otto*, Jura **1995** 134, 142: abstraktes Gefährdungsdelikt hinsichtlich Nr. 1.

326 *Lackner/Kühl*, § 325a, Rn. 1; *Schönke/Schröder/Stree/Heine*, § 325a, Rn. 1; *Steindorf*, LK § 325a, Rn. 2; wohl auch *Tröndle/Fischer*, § 325a, Rn. 4.

327 *Steindorf*, LK § 325, Rn. 2.

328 *Hecker*, ZStW **115** (2003) S. 880, 883; *Kloepfer/Vierhaus*, Umweltstrafrecht, Rn. 116; *Lackner/Kühl*, § 325, Rn. 1; *Miller*, Umweltstrafrecht, S. 14; *Möhrenschlager*, NStZ **1994** 513, 518; *Steindorf*, LK § 325, Rn. 4; **a.A.**: *Tröndle/Fischer*, § 325, Rn. 1 und 15: potentielles Gefährdungsdelikt. Unklar: *Schönke/Schröder/Stree/Heine*, § 325, Rn. 1 a.E., der von einer noch weiteren Vorverlagerung des Schutzes als beim abstrakten Gefährdungsdelikt spricht.

329 Vgl. zur Kritik *Möhrenschlager*, NStZ **1994** 513, 517 f.; *Tiedemann/Kindhäuser*, NStZ **1988** 337, 341; *ders.*, Neuordnung, S. 30 ff.; *Tröndle/Fischer*, § 325, Rn. 1.

330 *Kloepfer/Vierhaus*, Umweltstrafrecht, Rn. 118; *Miller*, Umweltstrafrecht, S. 14.

331 *Arzt/Weber*, BT, § 41, Rn. 11; *Schönke/Schröder/Eser/Heine*, § 329, Rn. 35; *Steindorf*, LK § 329, Rn. 1 m.w.N. **A.A.**: *Horn*, SK § 329, Rn. 1; *Kloepfer/Vierhaus*, Umweltstrafrecht, Rn. 154; *Lackner/Kühl*, § 329, Rn. 1: abstraktes Gefährdungsdelikt.

b. Tatbestände zum Schutz verschiedener Rechtsgüter

Der entscheidende Unterschied zu der ersten Gruppe besteht darin, dass diese Tatbestände nicht dem Schutz eines bestimmten Rechtsguts dienen, sondern eine doppelte Schutzrichtung aufweisen.

So schützt der Immissionsschutztatbestand, § 325 Absatz 1 Satz 1 StGB, die (relative) Reinheit der Luft. Daneben wird der Schutz der menschlichen Gesundheit und der Umweltelemente Tiere, Pflanzen sowie anderer Sachen von bedeutendem Wert bezweckt.[332] Somit beabsichtigt § 325 Absatz 1 StGB einen doppelten ökologisch-anthropozentrischen Rechtsgüterschutz.[333] Dadurch wird deutlich, dass die Luft als eigenständiges ökologisches Rechtsgut anerkannt wird, doch nur in ihrer Funktion als elementare natürliche Lebensgrundlage des Menschen.

Der Deliktstyp der Luftverunreinigung ist sehr umstritten: Zum Teil wird angenommen, es handele sich um ein potentielles Gefährdungsdelikt,[334] andere sehen es als abstraktes Gefährdungsdelikt beziehungsweise[335] als Verletzungs-Gefährdungskombination an.[336] Dieser Streit hängt eng mit der Bestimmung des durch § 325 Absatz 1 StGB geschützten Rechtsguts zusammen, da dies maßgeblichen Einfluss darauf hat, ob es sich um ein Verletzungs- oder Gefährdungsdelikt handelt.[337] Tatsächlich handelt es sich bei § 325 Absatz 1 StGB um ein potentielles Gefährdungsdelikt, das der Gesetzgeber auch schaffen wollte.[338] Zur Vollendung des Tatbestands ist gerade nicht erforderlich, dass es bereits zu nachweisbaren Veränderungen der Luft gekommen ist, die geeignet sind, bestimmte Schädigungen herbeizuführen. Vielmehr genügt bereits die Freisetzung bedeutsamer Mengen von Stoffen, die geeignet sind, nachhaltige Veränderungen der Luft oder der anderen Umweltmedien herbeizuführen.[339]

Auch dieser Straftatbestand wird in seiner praktischen Anwendbarkeit erheblich durch die Formulierung „*unter grober Verletzung verwaltungsrechtlicher Pflichten*" und den Ausschluss der Verunreinigungen durch Kraftfahrzeug-, Schienen-, Luft- und Wasserfahrzeugverkehr (§ 325 Absatz 5 StGB) eingeschränkt.

---

332 *Tröndle/Fischer*, § 325, Rn. 2; *Schönke/Schröder/Stree/Heine*, § 325, Rn. 1; *Steindorf*, LK § 325, Rn. 2.

333 H. M.: *Hecker*, ZStW **115** (2003) S. 880, 883; *Horn*, SK § 325, Rn. 2; *Rengier*, BT 2, § 47, Rn. 10; *Steindorf*, LK § 325, Rn. 2; *Tiedemann*, in: Kimminich/v.Lersner/Storm (Hrsg.), Bd. II, Sp. 2440, 2446; *ders./Kindhäuser*, NStZ **1988** 337, 341; *Tiedemann*, Neuordnung, S. 29.

334 *Hecker*, ZStW **115** (2003) S. 880, 883; *Horn*, SK § 325, Rn. 3; *Joecks*, Studienkommentar, § 325, Rn. 1; *Lackner/Kühl*, § 325, Rn. 1; *Rengier*, BT 2, § 47, Rn. 5 und § 48, Rn. 14; *Rogall*, Köln-Festschrift, S. 505, 515; *Tröndle/Fischer*, § 325, Rn. 2.

335 *Otto*, Jura **1995** 134, 142; *Schönke/Schröder/Stree/Heine*, § 325, Rn. 1 (etwas unklar, weil er a.E. vom Verletzungsdelikt spricht).

336 *Kloepfer/Vierhaus*, Umweltstrafrecht, Rn. 112.

337 *Kloepfer/Vierhaus*, Umweltstrafrecht, Rn. 112; *Miller*, Umweltstrafrecht, S. 12; *Tiedemann/Kindhäuser*, NStZ **1988** 337, 341.

338 BT-Drs. 12/192, S. 18; *Tiedemann*, in: Kimminich/v.Lersner/Storm (Hrsg.), Bd. II, Sp. 2440, 2446 f.; *ders./Kindhäuser*, NStZ **1988** 337, 341; *Tröndle/Fischer*, § 325, Rn. 1.

339 *Frisch*, in: Leipolg (Hrsg.), S. 361, 365; *Hecker*, ZStW **115** (2003) S. 880, 883.

§ 325a Absatz 2 StGB schützt neben der menschlichen Gesundheit auch Tiere, sofern sie nicht im Eigentum des Täters stehen und Sachen von bedeutendem Wert, sofern sie in fremdem Eigentum stehen vor Lärm, Erschütterung und nichtionisierenden Strahlen. Das heißt, dass zwar herrenlose Tiere, nicht aber herrenlose Sachen geschützt werden. Folglich wird durch dieses Umweltdelikt mithin das Eigentum an Tieren und Sachen geschützt.[340] Aber auch die Ruhe – obschon im Regierungsentwurf nicht ausdrücklich als geschütztes Rechtsgut genannt – ist als Rechtsgut mitgeschützt. Denn Lärm zählt zu den klassischen Umweltgefahren, die die Gesundheit des Menschen schädigen können. Somit ist die Ruhe als elementare Lebensgrundlage des Menschen schützenswertes und schutzbedürftiges Rechtsgut.[341]

§ 325a Absatz 2 StGB stellt ein konkretes Gefährdungsdelikt dar, weil die tatsächliche Gefährdung der Gesundheit eines anderen erforderlich ist.[342]

Dieser Tatbestand schließt ebenso wie § 325 StGB die Beeinträchtigungen, die vom Kraftfahrzeug- und Luftverkehr ausgehen, generell aus, § 325a Absatz 4 StGB.

Die umweltgefährdende Abfallbeseitigung, § 326 StGB, gewährt neben dem Schutz der Gesundheit des Menschen auch den Schutz der Umweltmedien als elementare Lebensgrundlage des Menschen, soweit sie einen ökologisch oder wirtschaftlich bedeutsamen Nutzen haben. Damit besteht ein doppelter Rechtsgüterschutz im Sinne der ökologisch-anthropozentrischen Theorie.[343] Man könnte daran denken, den Rechtsgüterschutz zu differenzieren, da in Nr. 1 und 2 die Menschen ausdrücklich genannt werden, in den Nr. 3 und 4 aber nicht mehr. Dies könnte dafür sprechen, dass in den erstgenannten Fällen der anthropozentrische, in den letztgenannten Fällen der ökologische Aspekt dominiert. Dies wird von *Steindorf* ausdrücklich abgelehnt,[344] da die Aufspaltung nicht überzeugend sei. Meiner Ansicht nach werden die anthropozentrischen Rechtsgüter in den Nr. 3 und 4 indirekt mitgeschützt. Jedoch überwiegt hier der ökologische Gesichtspunkt. Aufgrund der Neufassung und Erweiterung des Gewässerbegriffs in § 330d Nr. 1 StGB[345] umfasst der Schutzbereich des § 326 StGB inzwischen nach herrschender Meinung[346] auch Gewässer, Luft und Boden im Ausland.

---

340 *Lackner/Kühl*, § 325a, Rn. 1 und 6; *Rengier*, NJW **1990** 2506, 2511; *Schönke/Schröder/Stree/Heine*, § 325a, Rn. 10; *Steindorf*, LK § 325a, Rn. 2; *Tröndle/Fischer*, § 325a, Rn. 1.

341 *Steindorf*, LK § 325a, Rn. 2 m.w.N.

342 *Joecks*, Studienkommentar, § 325a; *Kloepfer/Vierhaus*, Umweltstrafrecht, Rn. 12; *Lackner/Kühl*, § 325a, Rn. 1 und 6; *Miller*, Umweltstrafrecht, S. 15; *Schönke/Schröder/Stree/Heine*, § 325a, Rn. 7; *Steindorf*, LK § 325a, Rn. 2 und 3; *Tröndle/Fischer*, § 325a, Rn. 1.

343 *Lackner/Kühl*, § 326, Rn. 1; *Rengier*, NJW **1990** 2506, 2512; *Steindorf*, LK § 326, Rn. 2; *Tröndle/Fischer*, § 326, Rn. 1.

344 LK § 326, Rn. 2.

345 Art. 1 Nr. 15 des 2. UKG.

346 Statt aller *Tröndle/Fischer*, § 326, Rn. 5b m.w.N.

Bei § 326 StGB handelt es sich um ein abstraktes Gefährdungsdelikt,[347] da der Eintritt der genannten Folge nur nicht offensichtlich ausgeschlossen sein darf; das gilt nicht für § 326 Absatz 1 Nr. 4 StGB, der ein potentielles Gefährdungsdelikt darstellt.[348]

Beim unerlaubten Betreiben von Anlagen, § 327 StGB, genügt für die Bestrafung schon, dass jemand eine kerntechnische Anlage ohne die erforderliche Genehmigung betreibt oder sie wesentlich verändert, ohne dass es zu irgendeiner tatsächlichen Gefährdung gekommen sein muss. Während die überwiegende Meinung[349] davon ausgeht, dass durch § 327 StGB hauptsächlich die Dispositions- und Entscheidungsbefugnis der zuständigen Genehmigungsbehörde gegen bloßen Verwaltungsungehorsam geschützt wird, lehnen andere dies ab.[350] Auch diese Vorschrift diene dem doppelten Rechtsgüterschutz: dem Schutz der Umweltgüter mit Bezug auf den Menschen, allerdings weit im Vorfeld einer Schädigung. Dass § 327 StGB auch dem Schutz der Umwelt dient, ist richtig, doch werden daneben auch administrative Interessen geschützt.

Das unerlaubte Betreiben von Anlagen ist nach herrschender Meinung[351] ein abstraktes Gefährdungsdelikt, da es nicht auf den Eintritt einer konkreten Schädigungsgefahr ankommt.

Der unerlaubte Umgang mit Kernbrennstoffen oder sonstigen radioaktiven Stoffen, § 328 StGB, schützt in seinen Absätzen 1 und 2 neben anthropozentrischen Rechtsgütern, wie der menschlichen Gesundheit – ebenso wie § 327 StGB – auch administrative Interessen und Umweltgüter.[352] Zweck des § 328 Absatz 2 StGB ist es, illegalen Geschäften schon im Vorfeld ihrer Anbahnung entgegenzutreten.[353]

Bei den Absätzen 1 und 2 handelt es sich um abstrakte Gefährdungsdelikte,[354] wobei Absatz 1 Nr. 2 ein potentielles Gefährdungsdelikt ist.[355]

---

[347] BGHSt **36** 255, 257; **39** 381, 385; *Joecks*, Studienkommentar, § 326, Rn. 1; *Lackner/Kühl*, § 326, Rn. 1; *Miller*, Umweltstrafrecht, S. 17; *Schönke/Schröder/Lenckner/Heine*, § 326, Rn. 1a; *Steindorf*, LK § 326, Rn. 1; *Tröndle/Fischer*, § 326, Rn. 1.

[348] *Franzheim/Pfohl*, Umweltstrafrecht, Rn. 247; *Horn*, SK § 326, Rn. 2; *Lackner/Kühl*, § 326, Rn. 1; *Miller*, Umweltstrafrecht, S. 17; *Rengier*, BT 2, § 47, Rn. 5; *Tröndle/Fischer*, § 326, Rn. 1 und 5.

[349] *Franzheim/Pfohl*, Umweltstrafrecht, Rn. 377; *Kloepfer/Vierhaus*, Umweltstrafrecht, Rn. 121; *Rengier*, BT 2, § 47, Rn. 11; *ders.*, NJW **1990** 2506, 2513; *Tiedemann/Kindhäuser*, NStZ **1988** 337, 343; *Tröndle/Fischer*, § 327, Rn. 1. Wohl auch *Schönke/Schröder/Cramer/Heine*, Vorbem §§ 324 ff., Rn. 16c.

[350] *Horn*, SK § 327, Rn. 2; *Kuhlen*, WiVerw **1991** 181, 223; *Steindorf*, LK § 327, Rn. 1; *Tiedemann*, in: Kimminich/v.Lersner/Storm (Hrsg.), Bd. II, Sp. 2440, 2447.

[351] *Franzheim/Pfohl*, Umweltstrafrecht, Rn. 377; *Horn*, SK § 327, Rn. 2; *Joecks*, Studienkommentar, § 327; *Kloepfer/Vierhaus*, Umweltstrafrecht, Rn. 121; *Lackner/Kühl*, § 327, Rn. 1; *Miller*, Umweltstrafrecht, S. 24; *Rengier*, BT 2, § 47, Rn. 5; *Schönke/Schröder/Cramer/Heine*, § 327, Rn. 1; *Steindorf*, LK § 327, Rn. 1; *Tröndle/Fischer*, § 327, Rn. 1.

[352] *Horn*, SK § 328, Rn. 2; *Tröndle/Fischer*, § 328, Rn. 1.

[353] BT-Drs. 12/7300, S. 24; *Kloepfer/Vierhaus*, Umweltstrafrecht, Rn. 146; *Miller*, Umweltstrafrecht, S. 27.

[354] H. M.: *Horn*, SK § 328, Rn. 2; *Lackner/Kühl*, § 328, Rn. 1; *Rengier*, BT 2, § 47, Rn. 5; *Schönke/Schröder/Cramer/Heine*, § 328, Rn. 1; *Steindorf*, LK § 328, Rn. 2; *Tröndle/Fischer*, § 328, Rn. 1.

[355] *Schönke/Schröder/Cramer/Heine*, § 328, Rn. 3; *Steindorf*, LK § 328, Rn. 2; *Tröndle/Fischer*, § 328, Rn. 3.

Die beiden voraufgehend besprochenen Tatbestände (§§ 327 und 328 StGB) nehmen insofern eine Sonderstellung ein, als sie primär die administrative Präventivkontrolle der geschützten Umweltgüter ermöglichen.[356]

§ 329 Absätze 1 und 2 StGB bezwecken den Schutz ökologisch besonders empfindlicher und somit schutzbedürftiger Gebiete vor schädlichen Umwelteinwirkungen;[357] Absatz 1 aus immissionschutzrechtlicher und Absatz 2 aus wassserrechtlicher Sicht. § 329 StGB schützt verselbständigte ökologisch bedeutsame Umweltrechtsgüter.[358] Im Vordergrund steht der ökologische Rechtsgüterschutz-Aspekt, wobei der Letztbezug auf den Menschen nicht gänzlich verschwindet,[359] so dass ein Doppelschutz besteht.

Da in den Absätzen 1 und 2 eine Umweltgefährdung/-schädigung nicht erforderlich ist, werden die Rechtsgüter mittels abstrakten Gefährdungsdelikts geschützt.[360]

c. Tatbestände zum Schutz anthropozentrischer Rechtsgüter

Bei den Tatbeständen dieser Gruppe sind die geschützten Rechtsgüter primär Leben und Gesundheit des Menschen.

Der Tatbestand der Lärmverursachung (§ 325a Absatz 1 StGB) lehnt sich zwar konstruktiv an die Luftverunreinigung an, doch wird seinem Wortlaut nach ausdrücklich die menschliche Gesundheit vor Lärm geschützt. Damit stellt der Gesetzgeber den anthropozentrischen Rechtsgüterschutz eindeutig in den Vordergrund. Daneben wird auch die Ruhe, die ebenfalls eine elementare Lebensgrundlage des Menschen darstellt, geschützt.[361]

§ 325a Absatz 1 StGB ist nach herrschender Meinung[362] – wie die Luftverunreinigung – ein potentielles Gefährdungsdelikt.

Auch bei § 328 Absatz 3 StGB, der den unerlaubten Umgang mit radioaktiven und gefährlichen Stoffen erfasst, geht es primär um den Schutz der menschlichen Gesundheit. Er verlangt die Gefährdung der Gesundheit eines anderen, ihm nicht gehörender Tiere oder fremder Sachen von bedeutendem Wert.

§ 328 Absatz 3 StGB ist ein konkretes Gefährdungsdelikt,[363] weil er eine konkrete umweltbezogene Gefährdung voraussetzt.

---

356 *Kloepfer/Vierhaus*, Umweltstrafrecht, Rn. 17.

357 *Lackner/Kühl*, § 329, Rn. 1; *Schönke/Schröder/Eser/Heine*, § 329, Rn. 1.

358 *Schönke/Schröder/Eser/Heine*, § 329, Rn. 1; *Steindorf*, LK § 329, Rn. 2.

359 *Horn*, SK § 329; Rn. 2; *Schönke/Schröder/Eser/Heine*, § 329, Rn. 1; *Steindorf*, LK § 329, Rn. 2; *Tröndle/Fischer*, § 329, Rn. 1.

360 *Horn*, SK § 329, Rn. 2; *Joecks*, Studienkommentar, § 329; *Lackner/Kühl*, § 329, Rn. 1; *Schönke/Schröder/Eser/Heine*, § 329, Rn. 2 und 12; *Steindorf*, LK § 329, Rn. 2; *Tröndle/Fischer*, § 329, Rn. 1.

361 *Lackner/Kühl*, § 325a, Rn. 1; *Schönke/Schröder/Stree/Heine*, § 325a, Rn. 1; *Steindorf*, LK § 325a, Rn. 2; wohl auch *Tröndle/Fischer*, § 325a, Rn. 4.

362 *Joecks*, Studienkommentar, § 325a; *Lackner/Kühl*, § 325a, Rn. 1; *Steindorf*, LK § 325a, Rn. 2; *Tröndle/Fischer*, § 325a, Rn. 1. **A.A.:** *Kloepfer/Vierhaus*, Umweltstrafrecht, Rn. 119; *Schönke/Schröder/Stree/Heine*, § 325a, Rn. 1, der von einem abstrakten Gefährdungsdelikt spricht, während § 325a Absatz 2 StGB ein konkretes Gefährdungsdelikt sei (Rn. 7).

Die Vorschrift des § 330a StGB (Freisetzen von Giften) stellt innerhalb des Abschnitts der Straftaten gegen die Umwelt in zweierlei Hinsicht eine Ausnahme dar: Zum einen schützt sie ausschließlich das Leben und die Gesundheit des Menschen (andere Rechtsgüter, insbesondere die Umwelt werden nicht geschützt)[364] und zum anderen ist § 330a StGB als einzige Vorschrift dieses Abschnitts nicht verwaltungsakzessorisch ausgestaltet.[365] Das heißt, dass es nicht auf eine etwaige behördliche Genehmigung für das Freisetzen von Giften ankommt.[366]
§ 330a StGB ist als konkretes Gefährdungsdelikt ausgestaltet.[367]

5. Zusammenfassung

Bei den §§ 324, 324a, 325 Absatz 2 und 329 Absatz 3 StGB steht der ökologische Rechtsgüterschutz-Aspekt im Vordergrund. Obwohl diese Tatbestände überwiegend (so §§ 324, 324a und 329 Absatz 3 StGB) als Erfolgsdelikte ausgestaltet sind (nur § 325 Absatz 2 StGB ist ein abstraktes Gefährdungsdelikt), ist ihr Schutzbereich sehr weit vorverlagert, da jede Veränderung des Zustands des geschützten Umweltmediums genügt und es nicht auf die Gefährdung von Leben oder Gesundheit des Menschen ankommt.
Die Tatbestände, die einen doppelten Rechtsgüterschutz bezwecken (§§ 325 Absatz 1, 325a Absatz 2, 326, 327, 328 und 329 Absätze 1 und 2 StGB) sind meist (bis auf §§ 325 Absatz 1, 325a Absatz 2 und 326 Absatz 1 Nr. 4 StGB) als abstrakte Gefährdungsdelikte ausgestaltet. So wird der oft nur schwer zu erbringende Kausalitätsnachweis durch vertypte Wahrscheinlichkeitsurteile ersetzt.
Die Tatbestände, bei denen der anthropozentrische Aspekt des Rechtsgüterschutzes dominiert, §§ 325a Absatz 1, 328 Absatz 3 und 330a StGB, erfordern meist – bis auf § 325a Absatz 1 StGB, der ein potentielles Gefährdungsdelikt ist – eine konkrete Gefährdung. Der Grund für diese Deliktstypenwahl wird darin liegen, dass bei den klassischen Individualrechtsgütern die Verletzung beziehungsweise der Erfolg besser und leichter feststellbar ist als bei den ökologischen Rechtsgütern.[368] Für einen effektiven Schutz der klassischen Rechtsgüter bedarf es keiner Beweiserleichterung.
Durch diese Analyse der verschiedenen Tatbestandsgruppen wird die im Umweltstrafrecht bestehende „Stufung" des Rechtsgüterschutzes deutlich.

---

363 *Franzheim/Pfohl*, Umweltstrafrecht, Rn. 439; *Horn*, SK § 328, Rn. 2; *Lackner/Kühl*, § 328, Rn. 1; *Möhrenschlager*, NStZ **1994** 566, 567; *Rengier*, NJW **1990** 2506, 2511; *Schönke/Schröder/Cramer/Heine*, § 328, Rn. 1 und 14; *Steindorf*, LK § 328, Rn. 21; *Tröndle/Fischer*, § 328, Rn. 1 und 12.

364 *Horn*, SK § 330a, Rn. 2; *Miller*, Umweltstrafrecht, S. 31; *Tröndle/Fischer*, § 330a, Rn. 1.

365 Statt aller *Kloepfer/Vierhaus*, Umweltstrafrecht, Rn. 160; *Möhrenschlager*, NStZ **1994** 566, 569, *Rogall*, Köln-Festschrift, S. 505, 512 f.; *Steindorf*, LK § 330a, Rn. 2; *Tiedemann*, in: Kimminich/v.Lersner/Storm (Hrsg.), Bd. II, Sp. 2440, 2449; *ders./Kindhäuser*, NStZ **1988** 337, 342; *ders.*, Neuordnung, S. 41.

366 *Horn*, SK § 330a, Rn. 2.

367 Vgl. statt aller *Steindorf*, LK § 330a, Rn. 2; *Tiedemann*, in: Kimminich/v.Lersner/Storm (Hrsg.), Bd. II, Sp. 2440, 2449; *Tröndle/Fischer*, § 330a, Rn. 1.

368 Siehe oben 1. Kapitel B. I. 3. d. und III. 4. a und c. und *Ronzani*, Erfolg und individuelle Zurechnung, S. 72 ff.

Die meist auf eine Gefahrenquelle abstellenden „multimedialen“ Regelungen, die einen doppelten Rechtsgüterschutz bezwecken (zweite Gruppe), schützen die verschiedenen Rechtsgüter mittels abstrakter Gefährdungsdelikte schon weit im Vorfeld vor Beeinträchtigungen.
Wird der Schutz bestimmter Umweltmedien bezweckt, dienen die Vorschriften also primär dem Schutz ökologischer Interessen (erste Gruppe), so ist nicht schon die abstrakte Gefährlichkeit der Handlung ausreichend. Vielmehr muss die Handlung in der Regel eine Beeinträchtigung des geschützten Rechtsguts herbeiführen.
Steht der Schutz der Gesundheit und des Lebens des Menschen im Vordergrund des Straftatbestands (dritte Gruppe), so ist eine konkrete Gefährdung Voraussetzung für dessen Eingreifen.

IV. Verwaltungsakzessorietät

1. Problemstellung

Wie sich aus den Ausführungen zu den einzelnen Tatbeständen ergibt, ist das Umweltstrafrecht stark vom Verwaltungsrecht abhängig. Bis auf § 330a StGB sind alle Tatbestände des 29. Abschnitts verwaltungsakzessorisch ausgestaltet, indem sie durch die Formulierungen „*Verletzung verwaltungsrechtlicher Pflichten*“, „*ohne Genehmigung*“ und „*unbefugt*“ auf Tatbestands- oder Rechtswidrigkeitsebene an verwaltungsrechtliche Vorgaben anknüpfen.[369] Somit hängt ihr Anwendungsbereich im Wesentlichen vom Verhalten der in Verwaltungsbehörden arbeitenden Amtsträger, also von verwaltungsrechtlichen Vorentscheidungen ab. Infolgedessen kann durch rechtsfehlerhaftes Handeln der Verwaltungsbehörden (Erlass rechtswidriger Genehmigungen oder Nichteinschreiten gegen umweltgefährdendes Handeln) eine von der Primärrechtsordnung nicht gebilligte Umweltbeeinträchtigung straflos gestellt werden.[370] In dieser Anbindung des Umweltstrafrechts an verwaltungsrechtliche Vorgaben wird einer der Hauptgründe[371] für die Ineffizienz des Umweltstrafrechts gesehen.[372] *Frisch*[373] nimmt eine sinnvolle Vorabunterscheidung vor, die zeigt, dass die Verwaltungsakzessorietät ganz normal ist und die Effizienz des Umweltstrafrechts nicht beeinträchtigt (zumindest soweit es um die Bindung an materielles Umweltverwaltungsrecht und dies fehlerfrei exekutierende und konkretisierende Verwaltungsakte geht),[374] da das Strafrecht als sekundäre Sanktionsordnung den Vorgaben der primä-

---

369 Schon im Römischen Recht gab es Rechtsregeln über die Verwaltungsakzessorietät – vgl. *Rogall*, GA **1995** 299, 300 in Fn. 5.
370 *Wohlers*, JZ **2001** 850 m.w.N.
371 Daneben werden noch das Vollzugsdefizit, die ungenügende Anzeigebereitschaft und Beweisprobleme als Gründe für die Ineffizienz genannt.
372 *Frisch*, Verwaltungsakzessorietät, S. 5.
373 Verwaltungsakzessorietät, S. 5 ff.
374 *Frisch*, Verwaltungsakzessorietät, S. 17.

ren Verhaltensordnung folgen muss. Dies ist die Konsequenz seiner rechtslogischen Struktur:[375] Um Normwidersprüche zu vermeiden, kann nicht strafrechtlich sanktioniert werden, was verwaltungsrechtlich erlaubt ist.[376] Erst im Rahmen der Verwaltungs*akts*akzessorietät kann es bei fehlerhaft ergangenen Genehmigungen zu einer Effizienzbeeinträchtigung kommen.[377]
Die Verwaltungsakzessorietät ist nicht nur einer der noch immer heftig diskutierten, sondern auch einer der viel kritisierten Bereiche des Umweltstrafrechts.[378] Dementsprechend reichen die vertretenen Auffassungen von der gänzlichen Loslösung des Umweltstrafrechts vom Verwaltungsrecht[379] über die teilweise Ablösung in Form einer Beschränkung der Abhängigkeit auf die Verwaltungs*rechts*akzessorietät[380] bis hin zur nach herrschender Meinung[381] unverzichtbaren Akzessorietät der umweltstrafrechtlichen Tatbestände.
Wenn das Umweltstrafrecht nicht verwaltungsakzessorisch ausgestaltet sein soll, muss es selbst Kriterien enthalten, die die Strafbarkeit bestimmen. Das könnte durch die Aufnahme von Emissions- und Immissionsgrenzwerten in die Straftatbestände erfolgen, die zur Tatbestandserfüllung überschritten worden sein müssten.[382] Dagegen spricht nicht nur, dass das Dilemma der verwaltungsrechtlichen Grenzwertfestsetzung erhalten bliebe und auf das Strafrecht durchgreifen, sondern auch dass der Strafrechtsschutz bei den meisten Parametern zu spät einsetzen würde.[383]

---

375 *Frisch*, Verwaltungsakzessorietät, S. 7.

376 *Frisch*, Verwaltungsakzessorietät, S. 8 ff. m.w.N. in Fn. 24; *Hansmann*, NVwZ **1989** 913, 914; *Lackner/Kühl*, Vor § 324, Rn. 3; *Rudolphi*, NStZ **1984** 193, 197.

377 Sogleich 1. Kapitel B. IV. 3. b. cc.

378 *Kühl* spricht vom „Hauptdilemma" des Umweltstrafrechts (*Lackner/Kühl*, Vor § 324, Rn. 3). Ferner *Schall*, NJW **1990** 1263, 1265; *ders.*, wistra **1992** 1, 4; *Hansmann*, NVwZ **1989** 913, 914 und 918, der die Auffassung vertritt, das Konkurrenzverhältnis zwischen Verwaltungsrecht und Strafrecht sollte nicht im Gegen-, sondern im Miteinander bestehen. Es wäre am effektivsten, wenn sich das planendsteuernde, zukunftsorientierte Verwaltungsrecht und das ahndende eher, vergangenheitsorientierte Strafrecht gegenseitig unterstützen würden, um das gemeinsame Ziel (Schutz der Umwelt) effektiver durchsetzen zu können. **Krit.:** *Rogall*, ZfU **1997** 35, 56.

379 **Kritik** an der Verwaltungsakzessorietät üben: *Perschke*, wistra **1996** 161, 163 und 165 f. (*de lege lata* soll nur derjenige tatbestandsmäßig handeln, der gegen einen rechtmäßigen Verwaltungsakt verstößt); *Schünemann*, Triffterer-Festschrift, S. 437, 441 ff.; *ders.*, wistra **1986** 235, 239; *Schwarz*, GA **1993** 318, 320 f. und 328.

380 *Schall*, wistra **1992** 1, 5; vgl. auch *Heine*, NJW **1990** 2425, 2428 und 2434, *Rühl*, JuS **1999** 521 ff., *Schwarz*, GA **1993** 318, 321; *Tiedemann/Kindhäuser*, NStZ **1988** 337, 345.

381 *Felix*, Einheit, S. 294; *Frisch*, Verwaltungsakzessorietät, S. 116; *Hansmann*, NVwZ **1989** 913, 916 f.; *Heine*, NJW **1990** 2425, 2426; *Kühl*, Lackner-Festschrift, S. 815, 861; *Ransiek*, Unternehmensstrafrecht, S. 130; *Rogall*, Köln-Festschrift, S. 505, 522; *Schönke/Schröder/Cramer/Heine*, Vorbem §§ 324 ff., Rn. 4 a.E.; *Steindorf*, LK Vor § 324, Rn. 22; *Tiedemann*, Neuordnung, S. 39; *ders./Kindhäuser*, NStZ **1988** 337, 344; *Tröndle/Fischer*, Vor § 324, Rn. 6; *Winkelbauer*, Verwaltungsakzessorietät, S. 29 ff.

382 Vgl. den Vorschlag von *Franzheim* (NStZ **1987** 437), den Tatbestand der Gewässerverunreinigung von einem eigenständigen strafrechtlichen Grenzwert abhängig zu machen, der das Doppelte des verwaltungsrechtlichen Überwachungswerts betragen sollte. Dazu *Heine*, NJW **1990** 2425, 2427. Ferner *Kühl*, Lackner-Festschrift, S. 815, 860.

383 *Franzheim/Pfohl*, Umweltstrafrecht, Rn. 20.

Daneben wäre denkbar, die Strafbarkeit grundsätzlich vom Eintritt einer konkreten Gefährdung eines Umweltguts abhängig zu machen. Dem stehen die Erfahrungen des österreichischen Strafrechts entgegen:[384] Da die konkrete Gefährdung eines Umweltguts häufig nicht nachgewiesen werden konnte, waren diese Gefährdungsdelikte ineffizient und sind mit der Reform vom 01.01.1989 in verwaltungsakzessorische Delikte umgewandelt worden.[385]

Trotz der vielfältigen Probleme, die die Verwaltungsakzessorietät nach sich zieht (wie zum Beispiel die Frage nach der Reichweite der verwaltungsrechtlichen Erlaubnis),[386] ist sie im Bereich des Umweltstrafrechts unabdingbar und sinnvoll,[387] um nicht nur gravierende Umweltverstöße ahnden, sondern – im Rahmen eines effektiven Umwelt- und Rechtsgüterschutzes – auch weniger schwerwiegende Verstöße strafrechtlich erfassen zu können.[388] Zudem zeigt ein Vergleich mit den umweltstrafrechtlichen Regelungen des (europäischen) Auslands, dass dort stets der verwaltungsakzessorische Weg gewählt worden ist.[389]

Ausschlaggebend für die verwaltungsakzessorische Ausgestaltung des Umweltstrafrechts ist der Vorteil, den diese Abhängigkeit mit sich bringt: Die Anbindung an umweltrechtliche Normen – durch Strafblankette – ermöglicht dem Strafrecht auf den schnellen Wandel in Wirtschaft, Technik und Wissenschaft flexibel und realitätsnah zu reagieren.[390] Zudem ist es sinnvoll, die Konkretisierung dieser Strafnormen in

---

[384] Vgl. *Franzheim/Pfohl*, Umweltstrafrecht, Rn. 21; *Kühl*, Lackner-Festschrift, S. 815, 859 und 2. Kapitel A. I. 2. und 7.

[385] Vgl. *Tiegs*, wistra **1989** 41; *Triffterer*, ÖJZ **1988** 545, 550; *Wegscheider*, Triffterer-Festschrift, S. 457.

[386] Vgl. den zusammenfassenden Überblick zu den vertretenen Auffassungen *Schall*, Roxin-Festschrift, S. 927 ff.

[387] H.M.: *Felix*, Einheit, S. 294; *Franzheim/Pfohl*, Umweltstrafrecht, Rn. 23; *Franzheim*, JR **1988** 319 ff.; *Hansmann*, NVwZ **1989** 913, 914 f.; *Heine*, NJW **1990** 2425, 2426; *ders.*, Triffterer-Festschrift, S. 401, 418; *Kloepfer/Vierhaus*, Umweltstrafrecht, Rn. 26 bis 28; *Kühl*, Lackner-Festschrift, S. 815, 861; *Kuhlen*, ZStW **105** (1993) S. 697, 706; *Lackner/Kühl*, Vor § 324, Rn. 3; *Otto*, Jura **1995** 134, 138; *Ransiek*, Unternehmensstrafrecht, S. 130; *Rogall*, Köln-Festschrift, S. 505, 521; *Rudolphi*, NStZ **1984** 193, 197; *Schall*, NJW **1990** 1263, 1266; *ders.*, wistra **1992** 1, 4; *Schmitz*, Verwaltungshandeln, S. 5 ff.; *Schönke/Schröder/Cramer/Heine*, Vorbem §§ 324 ff., Rn. 4 a.E.; *Steindorf*, LK Vor § 324, Rn. 24; *Tiedemann/Kindhäuser*, NStZ **1988** 337, 344; *ders.*, in: Kimminich/v.Lersner/Storm, Bd. II, Sp. 2440, 2452; *Tröndle/Fischer*, Vor § 324, Rn. 6; *Winkelbauer*, JuS **1994** 112; *ders.*, Verwaltungsakzessorietät, S. 28 ff.; *Wohlers*, Deliktstypen, S. 135 ff.

[388] *Tiedemann*, in: Kimminich/v.Lersner/Storm, Bd. II, Sp. 2440, 2452; *ders./Kindhäuser*, NStZ **1988** 337, 344; *ders.*, Der Kriminalist **1988** 389, 393. Vgl. *Frisch*, Verwaltungsakzessorietät, S. 7 und 116, *Hansmann*, NVwZ **1989** 913, 917, *Heine*, NJW **1990** 2425, 2428, *Rogall*, Köln-Festschrift, S. 505, 523, *Schall*, wistra **1992** 1, 4; *Schmitz*, Verwaltungshandeln, S. 9.

[389] Ausführlich *Fauré/Oudijk*, JZ **1994** 86 ff. (zur Rechtslage in Deutschland, Belgien und den Niederlanden, wobei die beiden letzteren einen diametral anderen Lösungsweg begehen als Deutschland: Sowohl in Belgien als auch in den Niederlanden darf der Strafrichter den Verwaltungsakt überprüfen.); *Heine*, NJW **1990** 2425, 2426 f.; *ders.*, GA **1986** 67 ff.; *ders.*, ZStW **101** (1989) 722 ff. Für die Befugnis des Strafrichters zur Beurteilung des Verwaltungsakts bereits *Tiedemann*, Tatbestandsfunktionen, 1969, S. 277 ff., 279 f. Siehe 2. Kapitel.

[390] *Frisch*, Verwaltungsakzessorietät, S. 9; *Heine*, NJW **1990** 2425, 2429 (m.w.N. aus dem verwaltungsrechtlichen Schrifttum); *Kühl*, Lackner-Festschrift, S. 815, 831 f.; *Otto*, Jura **1991** 308, 311; *Perschke*, wistra **1996** 161, 163; *Schall*, NJW **1990** 1263, 1266.

die Hände fachkompetenter Verwaltungsbehörden zu legen[391] und bietet die Gewährleistung der Einheit der Rechtsordnung und der Aufrechterhaltung des *ultima ratio*-Prinzips im Umweltrecht.[392]

Im Folgenden sollen die verfassungsrechtlichen Bedenken hinsichtlich der Verwaltungsakzessorietät und der Meinungsstand zur Verwaltungsakzessorietät dargestellt sowie ein Vergleich mit anderen verwaltungsakzessorisch ausgestalteten Rechtsgebieten vorgenommen und die Zusammenhänge mit dem internationalen Verwaltungsrecht dargelegt werden.

2. Bedenken an der Verfassungsmäßigkeit der Verwaltungsakzessorietät

Vorab wird die verfassungsrechtliche Kritik an der Abhängigkeit des Strafrechts vom Verwaltungsrecht erörtert.

a. Verstoß gegen das Bestimmtheitsgebot

Indem die Umweltstraftatbestände für ihren Verbotsinhalt auf Umweltgesetze, -verordnungen und -verwaltungsakte verweisen, kann der vollständige Straftatbestand nur durch Sanktionsnorm und Ausfüllungsnorm vollständig gebildet werden. Damit sind die Voraussetzungen der Strafbarkeit für den Bürger nicht mehr allein anhand der strafgesetzlichen Regelung erkennbar, was einen Verstoß gegen das Bestimmtheitsgebot bedeuten könnte. Nach Art. 103 Absatz 2, Art. 104 Absatz 1 Satz 1 GG müssen die Voraussetzungen der Strafbarkeit gesetzlich bestimmt sein.

Für die Verfassungsmäßigkeit der Blankettgesetzgebung spricht, dass mit dem Grundgesetz von einem einheitlichen Gesetzgeber auszugehen ist, Straf- und Verwaltungsgesetzgeber also keine von einander unabhängigen Organe sind.[393] Ist der parlamentarische Gesetzgeber zur Festlegung der Strafbarkeit zuständig und wurde er tätig, so handelte der grundgesetzlich zuständige, einheitliche Gesetzgeber im Rahmen seiner Kompetenzen.[394] Außerdem hat das Bundesverfassungsgericht sowohl für den Verweis auf Rechtsvorschriften[395] als auch für den Verweis auf Einzelentscheidungen der Verwaltung[396] entschieden, dass die Blankettgesetztechnik[397] solange mit den Bestimmungen der Art. 103 Absatz 2 und 104 Absatz 1 Satz 1 GG vereinbar ist, als der Gesetzgeber in förmlichen Gesetzen die Voraussetzungen der Strafbarkeit und Art und Maß der Strafe hinreichend deutlich selbst regelt (Art. 80 Absatz 1 Satz

---

391 *Frisch*, Verwaltungsakzessorietät, S. 9; *Schall*, NJW **1990** 1263, 1266. **Kritisch** zur erforderlichen Normausfüllung durch Verwaltungsbeamte und Verwaltungsgerichte: *Hansmann*, NVwZ **1989** 913, 916.

392 *Frisch*, Verwaltungsakzessorietät, S. 9; *Heine*, NJW **1990** 2425, 2426; *Schönke/Schröder/Cramer/Heine*, Vorbem §§ 324 ff., Rn. 4; *Steindorf*, Vor § 324, Rn. 23; *Schmitz*, Verwaltungshandeln, S. 5 f. und 10 f. Ferner *Franzheim/Pfohl*, Umweltstrafrecht, Rn. 19.

393 *Kloepfer/Vierhaus*, Umweltstrafrecht, Rn. 29.

394 *Kühl*, Lackner-Festschrift, S. 815, 829 f.

395 BVerfGE **75** 329, 340 ff. (für § 327 Absatz 2 Nr. 1 StGB).

396 BVerfGE **78** 374, 382 f.

397 Grundsätzlich zu Strafblankettnormen *Tiedemann*, Tatbestandsfunktionen, 1969, S. 241 ff. und 315 ff.

2 GG). Das heißt, dass dem Verordnungsgeber nur Spezifizierungen überlassen werden dürfen, nicht aber die Entscheidung über die Strafbarkeitsvoraussetzungen. Gerade zur Vermeidung von zu starren Strafgesetzen oder mannigfaltigen und wechselnden Einzelregelungen kann die Verwendung von Blankettgesetzen sogar geboten sein.[398]

Die Umweltstraftaten genügen diesen Bestimmtheitsanforderungen: Sie bezeichnen sowohl die geschützten Rechtsgüter als auch die schädlichen Verhaltensweisen und die Straffolge. Zudem macht der Strafgesetzgeber hinreichend deutlich, worauf sich die jeweilige Verweisung bezieht.[399] Das wird heute auch überwiegend anerkannt.[400]

b. Verstoß gegen das Rechtsstaats- und Gewaltenteilungsprinzip

Der Einwand, dass der Strafgesetzgeber sich selbst entmachtet, indem er mittels Blankettgesetzen die Verwaltung ermächtigt, durch die Erteilung von Genehmigungen Rechtsanwendung zu betreiben, beinhaltet den Verstoß gegen das Rechtsstaats- und Gewaltenteilungsprinzip, Art. 20 Absatz 2 und 3 GG.[401] Danach hat der Gesetzgeber die Aufgabe, in den ihm übertragenen Bereichen, gesetzgeberisch tätig zu werden, und darf sich davon auch nicht freiwillig zurückziehen. Eine Selbstentmachtung des Gesetzgebers liegt nicht vor, weil der Gesetzgeber die Voraussetzungen der Strafbarkeit in den Tatbeständen selbst trifft und sie somit nicht in unzulässigerweise an die Verwaltung delegiert. Die Verwaltung konkretisiert die Gesetze nur für den Einzelfall, ohne in konstitutiver Weise in die Strafbarkeitsvoraussetzungen einzugreifen.[402]

c. Verstoß gegen den Richtervorbehalt

Weiterhin wird kritisiert, dass diese Gesetzestechnik gegen den Richtervorbehalt, Art. 92 GG, und das Gewaltenteilungsprinzip, Art. 20 Absatz 2 GG, verstoße.[403] Die Verwaltung, die nur im Rahmen des Verwaltungsrechts zur Rechtsanwendung befugt ist, würde bedingt durch die Technik der Strafblankette mittelbar in den Bereichen

---

398 *Heine*, NJW **1990** 2425, 2429 spricht in diesem Zusammenhang von einem „*Recht auf Zeit*".

399 Vgl. *Tiedemann*, Neuordnung, S. 16 f.; *Winkelbauer*, Verwaltungsakzessorietät, S. 16.

400 *Heine*, NJW **1990** 2425, 2429; *Kühl*, Lackner-Festschrift, S. 815, 828 ff., insbesondere 832; *Lackner/Kühl*, Vor § 324, Rn. 3; *Rogall*, Köln-Festschrift, S. 505, 523; *Schall*, NJW **1990** 1263, 1266; *Schönke/Schröder/Cramer/Heine*, Vorbem §§ 324 ff., Rn. 4; *Winkelbauer*, Verwaltungsakzessorietät, S. 34 f. Ausführlich *Perschke*, wistra **1996** 161, 163 und *Steindorf*, LK Vor § 324, Rn. 24 ff. **Krit.:** *Tröndle/Fischer*, Vor § 324, Rn. 4 f.

401 Vgl. *Heine*, NJW **1990** 2425, 2427; *Kühl*, Lackner-Festschrift, S. 815, 828 ff., insbesondere 833; *Otto*, Jura **1991** 308, 310; *Schall*, NJW **1990** 1263, 1265 f.; *Schönke/Schröder/Cramer/Heine*, Vorbem §§ 324, Rn. 4; *Steindorf*, LK Vor § 324, Rn. 27; *Tröndle/Fischer*, Vor § 324, Rn. 5; *Winkelbauer*, Verwaltungsakzessorietät, S. 32 (dies soll ebenfalls eine Frage der Art. 103 Absatz 2, 104 Absatz 1 GG sein).

402 *Kühl*, Lackner-Festschrift, S. 815, 833; *Otto*, Jura **1991** 308, 311; *Perschke*, wistra **1996** 161, 163 (kritisch wegen des Problems der Verfassungsmäßigkeit der Verwaltungsaktsakzessorietät); *Schünemann*, Triffterer-Festschrift, S. 437, 444 f.; *Steindorf*, LK Vor § 324, Rn. 27; *Tiedemann/Kindhäuser*, NStZ **1988** 337, 344; *Winkelbauer*, Verwaltungsakzessorietät, S. 34.

403 Ausführlich *Winkelbauer*, Verwaltungsakzessorietät, S. 35 f. *Horn*, SK Vor § 324, Rn. 8; *Kühl*, Lackner-Festschrift, S. 815, 839 ff.; *Otto*, Jura **1991** 308, 311; *Perschke*, wistra **1996** 161, 163; *Schall*, NJW **1990** 1263, 1268; *Steindorf*, LK Vor § 324, Rn. 27 f.

Rechtsanwendung betreiben, die den Richtern vorbehalten sind. Da der Schutz der Umwelt sowohl der Verwaltung (präventiv) als auch den Gerichten (repressiv) übertragen wurde, ist eine enge Verzahnung der beiden Materien unabdingbar. Die Pflicht des Richters, Entscheidungen der Verwaltung grundsätzlich zu beachten, bedeutet keinen Verstoß gegen das Gewaltenteilungsprinzip. Eventuell auftretende Probleme bei fehlerhaften, bestandskräftigen Verwaltungsentscheidungen sind von den Gerichten mit den Mitteln des Straf- und Strafprozessrechts zu bewältigen.[404]

d. Vorwurf der „Verfilzungen"

Zudem wird zu Bedenken gegeben, dass es aufgrund dieser Gesetzestechnik zu straffreien Räumen kommen könne.[405] Infolge der verwaltungsrechtlich zulässigen Kooperation zwischen den Verwaltungsbehörden und der Industrie besteht die Gefahr, dass sachfremde Überlegungen in die Entscheidungen einbezogen werden und der Erlass erforderlicher verwaltungsrechtlicher Anordnungen und Verfügungen unterbleibt. Diese Verfilzung zwischen Verwaltungsbehörden und Industrie vereitele die Strafbarkeit an sich strafbaren Industrieverhaltens. Im Ergebnis ist zuzugeben, dass diese Gefahr besteht, doch wäre der lösende Weg nicht die Abschaffung der Verwaltungsakzessorietät, sondern die Einführung der Strafbarkeit von Amtsträgern, um diese zu korrektem Verhalten anzuhalten.[406]

e. Ergebnis

Es ist festzuhalten, dass die verfassungsrechtlichen Bedenken gegen die verwaltungsakzessorische Regelungstechnik nicht durchgreifend sind.[407]

3. Darstellung des Meinungsstands zur Verwaltungsakzessorietät

Für die Darstellung des Meinungsstands zur Verwaltungsakzessorietät sind folgende Differenzierungen erforderlich: Zum einen stellt sich die Frage nach dem systematischen Standort der verwaltungsrechtlichen Merkmale, ob es sich bei ihnen um Tatbestands- oder um Rechtswidrigkeitsmerkmale handelt, was für eventuelle Vorsatz- und Irrtumsfragen bedeutsam ist. Zum anderen wird zwischen mehreren Erscheinungsformen der Verwaltungsakzessorietät unterschieden: Es gibt die auf Tatbestandsebene zu beachtende begriffliche Akzessorietät sowie die Verwaltungs*rechts*- und Verwaltungs*akts*akzessorietät. Diese Unterscheidung ist wegen der sich daraus ergebenden Konsequenzen für die Auswirkungen der Fehlerhaftigkeit einer Verwaltungsent-

---

404 BVerfGE **75** 329, 346.

405 *Heine*, NJW **1990** 2425, 2427; *Lackner/Kühl*, Vor § 324, Rn. 3; *Schall*, wistra **1992** 1, 5; *Schönke/Schröder/Cramer/Heine*, Vorbem §§ 324 ff., Rn. 4. Vgl. auch *Tröndle/Fischer*, Vor § 324, Rn. 4 und **krit.** *Hansmann*, NVwZ **1989** 913, 916.

406 Siehe unten 1. Kapitel B. V.

407 *Kloepfer/Vierhaus*, Umweltstrafrecht, Rn. 29 f.; *Otto*, Jura **1991** 308, 311; *Schönke/Schröder/Cramer/Heine*, Vorbem §§ 324 ff., Rn. 3 und 4.

scheidung wichtig. Danach wird der Meinungsstand bezüglich der Bindung des Strafrichters an fehlerhafte, aber wirksame Verwaltungsakte beschrieben.[408]

a. *Systematischer Standort der verwaltungsrechtlichen Merkmale*

Die (umstrittene)[409] Einordnung eines verwaltungsrechtlichen Merkmals als Tatbestands- oder Rechtswidrigkeitsmerkmal hängt davon ab,[410] ob es sich um ein repressives Verbot mit Befreiungsvorbehalt (wie bei dem Merkmal „*unbefugt*" in §§ 324 und 326 Absatz 1 StGB)[411] oder um ein präventives Verbot mit Erlaubnisvorbehalt (wie bei dem Merkmal „*Verletzung verwaltungsrechtlicher Pflichten*" in §§ 324a, 325, 325a StGB) handelt. Im ersteren Fall handelt es sich um grundsätzlich schädliches und gefährliches Verhalten, so dass die Verwaltung nur ausnahmsweise einen Dispens erteilen darf. Das verwaltungsrechtliche Merkmal ist hier allgemeines Rechtswidrigkeitsmerkmal. Da die behördliche Genehmigung somit nur rechtfertigend wirkt, ist dies die schwächste Form der Akzessorietät. Im letzteren Fall ist das Verhalten sozialadäquat – eventuell sogar erwünscht, weil nützlich – und soll nur wegen seiner latenten Gefährlichkeit von der Verwaltung kontrolliert werden. Das Merkmal „*Verletzung verwaltungsrechtlicher Pflichten*" ist dann Tatbestandsmerkmal,[412] was eine stärkere Form der Akzessorietät darstellt, weil die Genehmigung schon die Tatbestandsmäßigkeit des Verhaltens ausschließt. Ist der Verwaltungsungehorsam selbst strafwürdig (wie bei dem Merkmal „*ohne Genehmigung oder entgegen einer vollziehbaren Untersagung*" in §§ 327 und 328 StGB), was wegen der extremen Gefährlichkeit der dort genannten Handlungen gerechtfertigt ist, so ist das Merkmal ebenfalls Tatbestandsmerkmal (stärkste Form der Akzessorietät).[413]

b. *Erscheinungsformen der Verwaltungsakzessorietät*

aa. *Begriffliche Akzessorietät*[414]

Die begriffliche Akzessorietät ist Folge der Übernahme von Begriffen aus dem Umweltverwaltungsrecht in das Strafrecht. So verwendet das Umweltstrafrecht zum Teil Begriffe, die mit denen des Umweltverwaltungsrechts identisch sind, wie zum Beispiel den Begriff der „kerntechnischen Anlage" in § 330d Nr. 2 StGB, des „gefährli-

---

408 Zu den verschiedenen Auffassungen *Winkelbauer*, Verwaltungsakzessorietät, S. 39 ff.; *Schmitz*, Verwaltungshandeln, S. 12 ff. und 25 ff.

409 Vgl. *Frisch*, Verwaltungsakzessorietät, S. 21; *Triffterer*, Umweltstrafrecht, S. 84 ff.

410 *Frisch*, Verwaltungsakzessorietät, S. 27 ff. (30) für die tatbestandsausschließenden und S. 31 ff. für die rechtfertigenden Merkmale; *Hirsch*, LK Vor § 32, Rn. 160; *Jescheck/Weigend*, AT, S. 368 f.; *Schmitz*, Verwaltungshandeln, S. 12 Fn. 4; *Schönke/Schröder/Cramer/Heine*, Vorbem §§ 324 ff., Rn. 11 ff.; *Tiedemann/Kindhäuser*, NStZ **1988** 337, 342 f.; *Tröndle/Fischer*, Vor § 324, Rn. 4 f.; *Winkelbauer*, Verwaltungsakzessorietät, S. ff. (zur tatbestandlichen Akzessorietät) und S. 16 ff. (zur Akzessorietät auf der Rechtfertigungsebene). **A.A.:** *Horn*, UPR **1983** 362, 365 f., der in der behördlichen Genehmigung nur eine objektive Strafbarkeitsbedingung sieht.

411 Wohl h.M.: *Horn*, SK § 324, Rn. 6; *Lackner/Kühl*, § 324, Rn. 8; *Tröndle/Fischer*, § 324, Rn. 7; *Tiedemann/Kindhäuser*, NStZ **1988** 337, 343. **A.A.:** *Frisch*, Verwaltungsakzessorietät, S. 34 ff. (Tatbestandsmerkmal). Zu den verschiedenen Meinungen *Miller*, Umweltstrafrecht, S. 45 ff.

412 Statt aller *Horn*, SK Vor § 324, Rn. 6; *Triffterer*, Umweltstrafrecht, S. 94 ff.

413 *Tiedemann/Kindhäuser*, NStZ **1988** 337, 343.

414 Grundlegend *Winkelbauer*, Verwaltungsakzessorietät, S. 11 ff.

chen Guts“ in § 330d Nr. 3 StGB, des „Kernbrennstoffs“ in § 328 StGB, des „Gefahrstoffs“ in § 328 Absatz 3 Nr. 1 StGB sowie die Begriffe „Abfall“ und „Anlage“. Diese Übernahme ist wegen der Sachnähe beider Materien nahe liegend und sachgerecht.[415] Aus der Übernahme von Begriffen des Umweltverwaltungsrechts folgt nicht zwingend, dass diese Begriffe im Strafrecht sowie im Verwaltungsrecht zu verstehen sind.[416] Weder nach der Intention des Gesetzgebers noch nach den allgemeinen Auslegungsregeln des Strafrechts ist eine inhaltsgleiche Auslegung der Begriffe geboten. Vielmehr haben diese Begriffe im Strafrecht zum Teil eine eigene, wenn auch an das Umweltverwaltungsrecht angelehnte Ausprägung erlangt.[417] Eine solche eingeschränkte Begriffsakzessorietät ist jedoch nicht möglich, wenn es sich um übernommene Begriffe handelt, die Tatbestandswirkung entfalten. So sind die Begriffe „Wasserschutzgebiet“ und „Naturschutzgebiet“ (§ 329 Absätze 1 und 2 StGB) keiner vom Verwaltungsrecht abweichenden strafrechtlichen Auslegung zugänglich, weil neben dem Vorliegen gewisser tatsächlicher Umstände und Zustände (vgl. § 19 WHG und § 23 BNatSchG) erforderlich ist, dass diese Gebiete von der zuständigen Verwaltungsbehörde mit konstitutiver Wirkung festgesetzt wurden.[418] Zudem ist zu beachten, dass es zum Teil für das Strafrecht bindende gemeinschaftsrechtliche Vorgaben für die Begriffsbestimmung gibt. So ist der strafrechtliche Abfallbegriff zwar selbständig, aber in enger Anlehnung an den europäischen Abfallbegriff in konkretisierender Auslegung zu bestimmen – und zwar unter Berücksichtigung der EG-Abfallverbringungsverordnung.[419]

bb. Verwaltungsrechtsakzessorietät

Bei der Verwaltungsrechtsakzessorietät geht es um die Abhängigkeit des Strafrechts von umweltverwaltungsrechtlichen Rechtsvorschriften und somit um die Wahrung der Einheit der Rechtsordnung.[420] Das heißt, dass das Strafrecht explizit oder implizit auf verwaltungsrechtliche Normen verweist,[421] wie mit dem Tatbestandsmerkmal „Verletzung verwaltungsrechtlicher Pflichten“, das sich in den §§ 324a, 325, 325a, 326 Absatz 3 und 328 Absatz 3 StGB findet.

---

415 *Otto*, Jura **1991** 308, 309; *Ries*, Verwaltungsakzessorietät, S. 4 f.; *Rogall*, Köln-Festschrift, S. 505, 522; *Schall*, NJW **1990** 1263, 1265.

416 Wohl h.M.: *Miller*, Umweltstrafrecht, S. 43; *Rengier*, BT 2, § 47, Rn. 13; *Rogall*, GA **1995** 299, 302; *Winkelbauer*, Verwaltungsakzessorietät, S. 12 m.w.N. in Fn. 20. **Krit.**: *Otto*, Jura **1991** 308, 310; *Perschke*, wistra **1996** 161, 162; *Rogall*, Köln-Festschrift, S. 505, 523; *Schall*, NJW **1990** 1263, 1265.

417 Vgl. zum unterschiedlich ausgelegten Abfallbegriff die Pyrolyseöl-Entscheidung des BGH (St **37** 333) einerseits und die Bauschutt- und Altreifen-Entscheidung des BVerwG (NVwZ **1993** 988) andererseits.

418 *Winkelbauer*, Verwaltungsakzessorietät, S. 12.

419 VO (EG) Nr. 259/93 des Rats vom 01.03.1993, ABl. EG Nr. L 30 letzte Änderung vom 21.10.1994, ABl. (EG) Nr. L 288/36. Vgl. *Miller*, Umweltstrafrecht, S. 19; *Tröndle/Fischer*, § 326, Rn. 2 f. m.w.N.

420 *Rogall*, Köln-Festschrift, S. 505, 522.

421 *Breuer*, JZ **1994** 1077, 1083; *Rogall*, GA **1995** 299, 302.

Diese Form der Verwaltungsakzessorietät ist weitestgehend unproblematisch, da der Gesetzgeber Rahmen und Reichweite des strafrechtlichen Umweltschutzes durch seine Tätigkeit im Verwaltungsrecht vorbestimmen kann.[422] Infolge der Blankettgesetzgebung im Umweltstrafrecht werden nur Verstöße gegen diese im Verwaltungsrecht vorgesehenen Verhaltenspflichten sanktioniert.

Vergleichsweise problematisch ist diese Art der Abhängigkeit nur, wenn die Rechtsvorschriften fehlerhaft sind. Belastende fehlerhafte Normen sind unabhängig von Grund und Grad ihrer Fehlerhaftigkeit nichtig (*ipso iure*-Grundsatz), so dass der Bürger straflos bleibt. Bei begünstigenden fehlerhaften Normen, die dem Bürger unmittelbar zu umweltstrafrechtlich relevantem Verhalten die Befugnis geben, hat die Nichtigkeit der Norm dessen Strafbarkeit zur Folge, weil er objektiv tatbestandsmäßig und rechtswidrig handelte. Jedoch wird dann in der Regel ein (Tatbestands- oder Verbots-) Irrtum vorliegen.[423]

cc. Verwaltungsaktsakzessorietät

Hier steht das Umweltstrafrecht in der Abhängigkeit eines behördlichen Einzelakts.[424] Dies ist der als besonders störend empfundene und deshalb besonders strittige Bereich der Verwaltungsakzessorietät. Folglich gibt es entsprechend viele Lösungsansätze.[425] Es handelt sich um die Situation, dass das Handeln zwar von einem Verwaltungsakt – zum Beispiel in Form einer Genehmigung – gedeckt ist, dieser aber nicht mit dem materiellen Verwaltungsrecht (der Primärordnung) übereinstimmt, also fehlerhaft (rechtswidrig) ergangen ist.

Da die genehmigte Verhaltensweise der primären Verhaltensordnung (dem Verwaltungsrecht) an sich widerspricht, scheidet sie nicht von vornherein aus der Verfügungsmasse des Strafrechts aus.[426] Inwieweit rechtswidrige Verwaltungsakte für das Strafrecht beachtlich sind, ist streitig.

Einigkeit besteht hinsichtlich der Nichtigkeit von Verwaltungsakten im Sinne von § 44 VwVfG: Diese sind verwaltungsrechtlich unwirksam (§ 43 Absatz 3 VwVfG) und auch strafrechtlich als Nullum zu behandeln.[427] Das heißt, dass sie die Strafbarkeit des handelnden Täters unberührt lassen.[428]

---

422 *Ries*, Verwaltungsakzessorietät, S. 5 (f.) m.w.N.; *Scheele*, Bindung des Strafrichters, S. 19 ff.

423 *Winkelbauer*, Verwaltungsakzessorietät, S. 37 ff.

424 *Horn*, SK Vor § 324, Rn. 8; *Ries*, Verwaltungsakzessorietät, S. 7 und 17 f.; *Rogall*, GA **1995** 299, 303.

425 Vgl. *Ries*, Verwaltungsakzessorietät, S. 7 und 19 ff.

426 *Rogall*, GA **1995** 299, 308.

427 H.M.: *Heine*, NJW **1990** 2425, 2430; *Hirsch*, LK Vor § 32, Rn. 162; *Jescheck/Weigend*, AT, S. 369; *Kuhlen*, WiVerw **1992** 215, 252; *Lackner/Kühl*, § 325, Rn. 8; *Otto*, Jura **1991** 308, 311; *Perschke*, wistra **1996** 161, 164; *Rengier*, BT 2, § 47, Rn. 16; *Ries*, Verwaltungsakzessorietät, S. 18; *Rogall*, Köln-Festschrift, S. 505, 524; *Rudolphi*, NStZ **1984** 193, 197; *Schall*, NJW **1990** 1263, 1266; *Scheele*, Bindung des Strafrichters, S. 34 f.; *Schönke/Schröder/Cramer/Heine*, Vorbem §§ 324 ff., Rn. 16a; *Steindorf*, LK Vor § 324, Rn. 42; *Tiedemann/Kindhäuser*, NStZ **1988** 337, 343; *Tröndle/Fischer*, Vor § 324 Rn. 9; *Winkelbauer*, Verwaltungsakzessorietät, S. 41 ff. Zum Teil wird aber auch hier die Lösung vertreten, dass die Nichtigkeit nicht verwaltungsrechtlich, sondern strafrechtlich zu bestimmen ist: *Lorenz*, DVBl. **1971** 165, 167; *Rengier*, ZStW **101** (1989) S. 874, 897 f.

428 Vgl. *Frisch*, Verwaltungsakzessorietät, S. 22; *Ries*, Verwaltungsakzessorietät, S. 19.

Schwierigkeiten treten auf, wenn ein rechtfertigender Verwaltungsakt zwar wirksam (bestandskräftig, § 43 Absätze 1 und 2 VwVfG), aber materiell rechtswidrig ist.[429] Grundsätzlich vertritt die herrschende Meinung[430] wohl richtigerweise eine strenge Verwaltungsakzessorietät. Es soll nur auf die formelle Wirksamkeit, und nicht auf die materielle Rechtmäßigkeit der Verwaltungsentscheidung ankommen.[431] Hinter dieser Verwaltungsakzessorietät und der grundsätzlichen Beachtlichkeit auch rechtswidriger Genehmigungen steht der Gesichtspunkt des Vertrauensschutzes des Adressaten.[432] Begründet wird dies mit dem Postulat der Einheit der Rechtsordnung[433] und dem der Rechtssicherheit: „*Was verwaltungsrechtlich erlaubt ist, kann strafrechtlich nicht verboten sein*" und der „*Bürger muss sich auf das Verwaltungshandeln verlassen können*".[434] Allerdings wird gegen diese strenge Verwaltungsakzessorietät eingewendet, dass sie oft zu Ergebnissen führt, die dem Wunsch nach materieller Gerechtigkeit zu widersprechen scheinen.[435] *Tiedemann* hat schon 1969[436] den Vorschlag gemacht, dass der Strafrichter einen strafrechtlich relevanten Verwaltungsakt auf seine Rechmtmäßigkeit hin überprüfen können muss. Da diese Überprüfungsbefugnis nicht die Kompetenz zur Aufhebung oder Abänderung des Verwaltungsakts beinhaltet, besteht kein Konflikt mit der verwaltungsgerichtlichen Aufhebungs- und Abänderungskompetenz.

(1) Begünstigende Verwaltungsakte

Bei begünstigenden Verwaltungsakten stellt sich strafrechtlich die Frage, ob ein Täter auch dann „ohne Genehmigung" beziehungsweise „unbefugt" handelt, wenn der Gestattungsakt wirksam und vollziehbar, aber rechtswidrig ist oder ob auch der rechtswidrige Verwaltungsakt tatbestandsausschließend beziehungsweise rechtfertigend wirkt.

Bei begünstigenden fehlerhaften Verwaltungsakten (bei Genehmigungen und Erlaubnissen), die rechtfertigend wirken, vertritt die herrschende Meinung[437] konse-

---

429 *Frisch*, Verwaltungsakzessorietät, S. 22 f.

430 BGHSt **23** 86, 91; *Horn*, SK Vor § 324, Rn. 13; *Lackner/Kühl*, § 324, Rn. 10; *Otto*, Jura **1991** 308, 311; *Rogall*, Köln-Festschrift, S. 505, 525 f. und 529; *Rudolphi*, NStZ **1984** 193, 197; *Schönke/ Schröder/Cramer/Heine*, Vorbem §§ 324 ff., Rn. 16a; *Steindorf*, LK Vor § 324, Rn. 31; *Tiedemann*, Neuordnung, S. 39; *Triffterer*, in: Ulsamer (Hrsg.), S. 1034, 1045; *Tröndle/Fischer*, Vor § 324, Rn. 7; *Wessels/Hettinger*, BT/1, Rn. 1061. Ausführliche Nachweise *Schmitz*, Verwaltungshandeln, S. 14, Fn. 8.

431 *Rogall*, GA **1995** 299, 316, der dies zudem normvergleichend begründet: Will der Gesetzgeber auf das Vorliegen eines materiell-rechtmäßigen Verwaltungsakt abstellen, so bestimme er dies stets ausdrücklich; verzichtet er auf diese ausdrückliche Bestimmung, so soll es allein auf die Wirksamkeit des Verwaltungsakts ankommen.

432 *Frisch*, Verwaltungsakzessorietät, S. 72 ff.; *Paetzold*, NStZ **1996** 170, 172; *Rudolphi*, ZfW **1982** 203; *Schünemann*, wistra **1986** 235, 239.

433 *Frisch*, Verwaltungsakzessorietät, S. 8 f. Fn. 25 und 35; *Heine*, NJW **1990** 2425, 2426 m.w.N.

434 **Kritisch** *Frisch*, Verwaltungsakzessorietät, S. 15.

435 *Otto*, Jura **1991** 308, 312; *Schall*, NJW **1990** 1263, 1267; *ders.*, wistra **1992** 1, 5; vgl. *Schönke/Schröder/Cramer/Heine*, Vorbem §§ 324 ff., Rn. 16a ff.; *Winkelbauer*, Verwaltungsakzessorietät, S. 66 (ff.) **Krit.**: *Rengier*, BT 2, § 47, Rn. 17.

436 Tatbestandsfunktionen, 1969, S. 279 f.

437 OLG Frankfurt, NJW **1987** 2753, 2756; AG Celle, Nds Rpfl. **1986** 218; AG Köln, NuR **1986** 219; GenStA Hamm, NStZ **1984** 219; *Kuhlen*, WiVerw **1991** 181, 224; *Lackner/Kühl*, § 324, Rn. 10; *Rengier*,

quenterweise grundsätzlich deren strafrechtliche Beachtlichkeit, soweit diese verwaltungsrechtlich wirksam sind.[438] Eine zu Unrecht ausgesprochene Gestattung rechtfertigt das Verhalten bis zur Rücknahme der Gestattung. Dies sei die Folge sowohl aus dem Postulat der Einheit der Rechtsordnung als auch aus dem Prinzip der Rechtssicherheit, wonach der Bürger auf die Legalisierungswirkung der Genehmigung vertrauen darf (öffentlich-rechtlicher Vertrauensgrundsatz).[439] Der Bürger muss sich auf die Richtigkeit der Behördenentscheidung verlassen können und darf dem Verwaltungsakt nachleben.[440] Er ist nicht gehalten, dass materielle Verwaltungsrecht besser zu kennen als die Verwaltungsbehörde.[441]

Bereits vor Inkrafttreten des § 330d Nr. 5 StGB machte die herrschende Meinung Ausnahmen in den Fällen der *rechtsmissbräuchlich* (durch Täuschung, Drohung und Bestechung) erlangten rechtfertigenden Genehmigung;[442] bei tatbestandsausschließenden Genehmigungen war die Ausnahme im Hinblick auf das Gesetzlichkeitsprinzip, Art. 103 Absatz 2 GG, nicht möglich.[443]

Die Gegenmeinung[444] will hingegen der materiell rechtswidrigen Genehmigung grundsätzlich keine rechtfertigende Wirkung zu erkennen, sondern allein auf die materielle Verwaltungsrechtslage abstellen. Damit wäre nur die rechtmäßige Genehmigung aufgrund der materiellen Gerechtigkeit und des strafrechtlichen Rechtsgüterschutzes strafrechtlich beachtlich.

Mit der Reform von 1994 und der Einfügung des § 330d Nr. 5 StGB hat sich der Gesetzgeber der herrschenden Meinung angeschlossen und die strafrechtliche Unbeachtlichkeit rechtsmissbräuchlich erlangter Genehmigungen im Umweltstrafrecht in Anlehnung an die Wertungen des § 48 Absatz 2 VwVfG zum Vertrauensschutz im

---

BT 2, § 47, Rn. 18; *Rogall*, Köln-Festschrift, S. 505, 525 f.; *ders.*, NJW **1995** 922, 923 (*argumentum e contrario* aus § 330d Nr. 5 StGB); *Rudolphi*, NStZ **1984** 193, 197; *Schönke/Schröder/Cramer/Heine*, Vorbem §§ 324 ff., Rn. 16a; *Steindorf*, LK Vor § 324, Rn. 31; *Tröndle/Fischer*, Vor § 324, Rn. 8. Ferner *Triffterer*, in: Ulsamer (Hrsg.), S. 1034, 1044 f. und *Winkelbauer*, Verwaltungsakzessorietät, S. 68 ff. **Kritisch** zu diesem Ansatz: *Schmitz*, Verwaltungshandeln, S. 29 ff.

438 Dazu *Ries*, Verwaltungsakzessorietät, S. 21 f.

439 *Otto*, Jura **1991** 308, 313; *Rogall*, Köln-Festschrift, S. 505, 526; *Rühl*, JuS **1999** 521, 523 f.; *Tröndle/Fischer*, Vor § 324, Rn. 8. Ablehnend zur pauschalen Begründung *Frisch*, Verwaltungsakzessorietät, S. 15. Ferner zur Legalisierungswirkung von Genehmigungen *Heine*, NJW **1990** 2425, 2431.

440 Dies gilt aber nur für Handlungen, die von der Reichweite Genehmigung gedeckt sind, vgl. nur *Heine*, NJW **1990** 2425, 2432 f.

441 *Frisch*, Verwaltungsakzessorietät, S. 14 und 73; *Kloepfer/Vierhaus*, Umweltstrafrecht, Rn. 33; *Winkelbauer*, Verwaltungsakzessorietät, S. 73.

442 Vgl. BGHSt **39** 381, 387; LG Bonn, NStZ **1987** 461; LG Hanau, NJW **1988** 571, 576; *Bloy*, ZStW **100** (1988) S. 485, 504; *Otto*, Jura **1991** 308, 313; *Rogall*, GA **1995** 299, 311; *Rudolphi*, NStZ **1984** 193, 197; *Steindorf*, LK § 324, Rn. 92. **Kritisch** *Kuhlen*, WiVerw **1992** 215, 245 ff., insb. 252 (m.w.N.).

443 Vgl. nur *Ries*, Verwaltungsakzessorietät, S. 19 m.w.N. (auch zur Gegenmeinung, S. 18).

444 Vgl. *Hübenett*, Rechtswidrige behördliche Genehmigungen, S. 13 ff.; *Marx*, Behördliche Genehmigung, S. 137 ff.; *Otto*, Jura **1991** 308, 312; *Perschke*, wistra **1996** 161, 164 und 165 f.; *Schall*, wistra **1992** 1 ff. (4); *ders.*, NJW **1990** 1263, 1267 f.; *Schwarz*, GA **1993** 318, 325; *Winkelbauer*, Verwaltungsakzessorietät, S. 73; *ders.*, NStZ **1988** 201, 205. Ferner *Rengier*, BT 2, § 47, Rn. 19; *Ries*, Verwaltungsakzessorietät, S. 28 ff.; *Schmitz*, Verwaltungshandeln, S. 45, 49 und 58.

Verwaltungsrecht[445] in positives Recht gegossen.[446] Damit hat der Rechtsmissbrauchsgedanke zumindest in seinen unstreitigen Fällen (bei Täuschung, Drohung, Bestechung und Kollusion) Eingang in das Gesetz gefunden.[447] Ausgehend von § 34 Absatz 8 AWG[448] werden im Umweltstrafrecht (29. Abschnitt des Strafgesetzbuches) rechtsmissbräuchliche Verhaltensweisen genehmigungslosem Handeln gleichgestellt.[449] Damit schließen sowohl nichtige als auch rechtsmissbräuchlich erlangte Verwaltungsakte im Sinne des § 330d Nr. 5 StGB die strafrechtliche Verantwortlichkeit des Genehmigungsempfängers nicht aus. Dies gilt sowohl für rechtswidrige Genehmigungen mit rechtfertigender als auch für solche mit tatbestandsausschließender Wirkung.[450] Es gibt kein zu schützendes Vertrauen des Adressaten. Im Übrigen gilt weiterhin die strenge Verwaltungsakzessorietät des Umweltstrafrechts,[451] da § 330d Nr. 5 StGB weder auf andere Bereiche übertragbar (Ausnahme: bei ausdrücklicher Bezugnahme auf diese Vorschrift)[452] noch auf andere als die dort genannten Rechtsmissbrauchsfälle erweiterbar ist.[453] Es handelt sich um eine abschließende Regel.[454] Folglich ist weder das Ausnutzen einer erkennbar veralteten oder überholten Genehmigung noch der Fall einer dem Täter bekannten oder erkennbar rechtswidrigen Genehmigung von § 330d Nr. 5 StGB erfasst.[455]

Seit der Einführung des § 330d Nr. 5 StGB wird primär seine Verfassungsmäßigkeit diskutiert:[456] Moniert wird insbesondere, dass diese Norm den Wertungswiderspruch zwischen Verwaltungsrecht und Strafrecht nicht aufgehoben hat und folglich gegen das Gebot der Widerspruchsfreiheit der Rechtsordnung verstoße.[457] In der Aufnah-

---

445 *Kloepfer/Vierhaus*, Umweltstrafrecht, Rn. 44; *Paetzold*, NStZ **1996** 170, 171 f.; *Rogall*, GA **1995** 299, 317; ferner *Wimmer*, JZ **1993** 67, 72. **A.A.**: *Weber*, Hirsch-Festschrift, S. 795 ff., der in der Regelung ein Hinwegsetzen des Gesetzgebers über das Verwaltungsrecht sieht.

446 BR-Drs. 12/7300, S. 25, Sp. 2. Vgl. auch *Rogall*, GA **1995** 299, 317.

447 **Kritisch** zur Frage, ob die Einführung des § 330d Nr. 5 StGB tatsächlich zu einer klarstellenden und abschließenden Regelung dieses strittigen Bereiches führte (so *Rogall*, GA **1995** 299, 317): *Wohlers*, JZ **2001** 850 ff. Vgl. auch *Ries*, Verwaltungsakzessorietät, S. 37 ff. und *Wegener*, NStZ **1998** 608, 609.

448 Siehe unten 1. Kapitel B. IV. 4. b.

449 *Wegener*, NStZ **1998** 608, 609.

450 Vgl. *Paetzold*, NStZ **1996** 170, 171; *Wegener*, NStZ **1998** 608, 609 f. **A.A.**: *Perschke*, wistra **1996** 161, 165.

451 *Rogall*, in: Dolde (Hrsg.), S. 795, 824 f.; *Fortun*, Behördliche Genehmigung, S. 90; *Breuer*, JZ **1994** 1077, 1089.

452 Einen solchen Verweis auf § 330d Nr. 5 StGB enthält § 311 Absatz 1 StGB (Freisetzen ionisierender Strahlen).

453 Zur Anwendbarkeit des § 330d Nr. 5 StGB auf ausländische Genehmigungen *Ries*, Verwaltungsakzessorietät, S. 150 ff. (die von den Konsequenzen der ausländischen Genehmigung für inländische Umwelmedien abhängen soll, S. 156).

454 *Möhrenschlager*, NStZ **1994** 513, 515; *Paetzold*, NStZ **1996** 170, 171; *Rogall*, GA **1995** 299, 317; *Schönke/Schröder/Cramer/Heine*, § 330d, Rn. 25; *Tröndle/Fischer*, Vor § 324, Rn. 4c und § 330d, Rn. 13.

455 *Paetzold*, NStZ **1996** 170, 171.

456 Dazu *Ries*, Verwaltungsakzessorietät, S. 65 ff.

457 *Breuer*, JZ **1994** 1077, 1083 und 1090 f.; *Heghmanns*, GA **2000** 197, 198 f., *ders.*, Dogmatik der Straftatbestände, S. 213 f.; *Jünemann*, UPR **1997** 399, 401, der diesen Widerspruch zwischen Verwaltungsrecht und Strafrecht durch entsprechende Auslegung lösen will. Ausführlich *Jünemann*, Rechtsmiss-

me der Alternative des „kollusiven Zusammenwirkens“ wird zudem ein Verstoß gegen das Bestimmtheitsgebot (Art. 103 Absatz 2 GG) gesehen, weil dieser Begriff zu unbestimmt sei,[458] wie der Gesetzgeber sogar selbst in seiner Begründung[459] zugibt(!).[460]

Mit der herrschenden Meinung hat eine rechtswidrige Genehmigung, die nicht § 330d Nr. 5 StGB unterfällt, tatbestandsausschließende und rechtfertigende Wirkung, solange sie nicht nach § 48 VwVfG zurückgenommen wurde.[461] Auch die Rücknahme eines Verwaltungsakts mit Wirkung für die Vergangenheit (§ 48 Absatz 1 VwVfG) hat auf die strafrechtliche Bewertung des Sachverhalts keine Auswirkung:[462] Nach dem im Strafrecht geltenden (Simultanitäts-) Grundsatz ist allein auf die Rechtslage im Tatzeitpunkt abzustellen (Art. 103 Absatz 2 GG und §§ 1 und 2 Absatz 1 StGB); die Rückwirkungsfiktionen des Zivilrechts[463] und des öffentlichen Rechts sind für das Strafrecht unbeachtlich. Nach § 8 StGB ist nur der Zeitpunkt der Tathandlung maßgebend. Dies ist aus Gesichtspunkten des Vertrauensschutzes auch gerechtfertigt.

Die Frage, welchen Einfluss die zum Tatzeitpunkt vorliegende materielle *Genehmigungsfähigkeit* des Handelns auf die Strafbarkeit hat, wird heute in Rechtsprechung und Literatur fast einheitlich beantwortet.[464] Die bloße Genehmigungsfähigkeit kann dem

---

brauch, S. 79 ff. **A.A.:** *Paetzold*, NStZ **1996** 170, 171 f.; *Rogall*, in: Dolde (Hrsg.), S. 795, 826; *Schönke/Schröder/Cramer/Heine*, § 330d, Rn. 27; *Weber*, Hirsch-Festschrift, S. 795, 798 f.; *Wohlers*, JZ **2001** 850, 854 f. Zustimmend *Bloy*, JuS **1997** 576, 585.

458 *Bloy*, ZStW **100** (1988) S. 485, 504; *Otto*, Jura **1991** 308, 313; *Wohlers*, JZ **2001** 850, 851, 856. Dagegen: *Ries*, Verwaltungsakzessorietät, S. 133; *Rogall*, in: Dolde (Hrsg.), S. 795, 827. Einen Versuch, den Begriff der „Kollusion“ einer Definition zuzuführen, unternehmen *Fenner*, Rechtsmissbrauch im Umweltstrafrecht, S. 187 ff. und *Jünemann*, Rechtsmissbrauch, S. 136 ff. *Weber*, Hirsch-Festschrift, S. 795, 796, sieht in der Kollusion einen Fall des § 48 Absatz 2 Satz 3 VwVfG, da der mit dem Amtsträger kollusiv zusammenarbeitende Genehmigungsempfänger die Rechtswidrigkeit des Verwaltungsakts kennt.

459 BT-Drs. 12/7300, S. 25.

460 *Rogall* bestimmt den Begriff der Kollusion als *„gemeinschaftlichen Rechtsbruch“* – also Sachverhalte, in denen Amtsträger und Antragsteller gemeinschaftlich zum Nachteil der Umwelt handeln (GA **1995** 299, 318). Vgl. auch *Paetzold*, NStZ **1996** 170, 173 und *Winkelbauer*, NStZ **1986** 149, 151.

461 Nach § 48 Absatz 2 VwVfG kann ein rechtswidriger belastender Verwaltungsakt zurückgenommen werden, wenn das Vertrauen des Bürgers nicht schutzwürdig ist. Dies ist gemäß den Nr. 1 und 2 des § 48 Absatz 2 Satz 3 VwVfG insbesondere dann der Fall, wenn der Verwaltungsakt durch unlautere Mittel (arglistige Täuschung, Drohung oder Bestechung) erwirkt oder durch unrichtige oder unvollständige Angaben erlangt wurde. Dazu ferner *Kuhlen*, WiVerw **1992** 215, 250 ff.

462 H.M.: *Rogall*, GA **1995** 299, 308; *ders.*, Köln-Festschrift, S. 505, 528; *Tröndle/Fischer*, § 324, Rn. 9; *Steindorf*, LK Vor § 324, Rn. 40; *Tiedemann*, Der Kriminalist **1988** 389, 393; weitere Nachweise bei *Lackner/Kühl*, § 325, Rn. 8. **A.A.:** *Perschke*, wistra **1996** 161, 166; *Schall*, NJW **1990** 1263, 1267 f.; *Schwarz*, GA **1993** 318, 324 f.; *Winkelbauer*, NStZ **1988** 201, 205 f.

463 Vgl. nur die Frage bei § 242 StGB, ob die zivilrechtliche *ex tunc* (Rück-) Wirkung der Anfechtung (§ 142 BGB) am vollendeten Diebstahl etwas ändern kann.

464 H.M.: BGHSt **37** 21, 28; OLG Köln, wistra **1991** 74; OLG Frankfurt, NJW **1987** 2753, 2755; LG Bremen, NStZ **1982** 163, 164; *Horn*, SK Vor § 324, Rn. 10; *Kloepfer/Vierhaus*, Umweltstrafrecht, Rn. 36; *Kuhlen*, WiVerw **1992** 215, 256 und 257; *Lackner/Kühl*, § 324 Rn. 10; *Rengier*, ZStW **101** (1989) S. 874, 902 ff.; *ders.*, BT 2, § 47, Rn. 21; *Rogall*, Köln-Festschrift, S. 505, 525; *ders.*, in: Dolde (Hrsg.),

Handeln mit Genehmigung nicht gleichgestellt werden und hat folglich weder tatbestandsausschließende noch rechtfertigende Wirkung. Bei nachträglicher Aufhebung rechtswidriger Verwaltungsakte und verwaltungsgerichtlicher Festsetzung der behördlichen Genehmigungserteilungspflicht soll aber ein Strafaufhebungs- beziehungsweise Strafausschließungsgrund in Betracht kommen.[465] Ansonsten würde mangels Rechtsgutbeeinträchtigung rein verwaltungsrechtlicher Ungehorsam bestraft werden, wofür die kriminalpolitische Notwendigkeit fehlen soll.[466] Dagegen wird (zu Recht) vorgebracht, dass schon kraft gesetzgeberischer Wertung strafwürdiger Verwaltungsungehorsam bei den §§ 327 f. StGB vorliege. Die Strafwürdigkeit liegt darin, dass der Behörde die Möglichkeit zur Präventivkontrolle der Erlaubnisfähigkeit der Handlung genommen wird und diese Handlungen gerade bei den §§ 327 f. StGB typischerweise mit großem Risikopotential verbunden sind.[467]

(2) Belastende Verwaltungsakte

Auch bei *belastenden rechtswidrigen Verwaltungsakten* (Anordnungen, Auflagen und Untersagungen) vertreten herrschende Meinung und Rechtsprechung grundsätzlich eine strenge Verwaltungsakzessorietät, so dass sie für das Umweltstrafrecht verbindlich sind.[468] Der belastende Verwaltungsakt muss nach den Regeln des Umweltstrafrechts regelmäßig vollziehbar sein, §§ 327, 328, 329 und 330d Nr. 4c und d StGB. Damit sind Zuwiderhandlungen gegen belastende und vollziehbare Verwaltungsakte ohne Rücksicht auf ihre Rechtmäßigkeit strafbar.[469] Da in diesen Fällen oft eine Rechtsgutverletzung oder -gefährdung fehlt, wird dieses Ergebnis von einer Mindermeinung als unbefriedigend empfunden und verschiedentlich zu korrigieren versucht. Einige[470]

S. 795, 829; *Rudolphi*, NStZ **1984** 193, 197; *Schönke/Schröder/Cramer/Heine*, Vorbem §§ 324 ff., Rn. 19; *Steindorf*, LK Vor § 324, Rn. 43 m.w.N.; *Tiedemann/Kindhäuser*, NStZ **1988** 337, 343; *Triffterer*, in: Ulsamer (Hrsg.), S. 1034, 1045; *Tröndle/Fischer*, Vor § 324, Rn. 410 *Wessels/Hettinger*, BT/1, Rn. 1063; *Winkelbauer*, NStZ **1988** 201, 203. Zum Teil abweichend: *Perschke*, wistra **1996** 161, 166 f., der zwischen tatbestandsausschließenden, nicht beantragter und beantragter Genehmigungsfähigkeit unterscheidet.

465 OLG Frankfurt, NVwZ **1986** 286, 287 f.; *Bloy*, ZStW **100** (1988) S. 485, 507; *Horn*, SK Vor § 324, Rn. 20; *Otto*, Jura **1991** 308. 312; *Rogall*, in: Dolde (Hrsg.), S. 795, 829; *Schönke/Schröder/Cramer/Heine*, Vorbem §§ 324 ff., Rn. 19 und 21; *Wasmuth/Koch*, NJW **1990** 2434, 2437; *Winkelbauer*, NStZ **1988** 201, 204. Vgl. *Perschke*, wistra **1996** 161, 166 f. **A.A.**: *Kuhlen*, WiVerw **1992** 215, 258; *Steindorf*, LK Vor § 324, Rn. 43: sachgerechter sei die Anwendung der §§ 153 ff. StPO. **A.A.**: *Rogall*, Köln-Festschrift, S. 505, 525. **Krit.**: *Hirsch*, LK Vor § 32, Rn. 169. Vgl. *Dannecker*, Freiburg-Symposium, S. 383, 401, der *de lege ferenda* bei materieller Genehmigungsfähigkeit für einen Privilegierungstatbestand bezüglich des Handelns mit sonstigen Waren im Bereich des Embargorechts plädiert.

466 Vgl. *Schönke/Schröder/Cramer/Heine*, Vorbem §§ 324 ff., Rn. 21 f.

467 OLG Köln, wistra **1991** 74, 75; *Kloepfer/Vierhaus*, Umweltstrafrecht, Rn. 37; *Kuhlen*, WiVerw **1991** 181, 225 (der die Missachtung der behördlichen Entscheidungsbefugnis als unrechtskonstitutiv ansieht); *ders.*, WiVerw **1992** 215, 258; *Winkelbauer*, Verwaltungsakzessorietät, S. 45 f. Grundlegend schon *Tiedemann*, Neuordnung, S. 38 sowie *ders./Kinshäuser*, NStZ **1988** 337, 343.

468 BGHSt **31** 315 (zu § 47 Absatz 1 Nr. 5 AusländerG); **23** 86 (Verkehrszeichen); zustimmend OLG Köln, wistra **1991** 74, 75; *Kloepfer/Vierhaus*, Umweltstrafrecht, Rn. 34; *Steindorf*, LK Vor § 324, Rn. 43 und § 325, Rn. 44.

469 *Rogall*, GA **1995** 299, 309.

470 *Lorenz*, DVBl. **1971** 165, 170 (für belastende Verwaltungsakte) und *Schünemann*, wistra **1986** 235, 239 (für begünstigende Verwaltungsakte). Ausführlich *Schmitz*, Verwaltungshandeln, der einen am Rechts-

versuchen das Ergebnis durch eine selbständige strafrechtliche Definition der Wirksamkeit von Verwaltungsakten zu korrigieren. Verwaltungsakte sollen im Umweltstrafrecht nur wirksam sein, wenn sie objektiv geeignet sind, die in den §§ 324 ff. StGB erfassten Rechtsgüter zu schützen. Dagegen spricht die Tatbestandswirkung von Verwaltungsakten,[471] von der das Strafrecht nicht einfach abweichen und sie so aushöhlen kann. Andere[472] möchten die Strafbarkeit auf rechtmäßige Verwaltungsakte beschränken, indem sie die Rechtmäßigkeit des Verwaltungsakts entweder als ungeschriebenes Tatbestandsmerkmal der §§ 324 ff. StGB oder als Folge des Rechtsstaatsprinzips und des Art. 103 GG berücksichtigen wollen.

Für die herrschende Meinung[473] spricht, dass es im Bereich der Umweltdelikte um wichtige und zugleich sehr anfällige Rechtsgüter geht, die um eines wirksamen Rechtsgüterschutzes willen auch die Bestrafung von im Einzelfall ungefährlichen Verhaltensweisen rechtfertigen. Das gilt umso mehr, als eine Schadenswiedergutmachung oft unmöglich und Gefährdungsgrenzen schwer festzustellen sind.[474] Zudem ist das Ergebnis der Unbeachtlichkeit der Rechtmäßigkeit des Verwaltungsakts vom Gesetzgeber gewollt, da er die Anknüpfung an die bloße Vollziehbarkeit des Verwaltungsakts bewusst gewählt hat.[475]

Überwiegend[476] wird vertreten, dass ein materiell rechtswidriger belastender Verwaltungsakt bei Kenntnis des Täters von der Rechtmäßigkeit seines Handelns beziehungsweise bei nachträglicher Aufhebung des belastenden Verwaltungsakts einen

---

güterschutz orientierten Ansatz verfolgt und so zu dem Ergebnis gelangt, dass eine Genehmigung grundsätzlich nur dann einen Rechtfertigungsgrund darstellen kann, wenn sie rechtmäßig erteilt wurde oder nur deshalb rechtswidrig ist, weil sie dem Genehmigungsinhaber eine Rechtsposition verweigert, auf die dieser einen Anspruch hat. Von diesem Grundsatz macht er zwei Ausnahmen: Eine rechtswidrige Genehmigung rechtfertigt zum einen dann, wenn sie nur gegen Verfahrensvorschriften verstößt, die lediglich dem geordneten Verwaltungsverfahren oder aber dem Genehmigungsinhaber selbst dienen. Zum anderen ist eine rechtfertigende Wirkung dann zu bejahen, wenn die (rechtswidrige) Genehmigung auf einer ermessensfehlerhaften Entscheidung beruht und das Rechtsgut nicht tangiert wird. Dies soll wegen des Gedankens des Rechtsgüterschutzes auch für die tatbestandsausschließende Genehmigung gelten und erst Recht für belastende Verwaltungsakte.

471 Vgl. nur *Rühl*, JuS **1999** 521, 522 ff. **Kritisch** zu einem eigenständigen umweltstrafrechtlichen Rechtmäßigkeitsbegriff *Miller*, Umweltstrafrecht, S. 73 ff.

472 *Horn*, SK Vor § 324, Rn. 11a; *Perschke*, wistra **1996** 161, 164 f.; *Schall*, NJW **1990** 1263, 1267 f.; *ders.*, wistra **1992** 1, 5; *Schwarz*, GA **93** 318, 323 ff.; *Tiedemann/Kindhäuser*, NStZ **1988** 337, 344. Ferner *Winkelbauer*, Verwaltungsakzessorietät, S. 42 ff., insb. 62, der einen weiteren differenzierten Begründungsansatz vertritt: Ein verwaltungsaktwidriges und somit strafwürdiges Verhalten soll dann einen Strafaufhebungsgrund darstellen, wenn es sich im Rahmen vom materiellen Verwaltungsrecht hält und die jeweilige Strafnorm unmittelbar ein Rechtsgut schützt und nicht nur den Schutz von Ordnungswerten mit lediglich mittelbarem Rechtsgutbezug bezweckt. Wohl auch *Tröndle/Fischer*, § 330d, Rn. 11 f.

473 Siehe Nachweise in Fn. 468.

474 *Otto*, Jura **1991** 308, 312 im Anschluss an *Winkelbauer*, Verwaltungsakzessorietät, S. 48 ff.

475 *Rogall*, GA **1995** 299, 309 in Fn. 76.

476 *Horn*, SK Vor § 324, Rn. 20; *Otto*, Jura **1991** 308, 312; *Schönke/Schröder/Cramer/Heine*, Vorbem §§ 324 ff., Rn. 21; *Triffterer*, in: Ulsamer (Hrsg.), S. 1034, 1045; *Tröndle/Fischer*, Vor § 324, Rn. 7; *Winkelbauer*, Verwaltungsakzessorietät, S. 65. **A.A.:** *Steindorf*, LK Vor § 324, Rn. 40, der für eine Anwendung der §§ 153 ff. StPO plädiert. **A.A.:** *Rogall*, Köln-Festschrift, S. 505, 528 f.

Strafaufhebungs- oder Strafausschließungsgrund darstellt: Zwar sei dem Straftatbestand zuwider gehandelt, jedoch kein Rechtsgut verletzt worden. Ein Irrtum über diesen Strafausschließungsgrund ist unbeachtlich, so dass der Betroffene, der dem Verwaltungsakt zuwider handelt, das Risiko der Bestrafung trägt.[477]

dd. Behördliche Duldung[478]

Bei der behördlichen Duldung geht es um die Frage, inwieweit die Hinnahme eines rechtswidrigen Zustands oder rechtswidrigen Verhaltens durch die Verwaltung strafrechtlich beachtlich ist, ob der Duldung als informalem Verwaltungshandeln eine vergleichbare Wirkung wie der Genehmigung zukommt.

Sowohl über die Voraussetzungen der Duldung als auch über ihre Rechtsfolgen besteht Streit,[479] weshalb in der Praxis wohl häufig der Weg der Einstellung nach §§ 153, 153a StPO gewählt wird.[480]

Im Rahmen der Duldung differenziert die herrschende Meinung zwischen passiven und aktiven Duldungen.

Eine passive Duldung liegt vor, wenn die zuständige Behörde schlicht untätig bleibt. Ihnen kommt grundsätzlich – und fast einhellig –[481] keine unrechtsausschließende Wirkung zu.

Die aktive Duldung ist die bewusst getroffene Entscheidung der zuständigen Behörde, gegen einen rechtswidrigen Zustand oder ein rechtswidriges Verhalten (aus Opportunitäts- oder Rechtsgründen) nicht einzuschreiten. Sie stellt ein informelles, nicht den Handlungsformen des Verwaltungsverfahrensgesetzes entsprechendes Handeln der Behörde dar. Bei aktiven Duldungen soll ein Unrechtsausschluss – in engen Grenzen –[482] möglich sein, wobei streitig ist, unter welchen Voraussetzungen.[483] So ist umstritten, ob diese Entscheidung – wie die herrschende Meinung richtigerweise annimmt –[484] nach außen verlautbart werden muss, ob die aktive Duldung eine kon-

---

477 *Schönke/Schröder/Cramer/Heine*, Vorbem §§ 324 ff., Rn. 21 a.E.; *Winkelbauer*, Verwaltungsakzessorietät, S. 45 f.

478 Ausführlich und umfassend hierzu *Hallwaß*, Behördliche Duldung als Unrechtsausschließungsgrund; *Heider*, Bedeutung der behördlichen Duldung; *Hüting*, Wirkung der behördlichen Duldung; *Kuhlen*, WiVerw **1992** 215, 266 ff.; *Rogall*, NJW **1995** 922.

479 Vgl. *Kuhlen*, WiVerw **1992** 215, 268 und *Perschke*, wistra **1996** 161, 167 f.

480 *Miller*, Umweltstrafrecht, S. 58 f.

481 BGHSt **37** 21, 28; *Heine*, NJW **1990** 2425, 2433 f.; *Lackner/Kühl*, § 324, Rn. 12; *Möhrenschlager*, NuR **1983** 209, 215; *Rogall*, Köln-Festschrift, S. 505, 524; *Schönke/Schröder/Cramer/Heine*, Vorbem §§ 324 ff., Rn. 20; *Tröndle/Fischer*, Vor § 324, Rn. 11; *Wessels/Hettinger*, BT/1, Rn. 1063.

482 *Perschke*, wistra **1996** 161, 168; *Schönke/Schröder/Cramer/Heine*, Vorbem §§ 324 ff., Rn. 20; *Wasmuth/Koch*, NJW **1990** 2434. Vgl. auch *Kuhlen*, WiVerw **1992** 215, 273.

483 *Schmitz*, Verwaltungshandeln, S. 118 verlangt für die rechtfertigende Wirkung einer Duldung, dass diese – auf objektiver Seite – rechtmäßig erfolgt ist und – auf subjektiver Seite – der Emittent sie kennt. **A.A.**: *Miller*, Umweltstrafrecht, S. 59 ff.: Weder auf Tatbestands- noch auf Rechtswidrigkeitsebene soll der (passiven und aktiven) behördlichen Duldung strafausschließende Wirkung zukommen.

484 *Heine*, NJW **1990** 2425, 2434; *Rengier*, ZStW **101** (1989) S. 874, 905 ff.; *Wasmuth/Koch*, NJW **1990** 2434, 2439; wohl auch *Kuhlen*, WiVerw **1992** 215, 273 (Strafunrechtsausschluss) und *Perschke*, wistra **1996** 161, 168; **a.A.**: *Rogall*, NJW **1995** 922, 924.

kludent erklärte Erlaubnis[485] darstellt und rechtfertigend wirkt, oder ob sie ein nach Verwaltungsrecht wirksamer Genehmigungsakt ist, zu dessen informellen Erlass die Behörde ermächtigt sein muss.[486] Die verwaltungsrechtlich unzulässige (rechtswidrige) behördliche Duldung hat nach herrschender Meinung[487] keine strafrechtliche Bedeutung.
Die irrige Annahme einer rechtfertigenden behördlichen Duldung soll nach herrschender Meinung[488] für den Betroffenen lediglich einen (eventuell unvermeidbaren) Verbotsirrtum darstellen können (§ 17 StGB). Allerdings sollte im Umweltstrafrecht nicht auf die hohen Anforderungen, die allgemein an die Unvermeidbarkeit des Verbotsirrtums gestellt werden, verzichtet werden,[489] was in der Rechtsprechung, die bei der Annahme unvermeidbarer Verbotsirrtümer teilweise recht großzügig verfuhr, der Fall war.[490] Inzwischen hat das OLG Braunschweig[491] klargestellt, dass das Untätigbleiben der Überwachungsbehörde nicht zur Unvermeidbarkeit eines Verbotsirrtums führt.

4. Andere verwaltungsakzessorisch ausgestaltete Rechtsgebiete

a. Allgemein

Das Problem der Verwaltungsakzessorietät ist kein genuin umweltstrafrechtliches Problem, sondern existiert auch in anderen (neben-) strafrechtlichen Rechtsgebieten.

---

485 LG Bonn, NStZ **1988** 224 f.; LG Stuttgart, JR **1978** 294 (noch zur alten Rechtslage; § 38 Absatz 1 WHG); *Heine*, NJW **1990** 2425, 2433; *Rengier*, ZStW **101** (1989) S. 874, 907; *Rogall*, Köln-Festschrift, S. 505, 525; *Wasmuth/Koch*, NJW **1990** 2434, 2436; vgl. *Rudolphi*, NStZ **1984** 193, 198. **A.A.:** *Perschke*, wistra **1996** 161, 168 m.w.N.

486 *Horn*, SK § 324, Rn. 8; *Rogall*, Köln-Festschrift, S. 505, 525; *ders.*, NJW **1995** 922; *Schönke/Schröder/Cramer/Heine*, Vorbem §§ 324 ff., Rn. 20; ferner *Schünemann*, wistra **1986** 235, 242.

487 OLG Karlsruhe, ZfW **1996** 406; LG Bonn, NStZ **1988** 224 f.; LG Hanau, NJW **1988** 571, 572; *Heine*, NJW **1990** 2425, 2434; *Hirsch*, LK Vor § 32, Rn. 172; *Kloepfer/Vierhaus*, Umweltstrafrecht, Rn. 39; *Otto*, Jura **1991** 308, 314; *Rengier*, ZStW **101** (1989) S. 874, 906; *Schmitz*, Verwaltungshandeln, S. 118; *Schönke/Schröder/Cramer/Heine*, Vorbem §§ 324 ff., Rn. 20; *Steindorf*, LK Vor § 324, Rn. 46; *Tröndle/Fischer*, Vor § 324, Rn. 11; *Wasmuth/Koch*, NJW **1990** 2434, 2435 (der entscheidend auf den öffentlich-rechtlichen Vertrauensschutz abstellt, der hier dann nicht vorliegen soll). **A.A.:** *Rogall*, NJW **1995** 922, 924, der sogar bei rechtsmissbräuchlich erlangter Duldung wegen der Unanwendbarkeit des § 330d Nr. 5 StGB von einer strafrechtlichen Beachtlichkeit der Duldung ausgeht(!). Vgl. auch *Kloepfer/Vierhaus*, Umweltstrafrecht, Rn. 39 f., die infolge der Parallelziehung zu den Parteispendenverfahren in den 80er Jahren zwischen den Auswirkungen auf der Tatbestandsebene (hier sollen aktive und passive Duldungen keine tatbestandsausschließende Wirkung haben) und denen auf der Rechtswidrigkeitsebene (auch hier verneinen sie im Anschluss an die Rechtsprechung die rechtfertigende Wirkung und lehnen die Nähe zur Einwilligung – die von einigen gesehen wird – mangels Dispositionsbefugnis über überindividuelle Rechtsgüter ab) differenzieren.

488 *Heine*, NJW **1990** 2425, 2434; *Lackner/Kühl*, § 324, Rn. 12 a.E.; *Miller*, Umweltstrafrecht, S. 62; *Otto*, Jura **1991** 308, 313; *Rengier*, ZStW **101** (1989) S. 874, 906; *Tröndle/Fischer*, Vor § 324, Rn. 11 a.E.; *Schönke/Schröder/Cramer/Heine*, Vorbem §§ 324 ff., Rn. 20; *Steindorf*, LK Vor § 324, Rn. 47; *Wasmuth/Koch*, NJW **1990** 2434, 2441.

489 *Kloepfer/Vierhaus*, Umweltstrafrecht, Rn. 42.

490 Vgl. AG Lübeck, MDR **1989** 930 und AG Lübeck, NVwZ-RR **1990** 15.

491 ZfW **1991** 52, Ls. 4.

So stellt sich im Waffen-[492] und Außenwirtschaftsrecht[493] ebenfalls die Frage, was bei rechtswidrigen, wirksamen Verwaltungsakten zu gelten hat. Indem die Autoren in der Regel schlicht auf die Literatur zum Umweltstrafrecht verweisen und sich der dortigen herrschenden Meinung anschließen,[494] gilt eine strikte Verwaltungsakzessorietät. Begründet wird dies mit dem Argument, dass es dem Gesetzgeber vorbehalten bleibt, in Fällen der „anstößig" (durch arglistige Täuschung, Drohung, Bestechung oder Kollusion) erlangten Genehmigung diese dem genehmigungslosen Handeln gleichzustellen und somit den dahinter stehenden Rechtsmissbrauchsgedanken zu normieren. Ohne eine solche Kodifizierung des Gedankens des Rechtsmissbrauchs besteht im Strafrecht das Problem seiner Vereinbarkeit mit dem Bestimmtheitsgebot des Art. 103 Absatz 2 GG. Diese Kodifizierung hat der Gesetzgeber zunächst erstmalig in § 34 Absatz 8 AWG[495] und später auch in § 330d Nr. 5 StGB und § 16 Absatz 4 des Ausführungsgesetzes zum Chemiewaffenübereinkommen (CWÜAG)[496] vorgenommen.[497]

b. Das Außenwirtschaftsgesetz

In dem vom Grundsatz der Liberalität beherrschten Außenwirtschaftsrecht gibt es bestimmte Waren, die für ihre Ausfuhr einer Genehmigung des Bundesamts für Ausfuhr (BAFA) bedürfen. Die Ausfuhr ohne Genehmigung ist zum Teil über § 34 AWG strafbewehrt. Diese Strafnorm ist somit verwaltungsakzessorisch ausgestaltet. Die erforderliche Genehmigung hat den Charakter eines präventiven Verbots mit Erlaubnisvorbehalt, weil die Teilnahme am Außenwirtschaftsverkehr sozial-adäquat, grundsätzlich erlaubt und sogar erwünscht ist. Das Fehlen der Genehmigung ist damit (negatives) Tatbestandsmerkmal und ihr Vorliegen schließt den Tatbestand aus. Bei der Frage nach der Bindung des Strafrichters an die Entscheidung der Genehmigungsbehörde (BAFA) ist zu unterscheiden: Nichtige Verwaltungsakte im Sinne von § 44 VwVfG sind auch hier strafrechtlich unbeachtlich. Die strafrechtliche Auswirkung rechtswidriger, wirksamer (bestandskräftiger) Verwaltungsakte ist ebenfalls umstritten. Da es die soeben erwähnte Spezialregelung des § 34 Absatz 8 AWG gibt, die

492 Vgl. *Steindorf*, Waffenrecht, Vor § 52a; *ders.*, Salger-Festschrift, S. 167 ff.

493 Vgl. *Bienneck*, Außenwirtschaftsrecht, § 26, Rn. 55 ff.; *Tiedemann*, Spendel-Festschrift, S. 591 ff.; *Wimmer*, JZ **1993** 67 ff. Für eine Lösung *de lege ferenda*: *Dannecker*, Freiburg-Symposium, S. 383 ff.

494 *Bienneck*, Außenwirtschaftsrecht, § 26, Rn. 56; *Steindorf*, Waffenrecht, Vor § 52a, Rn. 6 und *ders.*, Salger-Festschrift, S. 167, 172. *Wimmer*, JZ **1993** 67, 68 und 69: Im Gegensatz zum Umweltstrafrecht, wo es eine kaum noch überschaubare Flut von Veröffentlichungen gibt, fehle es im waffenrechtlichen Schrifttum völlig an Äußerungen zum Problem der Verwaltungsakzessorietät.

495 Gesetz vom 28.02.1992, BGBl. I, S. 372.

496 Gesetz vom 02.08.1994, BGBl. I, S. 1954 ff.

497 Ob durch diese Normierung des Rechtsmissbrauchsgedankens im Strafrecht ein Bruch zum Verwaltungsrecht entstehen lässt (Einwand des Verstoßes gegen die Einheit der Rechtsordnung), verneint *Wohlers* grundsätzlich mit dem Argument, dass diese Divergenz eine Konsequenz der spezifischen Besonderheiten der jeweiligen Teilrechtsordnung sei. Einen Widerspruch zum Verwaltungsrecht sieht er dann als gegeben an, wenn das Strafrecht das Verwaltungsrecht zu überbieten sucht: also bezüglich der Erfassung des kollusiven Zusammenwirkens, da dieses in § 48 Absatz 1 Satz 3 VwVfG nicht geregelt ist (JZ **2001** 850, 855 f.).

ein Handeln aufgrund einer Genehmigung, die mittels falscher oder unvollständiger Angaben erschlichen wurde, dem genehmigungslosen Handeln gleichstellt, ist das Problem der rechtsmissbräuchlich erlangten Genehmigung vom Gesetzgeber geregelt worden; sie ist strafrechtlich unbeachtlich.

c. *Das Ausführungsgesetz zum Chemiewaffenübereinkommen*

Auch § 16 Absatz 4 CWÜAG stellt das Handeln aufgrund einer Genehmigung, die durch Drohung, Bestechung oder Kollusion erwirkt oder durch unrichtige oder unvollständige Angaben erschlichen wurde dem Handeln ohne Genehmigung gleich. Damit ist der Strafrichter in diesen Fällen der rechtsmissbräuchlich erlangten Genehmigung nicht an die verwaltungsrechtliche Vorgabe gebunden. Doch geht § 16 Absatz 4 CWÜAG insofern weiter als § 34 Absatz 8 AWG, als er über die (durch unvollständige oder unrichtige Angaben) erschlichene Genehmigung hinaus auch die durch Drohung, Bestechung oder Kollusion erlangte Genehmigung dem genehmigungslosen Handeln gleichstellt. Damit ist hier eine weitergehende Lockerung von verwaltungsrechtlichen Vorgaben vorgenommen worden als im Außenwirtschaftsrecht.

d. *Das Kriegswaffenkontrollgesetz*

Das mit dem Außenwirtschaftsgesetz und mit dem Ausführungsgesetz zum Chemiewaffenübereinkommen verwandte Kriegswaffenkontrollgesetz (KWKG) hat mit seinem § 22a eine verwaltungsakzessorisch ausgestaltete Strafnorm. Folglich wird das Problem der Bindung des Strafrichters an rechtswidrige aber wirksame Genehmigungen virulent. Die Genehmigung im Sinne des KWKG ist infolge von Art. 26 Absatz 2 GG ein repressives Verbot mit Befreiungsvorbehalt. Es handelt sich um so gefährliche Handlungen, dass sie gänzlich zu verbieten sind und nur in besonders begründeten Ausnahmefällen eine Befreiung erteilt werden darf.[498] Damit hat die Genehmigung keinen tabestandsausschließenden Charakter (wie bei § 34 AWG), sondern „nur" rechtfertigende Wirkung. Wie stets gilt, dass der nichtige Verwaltungsakt keine Bindungswirkung für den Strafrichter hat. Da eine den §§ 34 Absatz 8 AWG, 16 Absatz 4 CWÜAG und 330d Nr. 5 StGB vergleichbare Bestimmung fehlt, ist eine mit rechtswidrigen Mitteln erlangte Genehmigung nicht nichtig. Nach herrschender Meinung[499] ist sie im Strafverfahren grundsätzlich zu beachten, also strafbarkeitausschließend. Das Problem der erschlichenen Genehmigung wird jedoch dadurch entschärft, dass die verwaltungsrechtlichen Grenzen der Genehmigung genau beachtet werden:[500] Vom Genehmigungsumfang ist nur gedeckt, was vom Antragsteller zur Genehmigung gestellt wurde und worüber die genehmigende Behörde auch entschieden hat. Vom Antragsteller verschwiegene Umstände schränken den Umfang der Genehmigung entsprechend ein. Folglich ist eine erschlichene Genehmigung, die auf

---

498 Vgl. BVerfG, NJW **1999** XIV; BGHSt **43** 129 ff.

499 *Pottmeyer*, Kriegswaffenkontrollgesetz, § 22a, Rn. 27 m.w.N.

500 Vgl. *Tiedemann*, Wirtschaftsstrafrecht, Rn. 208.

bewusst unrichtigen Angaben des Antragstellers beruht, unbeachtlich und hat keine die Strafbarkeit ausschließende Wirkung.

e. Stellungnahme

Wohlers[501] sieht in der Lockerung der Verwaltungsakzessorietät durch sektorale Missbrauchsklauseln (also § 34 Absatz 8 AWG, § 330d Nr. 5 StGB und § 16 CWÜAG) einen Trend der Zeit und wirft die Frage nach einer allgemeinen Regelung im Allgemeinen Teil des Strafgesetzbuches auf. Da dies in der Tat ein Problem ist, das bei allen verwaltungsakzessorisch ausgestalteten Tatbeständen virulent ist, wäre es wünschenswert, der Gesetzgeber würde im allgemeinen Teil des Strafgesetzbuches eine allgemeingültige Regelung treffen, in der er dem genehmigungslosen solches Verhalten gleichstellt, das von einer rechtsmissbräuchlich erlangten Genehmigung gedeckt ist, statt es bereichsspezifisch, vereinzelt und somit in gewisser Hinsicht unzureichend zu regeln.[502] Da weder die Erweiterung der Missbrauchsfälle noch die Anwendung des § 330d Nr. 5 StGB auf andere Straf- oder Ordnungswidrigkeitenvorschriften zulässig ist,[503] bleiben rechtsmissbräuchlich erwirkte, tatbestandsausschließende Genehmigungen für Straf- und Ordnungswidrigkeitentatbestände außerhalb des 29. Abschnitts des Strafgesetzbuches strafrechtlich beachtlich. Dies gilt vor allem für die umweltrechtlichen Strafnormen des Nebenstrafrechts, bei denen es sich fast durchweg um Blankettstrafgesetze handelt, so dass ihnen das Genehmigungserfordernis als Tatbestandsmerkmal dient.[504] Dieser Wertungswiderspruch zwischen den im Kernstrafrecht geregelten Umweltdelikten und den im Nebenstrafrecht anzutreffenden Umweltdelikten ist Folge der bereichsspezifischen Regelung und wird vom Gesetzgeber in Kauf genommen.

5. Ergebnis

Damit bleibt festzuhalten, dass auch unter Einbeziehung der Lösung in anderen verwaltungsakzessorisch ausgestalteten Rechtsgebieten mit der herrschenden Meinung davon auszugehen ist, dass materiell rechtswidrige begünstigende und belastende Verwaltungsakte grundsätzlich strafrechtlich zu beachten sind. Eine Ausnahme besteht nur hinsichtlich im Sinne des § 330d Nr. 5 StGB erlangten Verwaltungsakten, denen ebenso wie nach § 44 VwVfG nichtigen Verwaltungsakten keine strafrechtliche Wirkung zukommt.

---

[501] JZ **2001** 850, 853.

[502] *Bienneck*, Außenwirtschaftsrecht, § 26, Rn. 64; *Rogall*, in: Dolde (Hrsg.), S. 795, 828; *Steindorf*, Waffenrecht, Vor § 52a, Rn. 39; *ders.*, Salger-Festschrift, S. 167, 183; *Wimmer*, JZ **1993** 67, 73; *Wohlers*, JZ **2001** 850, 853 und 855 m.w.N.

[503] *Kloepfer/Vierhaus*, Umweltstrafrecht, Rn. 44; *Paetzold*, NStZ **1996** 170; *Steindorf*, LK § 330d, Rn. 7; *Weber*, Hirsch-Festschrift, S. 795, 799 f. allerdings mit einer Ausnahme auf S. 808.

[504] *Paetzold*, NStZ **1996** 170.

6. Internationales Verwaltungsrecht

a. Verwaltungsakzessorietät und Internationales Verwaltungsrecht

Das Umweltstrafrecht ist infolge seiner internationalen und grenzüberschreitenden Dimension von ausländischen Genehmigungen abhängig. Damit stellt sich die Frage, ob eine Bestrafung nach deutschem Recht auch dann möglich ist, wenn die Tat nach dem Recht des Handlungsorts genehmigt ist.[505] Da diese im Umweltstrafrecht grundsätzlich offene Frage (eine Spezialregelung gilt für § 328 Absatz 1 Nr. 2 StGB, der ausländische Genehmigungen oder Untersagungen deutschen gleichstellt)[506] im Steuerstrafrecht einer Regelung zugeführt wurde, liegt die Frage nahe, ob es im Bereich des Umweltstrafrechts eine dem Steuerstrafrecht vergleichbare Regel geben sollte. Im Steuerstrafrecht bestimmt § 370 Abgabenordnung (AO), dass Verstöße gegen ausländisches Verwaltungsrecht oder gegen Verordnungen der Europäischen Gemeinschaft nach deutschem Recht strafbar sind.

§ 370 AO bedroht die vorsätzlich begangene Steuerhinterziehung mit Strafe.[507] Er schützt in seinen Absätzen 1 bis 5 den deutschen Steueranspruch, in seinem Absatz 6 die dort genannten Eingangsabgaben ausländischer Staaten.[508] Damit bestimmt Absatz 6 als Ausnahme von dem Grundsatz, dass Verfehlungen zum Nachteil ausländischer Staaten im Inland nicht verfolgt werden, die Anwendung des § 370 Absätze 1 bis 5 AO zum Schutz von Eingangsabgaben,[509] die von einem fremden Staat verwaltet werden.[510] Die Eingangabgaben müssen von einem Mitgliedstaat der Europäischen Union,[511] einem Mitgliedstaat der Europäischen Freihandelsassoziation (EFTA) oder einem mit dieser assoziierten Staat zustehen.[512] Absatz 7 bestimmt, dass § 370 Absätze 1 bis 6 AO[513] auch für Auslandstaten gelten.[514] Damit erweitert er den Schutzbereich des § 370 AO in sachlicher und personeller Hinsicht und führt seinem Wortlaut nach das Weltrechtsprinzip ein, nach dem das Strafrecht der Bundesrepu-

505 Siehe unten 1. Kapitel B. VIII. 5.

506 Vgl. *Tröndle/Fischer*, § 328, Rn. 1 a.E.

507 Die leichtfertige Steuerverkürzung ist nach § 378 AO als Ordnungswidrigkeit mit einer Geldbuße ahndbar.

508 Dies stellt eine Ausweitung des Schutzbereiches des § 370 AO über das nationale Recht hinaus dar.

509 Eingangsabgaben sind der Zoll einschließlich der Abschöpfung, die Einfuhrumsatzsteuer und die anderen für eingeführte Waren zu erhebenden Verbrauchssteuern, vgl. § 373 AO; daneben aber auch Abgaben mit gleicher Wirkung bei der Einfuhr von Waren. Vgl. *Joecks*, in: Franzen/Gast (Begr.), § 370 AO, Rn. 25; *Keßeböhmer/Schmitz*, wistra **1995** 1, 3.

510 Es ist allein entscheidend, dass der Staat diese Eingangsabgaben verwaltet; für wen er sie verwaltet, ist gleichgültig. Vgl. *Joecks*, in: Franzen/Gast (Begr.), Rn. 24; *Hübner*, in: Abgabenordnung, Rn. 63; *Senge*, in: Erbs/Kohlhaas (Hsrg.), § 370 AO, Rn. 57.

511 Belgien, Dänemark, Frankreich, Finnland, Griechenland, Großbritannien und Nordirland, Irland, Italien, Luxemburg, Österreich, Niederlande, Portugal, Schweden und Spanien.

512 Island, Norwegen, Schweiz und Liechtenstein.

513 Zur klarstellenden Neufassung des Gesetzgebers vom 22.09.1998 (BGBl. II, S. 2322) *Joecks*, in: Franzen/Gast (Begr.), § 370 AO, Rn. 33.

514 Es war umstritten, ob Absatz 7 auch für die Taten des Absatz 6 das Weltrechtsprinzip einführte. Bejahend *Senge*, in: Erbs/Kohlhaas (Hrsg.), § 370 AO, Rn. 60. **A.A.:** LG Kiel, wistra **1997** 275, 276; *Joecks*, in: Franzen/Gast (Begr.), § 370 AO, Rn. 33; *Keßeböhmer/Schmitz*, wistra **1995** 1, 6.

blik Deutschland ohne Rücksicht auf den Tatort, das Recht des Tatorts und die Staatsangehörigkeit des Täters gilt.[515] Allerdings bedurfte es dieser Regel für die Straftaten, die sich gegen den deutschen Steueranspruch richten nicht, weil insoweit nach § 3 StGB regelmäßig ohnehin deutsches Strafrecht zur Anwendung kommt, auch wenn die Tat von einem Ausländer begangen wurde. Nach § 3 in Verbindung mit § 9 Absatz 1 StGB liegt eine Inlandstat vor, wenn der zum Tatbestand gehörende Erfolg im Inland eingetreten ist oder nach der Vorstellung des Täters dort hätte eintreten sollen.[516] Da der Erfolg des § 370 AO die Steuerhinterziehung zum Nachteil des deutschen Fiskus ist, liegt der Erfolgsort immer im Inland.[517]

Aufgrund der transnationalen Dimension des Umweltstrafrechts ist eine vergleichbare Bestimmung sinnvoll.

b. Völkerstrafrecht und Internationales Verwaltungsrecht

Die Überlegung, das Völkerstrafrecht auf das Umweltstrafrecht auszuweiten, so dass es ein Weltstrafgesetzbuch für gravierende Umweltstraftaten gibt, beruht ebenfalls auf der internationalen Dimension und dem damit einhergehenden internationalen Charakter des Umweltstrafrechts.

Dieser internationale Aspekt wird immer wieder bezüglich der grenzüberschreitenden Beeinträchtigungen der Umweltmedien Luft und Wasser hervorgehoben.[518] Für diese grenzüberschreitenden Medien stellen sich die klassischen Fragen des Strafanwendungsrechts.[519] Daneben gibt es wandernde Lebewesen (Zugvögel und wandernde Fische), die ebenfalls dem Schutzbereich des Umweltstrafrechts unterfallen. Des Weiteren kommt es zu grenzüberschreitenden Umweltbeeinträchtigungen oder -gefahren, wenn ein gefährlicher Betrieb errichtet, (Nuklear-) Abfälle exportiert oder kriegerische Handlungen vorgenommen werden, die die Umwelt typischerweise in Mitleidenschaft ziehen oder sogar darauf abzielen, sie unbenutzbar zu machen (Anti-Personen-Minen). Zum Teil wird die Umwelt sogar selbst zur Waffe gemacht, wenn wie in Kuwait Erdöl in Brand gesetzt wird.[520]

Ein weiterer Beleg für den internationalen Aspekt des Umweltstrafrechts ist die Tatsache, dass die Umwelt Gegenstand zahlreicher internationaler (völkerrechtlicher) Auseinandersetzungen und Konventionen ist. Schon beim Klimaschutz wird deutlich, dass allein der nationale Schutz der Luft nicht ausreichen kann, um nachteiligen Klimaveränderungen wirksam entgegenzuwirken.[521] Aufgrund dieser globalen Ver-

---

[515] Zum Geltungsbereich des § 370 Absatz 7 AO vgl. LG Kiel, wistra **1997** 275, 276.

[516] Siehe unten 1. Kapitel B. VIII. 3.

[517] *Senge*, in: Erbs/Kohlhaas (Hrsg.), § 370 AO, Rn. 60.

[518] Vgl. *Höpfel*, Triffterer-Festschrift, S. 425 f.

[519] Zum Problem der Verwaltungsakzessorietät bei grenzüberschreitenden Umweltbeeinträchtigungen mit zahlreichen Nachweisen unten 1. Kapitel B. VIII. 5.

[520] Vgl. *Höpfel*, Triffterer-Festschrift, S. 425, 426.

[521] Vgl. das Protokoll von Kyoto zum Rahmenübereinkommen der Vereinten Nationen über Klimaänderungen vom 11.12.1997, das sowohl vom Bundestag als auch von der EU ratifiziert wurde.

netzungen und Interdependenzen der Umweltmedien bedarf es weltweit geltender und (strafrechtlich) durchsetzbarer Mindeststandards zum Schutz der Umwelt.[522]

V. Strafbarkeit von Amtsträgern

1. Problemstellung

Das Problem der Strafbarkeit von Amtsträgern[523] steht in engem Zusammenhang mit der Verwaltungsakzessorietät des Umweltstrafrechts, weil die Strafbarkeit von Umweltbeeinträchtigungen von – rechtmäßigen oder rechtswidrigen – Genehmigungen und anderen verwaltungsrechtlichen Entscheidungen abhängt.[524]

Der Gesetzgeber[525] hat sich sowohl 1980 als auch 1994 – trotz vieler Stimmen aus der Literatur für einen solchen Sondertatbestand –[526] bewusst gegen die Einführung eines speziellen Straftatbestands zur strafrechtlichen Verantwortlichkeit von Amtsträgern entschieden,[527] weil dies einen Problembereich berührt, der sich nicht auf die Umweltdelikte beschränken lässt, sondern allgemein zu regeln wäre. Er hält die Einführung eines Sonderstraftatbestands auch nicht für geboten, da die allgemeinen Regeln des Strafrechts ausreichen würden, wie die beiden Entscheidungen des BGH[528] zeigten.[529] Im Übrigen würde ein Sonderstraftatbestand die Amtsträger in Umweltbe-

---

522 Wohl auch *Höpfel*, Triffterer-Festschrift, S. 425, 427 f.

523 Ausführlich *Galonska*, Amtsdelikte, S. 99 ff.; *Gürbüz*, Strafbarkeit von Amtsträgern, S. 1 ff.; *Immel*, Umweltuntreue, S. 19 ff. Sie sind der Auffassung, dass das geltende Recht die Strafbarkeit von Amtsträgern nicht hinreichend begründen kann. Infolge der Abstinenz des Gesetzgebers bediene sich Rechtsprechung und Lehre zweifelhafter, zweckorientierter Konstruktionen, um Amtsträger dennoch strafrechtlich zur Verantwortung ziehen zu können (Vgl. *Galonska*, Amtsdelikte, S. 137 und *Gürbüz*, Strafbarkeit von Amtsträgern, S. 230).

524 *Otto*, Jura **1991** 308, 314; *Winkelbauer*, NStZ **1986** 149.

525 BT-Drs. 8/3633, S. 20 f.; BT-Drs. 12/7300, S. 27; *Möhrenschlager*, NStZ **1994** 513, 515.

526 Für eine Strafbarkeitsausdehnung: *Galonska*, Amtsdelikte, S. 138 ff.; *Gürbüz*, Strafbarkeit von Amtsträgern, S. 275; *Immel*, Umweltuntreue, S. 227 ff.; *Sack*, MDR **1990** 286, 289; *Steindorf*, LK Vor § 324, Rn. 53; *Triffterer*, Umweltstrafrecht, S. 133 ff. (in Anlehnung an den österreichischen § 302 öStGB). Für einen Sondertatbestand zumindest hinsichtlich der §§ 325, 327 und 328 StGB sowie der Einführung einer Strafanzeigepflicht bei schweren Umweltgefährdungen (nach dem Vorbild der Mitteilungspflicht im Steuerrecht, § 116 AO 1977 und § 6 SubvG): *Tiedemann*, Neuordnung, S. 43; *ders./Kindhäuser*, NStZ **1988** 337, 345; ebenso *Geulen*, ZRP **1988** 323, 325; zustimmend *Lotz*, in: Meinberg/Möhrenschlager/Link (Hrsg.), S. 245. **A.A.:** *Schendel*, in: Meinberg/Möhrenschlager/Link (Hrsg.), S. 246 ff.

527 Zustimmend: *Otto*, Jura **1991** 308, 314, *Möhrenschlager*, NStZ **1994** 513, 516, *Schall*, JuS **1993** 719 f. und *Schmidt/Schöne*, NJW **1994** 2514, 2515. Vgl. *Steindorf*, LK Vor § 324, Rn. 8c den abgedruckten Vorschlag einen § 329a StGB zur Amtsträgerstrafbarkeit einzuführen sowie denjenigen für § 261 StGB der die Aufsichtspflichtverletzung in privaten und öffentlichen Betrieben erfassen sollte. Gegen die Einführung einer Anzeigepflicht beziehungsweise eines speziellen Amtsträgerdelikts auch: *Breuer*, AöR **115** (1990) S. 448 ff. und *Rogall*, Strafbarkeit von Amtsträgern, S. 257. **Kritisch** *Kaiser*, Kriminologie, 1997, § 75, Rn. 9: *„weder schlüssig noch zwingend belegt"*.

528 BGHSt **38** 325 ff. und BGHSt **39** 381 ff.

529 BT-Drs. 12/7300, S. 27. Ausführlich: *Kuhlen*, WiVerw **1992** 215, 299; *Lackner/Kühl*, Vor § 324, Rn. 8; *Möhrenschlager*, NStZ **1994** 513, 515 f.; *Schönke/Schröder/Cramer/Heine*, Vorbem §§ 324 ff., Rn. 29 f.;

hörden verunsichern, sie lähmen und somit kontraproduktiv wirken.[530] Eine solche Verunsicherung sei zu vermeiden und die Kooperationsbereitschaft der Umweltverwaltung mit den Normadressaten (mit der Industrie) zu unterstützen.[531] Der Gesetzgeber verzichtete auch auf eine über § 258 StGB hinausgehende strafbewehrte Anzeigepflicht für Amtsträger bei Umweltdelikten.[532]

2. Aktuelle Rechtslage

Im relevanten Bereich können Behörden als Genehmigungs- und Überwachungsbehörde und als Betreiber von Anlagen in Erscheinung treten. Ihre Strafbarkeit richtet sich mangels eines speziellen Amtsträgerdelikts nach den allgemeinen Regeln der Täterschaft und Teilnahme (§§ 25 ff. StGB) sowie nach § 14 (insbesondere Absatz 2 Satz 3) StGB. Bei der Untersuchung ihrer Strafbarkeit ist zwischen Sonderdelikten und Allgemeindelikten unterscheiden.

a. Sonderdelikte

Bei den meisten Umweltdelikten kann der Amtsträger schon deshalb nicht tauglicher Täter oder Teilnehmer sein, weil es sich um Sonderdelikte handelt. Normadressat ist stets der Anlagenbetreiber (§§ 325, 325a, 327 und 329 Absatz 1 und 2 StGB), derjenige, der mit Kernbrennstoffen umgeht (§ 328 Absatz 3 StGB), oder derjenige, der unter Verletzung verwaltungsrechtlicher Pflichten handelt (§§ 324a, 325, 325a, 326 Absatz 2 und 3 und 328 Absatz 3 StGB).[533] Als Täter kann sich der zuständige Amtsträger nicht strafbar machen, weil ihm die erforderliche Tätereigenschaft fehlt.[534] Als Teilnehmer kann er sich in der Regel auch nicht strafbar machen, weil entweder – infolge der verwaltungsrechtlichen Genehmigung – die für die §§ 26, 27 StGB erforderliche tatbestandsmäßige, rechtswidrige Haupttat[535] oder im Fall der erschlichenen

---

Steindorf, LK Vor § 324, Rn. 8c a.E. und Rn. 49; *Tröndle/Fischer*, Vor § 324, Rn. 14; *Wessels/Hettinger*, BT/1, Rn. 1065. Anders in Spanien (Art. 322 und 329 spanStGB) und in Österreich (§ 320 öStGB), wo sogar eine Mitteilungspflicht der Umweltbehörden besteht (vgl. *Heine*, GA **1986** 67, 79).

530 *Kloepfer/Vierhaus*, Umweltstrafrecht, Rn. 58 weisen darauf hin, dass das Risiko von Amtsträgern in der Umweltverwaltung sich bei ihrer Tätigkeit strafbar zu machen, geringer sei als vielfach angenommen würde. So mache die Amtsträgerstrafbarkeit nur 2% aller Umweltdelikte und nur 0,008% der Gesamtkriminalität aus.

531 Vgl. *Arzt/Weber*, BT, § 41, Rn. 57 Fn. 67; *Steindorf*, LK Vor § 324, Rn. 8c.

532 Vgl. *Schönke/Schröder/Cramer/Heine*, Vorbem §§ 324 ff., Rn. 29; *Steindorf*, LK Vor § 324, Rn. 8f; *Tiedemann*, Neuordnung, S. 43; *ders./Kindhäuser*, NStZ **1988** 337, 345; *Tröndle/Fischer*, Vor § 324, Rn. 14. **Krit.:** *Immel*, Umweltuntreue, S. 215 ff. Zur Frage einer allgemein bestehenden Anzeigepflicht von Amtsträgern in Umweltbehörden: *Scheu*, NJW **1983** 1707 f.

533 Zu dem Fall, dass die Behörde Betreiber einer öffentlichen Anlage ist siehe unten 1. Kapitel B. V. 2. b. dd.

534 *Horn*, SK Vor § 324, Rn. 22 und § 327, Rn. 2 a.E.; *Kuhlen*, WiVerw **1992** 215, 293; *Lackner/Kühl*, Vor § 324, Rn. 9; *Otto*, Jura **1991** 308, 314; *Schall*, NJW **1990** 1263, 1269; *ders.*, JuS **1993** 719, 720; *Schönke/Schröder/Cramer/Heine*, Vorbem §§ 324 ff., Rn. 34; *Tiedemann/Kindhäuser*, NStZ **1988** 337, 345; *Tröndle/Fischer*, Vor § 324, Rn. 15; *Wessels/Hettinger*, BT/1, Rn. 1066.

535 *Lackner/Kühl*, Vor § 324, Rn. 9; *Schönke/Schröder/Cramer/Heine*, Vorbem §§ 324 ff., Rn. 32; *Tröndle/Fischer*, Vor § 324, Rn. 15.

Erlaubnis[536] (bei der infolge des § 330d Nr. 5 StGB zwar eine rechtswidrige Haupttat vorliegt) der erforderliche Teilnehmervorsatz fehlt.[537]

b. Allgemeindelikte

Amtsträger, die in Behörden arbeiten, welchen der Schutz der Umwelt anvertraut wurde, können sich lediglich nach den Allgemeindelikten (§§ 324, 324a, 326 Absatz 1, § 328 Absätze 1 und 2, 329 Absatz 3 und 330a StGB) strafbar machen. Als allgemeine Voraussetzung für die vier im nachfolgenden dargestellten Fallgruppen[538] gilt, dass sich der Amtsträger nur des Vorwurfs rechtswidrigen Handelns ausgesetzt sieht, wenn seine (die behördliche) Entscheidung außerhalb des verwaltungsrechtlichen Beurteilungs- und Ermessensspielraum liegt und gegen eine dem Umweltschutz dienende verwaltungsrechtliche Pflicht verstoßen wurde.[539]

aa. Strafbarkeit durch Erteilung materiell fehlerhafter Erlaubnisse

Eine Strafbarkeit des Amtsträgers wegen der Erteilung einer Genehmigung scheidet in der Regel aus, wenn diese wirksam und im Rahmen des zugebilligten Ermessens- und Beurteilungsspielraums ergangen ist,[540] weil Strafverfolgungsbehörden solche Behördenentscheidungen nicht nachprüfen können. Anderes gilt nur bei rechtsmissbräuchlich erlangten oder nichtigen Genehmigungen, die weder tatbestandsausschließende noch rechtfertigende Wirkung erlangen.[541]

Wirken der zuständige Beamte und Antragsteller kollusiv zusammen, so macht sich der Amtsträger der Mittäterschaft (§ 25 Absatz 2 StGB) strafbar.[542] Fehlt das kollusive Zusammenwirken, wissen aber beide von der Rechtswidrigkeit der Genehmigung, so kann er wegen Beihilfe (§ 27 StGB) strafrechtlich zur Verantwortung gezogen werde.

In der Praxis am bedeutsamsten ist die Frage der Strafbarkeit als mittelbarer Täter (§ 25 Absatz 1, 2. Alt. StGB), wenn der Beamte eine materiell rechtswidrige Erlaub-

---

536 Die erschlichene Genehmigung ist gemäß § 44 VwVfG ausnahmsweise nichtig.

537 *Kuhlen*, WiVerw **1992** 215, 293; *Schall*, JuS **1993** 719, 720 in Fn. 13; *Schönke/Schröder/Cramer/Heine*, Vorbem §§ 324 ff., Rn. 33; *Tiedemann/Kindhäuser*, NStZ **1988** 337, 345; *Tröndle/Fischer*, Vor § 324, Rn. 15; *Winkelbauer*, NStZ **1986** 149, 150. Vgl. auch *Horn*, SK Vor § 324, Rn. 22; *Lackner/Kühl*, Vor § 324, Rn. 9. **A.A.:** *Ries*, Verwaltungsakzessorietät, S. 172 f.

538 Vgl. *Horn*, SK Vor § 324, Rn. 22 und § 326, Rn. 30; *ders.*, NJW **1981** 1, 2 ff.; *Immel*, Umweltuntreue, S. 107 ff. (ausführlich); *Kuhlen*, WiVerw **1992** 215, 292 ff.; *Lackner/Kühl*, Vor § 324, Rn. 9 ff.; *Schall*, JuS **1993** 719, 720 ff.; *Schönke/Schröder/Cramer/Heine*, Vorbem §§ 324 ff., Rn. 30 ff.

539 OLG Frankfurt, NJW **1987** 2753, 2756; *Papier*, NJW **1988** 1113, 1114; *Schall*, JuS **1993** 719, 721; *Schönke/Schröder/Cramer/Heine*, Vorbem §§ 324 ff., Rn. 30; *Steindorf*, LK Vor § 324, Rn. 57 (m.w.N. zur Gegenansicht); *Tröndle/Fischer*, Vor § 324, Rn. 18; *Winkelbauer*, NStZ **1986** 149, 152 f.

540 GenStA Hamm, NStZ **1984** 219; GenStA Zweibrücken, NStZ **1984** 554, 555; *Schönke/Schröder/Cramer/Heine*, Vorbem §§ 324 ff., Rn. 30; *Steindorf*, LK Vor § 324, Rn. 51. Vgl. auch *Arzt/Weber*, BT, § 42, Rn. 40.

541 *Arzt/Weber*, BT, § 42, Rn. 41; *Steindorf*, LK Vor § 324, Rn. 51; *Winkelbauer*, NStZ **1986** 149, 151.

542 Zu den Voraussetzungen der Mittäterschaft: BGHSt **39** 381, 386 (f.). Ferner *Kuhlen*, WiVerw **1992** 215, 294; *Steindorf*, LK Vor § 324, Rn. 54.

nis erteilt hat. Die herrschende Meinung[543] bejaht die Strafbarkeit des zuständigen Amtsträgers, wenn dessen Genehmigungsakt ein tatbestandsmäßiges Verhalten des Bürgers bewirkt hat. Als Begründung wird angeführt, dass er mit der Genehmigung die rechtliche Schranke für ein verbotenes Handeln beseitigt, überlegenes Sachwissen infolge einer Einschätzungsprärogative besitzt und damit – bei wertender Betrachtung – die Tat beherrscht.[544] Diese richterrechtliche Ausdehnung der mittelbaren Täterschaft wird vom Bundesverfassungsgericht[545] verfassungsrechtlich gebilligt. Für die strafrechtliche Haftung des Beamten ist irrelevant, ob der Bürger seinerseits vorsätzlich, fahrlässig, befugt oder rechtswidrig, schuldhaft oder im unverschuldeten Verbotsirrtum handelte.[546] Nach heute einhelliger Meinung[547] genügt es, dass der Amtsträger nicht im Rahmen der für ihn geltenden materiellen verwaltungsrechtlichen Voraussetzungen handelte und den Bereich des verwaltungsgerichtlich nicht überprüfbaren Beurteilungs- und Ermessensspielraum verlassen hat. Die Gegenmeinung[548] lehnt die Tatherrschaft des Amtsträgers ab, weil der Bürger als Empfänger der rechtswidrigen Genehmigung nicht bloßes Werkzeug sei: Es hänge entscheidend von ihm ab, ob er von der rechtswidrigen Genehmigung tatsächlich Gebrauch macht und damit einen Umweltstraftatbestand erfüllt.

bb. Strafbarkeit durch unterlassenen Widerruf einer fehlerhaften Erlaubnis

Nach heute ganz überwiegender Auffassung[549] kann sich der zuständige Amtsträger nur als Unterlassenstäter strafbar machen, wenn ihn eine (Beschützer-) Garantenstel-

---

543 BGHSt **39** 381, 388 (f.); OLG Frankfurt, NJW **1987** 2753, 2757; StA Mannheim, NJW **1976** 585, 587; *Horn*, NJW **1981** 1, 4; *Kuhlen*, WiVerw **1992** 215, 294 f.; *Lackner/Kühl*, Vor § 324, Rn. 10; *Rudolphi*, NStZ **1984** 193, 198; *Steindorf*, LK § 324, Rn. 59; *Tiedemann/Kindhäuser*, NStZ **1988** 337, 346; *Winkelbauer*, NStZ **1986** 149, 151. **A.A.**: *Schönke/Schröder/Cramer/Heine*, Vorbem §§ 324 ff., Rn. 35; *Wohlers*, ZStW **108** (1996) S. 61.

544 BGHSt **39** 381, 388 (f.); OLG Frankfurt, NJW **1987** 2753, 2757; StA Mannheim, NJW **1976** 585, 587; *Horn*, NJW **1981** 1, 4; *Kuhlen*, WiVerw **1992** 215, 294 f.; *Lackner/Kühl*, Vor § 324, Rn. 10; *Rudolphi*, NStZ **1984** 193, 198; *Steindorf*, LK § 324 Rn. 59; *Tiedemann/Kindhäuser*, NStZ **1988** 337, 346; *Tröndle/Fischer*, Vor § 324, Rn. 17 (anders noch 48. Auflage); *Winkelbauer*, NStZ **1986** 149, 151. **A.A.**: *Arzt/Weber*, BT, § 42, Rn. 43; *Immel*, Umweltuntreue, S. 164; *Otto*, Jura **1991** 308, 314; *Papier*, NJW **1988** 1113, 1114; *Schall*, NJW **1990** 1263, 1270; *ders.*, JuS **1993** 719, 721; *Schönke/Schröder/Cramer/Heine*, Vorbem §§ 324 ff., Rn. 35; ausführlich *Wohlers*, ZStW **108** (1996) S. 61 ff. (85) m.w.N.

545 BVerfG, NJW **1995** 186, 187.

546 *Horn*, SK Vor § 324, Rn. 22; *ders.*, NJW **1981** 1, 4; *Immel*, Umweltuntreue, S. 149 f.; *Schönke/Schröder/Cramer/Heine*, Vorbem §§ 324 ff., Rn. 35. Wohl auch *Schmidt/Schöne*, NJW **1994** 2514, 2516.

547 Vgl. nur GenStA Zweibrücken, NStZ **1984** 554, 555; *Lackner/Kühl*, Vor § 324, Rn. 10; *Schall*, NJW **1990** 1263, 1269; *Winkelbauer*, NStZ **1986** 149, 152 m.w.N. Weiter einschränkend: *Kuhlen*, WiVerw **1992** 215, 297 f., der nur verwaltungsrechtlich nicht mehr vertretbare Entscheidungen als die Fahrlässigkeitsstrafbarkeit begründend ansehen möchte.

548 *Arzt/Weber*, BT, § 42, Rn. 43; *Immel*, Umweltuntreue, S. 164; *Otto*, Jura **1991** 308, 314; *Papier*, NJW **1988** 1113, 1114; *Schall*, NJW **1990** 1263, 1270; *ders.*, JuS **1993** 719, 721; *Schönke/Schröder/Cramer/Heine*, Vorbem §§ 324 ff., Rn. 35; *Schünemann*, wistra **1986** 235, 240; ausführlich *Wohlers*, ZStW **108** (1996) S. 61 ff. (85) m.w.N.

549 BGHSt **39** 381, 389; OLG Frankfurt, NJW **1987** 2753, 2757; LG Bremen, NStZ **1982** 163, 164; AG Lübeck, NVwZ-RR **1990** 15, 16; StA Landau, NStZ **1984** 553, 554; StA Mannheim, NJW **1976** 585, 587; *Horn*, NJW **1981** 1, 5 ff.; *Lackner/Kühl*, Vor § 324, Rn. 11; *Otto*, Jura **1991** 308, 315; *Schall*, JuS **1993**

lung[550] trifft (§ 13 StGB). Sie liegt in der Regel vor, weil er speziell für Umweltschutzgüter zuständig ist und ihm die Umweltgüter gesetzlich anvertraut worden sind.[551] Daneben muss er zur Rücknahme des Verwaltungsakts verpflichtet sein. Ihm darf verwaltungsrechtlich kein Ermessen zustehen beziehungsweise muss eine Ermessenreduktion auf Null vorliegen.[552] Eine Strafbarkeit des Beamten scheidet außerdem aus, wenn die Behörde den Verwaltungsakt aus Vertrauensschutzgesichtspunkten nicht zurücknehmen kann, oder wenn zwar die ursprünglichen Gründe für die Genehmigung weggefallen sind, sie aber aus anderen Gründen aufrechterhalten bleibt.[553] Was verwaltungsrechtlich erlaubt oder geboten gewesen ist, kann niemals strafbar sein (Widerspruchsfreiheit der Rechtsordnung).

Hat der zuständige Beamte die Rücknahme fahrlässig unterlassen, so können die von ihm zu beobachtenden Sorgfaltspflichten aus Zumutbarkeitsgründen eingeschränkt sein. Die bloße Fehlerhaftigkeit der Verwaltungsentscheidung soll noch keine Sorgfaltspflichtverletzung darstellen, da sonst die Verwaltung lahm gelegt würde.[554] Vielmehr müssen sich dem Amtsträger begründete Zweifel an der Rechtsmäßigkeit der Genehmigung aufdrängen. Liegen diese Voraussetzungen vor, so ist es unerheblich, ob der jetzt zuständige Beamte die Genehmigung erlassen hatte oder nicht.[555] Nach herrschender Meinung[556] beruht seine Widerrufspflicht nicht auf vorangegangenem Tun, sondern auf der Pflicht, die Umweltgüter zu schützen, die der Staat den Behörden zur Wahrnehmung auferlegt hat (vgl. Art. 20a GG). Das soll auch bei Ingerenz

---

719, 721; *Steindorf*, LK Vor § 324, Rn. 56; *Tiedemann/Kindhäuser*, NStZ **1988** 337, 346; *Winkelbauer*, NStZ **1986** 149, 151. **A.A.:** *Immel*, Umweltuntreue, S. 169 ff. und *Tröndle/Fischer*, Vor § 324, Rn. 18.

550 Diese wird zum Teil als Beschützer- oder Überwachungsgarantenstellung gesehen, zum Teil aber auch auf Ingerenz gegründet. Vgl. *v. d. Grün*, Garantenstellung, S. 29 ff.; *Kuhlen*, WiVerw **1992** 215, 298 f.

551 Gedanke des Art. 20a GG: *Schönke/Schröder/Cramer/Heine*, Vorbem §§ 324 ff., Rn. 38 und 30 m.w.N.; *Steindorf*, LK Vor § 324, Rn. 56; ebenso *Lackner/Kühl*, Vor § 324, Rn. 11; *Tiedemann/Kindhäuser*, NStZ **1988** 337, 346.

552 BGHSt **38** 325, 335; OLG Frankfurt, NJW **1987** 2753, 2756; StA Landau, NStZ **1984** 553, 554; *Papier*, NJW **1988** 1113, 1114; *Schönke/Schröder/Cramer/Heine*, Vorbem §§ 324 ff., Rn. 38; *Steindorf*, LK Vor § 324, Rn. 56. Ferner *Horn*, SK Vor § 324, Rn. 24; *Tröndle/Fischer*, Vor § 324, Rn. 18. Aber streitig vgl.: *Tiedemann/Kindhäuser*, NStZ **1988** 337, 345 m.w.N. Einschränkend *Lackner/Kühl*, Vor § 324, Rn. 11 (eindeutige Ermessensfehler sollen genügen); *Kuhlen*, WiVerw **1992** 215, 299.

553 *Schönke/Schröder/Cramer/Heine*, Vorbem §§ 324 ff., Rn. 38; *Steindorf*, LK Vor § 324, Rn. 56; *Tröndle/Fischer*, Vor § 324, Rn. 18.

554 StA Landau, NStZ **1984** 553, 554; *Kuhlen*, WiVerw **1992** 215, 296 f.; *Schönke/Schröder/ Cramer/Cramer/Heine*, Vorbem §§ 324 ff., Rn. 30 und 38a; *Steindorf*, LK Vor § 324, Rn. 52. **Krit.:** *Tiedemann/Kindhäuser*, NStZ **1988** 337, 345.

555 Vgl. *Arzt/Weber*, BT, § 42, Rn. 53 m.w.N. auch zur Gegenmeinung in Fn. 63; *v. d. Grün*, Garantenstellung, S. 41 ff., insb. 45.

556 *Horn*, SK Vor § 324, Rn. 23; *ders.*, NJW **1981** 1, 6; *Schönke/Schröder/Cramer/Heine*, Vorbem §§ 324 ff., Rn. 38a und 30; *Steindorf*, LK Vor § 324, Rn. 57 („*behördenbezogene Betrachtungsweise*", die mit der „*betriebsbezogenen Betrachtungsweise*" der strafrechtlichen Produkthaftung vergleichbar ist); *Winkelbauer*, NStZ **1986** 149, 151 und 153. **Krit.:** *Immel*, Umweltuntreue, S. 205 ff.; *Tröndle/Fischer*, Vor § 324, Rn. 20.

gelten, weil der Amtsträger in die Garantenstellung der Behörde kraft Übernahme einrücke.[557]

cc. Strafbarkeit durch Nichteinschreiten gegen Umweltdelikte Dritter

Eine der Kernfragen der Amtsträgerhaftung[558] ist seine Strafbarkeit, wenn er von einer (nicht genehmigten) Umweltstraftat Kenntnis erlangt und aufgrund des materiellen Verwaltungsrechts zum Einschreiten verpflichtet wäre, dies aber unterlässt. Zur Begründung der Strafbarkeit des Amtsträgers muss dieser eine zur Verhinderung von Umweltverschmutzungen verpflichtende Garantenstellung innehaben.[559]

Geht man mit der in Rechtsprechung und Literatur herrschenden Meinung[560] davon aus, dass die Beamten in Umweltverwaltungsbehörden eine Beschützergarantenstellung trifft,[561] so ist bei den Allgemeindelikten täterschaftliche Haftung, bei den Sonderdelikten Teilnahme möglich. Als Beschützergarant trifft den Amtsträger eine Überwachungspflicht bezüglich der ihm anvertrauten Umweltgüter.[562] Der Umfang der Rechtspflichten des Beamten ist auf die verwaltungsrechtlichen Pflichten (die der Dienststelle des Beamten zugewiesenen Verwaltungsaufgaben) beschränkt.[563]

---

557 *Horn*, NJW **1981** 1, 6; *Lackner/Kühl*, Vor § 324, Rn. 11; *Schall*, NJW **1990** 1263, 1269; *ders.*, JuS **1993** 719, 721; *Schönke/Schröder/Cramer/Heine*, Vorbem §§ 324 ff., Rn. 38a; *Winkelbauer*, NStZ **1986** 149, 153. Ferner BGHSt **37** 106, 120 hinsichtlich der Rückrufpflicht im Rahmen der Produkthaftung, wo der in den Betrieb Eintretende in die Garantenstellung des Vorgängers eintritt. **Krit.**: *Tröndle/Fischer*, Vor § 324, Rn. 20, weil der Amtsnachfolger nicht für das pflichtwidrige Vorverhalten seines Vorgängers strafrechtlich als vorsätzlicher Unterlassenstäter einstehen müssen soll. *Immel*, Umweltuntreue, S. 203; *Otto*, Jura **1991** 308, 315; *Schünemann*, wistra **1986** 235, 244.

558 *Schall*, JuS **1993** 719, 720. Ausführlich zum Streit: *v. d. Grün*, Garantenstellung, S. 51 ff.

559 Wohl h.M: BGHSt **38** 325, 331; OLG Frankfurt, NJW **1987** 2753, 2757; AG Lübeck, MDR **1989** 930 (f.); *Horn*, SK Vor § 324, Rn. 23; *Kuhlen*, WiVerw **1992** 215, 299 f.; *Lackner/Kühl*, Vor § 324, Rn. 12; *Otto*, Jura **1991** 308, 315; *Schönke/Schröder/Cramer/Heine*, Vorbem §§ 324 ff., Rn. 30 und 39; *Steindorf*, LK § 324, Rn. 64; *Triffterer*, Umweltstrafrecht, S. 138; *Winkelbauer*, NStZ **1986** 149, 151 f. **A.A.**: *Arzt/Weber*, BT, § 42, Rn. 54 ff.; *Tröndle/Fischer*, Vor § 324, Rn. 18 und 21: Amtsträger haben keine Beschützergarantenstellung allein wegen ihrer beruflichen oder staatlichen Stellung. Ferner *Schall*, NJW **1990** 1263, 1270, *ders.*, JuS **1993** 719, 723, *Schünemann*, wistra **1986** 235, 243 f. und *Tiedemann*, Neuordnung, S. 45. Zweifelnd auch: *Wessels/Hettinger*, BT/1, Rn. 1066.

560 OLG Frankfurt, NJW **1987** 2753, 2757 (für den Amtsträger in Wasserbehörden); AG Lübeck, MDR **1989** 930 (f.); *v. d. Grün*, Garantenstellung, S. 75 f.; *Horn*, NJW **1981** 1, 9 f.; *Kuhlen*, WiVerw **1992** 215, 298; *Steindorf*, LK § 324, Rn. 64; *Winkelbauer*, NStZ **1986** 149, 151.

561 Auch hier wird zum Teil eine Überwachungsgarantenstellung vertreten: *Zeitler*, NStZ **1984** 220. **A.A.**: *Schall*, JuS **1993** 719, 723, der an dem zwischen dem Bürger und dem Beamten erforderlichen spezifischen Abhängigkeitsverhältnis zweifelt. Zweifelnd auch: *Arzt/Weber*, BT, § 42, Rn. 54 ff.; *v.d.Grün*, Garantenstellung, S. 48 ff. (50); *Steindorf*, LK § 324, Rn. 64.

562 StA Mannheim, NJW **1976** 585, 587 f.; ferner *Horn*, NJW **1981** 1, 9. Einschränkend: *Arzt/Weber*, BT, § 42, Rn. 56 und *Schall*, JuS **1993** 719, 723, die diese Pflicht nur annehmen, wenn der Schutz der ökologischen Rechtsgüter eine Primärpflicht des Beamten darstellt und unmittelbar weitere konkrete Pflichten umfasst.

563 Eingehend mit Beispielen: *Schönke/Schröder/Cramer/Heine*, Vorbem §§ 324 ff., Rn. 40. Ebenso *Lackner/Kühl*, Vor § 324, Rn. 12; *Papier*, NJW **1988** 1113, 1115 (für Überwachungsbehörden). Wohl auch *Horn*, SK Vor § 324, Rn. 23.

dd. Strafbarkeit der Behörde als Betreiber öffentlicher Anlagen

Eine unmittelbare strafrechtliche Verantwortlichkeit der Amtsträger nach den §§ 324 ff. StGB ist nur möglich, wenn sie in einer Körperschaft oder Anstalt des öffentlichen Rechts arbeiten, welche eine die Umwelt tangierende Anlage (Mülldeponie,[564] Kläranlage,[565] Krankenhaus, Schwimmbad[566]) betreibt. Die zuständigen Amtsträger sind dann, wie jeder private Bürger, unmittelbare Adressaten der jeweiligen Umweltstrafnorm und damit potentielle Täter von Sonderdelikten. Die Beamten in Aufsichtsbehörden können sich an diesen Delikten als Teilnehmer strafbar machen.[567] Grundsätzlich ist eine Strafbarkeit wegen pflichtwidrigen Unterlassens möglich; diese entfällt, wenn der Amtsträger erst nach Entstehung des Missstands für dessen Beseitigung zuständig wurde und trotz Ausschöpfung all seiner Befugnisse keine Abhilfe schaffen kann.[568] Ihre strafrechtliche Verantwortlichkeit kann sich dann aus § 14 (insbesondere Absatz 2 Satz 3) StGB ergeben.[569]

c. Erforderlichkeit eines eigenständigen Amtsträgerstraftatbestands

Wie dieser Überblick über die Amtsträgerstrafbarkeit nach geltender Rechtslage zeigt, kommt ihre Strafbarkeit wegen fehlerhaften Verhaltens nur in seltenen Sondersituationen in Betracht. Die Einführung eines entsprechenden Sonderstraftatbestands würde die bestehenden Strafbarkeitslücken schließen.

3. Ansätze zur Lösung des Problems der Strafbarkeit von Amtsträgern

a. Einführung eines eigenständigen Straftatbestands

Schon *Grünwald*[570] und *Bockelmann*[571] haben sich mit – allerdings übergreifenden, nicht auf den umweltdeliktischen Bereich beschränkten – Sondernormen für Amtsträger beschäftigt: Von ihnen stammen die Vorschläge zur Einführung von Tatbeständen, die das Nichtverhindern von Straftaten beziehungsweise das fehlerhafte Verhalten von Bauverantwortlichen bestrafen sollen.

Da das Problem der Amtsträgerstrafbarkeit hauptsächlich darin besteht, dass den Amtsträgern ob der Sonderdelikte im Umweltstrafrecht die erforderliche Täterqualität fehlt, wurde in den 1980ern die Umwandlung der Sonderdelikte in Allgemeindelikte vorgeschlagen.[572] Zwar wäre so die Schließung der theoretisch bestehenden Strafbarkeitslücke möglich, doch ist es weder möglich noch wünschenswert, alle be-

---

564 StA Landau, MDR **1994** 935.

565 BGHSt **38** 325 ff.

566 OLG Köln, NJW **1988** 2119 ff.

567 *Schönke/Schröder/Cramer/Heine*, Vorbem §§ 324 ff., Rn. 41; *Steindorf*, LK Vor § 324., Rn. 50.

568 OLG Saarbrücken, NStZ **1991** 531, 532 f.; *Schönke/Schröder/Cramer/Heine*, Vorbem §§ 324 ff., Rn. 41 und *Steindorf*, LK Vor § 324, Rn. 50.

569 OLG Köln, NJW **1988** 2119, 2121; *Papier*, NJW **1988** 1113; *Schall*, NJW **1990** 1263, 1269; *ders.*, JuS **1993** 719, 720; *Schönke/Schröder/Cramer/Heine*, Vorbem §§ 324 ff., Rn. 41; *Steindorf*, LK Vor § 324, Rn. 50; *Wessels/Hettinger*, BT/1, Rn. 1066.

570 ZStW **70** (1958) S. 412 ff.

571 Das strafrechtliche Risiko, S. 134 ff.

572 Vgl. Bericht des Arbeitskreises Umweltstrafrecht, S. 59.

troffenen Delikte in ihrer Struktur umzuwandeln und zu Allgemeindelikten zu machen. Diese Umwandlung scheidet zum Beispiel dann aus, wenn das Delikt eigenhändige Begehungsweisen enthält.[573]
Dann folgten die Vorschläge zum Amtsmissbrauch im Sinne des § 302 öStGB von *Schünemann*[574] und zur Amtsuntreue von *Kratsch*,[575] die ebenfalls übergreifende Regeln darstellen. Die österreichische Regel[576] bestraft den Beamten, „*der mit dem Vorsatz, dadurch einen anderen an seinen Rechten zu schädigen, seine Befugnis, (...) in Vollziehung der Gesetze Amtsgeschäfte vorzunehmen, wissentlich missbraucht*". Er enthält damit im subjektiven Bereich stark einschränkende Merkmale, die den Anwendungsbereich erheblich einschränken könnten.
Ebenfalls zu Beginn der 80er Jahre wurden die ersten umweltdeliktischen Lösungsmodelle entwickelt: *Triffterer*[577] und *Tiedemann*[578] haben zur Behebung von Strafbarkeitslücken[579] in diesem den Menschen und die Umwelt gefährdenden Bereich Vorschläge zur Einführung eines Sondertatbestands für Amtsträger gemacht, die aber vom Gesetzgeber nicht aufgegriffen wurden.[580]
Nach Auffassung *Triffterers* hängt die Effektivität des Schutzes der Umwelt durch das Strafrecht entscheidend davon ab, dass die mit dem Umweltschutz betrauten Amtsträger sorgfältiger als bisher arbeiten.[581] Dies sei durch eine Vorschrift, die die strafrechtliche Verantwortlichkeit von Amtsträgern für Umweltverstöße vorsieht, erreichbar. Nach den geltenden Vorschriften sei (bis 1980) kein Amtsträger wegen Umweltbeeinträchtigungen strafrechtlich zur Verantwortung gezogen worden,[582] obwohl es eine Reihe von Umweltverstößen gegeben hatte, für die die Verwaltung (Amtsträger) zumindest mit verantwortlich war:[583] Ein besonderes Problem – auf tatsächlicher Ebene – scheint dabei die Feststellung zu sein, welcher Amtsträger letztlich die Verantwortung für das fehlerhafte Verhalten der Behörde tragen soll. Auf rechtlicher Ebene stellt sich der Sonderdeliktscharakter der meisten Strafvor-

573 Vgl. *Rogall*, Strafbarkeit von Amtsträgern, S. 261. Ablehnend auch *Immel*, Umweltuntreue, S. 103 ff. und *Tiedemann/Kindhäuser*, NStZ **1988** 337, 345.
574 ZStW **96** (1984) S. 287, 311.
575 57. Deutscher Juristentag, 1988, S. L 255, L 257 f.
576 Auch im italienischen Strafrecht gibt es entsprechende Tatbestände. Vgl. 2. Kapitel C. III. 6. sowie *Catenacci*, Landesbericht Italien, S. 333 und zur vorherigen Rechtslage *Heine/Catenacci*, ZStW **101** (1989) S. 163, 183.
577 Umweltstrafrecht, S. 133 bis 158.
578 Neuordnung, S. 42 bis 46.
579 *Galonska*, Amtsdelikte, S. 98; *Gürbüz*, Strafbarkeit von Amtsträgern, S. 230.
580 Siehe oben 1. Kapitel B. V. 1. Fn. 526. Zur Darstellung der Entwürfe des Bundesjustizministeriums, der SPD-Bundestagsfraktion und des Rechtsausschusses des Bundesrats *Gürbüz*, Strafbarkeit von Amtsträgern, S. 244 bis 251, der selbst wegen der Kasuistik und der daraus folgenden Strafbarkeitsbeschränkung zum SPD-Entwurf tendiert (S. 274).
581 Umweltstrafrecht, S. 134; *Gürbüz*, Strafbarkeit von Amtsträgern, S. 258 f.
582 *Geulen*, ZRP **1988** 323, 325; *Schall*, NJW **1990** 1269; ferner *Kuhlen*, WiVerw **1992** 215, 291; *Möhrenschlager*, NStZ **1994** 513, 516.
583 *Triffterer*, Umweltstrafrecht, S. 135 f. mit Beispielen.

schriften als Hindernis dar, das auch nicht durch die mögliche Teilnehmerstrafbarkeit ausgeglichen werden kann. Anstatt die allgemeinen Regeln zu den Unterlassensdelikten und zur Beihilfe auszuweiten, sei eine spezifische, auf das Umweltstrafrecht zugeschnittene Vorschrift erstrebenswert.[584] *Triffterer* schlägt deshalb einen sich an die in Österreich existierende Vorschrift anlehnenden Tatbestand (§ 329a StGB) vor. Danach soll ein Amtsträger strafbar sein, wenn er entweder widerrechtlich Genehmigungen oder andere behördliche Entscheidungen erlässt oder an ihnen verantwortlich mitwirkt und diese dazu geeignet sind, eine Umweltstraftat im Sinne des Strafgesetzbuches zu ermöglichen oder zu unterstützen, oder wenn er seine kraft Gesetz bestehenden Aufsichts- und Überwachungspflichten über umweltgefährdende Anlagen nicht oder nicht ordnungsgemäß erfüllt oder gebotene behördliche Maßnahmen nicht ergreift und dies dazu geeignet ist, eine Umweltstraftat zu ermöglichen, zu unterstützen oder ihre Beendigung zu verzögern. In § 329a Absatz 3 ist die Strafbarkeit für fahrlässiges Handeln und in Absatz 4 für besonders schwere Fälle vorgesehen.[585] Dieser als abstraktes Gefährdungsdelikt ausgestaltete Tatbestand erfasst nur die widerrechtliche Genehmigungserteilung – greift also nicht bei bloßen Formverstößen ein.[586]

Im Hinblick auf das Problem der Strafbarkeit von Amtsträgern bei Nichteinschreiten gegenüber Umweltdelikten und bei Erteilung fehlerhafter Genehmigungen (siehe oben Fallgruppen 1 und 3) sieht *Tiedemann* im Wirtschaftsstrafrecht eine Parallele. Dort statuiert § 4 UWG die Strafbarkeit des Betriebsinhabers und des Betriebsleiters wegen unrichtiger Werbeangaben der Angestellten und Beauftragten.[587] Da im Umweltstrafrecht umstritten ist, ob und wann eine strafrechtliche Garantenstellung des Amtsträgers im Sinne von § 13 StGB besteht, wäre eine solche ausdrückliche gesetzgeberische Klarstellung für diesen Bereich wünschenswert.[588] Dadurch würde zugleich für die betroffenen Amtsträger ein Mehr an Rechtssicherheit erreicht, ohne das verwaltungsrechtliche Ermessen anzutasten.[589] Ein selbständiger Straftatbestand soll nach Ansicht *Tiedemanns* nicht jeden umweltverwaltungsrechtlichen Planungsfehler und jede fehlerhafte Erteilung einer Genehmigung oder Auflage, wohl aber das Nichteinschreiten gegenüber erheblichen Umweltverschmutzungen unter Strafe stellen.[590] Durch diese Begrenzung auf schwere Umweltgefährdungen und -schäden soll

---

584 *Triffterer*, Umweltstrafrecht, S. 141 f.: Die Ausweitung allgemeiner Regeln würde unerwünschte Folgen für andere Teilbereiche des Strafrechts haben. Ferner *Immel*, Umweltuntreue, S. 218 f.

585 Für den Wortlaut der Vorschrift vgl. *Triffterer*, Umweltstrafrecht, S. 143 f.

586 Vgl. *Gürbüz*, Strafbarkeit von Amtsträgern, S. 241.

587 *Tiedemann*, Neuordnung, S. 44.

588 Vgl. nur StA Mannheim, NJW **1976** 585: Die Frage der strafrechtlichen Verantwortlichkeit der am Genehmigungsverfahren beteiligter Beamter ist in Rechtsprechung und Wissenschaft weitgehend ungeklärt; *Tiedemann*, Neuordnung, S. 45.

589 *Steindorf*, LK Vor § 324, Rn. 49.

590 Vgl. *Tiedemann*, Neuordnung, S. 46 in Fn. 78 und 79 für Beispiele.

einer befürchteten Belastung des Kooperationsverhältnisses zwischen Verwaltung und Bürgern entgegengewirkt werden.[591]

Nach dem Vorschlag von *Immel*[592] von 1987 soll zur Erzielung eines effektiven Umweltschutzes schon das pflicht- beziehungsweise treuwidrige Verhalten der Amtsträger deren Strafbarkeit im Rahmen eines Sonderdelikts begründen. Den Amtsträgern ist vom Staat die pflichtgemäße (also eine sich im Rahmen des Verwaltungsrechts und eines etwaigen Ermessens- und Beurteilungsspielraums bewegende) Verwaltung der der Allgemeinheit zustehenden Umweltgüter unter Abwägung aller kollidierenden Interessen übertragen und anvertraut worden. Das bedeutet nicht deren absoluten Schutz, sondern soll lediglich Gewähr dafür bieten, dass es nicht zu irreparablen Schäden kommt. Damit liegt der die Strafbarkeit begründende Unrechtsgehalt in eben dieser Pflichtverletzung.[593] Deshalb zieht *Immel* die Parallele zu der in § 266 StGB geregelten Untreue, die ehemals (vor 1931)[594] ebenfalls die Zuwiderhandlung gegen übernommene Verpflichtungen insbesondere durch den Vormund, Schaffner und ähnliche der Obrigkeit verpflichtete Personen bestrafte, also den Verstoß gegen Pflichten in bestimmten Stellungen sanktionierte.[595] Die spezielle Amtsträgerstrafbarkeit hat das Handeln entgegen der gesetzlichen Verpflichtung zur Umweltgüterverwaltung (die Umweltuntreue) des zuständigen Umweltbeamten zu sanktionieren:[596] Der Amtsträger sei als staatlicher Treuhänder der Umweltrechtsgüter gerade für deren Ausgewogenheit verantwortlich. Es soll weder die tatsächliche Beeinträchtigung eines Umweltrechtsguts,[597] noch eine Verknüpfung zwischen Handlungs- und Erfolgsunrecht erforderlich sein, weil dadurch wirksame Sanktionsmöglichkeiten vereitelt würden.[598] Aus dem Gebot der Einheit der Rechtsordnung folgt zwingend die verwaltungsakzessorische Ausgestaltung des Sonderdelikts. Deshalb kann sich der Amtsträger nur bei der Verletzung verwaltungsrechtlicher Pflichten strafbar machen,[599] auch wenn dies zu folgenden zwei Nachteilen führt: Erstens kommt es dadurch zu einer Effektivitätseinbuße; der Schutz der Umweltgüter ist weniger wirkungsvoll, weil deren Beeinträchtigung in gewissen (verwaltungsrechtlich festgelegten) Grenzen hinzunehmen ist. Zweitens sind die konkreten Pflichten des Amtsträgers stets besonders festzustellen und nicht allein aus der Strafnorm erkennbar.[600]

---

591 Vgl. *Steindorf*, LK Vor § 324, Rn. 49, der die Parallele zur Anzeigepflicht im Rahmen der Geldwäsche zieht; *Tiedemann*, Neuordnung, S. 43.

592 Umweltuntreue, S. 228.

593 *Immel*, Umweltuntreue, S. 228 ff.

594 Vgl. *Immel*, Umweltuntreue, S. 241.

595 *Immel*, Umweltuntreue, S. 241 f.

596 *Immel*, Umweltuntreue, S. 243.

597 *Immel*, Umweltuntreue, S. 228 und 252. **Kritisch** *Rogall*, Strafbarkeit von Amtsträgern, S. 260.

598 *Immel*, Umweltuntreue, S. 253. **Kritisch** *Galonska*, Amtsdelikte, S. 140; *Gürbüz*, Strafbarkeit von Amtsträgern, S. 272 f., da er die Strafbarkeit von Amtsträgern infolge der vorgesehenen Fahrlässigkeitsstrafbarkeit und der unscharfen Fassung des Tatbestands über Gebühr ausdehne (S. 273).

599 *Immel*, Umweltuntreue, S. 248.

600 *Immel*, Umweltuntreue, S. 249.

Subjektiv soll vorsätzliches sowie grob fahrlässiges (leichtfertiges) und nicht schon einfach fahrlässiges Handeln zur Strafbarkeit führen. Das heißt, dem Amtsträger müssten nach den gesamten Umständen erhebliche Zweifel an der Rechtmäßigkeit seines Verhaltens kommen.[601] Grund dafür ist erstens der Gedanke, dass ein unverhältnismäßig hohes Strafrisiko der Beamten in Umweltbehörden (Strafbarkeit wegen jeder Art von Fahrlässigkeit) zur Lähmung der Verwaltung führen würde, was dem angestrebten Ziel entgegen liefe. Zweitens befinden sich Umweltbeamte – infolge des für sie geltenden Sonderdelikts – ohnehin in einer Ausnahmesituation gegenüber anderen Amtsträgern, weshalb das Strafrisiko nur so weit gehen sollte, wie es zur Verbesserung des Umweltschutzes erforderlich ist.[602]

Gegen das Modell der Umweltuntreue spricht, dass der besondere Unwert des Amtsträgerverhaltens gerade darin liegt, dass es infolge seiner fehlerhaften Tätigkeit zu umweltschädigenden Erfolgen gekommen ist. Das Untreuedelikt sieht von einem solchen Erfolgserfordernis ab und verlagert so die Strafbarkeit erheblich vor.[603]

Steindorf[604] ist ebenfalls der Auffassung, dass die Meinung des Gesetzgebers, eines eigenständigen Straftatbestands für Beamte in Umweltbehörden bedürfe es nicht, damit das Verhältnis wegen der auf Kooperation angewiesenen staatlichen Stellen (Verwaltungs- und Strafverfolgungsbehörden) nicht belastet werde, nicht zwingend sei. Sowohl Ermittlungsbeamte (§ 258a StGB) als auch (private) Mitarbeiter in Kreditinstituten, Versicherungen, etc. wird zur Bekämpfung der Geldwäsche die Anzeige von Verdachtsfällen bei gleichzeitiger Strafandrohung zugemutet (§ 261 StGB und §§ 11, 12 GeldwäscheG).[605] Eine ähnliche Regelung für Umweltbeamte sei insbesondere mit Blick auf Art. 20a GG geboten. Es sei kriminalpolitisch sinnvoll, die Strafbarkeit von Amtsträgern zu regeln, weil deren Fehlverhalten weitreichende, auch irreparable, Folgen für die Umweltmedien haben und ein solcher Straftatbestand zugleich ein Umweltbewusstsein in Behörden schaffen kann. Um die Verunsicherung und Lähmung der Verwaltung zu verhindern, dürften diese Strafbarkeitsregeln nicht in Ermessens- und Beurteilungsspielräume der Verwaltung eingreifen.[606]

b. Einführung einer Anzeigepflicht

Die mangels eines Sonderstraftatbestands bestehende Strafbarkeitslücke kann nach *Tiedemann* hilfsweise durch die Einführung einer strafbewehrten Strafanzeigepflicht für Umweltbeamte in Fällen schwerer Gefährdung (also bei §§ 330, 330a StGB) gelöst werden.[607] Das Problem liegt seiner Ansicht nach zum einen in der Vorliebe der

---

601 *Immel*, Umweltuntreue, S. 257: Dies wäre zudem kongruent mit der Strafbarkeit von Amtsträgern nach § 345 StGB.

602 *Immel*, Umweltuntreue, S. 254 ff.

603 Ferner *Rogall*, Strafbarkeit von Amtsträgern, S. 260.

604 LK Vor § 324, Rn. 49.

605 Zur Anzeigepflicht bei Verdacht von Geldwäschehandlungen, § 11 GeldwäscheG vom 25.10.1993, BGBl. I, S. 1770 *v. d. Grün*, Garantenstellung, S. 180 ff., 191.

606 *Immel*, Umweltuntreue, S. 249.

607 *Tiedemann*, Neuordnung, S. 43.

Verwaltungsbehörden, mit Verwaltungszwang statt mit (langwierigen und oft ergebnislos verlaufenden) Strafverfahren gegen Umweltsünder vorzugehen. Zum anderen neige die Verwaltung auf unterer, kommunaler Ebene zu informellem Handeln und zu Arrangements mit den Tätern.[608] Die hierdurch entstehende Grauzone behördlich geduldeter Rechtsverstöße führe zu unvermeidlichen Verbotsirrtümern auf Täterseite und damit zu deren Straflosigkeit.[609] Daraus folgert *Tiedemann*, dass – ebenso wie im Steuerrecht (§ 116 AO von 1977) und im Subventionsrecht (§ 6 SubvG von 1976) – auch im Umweltstrafrecht eine über § 258a StGB strafbewehrte Anzeigepflicht sinnvoll ist.[610] Eine solche Einschränkung des Verwaltungsermessens hinsichtlich des Ob und Wie der Verfolgung und Ahndung würde auch nicht das Kooperationsverhältnis zwischen Verwaltung und Bürger beeinträchtigen.

Gegen diesen Vorschlag von *Tiedemann* wendet sich *Immel*[611] in seiner Dissertation zur Amtsträgerstrafbarkeit mit folgenden Argumenten:

Erstens würde § 258 StGB zur Strafbewehrung der Anzeigepflicht nicht greifen können, weil den Umweltschutztatbeständen die Regeln aus den besonderen Verwaltungsgesetzen vorgelagert seien, deren Verletzung in der Regel bloße Ordnungswidrigkeiten darstellten. Da § 258 StGB als Vortat eine Straftat verlangt, sind Ordnungswidrigkeiten für eine Strafbegründung nicht ausreichend.[612] Zudem sage die Qualifikation als Ordnungswidrigkeit nichts über die Umweltschädlichkeit des Verhaltens aus, so dass auch extrem umweltschädliche Verhaltensweisen als Ordnungswidrigkeit straflos bleiben könnten. Das bedeutet, dass auch die Bestrafung einer Anzeigepflicht neu zu regeln wäre, um sie effektiv und angemessener auszugestalten.[613] Zweitens würde die Anzeigepflicht zu spät – nämlich erst nach eingetretener Umweltschädigung – eingreifen und hätte somit keinen direkten Einfluss auf deren Verhinderung.[614] Eine Verbesserung könne allenfalls auf Strafverfolgungsebene eintreten, was nicht den gewünschten umweltverbessernden Erfolg bringe. Letztlich würde dieser Verbesserung die Gefahr entgegenstehen, dass unter einer solchen Mitteilungspflicht die Kooperation zwischen Verwaltungsbehörden und Anlagenbetrei-

---

608 *Tiedemann*, Neuordnung, S. 42, ebenso *Meinberg*, in: Meinberg/Möhrenschlager/Link (Hrsg.), S. 211, 221; *Teuchert*, in: Meinberg/Möhrenschlager/Link (Hrsg.), S. 147, 149.

609 Vgl. Entscheidung des BGH 4 StR 28/75 vom 13.03.1975 abgedruckt bei *Tiedemann*, Neuordnung, S. 58 ff.

610 Vgl. OLG Frankfurt, NJW 1987 2753 ff.; LG Frankfurt, NuR 1987 43; *Bock*, NJW 1992 101 f.; *Meinberg*, in: Meinberg/Möhrenschlager/Link (Hrsg.), S. 211, 214 (zu § 41 OWiG und untergesetzlichen Kooperationsvorschriften auf Länderebene); *Papier*, NJW 1988 1113, 1115; *Partsch/Scheffner*, NJW **1996** 2492 f.; *Schönke/Schröder/Stree/Heine*, § 258, Rn. 19; *Tröndle/Fischer*, § 258, Rn. 6.

611 Umweltuntreue, S. 222 ff.; *Galonska*, Amtsdelikte, S. 141; *Gürbüz*, Strafbarkeit von Amtsträgern, S. 264 ff.; *Teuchert*, in: Meinberg/Möhrenschlager/Link (Hrsg.), S. 147, 150.

612 *Immel*, Umweltuntreue, S. 224 f.

613 *Immel*, Umweltuntreue, S. 225.

614 *Gürbüz*, Strafbarkeit von Amtsträgern, S. 265; *Lotz*, in: Meinberg/Möhrenschlager/ Link (Hrsg.), S. 228, 242.

bern erheblich leiden und somit den Informationsfluss einschränken könnte, was wiederum zu Lasten des präventiven Umweltschutzes ginge.[615]

Die Behandlung dieser Fälle durch die Rechtsprechung unterstreicht die Notwendigkeit einer strafbewehrten Anzeigepflicht: Zwar hat das Amtsgericht Frankfurt[616] in der unterlassenen Strafanzeige durch die Überwachungsbehörde auch ohne eine gesetzlich statuierte Anzeigepflicht eine Strafvereitelung gemäß § 258 StGB gesehen, jedoch wurde diese Entscheidung vom Landgericht Frankfurt[617] aufgehoben. Eine strafrechtlich relevante Anzeigepflicht besteht für Amtsträger nicht: Sie folgt weder aus der Garantenstellung des Amtsträgers einer Gewässeraufsichtsbehörde noch aus anderen bloßen Verwaltungsvorschriften, die den Amtsträger innerdienstlich zur Anzeige verpflichten,[618] da sie keine für § 13 StGB hinreichende Rechtspflicht begründen.[619] Eine Anzeigepflicht folgt auch nicht aus § 41 OWiG, der Verwaltungsbehörden zur Abgabe der Sache an die Staatsanwaltschaft verpflichtet, wenn Anhaltspunkte dafür vorliegen, dass die Tat eine Straftat ist.[620] Diese Abgabepflicht besteht nur, wenn die Verwaltungsbehörde bei der Untersuchung der Tat im Bußgeldverfahren Anhaltspunkte für eine Straftat feststellt, nicht aber, wenn sie im Zusammenhang mit der Wahrnehmung ganz anderer Aufgaben auf solche Anhaltspunkte stößt.[621] Es wird also die Anhängigkeit eines Bußgeldverfahrens vorausgesetzt – eine darüber hinausgehende Anzeigepflicht wird nicht begründet.[622] Zudem wird der Behörde ein Verfolgungsermessen eingeräumt.[623] Eine Anzeigepflicht für Amtsträger ist nur durch (Bundes-) Gesetz einführbar und kann wegen Art. 103 Absatz 2 GG nicht durch eine landesrechtliche Richtlinie oder einen Erlass auf Landesebene eingeführt werden.[624]

4. Problem der Zusammenarbeit von Verwaltungsbehörden und Strafverfolgungsbehörden

a. *Problemdarstellung*

Wenn sich bei den Verwaltungsbehörden im Rahmen ihrer die Umwelt verwaltenden Tätigkeiten der Verdacht einer Umweltstraftat aufdrängen sollte (im Sinne eines Anfangsverdachts gemäß § 158 StPO), so bestehen bei der Einführung von Informati-

615 *Immel*, Umweltuntreue, S. 226 f.; *Schendel*, in: Meinberg/Möhrenschlager/Link (Hrsg.), S. 246, 257.

616 NStZ **1986** 72, 76.

617 NuR **1987** 43. Bestätigt durch OLG Frankfurt, NJW **1987** 2753, 2757. Zustimmend: *Meinberg*, NJW **1986** 2220, 2225; *Papier*, NJW **1988** 1113, 1115; *Schünemann*, wistra **1986** 235, 246; *Winkelbauer*, NStZ **1986** 149.

618 Zu diesen Verwaltungsvorschriften unten 1. Kapitel B. V. 5. a.

619 *Arzt/Weber*, BT, § 42, Rn. 57 Fn. 68.

620 Dazu *v. d. Grün*, Garantenstellung, S. 77 ff.

621 *Göhler*, OWiG, § 41, Rn. 2.

622 *Arzt/Weber*, BT, § 42, Rn. 57 Fn. 68.

623 OLG Frankfurt, NJW **1987** 2753, 275; LG Frankfurt, NuR **1987** 43; *Papier*, NJW **1988** 1113, 1115. **A.A.** wohl *Franzheim/Pfohl*, Umweltstrafrecht, Rn. 611.

624 *Papier*, NJW **1988** 1113, 1115; *Schink*, DVBl. **1986** 1073, 1081. **A.A.**: *Scheu*, NJW **1983** 1707, 1708.

ons- und Anzeigepflichten gegenüber der Staatsanwaltschaft verfassungsrechtliche Bedenken.[625]

Hier können sich schwerwiegende Probleme hinsichtlich des Grundsatzes *nemo tenetur se ipsum accusare (procedere)*, der Verfassungsrang hat, ergeben.[626] Dieser besagt, dass ein staatlicher Zwang zur Selbstbelastung schlechthin unzulässig ist.[627] Da im (umwelt-) verwaltungsrechtlichen Genehmigungsverfahren gesetzliche Mitwirkungs- und Dokumentationspflichten des Unternehmens existieren, besteht die Gefahr der Selbstbelastung – und zwar nicht nur hinsichtlich der Offenbarung von Tatsachen, die Umweltstraftaten begründen können, sondern auch bezüglich nicht-umweltstrafrechtlicher Delikte. Zur Lösung dieses Konflikts zwischen Mitwirkungspflichten des Betroffenen und dem Recht, sich nicht selbst belasten zu müssen, sind mehrere Möglichkeiten denkbar: Die Mitwirkungspflichten könnten gänzlich außer Kraft gesetzt werden, sobald ein Ermittlungsverfahren wegen einer Umweltstraftat gegen den Amtsträger eingeleitet wurde oder wenn sich der Amtsträger bei Erfüllung seiner Mitwirkungspflichten einer Straftat bezichtigen müsste. Daneben besteht die Möglichkeit, die Mitwirkungspflichten bestehen zu lassen und auf die Anwendung von Zwangsmitteln in diesem Zusammenhang zu verzichten. Schließlich ist denkbar, die Erzwingbarkeit der Mitwirkungspflichten zwar bestehen zu lassen, aber die (strafrechtliche) Unverwertbarkeit der dabei gewonnen Erkenntnisse anzuordnen. Diese Konfliktsituation besteht sowohl im Steuerstraf- als auch im jüngeren Insolvenzrecht, wo sie einer verfassungsgemäßen Lösung zugeführt wurde.

b. Parallele im Steuerstrafrecht

Die im Umweltstrafrecht drohende Konfliktsituation besteht im Steuerstrafrecht. Dort können die Beamten der Steuer- und Zollfahndung für die oft zeitlich parallel laufenden verwaltungsrechtlichen Besteuerungsverfahren und Steuerstrafverfahren zuständig sein (vgl. § 208 AO), sollen diese aber – soweit das praktisch überhaupt möglich ist – getrennt führen.

aa. Konflikt zwischen den Rechtspflichten im verwaltungsrechtlichen Besteuerungsverfahren und denjenigen im Steuerstrafverfahren

Da Besteuerungsverfahren und Strafverfahren von verschiedenen Prinzipien ausgehen, soll § 393 Absatz 1 Satz 1 AO die Befugnisse der Finanzbehörde im Besteuerungsverfahren und im Strafverfahren voneinander abgrenzen. Danach werden die Befugnisse der Finanzbehörden im Besteuerungsverfahren von der Einleitung des

---

625 Art. 10 Absatz 1 Übereinkommen und 3. Kapitel B. I. 5.

626 Dieser Grundsatz ergibt sich aus Art. 2 Absatz 1 in Verbindung mit Art. 1 GG und wird teilweise zusätzlich auf Art. 20 Absatz 3 GG und die mit dem *nemo tenetur*-Prinzip gewährleistete Sicherung eines rechtsstaatlichen Verfahrens hingewiesen. Das Verbot des Zwangs zur Selbstbelastung Art. 14 Absatz 3 g) Internationaler Pakt über staatsbürgerliche und politische Rechte vom 16.12.1966 und Art. 6 Absatz 1 EMRK.

627 BVerfGE **56** 37, 49 (– Gemeinschuldnerbeschluss –): Unzumutbar und mit der Würde des Menschen unvereinbar wäre ein Zwang, durch eigene Aussagen die Voraussetzung für eine strafrechtliche Verurteilung liefern zu müssen.

Strafverfahrens grundsätzlich nicht berührt. Die Rechte und Pflichten einer Person im Besteuerungsverfahren und im Strafverfahren sind aber völlig unterschiedlich. Während der Steuerpflichtige im Besteuerungsverfahren zur Mitwirkung durch vollständige und wahrheitsgemäße Offenlegung der für die Besteuerung erheblichen, auch verbotswidrigen, Tatsachen verpflichtet ist, vgl. §§ 90 Absatz 1, 93 Absatz 1 Satz 1, 97, 100 Absatz 1 und 200 AO und ihm selbst dann kein Auskunftsverweigerungsrecht zusteht, wenn er durch die wahrheitsgemäße Beantwortung von Fragen in die Gefahr geraten würde, wegen einer Straftat oder Ordnungswidrigkeit verfolgt zu werden, vgl. § 103 AO, besteht im Steuerstrafverfahren keine Pflicht des Beschuldigten, irgendwelche Angaben zur Sache zu machen, vgl. § 136 Absatz 1 Satz 2 StPO.
Die grundsätzlich möglichen Zwangsmittel sind aus rechtsstaatlichen Gründen unzulässig, wenn dies zur Selbstbelastung des Steuerschuldners führen würde, § 393 Absatz 1 Satz 2 AO, unabhängig davon, ob bereits ein Steuerstrafverfahren eingeleitet worden ist.[628]
Darüber besteht gegenüber dem Steuerpflichtigen eine Belehrungspflicht, § 393 Absatz 1 Satz 4 AO, wobei umstritten ist, ob die fehlende Belehrung zur Unverwertbarkeit des Erklärungsinhalts führt.[629]
Im Ergebnis ist festzuhalten, dass auf die Anwendung von Zwangsmitteln verzichtet wird und dem Beschuldigten im Besteuerungsverfahren dieselbe Aussage- und Mitwirkungsfreiheit zusteht, wie im Steuerstrafverfahren nach der StPO.[630] Denn eine gebotene, aber nicht erzwingbare Mitwirkung ist im Grunde ebenfalls freiwillig.[631]

bb. Verwendung der Erkenntnisse aus dem Besteuerungsverfahren im Steuerstrafverfahren

Geht es um Tatsachen, die den Steuerschuldner wegen einer Nicht-Steuerstraftat belasten könnten, so ist er zu deren Mitteilung nicht nur verpflichtet, sondern auch gezwungen.[632] Diese Tatsachen können aber nicht Grundlage eines Nicht-Steuerstrafverfahrens werden, weil § 393 Absatz 2 Satz 1 AO die Verwertung solcher Informationen (also die Tatsachen oder Beweismittel aus den Steuerakten)[633] grundsätzlich verbietet. Das Verwertungsverbot gilt nicht, wenn an der Verfolgung der Straftat ein zwingendes öffentliches Interesse besteht. Nach § 393 Absatz 2 Satz 2

---

628 *Senge*, in: Erbs/Kohlhaas (Hrsg.), § 393 AO, Rn. 3.

629 So die h.M.: *Joecks*, in: Franzen/Gast (Begr.), § 393, Rn. 46; *Brockmeyer*, Abgabenordnung, Rn. 6b; *Baum*, Abgabenordnung, Rn. 17. **A.A.**: *Rüping*, Steuerfahndungsergebnisse, S. 54; *Streck*, BB **1980** 1537, 1539 ff.: Verwertungsverbot.

630 *Joecks*, in: Franzen/Gast (Begr.), § 393, Rn. 5 und 15, der von nur formellen Mitwirkungspflichten spricht; *Senge*, in: Erbs/Kohlhaas (Hrsg.), § 393 AO, Rn. 10. Zum Teil wird dieses Ergebnis dadurch erzielt, dass § 398 Absatz 1 AO verfassungskonform ausgelegt wird. Vgl. *Streck*, StV **1981** 362, 364.

631 *Senge*, in: Erbs/Kohlhaas (Hrsg.), § 393 AO, Rn. 4.

632 *Joecks*, in: Franzen/Gast (Begr.), § 393 AO, Rn. 55.

633 Nach h. M. sind Steuerakten nur die Akten der Finanzbehörden über das Besteuerungsverfahren und die Akten der Finanzgerichte, nicht hingegen die Steuerstrafakten. Statt aller *Joecks*, in: Steuerstrafrecht, § 393, Rn. 54 und 59, der aber am Festhalten am Begriff der „Steuerakte" Kritik übt; *Senge*, in: Erbs/Kohlhaas (Hrsg.), § 393 AO, Rn. 8.

AO liegt ein öffentliches Interesse dann vor, wenn es um die Verfolgung von Verbrechen und vorsätzlichen schweren Vergehen (Nr. 5a), von gravierenden Wirtschaftsstraftaten (Nr. 5b – allerdings nicht solche Wirtschaftsstrafsachen nach § 82 Absatz 1 GmbHG[634]) oder die Notwendigkeit einer Offenbarung zur Richtigstellung unwahrer Tatsachen geht (Nr. 5c). Damit ist sogar die Verwertung solcher Tatsachen und Beweismittel möglich, die der Beschuldigte unter Anwendung von Zwangsmitteln offenbart hat.[635]

Eine Fernwirkung soll nach überwiegender Meinung nicht bestehen.[636] Allerdings hat das Bundesverfassungsgericht in seinem Gemeinschuldnerbeschluss[637] gesagt: „*Dieses Schweigerecht wäre illusorisch, wenn eine außerhalb des Strafverfahrens erzwungene Selbstbezichtigung gegen seinen Willen (den des Beschuldigten) strafrechtlich gegen ihn verwertet werden dürfte. Der bloße Umstand, dass dem Gemeinschuldner im Interesse seiner Gläubiger eine uneingeschränkte Auskunftspflicht zuzumuten ist, rechtfertigt es nicht, dass er zugleich zu seiner Verurteilung beitragen muss und dass die staatlichen Strafverfolgungsbehörden weitergehende Möglichkeiten erlangen als in anderen Fällen der Strafverfolgung.*“[638] Daraus folgt, dass der Beschuldigte nicht deshalb schlechter stehen soll, weil er Steuerpflichtiger ist. Deshalb sollte eine Fernwirkung zumindest insoweit angenommen werden, als die entsprechenden Beweise ohne die Angaben des Steuerpflichtigen nicht gefunden worden wären. Etwaige Abgrenzungsschwierigkeiten sollten zu Lasten des Staats gehen.[639]

c. Parallele im Insolvenzstrafrecht

Auch die Insolvenzordnung ordnet Auskunfts- und Mitwirkungspflichten des Schuldners und anderer Personen an (§ 97 InsO), die nach § 98 InsO auch erzwingbar sind.[640]

Die verfassungsrechtliche Zulässigkeit solcher Mitwirkungspflichten wird dadurch erzielt, dass für die so gewonnenen Erkenntnisse ein Verwertungsverbot im Strafprozess und im Ordnungswidrigkeitenverfahren vorgesehen wird, vgl. § 97 Absatz 1 Satz 3 InsO.[641] Diese Regelung knüpft an den Gemeinschuldnerbeschluss des Bundesverfassungsgerichts an[642] und hat den Zweck, das verfassungsrechtliche Verbot

---

634 OLG Stuttgart, wistra **1986** 191.

635 *Joecks*, in: Franzen/Gast (Begr.), § 393, Rn. 71, der die Vorschrift deshalb für verfassungsrechtlich unzulässig hält, vgl. Rn. 72 (ff.).

636 BGHSt **34** 362, 364 (für das Strafverfahren); *Meine*, wistra **1985** 186, 187 (der diese Frage aufgrund einer Güterabwägung beantworten möchte); *Senge*, in: Erbs/Kohlhaas (Hrsg.), § 393 AO, Rn. 9. **A.A.:** *Joecks*, in: Franzen/Gast (Begr.), § 393, Rn. 65; *Rüping*, Steuerfahndungsergebnisse, S. 44; *Schleifer*, wistra **1986** 250, 253, der die Fernwirkung zumindest ernsthaft in Erwägung ziehen will.

637 BVerfGE **56** 37 ff.

638 BVerfGE **56** 37, 51.

639 *Joecks*, in: Franzen/Gast (Begr.), § 393, Rn. 67 f. m.w.N.

640 Möglich ist die Anordnung der Versicherung an Eides Statt, die zwangsweise Vorführung und Inhaftnahme des Schuldners, vgl. § 98 Absatz 1 und 2 InsO.

641 Zu dieser Vorschrift *Bittmann/Rudolph*, wistra **2001** 81 ff.; *Richter*, wistra **2000** 1 ff.

642 Siehe oben 1. Kapitel B. V. 4. b. bb. (Fn. 627 und 637).

des Zwangs zur Selbstbelastung zu konkretisieren.[643] Nach dieser Vorschrift darf eine Aussage, die der Schuldner über eine strafbare Handlung oder eine Ordnungswidrigkeit gemacht hat, in einem Strafverfahren oder in einem Ordnungswidrigkeitenverfahren gegen ihn oder einen der in § 52 Absatz 1 StPO bezeichneten Angehörigen nur mit seiner Zustimmung verwendet werden. Nach dem Sinn der Vorschrift sollen auch solche Tatsachen nicht verwertet werden dürfen, zu denen die Auskunft den Weg gewiesen hat[644] und dürfen ohne Zustimmung des Schuldners nicht als Ansatz für weitere Ermittlungen dienen.[645] Geschäftsunterlagen, die der Schuldner aufgrund allgemeiner gesetzlicher Bestimmungen führt (wie zum Beispiel Handelsbücher und Bilanzen), sollen von dem Verwertungsverbot wiederum nicht erfasst werden.[646]
Das Verbot hindert allerdings nicht die Verwertung von Tatsachen, die der Strafverfolgungsbehörde bereits bekannt waren oder die der Schuldner ohne jeglichen Zwang offenbart hat.[647]

d. Ergebnis

Aus den im Steuerstraf- und Insolvenzverfahren existierenden Mitwirkungspflichten im jeweiligen verwaltungsrechtlichen Verfahren und der Lösung des Konflikts dieser Mitwirkungspflichten mit dem im Strafverfahren bestehenden Verbot des Zwangs zur Selbstbelastung mittels Verwertungsverboten folgt für das Umweltstrafrecht, dass auch hier der *nemo tenetur*-Grundsatz der Zusammenarbeit von Umweltverwaltungsbehörden und Strafverfolgungsbehörden nicht grundsätzlich entgegensteht. Dieser Informationspflicht der Verwaltungsbehörden muss zum Schutz der Rechte des mitwirkungspflichtigen Betroffenen (also des Antragstellers im Umweltverwaltungsverfahren) lediglich ein Verwertungsverbot gemäß dem Vorbild des § 393 Absatz 2 Satz 2 AO beziehungsweise des § 93 Absatz 1 Satz 3 InsO gegenüberstehen.

5. Stellungnahme

a. Zur Anzeigepflicht

Da es sich bei den Umweltdelikten weithin um so genannte Kontrolldelikte handelt, sind die Strafverfolgungsbehörden auf die Zusammenarbeit mit den Verwaltungsbehörden angewiesen. Dies liegt daran, dass die Umweltverwaltungsbehörden (infolge der Verwaltungsakzessorietät) als Genehmigungs- und Aufsichtsbehörden näher an den Informationen sind als die Strafverfolgungsbehörden.[648] Die notwendigen Informationen über strafrechtlich relevante Verstöße gegen das Umweltverwaltungsrecht sind nur über eine wirksame Umweltüberwachung zu erhalten.[649] Doch schei-

---

643 *Bittmann/Rudolph*, wistra **2001** 81.
644 Vgl. *Bittmann/Rudolph*, wistra **2001** 81, 82 und 84; *Uhlenbruck*, Insolvenzordnung, § 97, Rn. 8.
645 LG Stuttgart, ZInsO **2001** 135 f. Zum Teil ablehnend (differenzierend): *Uhlenbruck*, Insolvenzordnung, § 97, Rn. 8, der diese Wirkung bezüglich freiwilliger Auskünfte des Schuldners verneint (Rn. 9).
646 *Bittmann/Rudolph*, wistra **2001** 81.
647 Vgl. *Uhlenbruck*, Insolvenzordnung, § 97, Rn. 9.
648 *Kloepfer/Vierhaus*, Umweltstrafrecht, Rn. 46.
649 *Kloepfer/Vierhaus*, Umweltstrafrecht, Rn. 47.

nen die Umweltverwaltungsbehörden eher ein geringes Interesse an repressiven Reaktionen zu haben.[650] Nur circa 25% der Umweltstrafverfahren werden aufgrund von Hinweisen der Umweltverwaltungsbehörden eingeleitet.[651] In vergleichbaren Fällen des Informationsvorsprungs der Verwaltung gegenüber der Strafverfolgungsbehörde (wie im Steuer-, Subventions- und Gewerberecht) gibt es gesetzlich angeordnete behördliche Anzeigepflichten, die dem geltenden Strafrecht somit nicht fremd sind.[652] Neben den oben bereits genannten § 116 AO und § 6 SubvG sieht das Gewerberecht eine gesetzliche Anzeigepflicht für die Behörden vor, § 139b Absatz 7 GewO und § 41 OWiG. Im Umweltrecht selbst gibt es eine solche gesetzliche Anzeigepflicht im Atomrecht: § 19 Absatz 1 Satz 3 AtG verweist auf § 139b Absatz 7 GewO und verpflichtet so die Aufsichtsbehörde, die Strafverfolgungsbehörde von Verstößen gegen das Atomgesetz zu unterrichten.[653]

Die Einführung einer solchen gesetzlichen Anzeigepflicht der Umweltverwaltungsbehörden auch für die Umweltstraftaten, bei denen es sich um mittlere und schwere Umweltschädigungen handelt,[654] ist dringend erforderlich. Die bisher und mittlerweile in fast jedem Bundesland statuierten und unterschiedlich ausgestalteten Anzeigepflichten durch Ländererlasse[655] genügen dem Erfordernis nicht:[656] Zum einen wird von den Umweltverwaltungsbehörden trotz dieser bestehenden Anzeigepflichten fast nie Strafanzeige erstattet (in Baden-Württemberg trotz insgesamt 4435 umweltbezogenen Beanstandungen im Jahr 1994).[657] Zum anderen haben die Behörden in der Regel auch intern nicht auf bekannt gewordenes Fehlverhalten disziplinarisch reagiert.[658] Die Strafverfolgungsorgane können die Verletzung dieser Verwaltungsvorschriften nicht überprüfen, weil sie keine Gesetze sind.[659] Angesichts dieser strafbezogenen Nichtreaktion der Verwaltung trotz der bestehenden – auf dem Erlassweg eingeführten – Anzeigepflichten kann von einer ernsthaften Gefährdung der Koope-

---

650 Vgl. *Kaiser*, Kriminologie, 1996, § 75, Rn. 7; *Tiedemann*, Neuordnung, S. 42.

651 Auf privaten Hinweise gehen circa 42% der Verfahren zurück. *Kaiser*, Kriminologie, 1996, § 75, Rn. 8.

652 *Kloepfer/Vierhaus*, Umweltstrafrecht, Rn. 46.

653 Zu § 139b Absatz 7 GewO vgl. *Ambs*, in: Strafrechtliche Nebengesetze, § 139b GewO, Rn. 13 ff.

654 *Kaiser*, Kriminologie, 1996, § 75, Rn. 8.

655 Als beispielhaft gilt die Regelung des saarländischen Ministerialerlasses, der neben den §§ 330 f. StGB auch die übrigen Tatbestände des 29. Abschnitts sowie die sonstigen atom- und strahlenschutzrechtlichen Tatbestände (§§ 307 ff. und unter Umständen § 304 StGB) erfasst. Vgl. *Kloepfer/Vierhaus*, Umweltstrafrecht, Rn. 46; ausführlich zu den Ländererlassen *v.d.Grün*, Garantenstellung, S. 81 ff.

656 H.M.: *Arzt/Weber*, BT, § 41, Rn. 57 Fn. 68; *Franzheim/Pfohl*, Umweltstrafrecht, Rn. 611; *v. d. Grün*, Garantenstellung, S. 94 m.w.N und S. 136. Zu den eingeführten Verwaltungsvorschriften: *Breuer*, AöR **115** (1990) S. 448, 472; *Kloepfer/Vierhaus*, Umweltstrafrecht, Rn. 46 in Fn. 233. Zur baden-württembergischen Regelung: *Franzheim/Pfohl*, Umweltstrafrecht, Rn. 609 f.

657 Vgl. *Kaiser*, Kriminologie, 1996, § 76; *Kloepfer/Vierhaus*, Umweltstrafrecht, Rn. 47.

658 *Franzheim/Pfohl*, Umweltstrafrecht, Rn. 612 (die die Frage aufwerfen, ob es folglich zur Effektivierung der Anzeigepraxis sinnvoll wäre, die Kontrolle verwaltungsexternen Stellen zu übertragen); *Rogall*, Strafbarkeit von Amtsträgern, S. 131.

659 *Franzheim/Pfohl*, Umweltstrafrecht, Rn. 611.

ration zwischen Verwaltung und Normadressat wohl keine Rede sein.[660] Hinzu kommen noch zwei weitere erhebliche Gesichtspunkte: Nach der empirischen Erhebung von *Rogall*[661] zeigte sich bei Befragungen im Bereich der Verwaltung (wenig überraschend), dass sie die Einführung einer Anzeigepflicht grundsätzlich ablehnen. Falls eine Anzeigepflicht eingeführt werden sollte, so plädierten Verwaltung und Verbände (aus Gründen der Rechtssicherheit und Rechtsklarheit) für eine *gesetzliche* Anzeigepflicht(!).[662] Für eine gesetzliche Anzeigepflicht spricht zudem, dass sie über §§ 258, 258a StGB strafbewehrt wäre.[663] Eine solche Strafanzeigepflicht der zuständigen Umweltbehörden sollte zumindest für die Fälle des Verdachts einer schweren Gefährdung oder Schädigung der Umwelt, also in den Fällen der §§ 330, 330a StGB, vorgeschrieben und eine Einschränkung des Verwaltungsermessens hinsichtlich der Strafverfolgung in Kauf genommen werden.[664]

Daneben besteht die Gefahr, dass die Verwaltung mit den Strafverfolgungsbehörden zu wenig und mit den Normadressaten zuviel kooperiert, ja kollaboriert.[665] So kann es zu Verfilzungen zwischen Aufsichtsbehörden und Privatindustrie oder durch sachfremde Rücksichtnahmen zu strafrechtsfreien Räumen und zur Korruption kommen.[666] Insofern kann eine strafbewehrte gesetzliche Strafanzeigepflicht eine Barriere gegenüber Wucherungserscheinungen informellen Verwaltungshandelns bilden. Die wünschenswerte Entscheidungsbereitschaft der Beamten, um die bei Einführung einer Strafanzeigepflicht gefürchtet wird, schließt nicht die Freiheit zum Unrecht mit ein.[667]

Wie oben (1. Kapitel B. V. 3.) dargelegt, steht einer solchen Pflicht zur Zusammenarbeit zwischen den Behörden auch der *nemo tenetur*-Grundsatz nicht zwingend entgegen: Bei der gleichzeitigen Einführung von Verwertungsverboten, die dem Verbot des Zwangs zur Selbstbelastung im Sinne der Rechtsprechung des Bundesverfas-

---

660 *Kaiser*, Kriminologie, 1997, § 76; *Kloepfer/Vierhaus*, Umweltstrafrecht, Rn. 47; *Tiedemann*, Neuordnung, S. 43.

661 Strafbarkeit von Amtsträgern.

662 *Rogall*, Strafbarkeit von Amtsträgern, S. 133.

663 *Tiedemann*, Neuordnung, S. 46. Vgl. auch *Arzt/Weber*, BT, § 41, Rn. 57; *Franzheim/Pfohl*, Umweltstrafrecht, Rn. 611, die zu bedenken geben, dass die gesetzlich normierte Anzeigepflicht auch nur als Ordnungswidrigkeit eingestuft werden könnte, deren Überprüfung – wie bei Verstößen nach § 8 RechtsberatungsG – über die Zuweisung gemäß § 36 Absatz 2 OWiG der Staatsanwaltschaft übertragen werden könnte (Rn. 612). Dies hätte den Vorteil, dass die Amtsträger sich nicht kriminalstrafrechtlich verantworten müssten, aber infolge der Zuständigkeit der Staatsanwaltschaft die Verfolgung eines Verstoßes gegen die Anzeigepflicht gesicherter oder doch zumindest wahrscheinlicher erscheint.

664 *Kaiser*, Kriminologie, 1996, § 75, Rn. 9; *Tiedemann*, Neuordnung, S. 43. Gegen eine Beschränkung der Anzeigepflicht auf die Fälle der §§ 330 f. StGB wendet sich *Rogall*, Strafbarkeit von Amtsträgern, S. 264, da auch bei den Grunddelikten große Schäden möglich sind und sich gerade dort strafwürdiges Verhalten manifestiere.

665 *Kloepfer/Vierhaus*, Umweltstrafrecht, Rn. 48.

666 *Kloepfer/Vierhaus*, Umweltstrafrecht, Rn. 48; *Lackner/Kühl*, Vor § 324, Rn. 3; *Schönke/Schröder/Cramer/Heine*, Vorbem §§ 324 ff., Rn. 4.

667 *Kloepfer/Vierhaus*, Umweltstrafrecht, Rn. 58.

sungsgerichts Rechnung tragen, bestehen gegen Regelungen über die Zusammenarbeit von Umweltverwaltungsbehörden und Strafverfolgungsbehörden trotz des Bestehens von Mitwirkungspflichten im Umweltverwaltungsverfahren keine verfassungsrechtlichen Bedenken.
Eine Intensivierung der polizeilichen Verfolgungstätigkeit im Umweltschutzbereich scheint nur aussichtsreich, wenn die Zusammenarbeit mit den Umweltverwaltungsbehörden gelingt. Bisher besteht der Eindruck, dass diese Zusammenarbeit nicht besonders effektiv ist,[668] so dass vieles dafür spricht, neue Wege einzuschlagen und zumindest eine gesetzliche Anzeigepflicht bei Verdacht einer schweren Umweltstraftat einzuführen.[669]

b. Zum Amtsträgerdelikt

Gerade die Rechtsprechung des 2. Strafsenats des Bundesgerichtshofs zur Amtsträgerstrafbarkeit[670] dürfte zu einer starken Verunsicherung der Amtsträger in Umweltbehörden führen, weil sie deren strafrechtliche Verantwortlichkeit im Bereich der Umwelt auszuweiten sucht. Infolge der stark auf den Einzelfall zugeschnittenen Rechtsprechung lassen sich kaum allgemeingültige und für den Betroffenen verständliche Regeln einer Amtsträgerstrafbarkeit aufstellen. Die Einführung eines speziellen Straftatbestands würde zu mehr Rechtssicherheit führen und den Amtsträgern klarer zeigen, wo die Grenze ihres legalen beziehungsweise strafrechtlich relevanten Verhaltens verläuft.[671]
In der Etablierung eines solchen Sonderstraftatbestands läge auch keine Ungleichbehandlung im Sinne einer Benachteiligung von Amtsträgern in Umweltbehörden gegenüber anderen Amtsträgern, da auch Polizisten, Richter und Staatsanwälte Strafbarkeitsrisiken und Sonderstraftatbestände bestehen (§§ 229, 230, 340 StGB für Polizisten; §§ 239, 339, 344 und 258a StGB für Richter und Staatsanwälte).
Durch die Einführung eines solchen Sonderstraftatbestands für Amtsträger in Umweltbehörden könnte zwar – wie stets als Negativum angemerkt wird –[672] die Zusammenarbeit zwischen den Umweltverwaltungsbehörden und der Industrie leiden beziehungsweise eine „Lähmung" der Genehmigungen erteilenden Amtsträger eintreten. Jedoch zeigt weder die Erfahrung der letzten 20 Jahre, dass die derzeitige Praxis – der „vertrauensvollen" Zusammenarbeit zwischen Verwaltung und Industrie – der Umwelt zuträglich ist, noch fühlen sich die in Umweltverwaltungsbehörden arbeitenden Amtsträger in Sicherheit vor eventuellen strafrechtlichen Konsequenzen.[673]

---

668 *v. d. Grün*, Garantenstellung, S. 167 ff.
669 *v.d.Grün*, Garantenstellung, S. 202 ff.
670 BGHSt **38** 325 ff. (Strafbarkeit von Bürgermeistern bei Nichteinschreiten gegen eine Gewässerverunreinigung durch Dritte) und BGHSt **39** 381 ff. (Täterschaft des Amtsträgers bei umweltgefährdender Abfallbeseitigung).
671 So schon *Tiedemann*, Neuordnung, S. 46; *ders./Kindhäuser*, NStZ **1988** 337, 345; *Rogall*, Strafbarkeit von Amtsträgern, S. 125.
672 Statt vieler *Hansmann*, NVwZ **1989** 913, 917.
673 Vgl. *Rogall*, Strafbarkeit von Amtsträgern, S. 125 und 132 f.

Bei der Einführung eines Amtsträgerstraftatbestands geht es nicht primär um eine Neukriminalisierung oder um ein *„More of the same"*,[674] sondern um eine effektivere Ausgestaltung der bestehenden Regeln zum Schutz der Umwelt durch das Strafrecht.[675] Im Hinblick auf die Bedeutung des Schutzguts Umwelt und der eingetretenen Umweltschäden sowie der Wichtigkeit des rechtmäßigen Handelns des Amtsträgers (der rechtmäßigen Genehmigung) erscheint eine sie treffende besondere strafrechtliche Verantwortlichkeit nicht unangemessen.

VI. Strafbarkeit juristischer Personen[676]

Die rechtspolitisch brisante Frage nach der strafrechtlichen Verantwortlichkeit juristischer Personen gehört zu den aktuell – nicht nur in Deutschland – stark diskutierten Gebieten des Strafrechts[677] und hat in den letzten Jahren in mehreren Ländern zu einem Umdenken geführt.[678]

1. Rechtslage in Deutschland

a. Problemstellung

Große Unternehmen können aufgrund ihres wirtschaftlichen und technischen Potentials die Umwelt schwerer beeinträchtigen als der einzelne Bürger. Gerade Chemieunternehmen, die zum Teil mit sehr gefährlichen Stoffen arbeiten, stellen eine große Gefahr für die Umweltgüter dar, weil dort erfolgende Abwassereinleitungen oder

---

674 *Rüther*, KritV **1993** 227 ff.; ferner *Hefendehl*, Kollektive Rechtsgüter, S. 311.

675 *Hefendehl*, Kollektive Rechtsgüter, S. 312; *Schwinge*, Sanktionen, S. 24 f. bezüglich des Aspekts der Einführung der strafrechtlichen Verantwortlichkeit für juristische Personen als „Großumweltverschmutzer".

676 Im Folgenden werden nur korporative Personenvereinigungen, nicht nicht voll rechtsfähige Personen erfasst (wie es im Rahmen des § 30 OWiG der Fall ist), weil nur körperschaftlich organisierte Unternehmen Adressaten von Normen sein und diese auch verletzen können: *Hirsch*, ZStW **107** (1995) S. 285, 299 mit Hinweisen auf die ganz herrschende Meinung im Gesellschaftsrecht. Ähnlich *Dannecker*, GA **2001** 101, 116: nur rechtlich verselbständigte Kollektive und ihnen nahestehende rechtliche Organisationsformen (Bsp.: Konzern im Kartellrecht).

677 Für Deutschland: *Achenbach*, Coimbra-Symposium, S. 283 ff.; *Dannecker*, GA **2001** 101 ff.; *Hetzer*, Kriminalistik **1999** 570 ff.; *Hirsch*, ZStW **107** (1995) S. 305 ff.; *Krekeler*, Hanack-Festschrift, S. 639 ff.; *Otto*, Jura **1998** 409 ff.; *Schick*, ZStW **110** (1998) S. 473 ff.; *Scholz*, ZRP **2000** 435 ff.; *Tiedemann*, Spinellis-Festschrift, S. 1097 ff.; *Tiedemann*, in: Schoch/Stoll/Tiedemann (Hrsg.), S. 32; *Zieschang*, ZStW **110** (1998) S. 515 ff.; für Belgien: *Hennau-Hublet*, in: de Doelder/Tiedemann (Hrsg.), S. 129 ff.; für Finnland: *Riihijärvi*, in: de Doelder/Tiedemann (Hrsg.), S. 203 ff.; für Frankreich: *Bouloc*, in: de Doelder/Tiedemann (Hrsg.), S. 235 ff.; *Delmas-Marty*, Madrid-Symposium, S. 305 ff.; für Großbritannien: *Clarkson/Keating*, Criminal Law, S. 231 ff.; *Harding*, in: de Doelder/Tiedemann (Hrsg.), S. 369 ff.; für Italien: *Paliero*, ZStW **110** (1998) S. 427 ff.; *ders.*, in: de Doelder/Tiedemann (Hrsg.), S. 251 ff.; für die Niederlande: *de Doelder*, in: de Doelder/Tiedemann (Hrsg.), S. 289, 292 ff.; für Österreich: *Schwaighofer*, ÖJZ **1994** 226 ff.; für Portugal: *Lobo Moutinho/Salinas Monteiro*, in: de Doelder/Tiedemann (Hrsg.), S. 311 ff.; für Spanien: *Vadillo*, Madrid-Symposium, S. 297 ff.; *Zapatero*, ZStW **110** (1998) S. 438 ff.; für die USA: *Wise*, in: de Doelder/Tiedemann (Hrsg.), S. 383 ff.

678 Siehe 2. Kapitel D.

Abgasemissionen naturgemäß wesentlich schwerere Folgen für die Umwelt beinhalten als die des Bürgers, dem der Umgang mit solchen gefährlichen Stoffen nicht erlaubt ist. Trotz dieser vom Unternehmen ausgehenden großen Gefahr für die Umwelt ist die Bestrafung juristischer Personen, nicht möglich.

Das deutsche Recht kennt *de lege lata* keine kriminalstrafrechtliche Verantwortlichkeit von Unternehmen,[679] sondern sucht stets die Verantwortlichkeit einer natürlichen Person herzustellen, die aus dem Unternehmen heraus tätig wurde. Straf- beziehungsweise ordnungswidrigkeitenrechtlich verantwortlich ist nach deutschem Recht die für das Unternehmen unmittelbar handelnde natürliche Person (bei Sonderdelikten über § 14 StGB beziehungsweise § 9 OWiG)[680] sowie die für dieses Handeln verantwortliche Person in der Unternehmensleitung (§§ 25 ff., § 13 StGB oder § 130 OWiG).[681] Allerdings treten bei der strafrechtlichen Haftung der Unternehmensleitung in der Regel Probleme hinsichtlich der Erfolgsabwendungsmöglichkeit und der Vorhersehbarkeit auf. Gegen das Unternehmen selbst kann nur ordnungswidrigkeitenrechtlich über § 30 OWiG vorgegangen werden.[682]

In Kontinentaleuropa gilt (allerdings nicht mehr uneingeschränkt) der Rechtssatz, *„societas delinquere non potest"*,[683] so dass Unternehmen in vielen Staaten (kriminal-) strafrechtlich nicht verantwortlich gemacht werden (konnten).[684] Dies beruht auf dem traditionell am Menschen ausgerichteten individuellen Strafrecht, weshalb der juristischen Person jede eigene Handlungs-, Schuld-[685] und Straffähigkeit fehlt. Während die Handlungen der für das Unternehmen tätigen natürlichen Personen diesem zurechenbar sein sollen,[686] wird die mangelnde Schuldfähigkeit eher als zwingender, un-

---

679 Zur historischen Entwicklung der Verbandsstrafe *Scholz*, ZRP **2000** 435, 436; *Tiedemann*, NJW **1988** 1169, 1170 f.; zum Stand der Diskussion *Hirsch*, ZStW **107** (1995) S. 285 f.

680 Ausführlich *Achenbach*, Coimbra-Symposium, S. 283, 284 ff.; *Miller*, Umweltstrafrecht, S. 130 ff. **Krit.** zu §§ 14 StGB, 9 OWiG *Tiedemann*, NJW **1986** 1842, 1843 f.: *„eklatante und notorische Mängel"* (S. 1843).

681 *Achenbach*, Coimbra-Symposium, S. 283, 286 ff.; *Otto*, Jura **1998** 409, 410 ff.

682 *Achenbach*, Coimbra-Symposium, S. 283, 290 ff.; *Otto*, Jura **1998** 409, 415 f.

683 Anders im anglo-amerikanischen Rechtsraum (Australien, Großbritannien, Irland, USA und Zypern), in dem die strafrechtliche Verantwortlichkeit von Unternehmen (die allerdings nicht auf der sozialethischen Vorwerfbarkeit der inkriminierten Tat basiert, so *Scholz*, ZRP **2000** 435) seit langem zunächst nur für *strict liability*-Delikte (ohne Erfordernis eines Verschuldensnachweises) anerkannt war, inzwischen aber auf der *alter ego*-Theorie („Identifikationstheorie") beruht. Vgl. *Vadillo*, Madrid-Symposium, S. 297, 303.

684 In der Europäischen Gemeinschaft und in Deutschland und Italien sind gegen Verbände nur Geldbußen, in Griechenland, Österreich, Spanien und Kanada nur verwaltungsrechtliche oder zivilrechtliche Sanktionen möglich. Anders neuerdings in Belgien, Dänemark, Finnland, Frankreich und den Niederlanden, die nach und nach die Strafbarkeit juristischer Personen einführten. Vgl. 2. Kapitel.

685 BGHSt **2** 194, 200: Schuld bedeute, dass der Mensch sich aus freier, verantwortlicher sittlicher Selbstbestimmung gegen das Recht entscheiden konnte – deshalb sei der Schuldvorwurf nur gegen den Menschen möglich.

686 *Hirsch*, ZStW **107** (1995) S. 285, 289; *Otto*, Jura **1998** 409, 415; *Scholz*, ZRP **2000** 435, 438; *Tiedemann*, NJW **1988** 1169, 1172. **A.A.:** *Jescheck/Weigend*, AT, S. 204; *Maurach/Zipf*, AT I, S. 187 ff.; *Roxin*, AT I, S. 202.

überwindbarer Hinderungsgrund angesehen.[687] Da es bei der Schuldfähigkeit um die persönliche Vorwerfbarkeit der Tat geht, könne die Zurechnung der schuldhaft handelnden natürlichen Person nicht strafbarkeitsbegründend wirken. Als Ausfluss des verfassungsrechtlich verankerten Rechtsstaatsgebots hat die Schuld ebenfalls Verfassungsrang.[688] Zudem enthält der strafrechtliche Schuldvorwurf ein sozialethisches Unwerturteil und kann folglich im Sinne *kantischer* und *hegelscher* personaler Vergeltung nicht gegenüber juristischen Personen erhoben werden.[689] Infolgedessen sollen gegen juristische Personen nur nicht-kriminalstrafrechtliche Sanktionen verhängbar sein. Stattdessen werden zivilrechtliche und verwaltungsrechtliche Sanktionen, Maßregeln der Sicherung und Sanktionen eigener Art in Betracht gezogen, weil diese keine strafrechtliche Verantwortlichkeit und somit keinen sozialethischen Schuldvorwurf voraussetzen.[690] Auch das Ordnungswidrigkeitenrecht senkt gezielt das kriminalstrafrechtliche Schulderfordernis und stuft es auf eine bloße Verantwortlichkeit ab,[691] so dass es als Sanktionsinstrument gegenüber juristischen Personen in Betracht kommt (§§ 30, 130 OWiG).

Traditionell[692] wird davon ausgegangen, dass das Ordnungswidrigkeitenrecht im Gegensatz zum Kriminalstrafrecht sozialethisch wertneutral sei. Die herrschende Literatur[693] lehnt diese qualitative Unterscheidung zwischen den beiden Rechtsmaterien ab: Auch im Ordnungswidrigkeitenrecht wird gegen sozialethische Normen verstoßen, nur ist ihr sozialethischer Gehalt infolge der meist erfassten abstrakten Gefährdungen von Leib, Leben Umwelt etc. in der Regel geringer als der im Kriminalstrafrecht. Die Einordnung eines Delikts als Ordnungswidrigkeit oder Kriminalstraftat ist häufig

---

687 Neben denjenigen, die schon die Handlungsfähigkeit verneinen: *Heinitz*, NJW **1953** 1462, 1463: *„Die Strafbarkeit von [juristischen Personen] würde nicht im Einklang stehen mit Sinn und Wesenselementen einer Strafe, wie sie sich auf Grund einer jetzt gefestigten Tradition in unserem Kulturkreis herausgebildet hat.*“; *Lange*, JZ **1952** 261, 264; *Otto*, Strafbarkeit von Unternehmen, S. 15 ff.; *ders.*, Jura **1998** 409, 415 mit **kritischer** Diskussion der Lösungsmodelle von *Schünemann* und anderen (S. 415 f.). Vgl. auch *Hirsch*, ZStW **107** (1995) S. 285, 291 f. Insgesamt ablehnend *Hamm*, NJW **1998** 662 f.

688 Vgl. *Tiedemann*, Spinellis-Festschrift, S. 1097, 1101; *Hetzer*, Kriminalistik **1999** 570, 576; *Hirsch*, ZStW **107** (1995) S. 285, 292 und 314.

689 Diese Auffassung beachtet nicht die Bertelsmann-Lesering-Entscheidung des Bundesverfassungsgerichts (**20** 323, 336). Danach ist die Zurechnung des Verschuldens natürlicher Personen an juristische Personen verfassungsrechtlich legitim: Wenn eine juristische Person für schuldhaftes Handeln im strafrechtlichen Sinn in Anspruch genommen werden soll, so könne nur die Schuld der für sie verantwortlich handelnden Person maßgebend sein. Ferner *Hirsch*, ZStW **107** (1995) S. 285, 294. Auch in Frankreich hat der Conseil Constitutionel 1982 festgestellt, dass es kein Verfassungsprinzip gibt, das die Geldstrafe gegen juristische Personen verbiete. Dieses Prinzip gilt ebensowenig im Europarecht: *Delmas-Marty*, Madrid-Symposium, S. 305. Vgl. auch die Empfehlung des Europarats (Nr. R [88] 18), eine Unternehmensstrafbarkeit einzuführen.

690 *Tiedemann*, in: Schoch/Stoll/Tiedemann (Hrsg.), S. 32. Vgl. auch *Hirsch*, ZStW **107** (1995) S. 285.

691 *Tiedemann*, NJW **1988** 1169, 1172.

692 *Lange*, JZ **1956** 73, 79.

693 *Baumann/Weber/Mitsch*, AT, S. 40; *Hirsch*, ZStW **107** (1995) S. 285, 290 und 303; *Jakobs*, AT, 3/8 ff.; *Jescheck/Weigend*, AT, S. 52 f.; *Maurach/Zipf*, AT I, § 1, Rn. 35; *Schmidhäuser*, AT, S. 258; *Tiedemann*, Kartellrechtsverstöße, S. 101 f.; *ders.*, Wirtschaftsstrafrecht, S. 127 ff. Vgl. auch *Hetzer*, Kriminalistik **1999** 570, 576.

eher zufällig und historisch bedingt, denn auf Gründen des sozialethischen Unwertgehalts der Tat beruhend.[694] Es wird daher von einem quantitativen Unterschied des Unrechtsgehalts beider Materien ausgegangen.[695]

Aufgrund der sozialen Wirklichkeit, die zeigt, dass vor allem im Bereich des Wirtschafts- und Umweltstrafrechts die Mehrzahl der Straftaten durch (international) agierende Unternehmen begangen werden und zu ganz erheblichen Schäden führen,[696] wird *de lege ferenda* zunehmend die strafrechtliche Verantwortlichkeit von juristischen Personen gefordert.[697] Es besteht das kriminalpolitische Bedürfnis, Unternehmen strafrechtlich – über die §§ 30, 130 OWiG hinaus – zur Verantwortung ziehen zu können.[698]

b. Ordnungswidrigkeitenrechtliche Sanktionsmöglichkeiten nach geltender Rechtslage[699]

Zwar gibt es bereits ein Geflecht aus strafrechtlichen und ordnungswidrigkeitenrechtlichen Regelungen, das die Verhängung sanktionierender Rechtsfolgen gegen überpersonale Einheiten ermöglicht (Auflösung, Tätigkeitsbeschränkungen, Rücknahme und Widerruf von Genehmigungen, Erlaubnissen und Konzessionen),[700] doch knüpfen diese Vorschriften alle (mit der Ausnahme der in § 30 Absatz 4 OWiG

---

694 *Tiedemann*, Wirtschaftsstrafrecht, S. 119 ff., insb. Fn. 121.

695 *Otto* (Jura **1998** 409, 417) ist – unter Aufgabe des Einheitsdogmas des Ordnungswidrigkeitenrechts – der Auffassung, dass sich dieses unterteilen lässt: In einen Teil, der sich vom Strafrecht nur quantitativ und in einen Teil, der sich qualitativ abhebt.

696 Vgl. *Dannecker*, GA **2001** 101, 102; *Hirsch*, ZStW **107** (1995) S. 285, 287; *N. N.*, DRiZ **1999**, 52 (mit Hinweis auf eine empirische Untersuchung des Max-Planck-Instituts für ausländisches und internationales Strafrecht in Freiburg); *Otto*, Jura **1998** 409; *Ransiek*, Unternehmensstrafrecht, S. 127; *Schünemann*, Madrid-Symposium, S. 265, 266 und 269; *Többens*, NStZ **1999** 1.

697 *Achenbach*, Coimbra-Symposium, S. 283, 291; *Dannecker*, GA **2001** 101, 129; *Eidam*, Unternehmen und Strafe; *Heine*, Strafrechtliche Verantwortlichkeit; *ders.*, JZ **1995** 651, 653 ff.; *Hetzer*, Kriminalistik **1999** 570, 577; *ders.*, wistra **1999** 361, 367; *Hirsch*, Straffähigkeit von Personenverbänden, *ders.*, ZStW **107** (1995) S. 285 ff.; *Scholz*, ZRP **2000** 435 ff.; *Schünemann*, Madrid-Symposium, S. 265 ff.; *Tiedemann*, in: Schoch/Stoll/Tiedemann (Hrsg.), S. 53; *ders.*, NJW **1988** 1169; *Volk*, JZ **1993** 429 ff. (ablehnend). Vgl. auch *Hetzer*, Kriminalistik **1999** 570, 575 f. und *Wegner*, ZRP **1999** 186 ff. mit Nachweisen über die aktuellen deutschen Reformbestrebungen (S. 187 f.). So auch *Otto*, Jura **1998** 409. **A.A.**: *Krekeler*, Hanack-Festschrift, S. 639 ff.; *Otto*, Strafbarkeit von Unternehmen, S. 14, der zwar ein Bedürfnis nach Haftung von Unternehmen und Verbänden, insbesondere im Bereich des Umweltstrafrechts, bejaht, aber das rechtsdogmatische Problem des Schuldprinzips als Hindernis für Geldbußen gegenüber juristischen Personen (§ 30 OWiG) sieht. Deswegen plädiert er für die Einführung von Geldbußen als wirtschaftsaufsichtsrechtliche Maßnahme, so wie sie im Sinne des EG-Rechts verstanden werden. Zur ausländischen Rechtslage, wo diese Forderung vielfach zur Einführung der Strafbarkeit juristischer Personen geführt hat; siehe unten 2. Kapitel.

698 *Dannecker*, GA **2001** 101, 102 ff.; *Hetzer*, Kriminalistik **1999** 570, 577; *Hirsch*, ZStW **107** (1995) S. 285, 305; *Tiedemann*, in Schoch/Stoll/Tiedemann (Hrsg.), S. 53. **A.A.**: *Krekeler*, Hanack-Festschrift, S. 639, 663; *Otto*, Jura **1998** 409, 417 f.; *ders.*, Strafbarkeit von Unternehmen, S. 28.

699 Vgl. *Krekeler*, Hanack-Festschrift, S. 639, 644 ff.

700 §§ 73 Absatz 3, 75 StGB, §§ 29, 29a 30 OWiG, § 10 Absatz 2 WiStG; verwaltungsrechtliche Vorschriften zur Auflösung: §§ 396 AktG, § 62 GmbHG, §§ 17 Absätze 1, 3 VereinsG, §§ 39 Absatz 2, 13 Nr. 1 BVerfGG und zur Tätigkeitsbeschränkung: §§ 35, 51 GewO, § 16 Absatz 3 HandwerksO, §§ 20, 25 BImSchG. Vgl. *Hetzer*, wistra **1999** 361, 367; *Hirsch*, ZStW **107** (1995) S. 285, 301 f.

vorgesehenen isolierten Verbandsstrafe) an ein nachweisbares individuelles Fehlverhalten einer natürlichen Person an.

aa. Verbandsgeldbuße, § 30 OWiG

Allein die nach § 30 OWiG mögliche Verhängung einer Verbandsgeldbuße stellt eine echte, ahndende Hauptfolge gegen das Unternehmen dar.[701] Sie ist echte Sanktion und nicht bloße Kondiktion des aus der Tat erlangten wirtschaftlichen Vorteils.[702] Der kriminalpolitische Zweck dieser Regelung ist die Vermeidung einer Besserstellung von juristischen Personen gegenüber natürlichen Personen.[703] Das Unternehmen im Sinne von § 30 OWiG[704] ist verantwortlich, wenn eine natürliche Person (die zu dem in § 30 Absatz 1 Nr. 1 bis 4 OWiG genannten Täterkreis gehört)[705] eine voll zurechenbare Straftat oder Ordnungswidrigkeit (als Anknüpfungstat) begangen hat.[706] Durch diese Tat müssen entweder die juristische Person beziehungsweise die Personenvereinigung[707] treffende Pflichten verletzt worden oder deren Bereicherung zumindest beabsichtigt gewesen sein.[708] Exzesstaten, also unerlaubten Handlungen, die sich gegen das Unternehmen beziehungsweise den Verband richten, können – mangels kollektiven Sinnbezugs – keine Verbandshaftung begründen.[709] § 30 OWiG stellt somit eine ausdrückliche gesetzliche Zurechnungsnorm dar,[710] nach der fremdes Handeln der juristischen Person als eigenes Handeln zugerechnet werden kann.[711] Als Grundlage dient die gesellschaftsrechtliche Organtheorie, die den Verband selbst als primären Träger von Rechten und Pflichten betrachtet, deren Erfüllung und Wahrnehmung dessen Organen und Vertretern obliegt, so dass es um eine organschaftliche Verbandstäterschaft geht.[712] Der soziale Schuldvorwurf (anstelle der als persönli-

---

701 Zur Entstehungsgeschichte *Rogall*, KK-OWiG, § 30, Rn. 22 ff.

702 *Achenbach*, Coimbra-Symposium, S. 283, 291; *Hirsch*, ZStW **107** (1995) S. 285 („*gegenwärtig die bedeutsamste Sanktion gegen juristische Personen*“, S. 303); ferner *Rogall*, KK-OWiG, § 30, Rn. 14; *Scholz*, ZRP **2000** 435, 437; *Tiedemann*, NJW **1988** 1169, 1171.

703 Vgl. *Rogall*, KK-OWiG, § 30, Rn. 17 unter Verweis auf BT-Drs. V/1269.

704 Zu den sanktionsfähigen Verbänden *Rogall*, KK-OWiG, § 30, Rn. 30 ff.

705 Zum Täterkreis *Rogall*, KK-OWiG, § 30, Rn. 51 ff.

706 Zur Kritik an der Beschränkung des Täterkreises *Hirsch*, ZStW **107** (1995) S. 285, 309 f.

707 *Göhler*, OWiG, § 30, Rn. 2 und § 130, Rn. 23 f.: Juristische Personen sind die Aktiengemeinschaft, die Gesellschaft mit beschränkter Haftung, die Genossenschaft, der eingetragene Verein, die Stiftung und juristische Personen des öffentlichen Rechts beziehungsweise öffentliche Unternehmen; nicht die Gesellschaft des bürgerlichen Rechts nach §§ 705 ff. BGB. Personenvereinigungen sind Personenhandelsgesellschaften wie die offene Handelsgesellschaft, die Europäische Wirtschafts- und Interessensvereinigung und die Kommanditgesellschaft sowie nichtrechtsfähige Vereine wie Gewerkschaften und große Sportvereine.

708 *Franzheim/Pfohl*, Umweltstrafrecht, Rn. 661; *Krekeler*, Hanack-Festschrift, S. 639, 645; *Michalke*, Umweltstrafsachen, Rn. 467. Zur Anknüpfungstat beziehungsweise zu den Pflichtverletzungen und der beabsichtigten Bereicherung *Rogall*, KK-OWiG, § 30, Rn. 71 ff.

709 *Rogall*, KK-OWiG, § 30, Rn. 95.

710 **Kritisch** *Rogall*, KK-OWiG, § 30, Rn. 2.

711 *Rogall*, KK-OWiG, § 30, Rn. 8; *Tiedemann*, NJW **1988** 1169, 1172.

712 Vgl. *Rogall*, KK-OWiG, § 30, Rn. 8 unter Hinweis auf *v. Gierke*, Das deutsche Genossenschaftsrecht.

che sittliche Fehlleistung verstandenen menschlichen Schuld), der dem Unternehmen gemacht werden kann, knüpft an Organisationsfehler und Organisationsverschulden im Sinne des § 130 Absatz 1 OWiG an.[713] Danach werden Individualtaten als Verbandsdelikte angesehen, wenn der Verband Vorsorgemaßnahmen, die zur Vermeidung von Ordnungswidrigkeiten und Straftaten erforderlich waren, unterlassen hat.[714] Der juristischen Person wird das Verschulden der natürlichen Person zugerechnet.[715] Nach § 30 OWiG ist sowohl die Verhängung der kumulativen Verbandsgeldbuße,[716] wenn gegen den Täter (als natürliche Person) und gegen das Unternehmen vorgegangen wird (verbundenes Verfahren) als auch die isolierte Verbandsgeldbuße allein gegen das Unternehmen möglich, § 30 Absatz 4 OWiG (selbständiges Verfahren).[717] Dann ist auch die Feststellung des konkreten Täters, der die Anknüpfungstat verwirklichte, entbehrlich;[718] notwendig ist allein die Gewissheit, dass ein im Sinne des § 30 Absatz 1 OWiG tauglicher Täter tatbestandsmäßig, rechtswidrig und vorwerfbar (nicht schuldhaft!) handelte.[719] Die isolierte Verbandsgeldbuße erlangt praktische Bedeutung, wenn zwar ein Ermittlungsverfahren eingeleitet wurde, aber die Verdachtsmomente nicht ausreichen, um eine bestimmte Person verantwortlich zu machen.[720] Als Rechtsfolge[721] ist bei vorsätzlichem Handeln eine Geldbuße von bis zu 500 000 Euro, bei fahrlässigem Handeln von bis zu 250 000 Euro möglich. Bei Verhängung der Verbandsgeldbuße gegen einen Einzelunternehmer wird die Geldbuße unter Berücksichtigung des wirtschaftlichen Werts seines Unternehmens und der für dieses Unternehmen beabsichtigten Vorteile festgesetzt, so dass die Geldbuße im angemessenen Verhältnis zur Tragweite der Tat steht. Der Verband soll die Nachteile, die als Folge der begangenen Zuwiderhandlung eintreten können, tragen müssen und nicht nur Nutznießer der Vorteile sein, die die Normwidrigkeit ihm zufließen lässt.[722] Über § 30 Absatz 3 in Verbindung mit § 17 Absatz 4 OWiG kann das Höchstmaß der Geldbuße überschritten werden, um die Vorteile abzuschöpfen, die dem Verband durch die von seinen Organen etc. begangenen Straftaten oder Ord-

713 *Franzheim/Pfohl*, Umweltstrafrecht, Rn. 661; *Hirsch*, ZStW **107** (1995) S. 285, 310 f.; *Michalke*, Umweltstrafsachen, Rn. 467; *Többens*, NStZ **1999** 1, 6. **Kritisch** *Rogall*, KK-OWiG, § 30, Rn. 6: Die Lehre vom Organverschulden sei im übrigen auch nicht mit dem geltenden Recht zu vereinbaren.

714 *Tiedemann*, NJW **1988** 1169, 1172: Grundlage des gegen das Unternehmen gerichteten Vorwurfs sei dieselbe wie bei § 323a StGB, nämlich der des vorangegangenen verschuldeten Unterlassens, durch das es erst zur Straftat beziehungsweise zur Ordnungswidrigkeit kommen konnte.

715 *Tiedemann*, NJW **1988** 1169, 1173.

716 *Rogall*, KK-OWiG, § 30, Rn. 100.

717 Vgl. *Rogall*, KK-OWiG, § 30, Rn. 101 und 141 ff.

718 *Rogall*, KK-OWiG, § 30, Rn. 165.

719 BGH NStZ **1994** 346; *Franzheim/Pfohl*, Umweltstrafrecht, Rn. 663. **A.A.:** *Rogall*, KK-OWiG, § 30, Rn. 165: rechtswidriges und schuldhaftes oder vorwerfbares Handeln.

720 *Michalke*, Umweltstrafsachen, Rn. 469.

721 Zur Bemessung der Geldbuße *Rogall*, KK-OWiG, § 30, Rn. 113 ff.

722 Vgl. *Rogall*, KK-OWiG, § 30, Rn. 17.

nungswidrigkeiten zugeflossen sind.[723] Damit ist die gleichzeitige Anordnung des Verfalls überflüssig, vgl. § 29a Absatz 2 OWiG in Verbindung mit §§ 73 ff. StGB.[724]
Das Hauptproblem des § 30 OWiG besteht darin, dass er bei organisierter Nichtverantwortlichkeit nicht anwendbar ist.[725]
Die Verbandsgeldbuße nach § 30 OWiG vermag eine strafrechtliche Verantwortlichkeit nicht aufzuwiegen, da vom Verwaltungs- und Ordnungswidrigkeitenrecht nicht dasselbe Unwerturteil wie von einer strafrechtlichen Missbilligung ausgeht.[726] Vielmehr werden die Taten als „Kavaliersdelikte" angesehen und entbehren der von Tatbeständen des Strafgesetzbuches ausgehenden generalpräventiven Wirkung. Dies beruht auch auf der mangelnden Öffentlichkeit des Verfahrens und des dort herrschenden Opportunitätsgrundsatzes, der einen Verhandlungsspielraum eröffnet.[727]

bb. Aufsichtspflichtverletzung, § 130 OWiG

Daneben ermöglicht § 130 OWiG die Verhängung von Geldbußen wegen der Verletzung von Aufsichtspflichten in Betrieben und Unternehmen[728] (auch öffentlichen Unternehmen, vgl. § 130 Absatz 2 OWiG, im Gegensatz zu § 30 OWiG). Diese Vorschrift soll sicherstellen, dass der Betriebsinhaber Vorkehrungen gegen die Begehung betriebsbezogener Zuwiderhandlungen trifft.[729] § 130 OWiG bezweckt die Schließung von Zurechnungslücken, die infolge der (erwünschten) Aufteilung der Verantwortung auf verschiedene Personen innerhalb des Unternehmens entstanden sind. Der Betriebsinhaber[730] soll nicht deshalb aus seiner Verantwortung gelassen werden, weil er andere für sich tätig werden lässt,[731] vielmehr hat er dann eine ausreichende Überwachung sicherzustellen.[732] Die wichtigste Konsequenz des § 130 OWiG ist die Möglichkeit, auf das Unternehmen durchzugreifen, da ein Verstoß gegen die Aufsichtspflicht eine betriebsbezogene Ordnungswidrigkeit im Sinne des § 30 OWiG ist.[733] Diese Aufsichtspflicht muss der Inhaber vorsätzlich oder fahrlässig verletzt haben.[734] Ein *bestimmter* Täter muss nicht festgestellt werden, da der innerbetriebliche

---

723 *Rogall*, KK-OWiG, § 30, Rn. 18.
724 *Rogall*, KK-OWiG, § 30, Rn. 18.
725 *Busch*, Unternehmen, S. 289; *Miller*, Umweltstrafrecht, S. 156.
726 Vgl. BVerfGE **95** 220, 242: „*Gegen eine juristische Person kann lediglich gemäß § 30 OWiG eine Geldbuße festgesetzt werden, die aber weder einen Schuldvorwurf noch eine ethische Missbilligung enthält.*"
727 *Tiedemann*, in: Schoch/Stoll/Tiedemann (Hrsg.), S. 42.
728 Zur Entstehungsgeschichte *Rogall*, KK-OWiG, § 130, Rn. 7 ff.
729 *Franzheim/Pfohl*, Umweltstrafrecht, Rn. 525 und 528; *Michalke*, Umweltstrafsachen, Rn. 454; *Otto*, Jura **1998** 409, 413; *Rogall*, KK-OWiG, § 130, Rn. 1.
730 Zum Normadressatenkreis *Rogall*, KK-OWiG, § 130, Rn. 20 ff.
731 Vgl. *Rogall*, KK-OWiG, § 130, Rn. 3 f.
732 *Franzheim/Pfohl*, Umweltstrafrecht, Rn. 529; *Michalke*, Umweltstrafrecht, Rn. 202 m.w.N. in Fn. 453.
733 Vgl. *Rogall*, KK-OWiG, § 130, Rn. 6.
734 Der Betriebsinhaber haftet auch dann für fahrlässige Aufsichtspflichtverletzung, wenn der Mitarbeiter selbst nur für vorsätzliches Handeln verantwortlich gemacht werden kann. **Krit.** *Schünemann*, Unternehmenskriminalität, S. 117 f. Ferner *Michalke*, Umweltstrafsachen, Rn. 455.

Organisationsmangel gerade darin bestehen kann, dass nicht feststellbar ist, wer für die Pflichterfüllung verantwortlich war.[735]
Die Rechtsprechung gründet die Verantwortlichkeit von Leitungspersonen für das Handeln ihrer Untergebenen meist auf das echte Unterlassungsdelikt des § 130 O-WiG, weil dieser allein auf die zur Vermeidung der Strafbarkeit erforderliche aber unterlassene Aufsichtsmaßnahme abstellt: Die konkrete Zuwiderhandlung hätte durch gehörige Aufsicht verhindert oder wesentlich erschwert werden müssen, ohne dass sich der Vorsatz des Aufsichtspflichtigen hierauf beziehen muss. Diese Zuwiderhandlung der Mitarbeiter ist bloße objektive Strafbarkeitsbedingung,[736] so dass die im Rahmen der Unterlassensstrafbarkeit nach § 13 StGB auftauchenden Nachweisprobleme bezüglich der Kenntnis nicht existieren.[737] Handelt es sich bei der Tat der Mitarbeiter um eine Ordnungswidrigkeit, so übernimmt § 130 OWiG das Höchstmaß der möglichen Geldbuße, das auch für die Anknüpfungstat gilt, § 130 Absatz 3 Satz 2 OWiG; hat der Mitarbeiter die Straftat vorsätzlich begangen, so beträgt das Höchstmaß der Geldbuße 500 000 Euro, § 130 Absatz 3 Satz 1 OWiG.
Zwar wurden durch die Reform Beweisprobleme des § 130 OWiG verringert, doch bleibt der Nachteil, dass ein solcher Verstoß nur zu einer Ordnungswidrigkeit des Aufsichtspflichtigen und nicht zu einer Straftat führt und so eine präventive Wirkung weitgehend fehlt.[738]

c. Strafrechtliche Eigentumssanktionen

Als strafrechtliche, das Eigentum betreffende Sanktionen sind nur die Maßregeln der Besserung und Sicherung gegenüber juristischen Personen anwendbar.

aa. Verfall, §§ 73 ff. StGB

Die Anordnung des Verfalls nach §§ 73 ff. StGB ist gegenüber juristischen Personen möglich, da die Tat bloß rechtswidrig und nicht schuldhaft begangen worden sein muss.[739] Sie dient der Abschöpfung eines unrechtmäßig erlangten Vermögenszuwachses, dem kein Ausgleichsanspruch des Verletzten gegenüber steht. Nach § 73 Absatz 3 StGB genügt, dass ein anderer (auch eine juristische Person) bereichert wird.[740]
Da die Präventionswirkung der Verfallsregelung in mehrfacher Hinsicht beschränkt ist, kommt ihr zur Bekämpfung der Umweltkriminalität keine große Bedeutung zu. Die Präventionswirkung läuft leer, wenn eine Rechtsgutverletzung ohne Bereicherung vorliegt, wenn es sich um mittelbare Tatvorteile handelt und wenn die Sankti-

---

735 *Michalke*, Umweltstrafsachen, Rn. 457; *Rogall*, KK-OWiG, § 130, Rn. 94 m.w.N.
736 *Achenbach*, Coimbra-Symposium, S. 283 289, *Michalke*, Umweltstrafsachen, Rn. 456 und 462; *Rogall*, KK-OWiG, § 130, Rn. 18 m.w.N. sowie Rn. 36 und 73.
737 *Achenbach*, Coimbra-Symposium, S. 283, 287. Die herrschende Meinung geht bei § 130 OWiG von einem Auffangtatbestand aus. Vgl. *Franzheim/Pfohl*, Umweltstrafrecht, Rn. 525; *Rogall*, KK-OWiG, § 130, Rn. 108.
738 *Miller*, Umweltstrafrecht, S. 141 ff. m.w.N.
739 *Franzheim/Pfohl*, Umweltstrafrecht, Rn. 622; *Lackner/Kühl*, § 73, Rn. 1.
740 *Lackner/Kühl*, § 73, Rn. 9.

onsrate wesentlich unter 100% liegt, da der Verfall auf die Wiederherstellung des *status quo* begrenzt ist. Wegen der hohen Dunkelziffer bei Wirtschafts- und Umweltdelikten dürfte die Präventionswirkung besonders gering sein. Das ist für das Umweltstrafrecht umso gravierender, als der Präventionswirkung angesichts der oft irreversiblen Umweltverschmutzung besondere Bedeutung zukommt.

bb. Einziehung, § 330c und §§ 74 ff. StGB

Die nach § 330c Satz 1 StGB mögliche Anordnung der Einziehung ist gegenüber juristischen Personen möglich, soweit Gegenstände durch eine Umweltstraftat nach §§ 326 Absatz 1 und 3, 327 Absatz 1 und 328 Absatz 1 und 3 StGB hervorgebracht oder zu ihrer Vorbereitung oder Begehung gebraucht wurden. Im Übrigen findet § 74 StGB Anwendung.[741] Seit 1994 ist auch die Einziehung täterfremder Gegenstände wie gefährlicher Abfälle, Kernbrennstoffe, der Anlage selbst und von Tatprodukten möglich. Allerdings wird durch die Einziehung hochgiftiger Abfälle dem Täter die Pflicht abgenommen, diese umweltschädlichen Stoffe zu entsorgen, so dass die präventive Wirkung dieser Maßnahme eher gering sein dürfte.[742]

Damit sind die gemäß den §§ 73 ff., §§ 74 ff. und 330c StGB möglichen Maßregeln der Sicherung,[743] denen jegliche generalpräventive Wirkung fehlt, kein adäquater Ersatz für eine strafrechtliche Regelung.[744] Sie ermöglichen lediglich die Abschöpfung des durch die widerrechtliche Handlung Erlangten, aber nicht ein darüber hinausgehendes Mehrfaches des Gewinns. Für Unternehmen besteht bloß das Risiko der Wiederherstellung des vorherigen Zustands, aber keiner Sanktion im Sinne einer Verschlechterung der Ausgangsposition.

Schließlich ist die zivilrechtliche Haftung[745] (im Gegensatz zur strafrechtlichen Verantwortlichkeit) als schwächste Form der Sanktion kein geeignetes Mittel, um professionelle Kriminalität zu bekämpfen.[746] Insbesondere mangelt es ihr an jeglichem Unwerturteil und -vorwurf und dem damit verbundenen negativen Stigma in der Öffentlichkeit; sie wirken also noch weniger generalpräventiv als ordnungswidrigkeitenrechtliche Sanktionen.

d. Zwischenergebnis

Sowohl die möglichen ordnungswidrigkeitenrechtlichen Sanktionen als auch die möglichen Strafsanktionen gegen umweltbeeinträchtigende juristische Personen sind mangels ihrer für das Umweltstrafrecht wichtigen präventiven Wirkung wenig effektiv.

---

741 *Franzheim/Pfohl*, Umweltstrafrecht, Rn. 655; *Lackner/Kühl*, § 330c, Rn. 1; *Tröndle/Fischer*, § 330c, Rn. 1.

742 *Schwinge*, Sanktionen, S. 64.

743 Vgl. unten 1. Kapitel B. VII. 1. c.; *Krekeler*, Hanack-Festschrift, S. 639, 644.

744 *Hirsch*, ZStW **107** (1995) S. 285, 287 und 306; *Tiedemann*, in: Schoch/Stoll/Tiedemann (Hrsg.), S. 37. **A.A.:** *Achenbach*, Coimbra-Symposium, S. 283, 300.

745 Ausführlich *Eidam*, Unternehmen und Strafe, S. 133 ff.

746 *Tiedemann*, in: Schoch/Stoll/Tiedemann (Hrsg.), S. 36. Vgl. auch *Hirsch*, ZStW **107** (1995) S. 285, 300 f.

2. Erforderlichkeit der Strafbarkeit juristischer Personen

Diese *de lege lata* strafrechtliche Unverantwortlichkeit der juristischen Person könnte von internationalen Unternehmen als Standortfaktor ausgenutzt werden, indem sie in Deutschland Handlungen vornehmen, die sie in anderen Ländern wegen der dortigen Strafdrohung unterlassen würden.[747]

Die strafrechtliche Verantwortlichkeit der für das Unternehmen handelnden natürlichen Person vermag das durch das Unternehmen verwirklichte Unrecht ebenfalls nicht auszugleichen. Zum einen ist die strafrechtliche Ahndung der natürlichen Person[748] dadurch erschwert, dass die in (Groß-) Unternehmen arbeitsteilig organisierte Struktur zur Verwischung strafrechtlicher Individualverantwortung und so zu erheblichen Nachweisschwierigkeiten einzelner Wirtschaftsstraftaten führt („organisierte Unverantwortlichkeit“).[749] Zwar trifft den Unternehmensinhaber nach herrschender Meinung[750] eine Garantenstellung zur Verhinderung deliktischen Verhaltens seiner Untergebenen, jedoch scheidet eine Unterlassensstrafbarkeit nach § 13 StGB in der Regel mangels Nachweises der Kenntnis beziehungsweise Erkennbarkeit der konkreten Tat des Mitarbeiters aus.[751] Zum anderen zeigt die Kriminalsoziologie, dass in einer Gruppe leicht ein Klima entstehen kann, das die Begehung von Straftaten zugunsten des Verbands begünstigt und erleichtert. Das gilt sogar für Delikte, die der einzelne außerhalb der Unternehmensstruktur nie begangen hätte.[752] Hinzu kommt, dass bei einer gegenüber der natürlichen Person verhängten Strafe, nur deren persönlichen wirtschaftlichen Verhältnisse, nicht aber die der juristischen Person berücksichtigt werden können und somit geringer ausfällt.[753] Die so mögliche Strafe oder Geldbuße steht oft in keinem angemessenen Verhältnis zur Schwere und Tragweite der Tat und ist weder geeignet, die der juristischen Person zugeflossenen Gewinne abzuschöpfen, noch die Erzielung solcher Gewinne effektiv zu bekämpfen.[754] Ganz im Gegenteil kann so ein Mitarbeiter zum Wohl des Unternehmens „geopfert“ werden.[755] Außerdem werden diese „Kosten“ (die Strafe oder Geldbuße) von Unternehmen oftmals von Anfang an einkalkuliert und können der verurteilten natürlichen Person erstattet werden.[756] Die Zahlung der Geldstrafe/-buße durch das Unterneh-

[747] Vgl. *Dannecker*, GA **2001** 101, 106.
[748] *Otto*, Jura **1998** 409, 410 ff.
[749] *Achenbach*, Coimbra-Symposium, S. 283; *Hirsch*, ZStW **107** (1995) S. 285, 287; *N. N.*, DRiZ **1999** 52; *Otto*, Jura **1998** 409; *Tiedemann*, in: Schoch/Stoll/Tiedemann (Hrsg.), S. 36.
[750] Vgl. nur *Kloepfer/Vierhaus*, Umweltstrafrecht, Rn. 64 m.w.N.
[751] Zu § 130 OWiG oben 1. Kapitel B. VI. 1. b. bb.
[752] *Tiedemann*, in: Schoch/Stoll/Tiedemann (Hrsg.), S. 36.
[753] *Hirsch*, ZStW **107** (1995) S. 285, 287.
[754] Vgl. *Eidam*, Straftäter Unternehmen, S. 69; *Miller*, Umweltstrafrecht, S. 161 f.
[755] Vgl. *Tiedemann*, in: Schoch/Stoll/Tiedemann (Hrsg.), S. 36.
[756] Vgl. *Hirsch*, ZStW **107** (1995) S. 285, 287, *N. N.*, DRiZ **1999** 52 und Begründung zu BR-Drs. 690/98, Anlage, S. 3 (zur BR-Drs. 690/98 siehe unten 1. Kapitel B. VI. 5.).

men ist laut BGH-Rechtsprechung rechtlich zulässig und stellt insbesondere keinen Fall der Strafvereitelung nach § 258 StGB dar.[757]

3. Kritik und rechtliche Möglichkeit zur Einführung der strafrechtlichen Verantwortlichkeit juristischer Personen

a. *Kritik*

Trotz vielfältiger Bemühungen scheiterten die Versuche, die strafrechtliche Verantwortlichkeit juristischer Personen zu begründen letztlich aus dogmatischen Bedenken hinsichtlich Handlungs-, Schuld- und Straffähigkeit juristischer Personen.
Es wird befürchtet, dass mit Einführung der strafrechtlichen Verantwortlichkeit juristischer Personen der strafrechtliche Schuldbegriff Preis gegeben und eine schwer eingrenzbare Haftung etabliert wird.[758] Zudem werden Strafen gegen juristische Personen als ungerecht angesehen, weil durch sie mittelbar auch ihre finanziell beteiligten Mitglieder (Aktionäre) betroffen würden. Doch handelt es sich hierbei um das normale Risiko, das mit Mitgliedschaften in Korporationen verbunden ist.[759] Auch der Vorwurf der Doppelbestrafung (wenn der als Organ handelnde Individualtäter ebenfalls abgeurteilt wird) und des damit verbundenen Verstoßes gegen den Grundsatz *ne bis in idem* (Art. 103 Absatz 3 GG) greift nicht. Bei sauberer Unterscheidung zwischen der juristischen Person und der natürlichen Person zeigt sich, dass einmal die eigene persönliche Verantwortlichkeit des unmittelbar Handelnden und einmal das schuldhafte Handeln des Unternehmens (im Sinne der Vermeidbarkeit des für das Unternehmen unmittelbar – strafbar – Handelnden) bestraft wird.[760]

b. *Rechtliche Möglichkeit*

Auf Grundlage der herrschenden Dogmatik ist die Strafbarkeit juristischer Personen nicht von vornherein undenkbar. Vielmehr ist sie mit der deutschen Dogmatik, insbesondere mit deren Grundkategorien, der Handlungs-, Schuld- und Straffähigkeit, obwohl diese am Menschen und dem menschlichen Verhalten orientiert sind, vereinbar.[761] Bei der Strafe gegen Verbände sollte es sich allerdings um eine eigenständige Rechtsfolge im Kriminalrecht handeln, die deshalb – zu Unterscheidungszwecken – auch einen eigenen Namen erhalten sollte.[762]
Unternehmen sind als reale, eigenständige, von ihren Mitgliedern getrennte soziale Subjekte der Rechtswirklichkeit auch *Adressaten von Rechtsnormen*.[763] Sie sind Träger von Rechten und Pflichten und können diese Pflichten verletzen. Sie verfolgen eige-

---

[757] BGHSt **37** 226 ff.
[758] *Heine*, Strafrechtliche Verantwortlichkeit, S. 208 ff.
[759] *Hirsch*, ZStW **107** (1995) S. 285, 296 f.
[760] *Hirsch*, ZStW **107** (1995) S. 285, 297 und 315 f.; ferner *Rogall*, KK-OWiG, § 30, Rn. 156.
[761] *Dannecker*, GA **2001** 101, 107 f.; *Hirsch*, ZStW **107** (1995) S. 285, 298; *Rogall*, KK-OWiG, § 30, Rn. 14 und 15; *Tiedemann*, in: Schoch/Stoll/Tiedemann (Hrsg.), S. 45 ff., 53.
[762] *Dannecker*, GA **2001** 101, 125, der die Bezeichnung „Strafgeld“ vorschlägt. Abwägend *Tiedemann*, in: Schoch/Stoll/Tiedemann (Hrsg.), S. 53.
[763] *Rogall*, KK-OWiG, § 30, Rn. 10.

ne Ziele, haben eine *corporate identity* und *corporate culture* und sind nicht zuletzt auch lernfähig.[764] Das Unternehmen trifft die originäre Pflicht, keine Rechtsgüter zu verletzen, wenn es unternehmerisch tätig wird. Diese Pflicht kann von den (über- und untergeordneten) Arbeitnehmern und Organen des Unternehmens nur gemeinsam erfüllt werden, so dass diese verschiedene Mitwirkungspflichten zur Gewährleistung der Nichtverletzung von Rechtsgütern trifft.[765]

Die *Handlungsfähigkeit* des Unternehmens folgt bereits aus dessen Eigenschaft, ein reales Subjekt zu sein, das auch Adressat von Strafnormen ist und als solches an sich selbst gerichtete Pflichten verletzen kann.[766] Die Handlungen der für sie tätigen Organe sind zugleich eigene Handlungen des Unternehmens, was außerhalb des Strafrechts, nämlich im Zivil- und Ordnungswidrigkeitenrecht (§ 30 OWiG) durchaus anerkannt ist.[767] Das durch sie verwirklichte Unrecht folgt aus der unzulänglichen Systemorganisation und der unzulänglichen Unternehmensethik und -philosophie, das sozialethischen Werten nicht ausreichend Rechnung trägt (Organisationsmangel).[768]

Die *Schuldfähigkeit* kann nicht aus dem herkömmlichen Verständnis der Schuld als individualethischen – wohl aber als sozialethischen – Vorwurf folgen.[769] Dem Unternehmen kann der Vorwurf einer unzulänglichen Unternehmensphilosophie oder einer defizitären Unternehmensstruktur gemacht werden, die Ausfluss der originären Pflicht des Unternehmens, Rechtsgüterverletzungen zu vermeiden, ist.[770] Auf das Merkmal der Schuld darf nicht verzichtet werden, da es verfassungsrechtlich veran-

---

764 *Dannecker*, GA **2001** 101, 108 f.; *Tiedemann*, in: Schoch/Stoll/Tiedemann (Hrsg.), S. 47, 49 (rechtsvergleichend) und 52.

765 Vgl. *Dannecker*, GA **2001** 101, 109 f.

766 *Dannecker*, GA **2001** 101, 111; *Hirsch*, ZStW **107** (1995) S. 285, 289 und 307 (unter Hinweis auf das Zivil-, Ordnungswidrigkeiten- und Verfassungsrecht); *Rogall*, KK-OWiG, § 30, Rn. 10 (unter Hinweis auf die Systemtheorie, der zufolge zwischen delinquentem Verhalten von natürlichen Personen und delinquentem Verhalten von Verbänden keine wesentlichen Unterschiede bestehen sollen).

767 *Hirsch*, ZStW **107** (1995) S. 285, 289, 291 und 307.

768 Vgl. *Tiedemann*, in: Schoch/Stoll/Tiedemann (Hrsg.), S. 45 mit Hinweis auf das englische, niederländische und US-amerikanische System sowie auf BGHSt **37** 106 ff. – Lederspray-Fall. Zu BGHSt **37** 106 *Otto*, Strafbarkeit von Unternehmen, S. 10 ff.

769 *Dannecker*, GA **2001** 101, 113. Vgl. auch *Hirsch*, ZStW **107** (1995) S. 285, 292 f., der die Schuldfähigkeit aus der Parallele zum Zivil- und Ordnungswidrigkeitenrecht herleitet: Dem Unternehmen werden dort sowohl Ehre als auch freie Selbstbestimmung zugesprochen und die §§ 138, 826 BGB sind anwendbar. Im Ordnungswidrigkeitenrecht wird die Schuldfähigkeit der juristischen Person allgemein anerkannt, obwohl es sich nicht um einen wertneutralen Bereich handelt (zum Verhältnis von Straf- und Ordnungswidrigkeitenrecht oben 1. Kapitel B. VI. 1. a.). *Rogall*, KK-OWiG, § 30, Rn. 11 geht mit den Systemtheoretikern von der Schuldfähigkeit des Verbandes aus: Der Normbruch sei Ausdruck fehlerhafter kollektiver Sinnsetzung. **Kritisch** *Otto*, Strafbarkeit von Unternehmen, S. 16 ff.

770 Die eigene Schuld des Unternehmens folge aus der Normadressateneigenschaft und dem Organisationsmangel: *Tiedemann*, in: Schoch/Stoll/Tiedemann (Hrsg.), S. 48 ff. *Hirsch*, ZStW **107** (1995) S. 285, 314 f. und 316: Die Vermeidbarkeit sei als eigener Verschuldensaspekt des Unternehmens unbedingt erforderlich.

kert ist.[771] Allerdings kann man (mit *Rogall*) der Auffassung sein, dass das Verfassungsrecht nicht vorgibt, dass der Inhalt des Schuldgrundsatzes an die sozialethischen Maßstäbe des strafrechtlichen Schuld- und Strafbegriffes gebunden ist.[772] So soll folglich nur die Schuld der für den Verband handelnden natürlichen Person maßgeblich sein.

Als mit Leben gefüllte Organisation ist die juristische Person auch *straffähig*. Zwar wird gegen die Straffähigkeit der juristischen Person vorgebracht, dass die Strafe ein Missbilligungsurteil der Gesellschaft ausdrückt, die auf die sittliche Persönlichkeit des Menschen ausgerichtet und somit nur auf natürliche Personen anwendbar sei,[773] doch ist dieser *kantische* Strafbegriff durch die Präventionstheorie und dem starken Einfluss der soziologischen Schule[774] überholt: Strafen gegenüber juristischen Personen wirken sowohl general- als auch spezialpräventiv.[775] Die juristische Person kann zudem als Adressat durch den in der Strafe enthaltenen Vorwurf sozialethischer Missbilligung getroffen werden und das ihr zugefügte Übel wahrnehmen.[776] Deshalb besteht kein Grund für die Annahme, dass die Strafzwecke gegenüber einem Verband weniger erreicht werden können als gegenüber einer natürlichen Person.[777]

4. Mögliche Sanktionen

a. *Geldstrafe*

De lege ferenda wird als repressive Sanktion gegen Verbände primär – wie auch im Ausland – die Verhängung einer Geldstrafe wegen ihrer hohen Präventionswirkung und ihrer großen Flexibilität gefordert.[778] Sie sollte so wie die Geldbuße im Ordnungswidrigkeitenrecht eine Höchstgrenze haben: Denkbar ist sowohl eine absolute Zahl als auch ein prozentualer Anteil des Umsatzes der juristischen Person während eines bestimmten Zeitraums.[779] *Tiedemann*[780] hält auch die Orientierung am Tagessatzsystem der Geldstrafe des Strafgesetzbuches für möglich. Der Vorteil läge in der Parallele zur Geldstrafe, womit die Ähnlichkeit der beiden Sanktionen hervorgehoben würde.

---

771 *Hirsch*, ZStW **107** (1995) S. 285, 291 und 314 f.; ferner BVerfGE **20** 323, 333; **26** 186, 203 f.; **33** 125, 164 und **42** 261, 262 f.

772 *Rogall*, KK-OWiG, § 30, Rn. 15.

773 Vgl. *Hirsch*, ZStW **107** (1995) S. 285, 294.

774 *Hirsch*, ZStW **107** (1995) S. 285, 294.

775 *Dannecker*, GA **2001** 101, 114; *Hirsch*, ZStW **107** (1995) S. 285, 294 f.; *Tiedemann*, in: Schoch/Stoll/Tiedemann (Hrsg.), S. 51. Zur systemtheoretischen Begründung *Rogall*, KK-OWiG, § 30, Rn. 12: Als sinnkonstituierte Systeme laufen auch bei Verbänden die Operationen durch Verbandsorgane und Vertreter nach Sinnkriterien ab. Folglich stellt sich der Verband auf Verbandssanktionen ein.

776 *Dannecker*, GA **2001** 101, 114 f.; *Hirsch*, ZStW **107** (1995) S. 285, 295 f.; *Tiedemann*, in: Schoch/Stoll/Tiedemann (Hrsg.), S. 52.

777 *Rogall*, KK-OWiG, § 30, Rn. 12; im Ergebnis auch *Hirsch*, ZStW **107** (1995) S. 285, 294 ff. insbesondre S. 296.

778 *Hirsch*, ZStW **107** (1995) S. 285, 316. Vgl. auch *Rogall*, KK-OWiG, § 30, Rn. 14 a. E.

779 *Dannecker*, GA **2001** 101, 125.

780 in: Schoch/Stoll/Tiedemann (Hrsg.), S. 53.

b. Unternehmensschließung

Daneben wird als „Freiheitsstrafe" für Unternehmen die Möglichkeit der Auferlegung von Tätigkeitsbeschränkungen wie die dauernde oder vorübergehende Entziehung von Betriebserlaubnissen, Lizenzen und Konzessionen und die Stilllegung von Betrieb(steil)en erwogen. Die vorübergehende Schließung des Betriebs ruft aber verfassungsrechtliche Komplikationen hervor, weil sie einen Eingriff in die Berufs- und Gewerbefreiheit, Art. 12 Absatz 1 GG, darstellt. Folglich sollte sie nur unter engen Voraussetzungen zulässig sein, ausdrücklich auf besonders schwere, vorsätzliche Rechtsverstöße begrenzt werden und aus Gründen der Verhältnismäßigkeit nur eingreifen, wenn mildere Mittel (wie Weisungen) nicht ausreichen.[781]

c. Verbandsauflösung

Die sehr umstrittene Auflösung des Verbands („Todesstrafe" für Unternehmen)[782] ist ebenfalls verfassungsrechtlich bedenklich und sollte von noch strengeren Voraussetzungen abhängig gemacht werden als die vorübergehende Unternehmensschließung.[783] Bisher sehen die Empfehlungen des Europarats die Auflösung des Verbands vor[784] und in Deutschland ist sie verwaltungsrechtlich möglich, allerdings nur bei gesetzeswidrigem, insbesondere verfassungswidrigem Verhalten des Verbands.[785] Auch hier ist dem Verhältnismäßigkeitsgrundsatz Rechnung zu tragen.[786]

d. Urteilsveröffentlichung

Eine weitere sehr strittige repressive Sanktion ist die Veröffentlichung der Verurteilung. Von ihren Gegnern wird der Vorwurf erhoben, dass es sich bei ihr um den Ausfluss einer „anti-unternehmerischen" Ideologie handele.[787] Ihr Vorteil besteht in ihrer hohen abschreckenden Wirkung,[788] weil die Unternehmen von ihrem guten Ruf in besonderem Maße abhängig sind. Für diese Sanktionen sprechen die Erfahrungen aus den USA und dem europäischen Kartellordnungswidrigkeitenrecht.[789]

---

781 *Dannecker*, GA **2001** 101, 125; *Tiedemann*, in: Schoch/Stoll/Tiedemann (Hrsg.), S. 38.

782 *Hamm*, NJW **1998** 662; *Hirsch*, ZStW **107** (1995) S. 285, 317.

783 *Dannecker*, GA **2001** 101, 126.

784 Nachweise in Fn. 804; *Dannecker*, GA **2001** 101, 126.

785 § 62 GmbHG, § 396 AktG; § 17 Absatz 1 in Verbindung mit § 3 VereinsG; § 35 Absatz 2 Nr. 1 und § 35 Absatz 2 Nr. 4a in Verbindung mit § 33 Absatz 1 Nr. 2 KWG; Art. 21 GG in Verbindung mit § 32 BVerfGG; § 13 Nr. 2, § 46 BVerfGG und Art. 18 und 19 GG in Verbindung mit § 39 Absatz 2, § 13 Nr. 1 BVerfGG.

786 Zu Möglichkeit und Voraussetzungen der Verbandsauflösung im französischen Recht *Dannecker*, GA **2001** 101, 126.

787 *Hirsch*, ZStW **107** (1995) S. 285, 317.

788 Von den Gegnern als „Prangerwirkung" bezeichnet, die bei natürlichen Personen als Verstoß gegen die Menschenwürde verfassungsrechtlich nicht erlaubt ist. Dies solle auch für juristische Personen gelten; *Hirsch*, ZStW **107** (1995) S. 285, 317. Allerdings wird insoweit nicht beachtet, dass Grundrechte auf juristische Personen nur anwendbar sind, wenn das ihrer Natur nach möglich ist, Art. 19 Absatz 4 GG. Die Menschenwürde, Art. 1 Absatz 1 GG, gehört unstreitig zu den Grundrechten, die für juristische Personen nicht gelten! *Dannecker*, GA **2001** 101, 113 f.

789 Vgl. *Dannecker*, GA **2001** 101, 127.

e. *Vermögensstrafe*

Dannecker[790] schlägt zudem die Vermögensstrafe als konfiskatorische Geldstrafe für kriminelle Organisationen vor, wenn deren alleiniger Zweck in der Begehung von Straftaten besteht, weil so deren finanzielle Basis entzogen werden kann.

f. *Aufsichtsmaßnahmen*

Daneben sollten spezialpräventive Aufsichtsmaßnahmen vorgesehen werden, um die Einhaltung von Geboten und Verboten für die Zukunft sicherzustellen.[791] In Betracht kommen steuernde Aufsichtsmaßnahmen, wie Weisungen und Tätigkeitsbeschränkungen[792] (etwa das Verbot, bestimmte Waren oder Dienstleistungen abzusetzen), und die Anordnung der Zwangsaufsicht beziehungsweise die temporäre Unternehmenskuratell.[793] Diese Maßnahme hat den Vorteil, dass sie sowohl den Bestand des Unternehmens sichert als auch die Anteilseigner schont,[794] die Unternehmensleitung aber empfindlich trifft. Ihr Zweck besteht darin, der Begehung von Straftaten vorzubeugen und sollte angeordnet werden, wenn Weisungen nicht ausreichen.[795]

5. Ausblick[796]

Die derzeitige privilegierte Stellung von juristischen Personen gegenüber natürlichen Personen ist nicht mehr zeitgemäß und wertungsmäßig unbefriedigend.[797] Das zeigt insbesondere auch der Blick über den deutschen Rechtskreis hinaus: Abgesehen vom angloamerikanischen Rechtsraum haben immer mehr europäische Staaten die strafrechtliche Verantwortlichkeit von juristischen Personen eingeführt; dies erfolgte teils im Strafgesetzbuch selbst (so in Belgien, Dänemark, Frankreich, Österreich, Schweden, Finnland und der Schweiz), teils in Nebengesetzen (so in Portugal).[798] Diese Tendenz in Richtung eines eigenständigen Verbandsstrafrechts zeigt sich nicht nur auf der Ebene der nationalen Rechtsordnungen, sondern auch auf europäischer Ebene.[799]

---

790 *Dannecker*, GA **2001** 101, 126.

791 *Dannecker*, GA **2001** 101, 127; *Schünemann*, Madrid-Symposium, S. 265, 290 f. *ders.*, Deutsche Wiedervereinigung, Bd. III, S. 129, 139 ff.

792 *Dannecker*, GA **2001** 101, 127; *Hirsch*, ZStW **107** (1995) S. 285, 316.

793 *Schünemann*, Madrid-Symposium, S. 265, 290 f.; *ders.*, Deutsche Wiedervereinigung, Bd. III, S. 129, 139 ff.

794 Zur Kritik, dass durch die Unternehmensstrafe mittelbar auch Dritte wie Aktionäre betroffen würden, oben 1. Kapitel B. VI. 5. am Anfang.

795 *Dannecker*, GA **2001** 101, 128 mit Hinweis auf die in Frankreich – seit Einführung dieser Sanktion – aufgetretene Schwierigkeit, geeignete Personen für die Kuratell zu finden. Vgl. *Tiedemann*, in: Schoch/Stoll/Tiedemann (Hrsg.), S. 39.

796 Zu den aktuelleren Reformbestrebungen in Deutschland und Europa *Krekeler*, Hanack-Festschrift, S. 639, 940 ff. und 652 ff.; *Wegner*, ZRP **1999** 186, 187 ff.

797 *Hirsch*, ZStW **107** (1995) S. 285, 305.

798 Vgl. Begründung zur BR-Drs. 690/98, Anlage, S. 4.

799 Begründung zur BR-Drs. 690/98, Anlage, S. 4; *Heine*, ÖJZ **1996** 211, 213; *Rogall*, KK-OWiG, § 30, Rn. 15 a. E. und Rn. 233.

Das *EG-Recht* kennt wie Deutschland nur eine gegen Unternehmen und Unternehmensvereinigungen gerichtete Verbandsgeldbuße (Art. 85, 86 EGV), die mit den Geldbußen des deutschen Ordnungswidrigkeitenrechts vergleichbar und nicht als kriminalstrafrechtliche Geldstrafe im engeren Sinn zu verstehen ist.[800]
Bei der Zurechnung des Verhaltens und Verschuldens natürlicher Personen an das Unternehmen verfahren sowohl der Europäische Gerichtshof als auch die Kommission pragmatisch und großzügig: Ersterer knüpft ausdrücklich an die Handlung jeder befugterweise für das Unternehmen handelnden natürlichen Person unabhängig von deren Stellung in der Unternehmenshierarchie und deren Kenntnis an,[801] während letztere sogar häufig ohne weiteres auf das Verhalten des Unternehmens selbst abstellt.[802] Das formelle organisatorische Verschulden genügt, so dass es weder der Feststellung der konkret handelnden Person noch eines persönlichen Schuldvorwurfs bedarf. Auch bei der Frage der Haftung der Muttergesellschaft für das Verhalten der Tochtergesellschaft kommen Europäischer Gerichtshof und Kommission entweder bei 100%-iger Inhaberschaft der Mutter- über die Tochtergesellschaft, oder wenn diese völlige Inhaberschaft nicht vorliegt über die Theorie der wirtschaftlichen Einheit zu deren Haftung („Durchgriff").[803]
Darüber hinaus sehen europäische[804] und EU-rechtliche[805] Instrumentarien zunehmend – wenn auch mit Rücksicht auf die nationale Rechtslage und Dogmatik in Deutschland, Spanien und Italien nicht zwingend – die strafrechtliche oder ordnungswidrigkeiten- beziehungsweise verwaltungsrechtliche Verantwortlichkeit juristischer Personen vor.[806]

---

800 *Achenbach*, Coimbra-Symposium, S. 283, 293: Die Europäische Gemeinschaft hat durch die römischen Verträge auch keine Kompetenz zum Erlass von Kriminalstrafrecht bekommen; *Rogall*, KK-OWiG, § 30, Rn. 249; *Tiedemann*, NJW **1986** 1842, 1843; *ders.*, Jescheck-Festschrift, S. 1411, 1417. Ferner *Otto*, Strafbarkeit von Unternehmen, S. 27 ff., der sie als wirtschaftsaufsichtsrechtliche Maßnahmen einstuft (S. 28).

801 *Rogall*, KK-OWiG, § 30, Rn. 249 m.w.N.

802 *Achenbach*, Coimbra-Symposium, S. 283, 293; *Otto*, Jura **1998** 409, 417; ferner *Tiedemann*, NJW **1986** 1842.

803 *Tiedemann*, NJW **1986** 1842, 1845 f.

804 Europarat: Empfehlung Nr. R (88) 18: Liability of enterprises for offences; Empfehlung Nr. R (77) 28: The contribution of criminal law to the protection of the environment; Empfehlung Nr. R (81) 12: Economic crime; Empfehlung Nr. R (82) 15: The role of criminal law in consumer protection; Convention of the protection of the environment through criminal law, 1998, Nr. 172; OECD 1999: Convention on combatting bribery of foreign public officials in international business transactions; UN: Convention against transnational organized crime.

805 Übereinkommen über den Schutz der finanziellen Interessen der Europäischen Gemeinschaft, das auf Tatbestände gegen juristische Personen zunächst verzichtete. Das Nachfolge-Abkommen von 1997 fordert die Verhängung von wirksamen, angemessenen und abschreckenden Sanktionen gegen juristische Personen (ABl. 1997 C 221, S. 11 ff.). Vgl. *Korte*, NJW **1998** 1464 ff. Art. 13 Corpus Juris der strafrechtlichen Regelungen zum Schutz der finanziellen Interessen der Europäischen Union; Art. 15 Europa-Delikte Garantenstellung des Unternehmensinhabers für rechtswidriges Handeln seiner Angestellten. Eine Vorschrift zur Strafbarkeit juristischer Personen ist bewusst nicht vorgesehen worden. Vgl. *Tiedemann*, Spinellis-Festschrift, S. 1097, 1101.

806 Vgl. *Rogall*, KK-OWiG, § 30, Rn. 250.

Aufgrund des dargestellten Bedürfnisses und infolge der ausländischen Vorbilder und europäischen Entwicklungen spricht vieles für die Einführung der Strafbarkeit juristischer Personen.
So gab es in Deutschlang zunächst 1997 einen Diskussionsentwurf, der auch als Entschließungsantrag an den Bundesrat gerichtet[807] und inzwischen von der „neuen" Hessischen Landesregierung zurückgenommen worden ist.[808] Hinter dem Entschließungsantrag steht der Gedanke, dass das zur Verfügung stehende Sanktionsinstrumentarium gerade für den Bereich der Wirtschafts- und Umweltkriminalität unzulänglich und auch eine einfache Erweiterung der Sanktionsmöglichkeiten des Ordnungswidrigkeitenrechts nicht ausreichend ist, um Unternehmenskriminalität wirksam und angemessen zu bekämpfen.[809] Das Ordnungswidrigkeitenrecht erscheint nicht geeignet, den Unwertgehalt der Straftat der Körperschaft hinreichend zu erfassen. Das beruhe – unabhängig von der Schwere des Gesetzesverstoßes – sowohl auf dem im Ordnungswidrigkeitenrecht herrschenden Opportunitätsprinzip, womit die öffentliche Einschätzung der Tat als Kavaliersdelikt verbunden ist als auch auf der deutlich geringeren Abschreckungswirkung der Bußgeldandrohung im Gegensatz zur Strafandrohung.[810] In diesem Antrag wird vorgeschlagen, neue Vorschriften über die Verhängung von Verbandsstrafen und Verbandsmaßregeln als §§ 76b ff. in das Strafgesetzbuch einzuführen.[811] Dieser Vorschlag beruht zunächst auf den Ergebnissen langjähriger empirischer Untersuchungen des Max-Planck-Instituts für ausländisches und internationales Strafrecht in Freiburg, die zeigten, dass in über 80% der Fällen registrierter Wirtschaftskriminalität die Straftat unter dem Mantel einer handelsrechtlichen Gesellschaft begangen wurden. Des Weiteren erscheint das individualistische Zurechnungskonzept des herkömmlichen deutschen Strafrechts vor diesem Hintergrund als unbefriedigend, weil sich eine individuelle Verantwortlichkeit nicht oder nur bruchstückhaft feststellen lässt.[812] Zudem wird die Einführung einer strafrechtlichen Verantwortlichkeit für Körperschaften bezüglich einer erforderlichen Rechtsangleichung in der Europäischen Union als geboten angesehen, weil zahlreiche europäische Staaten dieses Ziel bereits verwirklicht haben und Regelungen über die strafrechtliche Verantwortlichkeit juristischer Personen zunehmend auch in Rechtsinstrumentarien und Vorhaben der Europäischen Union aufgenommen werden.[813]

---

807 Vgl. BR-Drs. 690/98. Ausführlich *Krekeler*, Hanack-Festschrift, S. 639, 653 ff. und ablehnend S. 659 ff. und 663.
808 BR-Drs. 385/99 (Schreiben vom 08.06.1999).
809 BR-Drs. 690/98, Anlage, S. 1.
810 Begründung zur BR-Drs. 690/98, Anlage, S. 3.
811 *Wegner*, ZRP **1999** 186, 187 f. **Kritisch:** *Hamm*, NJW **1998** 662 f.; *Krekeler*, Hanack-Festschrift, S. 639, 641, 653 ff. und 659 ff.
812 Begründung zur BR-Drs. 690/98, Anlage, S. 2.
813 BR-Drs. 690/98, Anlage, S. 1 und ferner S. 4.

Gemäß diesem Entschließungsantrag ist als Verbandsstrafe die Geldstrafe[814] und die Verbandsauflösung vorgesehen, § 76c Absatz 1 Nr. 1 und 2 StGB-Entwurf und als Verbandsmaßregel die Weisungserteilung und die Anordnung treuhänderischer Zwangsaufsicht, § 76c Absatz 2 Nr. 1 und 2 in Verbindung mit §§ 76g und 76h StGB-Entwurf. Allerdings soll die Bestrafung von Körperschaften und von Individualtätern sich weder wechselseitig ausschließen noch die Bestrafung von Körperschaften von der Bestrafung eines Individualtäters abhängig gemacht werden.[815]
Am 17. und 18. Juni 1998 hat die 69. Justizministerkonferenz beschlossen, die Sanktionsmöglichkeiten gegen juristische Personen wirksam zu verbessern. Allerdings lässt der Beschluss offen, ob die Sanktionen strafrechtlicher, ordnungswidrigkeitenrechtlicher oder eigenständiger (*sui generis*) Natur sein sollen.[816] Eine im Januar 1998 eingesetzte Kommission zur Reform des strafrechtlichen Sanktionensystems[817] tagte im November 1998 und kam zu dem Ergebnis, dass die strafrechtliche Verantwortlichkeit von Unternehmen nicht eingeführt werden soll.

6. Stellungnahme

Die Darstellung der möglichen Sanktionen gegen juristische Personen zeigt, dass sie nicht ausreichend sind. Erst durch die Einführung kriminalrechtlicher Sanktionen gegen Verbände kann die Einhaltung verbindlichen Rechts (und somit dessen Geltung) durch juristische Personen durchgesetzt werden; Verstöße gegen Normen blieben nicht mehr faktisch folgenlos.[818] Durch die Einführung der strafrechtlichen Verantwortlichkeit juristischer Personen käme es auf das Argument der Delegation der Verantwortung und die Frage der strafrechtlichen Haftung des Unternehmens nicht mehr an. Da sich die Höhe der Geldstrafe an der wirtschaftlichen Situation des Unternehmens orientieren und folglich deutlich höher ausfallen müsste, würde die Umweltverschmutzung nicht mehr deutlich billiger sein als die zu zahlende Geldbuße/-strafe. Deshalb sollte der deutsche Gesetzgeber die Strafbarkeit juristischer Personen ermöglichen und sich dem weltweiten Trend[819] nicht verschließen. Sonst besteht die Gefahr, dass Deutschland den Anschluss an die moderne Strafrechtsentwicklung versäumt und in diesem Bereich das Schlusslicht bildet.

814 Die Geldstrafe soll wohl dem für Individualtäter geltenden Tagessatzprinzip folgen, wobei der Tageshöchstsatz bei 50 000 Euro liegen soll. Vgl. *Hamm*, NJW **1998** 662.
815 BR-Drs. 690/98, Anlage, S. 1.
816 Vgl. NJW **1998** Heft 32, S. XVIII.
817 *Hettinger*, Reform des Sanktionenrechts, Bd. 3.
818 *Dannecker*, GA **2001** 101, 104.
819 *Dannecker*, GA **2001** 101; *Otto*, Jura **1998** 409; *Rogall*, KK-OWiG, § 30, Rn. 15 a. E.; *Tiedemann*, in: Schoch/Stoll/Tiedemann (Hrsg.), S. 32.

VII. Sanktionen

Im Folgenden werden zunächst die laut Gesetz möglichen Sanktionen und Sanktionsrahmen dargestellt, um dann auf die Sanktionswirklichkeit, die bestehende Sanktionswahrscheinlichkeit und die tatsächlich verhängten Strafen einzugehen.

1. De lege lata mögliche Sanktionen

Für Verstöße gegen die Normen des Umweltstrafrechts sind grundsätzlich Freiheitsstrafen und Geldstrafen vorgesehen. Daneben gibt es die Möglichkeit der Verhängung von Maßnahmen, die keine Strafen im Rechtssinne darstellen.[820] Dazu gehören das Berufsverbot nach §§ 61, 70 Absatz 1 StGB, der Verfall, §§ 73 ff. StGB, die Einziehung, §§ 74 ff. StGB und § 330c StGB sowie die Verbandsgeldbuße nach § 30 OWiG.

a. *Freiheits- und Geldstrafen*

Die meisten Verstöße gegen das Umweltstrafrecht sind als Vergehen geregelt und sehen bei Vorsatz eine *Freiheitsstrafe* von bis zu fünf Jahren, bei Fahrlässigkeit von bis zu drei Jahren vor, vgl. §§ 324, 324a, 325, 325a Absatz 2, 326 Absatz 1 und 2, 327 Absatz 1, 328 und 329 Absatz 3 StGB.

Die §§ 325a Absatz 1, 326 Absatz 3, 327 Absatz 2 und 329 Absatz 1 und 2 StGB drohen sogar eine noch geringere Strafe an. Als weniger gewichtige Delikte sehen sie bei Vorsatz eine Höchststrafe von bis zu drei Jahren, bei Fahrlässigkeit eine von bis zu zwei Jahren vor (bei § 326 Absatz 3 StGB nur ein Jahr). Damit liegt der Strafrahmen im Umweltstrafrecht eher im unteren Bereich.[821] Die in § 330 Absatz 1 und 2 Nr. 1 StGB geregelten Regelbeispiele und Qualifikationen setzen als Strafrahmen sechs Monate oder ein Jahr bis zu zehn Jahren. Denselben Strafrahmen sieht der allgemeine Verbrechenstatbestand des § 330a Absatz 1 StGB vor. Die §§ 330 Absatz 2 Nr. 2 und 330a Absatz 2 StGB enthalten Erfolgsqualifikationen und drohen eine Freiheitsstrafe von nicht unter drei Jahren an.

Statt der Verhängung von Freiheitsstrafen ist stets eine *Geldstrafe* möglich. Neben einer verhängten Freiheitsstrafe kann gemäß § 41 StGB ausnahmsweise kumulativ auf eine Geldstrafe erkannt werden, wenn sich der Täter durch die Tat bereichert hat oder dies versuchte.[822] Da die Verhängung von Freiheitsstrafen im Umweltstrafrecht selten ist, ist die kumulative Geldstrafenanordnung nicht häufig.[823]

Wie im Strafrecht allgemein ist die Strafe auf der Grundlage der Schuld des Täters festzusetzen, § 46 Absatz 1 StGB. Bei Freiheitsstrafen bis zu zwei Jahren ist eine Strafaussetzung zur Bewährung gemäß §§ 56 ff. StGB möglich.

---

820 *Meinberg*, in: Meinberg/Möhrenschlager/Link (Hrsg.), S. 196, 199 f.

821 *Meinberg*, in: Meinberg/Möhrenschlager/Link (Hrsg.), S. 196, 197; *Miller*, Umweltstrafrecht, S. 39; *Schall/Schreibauer*, NuR **1996** 440, 441.

822 *Meinberg*, in: Meinberg/Möhrenschlager/Link (Hrsg.), S. 196, 198.

823 Vgl. *Kube/Seitz*, DRiZ **1987** 41, 46.

Die Festsetzung von Geldstrafen – die im Umweltstrafrecht in der Regel verhängt werden[824] – erfolgt nach Tagessätzen, vgl. § 40 Absatz 1 StGB. Die Höhe der Tagessätze richtet sich nach den persönlichen und wirtschaftlichen Verhältnissen des Täters, das heißt nach dem Nettoeinkommen, das der Täter durchschnittlich pro Tag hat.[825]

Die Frage, ab wann jemand als vorbestraft gilt, regelt § 32 Absatz 2 Nr. 5 BZRG: Danach ist vorbestraft, wer entweder eine Geldstrafe von mehr als 90 Tagessätzen oder eine Freiheitsstrafe von mehr als drei Monaten verbüßt. Erst bei Überschreitung dieses „Schwellenwerts" erfolgt eine Eintragung in das Führungszeugnis. Etwas anderes gilt, wenn im Register bereits eine andere Strafe eingetragen ist, § 32 Absatz 2 Nr. 5 letzter Halbsatz BZRG und bei Führungszeugnissen, die für Behörden bestimmt sind, § 30 Absatz 5 und § 31 BZRG. Bei letzteren sind auch Verurteilungen aufzunehmen, die bei oder in Zusammenhang mit der Ausübung eines Gewerbes oder dem Betrieb einer sonstigen wirtschaftlichen Unternehmung oder bei der Tätigkeit in einem Gewerbe oder einer sonstigen wirtschaftlichen Unternehmung begangen worden sind, wenn das Führungszeugnis für die in § 149 Absatz 2 GewO bezeichneten Entscheidungen (über die Unzuverlässigkeit oder Ungeeignetheit des Antragsstellers auf Zulassung zu einem Gewerbe etc.) bestimmt ist, vgl. § 32 Absatz 4 BZRG.

b. Berufsverbot

Das Berufsverbot nach § 70 Absatz 1 StGB stellt eine äußerst einschneidende Maßregel der Besserung und Sicherung dar, § 61 Nr. 6 StGB, die gefährlichen, gewerbsmäßig begangenen Straftaten vorbeugen soll.[826] Seine Anordnung kommt bei Vorliegen einer schweren Umweltstrafsache in Betracht, da es bei Umweltkriminalität oft um berufsbezogen handelnde Täter geht.[827] Gerade in gravierenden Strafsachen bei rücksichtslosen und uneinsichtigen Tätern ist das Berufsverbot eine angemessene und wirkungsvolle Rechtsfolge.[828] Das Berufsverbot kann für die Dauer von bis zu fünf Jahren (§ 70 Absatz 1 Satz 1 StGB), in Ausnahmefällen sogar für immer angeordnet werden (§ 70 Absatz 1 Satz 2 StGB). Eine Aussetzung zur Bewährung ist ebenfalls möglich, § 70a StGB. Der Verstoß gegen ein verhängtes Berufsverbot ist über § 145c StGB strafbewehrt.

Voraussetzung ist, dass eine rechtswidrige, nicht unbedingt schuldhafte, noch nicht verjährte Tat vorliegt, die der Täter unter Missbrauch seines Beruf oder Gewerbes oder unter grober Verletzung der mit ihnen verbundenen Pflichten begangen hat und

---

[824] Sogleich 1. Kapitel B. VII. 2. c.; *Franzheim/Pfohl*, Umweltstrafrecht, Rn. 615.

[825] Zum Problem der Zahlung der Geldstrafe durch das den Täter beschäftigende Unternehmen siehe oben 1. Kapitel B. VI. 2. a.E. und unten 1. Kapitel B. VII. 2. c.

[826] *Meinberg*, in: Meinberg/Möhrenschlager/Link (Hrsg.), S. 196, 203.

[827] *Franzheim/Pfohl*, Umweltstrafrecht, Rn. 617; *Kloepfer/Vierhaus*, Umweltstrafrecht, Rn. 70; *Meinberg*, in: Meinberg/Möhrenschlager/Link, S. 196, 203.

[828] *Franzheim/Pfohl*, Umweltstrafrecht, Rn. 619.

die die Unzuverlässigkeit des Täters gerade auf diesem Gebiet belegt. Daneben ist unter Gesamtwürdigung von Täter und Tat eine ungünstige Prognose dahingehend erforderlich, dass der Täter bei weiterer Berufs(zweig)- beziehungsweise Gewerbe(zweig)ausübung erhebliche rechtswidrige Taten dieser Art begehen wird. Die Entscheidung über die Anordnung des Berufsverbots steht im Ermessen des Gerichts. Ein Berufsverbot hat das Landgericht Frankfurt[829] gegenüber einem Galvanik-Inhaber, der jahrelang unbefugt cyanid- und schwermetallbelastete Abwässer ohne vorherige Reinigung in die öffentliche Kanalisation ableitete, angeordnet.

c. Gewinnabschöpfung

Da sich die Umweltkriminalität hauptsächlich als Unternehmenskriminalität darstellt[830] und folglich mit wirtschaftlichen Gewinnen verbunden ist, besteht weitgehend Einigkeit,[831] dass diese Gewinne abzuschöpfen sind. Es sollten die wirtschaftlichen Vorteile, die eine Person aufgrund einer rechtswidrigen Tat erlangt hat, entzogen werden. Im professionellen Bereich herrscht grundsätzlich der Gewinngedanke vor, weswegen die Gewinnkalkulation als bedeutsames Motiv für die Begehung von Umweltstraftaten nahe liegt. Damit lassen sich Umweltstraftaten dem Bereich der Wirtschaftskriminalität zuordnen: Der Täter versucht durch sein umweltgefährdendes Verhalten, Kosten einzusparen.[832] Um auf diesen Kreis von Umwelttätern präventiv einzuwirken, ist die Gewinnabschöpfung extrem wichtig: Umweltdelikte dürfen sich für die Täter nicht in Form von ersparten Aufwendungen rentieren.[833]

aa. Verfall

Obwohl der Gesetzgeber die Anwendbarkeit der §§ 73 ff. StGB durch deren Reform erheblich verbessern wollte,[834] finden sich nur vereinzelt gerichtliche Entscheidungen zum Verfall bei Umweltdelikten.[835] Der Grund hierfür dürfte zum einen in der Arbeitsbelastung der Gerichte und zum anderen in der Scheu vor zunächst unbekannten Regeln liegen.[836] Seit einiger Zeit werden die Verfallsregeln wegen der Organisier-

---

829 NStZ **1983** 171 m.w.N. von Verfahren, in denen Amtsgerichte vorläufige Berufsverbote wegen einer Umweltstraftat nach § 326 StGB angeordnet haben. Ferner *Schall/Schreibauer*, NuR **1996** 440; *Schwinge*, Sanktionen, S. 3.

830 *Hildenstab*, Gewinnabschöpfung, S. 9: Nur 16% der Umweltstraftaten stammen aus dem nichtgewerblichen Bereich.

831 *Franzheim*, wistra **1986** 253, 255; *Hildenstab*, Gewinnabschöpfung, S. 10; *Kloepfer/Vierhaus*, Umweltstrafrecht, Rn. 75; *Kracht*, wistra **2000** 326 m.w.N. in Fn. 4.

832 *Kracht*, wistra **2000** 326.

833 *Kloepfer/Vierhaus*, Umweltstrafrecht, Rn. 76. **Kritisch** zur präventiven Wirkung gewinnabschöpfender Maßnahmen aus kriminologischer Sicht: *Kaiser*, Tröndle-Festschrift, S. 685 ff. Zur „Rentabilität" von Umweltstraftaten *Kube/Seitz*, DRiZ **1987** 41 ff.

834 *Franzheim/Pfohl*, Umweltstrafrecht, Rn. 620; *Kloepfer/Vierhaus*, Umweltstrafrecht, Rn. 75.

835 OLG Düsseldorf, wistra **1999** 477 f.; OLG Köln, wistra **1991** 74 ff.; OLG Frankfurt, wistra **1988** 155 f.; AG Köln, NStZ **1988** 274 f.; AG Gummersbach, NStZ **1988** 460. Ferner *Hildenstab*, Gewinnabschöpfung, S. 12. Auch nach der Reform fristet das Verfallsrecht in der Rechtsanwendung ein Schattendasein: 1997 wurde im Umweltstrafrecht gerade mal in vier Fällen der Verfall angeordnet – *Kracht*, wistra **2000** 326 Fn. 6.

836 *Franzheim/Pfohl*, Umweltstrafrecht, Rn. 621.

ten Kriminalität in anderen Rechtsgebieten mehr beachtet; eine ähnliche, verstärkte Aufmerksamkeit ist auch im Umweltstrafrecht zu erwarten.[837]

Für die Anordnung des Verfalls, die nicht im Ermessen des Gerichts steht (§ 73 Absätze 1 und 2 Satz 1 und § 73a StGB), muss eine tatbestandsmäßige, rechtswidrige Tat im Sinne von § 11 Nr. 5 StGB vorliegen, so dass auch eine fahrlässige Tat genügt. Vorwerfbares, schuldhaftes Handeln ist nicht erforderlich.[838]

Hinsichtlich des Verfallsgegenstands[839] kann bei Umweltdelikten die Bestimmung des unmittelbaren Gewinns („*Vermögenszuwachs, den der Täter oder Teilnehmer aus der Tat erlangt hat*") problematisch sein, da er meist nicht vorliegen wird.[840] Deshalb ist im Umweltstrafrecht an die Anordnung des Wertersatzverfalls (§ 73a StGB) zu denken, bei dem der Täter Aufwendungen erspart haben muss, die „*wegen ihrer Beschaffenheit*" nicht für verfallen erklärt werden können. Die Ersparung wesentlicher Aufwendungen kommt vor allem bei folgenden drei Fallgruppen in Betracht:[841] (1) Abfallentsorgung unter Nichteinhaltung der dafür vorgesehenen Verfahren beziehungsweise außerhalb der dafür zugelassenen Abfallentsorgungsanlagen; der dadurch erzielte illegale Gewinn kann im Rahmen des Verfalls abgeschöpft werden, ohne dass das Unternehmen seine Kosten für die illegale Müllentsorgung in Abzug bringen kann (Bruttoprinzip),[842] (2) Unterlassen von Investitionen zum Schutz der Umwelt wie der Nichteinbau einer erforderlichen Abwasserreinigungs- oder Filteranlage; diese ersparten Aufwendungen unterliegen dem Wertersatzverfall und (3) Betreiben einer Anlage ohne die hierfür erforderliche Genehmigung; hier unterliegt grundsätzlich der gesamte erzielte Betriebsgewinn dem Verfall.[843]

Der Verfall kann auch gegenüber Dritten angeordnet werden, § 73 Absatz 3 StGB, was vor allem Bedeutung erlangt, wenn sich ein Umweltdelikt wirtschaftlich zugunsten eines Dritten auswirkt.

Die zwingende Anordnung des Verfalls kann in drei Fällen unterbleiben: Erstens unterbleibt die Verfallsanordnung zum Schutz von Individualinteressen grundsätzlich nach § 73 Absatz 1 Satz 2 StGB, soweit dem Verletzten aus der Tat ein Anspruch erwachsen ist,[844] dessen Erfüllung dem Täter oder Teilnehmer den Wert des aus der

---

837 Vgl. *Franzheim/Pfohl*, Umweltstrafrecht, Rn. 621.

838 Vgl. *Weber*, NStZ **1986** 481, 483.

839 Vgl. *Kracht*, wistra **2000** 326, 327 ff.

840 *Franzheim/Pfohl*, Umweltstrafrecht, Rn. 625.

841 *Kracht*, wistra **2000** 326, 330; *Schall/Schreibauer*, NuR **1996** 440, 442.

842 Dies ist später infolge der Schwierigkeiten mit dem Nettoprinzip eingeführt worden, Gesetz zur Änderung des AWG, StGB und anderer Gesetze vom 28.02.1992, BGBl. I, S. 392. Vgl. BT-Drs. 11/6623, S. 13 und BT-Drs. 11/7663, S. 22. **Kritisch** zur neuen Rechtslage *Göhler*, wistra **1992** 133, 135 (f.).

843 Anders wenn eine nach § 15 BImSchG erforderliche Änderungsgenehmigung fehlt. Dann kann nur der Vermögensvorteil abgeschöpft werden, der durch die nicht genehmigte Änderung erzielt wurde. *Franzheim*, wistra **1989** 87, 90; *Schall/Schreibauer*, NuR **1996** 440, 442.

844 Der Kostenerstattungsanspruch von Umweltbehörden fällt nicht unter § 73 Absatz 1 Satz 2 StGB, weil er nicht aufgrund der Tat als solcher entstanden ist. Vgl. *Franzheim/Pfohl*, Umweltstrafrecht,

Tat Erlangten entziehen würde. Entscheidend ist laut BGH[845] allein, dass der Anspruch rechtlich existiert und nicht, ob er tatsächlich geltend gemacht wird. Da es bei den Umweltdelikten meist und in erster Linie um den Schutz kollektiver Interessen geht, hat diese Einschränkung der Verfallsanordnungspflicht für das Umweltstrafrecht keine größere Bedeutung.[846] Zweitens hat sie zu unterbleiben, wenn sie für den Betroffenen eine unbillige Härte darstellt (§ 73c Absatz 1 Satz 1 StGB) und drittens kann sie unterbleiben, soweit der Wert des Erlangten zur Zeit der Anordnung im Vermögen des Betroffenen nicht mehr vorhanden ist oder wenn das Erlangte nur einen geringen Wert hatte (§ 73c Absatz 1 Satz 2 StGB).

bb. Einziehung

Im Gegensatz zur Verfallsanordnung steht die Anordnung der Einziehung gemäß §§ 74 ff. StGB im pflichtgemäßen Ermessen des Gerichts, das den Verhältnismäßigkeitsgrundsatz zu beachten hat, § 74b Absatz 1 StGB. Sie erfasst Gegenstände, die durch eine vorsätzlich begangene Tat hervorgebracht oder zu ihrer Begehung oder Vorbereitung gebraucht worden oder bestimmt gewesen sind (Tatmittel). Beziehungsgegenstände, Sachen, die notwendig Gegenstand der Tat selbst, aber weder deren Produkt noch Werkzeug für sie sind, werden zwar nicht von § 74 StGB, aber von § 330c StGB erfasst.[847] Diese Umweltregel erweitert den Anwendungsbereich der Einziehungsanordnung in zweierlei Hinsicht: Zum einen werden Fahrlässigkeitstaten nach §§ 326 Absatz 5, 328 Absatz 5 und 329 Absatz 4 hinsichtlich dessen Absatz 3 StGB erfasst (§ 330c Nr. 1 StGB) und zum anderen werden durch § 330c Nr. 2 StGB auch Beziehungsgegenstände miteinbezogen. Erfasst werden somit auch gefährliche Abfälle, Kernbrennstoffe und kerntechnische Anlagen.[848] Nach § 330c Nr. 2 Satz 2 StGB ist die Einziehung täterfremder Sachen über § 74 Absatz 2 Nr. 2 StGB hinaus möglich. Die Einziehung von Wertersatz ermöglicht § 74c StGB.

d. Verbandsgeldbuße[849]

Wichtig ist zudem die Möglichkeit der Verhängung der Verbandsgeldbuße nach § 30 OWiG, die gegen die juristische Person oder Personenhandelsgesellschaft verhängt werden kann. Auch hier ist nach § 30 Absatz 3 in Verbindung mit § 17 Absatz 4 OWiG der wirtschaftliche Vorteil bei der Bemessung der Geldbuße voll abzuschöpfen. Insbesondere § 30 Absatz 4 OWiG, wonach die Verhängung einer selbständigen Verbandsgeldbuße möglich ist, stellt im Umweltstrafrecht einen wichtigen Auffang-

---

Rn. 645; *Hildenstab*, Gewinnabschöpfung, S. 113; *Kaiser*, Tröndle-Festschrift, S. 685, 695; *Kloepfer/Vierhaus*, Umweltstrafrecht, Rn. 75.

845 NStZ **1984** 409 und wistra **1993** 336 (f.).

846 Vgl. BGH, wistra **1983** 256; *Franzheim/Pfohl*, Umweltstrafrecht, Rn. 642; *Kracht*, wistra **2000** 326, 327; *Meinberg*, in: Meinberg/Möhrenschlager/Link (Hrsg.), S. 196, 201.

847 *Schall/Schreibauer*, NuR **1996** 440, 442; siehe oben 1. Kapitel B. VI. 1. c. bb.

848 Statt aller *Tröndle/Fischer*, § 330c, Rn. 3.

849 Siehe oben 1. Kapitel B. VI. 1. b. aa.

tatbestand dar.[850] Die Geldbuße kann bei Vorsatz bis zu 500 000 Euro und bei Fahrlässigkeit bis zu 250 000 Euro betragen, § 30 Absatz 2 Satz 1 OWiG.

e. *Verbandsgeldbußen nach dem Umweltordnungswidrigkeitenrecht*

Daneben gibt es nach dem Umweltordnungswidrigkeitenrecht zahlreiche Möglichkeiten, Geldbußen zu verhängen: § 46 AtG, § 41 WHG, § 16 KrW-/AbfG, § 62 BImSchG, § 26 ChemG, § 65 BNatSchG und § 26 BBodSchG.[851] Diese sehen in der Regel Bußgelder von bis zu 10 000 und von bis zu 50 000 Euro vor.[852] Diese bundesgesetzlichen Bußgeldtatbestände stellen zum Teil Vorfeldtatbestände zu den Straftatbeständen des StGB dar[853] und werden oft von (diversen) Verordnungen und Ländergesetzen ergänzt.[854]

f. *Verwaltungsrechtliche Sanktionen*

Hinzuweisen ist zudem auf die Sanktionen auf verwaltungsrechtlicher Ebene. Dazu zählen die Gewerbeschließung nach § 35 GewO sowie die Betriebsschließung nach § 20 Absatz 3 BImSchG und § 19 Absatz 3 Nr. 3 AtG, die Maßnahmen der Gefahrenabwehr sind.[855]

2. Sanktionswirklichkeit

a. *Allgemeines zur statistischen Entwicklung der Umweltstraftaten*

Nach den Daten der Strafverfolgungsstatistik ist die Zahl der in den alten Bundesländern abgeurteilten Umweltstraftaten zwischen 1980 und 1989 laufend angestiegen, in den Jahren von 1990 bis 1993 rückläufig gewesen, von 1994 bis 1997 wieder stetig angewachsen und 1998 leicht gefallen.[856]

Hierbei ist besonders auffällig, dass die Zahl der abgeurteilten Gewässerverunreinigungen nach § 324 StGB von 1981 bis 1990 von 1179 auf 2106 Fälle anstieg und dann kontinuierlich abnahm: 1998 gelangten nur noch 576 Gewässerverunreinigungen zu Gericht. Der Grund hierfür wird in der Tätigkeit der Wasserbehörden,[857] im höheren Anschlussgrad an die öffentliche Kanalisation und im tatsächlich gewandelten Umweltbewusstsein von Privaten und im gewerblichen Bereich gesehen.[858]

Im Gegensatz dazu sind die abgeurteilten Taten des unerlaubten Umgangs mit gefährlichen Abfällen (§ 326 StGB) von 1981 bis 1997 ununterbrochen angestiegen.

---

850 *Franzheim/Pfohl*, Umweltstrafrecht, Rn. 663.

851 Nur § 46 Absatz 2 AtG unterschreitet diesen Bußgeldrahmen; er droht für die Fälle des § 46 Absatz 1 Nr. 2d und 5 AtG eine Geldbuße von bis zu 500 Euro an.

852 *Franzheim/Pfohl*, Umweltstrafrecht, Rn. 486 ff.; *Schall/Schreibauer*, NuR **1996** 440, 443.

853 § 41 WHG zu § 324 und 327 Absatz 2 Nr. 2 StGB; § 62 BImSchG zu §§ 325, 325a und 327 Absatz 2 Nr. 1 StGB; § 61 KrW-/AbfG erfasst die § 326 StGB nicht unterliegenden nicht besonders umweltgefährdenden Abfälle. Vgl. *Franzheim/Pfohl*, Umweltstrafrecht, Rn. 487, 493 und 495.

854 *Franzheim/Pfohl*, Umweltstrafrecht, Rn. 489, 490, 494, 496 und 498.

855 *Schall/Schreibauer*, NuR **1996** 440, 444 f.

856 Vgl die Tabelle *Franzheim/Pfohl*, Umweltstrafrecht, Rn. 24.

857 Diese ordnen zum Beispiel zur Vorbeugung von Gewässerverunreinigungen die Errichtung von Auffangeinrichtungen bei Anlagen an, die mit wassergefährdenden Stoffen umgehen.

858 Vgl. *Franzheim/Pfohl*, Umweltstrafrecht, Rn. 25.

Das könnte daran liegen, dass infolge des erheblich verbesserten Anschlussgrads an die öffentliche Kanalisation die unerlaubte Beseitigung schadstoffhaltiger Abwässer in der Regel nur noch über § 326 StGB und nicht mehr über § 324 StGB erfasst wird.[859]

Daneben spielt der unerlaubte Betrieb von Anlagen nach § 327 StGB in der Praxis eine größere Rolle, was in Baden-Württemberg zunächst an den zahlreichen ungenehmigt betriebenen Autowrackanlagen und -behandlungsplätzen gelegen hat.[860]

b. Zur Entdeckungswahrscheinlichkeit

Das größte Problem im Bereich der umweltstrafrechtlichen Sanktionen scheint nicht so sehr das geltende Recht zu sein, als vielmehr dessen Anwendung.

Zum einen ist die Entdeckungswahrscheinlichkeit von Umweltdelikten relativ gering und es wird von einem großen Dunkelfeld ausgegangen.[861] Zum anderen ist die Aufklärungs- und Sanktionswahrscheinlichkeit sehr niedrig, was zu Lasten der Prävention geht.[862] So weist die Aufklärungsquote seit 1986 (76%) ein anhaltendes Sinken auf (1998: 56, 7%).[863]

Der Grund für die geringe Entdeckungswahrscheinlichkeit wird unter anderem darin gesehen, dass in erster Linie die Verwaltungsbehörden als Überwachungs- und Kontrollorgane Kenntnis von schweren strafbaren Handlungen erlangen, nicht aber die Strafverfolgungsbehörden.[864] Erstere unterlassen oft eine Anzeige bei der zuständigen Staatsanwaltschaft, da es ihnen auf eine (notwendige) Kooperation mit den Unternehmen ankommt. *Schwinge*[865] spricht hier von einem „*Trichtereffekt*". Aufgrund dieser misslichen Lage wird die Einführung einer Anzeigepflicht für Verwaltungsbehörden gefordert, wenn sie den Verdacht einer Straftat haben.[866] Zudem ist die Polizei in mehreren Bundesländern nicht besonders ausgebildet oder ausgestattet und folglich nicht in der Lage den Umweltverstoß zu erkennen.[867] In anderen Bundsländern gibt es zur polizeilichen Bearbeitung von Umweltdelikten besondere Dienststellen (so in Hamburg und Berlin).[868] Das macht deutlich, dass es sowohl hinsichtlich der Organisationsstruktur, der Zuständigkeiten, der technischen Ausrüstung als auch der Ausbildung der eingesetzten Bediensteten erhebliche länderspezifische Unterschiede gibt.[869]

---

859 BGH, NStZ **1997** 189 m.w.N.; *Franzheim/Pfohl*, Umweltstrafrecht, Rn. 26 und 325 ff.
860 *Franzheim/Pfohl*, Umweltstrafrecht, Rn. 27.
861 Vgl. *Kube/Seitz*, DRiZ **1987** 41, 43; *Schwinge*, Sanktionen, S. 5.
862 *Hildenstab*, Gewinnabschöpfung, S. 5; *Schwinge*, Sanktionen, S. 274.
863 Vgl. *Eisenberg*, Kriminologie, § 47, Rn. 58.
864 *Hildenstab*, Gewinnabschöpfung, S. 5; *Schwinge*, Sanktionen, S. 5.
865 Sanktionen, S. 5.
866 Siehe oben 1. Kapitel B. V.
867 *Hildenstab*, Gewinnabschöpfung, S. 5.
868 Vgl. *Eisenberg*, Kriminologie, § 27, Rn. 13.
869 Vgl. *Eisenberg*, Kriminologie, § 27, Rn. 13.

Die meisten Umweltstrafverfahren betreffen seit 1980 geringfügigere Delikte, die in der Regel von kleineren Betrieben oder einzelnen Arbeitnehmern begangen wurden, während bei schwerwiegenderen Fällen, meist begangen im Bereich von Industrie und Gewerbe, die Verfolgung oft von Erfolglosigkeit gekennzeichnet ist.[870] Zum Teil wird vermutet, dass die Erhöhung der polizeilichen Effizienz in Umweltsachen nur verbal postuliert, in Anbetracht der gegenläufigen ökonomischen Interessen aber nicht wirklich gewollt ist.[871]

c. Zur Sanktionswahrscheinlichkeit

Bei der niedrigen Sanktionswahrscheinlichkeit spielt zunächst die große Zahl der Einstellungen eine wichtige Rolle.[872] Die Staatsanwaltschaft stellt am häufigsten nach § 170 Absatz 2 StPO ein, weil sie entweder den Nachweis des Umweltverstoßes nicht erbringen oder den Verursacher nicht ermitteln kann.[873] Das Gericht stellt das Verfahren in der Regel mangels Schuldnachweis nach §§ 153, 153a StPO ein.[874]

Kommt es in seltenen Fällen zu einem Urteil, so fällt dieses vergleichsweise milde aus. Freiheitsstrafen sind selten: 1997 wurden nur 2, 7% der verurteilten Erwachsenen zu einer Freiheitsstrafe verurteilt – bei der Gesamtkriminalität liegt die Verhängung von Freiheitsstrafen bei 18, 3%.[875] Die Dauer der wenigen verhängten Freiheitsstrafen liegt bei zwei Drittel der Fälle im Bereich bis einschließlich sechs Monate und werden oft zur Bewährung ausgesetzt.[876]

97, 3% der 1997 wegen eines Umweltdelikts Verurteilten erhielten eine Geldstrafe,[877] die sich meist auf sehr geringe Summen belief. Bei 95% der verhängten Geldstrafen wurde die registerrechtlich relevante Grenze von 90 Tagessätzen nicht überschritten.[878] Zwei Drittel der Geldstrafen bewegen sich sogar nur zwischen fünf und 30 Tagessätzen.[879] Obwohl sich ein beachtlicher Teil der Umweltdelikte als Wirtschaftsdelikte darstellt, überschreiten nur 1, 8% der verhängten Geldstrafen eine Tagessatzhöhe von 50,- Euro.[880] Dies ist umso bedenklicher, als die direkte Bezahlung einer Geldstrafe durch Dritte (also auch durch das Unternehmen, für das der Täter arbei-

---

870 Vgl. *Eisenberg*, Kriminologie, § 27, Rn. 13 und § 47, Rn. 64.

871 Vgl. *Eisenberg*, Kriminologie, § 27, Rn. 13 in Fn. 12.

872 Diese liegt meist bei über 70%. Vgl. *Kube/Seitz*, DRiZ **1987** 41, 44 m.w.N.

873 *Hildenstab*, Gewinnabschöpfung, S. 5; *Schwinge*, Sanktionen, S. 5.

874 *Schwinge*, Sanktionen, S. 6.

875 *Kloepfer/Vierhaus*, Umweltstrafrecht, Rn. 194; *Schall/Schreibauer*, NuR **1996** 440, 441: 1993 waren es 4, 2%.

876 *Kloepfer/Vierhaus*, Umweltstrafrecht, Rn. 195; *Schall/Schreibauer*, NuR **1996** 440, 441.

877 *Hildenstab*, Gewinnabschöpfung, S. 8; *Kloepfer/Vierhaus*, Umweltstrafrecht, Rn. 194.

878 *Kloepfer/Vierhaus*, Umweltstrafrecht, Rn. 198; vgl. oben 1. Kapitel B. VII. 1. a. a. E.

879 *Kloepfer/Vierhaus*, Umweltstrafrecht, Rn. 198.

880 Gemäß § 40 Absatz 2 Satz 3 StGB kann die Tagessatzhöhe bis zu 5 000 Euro betragen!

tet) keine Strafvereitelung nach § 258 StGB darstellt.[881] Für die Unternehmen gelten solche Geldstrafen als normale Betriebskosten.[882]

Die Zahlen für 1998 sehen ähnlich aus: So wurden von 3419 rechtskräftig Verurteilten 98 zu einer Freiheitsstrafe verurteilt (also rund 3%), wovon aber 83 zur Bewährung ausgesetzt wurden (also ca. 80%). Die Geldstrafe ist stets die Regel: Von den 3419 Verurteilten wurden 3221 zu einer Geldstrafe verurteilt. Davon beliefen sich 1846 auf bis zu 30 Tagessätze und 1324 von 31 bis 90 Tagessätze; über 91 Tagessätze beliefen sich nur 150 Urteile.[883]

Auch in den folgenden Jahren verändert sich dieses Bild kaum.[884] Allerdings sind die insgesamt registrierten Straftaten gegen die Umwelt von 41 381 im Jahr 1998 auf 30 950 im Jahr 2001 zurückgegangen. Hingegen ist die Zahl der Verurteilten auf 3713 angestiegen. Während die Zahl der Verurteilungen wegen einer Gewässerverunreinigung (§ 324 StGB) weiter sank (auf 285 im Jahr 2001) stieg die Zahl der wegen einer umweltgefährdenden Abfallbeseitigung Verurteilten auf 3163 im selben Jahr an. Neben den Verurteilungen wegen Bodenverunreinigung (§ 324a StGB)[885] und wegen unerlaubten Betreibens von Anlagen (§ 327 StGB)[886] fallen die anderen Umweltdelikte mit zwischen null und neun Verurteilungen nicht ins Gewicht.

3. Stellungnahme

Aufgrund dieses unausgeglichenen Verhältnisses von Freiheitsstrafen zu Geldstrafen befürwortet ein Teil der Literatur[887] die Verhängung kurzer Freiheitsstrafen aufgrund von § 47 StGB zumindest im Umweltstrafrecht. Dagegen spricht der Wortlaut von § 47 StGB sowie der Wille des Gesetzgebers, wonach die kurze Freiheitsstrafe die Ausnahme sein soll.[888]

Auch von der Anordnung des Verfalls und der Einziehung wird im Umweltstrafrecht nur selten Gebrauch gemacht.[889]

Auch unter Berücksichtigung der Tatsache, dass es sich bei den Umwelttätern in aller Regel um Ersttäter handelt, denen zudem oftmals nur sorgfaltswidriges, nicht aber

---

[881] Siehe oben 1. Kapitel B. VI. 2. a.E. BGH, NJW **1991** 990 ff. mit Anm. von *Krey*, JZ **1991** 889 f.; *Wodicka*, NStZ **1991** 487 f. Ablehnend *Kloepfer/Vierhaus*, Umweltstrafrecht, Rn. 74 m.w.N.

[882] *Kloepfer/Vierhaus*, Umweltstrafrecht, Rn. 74; *Schwinge*, Sanktionen, S. 274.

[883] Vgl. Tabelle bei *Franzheim/Pfohl*, Umweltstrafrecht, Rn. 31.

[884] Vgl. zu den folgenden Zahlen die Tabelle 26.22 im Statistischen Jahrbuch 2003 auf S. 727.

[885] Die Verurteilungen wegen Bodenverunreinigung sind von 44 im Jahr 1995 auf 144 im Jahr 1998 sprunghaft angestiegen. In 2001 waren es 135 Verurteilungen (Statistisches Jahrbuch 2003, Tabelle 26.22 auf S. 727).

[886] Allerdings hat sich hier die Zahl der Verurteilten von 1995 bis 2001 mehr als halbiert: Während es 1995 noch 239 Verurteilungen nach § 327 StGB gab, waren es schon 1998 nur noch 143 und im Jahr 2001 bloß noch 108 Verurteilungen (Statistisches Jahrbuch 2003, Tabelle 26.22 auf S. 727).

[887] *Horn/Hoyer*, JZ **1991** 703, 708 f.; *Horn*, SK 1994, § 324, Rn. 15.

[888] *Kloepfer/Vierhaus*, Umweltstrafrecht, Rn. 71 f.; *Meinberg*, in: Meinberg/Möhrenschlager/Link (Hrsg.), S. 196, 198.

[889] *Hildenstab*, Gewinnabschöpfung, S. 12; *Schall/Schreibauer*, NuR **1996** 440, 442 und 443; siehe oben 1. Kapitel B. VII. 1. c. aa.

vorsätzliches Handeln nachgewiesen werden kann, steht der seltene und wenn äußerst zurückhaltende Gebrauch der Sanktionen des Umweltstrafrechts in keinem Verhältnis zu dem geschätzten Ausmaß von Umweltschäden, das sich auf ca. 50 Milliarden Euro jährlich belaufen soll.[890] Damit bleibt der Einsatz der umweltstrafrechtlichen Sanktionen sowohl hinter dem Willen des Gesetzgebers zurück, als er auch den Präventionszweck des Umweltstrafrechts unterläuft.
Von einer Ausschöpfung des Sanktionspotentials kann nicht gesprochen werden. Trotz des im Umweltstrafrechts grundsätzlich niedrigen Strafrahmens ist dessen Anhebung nicht geeignet, diesem Umstand abzuhelfen. Da schon die bestehenden Strafmöglichkeiten nicht genutzt werden, ist nicht zu erwarten, dass eine Strafschärfung zu einer veränderten Sanktionspraxis führt; sie wäre vielmehr bloßer Aktionismus.

VIII. Strafanwendungsrecht (Internationales Strafrecht)

1. Problemdarstellung im Umweltstrafrecht

Im Umweltstrafrecht sind viele der zu schützenden Rechtsgüter nicht nur überindividuell,[891] sondern auch transnational. Sie bedürfen deshalb in besonderem Maße des Schutzes der internationalen Staatengemeinschaft.[892] Da auch die Umweltbeeinträchtigungen oft nicht auf ein Staatsgebiet beschränkt sind, sondern Auswirkungen auf Nachbarstaaten haben, ist die internationale Zusammenarbeit ein unverzichtbares Instrument zum strafrechtlichen Schutz der Umwelt.[893] Im Gegensatz dazu bleiben die Vorteile umweltbelastender Aktivitäten wie Arbeitsplätze, Steuereinnahmen und Gewinne im eigenen Land.[894] Bislang gibt es weder ein supranationales Umweltstrafrecht noch eine internationale Strafgerichtsbarkeit für Umweltdelikte, so dass auf grenzüberschreitende Umweltbeeinträchtigungen nur mit den nationalen Strafrechtsordnungen reagiert werden kann.[895] Infolgedessen stellt sich gerade bei den Tatbeständen des Umweltstrafrechts die Frage nach der strafrechtlichen Erfassung grenzüberschreitender Umweltbeeinträchtigungen.[896] Im deutschen Recht regeln die

---

890 Schätzung des Umweltbundesamts in der Frankfurter Allgemeinen Zeitung vom 27.08.1988.
891 Zu den durch das Umweltstrafrecht geschützten Rechtsgütern oben 1. Kapitel B. III.
892 *Kloepfer/Vierhaus*, Umweltstrafrecht, Rn. 163; *Tiedemann*, in: Kimminich/v.Lersner/Storm (Hrsg.), Bd. II., Sp. 2440, 2457.
893 Dieses Phänomen ist infolge der Meeresverschmutzung durch Tankerunfälle, Tschernobyl, Sandoz und den Abfalltourismus besonders virulent geworden. Vgl. Frankfurter Allgemeine Zeitung und Spiegel.
894 *Martin*, ZRP **1992** 19.
895 *Dannecker/Streinz*, in: Rengeling (Hrsg.), Bd. I, § 8, Rn. 46; *Tiedemann/Kindhäuser*, NStZ **1988** 337, 346; *Kloepfer*, DVBl. **1984** 245.
896 *Hecker*, ZStW **115** (2003) S. 880, 881. Die Frage nach der Anwendbarkeit deutschen Strafrechts stellt sich auch für die wirtschaftsstrafrechtlichen Vorfeldtatbestände im Bereich des Betrugs und die

§§ 3 ff. StGB, ob das deutsche Umweltstrafrecht anwendbar ist und sollen zugleich verhindern, dass die Strafrechtspflege ins Leere läuft.
Vorab ist zu klären, was unter dem Begriff „Internationales Strafrecht" in Abgrenzung zum Völker-, europäischen und ausländischen Strafrecht zu verstehen ist. Dann werden die Prinzipien des Internationalen Strafrechts sowie das Problem der Tatortsbestimmung bei abstrakten Gefährdungsdelikten dargestellt, um sie auf das Umweltstrafrecht anzuwenden. Nach der Zusammenfassung der Ergebnisse zur Anwendbarkeit des deutschen Umweltstrafrechts bei grenzüberschreitenden Umweltbeeinträchtigungen wird ausblickend auf das Problem der Verwaltungsakzessorietät eingegangen.

2. Begriff des Internationalen Strafrechts[897]

Grundsätzlich ist das Internationale Strafrecht vom Völkerstrafrecht, dem Europäischen Strafrecht und dem ausländischen Strafrecht zu unterscheiden.

a. *Völkerstrafrecht*

Das Völkerstrafrecht[898] beschäftigt sich herkömmlicherweise mit Verbrechen gegen die Menschlichkeit, Verbrechen gegen den Frieden und Kriegsverbrechen (die klassischen Nürnberger Tatbestände).[899] Seit der Umweltkonferenz in Stockholm[900] wendet es sich der Frage nach der Ahndung besonders schwerwiegender Umweltverstöße zu, weil die Erkenntnis gewachsen ist, dass Umweltschutz nicht nur ein Problem in den Staaten,[901] sondern auch zwischen den Staaten ist:[902] Schädliche Stoffe können sich über die Umweltmedien Wasser und Luft über weite Gebiete, sogar über die gesamte Erde verteilen (Reaktorunglück von Tschernobyl). Außerdem gebieten wirtschaftliche und globale, sicherheitspolitische Aspekte ein weltweites Vorgehen; bei nur regionalem Vorgehen genießen die Staaten mit niedrigen Umweltschutzstandards Standortvorteile. Da zukünftige Kriege in zunehmenden Maße um die knappen natürlichen Ressourcen Wasser und Boden und weniger aus machtpolitischen Gründen geführt werden, ist eine wirksame Umweltpolitik auf längere Sicht auch der Kriegsvermeidung dienlich.[903] Ein effektiver und umfassender internationaler Umweltschutz kann

---

strafbaren Äußerungen im Internet (beide Gruppen sind in der Regel als abstrakte beziehungsweise potentielle Gefährdungsdelikte ausgestaltet).

[897] *Gardocki*, ZStW **98** (1986) S. 703 ff., der diesen Begriff weit versteht (S. 719).

[898] Zum Umweltvölkerrecht *Reichart*, Umweltschutz.

[899] *Dannecker/Streinz*, in: Rengeling (Hrsg.), Bd. I, § 8, Rn. 89; *Kloepfer/Vierhaus*, Umweltstrafrecht, Rn. 170.

[900] Siehe oben Einleitung I. 1.; *von Heinegg*, in: Ipsen (Hrsg.), Rn. 5.

[901] *Dannecker/Streinz*, in: Rengeling (Hrsg.), Bd. I, § 8, Rn. 89; *Kloepfer/Vierhaus*, Umweltstrafrecht, Rn. 170; *von Heinegg*, in: Ipsen (Hrsg.), Rn. 1; *Randelzhofer*, Jura **1992** 1, 2 ff., der die inhaltliche Entwicklung des Umweltvölkerrechts darstellt.

[902] *Randelzhofer*, Jura **1992** 1.

[903] *Reichart*, Umweltschutz, S. 26 ff.

nur durch völkerrechtliche strafrechtliche Sanktionsmechanismen gewährleistet werden.[904]

Das Recht zur Regelung zwischenstaatlicher Beziehungen ist grundsätzlich das Völkerrecht.[905] Nachdem die natürliche Umwelt durch die völkerrechtlichen Verträge zunächst nur mittelbar und in einzelnen Aspekten geschützt wurde,[906] ist sie heute sowohl als eigenständiges Schutzgut des Völkerrechts anerkannt als auch in einigen völkerrechtlichen Verträgen umfassend geschützt.[907] Neben diesem völkerrechtlichen Umweltvertragsrecht gibt es das völkerrechtliche Umweltgewohnheitsrecht. Danach ist materiell verboten, die Umwelt jenseits des eigenen Hoheitsgebiets zu schädigen sowie die faire und gerechte Aufteilung der gemeinsamen natürlichen Ressourcen geboten. Zudem zeichnet sich die Entwicklung des Gebots der Minimierung neuer Umweltbelastungen und der Verhütung hochgefährlicher Immissionen ab. Verfahrensrechtlich besteht die Pflicht zur Information und Konsultation der betroffenen Nachbarstaaten. Es existiert kein Gebot, die Umwelt generell nicht zu belasten.[908]

Im Rahmen des Umweltvölkerrechts wird geprüft, ob diese besonders schwerwiegenden, sich international auswirkenden Umweltverstöße als Verbrechen gegen die Menschlichkeit geahndet werden können.[909] Dabei stellt sich nicht so sehr die Frage nach der Begründung eines Strafanspruches als problematisch dar, als vielmehr die Frage nach der praktischen Realisierbarkeit, ergo der Durchsetzbarkeit des Strafanspruches.[910] Die rechtliche Unverbindlichkeit der Mehrzahl der Deklarationen und Instrumente verdeutlichen dies[911] und belegen die Wichtigkeit eines Internationalen Strafgerichtshofs.

---

904 *Reichart*, Umweltschutz, S. 551.

905 *Randelzhofer*, Jura **1992** 1.

906 *von Heinegg*, in: Ipsen (Hrsg.), Rn. 4.

907 *von Heinegg*, in: Ipsen (Hrsg.), Rn. 12. Vgl. UNTS, Bd. 1092, S. 279 ff.; ILM 1974, S. 591 ff. und *Reichart*, Umweltschutz, S. 45.

908 *Reichart*, Umweltschutz, S. 60.

909 Nicht verkannt werden sollte, dass das Umweltvölkerrecht nicht allein den Schutz vor erheblichen Schädigungen bezweckt, sondern auch die Erhaltung und Bewirtschaftung der natürlichen Umwelt im Wege der internationalen Zusammenarbeit und gegenseitigen Unterstützung zum Ziel hat, um sie nachfolgenden Generationen zu bewahren. Vgl. *von Heinegg*, in: Ipsen (Hrsg.), Rn. 12. Ferner *Reichart*, Umweltschutz, S. 256, der sich **kritisch** zu den Regelungen der Umweltverbrechen in den Art. 22 Abs. 2 d) und Art. 26 des Draft Code of Crimes von 1991 als Teilbereiche des Kriegsverbrechen und Verbrechen gegen die Menschlichkeit auf S. 558: Er fordert einen eigenständigen Straftatbestand zum Schutz der Umwelt auf völkerrechtlicher Ebene (S. 551 f.).

910 *Randelzhofer*, Jura **1992** 1 f.; *Kloepfer/Vierhaus*, Umweltstrafrecht, Rn. 170.

911 Sowohl die Schlusserklärung der Konferenz von Stockholm als auch die Deklaration der Konferenz von Rio von 1992 und die Agenda 21 sind rechtlich nicht verbindlich. Daneben gibt es verschiedene Zusammenschlüsse zur Überwachung und Koordination der verschiedenen Deklarationen. Sie zeichnen sich allesamt dadurch aus, dass sie keinerlei Instrumente zur Durchsetzung besitzen. Vgl. *von Heinegg*, in: Ipsen (Hrsg.), Rn. 5 ff.; *Ehrmann*, Erfüllungskontrolle im Umweltvölkerrecht.

b. *Europäisches Strafrecht*

Europäisches Strafrecht ist ein relativ neuer und hinsichtlich der Rechtsetzungskompetenz der Europäischen Union noch sehr umstrittener Bereich:[912] Die supranationale Gemeinschaft der Europäischen Union schafft in bestimmten Bereichen eigene strafrechtliche Regelungen zum Schutz bestimmter Rechtsgüter, die für die gesamte Staatengemeinschaft von Interesse sind.[913]

c. *Ausländisches (Umwelt-) Strafrecht*

Unter das ausländische (Umwelt-) Strafrecht fallen die Straftatbestände anderer Staaten, die zum Schutz der Umweltgüter bestimmt sind. Auch sie erfassen nur die Umweltbeeinträchtigungen, die innerhalb ihrer Strafgewalt erfolgen.

d. *Internationales Strafrecht*

Das Internationale Strafrecht[914] regelt mit seinen strafgesetzlichen Normen, wann die eigene Strafgewalt eines Staats für Sachverhalte mit Auslandsbezug gilt (deshalb besser: Strafanwendungsrecht).[915] Das Internationale Strafrecht basiert auf folgenden Grundgedanken: Wahrung der innerstaatlichen öffentlichen Ordnung, Bindung der eigenen Staatsangehörigen im Ausland an die heimische Rechtsordnung, Schutz inländischer Rechtsgüter, Solidarität bei der Verbrechensbekämpfung als gemeinsamer Kulturaufgabe der Menschheit und Lückenlosigkeit der staatlichen Strafgewalt diesseits und jenseits der Grenze.[916]

Im deutschen Strafrecht ist der räumlich-personale Geltungsbereich des StGB in §§ 3 ff. StGB geregelt. Somit kann dieselbe Tat nach den Rechtsordnungen mehrerer Staaten verfolgt werden, ohne dass Art. 103 Absatz 3 GG (*ne bis in idem*) entgegensteht. Art 103 Absatz 3 GG erfasst grundsätzlich nur die mehrfache Behandlung derselben Sache durch deutsche Strafgerichte.[917] Hinsichtlich der Vertragsparteien des Schengener Übereinkommens vom 19.06.1990 besteht eine Ausnahme.[918] Gemäß seinen Art. 54 ff. darf derjenige, der in einem Vertragsstaat rechtskräftig abgeurteilt worden ist, in einem anderen Schengen-Vertragsstaat nicht wegen derselben verfolgt werden, vorausgesetzt, dass im Fall einer Verurteilung die Sanktion bereits vollstreckt worden ist, gerade vollstreckt wird oder nach dem Recht des Urteilsstaats nicht mehr

---

[912] Ausführlich 4. Kapitel.

[913] Vgl. die Regelungen zum Schutz der finanziellen Interessen der Europäischen Union (ABl. 1997 L 221, S. 11 ff.) sowie das Corpus Juris.

[914] Zur vielfach geäußerten Kritik an der Begrifflichkeit *Maurach/Zipf*, AT I, § 11, Rn. 2; *Schönke/Schröder/Eser*, Vorbem §§ 3-7, Rn. 1 f. Jüngst *Hecker*, ZStW **115** (2003) S. 880, 884: *„irreführend"*.

[915] *Gribbohm*, LK Vor § 3, Rn. 156; *Jescheck/Weigend*, AT, S. 163 f.; *Maurach/Zipf* AT I, § 11, Rn. 2; *Tiedemann/Kindhäuser*, NStZ **1988** 337, 346; *ders.*, in: Kimminich/v.Lersner/Storm (Hrsg.), Bd. II., Sp. 2440, 2457; *Kloepfer/Vierhaus*, Umweltstrafrecht, Rn. 164; *Werle/Jeßberger*, JuS **2001** 35, 36; *Wessels/Beulke*, AT, Rn. 62.

[916] *Jescheck/Weigend*, AT, S. 166.

[917] BVerfGE **75** 1, 18; *Gribbohm*, LK Vor § 3, Rn. 157; *Werle/Jeßberger*, JuS **2001** 35, 36.

[918] Das Übereinkommen zur Durchführung des Übereinkommens von Schengen wurde zwischen den Regeierungen der Staaten Benelux-Wirtschaftsunion, der Bundesrepublik Deutschland und der Französischen Republik geschlossen, vgl. ABl. EG L 239/19 vom 22.09.2000.

vollstreckt werden kann. Mit dem Vertrag von Amsterdam sind die Schengener Abkommen (sog. Schengener Besitzstand) in den Rahmen der Europäischen Union einbezogen worden.[919] Damit wurden die *ne bis in idem*-Regeln der Art. 54 ff. Schengener Durchführungsübereinkommen vergemeinschaftet und die Zuständigkeit des Europäischen Gerichtshofs für die Auslegung des Art. 54 SDÜ begründet.[920]

Bei den §§ 3 ff. StGB handelt es sich um internes nationales (innerstaatliches) Recht, das sich im Gegensatz zum Internationalen Privatrecht nicht mit der Frage befasst, welches nationale Recht der konkreten Sachentscheidung zugrunde zu legen ist, sondern stets davon ausgeht, dass deutsches Strafrecht anzuwenden ist;[921] ausländisches Strafrecht (nämlich den Strafrahmen) berücksichtigt das deutsche Recht nur im Rahmen der Strafzumessung.[922] Daneben wird die Tätigkeit ausländischer Justizorgane im Rahmen der § 153c Absatz 1 Nr. 1 StPO (Absehen von Strafe) und § 51 Absatz 3 StGB (Anrechung der Strafe) berücksichtigt.[923] Im ersteren Fall steht es im Ermessen der zuständigen deutschen Strafverfolgungsbehörde, ob die deutsche Strafgewalt eingesetzt wird oder nicht. Im letzteren Fall bestimmt das deutsche Gericht, nach welchem Maßstab die im Ausland verhängte Strafe bei deren Vollstreckung angerechnet wird, § 51 Absatz 4 Satz 2 StGB.

Die Kompetenz-Kompetenz der Staaten bei der Regelung der Weite der eigenen Strafgewalt findet ihre Grenze, wenn der Sachverhalt keine Beziehung (Anknüpfungspunkt) zum eigenen legitimen Rechtspflegeinteresse aufweist (völkerrechtliches Verbot des Rechtsmissbrauchs).[924]

3. Prinzipien des Internationalen Strafrechts

Für die Ausübung der Strafgewalt eines Staats bezüglich Sachverhalten mit Auslandsbezug ist stets ein sinnvoller Anknüpfungspunkt[925] erforderlich, der diesen Sachverhalt mit den Ordnungsaufgaben der eigenen Staatsgewalt verbindet. Diese Anknüpfungspunkte werden üblicherweise als „*Prinzipien des Internationalen Strafrechts*" bezeichnet.[926]

---

919 Siehe Protokoll zur Einbeziehung des Schengen-Besitzstands in den Rahmen der Europäischen Union ABl. EG C 340/93 vom 10.11.1997 und den Beschluss des Rats zur Bestimmung des Schengen-Besitzstands ABl. EG L 176/1 vom 20.05.1999.

920 Vgl. *Böse*, GA **2003** 47.

921 *Satzger* NStZ **1998** 112; *Schönke/Schröder/Eser*, Vorbem §§ 3-7, Rn. 2; *Tröndle/Fischer*, Vor § 3, Rn. 1; *Werle/Jeßberger*, JuS **2001** 35, 36; *Wessels/Beulke*, AT, Rn. 62.

922 *Jescheck/Weigend*, AT, S. 164.

923 *Gribbohm*, LK Vor § 3, Rn. 156; 159; *Werle/Jeßberger*, JuS **2001** 35, 36.

924 *Jescheck/Weigend*, AT, S. 165; *Werle/Jeßberger*, JuS **2001** 35, 36.

925 *Hecker*, ZStW **115** (2003) S. 880, 884; *Jakobs*, AT, 5/5; *Jescheck/Weigend*, AT, S. 167 m.w.N. in Fn. 27; *Oehler*, Internationales Strafrecht, S. 123 ff.; *Werle/Jeßberger*, JuS **2001** 35, 36.

926 *Jescheck/Weigend*, AT, S. 167 m.w.N. in Fn. 28; *Oehler*, Internationales Strafrecht, S. 130 ff. *Martin*, Grenzüberschreitende Umweltbeeinträchtigungen, S. 137: bei den Prinzipien des Internationalen Strafrechts handele es sich um fallspezifische Konkretisierungen allgemeiner völkerrechtlicher Grundsätze.

Der grundlegende Anknüpfungspunkt ist der *Gebietsgrundsatz* (Territorialitätsprinzip, § 3 StGB),[927] der dem Staat erlaubt, seine Strafgewalt auf alle Handlungen zu erstrecken, die auf seinem Staatsgebiet begangen werden, unabhängig von der Staatsangehörigkeit des Täters oder des Opfers.[928] Damit ist allein entscheidend, wo die Tat begangen wurde. Ob eine Tat im Inland begangen wurde, bestimmt sich nach § 9 StGB.[929] Danach ist eine Tat an jedem Ort begangen, an dem der Täter oder ein Mittäter gehandelt hat (1. Alternative) oder im Falle des Unterlassens hätte handeln müssen (2. Alternative) oder an welchem der zum Tatbestand gehörende Erfolg eingetreten ist (3. Alternative) oder nach der Vorstellung des Täters hätte eintreten sollen (4. Alternative [*Ubiquitätsgrundsatz*, § 9 Absatz 1 StGB]). Der Begehungsort für Teilnehmer ist in § 9 Absatz 2 StGB geregelt.
Handlungsort ist demnach der Ort, an dem der Täter eine auf die Tatbestandsverwirklichung gerichtete Tätigkeit entfaltet.[930] Der Erfolgsort liegt dort, wo eine für die Tatbestandserfüllung relevante Wirkung eintritt. Fallen Handlung und Erfolg räumlich auseinander, kann es mehrere Tatorte geben (Distanzdelikte).
Der Tatort lässt sich für Verletzungsdelikte und konkrete Gefährdungsdelikte[931] – unabhängig vom Ort der strafbaren Handlung – relativ unproblematisch bestimmen:[932] Dort, wo das geschützte Rechtsgut verletzt beziehungsweise konkret gefährdet wurde, liegt auch der Tatort. Befindet sich der so bestimmte Tatort innerhalb der Staatsgrenzen der Bundesrepublik Deutschland,[933] liegt Inland im Sinne des § 3 StGB vor und deutsches Strafrecht ist anwendbar. Bei abstrakten und potentiellen Gefährdungsdelikten[934] ist die Bestimmung des Tatorts nach § 9 Absatz 1, 3. Alternative StGB wesentlich schwieriger,[935] da das Charakteristikum der abstrakten Gefähr-

---

927 Das deutsche Strafgesetzbuch folgt dem Gebietsgrundsatz erst (wieder) seit dem 01.01.1975 (BGBl. 1973 I, S. 909). Vgl. *Satzger*, NStZ **1998** 112, 113.

928 *Forkel*, Grenzüberschreitende Umweltbelastungen, S. 71; *Jescheck/Weigend*, AT, S. 167; *Maurach/Zipf*, AT I, § 11, Rn. 3; *Satzger*, NStZ **1998** 112; *Schönke/Schröder/Eser*, Vorbem §§ 3-7, Rn. 4; *Wessels/Beulke*, AT, Rn. 64 f.

929 Der nun die zwei früher vertretenen Theorien (Tätigkeits- und Erfolgstheorie) vereinigt. Für Nachweise *Satzger*, NStZ **1998** 112, 113 Fn. 13 und 14.

930 Also dort, wo der Täter im natürlichen Sinn gehandelt hat.

931 Die nach einhelliger Auffassung zu den Erfolgsdelikten gehören: Statt vieler *Lackner/Kühl*, Vor § 13, Rn. 32 und *Satzger*, NStZ **1998** 112, 114 m.w.N. in Fn. 40 und 42.

932 *Cornils*, JZ **1999** 394, 395; *Martin*, ZRP **1992** 19.

933 Zum Inland gehören neben dem Staatsgebiet auch die Binnengewässer, das Küstenmeer, der Luftraum über und der Boden unter dem Staatsgebiet sowie die Dienst- und Wohngebäude der diplomatischen und konsularischen Vertretung im Ausland; aber nicht der Festlandsockel, außer im Fall des § 5 Nr. 11 StGB. Vgl. *Tröndle/Fischer*, Vor § 3, Rn. 13 ff.

934 Letztere sind eine Untergruppe der erst genannten (so BGH, NJW **1999** 2129). Zur Frage, ob sie eine Mischform zwischen den abstrakten und konkreten Gefährdungsdelikten darstellen, verneinend: *Lackner/Kühl*, Vor § 13, Rn. 32. **A.A.**: BGH, NJW **1999** 2129, der sie in die Nähe der konkreten Gefährdungsdelikte rückt und so zur Inlandstat kommt. **Kritisch** *Heghmanns*, JA **2001** 276, 278 ff. und *Satzger*, NStZ **1998** 112, 113 f. m.w.N. in Fn. 31 und 32.

935 Zum Streitstand bei strafbaren Äußerungen im Internet *Sieber*, NJW **1999** 2065, 2067 f., Fn. 10 bis 20.

dungsdelikte das Fehlen eines Erfolgs ist;[936] ihr Unrechtstatbestand erschöpft sich in der bloßen Handlung des Täters, die gefährlich genug ist, um seine Strafbarkeit zu begründen. Folglich kann bei Delikten, wo die Handlung im Ausland und die abstrakte Gefährdung im Inland erfolgt (wie bei Betrieb einer Anlage im Ausland, deren Immissionen sich im Inland auswirken und bei strafbaren Äußerungen im Internet) nach herrschender Meinung[937] nicht an den Ort des Erfolgseintritts angeknüpft werden,[938] sondern nur an den Tätigkeitsort.

Ergänzt wird der Gebietsgrundsatz durch das *Flaggenprinzip*, § 4 StGB (Theorie des *territoire flottant*). Danach übt der deutsche Staat seine Strafgewalt auch über Taten aus, die auf Schiff- und Luftfahrzeugen begangen wurden, wenn diese berechtigterweise die Bundesflagge (§§ 1, 2, 10 und 11 FlaggenrechtsG) oder das Staatszugehörigkeitszeichen (§§ 2 und 3 LuftverkehrsG) führen. Diese „Territorien“ zählen zum Inland.

Bei im Ausland begangenen Taten gilt das deutsche Strafrecht, wenn dadurch inländische Rechtsgüter, die für den Bestand oder die Integrität des Staats bedeutsam sind, gefährdet oder verletzt wurden (*Staatsschutzprinzip*, § 5 Nr. 1 bis 5 und Nr. 10 bis 15 StGB) und wenn sich die Tat gegen Inländer richtet (*Individualschutzprinzip*, § 5 Nr. 6 bis 8 StGB und § 7 Absatz 1 StGB[939] [*passives Personalitätsprinzip*]).

Das deutsche Strafrecht erfasst außerdem von deutschen Staatsangehörigen im Ausland begangene strafbare Handlungen nach § 7 Absatz 2 Nr. 1 StGB und § 5 Nr. 8 und 9 StGB (*aktives Personalitätsprinzip*).

Der *Weltrechtsgrundsatz* (Universalprinzip, § 6 StGB) ermächtigt zur Ahndung von Auslandstaten, die sich gegen übernationale Kulturwerte und Rechtsgüter richten, an deren Schutz ein gemeinsames Interesse aller Staaten besteht. Die im Katalog des § 6 StGB genannten Auslandsstraftaten unterfallen unabhängig vom Tatortrecht dem deutschen Strafrecht.[940]

Der *Grundsatz der stellvertretenden Strafrechtspflege* ist in § 7 Absatz 2 Nr. 2 StGB verankert und erlaubt die subsidiäre strafrechtliche Verfolgung von Ausländern, die im Inland betroffen wurden und von der Auslieferung (aus den in § 7 Absatz 2 Nr. 2 StGB genannten Gründen)[941] verschont bleiben. Dieser Grundsatz soll gewährleis-

---

936 *Cornils*, JZ **1999** 394, 395; *Heinrich*, GA **1999** 72, 73; *Lackner/Kühl*, § 9, Rn. 2 und Vor § 13, Rn. 32; *Sieber*, NJW **1999** 2065, 2068; ferner *Horn/Hoyer*, JZ **1987** 965, 966. **A.A.**: *Martin*, ZRP **1992** 19, 20: Die abstrakte Gefahr ist der Erfolg der abstrakten Gefährdungsdelikte m.w.N. in Fn. 17. Allgemein zur Problematik des Erfolgsorts bei Gefährdungsdelikten *Heinrich*, GA **1999** 72 ff.

937 Vgl. nur *Lackner/Kühl*, § 9, Rn. 2 m.w.N. und *Satzger*, NStZ **1998** 112, 114 ff.

938 Ausführlich sogleich 1. Kapitel B. VIII. 4.

939 Bei § 7 Absätze 1 und 2 StGB muss die Tat nach dem Recht des Tatorts ebenfalls mit Strafe bedroht sein oder keiner Strafgewalt unterliegen. Nur bei den Katalogtaten der §§ 5 und 6 StGB ist das deutsche Strafrecht unabhängig vom Tatortrecht anwendbar.

940 Vgl. nur *Gribbohm*, LK § 6, Rn. 1.

941 Nach § 7 Absatz 2 Nr. 2 StGB muss die Auslieferung nach dem Auslieferungsgesetz grundsätzlich möglich sein, aber nicht erfolgen, weil (1) ein Auslieferungsersuchen nicht gestellt oder (2) abgelehnt wurde, oder weil (3) die Auslieferung nicht ausführbar ist.

ten, dass flüchtige Straftäter nicht allein deshalb straflos bleiben, weil es im Zufluchtsland an einem Anknüpfungspunkt zur Begründung der Strafgewalt fehlt.[942]

4. Anwendbarkeit deutschen Umweltstrafrechts bei Umweltdelikten mit Auslandsbezug

a. Anwendbarkeit deutschen Umweltstrafrechts

Bei grenzüberschreitenden Umweltbeeinträchtigungen, die im Ausland verursacht werden, ist zunächst zu prüfen, ob deutsches Recht entweder nach den allgemeinen (§§ 3 ff. StGB in Verbindung mit § 9 StGB) oder nach den besonderen Vorschriften (§§ 5 Nr. 11 oder Nr. 11a, 6 Nr. 2 oder Nr. 9 StGB) anwendbar ist.

Als Vorfrage ist zu klären, ob die konkrete Tat überhaupt vom Schutzbereich des deutschen Strafrechts erfasst wird. Noch vor der Gesetzesänderung durch das 2. UKG von 1994 entschied der BGH[943] zu § 326 Absatz Nr. 3 StGB a. F. (jetzt § 326 Absatz 1 Nr. 4a StGB), dass Umweltgüter, die außerhalb des deutschen Hoheitsgebiets liegen, nicht in den Schutzbereich des deutschen Umweltstrafrechts fallen. Diese Entscheidung stützte er wesentlich auf die Legaldefinition in § 330d Nr. 1 StGB a. F., der ausdrücklich nur inländische Gewässer einbezog. Mit dem 2. UKG hat der Gesetzgeber den Wortlaut des § 330d Nr. 1 StGB geändert und die Beschränkung *„im räumlichen Geltungsbereich dieses Gesetzes"* aufgehoben, um Auslandstaten erfassen zu können.[944] Seitdem teilen sich in der Literatur die Meinungen: Zum Teil[945] wird vertreten, dass trotz Änderung des § 330d Nr. 1 StGB im Ausland belegene Umweltgüter nicht vom Schutzbereich des deutschen Umweltstrafrechts erfasst werden. Andere[946] teilen den Schutzbereich auf: während ausländische Gewässer erfasst werden, soll das nicht für ausländischen Boden und ausländische Luft gelten. Die herrschende Meinung[947] vertritt richtigerweise, dass Gewässer, Luft und Boden des Auslands in den Schutzbereich des deutschen Umweltstrafrechts einbezogen sind. Gerade in der Europäischen Gemeinschaft stellt sich der Schutz der Umweltgüter als gemeinsame Angelegenheit der Mitgliedstaaten dar; ihr kann nur durch die prinzipielle Erfassung auch ausländischer Umweltmedien durch nationale Strafrechtsordnungen Rechnung getragen werden.

Für den Bereich des Festlandsockels stellt § 5 Nr. 11 StGB eine Spezialregelung dar: Er bezieht den Bereich des deutschen Festlandsockels in die Geltung des deutschen Umweltstrafrechts insoweit mit ein, als er außerhalb der Zwölf-Meilen-Zone liegt und somit nicht mehr zum deutschen Staatsterritorium gehört. Das deutsche Um-

---

942 *Wessels/Beulke*, AT, Rn. 71.
943 BGHSt **40** 79, 81 ff.
944 BT-Drs. 12/192, S. 30.
945 *Steindorf*, LK, § 326, Rn. 94.
946 *Kloepfer/Vierhaus*, Umweltstrafrecht, Rn. 165.
947 *Dannecker/Streinz*, in: Rengeling (Hrsg.), Bd. I, § 8, Rn. 47; *Lackner/Kühl*, Vor § 326, Rn. 6; *Rengier*, JR **1996** 34 ff. (36) Anm. zu BGHSt **40** 79 ff.; *Schönke/Schröder/Cramer/Heine*, § 330d, Rn. 2 f.; *Schönke/Schröder/Lenckner/Heine*, § 326, Rn. 7; *Tröndle/Fischer*, § 326, Rn. 5b.

weltstrafrecht gilt demnach unabhängig vom Recht des Tatorts für im Ausland begangene Umweltstraftaten nach §§ 324, 326, 330, 330a StGB, die im Bereich der deutschen ausschließlichen Wirtschaftszone begangen wurden, soweit ein völkerrechtliches Übereinkommen zum Schutz der Meere ihre Verfolgung als Straftaten gestattet.[948] Mit dieser Regelung sollen die eigenen seerechtlichen Ausbeutungs- und Nutzungsrechte am Festlandsockel vor Beeinträchtigungen von außen geschützt werden.[949] Zudem erweitert Art. 12 Gesetz zur Ausführung des UN-Seerechtsübereinkommens vom 06.01.1995[950] den Anwendungsbereich des deutschen Strafrechts auf bestimmte Umweltdelikte, die im Bereich der Nord- und Ostsee stattgefunden haben.[951]

Mit dem neu eingeführten § 5 Nr. 11a StGB[952] gilt das deutsche Strafrecht, unabhängig vom Recht des Tatorts, für von einem Deutschen im Ausland verursachte Nuklearexplosionen im Sinne des § 328 Absatz 2 Nr. 3 und 4, Absatz 4 und 5 auch in Verbindung mit § 330 StGB.[953]

Die Spezialregelung des § 6 StGB weitet den Anwendungsbereich des deutschen Strafrechts für den Bereich der Umweltdelikte teilweise aus. § 6 Nr. 2 StGB erfasst Kernenergie- und Strahlungsdelikte nach §§ 307, 309 Absatz 2 und 310 Absatz 1 Nr. 1 StGB auch dann, wenn kein Anknüpfungspunkt zur Bundesrepublik besteht.[954] Die Generalklausel des § 6 Nr. 9 StGB dehnt die deutsche Strafgewalt im Umweltbereich auf im Ausland begangene Taten aus, die aufgrund eines für die Bundesrepublik verbindlichen zwischenstaatlichen Abkommens zu verfolgen sind.[955]

Infolge des Gebietsgrundsatzes des § 3 StGB ist die Geltung des deutschen Umweltstrafrechts für Taten, die im deutschen Inland begangen worden sind unproblematisch: erfasst werden die Verschmutzung des Eigengewässers, des deutschen Küstenmeeres und des Luftraumes über dem Staatsgebiet. Das deutsche Inland erstreckt sich gemäß dem Flaggenprinzip des § 4 StGB auch auf Taten, die von Schiffen und Luftfahrzeugen aus begangen werden, wenn diese berechtigt sind, unter deutscher Flagge zu fahren. Allerdings ist § 4 StGB für die §§ 325, 325a und 329 StGB ohne Relevanz, weil sie Luft- und Wasserfahrzeuge aus ihrem Anwendungsbereich ausklammern (vgl. § 325 Absatz 5, § 325a Absatz 4 und § 329 Absatz 1 Satz 3 StGB). Damit beschränkt sich der Anwendungsbereich im Wesentlichen auf den Meeres-

---

948 Vgl. *Dannecker/Streinz*, in: Rengeling (Hrsg.), Bd. I, § 8, Rn. 48; *Kloepfer/Vierhaus*, Umweltstrafrecht, Rn. 165; *Schönke/Schröder/Eser*, § 5 Rn. 18a; *Tiedemann*, in: Kimminich/v.Lersner/Storm (Hrsg.), Bd. II., Sp. 2440, 2458. Ferner *Gribbohm*, LK § 5, Rn. 57.

949 *Kloepfer/Vierhaus* Umweltstrafrecht, Rn. 166.

950 BGBl. 1995 II, S. 602. Vgl. *Reichart*, Umweltschutz, S. 114 f.

951 *Dannecker/Streinz*, in: Rengeling (Hrsg.), Bd. I, § 8, Rn. 48.

952 Ausführungsgesetz vom 23.07.1998, BGBl. I, S. 1882.

953 Vgl. *Tröndle/Fischer*, § 328, Rn. 1.

954 *Dannecker/Streinz*, in: Rengeling (Hrsg.), Bd. I, § 8, Rn. 48; *Kloepfer/Vierhaus*, Umweltstrafrecht, Rn. 167.

955 *Dannecker/Streinz*, in: Rengeling (Hrsg.), Bd. I, § 8, Rn. 48; *Kloepfer/Vierhaus*, Umweltstrafrecht, Rn. 168.

umweltschutz und die Umweltstraftatbestände der §§ 324, 326 Nr. 4a, und 330d Nr. 1 StGB, sofern die Hohe See und fremde Küstengewässer betroffen sind.[956]

b. Problem der Anwendbarkeit deutschen Umweltstrafrechts

Die Frage nach dem Begehungsort nach §§ 3, 9 Absatz 1 StGB stellt das deutsche Umweltstrafrecht jedoch vor ganz erhebliche Probleme:[957] Wie oben (1. Kapitel B. VIII. 3.) gesehen, richtet sich die Frage, ob der Begehungsort im Inland liegt, nach dem Ubiquitätsprinzip, so dass sowohl der Handlungs- als auch der Erfolgsort der Begehungsort sein können. Da Umweltdelikte, die zu grenzüberschreitenden Umweltbeeinträchtigungen führen, in der Regel Distanzdelikte sind, fallen bei ihnen Handlungs- und Erfolgsort räumlich auseinander. Das heißt, dass zum Beispiel die Handlung im Ausland stattfindet, die Gefährdung (oder Verletzung) aber im deutschen Inland eintritt.[958] Dann wäre das deutsche Strafrecht nicht anwendbar: Mangels eines zum Tatbestand gehörenden Erfolgs fehlt der erforderliche Anknüpfungspunkt.[959] Deshalb ist zu klären, inwieweit Handlungen, die im Ausland begangen werden, sich aber im Inland auswirken, vom deutschen Strafrecht erfasst werden.

aa. Erfolgsdelikte

Unproblematisch ist die Bestimmung des Erfolgsorts bei den Erfolgsdelikten §§ 324, 324a und 330a StGB, weil hier zum Tatbestand unstreitig ein Erfolg im Sinne des § 9 Absatz 1 StGB gehört.

bb. abstrakte und potentielle Gefährdungsdelikte

Bei der Mehrzahl der Umweltdelikte fehlt ein solcher Erfolgsort, weil sie als abstrakte oder potentielle Gefährdungsdelikte ausgestaltet sind, so dass die Bestimmung des Erfolgsorts problematisch ist.

(1) Restriktive Theorie

Nach herrschender Meinung[960] weisen abstrakte und potentielle Gefährdungsdelikte keinen tatbestandsmäßigen Erfolg im herkömmlichen Sinne auf. Da sie allein aufgrund der gefährlichen Tätigkeit eine Strafbarkeit vorsehen, kann nur der Ort der Handlung als Anknüpfungspunkt für die Frage nach dem Inland im Sinne des § 3 StGB dienen. Der Ort, an dem die Gefährdung oder Verletzung des geschützten Rechtsguts eintritt, muss als Anknüpfungspunkt außer Betracht bleiben. Da der Erfolg als Anknüpfungspunkt im Sinne des § 9 Absatz 1, 3. Alternative StGB fehlt,

---

956 Vgl. *Dannecker/Streinz*, in: Rengeling (Hrsg.), Bd. I, § 8, Rn. 48.

957 *Forkel*, Grenzüberschreitende Umweltbelastungen, geht auf das Problem, dass die Tatbestände des deutschen Umweltstrafrechts oftmals keinen tatbestandlichen Erfolg erfordern, sondern allein die Gefährlichkeit der Handlung genügen lassen, nicht ein.

958 Beispile bei *Hecker*, ZStW **115** (2003) S. 880, 882.

959 Statt aller *Tiedemann/Kindhäuser*, NStZ **1988** 337, 346; *ders.*, in: Kimminich/v.Lersner/Storm (Hrsg.), Bd. II., Sp. 2440, 2458.

960 *Lackner/Kühl*, § 9, Rn. 2; *Horn/Hoyer*, JZ **1987** 965, 966; *Satzger*, NStZ **1998** 112, 114 ff.; *Tiedemann/Kindhäuser*, NStZ 1988 337, 346. Für weitere Nachweise *Dannecker/Streinz*, in: Rengeling (Hrsg.), Bd. I, § 8, Rn. 49; *Kloepfer*, DVBl. **1984** 245, 246; *Martin*, Grenzüberschreitende Umweltbeeinträchtigungen, S. 10.

unterfällt eine im Ausland begangene Tat nicht dem deutschen Strafrecht, auch wenn es in Deutschland zu einer Gefährdung kommt.

Das so erzielte Ergebnis ist kriminalpolitisch unerwünscht, so dass es verschiedene Versuche gibt, es zu korrigieren.

(2) Lösung von *Martin*

Für den Bereich des Umweltstrafrechts versucht *Martin*[961] zu einem anderen Ergebnis zu gelangen, indem er bei abstrakten Gefährdungsdelikten einen Erfolg als notwendigen Bestandteil annimmt. Das Unrecht der abstrakten Gefährdungsdelikte soll nicht allein in der Vornahme der im Tatbestand umschriebenen Handlung liegen, sondern verlangt die Schaffung eines rechtlich missbilligten Risikos der Verletzung des geschützten Rechtsguts.[962] Dieses Risiko soll die materielle Grundlage der Strafbarkeit bilden. Die abstrakte Gefahr soll über die Vornahme der im Tatbestand der abstrakten Gefährdungsdelikte umschriebenen Handlung hinausgehen und sich logisch und zeitlich-räumlich von der Handlung trennen lassen, so dass der Unrechtsgehalt dieser Delikte sich nicht allein in der Handlung erschöpft, sondern ein darüber hinausgehendes objektives Moment enthält.[963] Letztlich liegt der Erfolg der abstrakten Gefährdungsdelikte in der abstrakten Gefahr,[964] bei den Umweltdelikten in der Gefährdung der Umweltmedien.[965] Da abstrakte Gefährdungsdelikte zudem einen räumlichen Wirkungskreis haben, soll ihr Erfolg an jedem Ort eintreten, an dem der zum Tatbestand gehörende Erfolg, also das tatbestandliche Risiko, eintritt. Damit ist der gesamte Gefahrenkreis um die Gefahrenquelle auch Erfolgsort, also Tatort im Sinne des § 9 Absatz 1, 3. Alternative StGB.[966] Mittels dieser Konstruktion kommt *Martin* zu dem (sinnvollen) Ergebnis, dass materielle und räumliche Erstreckung der Strafbarkeit parallel zu einander laufen: Die bei abstrakten Gefährdungsdelikten vorgenommene materielle Vorverlagerung der Strafbarkeit führt so ebenfalls zu einer räumlichen Vorverlagerung.[967] Der Auslandsbezug eines Sachverhalts führt deshalb nicht zur Unanwendbarkeit der deutschen Umweltstraftatbestände, sondern zur Ausdehnung des Strafanspruches. Damit liegt Inland bei abstrakten Umweltgefährdungsdelikten immer dann vor, wenn das Inland innerhalb der Gefahrenzone des Umweltdelikts liegt.

---

961 *Martin*, ZRP **1992** 19 ff.; *ders.*, Grenzüberschreitende Umweltbeeinträchtigungen, S. 79 ff., 82, 95 f., 118 und 121. Wohl auch *Gribbohm*, LK § 9, Rn. 39. Mit gewichtigen Argumenten *Hecker*, ZStW **115** (2003) S. 880, 886 f.

962 Ob eine Verletzungsgefahr besteht, ist – anders als bei konkreten Gefährdungsdelikten – nicht *ex post*, sondern *ex ante* zu bestimmen, *Martin*, Grenzüberschreitende Umweltbeeinträchtigungen, S. 87.

963 *Martin*, Grenzüberschreitende Umweltbeeinträchtigungen, S. 85.

964 *Martin*, ZRP **1992** 19, 20; *ders.*, Grenzüberschreitende Umweltbeeinträchtigungen, S. 98. So auch BGHSt **46** 212 ff. (zu § 130 Absatz 1 und 3 StGB); BGH, NStZ **1990** 36 f. und *Hecker*, ZStW **115** (2003) S. 880, 887.

965 *Martin*, ZRP **1992** 19, 21; *ders.*, Grenzüberschreitende Umweltbeeinträchtigungen, S. 82.

966 *Martin*, Grenzüberschreitende Umweltbeeinträchtigungen, S. 121.

967 *Martin*, ZRP **1992** 19, 20; *ders.*, Grenzüberschreitende Umweltbeeinträchtigungen, S. 121.

Zwar bietet die sich im Vordringen befindliche Meinung *Martins* den Vorteil, kriminalpolitisch wünschenswerte Ergebnisse zu erzielen. Doch spricht gegen diese Theorie, dass zum Tatbestand der abstrakten Gefährdungsdelikte weder eine Verletzung noch eine konkrete Gefährdung gehört; auf solche Tatwirkungen kann für die Tatortbegründung somit nicht abgestellt werden.[968] Normiert der Gesetzgeber – wie bei abstrakten Gefährdungsdelikten – keinen über die tatbestandliche Handlung hinausgehenden Erfolg, so kann nicht gemäß § 9 Absatz 1 StGB auf den Erfolgsort abgestellt und die Strafbarkeit im Inland begründet werden. Infolgedessen vermag *Martins* Ansicht wegen ihrer Unvereinbarkeit mit Art. 103 Absatz 2 GG nicht zu überzeugen.[969]

(3) Lösungsansätze aus dem Internetstrafrecht

Neuerdings wird das Problem der Tatortsbestimmung im Bereich des Internetstrafrechts diskutiert.[970] Mit dem Medium Internet besteht die Möglichkeit, strafbare Äußerungen einem potentiell weltweiten Personenkreis zugänglich zu machen, ohne im deutschen Inland, wo diese Handlung unter Strafe gestellt ist (§ 130 StGB, Volksverhetzung), gehandelt zu haben. Da es sich bei § 130 Absatz 1 und 3 StGB um potentielle Gefährdungsdelikte handelt, fehlt auch hier der Erfolg (im klassischen Sinne) als Anknüpfungspunkt.

Neben der auch hier vertretenen restriktiven Theorie[971] gibt es die *extensive Theorie.* Ihre Vertreter[972] verstehen den Erfolgsort bei abstrakten Gefährdungsdelikten sehr weit; es soll die einfache Möglichkeit (die abstrakte Gefahr), dass die auf einem ausländischen Server gespeicherten Daten in Deutschland abgerufen werden können, genügen. Der Erfolgsort soll überall dort liegen, wo sich die im entsprechenden Tatbestand genannte abstrakte Gefahr realisieren kann. Dadurch werden praktisch alle weltweit verfügbaren Angebote des *world-wide-webs* unter die Zuständigkeit der deutschen Strafgewalt gestellt, was zu einer äußerst weitgehenden (und damit problematischen) Anwendung des deutschen Strafrechts führt. Die deutsche Strafgewalt würde zur Weltpolizei.[973]

---

968 *Dannecker/Streinz*, in: Rengeling (Hrsg.), Bd. I, § 8, Rn. 49; *Schönke/Schröder/Eser*, § 9, Rn. 6; *Wegscheider*, DRiZ **1983** 56, 58.

969 *Dannecker/Streinz*, in: Rengeling (Hrsg.), Bd. I, § 8, Rn. 49.

970 BGH, NJW **2001** 624 ff.; BGH, NStZ **1990** 36; *Breuer*, MMR **1998** 141 ff.; *Collardin*, CR **1995** 618 ff.; *Cornils*, JZ **1999** 394 ff.; *Derksen*, NJW **1997** 1878 ff.; *Heghmanns*, JA **2001** 276 ff.; *Heinrich*, GA **1999** 72 ff.; *Hilgendorf*, NJW **1997** 1873 ff.; *Kudlich*, Jura **2001** 305 ff.; *Satzger*, NStZ **1998** 112 ff.; *Sieber*, NJW **1999** 2065 ff.; *Werle/Jeßberger*, JuS **2001** 35 ff.; **krit.** *Heghmanns*, JA **2001** 276 ff. und *Kudlich*, Jura **2001** 305 ff., der für eine „rechtssichere Lösung" des Problems der Äußerungsdelikte für eine Ergänzung des Katalogs des § 6 StGB plädiert.

971 *Horn/Hoyer*, JZ **1987** 965, 966; *Satzger*, NStZ **1998** 112, 115; *Schönke/Schröder/Eser*, § 9, Rn. 6; *Tiedemann/Kindhäuser*, NStZ **1988** 337, 346.

972 BGH, NStZ **1990** 36, 37 (für § 78a StGB); *Beisel/Heinrich*, JR **1996** 95, 96; *Heinrich*, GA **1999** 72, 82; *Kuner*, CR **1996** 453, 455 f. (unter Hinweis auf *Collardin*, CR **1995** 618 ff.); *Martin*, Grenzüberschreitende Umweltbeeinträchtigung, S. 84 ff. und 118; *ders.*, ZRP **1992** 19, 20 f.; wohl auch *Jescheck/Weigend*, AT, S. 179. Ähnlich: BGHSt **42** 235, 242 (zu § 323a StGB).

973 *Cornils*, JZ **1999** 394, 395; *Heghmanns*, JA **2001** 276, 277; *Sieber*, NJW **1999** 2065, 2068.

Wegen der problematischen Weite dieser Theorie gibt es verschiedene *Ansätze*, sie *einzuschränken.*

Collardin[974] und *Derksen*[975] versuchen eine Begrenzung durch das Erfordernis eines zusätzlichen subjektiven Kriteriums zu erzielen: Der Abruf der Daten in Deutschland muss danach entweder vom Täter in Kauf genommen oder durch zielgerichtetes Handeln mit finalem Interesse (im Sinne eines direkten Vorsatzes) von ihm herbeigeführt worden sein. Andere[976] möchten die Einschränkung mittels eines objektiven Anknüpfungspunkts erreichen. Während *Hilgendorf*[977] einen territorialen Inlandsbezug durch die verwendete Sprache (deutsch) fordert, will *Breuer*[978] diesen mit der Staatsbürgerschaft (in Anlehnung an die Kriterien des § 7 StGB) begründen.

Diese Kriterien zur teleologischen Reduktion sind wenig überzeugend, auch wenn ihr Ergebnis kriminalpolitisch wünschenswert ist.[979]

Neuere Ansätze zur Lösung dieses Problems bieten *Cornils* und *Sieber*, die trotz unterschiedlicher Ansätze zu den gleichen Ergebnissen gelangen.

Der Ansatz von *Cornils*[980] stützt sich auf eine weite Interpretation des Tathandlungserfolgs. Da er die Besonderheiten des Mediums Internet zum Ausgangspunkt hat und dadurch zu nah an die Internet-Technologie angelehnt ist, kann er auf das Umweltstrafrecht nicht übertragen werden. Deshalb wird auf seine Darstellung verzichtet.

Sieber nimmt als Ausgangspunkt den Wortlaut des § 9 Absatz 1, 3. Alternative StGB. Danach ist *„der zum Tatbestand gehörende Erfolg"* zur Bestimmung des Tatorts entscheidend. Doch will er den Begriff Erfolg im Sinne des § 9 Absatz 1, 3. Alternative StGB eigenständig und erweiternd und nicht im Sinne des Erfolgsbegriffs der allgemeinen strafrechtlichen Tatbestandslehre[981] definieren.[982] Dies sei auch nichts Neues, weil der Begriff des Erfolgs sowohl beim Unterlassen im Sinne von § 13 StGB als auch bei der Frage nach dem Verjährungsbeginn im Sinne von § 78a StGB je eigenständig bestimmt wird.[983] Durch die erweiternde Auslegung der Erfolgsklausel des § 9 Absatz 1, 3. Alternative StGB soll der Tathandlungserfolg erfasst werden. Unter dem Tathandlungserfolg versteht *Sieber* die Verwirklichung der im Tatbestand beschriebenen

---

974 CR **1995** 618, 621: § 9 StGB sei auf konventionelle Sachverhalte zugeschnitten und bedürfe angesichts der neuen Fallgestaltungen einer teleologischen Reduktion, weil er seinem Wortlaut nach sämtliche Handlungen im Internet erfassen würde (S. 620 f.).

975 NJW **1997** 1878, 1880 f. und 1885, der allerdings für ein Spezialgesetz plädiert.

976 *Breuer*, MMR **1998** 141, 144; *Hilgendorf*, NJW **1997** 1873 ff., aber nur für Erfolgsdelikte (1876 f.).

977 *Hilgendorf*, NJW **1997** 1873 ff., allerdings nur bezüglich Erfolgs- also konkreter Gefährdungsdelikte (1876 f.) und gerade nicht bezüglich der abstrakten Gefährdungsdelikte (1876).

978 *Breuer*, MMR **1998** 141, 144.

979 **Krit.** *Cornils*, JZ **1999** 394, 395; *Sieber*, NJW **1999** 2065, 2068.

980 *Cornils*, JZ **1999** 394 und 396.

981 Vgl. *Jescheck/Weigend*, AT, S. 260 f. m.w.N. in Fn. 23.

982 *Sieber*, NJW **1999** 2065, 2068 und 2070.

983 Zu § 13 StGB *Heghmanns*, JA **2001** 276, 279; ferner *Heinrich*, GA **1999** 72, 77 f. und zu § 78a StGB BGH, NStZ **1990** 36, 37; *Lackner/Kühl*, § 78a, Rn. 1.

Handlung. Folglich liegt ein Inlandserfolg nach § 9 Absatz 1, 3. Alternative StGB vor, wenn der Täter selbst zwar im Ausland handelte, sich die im jeweiligen Tatbestand beschriebene Handlung im Inland realisiert.[984] Da die bisherige dogmatische Einordnung von Tatbeständen als abstrakte Gefährdungsdelikte oder Erfolgsdelikte in vielen Fällen austauschbar sei,[985] sei es erstrebenswert, die Feststellung, ob eine Tat im Inland begangen wurde, unabhängig von der dogmatischen Einordnung des Straftatbestands als Erfolgs- oder Gefährdungsdelikt zu treffen.[986]
Demzufolge wäre im Umweltstrafrecht – unabhängig von der dogmatischen Einordnung des Umweltstraftatbestands – aufgrund der eigenständigen Bestimmung des tatbestandlichen Erfolgs im Sinne von § 9 Absatz 1, 3. Alternative StGB ein Erfolg im Inland auch dann gegeben, wenn der „Tathandlungserfolg" im Inland liegt. Das ist jede vom Täter verursachte, ihm zurechenbare und im einschlägigen Tatbestand genannte Folge seiner Handlung.[987]
Mit diesem Ansatz werden kriminalpolitisch wünschenswerte Ergebnisse erreicht, doch geht durch diese erweitende Auslegung des Erfolgsbegriffs zugleich die Unterscheidung zwischen Handlung und Erfolg verloren. Im Übrigen sollte durch die Umschreibung *„zum Tatbestand gehörender Erfolg"* eine Einschränkung des Begriffs und des Geltungsbereichs des deutschen Strafrechts erfolgen.[988] Daher vermag diese Auffassung nicht zu überzeugen.

cc. Zwischenergebnis

Es bleibt festzuhalten, dass die konsequenteste Lösung die der herrschenden Meinung ist.[989] Danach weisen abstrakte Gefährdungsdelikte keinen Erfolg auf; für die Strafbarkeitsbegründung genügt allein die Gefährlichkeit der Handlung.
Zu beachten ist zudem, dass abstrakte Gefährdungsdelikte nicht das Gegenstück zu Erfolgsdelikten sind. Um nach der Beziehung zwischen Handlung und Erfolg zu unterscheiden, wird in Erfolgs- und Tätigkeitsdelikte unterteilt. Bei ersteren wird ein von der Tathandlung gedanklich abgrenzbarer Erfolg in der Außenwelt gefordert.[990] Bei einer Unterteilung der Delikte in Verletzungs- und Gefährdungsdelikte geht es hingegen um die Intensität der Beeinträchtigung des geschützten Handlungsobjekts. Bei den Verletzungsdelikten gehört zum Tatbestand eine Schädigung des Handlungsobjekts. Zur Erfüllung des Tatbestands von Gefährdungsdelikten (konkrete und

---

984 *Sieber*, NJW **1999** 2065, 2068 f.; *Werle/Jeßberger*, JuS **2001** 35, 39.
985 Vgl. nur die umstrittene Unterteilung der Umweltstraftatbestände, die jeweils davon abhängt, ob das Delikt individuelle oder überindividuelle Rechtsgüter zu schützen bestimmt ist, 1. Kapitel B. III.; *Sieber*, NJW **1999** 2065, 2070.
986 *Sieber*, NJW **1999** 2065, 2070.
987 *Sieber*, NJW **1999** 2065, 2070.
988 *Cornils*, JZ **1999** 394, 396 unter Hinweis auf die Entstehungsgeschichte des § 3 StGB in Fn. 26 und 27.
989 *Lackner/Kühl*, § 9, Rn. 2; *Schönke/Schröder/Eser*, § 9, Rn. 6; *Tiedemann/Kindhäuser*, NStZ **1988** 337, 346; *Wegscheider*, DRiZ **1983** 56, 58; *Wimmer*, ZfW **1991** 141, 150.
990 Vgl. nur *Hecker*, ZStW **115** (2003) S. 880, 885; *Jescheck/Weigend*, AT, S. 260; *Wessels/Beulke*, AT, Rn. 23.

abstrakte) genügt bereits die Herbeiführung einer Gefahrenlage für das geschützte Rechtsgut. Während bei den konkreten Gefährdungsdelikten der Eintritt der konkreten Gefahr Tatbestandsmerkmal ist, gehört die Gefährlichkeit der Tathandlung bei den abstrakten Gefährdungsdelikten nicht zu deren Tatbestand; sie ist allein der Grund für die Existenz der Vorschrift.[991] Damit sind abstrakte Gefährdungsdelikte auch Tätigkeitsdelikte; ihre Strafwürdigkeit beruht auf der generellen Gefährlichkeit der tatbestandsmäßigen Handlung für bestimmte Rechtsgüter.[992]

Gegen die erweiternde Auslegung des Erfolgsbegriffs bei abstrakten Umweltgefährdungsdelikten spricht eine zu starke Ausweitung der deutschen Strafgewalt ins Ausland. Zur Verdeutlichung folgendes Beispiel: Würde ein Franzose in Frankreich eine umweltbeeinträchtigende Handlung begehen, die nach französischem Recht nicht strafbar ist und deren „Erfolg" (Gefährdung eines Umweltmediums) in Deutschland eintritt und strafbar wäre, wenn ein Deutscher in Deutschland gehandelt hätte, so wäre es nicht verständlich, wenn der Franzose eine strafrechtliche Verfolgung nach deutschem Recht befürchten müsste. Diese Gefahr bestünde nicht bei einer Ausweitung der deutschen Strafgewalt nach *Martin*, da infolge der völkerrechtlichen Duldungspflicht eine Strafverfolgung auszuscheiden hätte, wenn nur eine unerhebliche Rechtsgutgefährdung eingetreten ist.[993]

Das führt zu dem „sinnwidrigen"[994] und unzufriedenstellenden Ergebnis, dass die Ausgestaltung eines Tatbestands als abstraktes Gefährdungsdelikt internationalrechtlich seine Unanwendbarkeit zur Folge hat und so der vom Gesetzgeber zuerkannte erhöhte Schutz versagt bleibt.

Eine zufrieden stellende Lösung ist wohl nur *de lege ferenda* möglich, da die abstrakte Gefahr nicht als Erfolg gewertet werden kann.[995] Letzten Endes scheint eine klarstellende Lösung durch den Gesetzgeber geboten. Dies hat insbesondere auch die neue Diskussion um die Äußerungsdelikte bedingt durch das Internet als neues Medium gezeigt: Zwar kommen einige Ansätze zu wünschenswerten und kriminalpolitisch vertretbaren Ergebnissen, doch bieten sie keine dogmatisch saubere und überzeugende Lösung.

5. Verwaltungsakzessorietät bei grenzüberschreitenden Umweltbeeinträchtigungen

Bejaht man trotz dieser Bedenken die Anwendbarkeit des deutschen Umweltstrafrechts, so stellt sich bei Vorliegen eines Unrechtserfolgs im Inland die Frage, ob eine

---

[991] Vgl. nur *Hecker*, ZStW **115** (2003) S. 880, 885; *Wessels/Beulke*, AT, Rn. 29.

[992] *Hecker*, ZStW **115** (2003) S. 880, 885; *Jescheck/Weigend*, AT, S. 264.

[993] *Martin*, ZRP **1992** 19, 23.

[994] *Hecker*, ZStW **115** (2003) S. 880, 888; *Tiedemann/Kindhäuser*, NStZ **1988** 337, 346.

[995] *Kloepfer/Vierhaus*, Umweltstrafrecht, Rn. 169.

Bestrafung nach deutschem Recht auch dann möglich ist, wenn die Tat nach dem Recht des Handlungsorts gestattet (genehmigt) ist.[996]

a. Problemdarstellung

Die oben diskutierte Verwaltungsakzessorietät[997] des Umweltstrafrechts führt auch im Bereich grenzüberschreitender Umweltbeeinträchtigungen zu schwierigen und teilweise noch nicht einheitlich gelösten Fragestellungen.

So stellt sich die Frage, ob die Strafbarkeit nach §§ 324 ff. StGB an ausländisches öffentliches Recht gekoppelt ist. Konkret bedeutet dies, ob man sich bei dem Erfordernis der Verletzung verwaltungsrechtlicher Pflichten auf ausländisches Verwaltungsrecht stützen kann, und ob befugtes Handeln im Nachbarstaat die Verletzung verwaltungsrechtlicher Pflichten in Deutschland ausschließt.

b. (relativ) unproblematische Konstellationen

Nach herrschender Meinung[998] hat deutsches Umweltverwaltungsrecht grundsätzlich keine extraterritoriale Geltung, weil hoheitliches Handeln nur im eigenen Staatsgebiet Rechtswirkungen entfalten kann. Eine Ausnahme stellt insofern § 328 Absatz 1 Nr. 1 StGB dar, der ausländische Genehmigungen oder Untersagungen inländischen gleichgestellt.[999] Soweit es um Tatbestände geht, die eine Zuwiderhandlung gegen Verwaltungsakte erfordern, besteht Einigkeit: In diesen Fällen darf nicht auf deutsches Verwaltungsrecht abgestellt werden, weil der Geltungsanspruch des deutschen Verwaltungsrechts auf die Bundesrepublik Deutschland beschränkt ist. Es ist auf die Rechtslage am Handlungsort abzustellen.[1000]

Weitgehend Einigkeit besteht auch insoweit, als eine am Handlungsort ebenfalls verbotene Tätigkeit auch nach deutschem Umweltstrafrecht (dem des Erfolgsorts) bestraft werden kann.[1001] Die Tat soll selbst dann strafbar sein, wenn die Beeinträchtigung unterhalb der Schwelle der Völkerrechtswidrigkeit liegt.[1002] Ein Souveränitätskonflikt besteht dann nicht.

---

996 *Dannecker/Streinz*, in: Rengeling (Hrsg.), Bd. I, § 8, Rn. 50; *Hecker*, ZStW **115** (2003) S. 880, 889 f.; *Tiedemann*, in: Kimminich/v.Lersner/Storm (Hrsg.), Bd. II., Sp. 2440, 2458.

997 1. Kapitel B. IV.

998 *Dannecker/Streinz*, in: Rengeling (Hrsg.), Bd. I, § 8, Rn. 50; *Forkel*, Grenzüberschreitende Umweltbelastungen, S. 71; *Hecker*, ZStW **115** (2003) S. 880, 890; *Martin*, Grenzüberschreitende Umweltbeeinträchtigungen, S. 290 ff.; *ders.*, ZRP **1992** 19, 22; *Kloepfer*, DVBl. **1984** 245, 247.

999 Vgl. *Tröndle/Fischer*, § 328, Rn. 1.

1000 *Dannecker/Streinz*, in: Rengeling (Hrsg.), Bd. I, § 8, Rn. 50; *Martin*, Grenzüberschreitende Umweltbeeinträchtigungen, S. 290 ff. und 306 ff.; *Schönke/Schröder/Eser*, Vorbem §§ 3-7, Rn. 24. Zur Relevanz harmonisierten Umweltrechts für die Konkretisierung verwaltungsrechtlicher Pflichten *Hecker*, ZStW **115** (2003) S. 880, 898 ff., 900.

1001 *Dannecker/Streinz*, in: Rengeling (Hrsg.), Bd. I, § 8, Rn. 50; *Martin*, ZRP **1992** 19, 23; *ders.*, Grenzüberschreitende Umweltbeeinträchtigungen, S. 340.

1002 *Martin*, Grenzüberschreitende Umweltbeeinträchtigungen, S. 316; *Schönke/Schröder/Eser*, Vorbem §§ 3-7, Rn. 24 a. E. **A.A.**: *Wegscheider*, DRiZ **1983** 56, 60. Kritisch dazu *Hecker*, ZStW **115** (2003) S. 880, 891 f.

c. Problematische Konstellationen

aa. Problemstellung

Setzt der Tatbestand keinen Verstoß gegen einen Verwaltungsakt voraus (wie § 324 StGB) und ist die Handlung nach dem Umweltverwaltungsrecht des Handlungsorts erlaubt, weil eine ausländische Genehmigung vorliegt, so besteht ein Souveränitätskonflikt. Dennoch ist die Strafbarkeit nach deutschem Recht nicht zwingend ausgeschlossen: Erstens ist die Fremdrechtsanwendung nach dem Wortlaut nicht zwingend und zweitens entfalten ausländische Hoheitsakte nach den allgemeinen Grundsätzen des Völkerrechts nicht ohne weiteres Rechtswirkungen auf das Recht des anderen Staats.[1003] Entscheidend ist vielmehr, ob der ausländische Hoheitsakt unter Berücksichtigung völkerrechtlicher Vorgaben anzuerkennen ist.[1004]

bb. Lösungsansätze

Nach *Martin*[1005] gebietet der Grundsatz der Völkerrechtsfreundlichkeit, dass völkerrechtlich zulässige grenzüberschreitende Umweltbeeinträchtigungen als nicht strafbar zu werten sind. Dieses Ergebnis kann über die Anerkennung ausländischer Hoheitsakte erreicht werden, da sie so Rechtswirkung in Deutschland erlangen. Dann kommt ausländischen Genehmigungen die gleiche Wirkung zu wie deutschen und die Tat ist nicht mehr unbefugt.[1006]

Den Ausgangspunkt zur Lösung des Problems bildet der völkerrechtliche Grundsatz, dass grenzüberschreitende Umweltbeeinträchtigungen unzulässig sind.[1007] Allerdings ist im Einzelnen streitig, wo die konkrete Grenze zwischen dem Nutzungsrecht (territorialen Souveränität) und dem Recht, nicht durch grenzüberschreitende Umweltbeeinträchtigungen belastet zu werden (territoriale Integrität), im Rahmen des völkerrechtlichen Nachbarrechts völkergewohnheitsrechtlich verläuft.[1008]

Nach herrschender Meinung[1009] ergibt sich aus dem Prinzip der beschränkten territorialen Souveränität und Integrität[1010] die Verpflichtung, grenzüberschreitende Um-

---

[1003] *Martin*, Grenzüberschreitende Umweltbeeinträchtigungen, S. 290 ff. und 306 ff.; *Schönke/Schröder/Eser*, Vorbem §§ 3-7, Rn. 24.

[1004] *Dannecker/Streinz*, in: Rengeling (Hrsg.), Bd. I, § 8, Rn. 50; *Schönke/Schröder/Eser*, Vorbem §§ 3-7, Rn. 24 a. E.

[1005] *Martin*, ZRP **1992** 19, 24; *ders.*, Grenzüberschreitende Umweltbeeinträchtigungen, S. 340.

[1006] Vgl. *Martin*, Grenzüberschreitende Umweltbeeinträchtigungen, S. 340; *Schönke/Schröder/Eser*, Vorbem §§ 3-7, Rn. 24 a. E.

[1007] Vgl. *Dannecker/Streinz*, in: Rengeling (Hrsg.), Bd. I, § 8, Rn. 50; *von Heinegg*, in: Ipsen (Hrsg.), Rn. 5. Dieser Grundsatz ist seit der rechtlich unverbindlichen Schlusserklärung der Stockholmer Konferenz von 1972 (Prinzip 21) anerkannt. *Reichart*, Umweltschutz, S. 60 (es gibt kein Gebot, die Umwelt generell nicht zu belasten). Urteil des Tribunal Administratif de Strasbourg vom 27.07.1983, vgl. *Wolfrum*, DVBl. **1984** 493 Fn. 2.

[1008] *Dannecker/Streinz*, in: Rengeling Fn. 2, Bd. I, § 8, Rn. 50; *Martin*, ZRP **1992** 19, 23. Bedeutsam sind insbesondere folgende drei Fälle: Trail Smelter-Fall (1941), Lac Lamoux-Fall (1957) und Korfu Kanal-Fall (1949).

[1009] Vgl. *Dannecker/Streinz*, in: Rengeling Fn. 2, Bd. I, § 8, Rn. 50 m.w.N; *Martin*, Grenzüberschreitende Umweltbeeinträchtigungen, S. 217; *Schönke/Schröder/Eser*, Vorbem §§ 3-7, Rn. 24; *Tiedemann*, in: Kimminich/v.Lersner/Storm (Hrsg.), Bd. II., Sp. 2440, 2458; *Wegscheider*, DRiZ **1983** 56, 60.

weltbeeinträchtigungen in gewissem Umfang zu dulden. Damit sind Schäden, die *keine erheblichen Folgen* verursachen, zu dulden *Erhebliche grenzüberschreitende Umweltbeeinträchtigungen* sind hingegen grundsätzlich völkerrechtswidrig und es besteht die völkerrechtliche Pflicht, sie zu unterlassen beziehungsweise sie zu vermeiden.[1011] Wenn der geschädigte Staat einen anderen Staat in ähnlicher Weise beeinträchtigt, so ist ihm der Abwehranspruch gegen an sich völkerrechtswidrige grenzüberschreitende Umweltbeeinträchtigungen verwehrt. Er kann von anderen Staaten nicht mehr Anstrengungen zur Verhütung von Schäden verlangen, als er selbst zu erbringen bereit ist (Grundsatz der Reziprozität).[1012]

Auch *Gefährdungen* sind ab einer gewissen Intensität schon untersagt; je höher der drohende Schaden ist, desto unwahrscheinlicher muss der Eintritt eines schädigenden Ereignisses sein. Dies gilt insbesondere für gefährliche Tätigkeiten in Grenznähe (Kernkraftwerke an der Grenze).[1013]

Daneben bestehen gegenüber dem Nachbarstaat völkerrechtliche Unterrichtungs- und Konsultierungspflichten, wenn gefährdende und schädigende Aktivitäten durchgeführt werden sollen.[1014]

d. Kritische Würdigung

Anhand des Umweltmediums „Meer" zeigt *Reichart* exemplarisch, dass die bestehenden Normen des internationalen Strafrechts nicht ausreichen, um einen umfassenden strafrechtlichen Schutz der völkerrechtlichen Verträge und der Grundsätze zum Schutz der Umwelt zu gewährleisten.[1015] *De lege lata* bestehen nur rudimentäre Ansätze eines völkerrechtlichen Strafrechts. Dabei spielt der Schutz der Umwelt keine Rolle. Er wird nur als Teilbereich des außergewöhnlich schweren Kriegsverbrechens in Art. 22 Absatz 2d) des Draft Code of Crimes von 1991 und in dessen Art. 26 als Teil der Verbrechen gegen die Menschlichkeit erfasst.[1016] Das belegt, dass der Umweltschutz im völkerrechtlichen Strafrecht nur ungenügend erfolgt.[1017]

1010 Das Lotus-Urteil des Ständigen Internationalen Gerichtshofs (vom 07.09.1927, PCIJ Ser. A No. 10) beschreibt die Grenzen des Strafrechts: Die Freiheit eines Staats zur Ausdehnung seiner Strafgewalt sei nur ausnahmsweise durch völkerrechtliche Verbote begrenzt. Dies sei dann der Fall, wenn die Handlung die bestraft werden soll, keinerlei Bezug zu dem Staat aufweist, der sie sanktionieren will. Bei erheblichen grenzüberschreitenden Umweltbeeinträchtigungen sei ein solcher Bezug in der Regel zu bejahen – anders bei geringen Gefahren. Vgl. *Martin*, ZRP **1992** 19, 22.

1011 Vgl. nur *Dannecker/Streinz*, in: Rengeling Fn. 2, Bd. I, § 8, Rn. 18; *Martin*, Grenzüberschreitende Umweltbeeinträchtigungen, S. 284.

1012 Vgl. nur *Martin*, Grenzüberschreitende Umweltbeeinträchtigungen, S. 285.

1013 *Martin*, Grenzüberschreitende Umweltbeeinträchtigungen, S. 286.

1014 Vgl. nur *Martin*, Grenzüberschreitende Umweltbeeinträchtigungen, S. 284; *Reichart*, Umweltschutz, S. 60.

1015 *Reichart*, Umweltschutz, S. 175 (obwohl das Meer noch der am besten durchnormierte Bereich ist).

1016 *Reichart*, Umweltschutz, S. 526.

1017 Zu den Durchsetzungsdefiziten *Ehrmann*, Erfüllungskontrolle im Umweltvölkerrecht.

IX. Ergebnis

Die Erfahrungen mit dem 2. UKG zeigen, dass dieses als schärfstes Umweltstrafrecht der Welt bezeichnete Gesetz[1018] nicht zu einer wesentlich gestiegenen Verurteilungsquote geführt hat. Der Grund dafür liegt wohl leider nicht im Rückgang der begangenen Umweltverstöße, sondern in der partiellen Ineffizienz des Umweltstrafrechts.

Diese Ineffizienz beruht auf folgenden Faktoren:

Den Staatsanwaltschaften fehlt es oft an der personellen und technischen Ausstattung, um Umweltverstöße selbst feststellen zu können. Deshalb kann sie von sich aus nur tätig werden, wenn die Umweltbeeinträchtigungen mit bloßem Auge erkennbar sind. Im Übrigen ist sie von der Anzeigebereitschaft der Umweltverwaltungsbehörden abhängig. Bei einer geringen Anzeigebereitschaft der die Umweltverstöße feststellenden Umweltverwaltungsbehörde kann die Staatsanwaltschaft nicht tätig werden. Somit ist für eine Steigerung der Effizienz des Umweltstrafrechts eine verstärkte Überwachungstätigkeit und Anzeigebereitschaft der Umweltverwaltungsbehörden notwendig, was auch dort eine bessere personelle und technische Ausstattung erfordert. Diese Anzeigebereitschaft kann mittels einer strafbewehrten Anzeigepflicht erhöht werden (oben 1. Kapitel B. V. 3.).

Als weiterer Grund für die mangelnde Effizienz des geltenden Umweltstrafrechts konnte die mangelnde strafrechtliche Verantwortlichkeit von juristischen Personen festgestellt werden. Die wenigen Umweltdelikte, die zur Staatsanwaltschaft gelangen, werden häufig mangels Nachweises der Kausalität zwischen dem Verhalten des Beschuldigten und der Umweltbeeinträchtigung wieder eingestellt. Gerade bei von größeren und großen Unternehmen ausgehenden Umweltbeeinträchtigungen ist die Ermittlung der verantwortlichen Person infolge der komplexen Organisationsstruktur schwierig. Folglich werden die Verfahren häufig eingestellt oder mittels Strafbefehl erledigt. Das ist in Anbetracht der von Unternehmen für die Umwelt ausgehenden Gefahren misslich und sollte durch Einführung einer eigenständigen Strafbarkeit abgeholfen werden.

Aber auch im Bereich des Strafanwendungsrechts bestehen erhebliche Strafbarkeitslücken. Da viele Straftatbestände des 29. Abschnitts als abstrakte und potentielle Gefährdungsdelikte ausgestaltet sind und es sich oft um Distanzdelikte handelt, bleibt das deutsche Umweltstrafrecht mangels Anknüpfungspunkts oft unanwendbar. Hier ist eine neue, den Anwendungsbereich des deutschen Umweltstrafrechts eröffnende Regelung durch den Gesetzgeber sinnvoll, um einen effektiven Schutz der Umwelt zu gewährleisten.

1018 *Kinkel*, ZRP **1990** 409, 414 f.; ähnlich *Schmidt/Schöne*, NJW **1994** 2514, 2519.

Deshalb sollte die festgestellte Ineffizienz des Umweltstrafrechts nicht zu seiner gänzlichen Abschaffung, sondern angesichts der sichtbaren Umweltschäden zu einer besseren Ausgestaltung führen. Das heißt, dass erneut vor allem über die Einführung einer strafbewehrten Anzeigepflicht für Amtsträger sowie der Strafbarkeit juristischer Personen und der Ausweitung der Anwendbarkeit deutschen Umweltstrafrechts auf grenzüberschreitende Umweltstraftaten nachgedacht werden muss.

2. Kapitel: Die verschiedenen Modelle des Umweltstrafrechts

Im Folgenden wird ein Überblick[1019] über die verschiedenen Regelungsmöglichkeiten des Umweltstrafrechts, von denen in den Mitgliedstaaten der Europäischen Union, aber auch in Japan und in der Schweiz Gebrauch gemacht wird, gegeben. Hierbei sollen vor allem die im deutschen Umweltstrafrecht bestehenden Problempunkte (der Rechtsgüterschutz, die Deliktstypen, die Verwaltungsakzessorietät, die Amtsträgerstrafbarkeit und die Frage der Strafbarkeit juristischer Personen) abgehandelt und kurz wesentliche Unterschiede zum deutschen Umweltstrafrecht hervorgehoben werden. Deshalb erfolgt im Anschluss an jedes Land ein kurzer Vergleich mit dem deutschen Umweltstrafrecht, der die drei Bereiche, die im deutschen Recht als lückenhaft und verbesserungswürdig ausgemacht wurden (einheitliche Erfassung/Regelung der Umweltrechtsgüter, Strafbarkeit beziehungsweise Anzeigepflicht von Amtsträgern und Strafbarkeit juristischer Personen), zum Schwerpunkt hat.
Vereinfachend lassen sich drei Grundmodelle unterscheiden; Es gibt Länder, die das Umweltstrafrecht im allgemeinen Strafgesetzbuch (A.), in einem zentralen Umweltschutzgesetz (B.) oder im Nebenstrafrecht als strafrechtliche Annexvorschriften zum Umweltverwaltungsrecht (C.) geregelt haben.[1020]

A. Regelung des Umweltstrafrechts im Strafgesetzbuch

In Westeuropa hat zuerst Österreich das Umweltstrafrecht mittels Integration spezieller Umweltdelikte im Kernstrafrecht verankert.[1021] Dann folgten Deutschland,[1022] Schweden,[1023] Portugal[1024] und Spanien.[1025]

1019 Dieser Überblick erhebt keinen Anspruch auf Vollständigkeit, sondern soll beispielhaft andere mitgliedstaatliche Regelungsmodelle darstellen.
1020 Vgl. *Heine*, NJW **1990** 2425, 2426 (ff.); *ders.*, GA **1986** 67, 68.
1021 Mit dem neuen Strafgesetz, das am 01.01.1975 in Kraft getreten ist, wurden die ersten Ansätze zu einem eigenständigen Umweltstrafrecht erweitert. Vor 1975 gab es in Österreich kein Umweltstrafrecht im engeren Sinne, wenn man von § 398 öStGB absieht, der – ähnlich der Brunnenvergiftung in Deutschland – das Verunreinigen von Zisternen, Brunnen, Flüssen etc., die zur Trinkwassergewinnung genutzt werden als abstraktes Gefährdungsdelikt unter Strafe stellte. Geschütztes Rechtsgut war damit die Gesundheit des Menschen. Ferner *Heine*, GA **1986** 67, 68.
1022 18. StÄG, das am 01.07.1980 in Kraft getreten ist.
1023 Gesetz, das das schwedische Umweltstrafrecht mit Wirkung ab 1981 in wesentlichen Teilen reformierte. Vgl. *Heine*, GA **1986** 67, 68.
1024 Vgl. *Heine*, GA **1986** 67, 68.
1025 Gesetz von 1983. Vgl. *Heine*, GA **1986** 67, 68.

Ziel der Integration bestimmter Umweltgüter in das Strafgesetzbuch war – neben dem Wunsch nach Harmonisierung und der Erwartung einer gleichförmigeren und erleichterten Durchsetzbarkeit der Strafnormen – die Hervorhebung der Umweltschutzgüter als besonders schutzwürdig sowie die Schärfung des Bewusstseins der Bürger für die Sozialschädlichkeit von Umweltbelastungen;[1026] Ziele, die durch nebengesetzliche Strafregeln nicht erreicht werden konnten.[1027]
Liegt der Schwerpunkt der umweltstrafrechtlichen Regeln im Strafgesetzbuch, so ist das Strafrecht der Tendenz nach weniger verwaltungsabhängig, wie wenn es in den Nebengesetzen geregelt ist: Bestraft wird nicht der bloße Verwaltungsungehorsam, sondern nur Handlungen mit (potentiell) umweltbelastenden Konsequenzen.[1028]

I. Das österreichische Umweltstrafrecht

1. Verfassungsrechtliche Verankerung

In Österreich ist der Umweltschutz als Staatszielbestimmung in der Verfassung verankert,[1029] gl. Art. 10 Absatz 1 Nr. 12 öVerfassung. Nach der Verfassung ist der Bund für Maßnahmen zur Abwehr von gefährlichen Belastungen der Umwelt zuständig.

2. Allgemeines

Der Schutz der Umwelt ist im allgemeinen Strafgesetzbuch geregelt. Die §§ 180 ff. öStGB von 1975 schützten die Luft und das Wasser vor Verunreinigungen, soweit dadurch eine Gefahr für Leib oder Leben von Menschen oder Tieren herbeigeführt wurde, sowie Haustiere, das Fischerei- und Jagdrecht und die Land- und Forstwirtschaft vor Gefährdungen. Diese strafrechtlichen Regeln waren nicht verwaltungsakzessorisch ausgestaltet und erforderten deshalb die konkrete Gefahr für Leib oder Leben des Menschen beziehungsweise eine konkrete Gefahr großen Ausmaßes für Tiere.[1030] Damit erfolgte der Schutz ökologischer Rechtsgüter allenfalls mittelbar: Im Vordergrund stand stets der Schutz von Leib, Leben und Vermögen des Menschen.

1026 Für Österreich: *Kuhlen*, Österreich, S. 219 f.; *Tiegs*, wistra **1989** 41 f.; *Triffterer*, ÖJZ **1991** 799 ff.; für Deutschland: *Heine*, NJW **1990** 2425, 2427; *ders.*, GA **1986** 67; *Steindorf*, Vor § 324, Rn. 3 und 7a; *Tiedemann*, Neuordnung, S. 18 f.; *Triffterer*, Umweltstrafrecht, S. 31 f.; für Schweden: *Cornils*, Landesbericht Schweden, S. 477, 502; für Portugal: *Hünerfeld*, Landesbericht Portugal, S. 363; für Spanien: *Miller*, Umweltstrafrecht, S. 183 (für Art. 347bis spanStGB a.F.) und S. 221.

1027 Aber str., zur Gegenmeinung vgl. *Arzt*, Kriminalistik, **1981** 117, 120; *Heine/Meinberg*, GA **1990** 1 ff.; *Rotsch*, wistra **1999** 321; *Salzwedel*, ZfW **1980** 211; *Tröndle/Fischer*, Vor § 324, Rn. 4.

1028 *Heine*, NJW **1990** 2425, 2427.

1029 Vgl. *Kloepfer/Mast*, Umweltrecht des Auslandes, S. 54 f.

1030 Vgl. *Heine*, GA **1986** 67, 72 f.

Wegen der geringen praktischen Bedeutung dieser Strafvorschriften wurde das Umweltstrafrecht durch das StRÄG 1987[1031] reformiert und im Titel des siebten Abschnitts neben den gemeingefährlichen Straftaten genannt.[1032]
Die Umwelt sollte fortan auch um ihrer selbst willen geschützt werden.[1033] Die Straftatbestände erfassen sowohl vorsätzliches als auch fahrlässiges Handeln[1034] und sind fast ausschließlich verwaltungsakzessorisch ausgestaltet.[1035]
In der Regel handelt es sich bei den Umweltdelikten um Allgemeindelikte, die von jedermann begangen werden können.
Durch die Reform neu hinzugekommen ist ein Straftatbestand zum Schutz des Bodens, § 180 Absatz 1 öStGB. Von § 180 Absatz 1 Nr. 2 öStGB werden nun die ökologischen Rechtsgüter selbst geschützt, ohne dass es auf eine Gefährdung der traditionellen Rechtsgüter ankäme (insbesondere wird nicht mehr auf das Eigentum an Tieren oder auf Fischerei- und Jagdrechte abgestellt). Geschützt wird der Mensch auch vor Lärmbeeinträchtigungen (§ 181a öStGB) und § 181b öStGB erfasst das umweltgefährdende Betreiben von Anlagen und die umweltgefährdende Beseitigung von Abfällen.

3. Die Regeln im Einzelnen

Durch § 180 öStGB wird der Schutz der Umweltmedien Luft, Wasser und Boden zusammenfassend und einheitlich geregelt. Diese Vorschrift schützt Boden, Luft und Wasser vor vorsätzlichen Verunreinigungen – deren fahrlässige Verunreinigung ist in § 181 öStGB geregelt. Dieser Tatbestand verlangt – anders als § 324 dStGB – eine abstrakte Gefährdung von Leib oder Leben des Menschen (Nr. 1) beziehungsweise des Tier- oder Pflanzenbestands (Nr. 2). Hinsichtlich der Verunreinigung der Umweltmedien stellt § 180 öStGB ebenso wie 324 dStGB ein Verletzungsdelikt dar.
§ 180 Absatz 2 öStGB stellt besonders gravierende Beeinträchtigungen des Bodens und des Gewässers (nicht der Luft!) unter Strafe. Zwar schützt er ausschließlich die Umwelt als eigenständiges Rechtsgut, doch bestehen bei dieser Qualifikation hohe Voraussetzungen: Boden oder Gewässer müssen nachhaltig, schwer und in großem Ausmaß beeinträchtigt sein. Die Verunreinigung soll nach einhelliger Meinung nur dann nachhaltig sein, wenn ihr natürlicher Abbau etwa einen Monat und länger dauert.[1036]

1031 BGBl. 1987, 605, das aber erst am 01.01.1989 in Kraft getreten ist.

1032 Empirische Untersuchung zur Praxis nach der Reform: *Wegscheider*, ÖJZ **1994** 648 ff.

1033 *Kuhlen*, Österreich, S. 221 m.w.N. in Fn. 1302.

1034 In Österreich ist fahrlässiges Handeln in der Regel strafbewehrt.

1035 *Schwaighofer*, ÖJZ **1994** 226, 227, der zu Vor- und Nachteilen Stellung bezieht. Vgl. *Triffterer*, ÖJZ **1991** 799, 802 ff.

1036 *Bertel/Schwaighofer*, BT II, §§ 180, 181, Rn. 9; *Kuhlen*, Österreich, S. 229; *Schwaighofer*, ÖJZ **1994** 226, 234; *Triffterer*, ÖJZ **1991** 799, 801.

Die Vorschrift zum Schutz vor vorsätzlichen Lärmbeeinträchtigungen, § 181a öStGB,[1037] schützt nur das körperliche Wohlbefinden des Menschen, nicht aber die Ruhe als ökologisches Rechtsgut. Auf Grund ihrer hohen Voraussetzungen – § 181a öStGB stellt das einzige Erfolgsdelikt dar und verlangt die nachhaltige und schwere Beeinträchtigung des Befindens vieler (30) Menschen[1038] – hat diese Rechtsnorm in der Praxis keine große Bedeutung erlangt.[1039]

§ 181b Absatz 1 öStGB schützt die ökologischen Rechtsgüter Reinheit von Gewässer, Boden und Luft vor Gefahren, die der Umwelt durch die vorsätzliche Behandlung, Lagerung, Beseitigung etc. von Abfällen drohen können. Die fahrlässige Tatbegehung des § 181b Absatz öStGB ist über § 181c öStGB strafbewehrt. In § 181b Absatz 2 öStGB wird die unerlaubte Ein-, Aus- und Durchfuhr von gefährlichen Abfällen („Abfalltourismus") erfasst. Hier fehlt ein Tatbestand, der vor fahrlässigen Handlungen schützt. Nach einhelliger Auffassung[1040] verlagert § 181b öStGB als abstraktes Gefährdungsdelikt den strafrechtlichen Schutz vor. Das vorsätzliche umweltgefährdende Betreiben von Anlagen wird von § 181d öStGB erfasst, der als verwaltungsakzessorisches potentielles Gefährdungsdelikt ausgestaltet ist.[1041]

Auch § 182 öStGB[1042] schützt die ökologischen Rechtsgüter (den Tier- und Pflanzenbestand) selbst:[1043] § 182 Absatz 1 öStGB ist zugleich der einzige nicht verwaltungsakzessorische Tatbestand im österreichischen Umweltstrafrecht und schützt den Tier- und Pflanzenbestand vor potentiellen ihnen drohenden Gefahren.[1044] Der verwaltungsakzessorische § 182 Absatz 2 öStGB verlangt hingegen die konkrete Gefährdung des Tier- und Pflanzenbestands innerhalb eines großen Gebiets.[1045]

4. Verwaltungsakzessorietät

In den einzelnen Tatbeständen ist die Verwaltungsabhängigkeit einheitlich gefasst: Es ist stets ein Handeln „*entgegen einer Rechtsvorschrift oder einem behördlichen Auftrag*" erforderlich, was somit positive Tatbestandsvoraussetzung ist.[1046] Den Irrtum über Rechtsvorschriften und behördliche Aufträge regelt § 183a öStGB gesondert; er unterscheidet zwischen vorwerfbaren und nicht vorwerfbaren Irrtümern.[1047]

Entscheidend für die Beachtlichkeit der Genehmigung im Strafverfahren ist allein ihre Wirksamkeit: Ist die Umweltbeeinträchtigung von einer wirksamen Genehmi-

---

1037 Ein Fahrlässigkeitstatbestand fehlt. Vgl. *Kuhlen*, Österreich, S. 233 f.
1038 *Bertel/Schwaighofer*, BT II, §§ 180, 181, Rn. 1.
1039 *Bertel/Schwaighofer*, BT II, §§ 181a, Rn. 3; *Schwaighofer*, ÖJZ **1994** 226, 229.
1040 Vgl. statt aller *Kuhlen*, Österreich, S. 234.
1041 *Bertel/Schwaighofer*, BT II, §§ 181d.
1042 Die Strafbarkeit der Fahrlässigkeit ist in § 183 öStGB geregelt.
1043 *Kuhlen*, Österreich, S. 236.
1044 *Bertel/Schwaighofer*, BT II, §§ 182, Rn. 1.
1045 *Bertel/Schwaighofer*, BT II, §§ 182, Rn. 2.
1046 *Kuhlen*, Österreich, S. 237 f.
1047 Vgl. *Bertel/Schwaighofer*, BT II, §§ 183a, Rn. 1 ff.

gung gedeckt, so ist deren Rechtmäßigkeit für die Frage der Strafbarkeit unerheblich.[1048] Allerdings macht die Literatur[1049] vielfach Ausnahmen von der grundsätzlichen Unbeachtlichkeit der Rechtmäßigkeit beziehungsweise der Rechtswidrigkeit, wenn es sich um Fälle des Rechtsmissbrauchs handelt. So in Fällen einer erschlichenen Genehmigung und anderen Fällen fehlenden schutzwürdigen Vertrauens.[1050]

5. Strafbarkeit von Amtsträgern

Eine spezielle gesetzliche Regelung zur Amtsträgerstrafbarkeit fehlt im österreichischen Umweltstrafrecht. Amtsträger können sich nicht nach §§ 180, 181 öStGB, sondern nur wegen Amtsmissbrauchs nach § 302 öStGB[1051] strafbar machen, wenn sie wissentlich(!) rechtswidrige und unvertretbare Bescheide erlassen haben.[1052] Darunter fällt auch die rechtswidrige Amtsausübung durch Beamte der Umweltverwaltung.[1053] Dies stellt infolge des Erfordernisses der Wissentlichkeit gegenüber der sonst regelmäßig bestehenden Fahrlässigkeitsstrafbarkeit eine erhebliche Privilegierung dar. Daneben besteht die Möglichkeit einer Strafbarkeit nach den allgemeinen Regeln der Täterschaft und Teilnahme.[1054]

Zudem verpflichtet § 84 öStGB alle öffentlichen Behörden und Ämter, bekannt gewordene Straftaten anzuzeigen.

6. Strafbarkeit juristischer Personen

Die Strafbarkeit juristischer Personen existiert im österreichischen Strafrecht nicht. Auch hier gilt traditionell das individuelle, persönliche Schuldprinzip,[1055] wonach juristische Personen und andere Personenverbände grundsätzlich nicht strafbar sein können.[1056]

Jedoch hat sich in Österreich nach und nach durchgesetzt, dass juristischen Personen strafbare Handlungen zugerechnet werden können. So sind neue Haftungssysteme (siehe §§ 20, 20a und 20b öStGB), die eine strafrechtliche Reaktion ohne ein Schulderfordernis ermöglichen, mit dem Strafrechtsänderungsgesetz von 1996 eingeführt worden.[1057] § 20a öStGB sieht als Nebenstrafe für juristische Personen die Abschöp-

---

1048 Vgl. *Kuhlen*, Österreich, S. 239 m.w.N. in Fn. 1441.

1049 Statt aller *Triffterer*, ÖJZ **1991** 799, 805 f.

1050 Vgl. *Kuhlen*, Österreich, S. 239.

1051 § 302 öStGB ist ein echtes Sonderdelikt, das nur Beamte begehen können. Vgl. *Kuhlen*, Österreich, S. 244.

1052 *Bertel/Schwaighofer*, BT II, §§ 180, 181, Rn. 15.

1053 *Kuhlen*, Österreich, S. 244; *Triffterer*, ÖJZ **1991** 799, 811 f.

1054 *Heine*, ÖJZ **1991** 370, 376; *Kuhlen*, Österreich, S. 245 f.; *Schwaighofer*, ÖJZ **1994** 226, 232; *Triffterer*, ÖJZ **1991** 799, 812 ff.

1055 Vgl. *Schick*, ZStW **110** (1998) S. 473, 489 unter Hinweis auf *Nowakowski*.

1056 *Schwaighofer*, ÖJZ **1994** 226, 232. So auch *Rogall*, KK-OWiG, § 30, Rn. 241.

1057 Dieses ist am 01.03.1997 in Kraft getreten. Vgl. *Eidam*, Unternehmen und Strafe, S. 228; *ders.*, Straftäter Unternehmen, S. 48; *Rogall*, KK-OWiG, § 30, Rn. 241.

fung der Bereicherung vor[1058] und ihre Anordnung nach § 20 Absatz 4 letzter Satz öStGB ist direkt gegenüber der juristischen Person oder Personengesellschaft möglich, ohne dass es eines Nachweises des Verschuldens ihrer Organe bedarf.[1059] In die gleiche Richtung zielt auch die neue Regelung des Verfalls in § 20b öStGB.[1060] Ergänzt werden diese beiden materiellrechtlichen Bestimmungen durch neue prozessuale Regelungen, die ein „objektives Verfahren" (§§ 443 ff. öStGB) ermöglichen.[1061] Daneben gibt es den ebenfalls neu eingeführten Tatbestand der kriminellen Organisation, § 278a öStGB, der die Gründung und die Beteiligung an einer kriminellen Organisation als Verbrechen bestraft. Es sei grundsätzlich vorstellbar, dass selbst große Wirtschaftsunternehmen, die etwa versuchen, mittels Korruption Einfluss auf die Verwaltung zu nehmen, als solche kriminellen Organisationen bewertet werden.[1062]

7. Ausblick

In Österreich wird die Neustrukturierung des Umweltstrafrechts diskutiert, um es effektiver auszugestalten. Hierbei werden vor allem zwei Problembereiche erörtert:[1063] Zum einen geht es darum, dass das österreichische Umweltstrafrecht wegen seiner hohen Voraussetzungen zu restriktiv sei,[1064] und zum anderen wird die verwaltungsakzessorische Ausgestaltung problematisiert, weil durch die Verwaltungsakzessorietät Schutzlücken entstehen.[1065]

Außerdem gibt es konkrete Bestrebungen, die Strafbarkeit juristischer Personen in Österreich einzuführen.[1066] So hat *Zeder*[1067] bereits 2001 nicht nur die Notwendigkeit der strafrechtlichen Verantwortlichkeit juristischer Personen dargestellt, sondern konkrete Tatbestandsvorschläge gemacht.[1068] Danach sollen in- und ausländische

---

1058 *Heine*, ÖJZ **1996** 211 („Maßnahme eigener Art"); *Schwaighofer*, ÖJZ **1994** 226, 232.

1059 *Schick*, ZStW **110** (1998) S. 473, 490; *Tiegs*, wistra **1989** 41, 45 in Fn. 24; *Zieschang*, ZStW **110** (1998) S. 515, 524.

1060 *Zieschang* (ZStW **110** (1998) S. 515, 524) ist der Auffassung, dass es sich bei diesen Regelungen eher um zivilrechtliche denn klassische strafrechtliche Sanktionen handelt.

1061 *Schick*, ZStW **110** (1998) S. 473, 475 und 490.

1062 *Schick* bei *Zieschang*, ZStW **110** (1998) S. 515, 523 f.

1063 *Kuhlen*, Österreich, S. 248 f.; *Schwaighofer*, ÖJZ **1994** 226, 235 f.; *Triffterer*, ÖJZ **1991** 799, 801 und 802; ferner *Wegscheider*, ÖJZ **1994** 648, 655.

1064 Im Gegensatz zu Deutschland, wo zum Teil eine Einengung diskutiert wird, da das deutsche Umweltstrafrecht zu weit sei.

1065 Auch hier ist die Rechtslage in Deutschland anders, da durch die negative Form der Verwaltungsakzessorietät keine Lücken bestehen. Vgl. *Kuhlen*, Österreich, S. 249; *Schwaighofer*, ÖJZ **1994** 226, 235; *Triffterer*, ÖJZ **1991** 799, 802 f.

1066 Derzeit prüft das BMJ (aus Anlass und auf Grundlage des Vorschlags von *Zeder*) die Möglichkeiten, juristische Personen für Rechtsverletzungen strafrechtlich haftbar zu machen, vgl. *Venier*, ÖJZ **2002** 718.

1067 ÖJZ **2001** 630 ff.

1068 Abgedruckt in ÖJZ **2001** 630, 641 ff. Kritische Würdigung dieses Vorschlags (als nicht weitgehend genug) unter Hervorhebung, dass er grundsätzlich eine äußerst begrüßenswerte Diskussionsgrundlage sei *Löschnig-Gspandl*, ÖJZ **2002** 241 ff. Ablehnend: *Venier*, ÖJZ **2002** 718 ff.

juristische Personen[1069] originär verantwortlich sein für vorsätzlich und fahrlässig begangene Straftaten,[1070] die zu einem Vermögensvorteil oder einer Aufwendungsersparnis geführt haben, § 2 Absatz 1 Nr. 2 Tatbestandsvorschlag. Zudem muss die Tat von einem Entscheidungsträger begangen worden sein beziehungsweise muss er ihre Begehung erleichtert haben, § 2 Absatz 1 Nr. 3 Tatbestandsvorschlag. Entscheidungsträger sind Personen mit leitender Funktion, vgl. § 2 Absatz 2 Tatbestandsvorschlag. Die Strafbarkeit natürlicher Personen soll daneben bestehen bleiben, § 4 Tatbestandsvorschlag. Als Strafen sind gemäß § 6 Tatbestandsvorschlag vorgesehen: die Geldstrafe (deren Höhe sich am Umsatz des Unternehmens orientieren soll, § 6 Tatbestandsvorschlag), das Verbot, den Betrieb zu führen oder eine Geschäftstätigkeit auszuüben (§ 7 Tatbestandsvorschlag) und unter hohen Voraussetzung auch die Auflösung des Unternehmens (§ 8 Tatbestandsvorschlag). Daneben sollen Weisungen technischer, organisatorischer und personeller Art zur Verhinderung weiterer Straftaten möglich sein sowie die Einsetzung eines Verwalters für maximal zwei Jahre (§ 11 Tatbestandsvorschlag).

8. Zwischenergebnis

Anders als Deutschland regelt das österreichische Umweltstrafrecht die Umweltmedien gemeinsam in einem Straftatbestand, was den Vorteil hat, dass ihr Schutz gleich weitgehend ist.
Der hervorstechende Unterschied zum deutschen Umweltstrafrecht ist die Amtsträgerstrafbarkeit. Zwar gibt es keinen Sonderstraftatbestand für Amtsträger in Umweltbehörden, doch enthält § 84 öStGB die allgemeine Pflicht für Amtsträger, Straftaten anzuzeigen. Anscheinend teilt der österreichische Gesetzgeber nicht die Sorge des deutschen Gesetzgebers um die Gewährleistung eines Kooperationsverhältnisses zwischen Umweltverwaltungsbehörden und Strafverfolgungsstellen.[1071]
Zudem scheint die Einführung der Strafbarkeit juristischer Personen in Österreich unmittelbar bevor zustehen, während dies in Deutschland inzwischen wieder in weitere Ferne gerückt zu sein scheint.

II. Das schwedische Umweltstrafrecht

1. Verfassungsrechtliche Verankerung

Seit 1976 sind in der schwedischen Verfassung dem Grundrechte-Katalog allgemeine Staatszielbestimmungen vorangestellt. So bestimmt § 2 Absatz 2 Kapitel 1, dass das Gemeinwesen für eine gute Lebensumwelt einzutreten hat. Diese Staatszielbestim-

---

1069 Ausgenommen sind zum Beispiel Staaten und Körperschaften des öffentlichen Rechts, § 1 Tatbestandsvorschlag.
1070 § 3 Tatbestandsvorschlag.
1071 Vgl. *Heine*, GA **1986** 67, 79; *Tiedemann*, Neuordnung, S. 43.

mungen betreffen soziale Bürgerrechte, sind aber ohne rechtliche Bindungswirkung; sie stellen nur generelle Programmentscheidungen des Staats dar.[1072]

2. Historische Entwicklung

In den 1960er und 1970er Jahren gab es in Schweden eine rege gesetzgeberische Tätigkeit auf dem Gebiet des Umweltschutzes.[1073] Da die daraufhin ergangenen Gesetze einer effektiven Durchsetzung entbehrten, wurden sie 1976 von einer Sachverständigen-Kommission überprüft und mündeten in die Reform von 1981:[1074] Wesentliche Teile des schwedischen Umweltstrafrechts wurden geändert, wobei die Einführung selbständiger Strafvorschriften gegen Umweltstraftaten in das schwedische Kriminalgesetzbuch (KGB) den besonderen Schwerpunkt bildete. Ziel der Übernahme der Umweltdelikte in das Kernstrafrecht war die Schließung von Strafbarkeitslücken sowie die deutliche Anhebung der Strafrahmen, um den Unwertgehalt der Umweltdelikte und ihre Gleichstellung mit der traditionellen Delinquenz hervorzuheben. Da viele mit dieser Reform verbundenen Hoffnungen nicht erfüllt wurden, erfolgte im Jahre 1989 eine nochmalige Änderung dieser Gesetze,[1075] deren Inhalt im Folgenden dargestellt wird.

3. Allgemeines

Kapitel 13, §§ 8a, 9 und 11, KGB regelt die Umweltdelikte im Vergleich zu den anderen nationalen Vorschriften des Umweltschutzrechts am umfassendsten.[1076] Sie schützen die Umweltmedien Wasser, Boden und Luft sowie vor Lärm, Erschütterungen und Strahlungen. Erfasst werden sowohl die vorsätzliche[1077] als auch die fahrlässige[1078] Tatbegehung – und zwar durchgängig.[1079] Vor 1989 war die Fahrlässigkeitsstrafbarkeit auf grob fahrlässige Begehung begrenzt.[1080] Der versuchte § 8a KGB ist nicht strafbar, vgl. § 12 KGB.
Neben den schwedischen Regelungen des KGB gibt es noch weitere Umweltschutzgesetze und -verordnungen,[1081] die meist als Blankettatbestände ausgestaltet sind und

1072 *Cornils*, Landesbericht Schweden, S. 496; *Kloepfer/Mast*, Umweltrecht des Auslandes, S. 141.
1073 Erlass des Naturschutzgesetzes und eines umfassenden Umweltschutzgesetzes, das Wasser- und Immissionsregelungen zusammenfasste und eigene Schadensersatzregeln sowie die Errichtung eines staatlichen Amts für Naturschutz als zentrale Behörde beinhaltete.
1074 *Cornils*, Landesbericht Schweden, S. 501 f.
1075 Die Änderungsvorschläge sind mit Wirkung ab dem 01.07.1989 in Kraft getreten.
1076 *Cornils*, Landesbericht Schweden, S. 504.
1077 13. Kapitel, § 8a KGB.
1078 13. Kapitel, § 9 Absatz 2 KGB.
1079 Im schwedischen Umweltstrafrecht sind vorsätzliche und fahrlässige Tatbegehung regelmäßig strafbar. *Cornils*, Landesbericht Schweden, S. 544.
1080 *Cornils*, Landesbericht Schweden, S. 507 und 544.
1081 Naturschutzgesetz von 1964, Gesetz und Verordnung über Gesundheitsschutz von 1982 und 1983, Wassergesetz von 1983, Gesetz und Verordnung über schwefelhaltige Brennstoffe von 1976, Abfallbeseitigungsgesetz von 1979, Gesetz über chemische Produkte von 1986, etc.

vorwiegend Verwaltungsinteressen schützen.[1082] Diese Vorschriften sind zwar nur subsidiär anwendbar, haben in der Praxis aber eine große Bedeutung; dies gilt insbesondere für die §§ 45 ff. Umweltschutzgesetz (USG).

4. Rechtsgüterschutz und Deliktstypen

Im Vordergrund der Strafvorschriften steht meist der Schutz der Gesundheit des Menschen.[1083] Daneben werden zunehmend auch die Umwelt als Lebensgrundlage des Menschen[1084] und ökologische Rechtsgüter eigenständig[1085] geschützt; der Schutz der Umwelt, der Tiere und Pflanzen und der des Menschen stehen oft gleichrangig nebeneinander.[1086] Dieser Schutz wird durch Verletzungsdelikte sowie konkrete und abstrakte Gefährdungsdelikte gewährleistet.[1087]

Während die in Nebengesetzen enthaltenen Sanktionsbestimmungen des schwedischen Umweltschutzrechts als echte oder unechte Blankettvorschriften ausgestaltet sind (vgl. § 45 USG), gilt dies nicht für die Straftatbestände des schwedischen KGB.[1088] Obwohl § 8a KGB direkt auf die Herbeiführung eines Schadens, einer Störung oder einer Gefahr für die Umwelt abstellt, lässt er die Strafbarkeit entfallen, wenn das tatbestandsmäßige Verhalten von einer zuständigen Behörde genehmigt war.[1089]

Diese Regelungen bestrafen nicht den bloßen Verwaltungsungehorsam, sondern setzen daneben eine potentielle umweltbelastende Folge voraus.[1090]

5. Die Regeln im Einzelnen

Nach Kapitel 13 § 8a KGB sind drei Formen der vorsätzlichen Tatbegehung strafbar: (1) das Verunreinigen von Boden, Wasser oder Luft in einer Weise, dass Gesundheitsrisiken von nicht geringer Bedeutung für Menschen beziehungsweise Schäden von nicht geringer Bedeutung an Tieren oder Pflanzen oder andere erhebliche Unzuträglichkeiten in der Umwelt hervorgerufen werden; (2) die Lagerung von Abfall oder anderen Stoffen in einer Weise, die durch Verunreinigung zu Gesundheitsrisiken, Schäden oder anderen Unzuträglichkeiten im Sinne der Nr. 1 führen kann; (3) die Verursachung einer erheblichen Unzuträglichkeit in der Umwelt durch Lärm,

---

1082 *Cornils*, Landesbericht Schweden, S. 535.

1083 Zum Beispiel schützt § 7 13. Kapitel KGB die Gesundheit des Menschen ähnlich dem § 330a dStGB (nicht verwaltungsakzesorisch).

1084 13. Kapitel, § 8a KGB.

1085 13. Kapitel, § 8 und 8a KGB.

1086 *Cornils*, Landesbericht Schweden, S. 536.

1087 Notwendig ist die Herbeiführung einer Umweltzerstörung selbst beziehungsweise einer entsprechenden Gefahr. Ferner *Heine*, NJW **1990** 2425, 2427.

1088 *Cornils*, Landesbericht Schweden, S. 538 ff.

1089 *Cornils*, Landesbericht Schweden, S. 562.

1090 *Heine*, Verwaltungsakzessorietät, S. 60. Vgl. auch *Tiedemann*, Der Kriminalist **1988** 389, 391.

Erschütterung oder Strahlung. Dieser Tatbestand soll auch die kumulative Verunreinigung[1091] erfassen.
Kapitel 13 § 9 Absatz 2 KGB regelt die Strafbarkeit der fahrlässigen Tatbegehung und Kapitel 13 § 11 KGB die Strafmilderung bei tätiger Reue.

6. Verwaltungsakzessorietät

Da sowohl das KGB als auch das Umweltschutzgesetz und die anderen Nebengesetze an Genehmigungen etc. anknüpfen, entfällt die Strafbarkeit, wenn das tatbestandsmäßige Verhalten von der zuständigen Behörde genehmigt worden ist.[1092] So sieht Kapitel 13 § 8a Absatz 1 KGB als Straffreistellungsgrund die Genehmigung einer die Umwelt beeinträchtigenden Handlung durch die zuständige Behörde vor. Allein entscheidend ist das Vorliegen einer rechtskräftigen Genehmigung, auf ihre Rechtmäßigkeit beziehungsweise Rechtswidrigkeit kommt es grundsätzlich nicht an. Allerdings entfällt diese Straffreistellung, wenn der Betroffene die Genehmigung durch Täuschung (aufgrund falscher oder unvollständiger Angaben im Antragsverfahren) erlangt hat.[1093] Im Übrigen sind solche Falschangaben gegenüber der Genehmigungs- und Aufsichtsbehörde selbständig mit Strafe bedroht, § 45 USG.[1094]

7. Strafbarkeit von Amtsträgern

Eine besondere Bestimmung, die die Strafbarkeit von Amtsträgern vorsieht, gibt es im schwedischen Umweltstrafrecht nicht. Allerdings sieht § 38 Absatz 4 Satz 1 USG eine Kooperationspflicht der verschiedenen Kontrollorgane miteinander und Satz 2 die Pflicht der Umweltaufsichtsbehörden vor, von Amts wegen gegen Rechtsverstöße einzuschreiten. Diese Pflicht umfasst insbesondere eine Anzeigepflicht für Umweltaufsichtsbehörden, die vom Verdacht einer nicht nur geringfügigen Straftat erfahren.[1095] Es ist allgemein anerkannt, dass diese Anzeigepflicht zu den Aufgaben einer jeden Aufsichtsbehörde im Umweltbereich gehört, auch wenn die übrigen Gesetze des Umweltschutzrechts eine entsprechende ausdrückliche Regelung nicht enthalten.[1096]

8. Strafbarkeit juristischer Personen

Im schwedischen Strafrecht ist die Verhängung von Kriminalstrafen grundsätzlich nur gegen natürliche Personen möglich, da sich die strafrechtliche Verantwortung

---

1091 Eine kumulative Verunreinigung zeichnet sich dadurch aus, dass der die umweltgefährdende Grad nicht allein, sondern zusammen mit anderen, früheren Verunreinigungen erreicht wird. Vgl. *Cornils*, Landesbericht Schweden, S. 505.
1092 *Cornils*, Landesbericht Schweden, S. 562.
1093 *Cornils*, Landesbericht Schweden, S. 547 und 563.
1094 Vgl. *Cornils*, Landesbericht Schweden, S. 547.
1095 Vgl. *Cornils*, Landesbericht Schweden, S. 568.
1096 Vgl. statt aller *Cornils*, Landesbericht Schweden, S. 568 f.

stets auf menschliche Handlungen bezieht.[1097] Allerdings ist seit 1986[1098] in Schweden die Verhängung einer Unternehmensgeldstrafe nach Kapitel 36, §§ 7 ff. KGB möglich. Sie stellt eine strafrechtliche Nebenfolge dar, die auch im Nebenstrafrecht verhängt werden kann und nicht der Gewinnabschöpfung dient.[1099] Voraussetzung für ihre Verhängung gegen den Betriebsinhaber ist die grobe Verletzung besonderer betrieblicher Pflichten, insbesondere die Aufsichtspflichtverletzung, die zu einer betrieblichen Zuwiderhandlung eines Mitarbeiters geführt hat, oder sonstiger schwerwiegender Straftaten in seinem Bereich.[1100] Nicht erforderlich ist, dass ein aus einer Straftat entstandener wirtschaftlicher Vorteil für das Unternehmen vorliegt. Eine Straffreistellung ist möglich, wenn der Betriebsinhaber alles Zumutbare getan hat, um Straftaten zu verhindern.[1101]

9. Strafen

Hauptstrafen sind in Kapitel 13 §§ 8a und 9 Absatz 2 KGB die Geld- und Freiheitsstrafe von bis zu zwei Jahren. In schweren Fällen erhöht sich die Strafdrohung auf Freiheitsstrafe von sechs Monaten bis zu sechs Jahren, vgl. Kapitel 13 § 8a Absatz 2 KGB.

Da nach der schwedischen Rechtsordnung Kriminalstrafen nur gegen natürliche Personen verhängt werden können, bedarf es der Nebenfolgen, um auf Unternehmen selbst direkt durchgreifen zu können.[1102] Es gibt insoweit die Umweltschutzabgaben nach §§ 52 ff. USG, die Naturalrestitution und Kostenerstattung nach § 39 Naturschutzgesetz und Kapitel 21 § 3 Wassergesetz sowie nach dem KGB Verfall und Einziehung,[1103] die Unternehmensgeldstrafe (siehe oben 8.)[1104] und das Gewerbeverbot.

10. Zwischenergebnis

Im Unterschied zum deutschen Umweltstrafrecht schützt das schwedische Umweltstrafrecht die Umweltmedien gemeinsam, indem sie in einem Tatbestand erfasst werden.

Ein weiterer Unterschied besteht hinsichtlich der Strafbarkeit von Amtsträgern: Zwar verzichtet Schweden ebenfalls auf einen speziellen Straftatbestand für Amtsträger in

---

1097 *Cornils*, Landesbericht Schweden, S. 552 und 558.

1098 Gesetz SFS 1986: 118, geändert SFS 1986: 1007.

1099 Vgl. *Eidam*, Unternehmen und Strafe, S. 228; *ders.*, Straftäter Unternehmen, S. 45 ff.; *Rogall*, KK-OWiG, § 30, Rn. 243: Nebenfolge *sui generis*.

1100 Vgl. *Rogall*, KK-OWiG, § 30, Rn. 243.

1101 Das liegt wohl nur vor, wenn entgegen seiner Anweisungen gehandelt wurde: *Cornils*, Landesbericht Schweden, S. 556. Ferner *Rogall*, KK-OWiG, § 30, Rn. 243.

1102 *Cornils*, Landesbericht Schweden, S. 552.

1103 Kapitel 36 §§ 1 ff. KGB.

1104 Kapitel 36 §§ 7 ff. KGB.

Umweltbehörden, doch gibt es eine Anzeigepflicht für Umweltaufsichtsbehörden bei Verdacht einer nicht nur geringfügigen Straftat.

III. Das portugiesische Umweltstrafrecht

1. Verfassungsrechtliche Verankerung

In Portugal ist der Umweltschutz seit 1976 verfassungsrechtlich verankert.[1105] Art. 9e enthält den Staatsgrundsatz zum Schutz und zur Erhaltung des kulturellen Erbes des portugiesischen Volkes, zur Verteidigung der Natur und Umwelt und zur Erhaltung der natürlichen Ressourcen. Zudem bestimmt Art. 66 Absatz 1 portVerfassung das Recht eines jeden auf eine menschenwürdige, gesunde und ökologisch ausgewogene Umwelt sowie die Pflicht, für ihre Erhaltung Sorge zu tragen. Art. 66 Absatz 2 portVerfassung enthält die daraus resultierenden Aufgaben des Staats und Art. 52 Absatz 3a das „Jedermann"-Recht zur Popularklage zur Verhütung oder Verfolgung von Vergehen gegen die Lebensqualität und den Umweltschutz.

2. Allgemeines

Erst mit der Strafrechtsreform von 1995[1106] wurden die zuvor nur vereinzelt im portugiesischen Strafgesetzbuch (Art. 258 und 269 portStGB) und infolge des Umweltrechtsrahmengesetzes vom 01.04.1987 in Nebengesetzen geregelten Umweltdelikte in das portStGB inkorporiert. Damit sollte der Schutz der Umwelt hervorgehoben und wirkungsvoller im öffentlichen Bewusstsein verankert werden. Mit dieser Reform wurde erstmals ein eigentliches Umweltstrafrecht geschaffen: Der strafrechtliche Schutz der Umweltmedien steht nun in direktem Zusammenhang mit den Umweltgütern und erfolgt nicht mehr nur mittelbar.

3. Rechtsgüterschutz und Deliktstypen

Im Rahmen der Umweltstraftatbestände findet eine Debatte über die nähere Bestimmung der geschützten Rechtsgüter statt: Zwar werden die Umweltgüter prinzipiell als strafrechtlich zu schützende Güter anerkannt, doch soll es sich nur um einen Güterschutz handeln, der im Zusammenhang mit der Gewährleistung und Förderung der Qualität menschlichen Lebens zu sehen ist. Daneben pönalisieren die Umweltstraftatbestände den Ungehorsam gegenüber hoheitlichen Anordnungen (Verwaltungsungehorsam) und schützen somit Verwaltungsinteressen.[1107] Die Umweltstraftatbestände sind als Verletzungsdelikte ausgestaltet.

1105 Vgl. auch *Kloepfer/Mast*, Umweltrecht des Auslandes, S. 171.

1106 Gesetzesdekret Nr. 48/95 vom 15.03.1995.

1107 *Hünerfeld*, Landesbericht Portugal, S. 365.

Das Umweltstrafrecht ist Teil des Kapitels über gemeingefährliche Straftaten und ist dort in den Art. 278 bis 280 und Art. 285 und 286 portStGB geregelt.
Diese Regeln sind verwaltungsakzessorisch ausgestaltet[1108] und stellen jeweils vorsätzliches und fahrlässiges Handeln unter Strafe.

4. Die Regeln im Einzelnen

Art. 279 portStGB ist die zentrale Norm der Umweltdelikte. Hier wird die Verunreinigung der Rechtsgüter Wasser, Boden (Art. 279 Nr. 1a portStGB) und Luft (Art. 279 Nr. 1b portStGB) unter Strafe gestellt sowie das Rechtsgut Ruhe vor Lärmbeeinträchtigungen (Art. 279 Nr. 1c portStGB) geschützt.
Die Lärmbeeinträchtigung muss (ebenso wie die Luftbeeinträchtigung) mittels technischer Geräte oder Anlagen erfolgen und soll vor allem Emissionen und Immissionen von Luft-, Wasser- und Landfahrzeugen erfassen.[1109]
Diese Beeinträchtigung der Umweltgüter muss in unannehmbarem Ausmaß erfolgen. Das unannehmbare Ausmaß soll vorliegen, wenn die Emission oder Immission nach Art oder Wert Vorschriften zuwiderläuft oder festgesetzte Grenzwerte überschreitet, Art. 279 Absatz 3 portStGB. Damit ist die praktische Anwendung von Art. 279 portStGB abhängig von gesetzlich vorgegebenen Grenzwerten.
Infolge der erforderlichen Grenzwertüberschreitung ist Art. 279 portStGB ein Verletzungsdelikt. Bezüglich der mitgeschützten Rechtsgüter „*Gesundheit und Wohlbefinden einer Bevölkerungsgruppe*" genügt das Hervorrufen einer potentiellen Gefahr.[1110]
Art. 280 portStGB ist die Qualifikation des Art. 279 Nr. 1 portStGB. Für sein Eingreifen ist erforderlich, dass die Umweltbeeinträchtigung im Sinne von Art. 279 portStGB eine konkrete Gefahr für Leib oder Leben oder fremde Sachen von bedeutendem Wert geschaffen hat. Er schützt somit die klassischen (anthropozentrischen) Rechtsgüter. Infolge der ausdrücklichen Bezugnahme auf Art. 279 Nr. 1 portStGB ist auch Art. 280 portStGB verwaltungsakzessorisch.[1111]
Tritt der Tod eines Menschen ein oder ist eine schwere Körperverletzung die Folge, so richtet sich die Strafbarkeit nach der Erfolgsqualifikation des Art. 285 portStGB. Eine Strafmilderung oder das Absehen von Strafe ist möglich, wenn der Täter die Gefahr freiwillig beseitigt hat, bevor es zu einem erheblichen Schaden gekommen ist.
Nach Art. 278 portStGB macht sich strafbar, wer unter Missachtung von Vorschriften und Gesetzen Eingriffe schwerer Art in die Tier- und Pflanzenwelt vornimmt. Darunter fallen das Beseitigen von Tieren und Pflanzen, das Zerstören ihres natürli-

---

1108 „*Missachtung von Gesetzen oder Verordnungen*" (Art. 278) „*unannehmbares Ausmaß*" (Art. 279), worunter das Zuwiderhandeln gegen Vorschriften zu verstehen ist, Art. 279 Nr. 3 portStGB.
1109 Im Gegensatz zum deutschen Recht, wo diese ausdrücklich von der Strafbarkeit ausgenommen werden, vgl. § 325 Absatz 5 und § 326 Absatz 4 dStGB.
1110 *Hünerfeld*, Landesbericht Portugal, in Fn. 24 auf S. 365.
1111 **A.A.**: Art. 280 portStGB sei nicht verwaltungsakzessorisch im Sinne von Art. 279 Nr. 1 portStGB. Siehe dazu *Hünerfeld*, Landesbericht Portugal, S. 366.

chen Lebensraums und das Erschöpfen von Bodenschätzen. Da hier der Mensch nicht erwähnt wird, schützt Art. 278 portStGB ökologische Rechtsgüter.

5. Verwaltungsakzessorietät

Wie soeben gesehen, sind die Art. 278 ff. portStGB verwaltungsakzessorisch ausgestaltet. Damit stellt sich die Frage, wie das Verhältnis von Verwaltungsrecht und Strafrecht ausgestaltet ist.

Es wird in der Lehre[1112] davon ausgegangen, dass Art. 279 portStGB nicht allein den Verwaltungsungehorsam (*desobediência*) pönalisiert, sondern eine Umweltbeeinträchtigung voraussetzt. Deswegen soll für die Strafbarkeit nach Art. 279 portStGB allein entscheidend sein, ob die Genehmigung rechtswidrig ist, weil sie eine solche Umweltbeeinträchtigung in rechtswidrigerweise erlaubt. So macht sich zum Beispiel derjenige strafbar, der eine Genehmigung rechtsmissbräuchlich (durch Bestechung [*suborno*], Betrug [*fraude*] oder Kollusion) erlangt hat, um die Umwelt in unerlaubter Weise zu beeinträchtigen. Er muss die Absicht zur Umweltbeeinträchtigung gehabt haben, als er die Genehmigung rechtsmissbräuchlich erschlich. Die Strafbarkeit des Täters soll nicht darauf beruhen, dass die Genehmigung verwaltungsrechtlich nichtig ist, sondern darauf, dass die Genehmigung betrügerisch erlangt wurde.[1113] Es geht um die strafrechtliche, und nicht um die verwaltungsrechtliche Wertung der Sachlage. Dementsprechend soll eine Bestrafung entfallen, wenn die rechtsmissbräuchlichen Mittel zur Genehmigungserlangung nur deshalb eingesetzt wurden, um die Genehmigung schneller zu erhalten, aber nicht in der Absicht, die Umwelt zu beeinträchtigen; es soll sich dann um eine (strafrechtlich) „legitime" Genehmigung handeln.[1114]

Nach herrschender Meinung[1115] hat die Genehmigungsfähigkeit einer Situation keine rechtfertigende Wirkung und stellt den Täter nicht straffrei.

Ebenso wenig soll die behördliche Duldung Einfluss auf die strafrechtliche Wertung des Verhaltens des Täters haben.[1116]

Zudem ist hervorzuheben, dass Art. 348 portStGB den Ungehorsam gegenüber der Verwaltung (*desobediência*) mit Freiheitsstrafe von bis zu einem Jahr oder Geldstrafe bestraft. Dieser Tatbestand setzt voraus, dass Anordnungen etc. des zuständigen Amtsträgers nicht befolgt wurden.

1112 *Rodrigues*, Código Penal, Art. 279, § 46.

1113 *Rodrigues*, Código Penal, Art. 279, § 46 m.w.N.

1114 *Rodrigues*, Código Penal, Art. 279, § 46.

1115 Für die herrschende Meinung: *Rodrigues*, Código Penal, Art. 279, § 47. **A.A.:** *Silva Dias*, A estrutura dos direitos ao ambiente, S. 226 f.

1116 Für die herrschende Meinung *Rodrigues*, Código Penal, Art. 279, § 47. **A.A.:** *Silva Dias*, A estrutura dos direitos ao ambiente, S. 229 f.

6. Strafbarkeit von Amtsträgern

Die Art. 278 bis 280 portStGB sehen keine spezielle strafrechtliche Verantwortlichkeit von Amtsträgern in Umweltbehörden vor.

7. Strafbarkeit juristischer Personen

Art. 11 portStGB (persönliche Verantwortlichkeit) schließt die strafrechtliche Verantwortlichkeit juristischer Personen grundsätzlich aus. Allerdings sind spezialgesetzlich geregelte Ausnahmen hierzu zulässig. Da eine ausdrückliche Anordnung der Strafbarkeit von Kollektivpersonen im portStGB fehlt, ist das portugiesische Umweltstrafrecht nur auf individuelle Personen anwendbar.

Im Bereich des Wirtschaftsstrafrechts (unter anderem im Zoll-, Steuer- und Subventionsrecht) wurde die Strafbarkeit besonders angeordnet, vgl. Art. 7 Gesetzesdekret zum Wirtschaftsstrafrecht Nr. 28/84 vom 20.01.1984.[1117] Juristische Personen und Personenverbände (auch solche ohne eigene Rechtspersönlichkeit) sind in diesen speziell geregelten Bereichen strafrechtlich verantwortlich, wenn ihre Organe in Ausübung ihrer Funktion eine Gesetzesverletzung begangen haben.[1118]

Daneben sind juristische Personen – ebenso wie in Deutschland – nach dem Ordnungswidrigkeitenrecht („*contra-ordenacoes*") verantwortlich, so dass gegen sie Geldbußen verhängt werden können.[1119] Es handelt sich um eine eigene Verantwortlichkeit der juristischen Person.[1120] Die Zurechnung des Verschuldens der handelnden Organe ist nicht erforderlich. Ferner existiert eine Solidarhaftung von Verbandspersonen für die Zahlung von Straf- oder Bußgeldern ihrer Organe und Vertreter.[1121]

8. Strafen

Als Hauptstrafen sieht das portugiesische Strafgesetzbuch im Bereich der Umweltdelikte Geldstrafen[1122] und Freiheitsstrafen vor. Diese reichen bei den Grunddelikten von Freiheitsstrafen von bis zu drei Jahren (bei Fahrlässigkeit von bis zu einem Jahr) und bei der Qualifikation von einem bis zu acht Jahren (beziehungsweise bei fahrlässiger Gefahrverursachung von bis zu fünf Jahren).

9. Zwischenergebnis

Das portugiesische Strafrecht regelt die Umweltgüter Boden und Gewässer gemeinsam, Luft und Ruhe davon getrennt. Damit wird zumindest ein einheitlicher Schutz von zwei Rechtsgütern erreicht.

1117 Vgl. *Faria Costa*, Coimbra-Symposium, S. 337, 352 f.; *Hünerfeld*, Landesbericht Portugal, S. 367 Fn. 33. *Lobo Moutinho/Salinas Monteiro*, in: de Doelder/Tiedemann (Hrsg.), S. 311, 329 f.

1118 *Lobo Moutinho/Salinas Monteiro*, in: de Doelder/Tiedemann (Hrsg.), S. 311, 317 ff. Ferner *Rogall*, KK-OWiG, § 30, Rn. 242.

1119 *Rogall*, KK-OWiG, § 30, Rn. 242; *Vadillo*, Madrid-Symposium, S. 297, 303.

1120 *Lobo Moutinho/Salinas Monteiro*, in: de Doelder/Tiedemann (Hrsg.), S. 311, 334.

1121 *Rogall*, KK-OWiG, § 30, Rn. 242.

1122 Bei den Grunddelikten (Art. 278 und 279 portStGB) von bis zu 600 Tagessätzen.

Hervorzuheben ist zudem, dass – anders als in Deutschland – Lärm- und Luftbeeinträchtigungen von Luft-, Wasser- und Landfahrzeugen strafrechtlich erfasst werden. Insgesamt ist die Beeinträchtigung der Umweltgüter nicht nur von Verwaltungsvorentscheidungen abhängig, sondern zusätzlich an die Überschreitung von Grenzwerten gekoppelt.

IV. Das spanische Umweltstrafrecht

1. Verfassungsrechtliche Verankerung

In der spanischen Verfassung von 1976 ist der Umweltschutz als nicht unmittelbar einklagbare Staatszielbestimmung in Art. 45 enthalten. Sein Absatz 1 bestimmt, dass jeder das Recht hat, eine der Entfaltung der Persönlichkeit förderliche Umwelt zu genießen sowie die Pflicht, sie zu erhalten. Daneben ist auf Art. 45 Absatz 3 spanische Verfassung hinzuweisen („*Für Verstöße gegen die Bestimmungen des vorherigen Absatzes sieht das Gesetz strafrechtliche und gegebenenfalls administrative Sanktionen vor sowie die Verpflichtung, den verursachten Schaden wieder gutzumachen.*"), der allgemein als Verpflichtung des Gesetzgebers angesehen wird, die Umwelt auch strafrechtlich zu schützen.[1123]

2. Allgemeines

Mit der Strafrechtsreform von 1983 wurde erstmals ein Straftatbestand zum Schutz der Umwelt in das spanische Strafgesetzbuch integriert, Art. 347bis spanStGB von 1983.[1124] Mit einem einzigen Grundtatbestand, der alle in Betracht kommenden umweltgefährdenden Handlungen erfassen sollte, sollte dem Verfassungsauftrag aus Art. 45 Absatz 3 spanische Verfassung entsprochen werden.[1125] Dieser in der Literatur viel kritisierte Umweltstraftatbestand[1126] stellte sich hinsichtlich seiner fehlenden Bestimmtheit, seiner Anwendung und seiner Handhabung als äußerst schwierig heraus.[1127] Zur Behebung dieser gerügten Mängel wurde 1995 ein neues Kapitel in das spanische Strafgesetzbuch eingefügt, das den strafrechtlichen Schutz der Umwelt übersichtlicher und verständlicher regelt, Art. 319 bis 336 spanStGB.[1128] Schon aus der Überschrift dieses Kapitels geht hervor, dass diesem Gesetz ein um Raumordnung und Kulturgüter erweiterter Umweltbegriff zugrunde liegt, der die heterogene

---

1123 Vgl. statt aller *Miller*, Umweltstrafrecht, S. 177 ff. m. Nachw.

1124 Gesetz 81/1983 vom 25.06.1983.

1125 *Gronemeyer*, in: Kimminich/v.Lersner/Storm (Hrsg.), Bd. II, Sp. 1840, 1848; *Kloepfer*, Umweltrecht, S. 163.

1126 Vgl. *Miller*, Umweltstrafrecht, S. 206 ff. m.w.N.

1127 Vgl. *Kloepfer/Mast*, Umweltrecht des Auslandes, S. 163 f.; *Heine*, GA **1986** 67, 71 f.

1128 Das neue spanische Strafgesetz wurde durch das Organgesetz 10/1995 vom 23.11.1995 verkündet und ist am 24.05.1996 in Kraft getreten.

Gesamtheit der ökologischen Güter und der damit verknüpften Werte[1129] garantieren soll.

3. Die Regeln im Einzelnen

Art. 325 bis 331 spanStGB betreffen Straftaten gegen die natürlichen Ressourcen und die Umwelt und sind von großer Bedeutung, weil sie das Umweltstrafrecht im engeren Sinn bilden. Obwohl die Umwelt nach einhelliger Auffassung in der spanischen Literatur[1130] ein eigenständiges Rechtsgut darstellen soll, wird sie nicht losgelöst von anderen Rechtsgütern gesehen.[1131] Damit liegt dem Rechtsgut Umwelt wohl eine ökologisch-anthropozentrische Sichtweise zugrunde.[1132]

Bei der Bestimmung des Umfangs des strafrechtlichen Schutzes dieser Vorschriften steht das menschliche Wohlbefinden im Mittelpunkt. Sie schützen die Beeinträchtigung der Nutzungsmöglichkeit der natürlichen Ressourcen für den Menschen vor Verschlechterung.[1133]

Art. 325 Satz 1 erster Halbsatz spanStGB stellt den Grundtatbestand dar: Er erfasst die Verschmutzung bestimmter Bestandteile des Ökosystems; Luft, Wasser und Boden. Jede andere Umweltverschmutzung, die nicht diese drei Medien betrifft, ist nicht tatbestandsmäßig. Durch die gemeinsame Erfassung dieser drei Elemente durch Art. 325 spanStGB erfolgt eine gleichmäßige Behandlung. Indem eine Beeinträchtigung dieser Güter verlangt wird, stellt Art. 325 Satz 1 erster Halbsatz spanStGB ein Erfolgsdelikt dar.

Art. 325 Satz 1 zweiter Halbsatz spanStGB ist demgegenüber ein Gefährdungsdelikt.[1134] Er bestraft die umweltschädliche Wasserförderung, wenn sie das Gleichgewicht der natürlichen Systeme schwer beeinträchtigen kann. Dadurch wird eine neue Form der Auswirkung auf die Umweltmedien – neben der Vergiftung oder Verschmutzung – anerkannt: die missbräuchliche Nutzung, Ausbeutung oder Ausnutzung des Rechtsguts Wasser.[1135]

Der zweite Satz des Art. 325 spanStGB enthält für Fälle schweren Unrechts eine strafschärfende Qualifikation. Sie wird dadurch ausgelöst, dass neben den in Satz 1 geschützten Umweltrechtsgütern auch die menschliche Gesundheit schwer gefährdet wird.

Art. 326 spanStGB ist ein Qualifikationstatbestand, der sechs Formen (a bis f) der Qualifizierungen regelt. Einige haben eigenständige tatbestandliche Bedeutung, ande-

---

1129 *Navarrete*, Landesbericht Spanien, S. 500.

1130 Vgl. nur *Munoz Conde*, Derecho Penal, S. 545 m.w.N.

1131 Vgl. *Miller*, Umweltstrafrecht, S. 247 m.w.N.

1132 *Miller*, Umweltstrafrecht, S. 247.

1133 Vgl. *Navarrete*, Landesbericht Spanien, S. 509.

1134 Der tatsächliche Eintritt eines Schädigungserfolgs ist nicht erforderlich. Streitig ist allerdings, ob es sich um ein konkretes oder abstraktes Gefährdungsdelikt handelt. Vgl. *Miller*, Umweltstrafrecht, S. 227; *Navarrete*, Landesbericht Spanien, S. 515 f.

1135 *Miller*, Umweltstrafrecht, S. 227; *Navarrete*, Landesbericht Spanien, S. 513.

re bestrafen verwaltungsstrafrechtliche Verstöße oder materielle Unrechtssteigerungen, wie zum Beispiel Art. 326f spanStGB, der die Gefahr der irreversiblen oder katastrophalen Zerstörung erfasst.

Der konkrete Gefährdungstatbestand des Art. 328 spanStGB[1136] schützt das Gleichgewicht der natürlichen Systeme oder die Gesundheit des Menschen vor schweren Beeinträchtigungen durch die Einrichtung von Deponien oder Abladeplätzen für gefährlichen oder giftigen Müll. Diese Einrichtungen müssen eine spezifische Gefährlichkeit aufweisen. Ein bloßer Verstoß gegen verwaltungsrechtliche Gefahrabwendungsnormen genügt nicht.

Nach Art. 330 spanStGB wird bestraft, wer den Bestandteil eines Naturschutzgebiets schwer schädigt, der dieses Gebiet zu einem Naturschutzgebiet klassifiziert. Von Art. 330 spanStGB nicht berücksichtigt und damit nicht geschützt werden „*besonders zu schützende Gebiete*".[1137] Der Unwert liegt hier bereits in der objektiven Schädigung und nicht in der Beeinträchtigung der Umwelt, des natürlichen Gleichgewichts der natürlichen Ressourcen oder der menschlichen Gesundheit. Mit Art. 330 spanStGB anerkennt der spanische Gesetzgeber die ökologischen Werte selbst. Da eine tatsächliche Schädigung erforderlich ist, handelt es sich um ein Erfolgsdelikt.[1138]

Diese Straftatbestände sind alle verwaltungsakzessorisch ausgestaltet.[1139]

Art. 331 spanStGB stellt die grob fahrlässige Begehung der in diesem Kapitel des spanischen Strafgesetzbuches geregelten Tatbestände unter Strafe, soweit die Straftatbestände dies zulassen. Damit erfasst Art. 331 spanStGB die Art. 325, 328 und 330 spanStGB, jedoch nicht Art. 326 und Art. 329 spanStGB, die ausdrücklich vorsätzliches Handeln verlangen.[1140]

Die Art. 332 bis 337 spanStGB enthalten Vorschriften zum Schutz der Pflanzen- und Tierwelt und gewährleisten deren effektiveren Schutz.[1141]

Die Art. 319 spanStGB (unerlaubtes Bauen) und Art. 320 spanStGB (Strafbarkeit des Beamten, der das unerlaubte Bauen ermöglicht) enthalten Strafbestimmungen zum Schutz der Raumordnung. Die Umweltmedien erfahren nur fragmentarischen Schutz, weil sie nur auf den im Art. 319 spanStGB bezeichneten Orten und Grundstücken[1142] Berücksichtigung finden.[1143]

1136 *Miller*, Umweltstrafrecht, S. 234 in Fn. 9 und S. 235.

1137 Zur Kritik vgl. *Boix Reig*, Derecheo Penal, S. 592; *Calvo Charro*, Sanciones, S. 104; *Silva-Sánchez*, Delitos, S. 139.

1138 *Silva-Sánchez*, Delitos, S. 139.

1139 Vgl. *Navarrete*, Landesbericht Spanien, S. 514: Der Verstoß gegen einschlägige Umweltvorschriften ist allen Umweltdelikten gemeinsam.

1140 *Miller*, Umweltstrafrecht, S. 146.

1141 *Navarrete*, Landesbericht Spanien, S. 528.

1142 Erfasst wird das Bauen auf einem Grundstück, das besonders geschützt ist, das Bauen an einem Ort von einzigartiger Bedeutung und das Bauen auf einem nicht bebaubaren Grundstück.

1143 **Krit.** zu Art. 320 spanStGB *Navarrete*, Landesbericht Spanien, S. 503: Dieser schütze die strafrechtliche Rechtsordnung als solche und mache zudem das Strafrecht zum Statthalter des Verwaltungs-

Die folgenden Art. 321 bis Art. 323 spanStGB regeln Straftaten gegen das kulturelle Erbe. Sie erfassen Schädigungen Kulturerbes (Denkmalschutz etc.) und stehen im engen Zusammenhang mit anderen Sachbeschädigungsdelikten des spanischen Strafrechts.[1144]

4. Verwaltungsakzessorietät

In Spanien wird die verwaltungsakzessorische Ausgestaltung der Umweltstraftatbestände von der herrschenden Meinung aus folgenden drei Gründen für unvermeidbar gehalten:[1145] (1) Sie sei aus Gründen der Einheit der Rechtsordnung, nämlich zur Vermeidung von Wertungswidersprüchen zwischen dem strafrechtlichen Verbot und der verwaltungsrechtlichen Erlaubnis erforderlich, (2) aufgrund der Subsidiarität und *ultima ratio*-Funktion des Strafrechts könne dies nicht verbieten, was das Umweltverwaltungsrecht erlaubt und (3) sei es für den Gesetzgeber im Strafrecht sehr schwierig, abstrakt den Schweregrad zu beschreiben, ab dem eine Umweltverunreinigung nicht mehr zulässig ist.

Folge dieser verwaltungs- und oft verwaltungsaktsakzessorischen Tatbestände ist das Problem der rechtswidrigen, aber nicht nichtigen Genehmigungen (*autorizaciones administrativas meramente anulables*). Nichtige Verwaltungsakte (*actos administrativos nulos*) sind nicht existent, haben also keine juristische Bedeutung.[1146] Bei Vorliegen einer formell rechtswidrigen Genehmigung soll der Verstoß strafrechtlich nur dann Berücksichtigung finden, wenn das geschützte Rechtsgut beeinträchtigt wird.[1147] Die behördliche Duldung wird von der herrschenden Meinung in der Literatur nicht als Ersatz für eine formelle Genehmigung angesehen, wenn das geschützte Rechtsgut verletzt wurde.[1148]

5. Strafbarkeit von Amtsträgern

Mit Art. 329 spanStGB verfügt Spanien seit 1995 über einen eigenständigen Straftatbestand für Amtsträger im Umweltbereich, der neben den allgemeinen Amtsträgerdelikten und denjenigen der Art. 320 und 322 spanStGB[1149] besteht.[1150]

Der nach herrschender Lehre[1151] als Tätigkeitsdelikt ausgestaltete Straftatbestand schützt nach ebenfalls überwiegender Ansicht in der spanischen Literatur[1152] das ord-

---

rechts. Außerdem würde dieser Straftatbestand wesentliche Strafrechtsprinzipien wie das *ultima ratio*-Prinzip und das der Subsidiarität des Strafrechts missachten.

1144 Vgl. *Navarrete*, Landesbericht Spanien, S. 504 und 506.

1145 Statt aller *Miller*, Umweltstrafrecht, S. 255 m.w.N.

1146 *Miller*, Umweltstrafrecht, S. 261.

1147 *Mata Barranco*, Protección Penal, S. 128.

1148 *Miller*, Umweltstrafrecht, S. 260 m.w.N. in Fn. 5.

1149 Art. 320 spanStGB regelt die Strafbarkeit des Beamten, der das unrlaubte Bauen ermöglicht und Art. 322 spanStGB die Strafbarkeit der Teilnahme eines Amtsträgers an einer Tat nach Art. 321 spanStGB (Abriß/Veränderung eines Gebäudes des spanischen Kulturerbes).

1150 Zur Rechtslage und Diskussion in Spanien vor Einführung des Art. 329 spanStGB vgl. *Miller*, Umweltstrafrecht, S. 237 ff.

nungsgemäße Funktionieren und die Objektivität der Arbeit der öffentlichen Verwaltung.

Erfasst werden hier drei Formen der Teilnahme an bestimmten Umweltdelikten:[1153] (1) die wissentliche Erteilung von offenkundig formell oder materiell rechtswidrigen Genehmigungen, die unheilbar sind, Art. 329 Absatz 2 spanStGB, (2) die Erstattung positiver schriftlicher Stellungnahmen zugunsten offenkundig rechtswidriger Genehmigungen, Art. 329 Absatz 1 Satz 1 spanStGB und (3) das Verschweigen von Verstößen gegen Gesetze oder andere rechtliche Bestimmungen beziehungsweise die Zustimmung hierzu anlässlich von Kontrollen (Art. 329 Absatz 1 Satz 2 spanStGB). Strafbar ist nur vorsätzliches, nicht fahrlässiges Verhalten (siehe oben 3. zu Art. 331 spanStGB).

Wer Amtsträger im Sinne des Gesetzes ist, regelt Art. 24 spanStGB: Nach Absatz 1 gelten als Amtsträger Beamte der Staatsanwaltschaft, Mitglieder von Körperschaften, Gerichten oder Kollegialorganen, wenn sie weisungsbefugt sind oder eine eigene Gerichtsbarkeit ausüben sowie Mitglieder des Abgeordnetenhauses, des Senats, der gesetzgebenden Versammlungen der Autonomen Gemeinschaften und des Europäischen Parlaments; nach Absatz 2 wird als Beamter angesehen, wer aufgrund unmittelbarer Bestimmungen des Gesetzes, durch Wahl oder Ernennung durch die zuständige Behörde an der Ausübung öffentlicher Aufgaben beteiligt ist.

6. Strafbarkeit juristischer Personen

Da das Schuldprinzip in Spanien Verfassungsrang hat,[1154] ist die Strafbarkeit juristischer Personen aus dogmatischen Gründen nicht denkbar; das spanische Strafrecht ist ein Individualstrafrecht und juristische Personen sind aufgrund des Persönlichkeitsprinzips der Strafen weder handlungs-, schuld- noch straffähig.[1155] Es wird vertreten, dass die Nichtstrafbarkeit juristischer Personen einen Grundgedanken des spanischen Strafrechts darstellt.[1156] Dennoch sind einige der Auffassung, dass das Schuldprinzip einer strafrechtlichen Verantwortlichkeit juristischer Personen nicht grundsätzlich entgegensteht.[1157] Obwohl sich das neue spanische Strafgesetzbuch gegen eine strafrechtliche Verantwortlichkeit juristischer Personen ausspricht, ist es nach Art. 129 spanStGB möglich, im Rahmen eines Verfahrens gegen eine natürliche

---

[1151] Statt aller *Miller*, Umweltstrafrecht, S. 243.

[1152] Statt aller *Hernández Alonso*, Prevariación, Rn. 179, 190.

[1153] Zu den Begehungsformen *Miller*, Umweltstrafrecht, S. 240 ff.

[1154] *Zapatero*, ZStW **110** (1998) S. 438, 447. Für weitere Nachweise *Miller*, Umweltstrafrecht, S. 290 ff.

[1155] H.M. in Rechtsprechung und Lehre, vgl. *Miller*, Umweltstrafrecht, S. 289 m.w.N. auf S. 287 in Fn. 13.

[1156] *Arroyo* bei *Zieschang*, ZStW **110** (1998) S. 515, 516. Für weitere Nachweise vgl. *Miller*, Umweltstrafrecht, S. 290 ff.

[1157] *Zapatero*, ZStW **110** (1998) S. 438, 447. Vgl. zum Streit über die Möglichkeit und zu den Problemen der Einführung der strafrechtlichen Verantwortlichkeit von juristischen Personen *Silva-Sánchez*, Coimbra-Symposium, S. 307 ff.

Person, gegen die juristische Person als Nebenfolge eine Sanktion (Sicherungsmaßnahme)[1158] zu verhängen.[1159] Die juristische Person muss an diesem Verfahren nicht einmal beteiligt sein. Infolge dieser neuen Möglichkeit der Sanktionierung juristischer Personen sehen einige die Wegbereitung zur Einführung einer unmittelbaren strafrechtlichen Verantwortlichkeit der juristischen Person.[1160] Daneben sehen Art. 120 und 121 spanStGB die subsidiäre zivilrechtliche Haftung von Unternehmen für Straftaten, die in ihren Räumlichkeiten oder von ihren Beschäftigten begangen werden, vor.[1161] Diese zivilrechtliche Haftung wird im Strafprozess behandelt.[1162] Die nach Art. 31 spanStGB mögliche Verbandsstrafbarkeit, die der Vertreterstrafbarkeit des § 14 dStGB entspricht,[1163] ist im Umweltstrafrecht praktisch nicht anwendbar. Art. 31 spanStGB scheidet nämlich aus, wenn der Täter alle persönlichen Tätermerkmale in sich vereint.[1164] Da die Umweltdelikte in der Mehrzahl keine Sonderdelikte sind, ist eine strafrechtliche Verantwortlichkeit über Art. 31 spanStGB in der Regel nicht gegeben.[1165]

7. Strafen

Mögliche Hauptstrafen gegen natürliche Personen sind die Geldstrafe und die Freiheitsstrafe sowie die Anordnung eines speziellen Berufs- und Gewerbeverbots.

Da Art. 327 spanStGB durch den Verweis auf Art. 129 Absatz 1 a) und e) spanStGB die Verhängung von vorbeugenden (Sicherungs-) Maßnahmen als Nebenfolge ermöglicht, sind neben den soeben genannten Strafen die befristete oder endgültige Unternehmensschließung (Art. 129 Absatz 1 a) spanStGB) sowie die befristete Anordnung der öffentlich bestellten Leitung des Unternehmens möglich (Art. 129 Absatz 1 e) spanStGB).[1166]

In den Art. 338 ff. spanStGB sind gemeinsame Bestimmungen, wie die Strafschärfung, wenn die Verhaltensweisen Naturschutzgebiete betreffen, Maßnahmen zur Wiederherstellung des ökologischen Gleichgewichts und die tätige Reue, enthalten.

Durch den Verweis auf Art. 404 spanStGB (Rechtsbeugung des Beamten) kann gegen Amtsträger für sieben bis zehn Jahre ein Verbot der Bekleidung öffentlicher Ämter und der Wahrnehmung öffentlicher Aufgaben ausgesprochen werden. Außerdem

---

1158 *Miller*, Umweltstrafrecht, S. 298.

1159 *Zapatero*, ZStW **110** (1998) S. 438, 453, der diese Art der Regelung der strafrechtlichen Verantwortlichkeit als „Etikettenschwindel" bezeichnet und für unangemessen hält (S. 454).

1160 *Arroyo* bei *Zieschang*, ZStW **110** (1998) S. 515, 517. **Zweifel** äußert *Tiedemann* an der Bereitschaft Spaniens zur Einführung der strafrechtlichen Verantwortlichkeit juristischer Personen: bei *Zieschang*, ZStW **110** (1998) S. 515, 516.

1161 *Miller*, Umweltstrafrecht, S. 286 und 287.

1162 *Silva-Sánchez*, Coimbra Symposium, S. 309 und 313.

1163 *Miller*, Umweltstrafrecht, S. 288.

1164 *Serrano Gómez*, Responsibilidad Penal, Rn. 388 m.w.N. in Fn. 10.

1165 *Miller*, Umweltstrafrecht, S. 288 und 319.

1166 Vgl. *Miller*, Umweltstrafrecht, S. 233; *Navarrete*, Landesbericht Spanien, S. 517.

ist gegen sie die Verhängung einer Freiheitsstrafe von sechs Monaten bis zu drei Jahren oder eine Geldstrafe möglich.
Gegen juristische Personen sind die vorübergehende oder endgültige Schließung des Unternehmens, die Auflösung der Gesellschaft, die Untersagung oder das Verbot bestimmter Tätigkeiten und Eingriffe in die Unternehmensführung als Nebenfolgen (*consecuencias accesorias*) vorgesehen, vgl. Art. 129 spanStGB.

8. Zwischenergebnis

Das spanische Umweltstrafrecht erfasst die drei Umweltmedien Boden, Luft und Gewässer gemeinsam, womit eine gleichmäßige Behandlung dieser drei Medien gewährleistet wird.
Durch die Einbeziehung des Schutzes der Raumordnung und kultureller Güter ist der Schutzbereich des spanischen Umweltstrafrechts insgesamt weiter gefasst als der deutsche.
Hervorzuheben ist, dass das spanische Umweltstrafrecht nur die grob fahrlässige Begehung von Umweltstraftaten unter Strafe stellt, und nicht schon einfach fahrlässiges Verhalten genügen lässt, wie im deutschen Umweltstrafrecht.
Zudem gehört Spanien zu den wenigen Ländern, in denen der Strafgesetzgeber einen Sonderstraftatbestand für Amtsträger in Umweltbehörden eingeführt hat.

V. Das dänische Umweltstrafrecht

1. Verfassungsrechtliche Verankerung

In Dänemark ist der Umweltschutz nicht verfassungsrechtlich verankert. Dennoch zeichnet sich Dänemark innerhalb der Europäischen Union – ebenso wie Schweden – durch ein vergleichsweise hohes rechtliches Umweltschutzniveau aus.[1167] Eine Erklärung könnte sein, dass die Umweltverschmutzung zum Zeitpunkt der Revision der dänischen Verfassung (05.06.1953) noch nicht relevant war.

2. Historische Entwicklung

Bis 1996 enthielt das dänische Umweltstrafrecht keine übergreifenden Vorschriften zum Schutz vor Umweltstraftaten und kein allgemeines Verbot, die Umwelt zu beeinträchtigen.[1168] Das allgemeine Strafgesetzbuch[1169] enthielt nur in seinem 20. Kapitel über gemeingefährliche Straftaten einige in der Praxis wenig beachtete Bestimmungen, die sich mit dem Schutz der Umwelt befassten.

[1167] Vgl. *Kloepfer/Mast*, Umweltrecht des Auslandes, S. 130 f. und 139.
[1168] *Jepsen*, Landesbericht Dänemark, S. 64.
[1169] Vgl. *Cornils/Greve*, Dänisches Strafgesetz, Stand 01.01.1998.

Bedeutsam sind hingegen das allgemeine Umweltschutzgesetz vom 06. Juni 1991 sowie eine Reihe von Spezialgesetzen, die einzelne Gebiete innerhalb des Umweltbereiches regeln.[1170] Das Ziel des Umweltschutzgesetzes[1171] ist neben der Modernisierung und Vereinfachung des Umweltrechts[1172] die Verhütung und Bekämpfung der Verunreinigung von Luft, Wasser und Boden sowie der Schutz vor Lärmbelästigung. Für die in Blankettbestimmungen geregelte Strafbarkeit[1173] war meist ein Schaden oder eine potentielle Gefährdung erforderlich. Auf subjektiver Seite genügte in der Regel fahrlässiges Verhalten, soweit nicht ausdrücklich anderes bestimmt wurde.[1174] Auf die persönliche Schuld wurde sogar ganz verzichtet.[1175] Die strafrechtliche Verantwortlichkeit juristischer Personen war aufgrund ausdrücklicher Bestimmungen nur im Nebenstrafrecht möglich.[1176]
Insgesamt stellte das dänische Umweltrecht ein kompliziertes System aus Hauptgesetzen von generellem Charakter, aus Gesetzen, die begrenzte Bereiche erfassen sowie aus einer Reihe von ergänzenden Verwaltungsvorschriften der Ministerien dar.[1177] Mit der teilweisen Reform des dänischen Strafgesetzbuches von 1996 wurden folgende zwei für das Umweltstrafrecht wichtige Bereiche geändert: § 196 wurde in das dänische Strafgesetzbuch eingestellt und die Strafbarkeit juristischer Personen wurde eingeführt. Die Regelungen der Strafbarkeit juristischer Personen stellen – bis auf § 26 dänStGB – eine Festschreibung der Rechtsprechung dar. Dieser Einführung kam der Umstand zugute, dass in Dänemark Gesetzgebung und Rechtsprechung „eher pragmatisch denn philosophisch" an die Frage der Schuldfähigkeit herangehen[1178] und geschah aus dem praktischen Bedürfnis heraus, „anonyme" Straftaten sanktionieren zu können.[1179]

3. Die Regel(n) im Einzelnen

§ 196 bestimmt ganz allgemein,[1180] dass sich derjenige strafbar macht, der unter Verstoß gegen das Umweltrecht entweder die Umweltmedien Wasser, Boden, Luft oder Untergrund verunreinigt (Absatz 1) oder Abfall oder ähnliche Stoffe aufbewahrt oder

1170 *Jepsen*, Landesbericht Dänemark, S. 31.
1171 Dieses Gesetz stellt ein ausgeprägtes Rahmengesetz dar, in dem viele Bestimmungen keine bindende Wirkung besitzen und das durch Verordnungen, Erlasse und Richtlinien ausgefüllt werden muss (*Jepsen*, Landesbericht Dänemark, S. 43).
1172 *Jepsen*, Landesbericht Dänemark, S. 32 und 48.
1173 Sie lauten in der Regel: „*Verstöße gegen dieses Gesetz werden mit Geldstrafe bestraft.*"
1174 *Jepsen*, Landesbericht Dänemark, S. 50.
1175 *Jepsen*, Landesbericht Dänemark, S. 69.
1176 *Jepsen*, Landesbericht Dänemark, S. 105; *Langsted/Garde/Greve*, Criminal Law in Denmark, S. 80 f.
1177 *Jepsen*, Landesbericht Dänemark, S. 58.
1178 *Langsted/Garde/Greve*, Criminal Law in Denmark, S. 81.
1179 *Langsted/Garde/Greve*, Criminal Law in Denmark, S. 81.
1180 So wie der frühere spanische Art. 347bis spanStGB.

beseitigt (Absatz 2), mit der Folge, dass ein erheblicher Schaden an der Umwelt entsteht oder die nahe liegende Gefahr eines solchen Schadens hervorgerufen wird.[1181] Dieser Tatbestand bezweckt primär den Schutz der Umwelt vor Verletzungen und konkreten Gefahren und ist somit ein konkretes Gefährdungsdelikt. Die Rechtsgüter Leben und Gesundheit des Menschen werden hier nicht erwähnt.

4. Verwaltungsakzessorietät

§ 196 dänStGB ist durch die Formulierung „*unter Verstoß gegen das Umweltrecht*" verwaltungsakzessorisch ausgestaltet. Eine einheitliche Linie, wie mit dem Problem der Abhängigkeit des Strafrechts vom Verwaltungsrecht umgegangen wird, scheint es nicht zu gegeben.

Gesetzlich geregelt ist in §§ 162 und 163 dänStGB die Strafbarkeit desjenigen, der eine Genehmigung aufgrund unrichtiger Angaben gegenüber der Behörde erlangt hat.

In der Praxis wurde von der zuständigen Behörde in Fällen, in denen es sich um einen formellen Verstoß ohne tatsächlichen Schadenseintritt handelte, das strafrechtlich relevante Verhalten nachträglich legalisiert (genehmigt) und so die strafrechtliche Verantwortlichkeit aufgehoben.[1182]

Sogar in den Fällen, in denen grundsätzlich gilt, dass das Unternehmen durch die behördliche (stillschweigende) Duldung nicht von seiner strafrechtlichen Verantwortlichkeit entbunden wird,[1183] hat die zuständige Behörde ihre eigene Entscheidung nachträglich so umgedeutet, dass das Unternehmen von seiner strafrechtlichen Verantwortlichkeit befreit war.[1184]

5. Strafbarkeit von Amtsträgern

Nach §§ 156 und 157 dänStGB sind Beamte, die mit dem Vollzug der Umweltschutzgesetze betraut sind, grundsätzlich wegen der Nichterfüllung einer Dienstpflicht oder der Nachlässigkeit im Dienst strafbar.

6. Strafbarkeit juristischer Personen

Seit 1996 wird die Strafbarkeit juristischer Personen in den §§ 25 bis 27 dänStGB einheitlich[1185] geregelt.[1186] Hier sind die verschiedenen Typen juristischer Personen

---

[1181] Vgl. *Cornils/Greve*, Dänisches Strafgesetz, Stand 01.01.1998.

[1182] *Jepsen*, Landesbericht Dänemark, S. 126.

[1183] *Jepsen*, Landesbericht Dänemark, S. 126 f.

[1184] Vgl. *Jepsen*, Landesbericht Dänemark, S. 127.

[1185] Zuvor war die Strafbarkeit juristischer Personen für Gesetzesüberschreitungen, die innerhalb der betrieblichen Tätigkeit der juristischen Person verwirklicht worden sind in ca. 200 nebenstrafrechtlichen Normen verstreut. Vgl. *Eidam*, Unternehmen und Strafe, S. 228; *Greve*, Madrid-Symposium, S. 313, 314; *Rogall*, KK-OWiG, § 30, Rn. 235.

[1186] Zur Entwicklung der strafrechtlichen Verantwortlichkeit juristischer Personen *Greve*, Madrid-Symposium, S. 313 f.

und die Voraussetzungen, unter denen sie sich strafbar machen, behandelt. Nach § 26 Absatz 1 dänStGB sind grundsätzlich alle strafrechtlichen Bestimmungen auf juristische Personen anwendbar.[1187] Die Ein-Mann-GmbH sowie Gemeinden und andere staatliche Behörden sind ebenfalls strafrechtlich verantwortlich; erstere allerdings nur, wenn sie nach Größe und Organisation mit anderen juristischen Personen des § 26 Absatz 1 dänStGB vergleichbar sind (§ 26 Absatz 2 dänStGB), letztere nur, wenn sie in einer Funktion handelten, die privaten natürlichen oder juristischen Personen vergleichbar ist (§ 27 Absatz 2 dänStGB). Die juristische Person haftet sowohl für Verstöße von Angestellten, die ihr als eigenes Fehlverhalten zugerechnet werden, als auch für Organisationsfehler, die zur Straftat geführt haben, vgl. § 27 Absatz 1 dänStGB.

7. Strafen

Nach § 196 dänStGB ist gegenüber natürlichen Personen die Verhängung einer Freiheitsstrafe von bis zu vier Jahren möglich.
Für juristische Personen sieht § 25 dänStGB als einzige Sanktion die Geldstrafe vor, die die Strafbarkeit der natürlichen Person unberührt lässt.[1188] Neben der Bestrafung der juristischen Person ist somit die Haftung der natürlichen Person möglich.

8. Zwischenergebnis

In Dänemark gibt es nur einen Paragrafen, der alle Umweltdelikte und somit auch alle geschützten Umweltmedien einheitlich regelt.
Die Strafbarkeit von Amtsträgern, die mit dem Vollzug von Umweltschutzgesetzen betraut sind, ist ebenso geregelt wie die Strafbarkeit von juristischen Personen.

VI. Das finnische Umweltstrafrecht

1. Verfassungsrechtliche Verankerung

In § 20 finnische Verfassung ist die Verantwortung für die Umwelt geregelt. Diese Verantwortung für die Umwelt trifft jeden. Daneben hat das Gemeinwesen daraufhin zu wirken, dass für alle eine gesunde Umwelt gesichert wird.[1189]

2. Historische Entwicklung

Bis 1995 kannte das finnische Strafgesetzbuch keine speziellen Straftatbestände zum Schutz der Umwelt. Die Förderung des Umweltschutzes durch entsprechende öffentlich-rechtliche Gesetze setzte erst in den 1970er Jahren ein und erfolgte zunächst

---

1187 *Rogall*, KK-OWiG, § 30, Rn. 235.
1188 *N. N.*, DRiZ **1999** 52, 53.
1189 Grundgesetz Finnlands vom 01.03.2000.

in diversen Einzelgesetzen und nicht in einem umfassenden Umweltschutzgesetz:[1190] So gab es Gesetze zum Schutz des Wassers (Wasserschutz- und Meeresschutzgesetz[1191]), des Bodens vor Abfällen und des traditionellen Naturschutzes sowie zum Schutz der Luft vor Lärm und ähnlichem (Luftreinhaltungs-, Lärmbekämpfungs- und Strahlenschutzgesetz[1192]). Strafbar war grundsätzlich vorsätzliches Verhalten; fahrlässiges Verhalten war nur strafbar, wenn es im Tatbestand oder in einer anderen Vorschrift klar zum Ausdruck gebracht wurde. Die verschiedenen Delikte waren in der Regel Erfolgsdelikte. Um Handlungsdelikte handelte es sich, wenn es um die Bestrafung der Nichtbefolgung bestimmter formeller Gebote ging, oder wenn die Straftaten in Blankettgesetzen normiert waren.[1193] Die Umweltdelikte waren sowohl als Verletzungsdelikte als auch als Gefährdungs- und Eignungsdelikte ausgestaltet.[1194]
Die Strafbarkeit von Handelsgesellschaften und anderen Vereinigungen (juristischen Personen) war nicht vorgesehen; es galt der Satz *„societas delinquere non potest"*:[1195] Weder war die Schuldfähigkeit von Unternehmen anerkannt, noch bestand die Möglichkeit, ihnen Strafen aufzuerlegen. Nur natürliche Personen konnten für Straftaten strafrechtlich zur Verantwortung gezogen werden.[1196] Möglich war lediglich die Verurteilung der Gesellschaft zur Leistung von Schadensersatz, ein Einziehungs- beziehungsweise Verfallsbeschluss direkt gegen die Gesellschaft sowie die Auferlegung einer verwaltungsrechtlichen Geldbuße (*vite*). Die Verfolgung einer Straftat war nur möglich, wenn der Strafanspruch gegen eine verantwortliche natürliche Person innerhalb des Unternehmens gerichtet werden konnte. Dabei bestand das Problem, dass nur in Ausnahmefällen geregelt war, wer innerhalb des Betriebs zur Verantwortung zu ziehen war.[1197]
Aufgrund des Wandels in der Wirtschaft und Gesellschaft wurde der Druck empfunden, dass sich das Strafrecht an diese veränderten Verhältnisse anpassen müsse und Unternehmen strafrechtlich verantwortlich gemacht werden können müssten.[1198] Mit dem Gesetz von 1995 wurde in das Strafgesetzbuch Finnlands ein eigenes Kapitel über Straftaten gegen die Umwelt eingefügt.[1199] Damit sollen die wesentlichen Delikte gegen die Umwelt im allgemeinen Strafgesetzbuch konzentriert werden.

1190 *Honko*, Wirtschaftliche Steuerung, S. 4; *Träskman*, Landesbericht Finnland, S. 254 f.
1191 Gesetz vom 19.05.1961/264 novelliert am 30.04.1987/467 und Gesetz vom 16.03.1979/298.
1192 Gesetz vom 25.01.1982/67, Gesetz vom 03.04.1987/382 und Gesetz vom 27.03.1991/592.
1193 *Träskman*, Landesbericht Finnland, S. 299.
1194 *Träskman*, Landesbericht Finnland, S. 302 ff.
1195 *Riihijärvi*, in: de Doelder/Tiedemann (Hrsg.), S. 203, 205.
1196 *Riihijärvi*, in: de Doelder/Tiedemann (Hrsg.), S. 203, 204.
1197 *Träskman*, Landesbericht Finnland, S. 306.
1198 *Riihijärvi*, in: de Doelder/Tiedemann (Hrsg.), S. 203, 204.
1199 Kapitel 48 finnisches Strafgesetzbuch. Diesem Kapitel liegt – ähnlich wie in Spanien – ein weiter Umweltbegriff zugrunde, der auch den Schutz von Gebäuden beinhaltet.

3. Die Regeln im Einzelnen

Das finnische Strafgesetzbuch erfasst in seinem 48. Kapitel die strafbaren Umweltbeeinträchtigungen. In dem ersten Abschnitt ist die Umweltbeeinträchtigung allgemein, und nicht nach den verschiedenen Umweltmedien differenziert, als abstraktes Gefährdungsdelikt verwaltungsakzessorisch geregelt. Strafbar sind sowohl vorsätzliches als auch fahrlässiges Verhalten sowie versuchte Taten. Im zweiten Abschnitt ist die Qualifikation (zum Beispiel bei Eintritt einer schweren Gefahr oder eines schweren Schadens für die Umwelt oder die Gesundheit) und im dritten Abschnitt das Vergehen (zum Beispiel wegen geringfügigen Schadens) normiert. Geschützt werden außerdem Naturschutzgebiete (Abschnitt 5) und Gebäude (Abschnitt 6).

4. Verwaltungsakzessorietät

Im finnischen Strafrecht gilt der Grundsatz, dass ein mit Genehmigung der zuständigen Behörde handelnder Täter durch die Genehmigung gerechtfertigt und damit straffrei ist.[1200]

In den Fällen der Genehmigungsfähigkeit gibt es die Rechtspraxis, denjenigen der zwar ohne die erforderliche Genehmigung gehandelt, aber einen Antrag gestellt hat, dessen Voraussetzungen zur Tatzeit auch erfüllt waren, straffrei zu stellen.[1201] Der Strafrichter misst der inzwischen erteilten Genehmigung entweder rückwirkende Kraft bei oder nimmt die Genehmigungsprüfung selbst vor.[1202]

5. Strafbarkeit von Amtsträgern

Die Strafbarkeit von Amtsträgern in der Umweltverwaltung ist im 48. Kapitel des finnStGB über die Umweltdelikte nicht speziell vorgesehen.

6. Strafbarkeit juristischer Personen

Mit der Gesetzesreform von 1995[1203] wurde im neunten Kapitel des finnischen Strafgesetzbuches die Strafbarkeit von Unternehmen eingeführt und detailliert (Abschnitt 1 bis 9) geregelt.

Danach sind alle Formen juristischer Personen strafrechtlich verantwortlich,[1204] nachdem sie insolvent geworden sind.[1205] Ausgenommen sind öffentlich-rechtliche Körperschaften und Unternehmen, wenn sie hoheitlich handeln.[1206]

Das dogmatische Konzept will eine Harmonie zwischen dem traditionellen Weg, dass nur natürliche Personen schuldhaft und rechtswidrig handeln können, und der

---

1200 Vgl. *Träskman*, Landesbericht Finnland, S. 312.

1201 Vgl. *Träskman*, Landesbericht Finnland, S. 313 f.

1202 Vgl. *Träskman*, Landesbericht Finnland, S. 314.

1203 Gesetz 743/1995.

1204 *Riihijärvi*, in: de Doelder/Tiedemann (Hrsg.), S. 203, 213.

1205 *Riihijärvi*, in: de Doelder/Tiedemann (Hrsg.), S. 203, 214.

1206 *Riihijärvi*, in: de Doelder/Tiedemann (Hrsg.), S. 203, 215.

strafrechtlichen Verantwortlichkeit juristischer Personen herstellen, indem letztere für das Verhalten natürlicher Personen verurteilt werden. Zunächst ist grundsätzlich die Feststellung einer bestimmten, schuldhaft handelnden natürlichen Person erforderlich; nur ausnahmsweise soll die Feststellung, dass irgendeiner aus dem Unternehmen schuldhaft gehandelt hat genügen („anonyme" Schuld).[1207] Die strafrechtliche Verantwortlichkeit juristischer Personen ist damit eine sekundäre, von der natürlichen Person abgeleitete strafrechtliche Verantwortlichkeit. Die Strafbarkeit der natürlichen Person bleibt daneben bestehen.[1208]

Voraussetzung für die Begründung der strafrechtlichen Verantwortlichkeit juristischer Personen ist zum einen, dass ein zum Management Gehörender an der Straftat mitgewirkt hat. Das heißt, dass es sich mindestens um einen solchen Mitarbeiter handeln muss, der zu einem Organ des Unternehmens gehört, das mit Entscheidungsgewalt ausgestattet ist. Zum anderen muss er sich an der Straftat beteiligt oder diese erlaubt haben. Diese Mitwirkung kann sowohl in einem Tun als auch in einem Unterlassen bestehen.[1209] Der leitende Mitarbeiter muss außerdem für das Unternehmen oder zu dessen Vorteil gehandelt haben.[1210]

Daneben kann die strafrechtliche Verantwortlichkeit darauf beruhen, dass das Unternehmen seiner Pflicht, strafbarem Handeln des Unternehmens vorzubeugen, nicht nachgekommen ist. Das Unternehmen trifft im Rahmen des Zumutbaren die Pflicht, Gesetze und Pflichten zu befolgen.[1211]

7. Strafen

Gegen natürliche Personen können nach den Bestimmungen des 48. Kapitels finnStGB Geld- oder Freiheitsstrafen verhängt werden. Bei den Grunddelikten beläuft sich die Strafdrohung auf bis zu zwei Jahre. Bei Vorliegen eines schweren Falls (Abschnitt 2) kann die Höhe des Strafmaßes auf vier Monate bis zu sechs Jahre ansteigen, bei einem Vergehen nach Abschnitt 3 auf sechs Monate herabgesetzt werden.

Gegen juristische Personen ist als einzige Strafe die Unternehmensgeldbuße vorgesehen.[1212]

8. Zwischenergebnis

Auch das finnische Umweltstrafrecht gewährleistet einen einheitlichen Schutz der Umweltmedien, in dem es sie gemeinsam in einem Straftatbestand regelt.

[1207] *Riihijärvi*, in: de Doelder/Tiedemann (Hrsg.), S. 203, 218 f.

[1208] *Riihijärvi*, in: de Doelder/Tiedemann (Hrsg.), S. 203, 216.

[1209] *Riihijärvi*, in: de Doelder/Tiedemann (Hrsg.), S. 203, 216 f: um den Schwierigkeiten der Identitätsfeststellung infolge der Unternehmensstruktur zu begegnen (S. 218 und 229).

[1210] *Riihijärvi*, in: de Doelder/Tiedemann (Hrsg.), S. 203, 219 f.

[1211] *Riihijärvi*, in: de Doelder/Tiedemann (Hrsg.), S. 203, 217 f.

[1212] *Riihijärvi*, in: de Doelder/Tiedemann (Hrsg.), S. 203, 223 f.

Mit der Inkorporierung der Umweltdelikte in das Strafgesetzbuch wurde auch die Strafbarkeit juristischer Personen eingeführt, gegen die eine Geldbuße verhängt werden kann.

VII. Auswertung

1. Auf *verfassungsrechtlicher Ebene* zeigt sich, dass in allen Staaten, die den strafrechtlichen Schutz der Umwelt im Strafgesetzbuch vorsehen, der Umweltschutz als Staatszielbestimmung in der Verfassung verankert ist – die einzige Ausnahme hiervon ist Dänemark, dessen Verfassung zuletzt 1953 geändert worden war.

2. Beim *Rechtsgüterschutz* und der *Deliktsausgestaltung* ist das Ergebnis recht einheitlich: Beim Rechtsgüterschutz geht es zum Teil um den Schutz der Umwelt um ihrer selbst willen, überwiegend erfährt die Umwelt Schutz als Lebensgrundlage des Menschen. Auch hier nimmt Dänemark eine Sonderstellung ein, weil das Strafgesetzbuch alle Umwelttdelikte in einem Paragrafen regelt, der den Schutz von Leben und Gesundheit des Menschen nicht erwähnt.
Die strafrechtlichen Umweltschutztatbestände sind in allen Ländern höchst variabel als Verletzungs-, abstrakte und konkrete Gefährdungsdelikte ausgestaltet. In der Regel ist die fahrlässige Begehung einer Umweltstraftat mit Strafe bedroht.

3. Die Umweltstraftatbestände in den Strafgesetzbüchern sind – bis auf wenige Ausnahmen – grundsätzlich *verwaltungsakzessorisch* ausgestaltet, setzen also entweder eine behördliche Entscheidung (Erlaubnis) oder einen Verstoß gegen eine Umweltschutznorm voraus.[1213] Nur wenn es um besonders gravierende Störungen geht, die typischerweise keiner Erlaubnis zugänglich sind, ist das Strafrecht absolut unabhängig vom Verwaltungsrecht.[1214] Dies ist für die Fälle anerkannt, dass die Umweltbelastung eine Allgemeingefahr für die Bevölkerung begründet hat und bei konkreten Gefahren für Leben und Gesundheit des Menschen.[1215]
In Österreich, Schweden und Finnland hat die Genehmigung die Wirkung einer Straffreistellung. Dabei kommt es in den ersten beiden Ländern allein auf die Wirksamkeit der Genehmigung an. Ob der Verwaltungsakt rechtmäßig oder rechtswidrig ist, ist grundsätzlich unbeachtlich. Dies gilt nicht, wenn die Genehmigung rechtsmissbräuchlich (zum Beispiel durch Täuschung) erschlichen wurde. Dann ist der Täter in seinem Vertrauen auf den Verwaltungsakt nicht schutzwürdig und die strafbefreiende Wirkung der Genehmigung liegt nicht vor. Nach dem dänischen Strafge-

---

[1213] Zur Kritik an der Verwaltungsakzessorietät vgl. 1. Kapitel B. IV. 1. und 2.; *Heine*, NJW **1990** 2425, 2427, der deshalb für eine Verwaltungs*rechts*akzessorietät plädiert.
[1214] Vgl. § 330a dStGB; *Heine*, NJW **1990** 2425, 2428.
[1215] *Heine*, NJW **1990** 2425, 2428.

setzbuch ist die Erteilung falscher Auskünfte gegenüber der Behörde sogar strafbar. Allerdings geht die Rechtspraxis so weit, dass nachträgliche behördliche Legalisierungen von ursprünglich ungenehmigtem und somit strafbarem Verhalten möglich sind.

4. Einen speziellen Straftatbestand, der die *Strafbarkeit von Amtsträgern* wegen eines Umweltdelikts vorsieht, gibt es nur im spanischen (und abgeschwächt im dänischen) Strafgesetzbuch. Danach ist sowohl das Erteilen einer offenkundig rechtswidrigen Genehmigung als auch das Verschweigen eines bekannten Gesetzesverstoßes mit Strafe bedroht. In den anderen Staaten gibt es nur die allgemeinen Amtsmissbrauchs- und Dienstpflichtverletzungsdelikte. Allerdings sehen Österreich und Schweden sowohl die Kooperationspflicht der Kontrollorgane als auch eine Anzeigepflicht für bekannt gewordene Umweltstraftaten vor.

5. Die *Strafbarkeit juristischer Personen* ist nur in Dänemark und in Finnland ausdrücklich vorgesehen. In Dänemark können sich Unternehmen sowohl wegen eigener Organisationsfehler als auch wegen (zugerechneter) strafbarer Handlungen ihrer Angestellten strafbar machen. In Finnland handelt es sich um eine sekundäre, abgeleitete Verantwortlichkeit des Unternehmens. Die juristische Person wird für das Verhalten der natürlichen Person verurteilt.
In den anderen Staaten (Österreich, Schweden, Portugal und Spanien) sind juristische Personen grundsätzlich nicht strafrechtlich verantwortlich. Doch gibt es auch in diesen vier Ländern „Aufweichungen“: So ist in Österreich eine Zurechnung der strafbaren Handlung der natürlichen Person insbesondere dann möglich, wenn die strafrechtliche Sanktion, die gegen die natürliche Person verhängt wird, kein Verschulden erfordert – also in der Regel bei der Verhängung von (strafrechtlichen) Nebenfolgen; in Schweden gibt es die Möglichkeit der Verhängung einer Unternehmensgeldstrafe, die eine strafrechtliche Nebenfolge ist;[1216] in Portugal darf die strafrechtliche Verantwortlichkeit juristischer Personen spezialgesetzlich vorgesehen werden, was im Zoll-, Steuer- und Subventionsrecht erfolgt ist; und in Spanien gibt es die Möglichkeit, im Rahmen eines Verfahrens gegen die natürliche Person eine Geldsanktion gegenüber der juristischen Person als Nebenfolge zu verhängen, wobei umstritten ist, ob diese Sanktion strafrechtlichen oder verwaltungsrechtlichen Charakter hat.

6. Als *Strafen* sind Geld- und Freiheitsstrafen vorgesehen, deren Höchstmaß sich beim (vorsätzlich begangenen) Grunddelikt auf bis zu zwei, in Portugal auf bis zu drei und in Dänemark sogar auf bis zu vier Jahren belaufen kann. Als Nebenfolgen gibt es das (befristete) Gewerbe- und Berufsverbot, die Gewerbeschließung, die Unternehmensgeldstrafe, die Lenkung des Unternehmens durch einen anderen, den

[1216] Vgl. *Heine*, ÖJZ **1996** 211, 213.

Verfall und die Einziehung. Die Strafen beziehungsweise Nebenfolgen sind dort, wo verwaltungsrechtliche Sanktionen im Vordergrund stehen, regelmäßig vielfältiger.

B. Regelung des Umweltstrafrechts in einem zentralen Umweltschutzgesetz

Bei dieser Regelungstechnik werden die wesentlichen Regelungen zum Umweltstrafrecht in einem zentralen Umweltschutzgesetz zusammengefasst. Neben diesen zentralen Umweltstraftatbeständen gibt es ebenso weitere Umweltschutztatbestände in den Nebengesetzen, wie auch bei der kernstrafrechtlichen Regelungsweise. Da diese Regelungstechnik der Erfassung des wesentlichen Umweltstrafrechts in einem zentralen Umweltschutzgesetz in den Mitgliedstaaten der Europäischen Union nicht (mehr) vertreten ist, soll dieses Modell nur kurz anhand von zwei Staaten – Japan und Schweiz – skizziert werden. Dabei wird in chronologischer Reihenfolge (in der Reihenfolge der Verabschiedung der Umweltschutzgesetze) zuerst das japanische und dann das schweizerische Umweltstrafrecht dargestellt.

I. Das japanische Umweltstrafrecht

1. Verfassungsrechtliche Verankerung

Die japanische Verfassung von 1947 trifft keine spezielle Regelung zum Schutz der Umwelt.[1217]

2. Regeln im Strafgesetzbuch

Das japanische Strafgesetzbuch enthält hauptsächlich die klassischen Straftatbestände zum Schutz von Leben, Gesundheit, Eigentum etc. Daneben bestraft es die vorsätzlich begangene Verunreinigung von Trinkwasser. Unter ökologischen Aspekten haben diese Delikte keine große Bedeutung erlangt. Auch eine gewerbsmäßig-fahrlässige Körperverletzung oder Tötung nach § 211 japStGB liegt nur dann vor, wenn tatsächlich eine Verletzung der Gesundheit oder des Lebens durch *Kogai* (Um-

[1217] Zu den Versuchen des Schrifttums, ein Recht auf eine menschenwürdige Umwelt aus Art. 13 und 25 japanische Verfassung herzuleiten sowie dem Meinungsstreit darüber, ob durch sie ein subjektives, einklagbares soziales Grundrecht begründet wird, vgl. nur *Cho*, Landesbericht Japan, S. 98 f.

weltschaden)[1218] entstanden ist.[1219] Den Schutz der Umwelt vor Verschmutzung können diese Straftatbestände nicht gewährleisten.[1220]

3. Regeln im Umweltschutzgesetz

Infolge dieser Unzulänglichkeit des geltenden Strafgesetzbuches wurde 1970 ein spezielles Umweltschutzgesetz (USG) verkündet,[1221] das den erwähnten Mängeln abhelfen sollte.[1222] Dieses Gesetz über die Bestrafung umweltschädlicher Straftaten, die die menschliche Gesundheit beeinträchtigen, hat sich trotz seines speziellen Kausalitätsbegriffs (§ 5 USG)[1223] nicht als wesentlich effektiver erwiesen. Seit Erlass dieses Gesetzes sind nur vier Fälle öffentlich angeklagt worden, in denen es immer um das fahrlässige Entweichenlassen von Chlor-Gas ging.[1224] Es ist nicht nur das erste spezielle Umweltstrafgesetz, das Immissionen aus Betriebsstätten inkriminiert, sondern war weltweit das erste selbständige Umweltstrafgesetz.

4. Zentrale Vorschriften, Rechtsgüterschutz, Deliktsstruktur, etc.

Ziel des USG ist die Bestrafung von Umweltschädigungen mit Folgen für die menschliche Gesundheit, die bei unternehmerischer Tätigkeit entstehen. Nach § 2 USG macht sich strafbar, „*Wer bei unternehmerischer Betriebstätigkeit in einer Fabrik oder einer Betriebsstätte Stoffe ablässt, welche die menschliche Gesundheit schädigen und dadurch das Leben oder die Gesundheit der Öffentlichkeit gefährdet.*“ § 3 USG regelt die Strafbarkeit, wenn die in § 2 USG beschriebene Handlung fahrlässig erfolgte. Da das „*Ablassen von Stoffen*“ erfasst ist, gehören die Luftverschmutzung, die Gewässerverschmutzung, die Bodenverunreinigung und Geruchsbelästigungen zum Regelungsbereich des USG.[1225] Der japanische Gesetzgeber schützt durch das USG die menschliche Gesundheit.[1226] Der Schutz der Umwelt ist allein Mittel zum Schutz des Menschen, für dessen Leben oder Gesundheit eine konkrete Gefahr bestehen muss, damit die §§ 2 und 3 USG überhaupt eingreifen können.[1227] Diese Vorschriften sind somit konkrete Gefähr-

---

1218 Damit werden Umweltverschmutzungsaffären mit Verletzung oder Gefährdung des Lebens oder der Gesundheit bezeichnet *Asada*, in: Leipold (Hrsg.), S. 403.

1219 *Asada*, in: Leipold (Hrsg.), S. 403, 405.

1220 *Cho*, Landesbericht Japan, S. 102 f.; *Yamanaka*, in: Schulz (Hrsg.), 1991, S. 120, der von „Nutzlosigkeit“ spricht. Zu den Versuchen der Rechtsprechung, die allgemeinen Straftatbestände im Hinblick auf einen effektiveren Schutz der Umwelt ausweitend anzuwenden: *Kumamoto-Minamata-Fall*, besprochen bei *Cho*, Landesbericht Japan, S. 103 bis 106 und *Asada*, in: Leipold (Hrsg.), S. 403, 408 f.

1221 Gesetz Nr. 142 vom 25.12.1970, das seit dem 01.07.1971 in Kraft ist und aus nur sieben Paragraphen besteht. Vgl. *Heine*, GA **1986** 67, 68.

1222 Zur Entstehungsgeschichte *Cho*, Landesbericht Japan, S. 108.

1223 Siehe unten 2. Kapitel B. I. 6.

1224 Vgl. *Asada*, in: Leipold (Hrsg.), S. 403, 407.

1225 Vgl. *Cho*, Landesbericht Japan, S. 111.

1226 Nach ganz herrschender Meinung werden durch das Umweltschutzgesetz nur die traditionellen Rechtsgüter wie Leben und Gesundheit geschützt: *Cho*, Landesbericht Japan, S. 111 m.w.N. in Fn. 111; *Asada*, in: Leipold (Hrsg.), S. 403, 415.

1227 *Cho*, Landesbericht Japan, S. 114.

dungsdelikte.[1228] Erfasst werden sowohl vorsätzliche als auch fahrlässige Lebensgefährdungen durch Umweltverschmutzungen infolge unternehmerischer Tätigkeiten in Fabriken oder Betriebsstätten. Darunter kann ein Bauernhof, in der Regel aber nicht Kraftfahrzeuge oder Schiffe fallen. Von dem Begriff „Stoff" werden nur materielle Gegenstände, also nicht radioaktive Strahlen und Wärmeenergie erfasst. Was unter der Tathandlung des „Ablassens" zu verstehen ist, ist umstritten. Nach der herrschenden, auch von der Rechtsprechung vertretenen Meinung[1229] fällt darunter das Verbreiten, Freisetzen, Vergraben (im Boden) und das Versenken (im Wasser). Der Versuch des § 2 USG ist nicht mit Strafe bedroht.[1230]

5. Verwaltungsakzessorietät

Auffällig am USG ist, dass die dortigen Tatbestände nicht nur flankierende Maßnahmen des Umweltverwaltungsrechts sind, sondern vom Verwaltungsrecht völlig losgelöst, also nicht verwaltungsakzessorisch ausgestaltet sind.[1231] Das lässt sich insofern erklären, als die im USG geregelten Delikte eben ausschließlich Leben und Gesundheit des Menschen schützen.

6. Kausalitätsvermutung

In § 5 statuiert das USG folgende Kausalitätsvermutung:[1232] „*Wenn jemand bei unternehmerischer Betriebstätigkeit in einer Fabrik oder einer Betriebsstätte für die menschliche Gesundheit schädliche Stoffe ablässt, die geeignet sind, allein durch dieses Ablassen eine Gefahr für Leben oder Gesundheit der Öffentlichkeit herbeizuführen, so wird dann, wenn in dem Gebiet, in dem durch dieses Ablassen eine solche Gefahr entstehen kann, durch Stoffe gleicher Art Leben oder Gesundheit der Öffentlichkeit gefährdet werden, vermutet, dass diese Gefahr durch diejenigen Stoffe hervorgerufen wurde, die tatsächlich emittiert worden sind.*" Diese Vermutung soll im japanischen Strafrechtssystem, in dem der *in-dubio-pro-reo*-Grundsatz gilt, ein Novum darstellen. Durch sie erfolgt eine Umkehr der Beweislast für den Bereich des Umweltstrafrechts, die als verfassungsmäßig angesehen wird.[1233] Damit die Kausalitätsvermutung greifen kann, müssen folgende Voraussetzungen vorliegen: Es müssen Stoffe abgelassen worden sein, die geeignet sind, allein eine Gefahr für das Leben und die Gesundheit der Öffentlichkeit entstehen zulassen. Folglich findet die Vermutung keine Anwendung, wenn mehrere Verursacher in diesem Gebiet eine Gefahr für Leben und Gesundheit hervorgerufen haben, aber ein Verursacher allein nicht diese Gefahr verursachen kann.

1228 *Asada*, in: Leipold (Hrsg.), S. 403, 405 und 415.

1229 Vgl. *Cho*, Landesbericht Japan, S. 113 Fn. 122 und 123. Zur restriktiven Meinung: *Cho*, Landesbericht Japan, S. 113 Fn. 121.

1230 Vgl. *Cho*, Landesbericht Japan, S. 115.

1231 Vgl. *Cho*, Landesbericht Japan, S. 112.

1232 Vgl. auch *Heine*, GA **1986** 67, 74.

1233 Zum Problem der Verfassungsmäßigkeit wegen des geltenden *in dubio pro reo*-Grundsatzes: *Cho*, Landesbericht Japan, S. 118; *Asada*, in: Leipold (Hrsg.), S. 403, 407.

7. Strafbarkeit von Amtsträgern

Die spezielle Strafbarkeit von Amtsträgern in Umweltbehörden ist im USG nicht geregelt und wurde bisher kaum diskutiert.[1234]

8. Strafbarkeit juristischer Personen

§ 4 USG[1235] sieht die strafrechtliche Verantwortlichkeit von juristischen Personen vor, und zwar als so genannte „Parallelbestrafung", obwohl das geltende allgemeine Strafgesetzbuch eine solche nicht kennt. Infolge der Parallelbestrafung haften sowohl die juristische Person als auch der unmittelbar Handelnde (einfache Angestellte,[1236] leitende Angestellte, etc.) nebeneinander.[1237] Von § 4 USG wird der Staat selbst nicht erfasst, aber Selbstverwaltungsgebietskörperschaften.[1238] Bei der strafrechtlichen Verantwortlichkeit juristischer Personen wird versucht, zwischen den der juristischen Person zugerechneten Tathandlungen und der Verletzung ihrer Aufsichtspflicht gegenüber Mitarbeitern zu unterscheiden.[1239] Juristische Personen können nach allen Umweltgesetzen mittels der Parallelbestrafungsnorm sanktioniert werden.

In den Jahren 1975 bis 1985 ist der Anteil der Unternehmensdelinquenz an den Straftaten nach dem Wassergesetz angestiegen (von 30,1% auf 35%), ihr Anteil an den Straftaten nach dem Abfall- und Meeresgesetz hat hingegen abgenommen (von 13,1% auf 10,8% und von 19% auf 16,5%).[1240]

9. Strafen

Als Strafen gegenüber natürlichen Personen sind sowohl Freiheitsstrafen von bis zu drei (§ 2 Absatz 1 und 3 Absatz 1 USG) beziehungsweise bis zu sieben Jahren (§ 2 Absatz 2 USG) und bei Fahrlässigkeit bis zu fünf Jahren (§ 3 Absatz 2 USG) als auch Geldstrafe[1241] vorgesehen.

Für die Bestrafung der juristischen Person kommt als Sanktion nur die Geldstrafe in Betracht. Die im Jahr 1980 gegenüber juristischen Personen verhängten Geldstrafen sind in der Mehrzahl niedrige Summen (38,4% der Geldstrafen lagen unter 50 000

1234 *Asada*, in: Leipold (Hrsg.), S. 403, 417.

1235 § 4 USG: „ *Begehen ein Repräsentant einer juristischen Person sowie ein Vertreter, ein Angestellter ein oder sonstiger Arbeitnehmer einer juristischen oder natürlichen Person eine Straftat nach §§ 2 oder 3 in Ausübung der Betriebstätigkeit, so tritt neben die Bestrafung eines Handelnden auch die Bestrafung der juristischen oder natürlichen Person nach der in den vorstehenden Vorschriften angedrohten Geldstrafe.* "

1236 Zu den Voraussetzungen der die Verbandsstrafe auslösenden Zuwiderhandlungen von untergeordneten Mitarbeitern, vgl. *Rogall*, KK-OWiG, § 30, Rn. 239.

1237 Zur historischen Entwicklung der japanischen Gesetzgebung zur Strafbarkeit juristischer Personen: *Cho*, Landesbericht Japan, S. 167 f. Ferner *Rogall*, KK-OWiG, § 30, Rn. 239, der von der „*zweiseitigen Bestrafung*" spricht.

1238 *Cho*, Landesbericht Japan, S. 116.

1239 Vgl. *Cho*, Landesbericht Japan, S. 117 und 180.

1240 Vgl. *Cho*, Landesbericht Japan, S. 186.

1241 Bei § 2 Absatz 1 und § 3 Absatz 2 USG bis zu einer Höhe von drei Mio. Yen, bei § 2 Absatz 2 USG bis zu 5 Mio. Yen und bei § 3 Absatz 2 USG bis zu 2 Mio. Yen.

Yen, nur 8,1% lagen zwischen 200 000 und 500 000 Yen und gerademal 0,7% lagen über 500 000 Yen).[1242]

10. Nebengesetzliche Regeln

Daneben kennt das japanische Recht strafrechtliche Bestimmungen zum Schutz der Umwelt in verwaltungsrechtlichen Nebengesetzen, die in der Praxis eine wichtige Rolle spielen sollen.[1243] Diese erfassen Luftverunreinigungen, Binnengewässerverschmutzung, Geruchsbelästigung, Bodenerschütterung, Lärm, die Abfallentsorgung, gefährliche Stoffe, Kernenergie und die natürliche Umwelt.

11. Zwischenergebnis

Auffällig ist, dass das japanische Umweltschutzgesetz unmittelbar nur den Schutz von Leben und Gesundheit des Menschen bezweckt und nicht die Umweltgüter selbst zu schützen sucht. Aufgrunddessen liegt die nichtverwaltungsakzessorische Ausgestaltung der Tatbestände nahe.
Hervorzuheben ist die Möglichkeit, juristische Personen strafrechtlich zur Verantwortung zu ziehen.

II. Das schweizerische Umweltstrafrecht

1. Verfassungsrechtliche Verankerung

Die Programmnorm des Art. 24septies schweizerische Bundesverfassung[1244] enthält den Auftrag des Staats, die Umwelt zu schützen. An ihr ist sowohl die bestehende als auch die künftige Gesetzgebung des Bundes auszurichten.[1245]

2. Regelung des Umweltstrafrechts

Die Schweiz hat die wesentlichen umweltstrafrechtlichen Bestimmungen in einem zentralen Umweltschutzgesetz (USG) geregelt,[1246] das typisch für staatliche Lenkungs- und Eingriffsprogramme ist.[1247] Mit dem Erlass dieses Gesetzes ist der Bundesgesetzgeber dem Verfassungsauftrag aus Art. 24septies schweizerische Bundesverfassung nachgekommen. Dieses Rahmengesetz ist – gemeinsam mit den darauf gestützten Ausführungserlassen des Bundes – der „Grundpfeiler" des schweizerischen Umweltrechts und umfasst Bestimmungen über die Luftreinhaltung, den

---

1242 Vgl. *Cho*, Landesbericht Japan, S. 187.
1243 *Asada*, in: Leipold (Hrsg.), S. 403, 404 f.
1244 Art. 24septies schweizerische Bundesverfassung wurde am 06.06.1971 eingeführt.
1245 Vgl. *Heine*, GA **1986** 67, 69.
1246 Bundesgesetz über den Schutz der Umwelt vom 07.10.1983, das erst am 01.01.1985 in Kraft trat und am 21.12.1995 eine umfangreiche Teilrevision erfuhr (BBl. 1993 II, 1445 ff.; BBl. 1996 I, 233 ff.), die am 01.07.1997 in Kraft trat.
1247 *Heine*, GA **1986** 67, 68.

Lärmschutz, umweltgefährdende Stoffe, Abfall und Belastungen des Bodens. Der Umweltschutz auf den Gebieten des Gewässerschutzes, des Strahlenschutzes und des Natur- und Landschaftsschutzes ist weiterhin in besonderen Erlassen geregelt.

3. Rechtsgüterschutz und Deliktsstruktur

In der Schweiz herrscht über die durch das Umweltstrafrecht zu schützenden Rechtsgüter eine lebhafte Diskussion:[1248] Das USG soll Menschen, Tiere und Pflanzen, ihre Lebensgemeinschaften und Lebensräume gegen schädliche und lästige Einwirkungen schützen und die Fruchtbarkeit des Bodens erhalten, Art. 1 USG. Die Beurteilung der Schädlichkeit oder Lästigkeit von Einwirkungen erfolgt über vom Bundesrat als Exekutivorgan normativ festgelegte Immissionsgrenzwerte für Luftverunreinigungen, Lärmbelastungen, Erschütterungen und Bodenbelastungen, Art. 13, 15, 33 und 34 USG.

Die Strafbestimmungen des USG (Art. 60 und 61) zum Schutz der Umwelt sollen die Umweltmedien zum Teil selbständig schützen. Mitgeschützt wird meist die Lebensqualität für den Menschen und der Verwaltungsgehorsam.[1249]

Während der Qualifikationstatbestand des Art. 60 Absatz 1 Satz 2 USG, der eine schwere Gefahr für Menschen oder die Umwelt verlangt, als konkreter Gefährdungstatbestand ausgestaltet ist, sind die Grundtatbestände des Art. 60 Absatz 1 Satz 1 USG als abstrakte Gefährdungsdelikte und die Übertretungstatbestände des Art. 61 USG als schlichte Tätigkeitsdelikte gefasst.

Für alle Tatbestände ist die Strafbarkeit fahrlässigen Verhaltens vorgesehen.[1250]

4. Verwaltungsakzessorietät

Die Straftatbestände des USG sind verwaltungsakzessorische Annexbestimmungen, die zahlreiche Verwaltungsvorschriften strafrechtlich (als Blankettnormen) absichern.[1251] Zudem handelt es sich regelmäßig um verwaltungs*akt*akzessorische Tatbestände.[1252] Bei ihnen stellt sich die Frage, ob nur rechtmäßige oder auch rechtswidrige behördliche Verfügungen strafrechtlich beachtlich sind. Nachdem der schweizerische Bundesgerichtshof die Befugnis von Strafrichtern, Verwaltungsakte zu überprüfen lange Zeit generell abgelehnt hatte, begründete er 1972 eine differenzierte Praxis:[1253] Ist gegen den Verwaltungsakt keine verwaltungsgerichtliche Beschwerde möglich, so hat der Strafrichter die Rechtmäßigkeit (nicht die Zweckmäßigkeit) der ergangenen Verwaltungsverfügung frei zu prüfen. Ist hingegen eine verwaltungsgerichtliche

---

1248 Vgl. *Vest/Ronzani*, Landesbericht Schweiz, S. 443, insbesondere Fn. 227 ff.

1249 *Vest/Ronzani*, Landesbericht Schweiz, S. 443 ff.

1250 *Vest/Ronzani*, Landesbericht Schweiz, S. 447.

1251 *Vest/Ronzani*, Landesbericht Schweiz, S. 447.

1252 *Vest/Ronzani*, Landesbericht Schweiz, S. 463.

1253 BGE 98, IV 264, 266 und 106, 111; BGE 99, IV 164, 166; BGE 100, IV 63, 64, 98, 102; BGE 104, IV 135, 137. Vgl. *Heine*, GA **1986** 67, 74 f.

Rechtmäßigkeitskontrolle möglich und noch nicht erfolgt, so überprüft der Strafrichter die Verfügung lediglich auf offensichtliche Gesetzesverletzungen (einschließlich Ermessensmissbrauch und Ermessensüberschreitung). Der Strafrichter ist also erst dann an den Verwaltungsakt gebunden, wenn das Verwaltungsgericht ihn für rechtmäßig befunden hat.[1254]

5. Strafbarkeit von Amtsträgern

Weder das Strafgesetzbuch noch das USG enthalten eine spezielle Regelung über die strafrechtliche Verantwortlichkeit von Amtsträgern, die mit dem Vollzug von Umweltvorschriften betraut sind. Da es sich bei den Umweltdelikten oft um Sonderdelikte handelt, besteht eine strafrechtliche Haftung des Amtsträgers in der Regel nicht.[1255]

6. Strafbarkeit juristischer Personen

Bis 2003 kannte das schweizerische Recht keine gesetzliche Norm, die eine allgemeine Strafbarkeit des Geschäftsherrn oder der Organe juristischer Personen, geschweige denn diejenige des Unternehmens selbst vorsah.[1256] Juristische Personen waren grundsätzlich mangels Handlungs-, Schuld- und Straffähigkeit nicht strafbar.[1257] Allerdings gab es Vorschriften im Nebenstrafrecht, welche die Buße für juristische Personen vorsahen. Zudem existierte Art. 172 (und Art. 326) schweizStGB, der die Verantwortlichkeit für strafbare Handlungen im Geschäftsbetrieb einer juristischen Person regelte.[1258] Er sah die Organhaftung für alle Vermögensdelikte vor[1259] und erfasste ausdrücklich Mitarbeiter von juristischen Personen oder Gesellschaften, die zwar keine Organstellung inne, aber selbständige Entscheidungsbefugnis hatten sowie die tatsächlichen Leiter.

Mit der Reform von 2003 wurde Art. 100quater schweizStGB in den Allgemeinen Teil des schweizerischen Strafgesetzbuches und damit die allgemeine strafrechtliche Verantwortlichkeit von Unternehmen (privaten und öffentlichen juristischen Personen [mit Ausnahme von Gebietskörperschaften], Gesellschaften und Einzelfirmen, so die Legaldefinition in Art. 100quater Absatz 3 schweizStGB) eingeführt.[1260] Nach dessen Absatz 1 trifft die juristische Person nur eine subsidiäre strafrechtliche Haftung: Ist wegen eines Organisationsmangels die für ein im Unternehmen begangenes Verbrechen oder Vergehen strafrechtlich verantwortliche natürliche Person nicht

---

1254 *Heine*, GA **1986** 67, 75.

1255 Vgl. *Vest/Ronzani*, Landesbericht Schweiz, S. 458.

1256 *Vest/Ronzani*, Landesbericht Schweiz, S. 455 ff. Ferner *Rogall*, KK-OWiG, § 30, Rn. 244.

1257 BGE 85, IV 95, 98 ff.; BGE 97, IV 202 ff.; BGE 105, IV 172, 175 f.; *Eidam*, Unternehmen und Strafe, S. 228; *ders.*, Straftäter Unternehmen, S. 48 ff.

1258 *Rehberg*, StGB, S. 302.

1259 *Stratenwerth*, BT I, § 25, Rn. 2.

1260 Art. 100quater wurde eingefügt durch Bundesgesetz vom 21.03.2003 und ist seit dem 01.10.2003 in Kraft.

ermittelbar, so wird die Tat dem Unternehmen zugerechnet. Das Merkmal *„in Ausübung geschäftlicher Verrichtung im Rahmen des Unternehmenszwecks"* soll eventuelle Exzesstaten ausschließen.[1261] Das Unternehmen soll für Aufsichtsmängel, für die eigene Desorganisation gerade stehen.[1262] Daneben sieht Art. 100quater Absatz 2 schweizStGB die prinzipielle strafrechtliche Haftung des Unternehmens vor: Allerdings haftet das Unternehmen nur dafür, dass es zu besonderen Fällen der Wirtschaftskriminalität (Art. 260ter, 260quinquies, 305bis, 322ter, 322quinqies oder 322septies schweizStGB) hat kommen können, auch wenn der individuell verantwortliche Täter ermittelt werden kann – nicht aber für Fälle der Umweltkriminalität. Für diese kumulative Strafbarkeit des Unternehmens ist das Vorliegen eines Kausalzusammenhangs zwischen dem Organisationsdefizit und der Anlasstat erforderlich.[1263] Der mit Art. 100quater schweizStGB eingeführte strafrechtliche Vorwurf an Unternehmen wird als eigenständiges Aliud gegenüber dem herkömmlichen Schuldbegriff verstanden: Allein der Wille des Gesetzgebers soll über die Zulässigkeit der strafrechtlichen Verantwortlichkeit juristischer Personen entscheiden können und nicht die Dogmatik.[1264]

7. Strafen

Gegen natürliche Personen ist bei den Vergehenstatbeständen des Art. 60 Absatz 1 Satz 1 USG Freiheitsstrafe von bis zu drei Jahren oder Buße möglich, bei Vorliegen der Qualifikation des Art. 60 Absatz 1 Satz 2 USG ist ausschließlich die Verhängung einer Freiheitsstrafe von ebenfalls bis zu drei Jahren möglich;[1265] bei fahrlässiger Begehung von bis zu sechs Monaten. Für den Übertretungstatbestand des Art. 61 USG ist Freiheitsstrafe von bis zu drei Monaten oder Buße vorgesehen, bei Fahrlässigkeit nur Buße.[1266]

Als Nebenfolge für das Umweltstrafrecht bedeutsam sind das Verbot einen Beruf, ein Gewerbe oder ein Handelsgeschäft auszuüben (Art. 54 StGB) sowie die Maßnahme der Einziehung (Art. 48 StGB) und die Urteilspublikation (Art. 61 StGB).[1267]

Gegen juristische Personen ist allein die Verhängung einer Geldstrafe (*„Buße"*) von bis zu fünf Millionen schweizer Franken vorgesehen. Auf weitere Strafen wurde verzichtet.

1261 *Pieth*, ZStR **2001** 1, 14; *Riklin*, AT I, § 12, Rn. 18.

1262 *Pieth*, ZStR **2001** 1, 4; *Riklin*, AT I, § 12, Rn. 18.

1263 *Pieth*, ZStR **2001** 1, 14; *Riklin*, AT I, § 12, Rn. 21.

1264 BBl. 1999 II, 2137, 2143; vgl. *Riklin*, AT I, § 12, Rn. 22.

1265 Es entfällt lediglich die im Grundtatbestand alternativ angedrohte Buße.

1266 *Vest/Ronzani*, Landesbericht Schweiz, S. 399 und 452 f.

1267 *Vest/Ronzani*, Landesbericht Schweiz, S. 454.

8. Klagemöglichkeiten von Verbänden

In praktischer Hinsicht ist weiterhin die nach dem USG mögliche Verwaltungsbeschwerde von Umweltschutzorganisationen bedeutsam. Diese Organisationen müssen vor Einreichung der Klage seit mindestens zehn Jahren bestanden haben, Art. 55 USG.[1268]

9. Zwischenergebnis

Hier sticht vor allem die erst vor kurzem erfolgte Einführung der Strafbarkeit juristischer Personen hervor, die mit dem Argument, dass der Gesetzgeber und nicht die Dogmatik über ihre Einführung zu entscheiden habe, begründet wurde.

III. Ergebnis

Auffällig ist bei dieser Regelungsweise in einem zentralen Umweltschutzgesetz, dass es – vor allem in Japan – neben den strafrechtlichen Regelungen des USG noch weitere verwaltungsrechtliche Strafvorschriften gibt, eine umfassende Erfassung und Regelung nicht stattgefunden hat.
Insgesamt scheint der Schutz der Umweltmedien vor allem wegen der möglichen strafrechtlichen Verantwortlichkeit juristischer Personen recht umfassend erfolgt zu sein. Eine Lücke stellt in diesen beiden Ländern die fehlende spezielle umweltstrafrechtliche Verantwortlichkeit von Amtsträgern dar, die gerade in der Schweiz infolge der verwaltungsakzessorischen Ausgestaltung der Umweltstraftatbestände großen Einfluss auf das rechtliche Vorliegen einer Umweltstraftat haben.

C. Regelung des Umweltstrafrechts im verwaltungsrechtlichen Nebenstrafrecht

Die Technik, das Umweltstrafrecht in strafrechtlichen Annexvorschriften zu regeln, stellt die herkömmliche Art der Regelung dar.
Durch diese Art der (regelmäßig absolut verwaltungsabhängigen) Regelung wird im wesentlichen die strafrechtliche Absicherung verwaltungsrechtlicher Entscheidungen bezweckt; es geht idealiter um die Stärkung des praktizierten Verwaltungsvollzugs.[1269]
Geht es um für die Umwelt besonders gefährliche Handlungen ist das auch gerechtfertigt.

[1268] *Vest/Ronzani*, Landesbericht Schweiz, S. 390 und 398 f.
[1269] *Heine*, NJW **1990** 2425, 2426 f.

Hinzuweisen ist vor allem auf das französische Umweltstrafrecht, das die strafrechtlichen Gesetze zum Umweltschutz in beispielloser Unübersichtlichkeit in den verschiedensten Nebengesetzen[1270] fast schon „versteckt".[1271] Infolgedessen gestaltet sich die Anwendung und Handhabung dieser Regeln äußerst problematisch und die wertebildende Kraft der Inkriminierung ist zweifelhaft.[1272]

Aber auch Belgien, Italien, Griechenland, die Niederlande und das nicht kontinentale Großbritannien haben das Umweltstrafrecht nicht in einem zentralen Gesetz (Strafgesetzbuch oder Umweltschutzgesetz) geregelt. Die Rolle des Strafrechts beschränkt sich in diesen Ländern vorwiegend auf die Sanktionierung von spezifiziertem Verwaltungsungehorsam.[1273]

Eine Sonderstellung auf dem Kontinent kommt dem Umweltstrafrecht in den Niederlanden zu. Zum einen hat der niederländische Gesetzgeber bei der Revision der Umweltbestimmungen des Strafgesetzbuches nicht die Mehrzahl der wichtigen Strafbestimmungen der besonderen Umweltgesetze in das Kernstrafrecht überführt, sondern hat diese vielmehr doppelt geregelt: in den besonderen Umweltgesetzen und im Strafgesetzbuch als gemeingefährliche Delikte.[1274] Zum anderen verweisen die Umweltgesetze in ihren strafrechtlichen Schlussteilen hinsichtlich der Sanktionen meistens auf das Wirtschaftsstrafgesetz.[1275] Die Aufnahme der Umweltstrafbestimmungen in das Wirtschaftsstrafgesetz erfolgte unter anderem aus folgenden zwei Gründen: Erstens sollte damit dem Bedürfnis nach angemessenen Sanktionen für Umweltdelikte entgegengekommen werden. Zweitens sprach für die Aufnahme die Erfahrung, dass Umweltdelikte meist aus wirtschaftlichen Motiven im Rahmen betrieblicher Aktivitäten verübt werden.

Da sowohl die mitgliedstaatlichen umweltstrafrechtlichen Regelungen als auch das Übereinkommen des Europarats von 1998 und die unterschiedlichen Vorschläge auf EU-Ebene im Umweltstrafrecht (die beiden Initiativen Dänemarks und der Richtlinien-Vorschlag der Kommission), insbesondere der Rahmenbeschluss vom Januar 2003, überwiegend verwaltungsakzessorische Tatbestände enthalten, stellen sich vor allem die Fragen, ob die unterschiedlichen Verwaltungsrechtsordnungen der Mitgliedstaaten – ebenso wie das deutsche Verwaltungsrecht – zwischen nichtigen und unwirksamen (rechtswidrigen) Verwaltungsakten differenzieren, ob sie den Rechtsmissbrauchsgedanken anerkennen und ob die Verwaltungsakzessorietät ebenso umstritten ist wie in Deutschland.

1270 Die Straftatbestände zu den Umweltschutzvorschriften finden sich in zahlreichen Verordnungen und Erlassen wieder. Vgl. *Heine*, GA **1986** 67, 69.

1271 *Heine*, GA **1986** 67, 69.

1272 *Heine*, GA **1986** 67, 69.

1273 Vgl. *Heine*, GA **1986** 67, 69.

1274 *Waling*, Landesbericht Niederlande, S. 11.

1275 Gesetz vom 22.06.1950.

Infolgedessen ist es sinnvoll, das Verwaltungsrecht anderer Staaten exemplarisch anhand einiger EU-Mitgliedstaaten zu untersuchen. Dies dient dazu, eine gemeinsame „aller unterste Stufe" der Verwaltungsakzessorietät innerhalb der Europäischen Union zu finden. Nur wenn sich in allen mitgliedstaatlichen Rechtsordnungen ein Konsens hinsichtlich der Abhängigkeit umweltstrafrechtlicher Regeln vom Verwaltungsrecht und ihrer Durchbrechung (Rechtswidrigkeit eines Handelns trotz behördlicher Genehmigung) finden lässt, erscheint eine einheitliche Durchsetzung eines EU-Umweltstrafrechts in Form einer Annexlösung möglich. Im Rahmen der Darstellung des Umweltstrafrechts in den Ländern Frankreich und Großbritannien wird das dort geltende Verwaltungsrecht (als Exkurs) ausführlicher dargestellt. Das Verwaltungsrecht dieser beiden Länder wird beispielhaft für die problematische Grenze der Abhängigkeit des Strafrechts von verwaltungsrechtlichen Fragen herangezogen.
Um dem angloamerikanischen Rechtskreis gerecht zu werden, wird die Verwaltungsrechtsordnung Großbritanniens dargestellt.
Die Verwaltungsrechtsordnung Frankreichs wurde ausgewählt, weil sie auf die Entwicklung des Verwaltungsrechts in Europa wesentlichen Einfluss hatte: Sowohl Deutschland[1276] (insbesondere in der napoleonischen Zeit, während der Restauration und erneut in den Jahren von 1860 bis 1890[1277]) als auch die Länder Spanien, Italien, Portugal und Griechenland (sowie die latein-amerikanischen Länder)[1278] sind stark von der Entwicklung des Verwaltungsrechts in Frankreich beeinflusst worden. Damit kann das französische Rechtssystem – trotz etwaiger Abweichungen – exemplarisch für diesen Rechtskreis stehen.

I. Das französische Umweltstrafrecht

1. Verfassungsrechtliche Verankerung

Der Schutz der Umwelt ist in der französischen Verfassung weder als Grundrecht noch als Staatszielbestimmung verankert.[1279]

2. Allgemeines

Auch auf einfachgesetzlicher Ebene findet sich kein allgemeines Recht auf Umweltschutz oder auf Erhaltung einer bestimmten Lebensqualität.[1280] Die Straftatbestände

---

1276 Infolge der grundlegenden Arbeiten von *Otto Mayer* – dem Vater des deutschen Verwaltungsrechts – (*Mayer*, Deutsches Verwaltungsrecht, 2 Bände, 1895/1896 und *Mayer* Theorie des französischen Verwaltungsrechts, 1886) diente das französische Verwaltungsrecht als Vorbild für das deutsche Verwaltungsrecht. Vgl. *Schwarze*, NVwZ **1996** 22; *ders.*, DVBl. **1999** 261 f.

1277 Vgl. *Scheuner*, DÖV **1963** 714, 715 (ff.).

1278 *Scheuner*, DÖV **1963** 714.

1279 *Spaniol/Hilgers*, Landesbericht Frankreich, S. 17; *Kloepfer/Mast*, Umweltrecht des Auslandes, S. 73: Die Einführung wurde aber zeitweise erörtert.

zum Schutz der Umwelt sind fast ausschließlich in Nebengesetzen – in verwaltungsrechtlichen Gesetzen und Verordnungen – loziert.[1281] Die wichtigsten Umweltgesetze entstanden in den 60er Jahren des 20. Jahrhunderts:[1282] Luftreinhaltungsgesetz von 1961, Wasserschutzgesetz von 1964 und Abfallgesetz von 1975.
Da das Umweltrecht hauptsächlich Verwaltungsrecht ist, kommt dem Strafrecht eine eher untergeordnete Rolle zu und die Mehrzahl der strafrechtlichen Normen ist folglich verwaltungsakzessorischer Natur.[1283]
Eine wichtige Ausnahme bildet der eigenständige, verwaltungsunabhängige Umweltstraftatbestand, der sich in Art. L. 232-2 Landwirtschaftsgesetz (*Code rural*)[1284] findet. Dieser Tatbestand geht zurück auf Art. 25 des Gesetzes vom 15.04.1829,[1285] der die Fischwilderei unter Strafe stellte. Nachdem der französische Kassationshof (*Cour de Cassation*) diese Vorschrift im Jahre 1837 erweiternd auf industrielle Wasserverschmutzer anwendete,[1286] galt Art. L. 232-2 Landwirtschaftsgesetz als zentraler Straftatbestand gegen Gewässerverschmutzungen aller Art.[1287] Bei der Gesetzesänderung von 1949 wurde die Rechtsprechung zu dieser Vorschrift in den Normtext aufgenommen und zehn Jahre später erfolgte eine weitere Klarstellung hinsichtlich des Anwendungsbereiches des Art. L. 232-2 Landwirtschaftsgesetz.[1288] Danach macht sich strafbar, wer unmittelbar oder mittelbar Stoffe in Gewässer wirft oder einleitet, die zu Fischsterben führen oder die Nahrung, Fortpflanzung oder den Wert der Fische als Nahrungsmittel beeinträchtigen.[1289] Als nicht verwaltungsakzessorischem Straftatbestand kommt Art. L. 232-2 Landwirtschaftsgesetz eine große Bedeutung zu.[1290]

1280 *Spaniol/Hilgers*, Landesbericht Frankreich, S. 17. Vgl. aber Art. 410-1 franzStGB: Beeinträchtigung der nationalen Grundinteressen, zu denen auch das Gleichgewicht der natürlichen Umgebung und der Umwelt und die wesentlichen Bestandteile des wissenschaftlichen und wirtschaftlichen Potentials sowie des kulturellen Erbes gehören.

1281 Vgl. *Bergmann*, Umweltschutz, S. 213; *Spaniol/Hilgers*, Landesbericht Frankreich, S. 55.

1282 *Spaniol/Hilgers*, Landesbericht Frankreich, S. 24 f.; zur Geschichte *Tiedemann*, Rev. sc. crim. **1986** 263 ff.

1283 Vgl. *Bergmann*, Umweltschutz, S. 213 f. und 223.

1284 Das „L" steht für „Loi", so dass das Gesetz von dem Gesetzgeber stammt.

1285 Zu Art. 232-2 Landwirtschaftsgesetz *Bergmann*, Umweltschutz, S. 214 ff.

1286 Vgl. *Despax*, Droit de l'environnement, Rn. 306.

1287 *Spaniol/Hilgers*, Landesbericht Frankreich, S. 24. Zum Streit über das Schutzgut von Art. 232-2 Landwirtschaftsgesetz *Bergmann*, Umweltschutz, S. 214 f. m.w.N.

1288 Vgl. *Bergmann*, Umweltschutz, S. 214; *Spaniol/Hilgers*, Landesbericht Frankreich, S. 24.

1289 *Spaniol/Hilgers*, Landesbericht Frankreich, S. 60.

1290 Vgl. *Spaniol/Hilgers*, Landesbericht Frankreich, S. 53 f. **A.A.**: *Bergmann*, Umweltschutz, S. 224: Mit der Einführung des Art. 122-4 franzStGB wird ausdrücklich bestimmt, dass niemand strafrechtlich verantwortlich ist, dessen Handlung durch gesetzliche oder verordnungsrechtliche Vorschriften vorgeschrieben ist – was auch für behördliche Genehmigungen gilt.

3. Rechtsgüterschutz

Hinsichtlich der Schutzgüter begegnet das Umweltstrafrecht zwei Problemen:
Erstens fehlt im französischen Strafrecht eine Theorie des Rechtsguts, auch wenn das französische Strafgesetzbuch nach Rechtsgütern geordnet ist (Person, Vermögen, Nation, Staat und öffentlicher Friede) und das *intérêt protégé* selbstverständliches Auslegungsmittel im Besonderen Teil ist.[1291] Zweitens ist der Schutzzweck einer Strafrechtsnorm meist der von öffentlich-rechtlichen Normen, weil sich die meisten Strafrechtsnormen zum Umweltschutz in verwaltungsrechtlichen Gesetzen und Verordnungen befinden.[1292]

Gleichwohl wird die natürliche Umwelt in einigen verwaltungsgesetzlichen Regelungen *unmittelbar* geschützt:

Im Naturschutzgesetz geht es darum, sowohl das biologische Gleichgewicht als Lebensgrundlage des Menschen zu erhalten, als auch dem Schutz der Tiere als „*êtres sensibles*" einen gewissen Eigenwert zuzuerkennen.[1293]

Das Landwirtschaftsgesetz hat im zweiten Buch einen Titel „Naturschutz", der Regelungen über die Einrichtung von Naturschutzgebieten enthält, die allein den Umweltschutz bezwecken: In Nationalparks sollen Fauna, Flora, Boden, Luft, Wasser und das natürliche Umfeld allgemein geschützt werden. In anderen Normen ist der Umweltschutz eines von mehreren Zielen, die diese Gesetze verfolgen.

Weit häufiger findet sich ein nur *mittelbarer* Schutz der Umwelt, der eher Reflex denn Ziel dieser Gesetze ist. Dann steht der Schutz des Menschen im Vordergrund, der (lebensnotwendig) eines funktionierenden ökologischen Gleichgewichts bedarf. Beispiele hierfür bilden die aufgrund des *Code de la santé publique* erlassenen Verordnungen, wie das Luftreinhaltungsgesetz von 1961[1294] und die dazu gehörigen Verordnungen,[1295] die die Gesundheit der Bevölkerung durch die Verringerung von Schadstoffemissionen zu schützen suchen. Für Verstöße gegen Verwaltungsvorschriften zum Beispiel über Smogalarm (Art. 5 und 6 Verordnung von 1974), über bestimmte Brennstoffe (Art. 8 bis 10 Verordnung von 1974) oder über besonders geschützte Gebiete (Art. 3 und 4 Verordnung von 1974) sind strafrechtliche Konsequenzen in Art. 5 bis 7 Luftreinhaltungsgesetz von 1961 angeordnet.

In anderen Gesetzen wird die natürliche Umwelt geschützt, um als Grundlage menschlichen Wirtschaftens dienen zu können: So wird der Wald geschützt, damit seine Produktion gesteigert werden kann. Inzwischen erfolgt der Schutz des Waldes auch hinsichtlich des Erhalts des biologischen Gleichgewichts.[1296] Auch der Schutz

---

1291 *Vogel*, GA **1998** 127, 130.

1292 *Bergmann*, Umweltschutz, S. 214: Sanktioniert wird weniger die Herbeiführung eines Schadens an Umweltgütern als vielmehr der Ungehorsam gegenüber der Verwaltung.

1293 *Spaniol/Hilgers*, Landesbericht Frankreich, S. 55.

1294 Loi Nr. 61-842 relative à la lutte contre les pollutions atmosphériques et les odeurs.

1295 Verordnung Nr. 74-415 vom 13.05.1974, geändert durch die Verordnung Nr. 91-1122 vom 15.10.1991.

1296 *Spaniol/Hilgers*, Landesbericht Frankreich, S. 56.

der Meere und ihrer Fauna und Flora dient dazu, die wirtschaftliche Nutzung des Fischbestands zu erhalten.[1297]

Die in der Regel verwaltungsakzessorisch ausgestalteten Straftatbestände (zum Beispiel Art. 24 Abfallgesetz, Art. 21 Gesetz über erlaubnis- und anmeldepflichtige Anlagen (*installations classées*), Art. 7 Luftreinhaltungsgesetz und Art. 25 Absatz 3 Wassergesetz) verfolgen den Zweck, die Einhaltung verwaltungsrechtlicher Normen und Einzelanordnungen beziehungsweise gerichtlicher Anordnungen zu sichern.[1298] Damit schützen diese Tatbestände neben jenen, den Verwaltungsgesetzen zugrunde liegenden Gütern, auch die Verwaltungstätigkeit beziehungsweise die Autorität von Gerichtsurteilen als solchen.[1299]

Zu den wenigen verwaltungsunabhängigen Straftatbeständen[1300] gehören der bereits genannte Art. L. 232-2 Landwirtschaftsgesetz, der die Reinhaltung des Wassers sowie den Fischbestand schützt, Art. 22 Wassergesetz, der über Art. 232-2 Landwirtschaftsgesetz hinaus auch das Grundwasser und das Meer bis zur Grenze des Hoheitsgewässers schützt und Art. 322-9 Waldgesetz. Zudem gibt es im Verordnungsteil des französischen Strafgesetzbuches einige eigenständige Straftatbestände, die den Bereich der Abfallbeseitigung (Art. 632-1 und Art. 635-8 franzStGB) und des Lärmschutzes (Art. 623-2 franzStGB) betreffen; sie schützen aber nicht die Umweltmedien, sondern die Volksgesundheit und den Straßenverkehr (siehe unten 5.).

Die strafrechtlichen Umweltschutztatbestände enthalten nur Übertretungen und Vergehen, keine Verbrechen. Sie sind zum Teil verwaltungsakzessorisch und zum Teil als eigenständige Tatbestände ausgestaltet. Erstere finden sich zum Beispiel im Rahmengesetz zur Luftreinhaltung von 1961, dessen Einzelheiten in Verordnungen geregelt werden. Daneben gibt es verwaltungsakzessorische Tatbestände, die die Verwaltungsakzessorietät selbst enthalten, wie zum Beispiel Art. 24 Abfallgesetz und Art. 18 bis 20 des Gesetzes über erlaubnis- und anmeldepflichtige Anlagen (vgl. unten 6. a.). Danach macht sich strafbar, wer behördlichen oder gerichtlichen Auflagen nicht nachkommt und sich verwaltungsbehördlicher Kontrolle widersetzt.[1301]

4. Deliktstypen

Die umweltstrafrechtlichen Delikte sind überwiegend als schlichte Tätigkeitsdelikte ausgestaltet und verzichten weitgehend auf das subjektive Tatbestandserfordernis, so dass der Nachweis eines Verschuldens nicht erforderlich sein soll.[1302] Die dogmatische Begründung hierfür ist umstritten.[1303] Für die Umweltdelikte gilt, dass nur bei

---

1297 *Spaniol/Hilgers*, Landesbericht Frankreich, S. 56.

1298 Vgl. *Bergmann*, Umweltschutz, S. 214 und 223.

1299 *Spaniol/Hilgers*, Landesbericht Frankreich, S. 57 und 59.

1300 *Spaniol/Hilgers*, Landesbericht Frankreich, S. 58.

1301 *Spaniol/Hilgers*, Landesbericht Frankreich, S. 60.

1302 Vgl. *Spaniol/Hilgers*, Landesbericht Frankreich, S. 62.

1303 Die herrschende Meinung geht davon aus, dass auch *„infractions matérielles“* ein *„élément moral“* besitzen, dessen Vorliegen aber aufgrund des objektiven Verstoßes vermutet wird. Auf den Verschuldens-

den Vergehenstatbeständen ein Verschulden nachgewiesen werden muss, während bei den Übertretungen darauf verzichtet werden kann.[1304]
Die verwaltungsakzessorischen Tatbestände stellen reine Tätigkeitsdelikte dar und sind in der Regel – nach deutscher Terminologie – abstrakte Gefährdungsdelikte; konkrete Gefährdungen wirken mitunter strafschärfend. Die verwaltungsunabhängigen Tatbestände (Art. L. 232-2 Landwirtschaftsgesetz und Art. 322-9 Waldgesetz) sind hingegen in der Regel als Erfolgsdelikte konzipiert und die Notwendigkeit des Erfolgseintritts wird von der Rechtsprechung stets betont.[1305]

5. Regelungen im Strafgesetzbuch

Das französische Strafgesetzbuch enthält keine Strafvorschriften, die speziell die Gewässerverschmutzung pönalisieren. Jedoch enthält das neue französische Strafgesetzbuch (Nouveau Code pénal), das am 01.03.1994 in Kraft getreten ist, den Tatbestand des sog. ökologischen Terrorismus, Art. 421-2 franzStGB. Danach wird derjenige bestraft, der in *„absichtlich hergestellter Verbindung mit einem individuellen oder gemeinschaftlichen Vorhaben, das darauf gerichtet ist, die öffentliche Ordnung durch Einschüchterung oder Terror in schwerwiegender Weise zu stören, eine Substanz, die geeignet ist, die Gesundheit von Menschen oder Tieren oder die natürliche Umwelt zu gefährden, in die Atmosphäre, den Boden, den Untergrund oder die Gewässer einbringt.“*[1306] Zudem gibt es einen Übertretungstatbestand, der den allgemeinen Verwaltungsungehorsam ahndet und denjenigen bestraft, der polizeilichen Verordnungen oder Verwaltungsakten zuwiderhandelt, Art. R. 610-5 franzStGB.[1307] Diese Vorschrift dient als Auffangtatbestand.[1308]
Die unerlaubte Abfallbeseitigung ist im Übertretungsteil des französischen Strafgesetzbuches von 1994 als eigenständige Strafvorschrift geregelt. Erfasst wird sowohl die „wilde Abfallbeseitigung“ als auch das unbefugte Ablagern von Abfällen und anderen Stoffen auf öffentlichem oder fremdem Gelände, Art. R. 632-1 franzStGB.[1309] Allerdings dient dieser Tatbestand weniger dem Schutz der Umwelt

---

nachweis wird insbesondere bei Übertretungstatbeständen verzichtet. Vgl. *Spaniol/Hilgers*, Landesbericht Frankreich, S. 62 f., *Merle/Vitu*, Droit criminel, Nr. 560 ff., *Stéfani/Levasseur/Bouloc*, Droit pénal, Rn. 253, *Vogel*, GA **1998** 127, 128 ff.; *Walter*, Betrugsstrafrecht, S. 271 ff.

[1304] *Spaniol/Hilgers*, Landesbericht Frankreich, S. 63. Zum subjektiven Element *Bergmann*, Umweltschutz, S. 218 unter Hinweis auf Art. 121-3 franzStGB, der statuiert, dass bei Verbrechen und Vergehen zur Tatbestandsverwirklichung stets Vorsatz erforderlich ist. Noch zur alten Fassung (Art. 434-1 Landwirtschaftsgesetz), bei der die Rechtsprechung auf ein subjektives Element verzichtete, Cass. Crim. 28.04.1977, Recueil Dalloz Sirey 1978, S. 148. Vgl. *Heine*, GA **1986** 67, 77.

[1305] Cass. Crim. 10.12.1969, Bull. crim. 1969 Nr. 337, S. 805; Cass. Crim. 28.05.1975, R.J.E. 1976-2, 69; Cass. Crim. 23.02.1983, Bull. crim. 1983 Nr. 65, S. 141, 143 f.; Cass. Crim. 19.02.1991, Dr. pénal 1991 Nr. 203.

[1306] Vgl. *Bergmann*, Umweltschutz, S. 212.

[1307] Das „R“ steht für „Règlement“ und zeigt an, dass das Gesetz vom Conseil d'État stammt.

[1308] *Spaniol/Hilgers*, Landesbericht Frankreich, S. 64.

[1309] Dieser Straftatbestand beruht wahrscheinlich auf EG VO Nr. 259/93 über Abfalltourismus.

als vielmehr dem Schutz der allgemeinen Gesundheit des Volkes und des Straßenverkehrs.[1310]

Daneben schützt Art. R. 623-2 franzStGB vor „beleidigender" (*injurieux*: gemeint ist damit wohl die schädliche, böswillige) Lärmbelästigung oder nächtlicher Ruhestörung. Trotz der Reform des französischen Strafgesetzbuches und der Erkenntnis, dass umweltschädigendes Verhalten strafwürdig ist, wurde auf die Einführung eines globalen Umweltdelikts beziehungsweise auf die Übernahme der umweltschützenden Straftatbestände in das französische Strafgesetzbuch verzichtet.[1311]

6. Darstellung des Verwaltungsrechts

a. *Einleitung*

Der institutionelle Aufbau der Verwaltung geht in Frankreich im Wesentlichen auf das Werk Napoleons zurück[1312] und bildet die tragfähige Basis der kontinuierlichen Entwicklung des Verwaltungsrechts in Frankreich. Die Französische Revolution von 1789 markiert den Übergang vom Polizei- zum Rechtsstaat, weil zum ersten Mal die Bindung der öffentlichen Verwaltung an das Recht proklamiert wurde.[1313] Das französische Verwaltungsrecht wurde durch die schon früh entstandene, unabhängige Verwaltungsgerichtbarkeit (strikte Trennung von exekutiver und judikativer Gewalt)[1314] wesentlich beeinflusst beziehungsweise durch sie entfaltet und entwickelt.[1315] Zunächst handelte es sich um eine Ordnungsverwaltung im klassischen Sinn. Erst später kamen Aufgaben der Leistungsverwaltung hinzu. Gerade im Bereich des Umweltschutzes haben die Behörden neue Zuständigkeiten erhalten: Schutz des Waldes und erosionsgefährdeter Gebiete (*Code forestier*), Schutz der Landschaft (*Code de l'urbanisme*) und Kontrolle beziehungsweise Untersagung umweltgefährdender Betriebe (*installations classées*). Bei der Durchführung der Maßnahmen sind die Behörden an den Gesetzesvorbehalt und den Legalitätsgrundsatz gebunden,[1316] besitzen aber häufig – insbesondere im Bereich des Umweltrechts – einen Ermessensspielraum. Alle behördlichen Maßnahmen müssen rechtsstaatlichen Mindeststandards – wie der Zuständigkeit der handelnden Behörde, der zutreffenden Sachverhaltswürdigung, der fehlerfreien Rechtsanwendung und der Beachtung des Verhältnismäßigkeitsgrundsat-

---

1310 *Spaniol/Hilgers*, Landesbericht Frankreich, S. 48. Siehe Überschrift des Kapitels: „*Übertretung der 2. Gruppe gegen Sach- und Vermögensgüter*".

1311 Vgl. *Bergmann*, Umweltschutz, S. 212 f. mit Nachweisen zu Reformbestrebungen in Fn. 6.

1312 *Scheuner*, DÖV **1963** 714 bezeichnet es als großartige administrative Aufbauleistung, die insbesondere auf die süddeutschen Länder Einfluss gehabt hat. So wurde das System fachlich gegliederter Ministerien sowie der Einheit und Gleichförmigkeit der Verwaltung errichtet.

1313 Vgl. *Schwarze*, Europäisches Verwaltungsrecht, S. 97.

1314 Bereits während der Französischen Revolution sah das Gesetz vom 16. bis 24. August 1790 in Art. 13 den Ausschluss jeder Einwirkung der Judikative auf die Exekutive vor: Jede gerichtliche Entscheidung in Verwaltungssachen wurde für unzulässig erklärt. Vgl. *Jarass*, DÖV **1981** 813; *Schwarze*, Europäisches Verwaltungsrecht, S. 97 Fn. 3.

1315 *Hübner/Constantinesco*, Einführung, S. 65; *Jarras*, DÖV **1981** 813.

1316 Ausführlich *Koch*, Verwaltungsrechtsschutz, S. 39 ff.

zes – genügen. Die Kontrolle der Einhaltung dieser verfassungsrechtlichen Vorgaben wird durch die Verwaltungsgerichte im Rahmen des *recours pour excès de pouvoir* (vergleichbar mit der Anfechtungsklage) wahrgenommen. Im Gegensatz zur deutschen Konzeption, wo als vorrangiges Ziel der verwaltungsrechtlichen Klage der Schutz subjektiver Rechte des Klägers angesehen wird, ist die Hauptfunktion des französischen Verwaltungsprozesses die Sicherung der objektiven Legalität und Funktionsfähigkeit der Verwaltung (Selbstkontrolle der Verwaltung).[1317] Der einzelne gibt mit seiner Klage nur den Anstoß, dass diese objektive Kontrolle ausgeübt werden kann.[1318]

b. Allgemeines zum Verwaltungsprozessrecht

Die für das Verwaltungsrecht sehr bedeutsame Verwaltungsgerichtsbarkeit ist in Frankreich nicht verfassungsrechtlich verankert[1319] und entwickelte sich ideengeschichtlich aus der Gewaltenteilung.[1320] Seit der Französischen Revolution wurde aus dem Gewaltenteilungsprinzip gefolgert, dass die Verwaltungsgerichte keinen direkten Einfluss auf die Verwaltung ausüben dürfen.[1321] Deshalb konnte die Verwaltung selbst über Beschwerden gegen Verwaltungshandlungen entscheiden.[1322] Das änderte sich erst mit der Reform von 1995:[1323] Der Verwaltungsrichter kann die Verwaltung nun zur Vollstreckung von Gerichtsurteilen und zum Erlass bestimmter Maßnahmen verpflichten.[1324]

Organisatorisch entwickelte sich die Verwaltungsgerichtsbarkeit aus Beratungsgremien, denen die Träger der Exekutive (Staatschefs und Präfekten) Beschwerden der Bürger zur Bearbeitung anvertrauten.[1325] So war der *Conseil d'État* zunächst lediglich beratendes Organ für die Regierung, entwickelte sich bald zu einer rechtsprechenden Gewalt und bekam schon 1872 neben der beratenden Abteilung eine besondere Gerichtsabteilung, so dass seinen Entscheidungen auch rechtliche Verbindlichkeit zu-

---

1317 *Koch*, Verwaltungsrechtsschutz, S. 108; *Schwarze*, Europäisches Verwaltungsrecht, S. 109; *Spaniol/Hilgers*, Landesbericht Frankreich, S. 82.

1318 Vgl. *Koch*, Verwaltungsrechtsschutz, S. 108; *Schwarze*, DVBl. **1999** 261, 265; *ders.*, NVwZ **1996** 22, 23; *Woehrling*, Verwaltungsrechtlicher Rechtsschutz, S. 10 ff.; *ders.*, NVwZ **1998** 462.

1319 *Schwarze*, Europäisches Verwaltungsrecht, S. 105; *Woehrling*, Verwaltungsrechtlicher Rechtsschutz, S. 4.

1320 *Scheuner*, DÖV **1963** 714: Die frühe Trennung zwischen der Zivil- und der Verwaltungsgerichtsbarkeit in Frankreich diente in Deutschland als Vorbild für die Zuständigkeitsbestimmungen für Gerichte; *Woehrling*, Verwaltungsrechtlicher Rechtsschutz, S. 4.

1321 Sie durften weder Anweisungen noch Aufforderungen an die Verwaltung richten (Verbot der *injonctions*). Deswegen gab es als Klagearten nur die Anfechtungsklage (*recours pour excès de pouvoir*) und die Schadensersatzklage (*recours de pleine juridiction*), aber keine Leistungsklage. Vgl. *Schwarze*, Europäisches Verwaltungsrecht, S. 109; *Woehrling*, Verwaltungsrechtlicher Rechtsschutz, S. 4 f.

1322 *Schwarze*, Europäisches Verwaltungsrecht, S. 98.

1323 Gesetz vom 08.02.1995.

1324 *Koch*, Verwaltungsrechtsschutz, S. 39 und 63.

1325 Der Bürger konnte sich nur an die Verwaltung wenden und um Abhilfe bitten, wenn er mit einer Entscheidung der Verwaltung unzufrieden war; *Jarass*, DÖV **1981** 813.

kam.[1326] Inzwischen[1327] sind zur Entlastung des *Conseil d'État* regionale erstinstanzliche Verwaltungsgerichte (*tribunaux administratifs*)[1328] und als Mittelinstanz (fünf) Verwaltungsgerichtshöfe (*Cours administratives d'appel*)[1329] errichtet worden. Auch heute kommt dem *Conseil d'État* eine Doppelfunktion zu: Er hat zum einen eine beratende Funktion gegenüber der Regierung bei Gesetzes- und Verordnungsvorhaben und großen Investitionsprojekten (Bau von Kernkraftwerken, TGV) und zum anderen eine richterliche Funktion. Bedenkliche Folge dieser engen Verknüpfung ist, dass der *Conseil d'État* zum Beispiel bei der Genehmigung von Kernkraftwerken im Rahmen seiner Verwaltungsfunktion zu diesem Projekt sowohl beratend tätig wurde als er auch die einzige Instanz zur verwaltungsgerichtlichen Überprüfung ist.[1330]

c. Der Verwaltungsakt

aa. Allgemeines

In Frankreich ist das charakteristische Vorrecht der öffentlichen Verwaltung, durch Verwaltungsakte (einseitige Hoheitsakte, die auf einen rechtlichen Erfolg gerichtet sind) die Rechtslage einseitig zu verändern. Dabei können Verwaltungsakte im französischen Verwaltungsrecht sowohl als abstrakte Rechtsvorschrift (Verordnung oder Satzung) als auch als individuelle Einzelfallentscheidung (Verwaltungsakt im engeren Sinn) ergehen.[1331] Die Unterscheidung zwischen individuellem und abstrakt-allgemeinem Verwaltungshandeln hat nur sekundäre Bedeutung für die Anforderungen, die an die Bekanntgabe, die Rücknahme und den Widerruf gestellt werden; grundsätzlich gibt es keine allgemeinen Form- und Verfahrensvorschriften für den Erlass von Verwaltungsakten.

bb. Wirkkraft des Verwaltungsakts

Der Verwaltungsakt[1332] entfaltet seine Wirkung grundsätzlich mit seiner Bekanntgabe an den Adressaten, es sei denn, er ist noch nicht bestandskräftig (was in den ersten zwei Monaten nach seinem Erlass der Fall ist)[1333] oder gilt wegen schwerwiegender Fehler als inexistent.

1326 *Jarass*, DÖV **1981** 813, 814; *Schwarze*, Europäisches Verwaltungsrecht, S. 98; *Sonnenberger/Schweinberger*, Einführung, Nr. 126.

1327 Vgl. Dekret Nr. 53-934 vom 30.09.1953 Portant réforme du contentieux administratif.

1328 Organisation und Verfahren dieser Gerichte ist im *Code des tribunaux administratifs* normiert.

1329 Gesetz vom 31.12.1987.

1330 *Woehrling*, Verwaltungsrechtlicher Rechtsschutz, S. 8.

1331 *Braibant/Stirn*, Droit administratif, S. 509 f.; *Hübner/Constantinesco*, Einführung, S. 82 und 103; *Jarass*, DÖV **1981** 813, 819; *Schwarze*, Europäisches Verwaltungsrecht, S. 105; *Sonnenberger/Schweinberger*, Einführung, Nr. 122 und 129; *Woehrling*, Verwaltungsrechtlicher Rechtsschutz, S. 5; *ders.*, NVwZ **1999** 502. Ferner *Schwarze*, NVwZ **1996** 22, 24.

1332 Vgl. *Hübner/Constantinesco*, Einführung, S. 84 f.; zum Auseinanderfallen von Existenz und Wirksamkeit *Moreau*, Droit Administratif, S. 228 ff.

1333 *Koch*, Verwaltungsrechtsschutz, S. 81.

(1) Rücknahme

Die Rücknahme eines rechtmäßigen begünstigenden Verwaltungsakts mit *ex tunc*-Wirkung (*retrait* oder *annulation*) ist in der Regel ausgeschlossen.[1334] Handelt es sich um einen rechtswidrigen belastenden Verwaltungsakt, ist die Aufhebung *ex tunc* zwingend.[1335] Bei einem rechtswidrigen begünstigenden Verwaltungsakt ist die Aufhebung für die Vergangenheit nur möglich, so lange er noch keine Bestandskraft erlangt hat.[1336] Nach Ablauf der Zwei-Monats-Frist ist grundsätzlich nur noch eine Aufhebung für die Zukunft möglich.[1337] Daraus geht hervor, dass sich ab der Bestandskraft eines Verwaltungsakts grundsätzlich der Vertrauensschutz des Bürgers (*sécurité juridique*)[1338] durchsetzt, was sowohl der Rechtssicherheit als auch der Rechtsklarheit dient. Eine Ausnahme macht die Rechtsprechung für rechtswidrige begünstigende Verwaltungsakte, die arglistig erschlichen wurden oder infolge eines schweren Mangels als „*inexistant*" gelten: Ihre Rücknahme ist auch nach Ablauf der Zwei-Monats-Frist noch möglich (vgl. unten (3)).[1339]

(2) Widerruf

Der Widerruf für die Zukunft (*abrogation* oder *révocation*) ist zulässig, wenn es sich um einen begünstigenden Verwaltungsakt handelt, der kein dauerndes Recht und somit keinen Vertrauensschutz begründet hat.[1340] Hat er ein Recht begründet (*droits acquis/acte créateur de droit*), so ist der Widerruf grundsätzlich unzulässig.[1341]

(3) Nichtigkeit

Das französische Verwaltungsrecht kennt drei Arten der Nichtigkeit bei Verwaltungsakten:[1342] (1) die *nullité relative*, bei der nur ein geringerer Grad der Fehlerhaftigkeit vorliegt, (2) die *nullité absolue*, bei der der Verwaltungsakt als nichtig gilt und rückwirkend annuliert werden kann, und (3) die *inexistence*, bei Anmaßung hoheitlicher Befugnisse durch Privatpersonen, Anmaßung gerichtlicher Zuständigkeiten durch Verwaltungsbehörden sowie bei schweren Verfahrensfehlern (zum Beispiel bei Entscheidungen, die die erlassende Behörde nicht erkennen lassen),[1343] die eine Ver-

---

1334 Vgl. *Moreau*, Droit Administratif, S. 242 f.; *Koch*, Verwaltungsrechtsschutz, S. 81.

1335 *Moreau*, Droit Administratif, S. 243.

1336 *Koch*, Verwaltungsrechtsschutz, S. 82: Fristenlösung, die der Rechtssicherheit und Rechtsklarheit dient.

1337 Dies gilt wohl nur für *actes réglementaires* (Rechtsverordnungen) während die Rücknahme von *décisions individuelles* (Verwaltungsakten) jederzeit (fristlos) möglich sein soll; *Moreau*, Droit Administratif, S. 243.

1338 Der Bürger darf auf den rechtmäßigen Erwerb dieser „*sécurité juridique*" vertrauen und sie darf ihm nicht wieder abgesprochen werden. Vgl. *Hübner/Constantinesco*, Einführung, S. 84.

1339 *Moreau*, Droit Administratif, S. 243; *Koch*, Verwaltungsrechtsschutz, S. 80 m.w.N. zur Rechtsprechung des *Conseil d'État*.

1340 *Hübner/Constantinesco*, Einführung, S. 84; *Koch*, Verwaltungsrechtsschutz, S. 83; *Moreau*, Droit Administratif, S. 236, der zwischen solchen Fällen differenziert, in denen der Verwaltung ein Ermessen zusteht und solchen, in denen sie zurücknehmen muss.

1341 *Koch*, Verwaltungsrechtsschutz, S. 83; *Moreau*, Droit Administratif, S. 236.

1342 *Koch*, Verwaltungsrechtsschutz, S. 239 f.

1343 *Koch*, Verwaltungsrechtsschutz, S. 242.

waltungsentscheidung null und nichtig macht. Bei der *nullité relative* und der *nullité absolue* handelt es sich um formell oder materiell fehlerhaft zustande gekommene Verwaltungsakte.[1344] Ihre „Nichtigkeit" muss mit der *recours pour excès de pouvoir* (Anfechtungsklage) fristgerecht vor dem Verwaltungsgericht geltend gemacht werden. Ansonsten wird der Verwaltungsakt – wie im deutschen Recht der rechtswidrige und anfechtbare Verwaltungsakt – bestandskräftig. Beim Vorliegen eines *acte inexistant* muss der Betroffene die Nichtigkeit des Verwaltungsakts durch eine richterliche Nichtigerklärung feststellen und so die generell vermutete Wirksamkeit des Verwaltungsakts beseitigen lassen(*recours en déclaration de nullité*).[1345] Der Betroffene muss weder ein bestimmtes Interesse nachweisen,[1346] noch eine Frist einhalten.

d. Formelle Seite des Verwaltungsrechtsschutzes

Der Rechtsschutz im Verwaltungsrecht untergliedert sich in Widerspruch (*recours administratif*)[1347] und Klage (*recours contentieux*), wobei ersterer keine zwingende Zulässigkeitsvoraussetzung im Sinne des Widerspruchsverfahrens der deutschen Verwaltungsgerichtsordnung, sondern fakultativ ist[1348] – nur ausnahmsweise ist er zwingend vorgesehen.[1349]

Von den Klagearten ist die Anfechtungsklage – meist in Form des *recours pour excès de pouvoir* – in der Praxis die wichtigste Klageform[1350] und richtet sich auf Aufhebung (*annulation*) eines rechtswidrigen Verwaltungsakts. Ein weiterer wichtiger Unterschied zum deutschen Recht besteht darin, dass die Zulässigkeit der Klage keine Verletzung subjektiver Rechte des Klägers voraussetzt. Es genügt jedes persönliche und direkte Interesse an der Aufhebung des Verwaltungsakts, egal ob es materieller (faktischer), ideeller oder rechtlicher, individueller oder kollektiver Art ist (damit ist auch die Verbandsklage schon unter geringen Voraussetzungen zulässig[1351]).[1352] Die Zulässigkeit der Anfechtungsklage ist somit wesentlich einfacher und häufiger gegeben. Dies wirkt sich gerade im Umweltrecht aus, da der Schutz der Umwelt oft nur bedingt unter ein subjektives Recht subsumiert werden kann.[1353]

[1344] Vgl. *Jarass*, DÖV **1981** 813, 819; *Sonnenberger/Schweinberger*, Einführung, Nr. 124.

[1345] *Koch*, Verwaltungsrechtsschutz, S. 239 m.w.N. in Fn. 249 und 250.

[1346] *Koch*, Verwaltungsrechtsschutz, S. 241 f.

[1347] Ausführlich *Koch*, Verwaltungsrechtsschutz, S. 65 ff.

[1348] *Koch*, Verwaltungsrechtsschutz, S. 68; *Schwarze*, NVwZ **1996** 22, 24; *ders.*, Europäisches Verwaltungsrecht, S. 106.

[1349] Vgl. *Koch*, Verwaltungsrechtsschutz, S. 68 ff. (mit Beispielen).

[1350] *Hübner/Constantinesco*, Einführung, S. 102; *Jarass*, DÖV **1981** 813, 820; *Koch*, Verwaltungsrechtsschutz, S. 106; *Schwarze*, Europäisches Verwaltungsrecht, S. 105.

[1351] Art. 252-4 Landwirtschaftsgesetz erteilt Umweltschutzverbänden die Befugnis, das gerichtliche Verfahren vor den Verwaltungsgerichten einzuleiten. Vgl. *Koch*, Verwaltungsrechtsschutz, S. 150 ff.

[1352] *Hübner/Constantinesco*, Einführung, S. 103 f.; *Jarass*, DÖV **1981** 813, 821; *Koch*, Verwaltungsrechtsschutz, S. 108 und S. 141 ff.; *Sonnenberger/Schweinberger*, Einführung, Nr. 129; *Woehrling*, Verwaltungsrechtlicher Rechtsschutz, S. 12 f.; *ders.*, NVwZ **1999** 502. Zur Klagebefugnis *Schwarze*, NVwZ **1996** 22, 23.

[1353] *Woehrling*, NVwZ **1999** 502.

Die Klagefrist beträgt grundsätzlich zwei, für Verfahren gegen die Genehmigung umweltgefährdender Anlagen (*installations classées*) vier Monate und beginnt bei Verordnungen ab deren Veröffentlichung und bei Verwaltungsakten ab deren Zustellung zu laufen.[1354]

e. Materielle Seite des Verwaltungsrechtsschutzes

Im Rahmen der Begründetheit sind sowohl Umfang als auch Intensität der gerichtlichen Kontrolle über die Verwaltung in Frankreich traditionell geringer ausgeprägt als in Deutschland.[1355]

Es erfolgt eine umfassende objektive Rechtmäßigkeitskontrolle, die auf Gesetzesverletzungen (fehlerhafte Anwendung einer Vorschrift) und Rechtsbeugung (Anwendung der Vorschrift zu gesetzesfremden Zwecken) ausgerichtet ist. Es wird zwischen vier Fällen der Fehlerhaftigkeit (*cas d'ouverture*)[1356] unterschieden: (1.) der Unzuständigkeit einer handelnden Behörde, (2.) Form- und Verfahrensfehler (*vice de forme et de procédure*),[1357] (3.) dem Ermessensmissbrauch (*détournement de pouvoir*) und (4.) der Gesetzesverletzung (*violation de la loi*) als wichtigster Fall der Fehlerhaftigkeit, die alle Fälle der Rechtswidrigkeit außer der Unzuständigkeit, Form-/Verfahrensfehler und den Ermessensmissbrauch erfasst. Bei Ermessensentscheidungen der Verwaltung kann nur der Ermessensmissbrauch geahndet werden, was gerade im Umweltrecht bedeutsam ist, da hier in der Regel ein Ermessen der Verwaltung vorgesehen ist.[1358]

f. Verwaltungsrecht und Strafrecht

aa. Allgemeines

Dieser Bereich hat für das Umweltstrafrecht besondere Bedeutung, weil es nur wenige verwaltungsunabhängige Regeln gibt.[1359] Bei den umweltrelevanten Tatbeständen handelt es sich in der Regel um Blankettvorschriften, die pauschal bestimmte Verstöße gegen spezielle Umweltgesetze oder darauf beruhender behördlicher Verwaltungsverfügungen pönalisieren.[1360] Dadurch wird die Strafbarkeit des Einzelnen von

---

1354 Vgl. *Hübner/Constantinesco*, Einführung, S. 102; *Koch*, Verwaltungsrechtsschutz, S. 156 ff.; *Moreau*, Droit Administratif, S. 229 und 249; *Woehrling*, NVwZ **1999** 502, 503.

1355 *Schwarze*, NVwZ **1996** 22, 24.

1356 Vgl. *Hübner/Constantinesco*, Einführung, S. 105 ff.; *Moreau*, Droit Administratif, S. 170 ff.; *Koch*, Verwaltungsrechtsschutz, S. 164 ff.

1357 Diese können nur dann zur Aufhebung der angefochtenen Entscheidung führen, wenn die verletzte Norm substantiellen Charakter hat, was bei solchen Vorschriften der Fall ist, die der Funktionsfähigkeit der Verwaltung dienen und die Entscheidung inhaltlich beeinflussen (wie zum Beispiel die Anhörung). Nur bei gebundenen Entscheidungen der Behörde bleiben diese Form- und Verfahrensfehler folgenlos, weil die Behörde dann nicht anders hätte entscheiden können (Vgl. *Woehrling*, NVwZ **1999** 502, 503). Bei nicht substantiellen Vorschriften soll der unbedeutende Formfehler nicht die ansonsten ordnungsgemäße Verwaltungsentscheidung anfechtbar machen.

1358 *Hübner/Constantinesco*, Einführung, S. 106; *Woehrling*, NVwZ **1999** 502, 505. *Jarass*, DÖV **1981** 813, 815: Das Ermessen spiele im gesamten französischen Verwaltungsrecht eine größere Rolle als in Deutschland.

1359 *Robert/Remond-Gouilloud*, Droit pénal, N° 8.

1360 *Bergmann*, Umweltschutz, S. 213 f. und 223; *Heine*, NJW **1990** 2425, 2426 f.

dem Vorliegen einer Genehmigung beziehungsweise der Erfüllung der dort enthaltenen Bedingungen abhängig gemacht.

bb. Abhängigkeit des Strafrechts vom Verwaltungsrecht

Folglich stellt sich die Frage, inwieweit sich behördliche Genehmigungen auf die Strafbarkeit des Betroffenen auswirken. Ausgangspunkt für die Behandlung dieses Problems ist Art. 122-4 franzStGB, der Bestimmungen über die Strafbarkeit (beziehungsweise ihr Entfallen) enthält, wenn *dispositions législatives* oder *réglementaires* vorgelegen haben. Er gilt nur für verwaltungsakzessorische Tatbestände.

Es wird in Frankreich zunächst danach unterschieden, ob es sich um verwaltungsakzessorische oder verwaltungsunabhängige Tatbestände handelt:

(1) Verwaltungsakzessorische Straftatbestände

Bei verwaltungsakzessorischen Straftatbeständen entfällt die Strafbarkeit, wenn eine rechtmäßige behördliche Genehmigung vorliegt.[1361] Allerdings besteht insoweit eine Autonomie des Strafrechts, als Strafrichter befugt sind, Verwaltungsakte eigenständig zu würdigen.[1362] Nach Art. 111-5 franzStGB können französische Strafrichter über die Rechtmäßigkeit eines Verwaltungsakts[1363] als Vorfrage entscheiden, wenn dies für den Ausgang des Strafverfahrens entscheidend ist.[1364] Dem Strafrichter steht allerdings nicht das Recht zu, den rechtswidrigen Verwaltungsakt aufzuheben.[1365]

Folge der Verwaltungsaktsakzessorietät der Umweltdelikte ist ferner, dass der Täter, der über die Notwendigkeit einer behördlichen Erlaubnis aus Unkenntnis der verwaltungsgesetzlichen Grundlage irrt, strafbar bleibt.[1366]

Die Strafbarkeit liegt vor, wenn eine Erlaubnis nicht beantragt oder nicht erteilt wurde, wenn die Erlaubnis abgelaufen, ausdrücklich abgelehnt oder zurückgenommen worden ist. Die dann eintretende Strafbarkeit ist problematisch, wenn die erteilte Erlaubnis durch ein verwaltungsgerichtliches Urteil für rechtswidrig erklärt und die strafbare Handlung vor dem Urteil begangen worden ist. Denn verwaltungsrechtlich wirkt das Urteil auf den Zeitpunkt des Erlasses des Verwaltungsakts zurück (*ex tunc*).[1367] Insofern löst sich das Umweltstrafrecht von verwaltungsrechtlichen Vorgaben, was wegen der Fiktion der Rückwirkung möglich sein soll.[1368] Eine erteilte Genehmigung vermag aber keine Handlungen zu rechtfertigen, die schon vor ihrer Erteilung begangen worden sind. Denn die Erlaubnis wirkt erst ab ihrem Erlass.[1369]

[1361] *Desportes/LeGunehec*, Droit pénal, Rn. 710; *Spaniol/Hilgers*, Landesbericht Frankreich, S. 65.

[1362] *Bergmann*, Umweltschutz, S. 223; *Vogel*, GA **1998** 127, 132.

[1363] Der Verwaltungsakt kann verordnungsrechtlich oder einzelfallbezogen sein. Siehe oben 2. Kapitel C. I. 6. d. aa.

[1364] *Bergmann*, Umweltschutz, S. 223; *Spaniol/Hilgers*, Landesbericht Frankreich, S. 83.

[1365] Vgl. *Larguier*, Droit pénal, S. 20 f.

[1366] *Spaniol/Hilgers*, Landesbericht Frankreich, S. 66. Zum *erreur de droit: Bergmann*, Umweltschutz, S. 226.

[1367] *Moreau*, Droit Administratif, S. 236.

[1368] *Robert/Remond-Gouilloud*, Droit pénal, N° 17 m.w.N.

[1369] Siehe oben 2. Kapitel C. I. 6. d. bb.; *Robert/Remond-Gouilloud*, Droit pénal, N° 17; *Moreau*, Droit Administratif, S. 229.

Macht jemand falsche Angaben im Sinne von Art. 441-1 franzStGB, um eine Genehmigung zu erlangen, so kommt eine Strafbarkeit nach Art. 441-6 franzStGB in Betracht. Art. 441-6 al. 2 N° 1 franzStGB sieht die Strafbarkeit des Amtsträgers, der wissentlich eine rechtswidrige Genehmigung erteilt, vor.

(2) Verwaltungsunabhängige Straftatbestände

Handelt es sich um verwaltungsunabhängige Straftatbestände (Art. L. 232-2 Landwirtschaftsgesetz), so stellt die behördliche Genehmigung grundsätzlich keinen Rechtfertigungsgrund dar.[1370] Selbst das Vorliegen einer behördlichen Erlaubnis soll die Strafbarkeit laut Rechtsprechung bestehen lassen.[1371] Doch sehen einige Gesetze Ausnahmen von diesem Grundsatz vor. Einige Straftatbestände bestimmen, dass eine Strafbarkeit nur besteht, wenn gegen Bestimmungen oder Auflagen einer Genehmigung verstoßen wurde. Dies ist im Umweltrecht bei Art. 22 Wassergesetz von 1992 der Fall: Werden die in der Einleitungsgenehmigung enthaltenen Anforderungen eingehalten, so ist der Genehmigungsinhaber gerechtfertigt und seine Strafbarkeit entfällt.[1372]

(3) Behördliche Duldung

Der behördlichen Duldung – egal ob sie stillschweigend oder ausdrücklich erteilt wurde – einer rechtswidrigen Situation kommt keine rechtfertigende Wirkung zu.[1373] Möglich ist ein Rechtsirrtum seitens des betroffenen Bürgers (*erreur de droit*);[1374] der unvermeidbare Rechts(Verbots)irrtum (*erreur sur le droit que l'auteur n'étais pas en mesure d'éviter*), der bei vertrauenswürdigen, aber rechtsirrigen Behördenauskünften bejaht wird, führt zum Ausschluss der strafrechtlichen Verantwortlichkeit.[1375]

7. Strafbarkeit von Amtsträgern

Bis in das 19. Jahrhundert hinein war vor der strafrechtlichen Verfolgung eines Amtsträgers eine Genehmigung der Verwaltung erforderlich.[1376] Obwohl diese Be-

---

1370 *Desportes/LeGunehec*, Droit pénal, Rn. 710; *Kromarek-Voitellier*, in: Kimminich/v.Lersner/Storm (Hrsg.), Bd. I, Sp. 773, 795; *Spaniol/Hilgers*, Landesbericht Frankreich, S. 66 und 83.

1371 Cass. Crim. 11.04.1970, Bull. crim. 1970 Nr. 118, S. 272 ff. **A.A.:** *Bergmann*, Umweltschutz, S. 224, die aufgrund der Einführung von Art. 122-4 franzStGB diese Rechtsprechung als überholt ansieht. Sie verkennt, dass Art. 122-4 franzStGB nur auf verwaltungsakzessorische Tatbestände Anwendung findet.

1372 *Kromarek-Voitellier*, in: Kimminich/v.Lersner/Storm (Hrsg.), Bd. I, Sp. 773, 795; *Pradel*, Droit pénal, Rn. 321; ferner *Bergmann*, Umweltschutz, S. 223; *Spaniol/Hilgers*, Landesbericht Frankreich, S. 66 (f.).

1373 Crim. 16.07.1987, Bull. Nr. 297; Crim. 20.02.1989, Bull. Nr. 83, Crim. 25.01.1996, Bull. Nr. 50; *Desportes/LeGunehec*, Droit pénal, Rn. 711; *Larguier*, Droit pénal, S. 47; *Pradel*, Droit pénal, Rn. 322; *Stéfani/Levasseur/Bouloc*, Droit pénal, Rn. 381.

1374 *Desportes/LeGunehec*, Droit pénal, Rn. 711; *Larguier*, Droit pénal, S. 48.

1375 Crim. 26.01.1956, Bull. Nr. 107; Crim. 09.12.1958, Gaz. Pal. 1958 II, 319; *Tiedemann*, Geerds-Festschrift, S. 95, 98 Fn. 7; *ders.*, Jescheck-Festschrift, S. 1411, 1438 m.w.N.; *Vogel*, Freiburg-Symposium, S. 125, 131 f.; *ders.*, GA **1998** 127, 133. Ferner *Bergmann*, Umweltschutz, S. 225.

1376 Vgl. Art. 75 de la Constitution de l'an VIII.

stimmung bereits 1870 aufgehoben wurde,[1377] genossen Amtsträger in der Praxis weiterhin eine besondere Behandlung, was mit dem Gesetz vom 10.07.1974 verstärkt wurde. Danach durften Bürgermeister nur in dem Gerichtsbezirk ihres Zuständigkeitsbereichs strafrechtlich verfolgt werden. Die wenigen Urteile, die die Verurteilung von Amtsträgern aussprechen, betreffen meist Fälle der Verantwortlichkeit von Amtsträgern im Rahmen des Betriebs kommunaler Einrichtungen.[1378]
Die Strafbarkeit von Amtsträgern ist außer in Art. 441-6 al. 2 N°2 franzStGB[1379] (Erteilung einer rechtswidrigen Genehmigung) noch in Art. 432-1 und Art. 432-2 franzStGB vorgesehen. Danach macht sich ein Amtsträger strafbar (Freiheitsstrafe von fünf Jahren oder Geldstrafe), wenn er in Ausübung seines Amts Maßnahmen ergreift, die dazu bestimmt sind, die Ausführung eines Gesetzes zu vereiteln (Art. 432-1 franzStGB) – war er erfolgreich, so beträgt die Freiheitsstrafe das Doppelte (Art. 432-2 franzStGB).

8. Strafbarkeit juristischer Personen

Eine wichtige Neuerung im Bereich der Umweltdelikte ist die Strafbarkeit juristischer Personen, die mit Art. 121-2 des 1994 in Kraft getretenen neuen Strafgesetzbuches eingeführt wurde.[1380] Damit wurde in Frankreich das Prinzip *„societas delinquere non potest"* beseitigt.[1381] Schon 1982 hat der *Conseil Constitutionnel* deutlich gemacht, dass es kein Verfassungsprinzip gibt, welches es verbietet, einer juristischen Person eine Strafe aufzuerlegen.[1382] Die Strafbarkeit der juristischen Person wird als Ausdruck eigener Täterschaft und Verantwortung angesehen,[1383] weil der vorausgehende Art. 121-1 franzStGB bestimmt, dass im Strafrecht jemand nur für sein eigenes Verhalten einzustehen hat.
Grundsätzlich sind alle juristischen Personen des privaten und öffentlichen Rechts straffähig;[1384] ausgenommen werden der Staat selbst sowie regionale Gebietskörperschaften, die nicht übertragbare Verwaltungsaufgaben wahrnehmen.[1385] Voraussetzt-

---

1377 Décret républicain vom 19.09.1870.
1378 Vgl. *Bergmann*, Umweltschutz, S. 221 f. m.w.N.
1379 Siehe oben 2. Kapitel C. I. 6. g. bb. (1).
1380 *Delmas-Marty*, (Madrid-Symposium, S. 305) bezeichnet diese Vorschrift als *„wichtigste Neuerung des NCP"*.
1381 Zu den vor 1994 möglichen Sanktionen gegen juristische Personen gemäß der Rechtsprechung *Pradel*, Freiburg-Symposium, S. 37.
1382 Recueil des décisions du Conseil Constitutionnel, S. 57, 59. Zur Verfassungsmäßigkeit des Art. 121-2 franzStGB *Koch*, ZStW **107** (1995) S. 405, 406. Bis zur Französischen Revolution und dem Code pénal von 1810 war die Bestrafung juristischer Personen bereits möglich, vgl. *Koch*, ZStW **107** (1995) S. 405.
1383 *Delmas-Marty*, Madrid-Symposium, S. 305. **A.A.:** *Pradel*, Freiburg-Symposium, S. 37, 40 (ff.), der die Meinung vertritt, dass es sich bei der strafrechtlichen Verantwortlichkeit der juristischen Personen um eine reflexartige von derjenigen der natürlichen Person handelt.
1384 Ausführlich *Koch*, ZStW **107** (1995) S. 405, 407 ff.; ferner *Rogall*, KK-OWiG, § 30, Rn. 237.
1385 *Bouloc*, in: de Doelder/Tiedemann (Hrsg.), S. 235, 238 f.; *Koch*, ZStW **107** (1995) S. 405, 407 und 409; *Rogall*, KK-OWiG, § 30, Rn. 237.

zung ist zum einen, dass die Straftat durch Organe der juristischen Person oder einen Vertreter[1386] zugunsten („auf Rechnung") der juristischen Person begangen wurde.[1387] Das heißt, dass zwischen der Handlung der natürlichen Person und dem Interesse der juristischen Person eine Verknüpfung bestehen muss. Eine solche ist gegeben, wenn die Handlung zur Gewinnsteigerung erfolgte, wobei irrelevant ist, ob dieser Gewinn unmittelbar oder mittelbar, tatsächlich erzielt oder nur angestrebt wurde. Dieses weit zu verstehende Merkmal[1388] wird bei den Umweltdelikten erfüllt sein, wenn der Verstoß Einsparungen von ansonsten erforderlichen Umrüstungen zur Folge hat.[1389]

Außerdem ist erforderlich, dass der verletzte Straftatbestand die Verbandsstrafe ausdrücklich vorsieht.[1390] Das ist außerhalb des französischen Strafgesetzbuches im Umweltstrafrecht der Fall.[1391]

9. Strafen

Da die Umweltdelikte nur als Vergehen[1392] (Verjährung nach drei Jahren)[1393] oder Übertretungen[1394] (Verjährung bereits nach einem Jahr)[1395] geahndet werden, sind gegen natürliche Personen Freiheitsstrafen von bis zu vier Jahren oder Geldstrafen möglich, deren Rahmen von den Gerichten kaum ausgeschöpft wird[1396]– Mindeststrafen gibt es hierfür nicht. Daneben sind gegen natürliche Personen als Vergehensstrafen das befristete Tätigkeitsverbot[1397] und die Anordnung gemeinnütziger Arbeit[1398] möglich. Ebenso sind die Anordnung der Ersatzvornahme, der Nutzungsun-

---

1386 Die Handlungen eines einfachen Angestellten können nur dann die Strafbarkeit der juristischen Person begründen, wenn die für das Individualstrafrecht entwickelte Lehre für *„décideurs"* auf Unternehmen übertragen wird (*„responsabilité pour fait d'autrui"*). Danach begründet die rechtswidrige Tat eines einfachen Angestellten die Strafbarkeit der juristischen Person, wenn das Organ oder den Vertreter ein Verschulden trifft (Trennung der rechtswidrigen Tat von dem Schuldvorwurf). *Delmas-Marty*, Madrid-Symposium, S. 305, 308. Ferner *Koch*, ZStW **107** (1995) S. 405, 411 f.; *Tiedemann*, Spinellis-Festschrift, S. 1097, 1101.

1387 Ausführlicher *Delmas-Marty*, Madrid-Symposium, S. 305, 306 f.; *Pradel*, Freiburg-Symposium, S. 37, 49 ff.; ferner *Bergmann*, Umweltschutz, S. 218 ff.; *Bouloc*, in: de Doelder/Tiedemann (Hrsg.), S. 235, 240; *Koch*, ZStW **107** (1995) S. 405, 411; *Rogall*, KK-OWiG, § 30, Rn. 237.

1388 *Pradel*, Freiburg-Symposium, S. 37, 51.

1389 Vgl. *Bergmann*, Umweltschutz, S. 220; *Delmas-Marty*, Madrid-Symposium, S. 305, 307; *Pradel*, Freiburg-Symposium, S. 37, 51.

1390 *Rogall*, KK-OWiG, § 30, Rn. 237: *„Prinzip der Spezialität"*.

1391 *Delmas-Marty*, Madrid-Symposium, S. 305. Ferner *Bergmann*, Umweltschutz, S. 219 (Art. 22-4 Anlagengesetz, Art. 24 Abfallgesetz und Art. 28-1 Wassergesetz sowie Art. 7-1 das Gesetz zur Bekämpfung von Luftverunreinigungen); *Bouloc*, in: de Doelder/Tiedemann (Hrsg.), S. 235, 241 f.; *Koch*, ZStW **107** (1995) S. 405, 410 Fn. 29.

1392 Art. 131-3 bis Art. 131-11 franzStGB.

1393 Art. 8 Code pénal de la procédure.

1394 Art. 131-12 bis Art. 131-18 franzStGB.

1395 Art. 9 Code pénal de la procédure.

1396 *Bergmann*, Umweltschutz, S. 225.

1397 Art. 131-6 al. 11 franzStGB.

1398 Art. 131-3 al. 4 franzStGB.

tersagung, der Anlagenstilllegung, der Einziehung,[1399] des Handels- und Tätigkeitsverbots und der Schadensbehebung vorgesehen.
Gegen juristische Personen ist nach Art. 131-37 Nr. 1 franzStGB die Geldstrafe die Regelstrafe.[1400] Das Höchstmaß der Geldstrafe beträgt für juristische Personen gemäß Art. 131-38 franzStGB das Fünffache der Höhe der Geldstrafe, die für die Begehung derselben Tat durch eine natürliche Person vorgesehen ist.[1401] Daneben sind weitere spezielle Vorschriften über die Bestrafungsmöglichkeiten von juristischen Personen in den Art. 131-37 bis 131-49 franzStGB vorgesehen. Als einschneidendste Maßnahme ist die Auflösung der juristischen Person hervorzuheben sowie das dauerhafte oder zeitlich begrenzte Tätigkeitsverbot, die Anordnung der gerichtlichen Überwachung der juristischen Person, die Schließung der Einrichtung, der Ausschluss vom öffentlichen Markt sowie die Urteilsveröffentlichung in der Presse oder jedem audiovisuellen Kommunikationsmittel.[1402] Die Strafbarkeit der natürlichen Person (als Mittäter) bleibt daneben bestehen, Art. 121-2 Absatz 3 franzStGB.[1403]
Ferner wurde in der französischen Strafprozessordnung die Einführung eines Strafregisters für juristische Personen vorgesehen.[1404]

10. Zwischenergebnis

Obwohl die Entwicklung der letzten 30 Jahre dazu führte, dass das Umweltrecht als eigenständiges Rechtsgebiet Anerkennung gefunden hat, ist Frankreich noch weit entfernt von einem einheitlichen Umweltrecht.[1405] Der strafrechtliche Schutz der Umweltmedien ist infolge der Verteilung der Vorschriften in verschiedenen Gesetzen uneinheitlich.
Die Strafbarkeit von Amtsträgern im Umweltbereich ist nur partiell geregelt.
Hervorzuheben ist die 1994 eingeführte Strafbarkeit juristischer Personen, die im Umweltstrafrecht kraft Verweisung gilt und so eine Strafbarkeitslücke zu schließen hilft.

1399 Art. 131-6 al. 10 franzStGB.
1400 Kritisch zur Geldstrafe, die in der Regel Unschuldige, nämlich die Aktionäre träfe, *Koch*, ZStW **107** (1995) S. 405, 414.
1401 Ferner *Koch*, ZStW **107** (1995) S. 405, 414.
1402 Art. 131-39 franzStGB, Art. 26 Wassergesetz und Art. L. 232-2 Landwirtschaftsgesetz.
1403 *Bouloc*, in: de Doelder/Tiedemann (Hrsg.), S. 235, 244; *Delmas-Marty*, Madrid-Symposium, S. 305, 309; *Koch*, ZStW **107** (1995) S. 405, 412; *N. N.*, DRiZ **1999** 52, 53; *Wegner*, ZRP **1999** 186, 189.
1404 *Eidam*, Unternehmen und Strafe, S. 227.
1405 *Spaniol/Hilgers*, Landesbericht Frankreich, S. 25.

II. Das belgische Umweltstrafrecht

1. Verfassungsrechtliche Verankerung

In der belgischen Verfassung ist in Art. 23 Nr. 4 das Recht auf den Schutz einer gesunden Umwelt verankert. Dennoch ist der strafrechtliche Umweltschutz eher unsystematisch und nur punktuell geregelt.[1406]

2. Allgemeines

Im belgischen Strafgesetzbuch finden sich keine speziellen Straftatbestände zum Schutz der Umwelt. Es gibt lediglich Bestimmungen zum Schutz der Nachtruhe, Art. 561 Absatz 1 und andere nicht spezifisch umweltschützende Normen. Der Schutz der Umwelt ist in Belgien in zahlreichen nebengesetzlichen,[1407] (meist strikt) verwaltungsakzessorischen Vorschriften normiert.[1408]

3. Rechtsgüterschutz

Durch die verwaltungsrechtlichen Umweltgesetze werden neben Verwaltungsinteressen die das menschliche Leben, die Gesundheit, Pflanzen- und Tiere und die Natur im Allgemeinen geschützt.

Es ist auffällig, dass für die Verletzung von Verwaltungsinteressen durchweg hohe Strafen angedroht werden. Wenn der Stellenwert der Schutzgüter indiziell der gesetzlichen Strafandrohung entnommen wird, liegt der Schluss nahe, dass im belgischen Umweltstrafrecht verwaltungsrechtliche Interessen eine wichtige Rolle spielen.[1409]

4. Deliktstypen

Bei der Ausgestaltung der Delikte lässt sich eine grobe Einteilung dahingehend treffen, dass die meisten Delikte als Erfolgsdelikte ausgestaltet sind, wenn sie Verwaltungsinteressen schützen, und als abstrakte Gefährdungsdelikte gefasst sind, wenn es um den Schutz ökologischer Rechtsgüter geht.[1410] Der Vorfeldschutz wird in Belgien nicht über konkrete Gefährdungsdelikte,[1411] sondern über das Verwaltungsrecht gewährleistet.

1406 *Kloepfer/Mast*, Umweltrecht des Auslandes, S. 98.

1407 Vgl.: Gesetz vom 15.04.1994 zum Schutz der Bevölkerung und der Umwelt vor radioaktiver Strahlung und Gesetz vom 06.04.1995 zur Vorbeugung von Meeresverschmutzung durch Hochseeschiffe.

1408 *Faure*, Belgien, S. 112.

1409 *Faure*, Belgien, S. 117.

1410 *Faure*, Belgien, S. 128.

1411 *Faure*, Belgien, S. 129: Konkrete Gefährdungsdelikte gibt es im belgischen Umweltstrafrecht nicht.

5. Verwaltungsakzessorietät

Im belgischen Recht soll es keine formelle Unterscheidung zwischen nichtigen und rechtswidrigen Verwaltungsakten geben wie sie das deutsche Verwaltungsrecht kennt.[1412]

Die Rechtsprechung geht traditionell von einer beschränkten Kontrolle verwaltungsrechtlicher Verfügungen durch den Strafrichter aus. Nach der neueren Rechtsprechung und Lehre wird diese Kontrolle immer weiter ausgedehnt.[1413] Selbst für die Überprüfung von Verwaltungshandlungen in Umweltstrafsachen gibt es einige Beispiele in der Rechtsprechung.[1414] Der Strafrichter muss nach Art. 107 belgVerfassung sogar von Amts wegen die Gesetzmäßigkeit eines Verwaltungsakts überprüfen und ihn gegebenenfalls nicht anwenden.[1415] Er ist an gesetzeswidrige Verwaltungsakte nicht gebunden, so dass die Strafbarkeit bei Verstoß gegen einen rechtswidrigen Verwaltungsakt entfällt.[1416] Diese Überprüfung durch den Strafrichter ist nicht auf evidente Rechtsfehler begrenzt.[1417] Da er nicht nur die externe (formelle) Gesetzmäßigkeit, sondern auch die interne (materielle) Gesetzmäßigkeit überprüft, kann der Strafrichter über Art. 107 belgische Verfassung auch den Rechtsmissbrauch sanktionieren.[1418]

Die behördlich geduldete Gesetzesverletzung führt grundsätzlich nicht zur Strafbefreiung, es sei denn der Beschuldigte hat sich in einem unvermeidbaren Verbotsirrtum befunden.[1419]

6. Strafbarkeit von Amtsträgern

In Belgien ist eine spezielle Vorschrift für die Strafbarkeit von Amtsträgern im Umweltbereich nicht vorgesehen.[1420]

7. Strafbarkeit juristischer Personen

Die Strafbarkeit juristischer Personen war im belgischen Strafrecht bis 1999 nicht anerkannt, sondern nur diejenige der handelnden Organe.[1421] Auch die Rechtsprechung hielt daran fest, dass sich juristische Personen nach dem geltenden Recht nicht

---

1412 *Faure*, Belgien, S. 236.

1413 *Faure*, Belgien, S. 234.

1414 Berufungsgerichtshof Lüttich, Urteil vom 12.12.1985, Aménagement Environnement **1986** 111; Polizeigericht Hal, Urteil vom 16.07.1976, Revue Communale Belge **1977** 30; Berufungsgerichtshof Antwerpen Urteil vom 21.04.1976, Rechtskundig Weekblad **1976 – 1977** 2154; *Faure/Oudijk*, JZ **1994** 86, 87 Fn. 14.

1415 Vgl. *Faure/Oudijk*, JZ **1994** 86, 87.

1416 *Faure*, Belgien, S. 235 mit Beispielen zum Umweltstrafrecht in Fn. 52.

1417 *Faure*, Belgien, S. 236.

1418 Kassationsgerichtshof, Urteil vom 03.03.1972, Rechtskundig Weekblad **1971 – 1972** 1633 und *Faure/Oudijk*, JZ **1994** 86, 87.

1419 *Faure*, Belgien, S. 241.

1420 *Faure*, Belgien, S. 218.

1421 *Faure*, Belgien, S. 212; *Rogall*, KK-OWiG, § 30, Rn. 234.

strafrechtlich verantworten können, obwohl sie die Deliktsfähigkeit von Verbänden an sich für gegeben hielt. Dies beruht auf dem verfassungsrechtlichen Gebot, dass Strafe eine individuelle Verantwortlichkeit voraussetze: danach ist die strafrechtliche Verantwortlichkeit persönlich (individuell) und erfordert Schuldfähigkeit (Schuldprinzip des Strafrechts). Folglich waren die Strafen des belgischen Strafgesetzbuches nur auf natürliche Personen anwendbar.[1422] Zwar wurde das Handeln eines Organs der juristischen Person als das Handeln der juristischen Person selbst angesehen, doch konnte die juristische Person nicht strafrechtlich, sondern nur zivilrechtlich verfolgt werden.[1423] Die möglichen zivilrechtlichen Sanktionen trafen letztenendes die juristische Person für das Handeln eines anderen.[1424] Somit existierte in Belgien das Problem des Nachweises, wer innerhalb der anonymen und wenig transparenten Unternehmensstruktur strafrechtlich verantwortlich ist und schuldhaft handelte.[1425] Die Aufnahme der Strafbarkeit von Unternehmen in das belgische Strafgesetzbuch erfolgte 1999,[1426] obwohl der belgische Gesetzgeber die Einführung ihrer Strafbarkeit analog dem niederländischen Beispiel zuvor stets abgelehnt hatte.[1427] Die strafrechtliche Verantwortlichkeit der juristischen Person ist begründet, wenn die Straftat zum Zweck, im Interesse oder zugunsten der juristischen Person begangen wurde und schließt die Strafbarkeit der natürlichen Person grundsätzlich aus, Art. 5 Absatz 1 und 2 belgStGB.[1428] In Art. 5 Absatz 3 belgStGB sind die strafrechtlich haftenden Unternehmensformen aufgelistet. Ausgeschlossen sind die strafrechtliche Verantwortlichkeit des Staats, der Regionen, Kommunen etc., vgl. Art. 5 Absatz 4 belgStGB.

8. Strafen

Die meisten Umweltstrafgesetze sehen gegen natürliche Personen als Strafen neben der Freiheits- die Geldstrafe vor; einige Gesetze sehen nur Geldstrafen vor. Nebenfolgen im Sinne des belgischen Strafrechts sind Nebenstrafen, die nur neben der Hauptstrafe (Freiheits- oder Geldstrafe) verhängt werden können. Im Umweltstrafrecht mögliche Nebenfolgen sind die Einziehung und Betriebsschließung und die Naturalrestitution.

Die Beschlagnahme ist nur in wenigen Umweltgesetzen als Untersuchungsmaßnahme vorgesehen (zum Beispiel im Naturschutzgesetz).[1429]

1422 *Hennau-Hublet*, in: de Doelder/Tiedemann (Hrsg.), S. 129, 142.

1423 Vgl. *Hennau-Hublet*, in: de Doelder/Tiedemann (Hrsg.), S. 129, 130; Entscheidung des *Cour de Cassation* von 1948.

1424 Vgl. *Faure*, Belgien, S. 187; *Hennau-Hublet*, in: de Doelder/Tiedemann (Hrsg.), S. 129, 132; *Rogall*, KK-OWiG, § 30, Rn. 234.

1425 *Hennau-Hublet*, in: de Doelder/Tiedemann (Hrsg.), S. 129, 131 und 142 ff.

1426 Gesetz vom 4. Mai 1999.

1427 *Eidam*, Unternehmen und Strafe, S. 228; *Faure*, in: Eser/Heine/Huber (Hrsg.), S. 105, 111.

1428 *Faure*, in: Eser/Heine/Huber (Hrsg.), S. 105, 111.

1429 *Hennau-Hublet*, in: de Doelder/Tiedemann (Hrsg.), S. 129, 132.

Gegenüber juristischen Personen ist neben der Geldbuße und der Beschlagnahme[1430] (im Abschnitt über *sanctions criminelles, correctionelles et de police*) die Auflösung,[1431] das Tätigkeitsverbot,[1432] die Schließung des Unternehmens[1433] und die Urteilsveröffentlichung[1434] (im Abschnitt über *sanctions criminelles et correctionelles*) möglich, Art. 7bis belgStGB.
Schon vor der Reform von 1999 gab es strafrechtliche Sanktionen, die sich zwar nicht unmittelbar an das Unternehmen, sondern an die natürliche Person richteten, aber das Unternehmen trafen: die Unternehmensschließung, die Einziehung des illegal erlangten Gewinns und die Veröffentlichung des Urteils.
Daneben gab es seit mehr als 20 Jahren „verwaltungsstrafrechtliche" Sanktionen gegen juristische Personen, deren Rechtsnatur bisher nicht abschließend geklärt ist und zum Teil nur als Umgehung – sprachliche Umetikettierung – der strafrechtlichen Sanktion angesehen wird.[1435] Diese verwaltungsrechtlichen Sanktionen haben sowohl präventiven als auch repressiven Charakter und sind grundsätzlich auch auf öffentlich-rechtliche Körperschaften anwendbar.[1436]
Als verwaltungsrechtliche Maßnahmen kennt das belgische Recht neben der in der Praxis wichtigen verwaltungsrechtlichen Geldbuße unter anderem die Rücknahme einer Genehmigung, das Import- und Exportverbot und die vorübergehende Unternehmensschließung.[1437]

9. Zwischenergebnis

Während das Umweltstrafrecht eher unübersichtlich und nur punktuell geregelt ist, so ist erneut die in den letzten Jahren erfolgte Einführung der strafrechtlichen Verantwortlichkeit juristischer Personen positiv hervorzuheben.

III. Das italienische Umweltstrafrecht

1. Verfassungsrechtliche Verankerung

In der italienischen Verfassung von 1948 wird der Begriff der Umwelt (*ambiente*) nicht verwendet und ein einheitliches Umweltschutzprogramm ist nicht vorgesehen. Damit fehlt die Verankerung des Umweltschutzes im engeren Sinne in der Verfassung. Geregelt wird viererlei, das zum Umweltschutz im weiteren Sinne gezählt werden kann:

1430 Art. 7bis Absatz 1 Nr. 1 und 2 belgStGB. Für die mögliche Höhe der Geldbuße: Art. 41bis belgStGB.
1431 Art. 7bis Absatz 2 Nr. 1 belgStGB.
1432 Art. 7bis Absatz 2 Nr. 2 belgStGB.
1433 Art. 7bis Absatz 2 Nr. 3 belgStGB.
1434 Art. 7bis Absatz 2 Nr. 4 belgStGB.
1435 Vgl. *Hennau-Hublet*, in: de Doelder/Tiedemann (Hrsg.), S. 129, 133 ff.
1436 *Hennau-Hublet*, in: de Doelder/Tiedemann (Hrsg.), S. 129, 154 f.
1437 *Hennau-Hublet*, in: de Doelder/Tiedemann (Hrsg.), S. 129, 160 ff.

(1) Der Schutz des historischen und künstlerischen Erbes, Art. 9 Absatz 2, (2) das Grundrecht auf Gesundheit, Art. 32 Absatz 1, (3) dass die wirtschaftliche Betätigungsfreiheit nicht im Widerspruch zum Wohl der Allgemeinheit stehen darf, Art. 41 Absatz 2 und (4) dass die Bewirtschaftung des Bodens „vernünftig" zu erfolgen hat, Art. 44. Auf dieser Grundlage hat der italienische Kassationsgerichtshof in einem Urteil von 1979 ein „*subjektives Recht auf eine gesunde Umwelt*" etabliert.[1438]

2. Allgemeines

Der italienische Gesetzgeber ist seit Mitte der 1960er Jahre auf dem Gebiet des Umweltrechts tätig,[1439] während die Diskussion um den strafrechtlichen Schutz der Umwelt erst Anfang der 70er Jahre einsetzte. Der Gesetzgeber konnte auf Urteile der nationalen Strafgerichte zurückgreifen, die die klassischen Tatbestände des italienischen Strafgesetzbuches für den Schutz der Umwelt einsetzten, wobei der Gewässerschutz besondere Beachtung gefunden hatte.[1440]
Seit der Normierung zahlreicher spezieller Einzelumweltgesetze in den 1980er Jahren spielt das italienische Strafgesetzbuch für das Umweltstrafrecht letztlich keine Rolle mehr. Dem Strafgesetzbuch kommt nur noch eine punktuelle Auffangfunktion zu.[1441] Die Hauptrolle spielen nun die verschiedenen Verwaltungs(neben)gesetze,[1442] so dass das Umweltrecht von einer strengen Verwaltungsakzessorietät (in Form von Blankettgesetzen und der Abhängigkeit der Strafbarkeit vom Fehlen einer Genehmigung) beherrscht wird und die Strafbarkeit wesentlich von der Nichtbeachtung verwaltungsrechtlicher Vorschriften abhängt.[1443] Die Straftat besteht in der Regel darin, dass eine erforderliche Genehmigung nicht eingeholt beziehungsweise behördliche Auflagen nicht beachtet wurden.[1444] Diese Gesetzestechnik beruht darauf, dass in Italien – neben dem 1986 geschaffenen Umweltministerium und den Gemeinden – die Regionen auf dem Gebiet des Umweltschutzes in umfassender Weise zuständig sind. Diese Zuständigkeit umfasst allerdings nicht den Erlass strafrechtlicher Vorschriften, sondern den Entwurf von Plänen, den Erlass regionaler Grenzwerte und Verwaltungssanktionen.[1445]

3. Rechtsgüterschutz und Deliktstypen

Der Rechtsgüterschutz ist im italienischen Umweltstrafrecht grundsätzlich anthropozentrisch orientiert. Obwohl die Verwaltungsumweltgesetze die Umwelt als einheitli-

---

1438 Urteil vom 06.10.1979, Giur. it. 1980, I, 1, 464 mit Anmerkung von *Patti*, Diritto all'ambiente e tutela della persona, Giur. it. 1980, I, 859 ff.
1439 *Catenacci*, Landesbericht Italien, S. 277.
1440 *Catenacci*, Landesbericht Italien, S. 280 m.w.N.
1441 *Catenacci*, Landesbericht Italien, S. 279; *Heine/Catenacci*, ZStW **101** (1989) S. 163, 170.
1442 *Heine/Catenacci*, ZStW **101** (1989) S. 163, 164.
1443 *Catenacci*, Landesbericht Italien, S. 277 f.
1444 *Catenacci*, Landesbericht Italien, S. 323; *Heine/Catenacci*, ZStW **101** (1989) S. 163, 164.
1445 *Catenacci*, Landesbericht Italien, S. 335 f.; *Heine/Catenacci*, ZStW **101** (1989) S. 163, 170.

ches Rechtsgut und ihre Schutzwürdigkeit im Grundsatz anerkennen (nämlich die Erhaltung des ökologischen Gleichgewichts in Gewässer, Boden und Luft),[1446] wird die Erhaltung des Funktionspotentials der Umwelt nur im Vorfeld des Schutzes der allgemeinen Interessen verfolgt.[1447] Dies zeigt Art. 1 des Gesetzes Nr. 349/86 besonders deutlich. Danach wird die Umwelt nur in Verbindung mit der menschlichen Gesundheit geschützt.[1448] Die ökozentrierte Konzeption des Strafrechts bildet eine Ausnahme.[1449]

Auch hier lassen sich die Umweltstrafnormen in die bekannten vier Gruppen einteilen:[1450] (1) in solche, die als Schutzobjekt das menschliche Leben und die Gesundheit beinhalten, (2) in solche, die die menschliche Gesundheit und das Funktionspotential der Ökosysteme als gleichrangige Rechtsgüter ansehen, (3) in solche, die die ökologischen Rechtsgüter relativ eigenständig schützen, (4) und schließlich in solche, die hauptsächlich Verwaltungsinteressen und das ökologische Gleichgewicht von Boden, Luft und Wasser nur mittelbar als bloße Verwaltungsinteressen schützen.

In einigen Bereichen wurden Grenzwerte eingeführt, deren Überschreitung teilweise unmittelbar strafbewehrt ist. Diese Grenzwerte gibt es seit 1991 auch im Bereich des Lärmschutzes, der nur im Rahmen des Schutzes der menschlichen Gesundheit am Arbeitsplatz umfassend geregelt ist. Ansonsten fehlt eine einheitliche Regelung, die auch durch Art. 659 italStGB[1451] nicht gegeben ist.

Ausgestaltet sind die Umweltstrafgesetze in der Regel als abstrakte und konkrete Gefährdungsdelikte; Erfolgsdelikte bilden die Ausnahme.[1452]

4. Die einzelnen Gesetze

Das „Vorreitergesetz" des italienischen Umweltschutzrechts war das Gesetz Nr. 615 vom 13.07.1966 gegen Luftverunreinigung (*legge anti-smog*), das allerdings seine praktische Bedeutung weitgehend verloren hat als am 24.05.1988 das Dekret des Präsidenten der Republik Nr. 203 über Luftverschmutzung erging, das verschiedene EG-Richtlinien[1453] in nationales Recht umsetzt und insbesondere mögliche Emissionen durch industrielle oder staatliche Anlagen regelt (Art. 1 und Art. 2 Absatz 3). Dieses Gesetz hält zwar an dem Prinzip fest, dass die Regionen für den Schutz der Umwelt

---

1446 *Catenacci*, Landesbericht Italien, S. 283 (f.) m.w.N. in Fn. 49 und S. 319 ff.

1447 *Catenacci*, Landesbericht Italien, S. 284.

1448 Dieses Gesetz ist insofern bedeutsam, als es die Errichtung eines Umweltministeriums und die Zahlung von Schadensersatz für Umweltbeeinträchtigungen an den Staat vorschreibt, vgl. Art. 18 Gesetz Nr. 349/86.

1449 Art. 25 ff. des Gesetzes vom 31.12.1982 Nr. 979 zum Schutz der Meere und das Gesetz vom 06.12.1991 Nr. 394 zur Schaffung von Schutzgebieten. Vgl. *Catenacci*, Landesbericht Italien, S. 285 und 319.

1450 Siehe oben 1. Kapitel B. III.

1451 Dies ist der einzige Straftatbestand zum Umweltschutz im Strafgesetzbuch Italiens. Zu Art. 659 italStGB siehe unten 2. Kapitel C. III. 4.

1452 *Catenacci*, Landesbericht Italien, S. 324.

1453 Nr. 80/779, 82/884, 84/360 und 85/203.

zuständig sind, gibt aber zugleich einen nach oben und unten begrenzten Rahmen vor, nach dem zentralistisch Grenzwerte vom Umweltminister festgelegt werden, deren Überschreitung unmittelbar strafbewehrt ist (Art. 24 Absatz 5 und Art. 25 Absatz 3).[1454] Die Regionen können ausschließlich innerhalb dieses Rahmens die regionalen Grenzwerte festsetzen.

In Italien spielt der Schutz der Gewässer seit langem eine bedeutende Rolle und bildet einen Bereich, der besonders intensiv geregelt ist und somit wenige Lücken aufweist.[1455]

Die Strafbarkeit der Beseitigung von gefährlichem und ungefährlichem Abfall ist in Art. 51 bis 54 des Dekrets Nr. 22/97 geregelt.[1456]

Bis 1989 fehlten im Bereich des Schutzes vor Lärm außerhalb von Betrieben[1457] vergleichbare Regelungen in den Nebengesetzen, so dass Art. 659 italStGB für diesen Bereich die wichtigste Strafvorschrift bildete und bildet. Nach Art. 659 Absatz 1 italStGB macht sich strafbar, *„wer durch Geschrei oder Lärm oder durch den Missbrauch von Schallinstrumenten oder akustischen Signalen oder dadurch, dass er Lärm von Tieren verursacht oder nicht verhindert, die Arbeit oder die Ruhe von Personen oder öffentliche Vorstellungen, Zusammenkünfte oder Veranstaltungen stört"*. Die erste Variante ist ein Übertretungstatbestand, der hauptsächlich Bagatelldelikte erfasst, während die zweite Variante in Absatz 2 ein Sonderdelikt für Berufs- oder Handwerksausübende darstellt: Bestraft wird, wer *„einen Beruf oder ein Handwerk, die mit Lärm verbunden sind, unter Verstoß gegen gesetzliche Bestimmungen oder behördliche Vorschriften ausübt"* (Art. 659 Absatz 2 italStGB). Diese Vorschriften sind durch das Dekret des Ministerausschusspräsidiums vom 15.08.1991 durch die Einführung von Lärmgrenzwerten präzisiert worden.

Zur Umsetzung der EG-Richtlinie 82/501 wurde am 17.05.1988 das Dekret des Präsidenten der Republik Nr. 175 zur Sicherung spezifischer industrieller Gefahrenquellen erlassen, das bestimmte Vorschriften für Anlagen enthält, die mit gefährlichen Stoffen arbeiten.

Die Umweltdelikte werden in der Regel als bloße Übertretungen geahndet,[1458] so dass sie zwar vorsätzlich und fahrlässig begehbar sind, aber ihr Versuch nicht strafbewehrt

---

1454 Vgl. *Catenacci*, Landesbericht Italien, S. 305; *Heine/Catenacci*, ZStW **101** (1989) S. 163, 166 f.

1455 *Heine/Catenacci*, ZStW **101** (1989) S. 163, 164. Im Mittelpunkt steht das Gesetz Nr. 319 zum Schutz der Gewässer vom 10.05.1976 (legge Merli), das durch das Gesetz Nr. 979 vom 31.12.1982 zum Schutz des Meeres und das Dekret des Präsidenten der Republik Nr. 915 vom 10.09.1982 für die Abfallbeseitigung eine einheitliche Regelung etablierte und Gesetzeskraft besitzt, ergänzt wird; *Heine/Catenacci*, ZStW **101** (1989) S. 163, 167 ff.

1456 *Catenacci*, Landesbericht Italien, S. 310 f.

1457 Eine umfassende Regelung des Lärms gibt es nur im Rahmen des Schutzes der menschlichen Gesundheit am Arbeitsplatz, D.P.R. 19.03.1956 Nr. 303.

1458 Daran hat auch die Reform der Rechtsfolgen durch das Gesetz vom 24.11.1981 nichts geändert. Danach wurden zwar Bagatelldelikte generell in Verwaltungsdelikte umgewandelt, Art. 32 (ausführlich hierzu: *Bosch*, JZ **1985** 476 f.), jedoch wurden die Übertretungen der Umweltschutzgesetze zum Schutz der Gewässer und der Luft ausdrücklich ausgenommen, auch wenn sie nur mit Geldstrafe bedroht sind, Art. 34 lit. f und g.

ist. Der Versuch ist nur strafbar, wenn es sich um ein Verbrechen handelt, vgl. Art. 56 italStGB.

5. Verwaltungsakzessorietät

Da die meisten Gesetze des Umweltstrafrechts verwaltungsakzessorisch ausgestaltet sind, stellt sich die Frage, ob eine erteilte Erlaubnis allein durch ihre Existenz Tatbestandswirkung für das Strafrecht entfaltet, oder ob der Strafrichter ihre Rechtmäßigkeit nachprüfen und einer seiner Ansicht nach rechtswidrigen Erlaubnis die Anerkennung für das Strafrecht versagen kann. Die überwiegende Meinung[1459] vertritt die Auffassung, dass der Strafrichter nicht befugt ist, eine Erlaubnis, die er für fehlerhaft hält, von sich aus aufzuheben oder im Strafverfahren unbeachtet zu lassen. Dahinter steht der Grundsatz, dass ein materiell rechtswidriger Verwaltungsakt bis zu seiner Aufhebung durch die Verwaltungsbehörde seine formelle Bestandskraft behält. Hebt die Verwaltung die fehlerhafte Erlaubnis auf, so hat diese aufhebende Entscheidung keine rückwirkende Kraft, sie wirkt lediglich *ex nunc*. Dies hat zur Folge, dass bis zur Aufhebung der Erlaubnis die erlaubnispflichtige Tätigkeit straflos ausgeübt werden kann und dass die Strafbarkeit erst zu dem Zeitpunkt beginnt, in dem der Täter von der formellen Aufhebung der Erlaubnis Kenntnis erlangt hat.[1460] Etwas anderes gilt, wenn der Täter die Fehlerhaftigkeit der Erlaubnis durch Bestechung oder falsche Angaben bei Antragstellung selbst vorsätzlich verursacht hat. Dann wird davon ausgegangen, dass die Erlaubnis nichtig ist und damit im Strafverfahren nicht berücksichtigt werden darf.[1461] Eine nichtige Erlaubnis hat keine Wirkung und wird wie das Fehlen eines Verwaltungsakts behandelt.

Grundsätzlich gilt, dass eine bloße behördliche Duldung eine konkrete Erlaubnis nicht ersetzt. Das Dekret vom 24.05.1988 Nr. 203 zum Schutz der Luft schließt die Möglichkeit der behördlichen Duldung von Vollzugsdefiziten ausdrücklich aus.[1462] Die Frage, ob eine behördliche Duldung ausnahmsweise als stillschweigende Legitimation von Umweltbelastungen ausgelegt werden kann, versucht die Rechtsprechung durch grammatikalische Auslegung des einschlägigen Gesetzes zu lösen. Danach soll sie im Strafverfahren Beachtung finden können, wenn das Gesetz bestimmt, dass das Schweigen der Behörde als konkludente Erlaubnis zu gelten hat.[1463] Ansonsten ersetzt die bloße Duldung nicht die förmliche Erlaubnis der Behörde und das Handeln bleibt eine ungenehmigte Tätigkeit.[1464]

1459 Vgl. statt aller *Catenacci*, Landesbericht Italien, S. 336.
1460 *Catenacci*, Landesbericht Italien, S. 337.
1461 *Catenacci*, Landesbericht Italien, S. 337.
1462 *Catenacci*, Landesbericht Italien, S. 305.
1463 *Catenacci*, Landesbericht Italien, S. 338.
1464 *Catenacci*, Landesbericht Italien, S. 338.

6. Strafbarkeit von Amtsträgern

Besonders hervorzuheben ist Art. 361 italStGB, der die strafrechtliche Verantwortlichkeit von Amtsträgern als echtes Unterlassungsdelikt (neben dem allgemeinen Amtsdelikt des Art. 328 italStGB, Verweigerung oder Unterlassung einer Amtshandlung oder Dienstleistung) besonders regelt und eine bedeutende Rolle in der Strafverfolgungspraxis spielt. Danach macht sich ein Beamter strafbar, der dienstlich von der Begehung einer (Umwelt-) Straftat erfährt, sie aber nicht anzeigt. Durch diesen Straftatbestand soll der Kooperation zwischen Umweltbehörden und der Industrie – bis hin zur behördlichen Duldung – von schweren Umweltverstößen entgegengewirkt werden.[1465]

7. Strafbarkeit juristischer Personen

Die Strafbarkeit juristischer Personen kann es im italienischen Strafrecht wegen des verfassungsrechtlich verbürgten Grundrechts, dass die strafrechtliche Verantwortlichkeit eine persönliche ist und somit Schuld voraussetzt (Art. 27 Absatz 1 italVerfassung), nicht geben.[1466] Infolge dieses Grundsatzes hält die ganz herrschende Meinung[1467] in Italien eine direkte Haftung der juristischen Person auf dem Gebiet des Strafrechts im engeren Sinn für ausgeschlossen. Sie stützt ihre ablehnende Haltung zudem auf Art. 27 Absatz 3 italVerfassung, der bestimmt, dass die Strafe der Resozialisierung dienen muss, was bei juristischen Personen nicht denkbar sein soll.[1468] Daneben wird es als schwierig erachtet, besondere Zurechnungskriterien zu entwickeln, die den Vorwurf einer persönlichen Schuld ermöglichen.[1469] Eine rein objektive Verantwortlichkeit sei unzulässig.[1470]

Ein Rückgriff auf die juristische Person ist möglich, wenn ihr Repräsentant zur Zahlung einer Geldstrafe verurteilt worden ist, diese aber nicht zahlen kann, Art. 197 italStGB.[1471] Die juristische Person kann dann zur Zahlung einer Geldsumme in gleicher Höhe verpflichtet werden. Art. 197 italStGB spricht von einer zivilrechtlichen Obligation, was von der herrschenden Strafrechtslehre auch anerkannt wird.[1472] Daneben ist die Verhängung von verwaltungsrechtlichen Geldbußen gegen die juris-

---

1465 *Catenacci*, Landesbericht Italien, S. 333. Zur vorherigen Rechtslage *Heine/Catenacci*, ZStW **101** (1989) S. 163, 183.

1466 *Catenacci*, Landesbericht Italien, S. 332; *Militello*, Coimbra-Symposium, S. 321, 326 f.; *Rogall*, KK-OWiG, § 30, Rn. 238.

1467 *Paliero*, ZStW **110** (1998) S. 427, 432 m.w.N., der selbst für eine strafrechtliche Verantwortlichkeit der juristischen Person auf europäischer Ebene auf dem Gebiet des Wirtschaftsstrafrechts plädiert. Ferner *Militello*, Coimbra-Symposium, S. 321 ff.

1468 *Militello*, Coimbra-Symposium, S. 321, 327; *Picotti* bei *Zieschang*, ZStW **110** (1998) S. 515, 519.

1469 Vgl. *Militello*, Coimbra-Symposium, S. 321, 329.

1470 *Paliero* bei *Zieschang*, ZStW **110** (1998) S. 515, 519.

1471 Vgl. *Militello*, Coimbra-Symposium, S. 321, 325 f.; *Rogall*, KK-OWiG, § 30, Rn. 238.

1472 Vgl. *Militello*, Coimbra-Symposium, S. 321, 325 m.w.N.

tische Person unter anderem im Wettbewerbsrecht, im Telekommunikationsrecht und im Recht des Insider-Handels zulässig.[1473]
Eine Garantenstellung des Unternehmensinhabers für rechtswidriges Handeln seiner Angestellten ist wohl nur für das Recht der Kapitalgesellschaften anerkannt.[1474]

8. Strafen

Als Strafen gegenüber natürlichen Personen ist zum einen Freiheitsstrafe von bis zu drei Jahren als Übertretungsstrafe und zum anderen als finanzielle Sanktion die Geldstrafe (Art. 17 italStGB) vorgesehen.[1475]
Daneben sind diverse Nebenstrafen wie die Untersagung der Berufsausübung (Art. 35 italStGB), der Ausübung von Führungs- und Vertretungsaufgaben bei juristischen Personen bis zu zwei Jahren (Art. 35bis italStGB) und die Untersagung des Vertragsschlusses mit der öffentlichen Hand bei leitenden Angestellten von juristischen Personen (Art. 32ter italStGB) sowie die Urteilsbekanntmachung (Art. 19 Absatz 4 italStGB) möglich.

9. Zwischenergebnis

Insgesamt bilden diese unterschiedlichen Gesetze kein einheitliches und geschlossenes System, sondern stehen unübersichtlich nebeneinander.[1476] Diese Systemlosigkeit zeigt sich auch bei den möglichen Strafen, die dringend einer einheitlichen, aufeinander abgestimmten Regelung bedürfen.
Trotz dieser Mängel im Umweltstrafrecht gehört Italien zu den wenigen Ländern, die einen Sonderstraftatbestand für Amtsträger (strafbewehrte Anzeigepflicht) vorsehen.

IV. Das griechische Umweltstrafrecht

1. Verfassungsrechtliche Verankerung

Die griechische Verfassung enthält seit 1975 eine Vorschrift, die den Schutz der Umwelt unmittelbar betrifft; Art. 24 Absatz 1, der den Schutz der natürlichen und kulturellen Umwelt zur staatlichen, nicht einklagbaren Pflicht erklärt.[1477] Dieser Artikel geht von einem extensiven Umweltbegriff aus, da er sowohl die natürliche als

---

1473 *Rogall*, KK-OWiG, § 30, Rn. 238; *Vadillo*, Madrid-Symposium, S. 297, 302. Zu den möglichen verwaltungs- und zivilrechtlichen Maßnahmen *Militello*, Coimbra-Symposium, S. 321, 330 ff.

1474 *Paliero*, in: de Doelder/Tiedemann (Hrsg.), S. 251, 269 (mit weiteren Hinweisen zur neueren Gesetzgebung auf dem Gebiet der Telekommunikation und des Insider-Handels); *Tiedemann*, Spinellis-Festschrift, S. 1097, 1101. Zum Problem der Haftung von Unternehmensorganen *Militello*, Coimbra-Symposium, S. 321, 333 ff.

1475 Vgl. *Catenacci*, Landesbericht Italien, S. 326 f.

1476 *Catenacci*, Landesbericht Italien, S. 277.

1477 H.M.: Staatszielbestimmung. Vgl. *Karamanidis*, Umweltschutz, S. 19 m.w.N. zur h.M. in Fn. 51 und 52, aber streitig vgl. *Athanassiou*, Strafbakeit juristischer Personen, S. 193 m.w.N.

auch die kulturelle Umwelt erfasst.[1478] Unter natürlicher Umwelt ist der den Menschen umgebende Land-, Wasser- und Luftraum sowie die Flora, Fauna und die Bodenschätze zu verstehen, Art. 1 Nr. 5 Gesetz Nr. 360/1976 über Raumordnung und Umwelt. Der Begriff kulturelle Umwelt umfasst gemäß Art. 1 Nr. 6 Gesetz Nr. 360/1976 Kulturelemente und -merkmale, die aus der Beziehung des Menschen zu und den Eingriffen des Menschen in die natürliche Umwelt entstanden sind.[1479] Art. 24 griechVerfassung selbst nennt sowohl den Wald (Absatz 1), die Raumordnung (Absatz 2) und Stadtplanung (Absatz 3) sowie Denkmäler und historische Stätten (Absatz 6). Die Durchsetzung dieser staatlichen Pflicht hat neben präventiven mittels repressiver Maßnahmen, also zivil-, verwaltungs- und/oder strafrechtlicher Sanktionierung des Verantwortlichen zu erfolgen.[1480]

2. Allgemeines

1986 verabschiedete der griechische Gesetzgeber das Umweltschutzrahmengesetz Nr. 1650,[1481] das ein Ermächtigungsgesetz darstellt: Seine Umsetzung verlangt den Erlass mehrerer präsidieller und ministerieller Verordnungen.[1482] Das Umweltschutzrahmengesetz regelt in sieben Kapiteln folgende Themenbereiche: Vorangestellt ist ein Kapitel, das die Grundprinzipien und Grundbegriffe des Umweltrechts klären soll. Dann folgen Kapitel zum Schutz der Umwelt vor Anlagen und wirtschaftlicher Tätigkeit im allgemeinen (Art. 3 bis 6), vor Verschmutzungen der Luft, des Wassers und des Bodens und vor Lärm (Art. 7 bis 17) und zum Schutz von Natur, Pflanzen- und Tierwelt sowie der Landschaft (Art. 18 bis 22). Den Abschluss bilden ein Kapitel über Umweltbehörden, wonach eine zentrale Umweltbehörde gegründet werden kann sowie ein Kapitel, das sowohl strafrechtliche und verwaltungsrechtliche Sanktionen als auch die zivilrechtliche Haftung regelt (Art. 28, 29 und 30). Das Grunddelikt und die zentrale strafrechtliche Bestimmung zum Schutz der Umwelt ist Art. 28 Absatz 1 Gesetz Nr. 1650.

3. Regelungen im griechischen Strafgesetzbuch

Daneben gibt es eine große Zahl von umweltbezogenen Vorschriften im griechischen Strafgesetzbuch, im bürgerlichen Gesetzbuch und hauptsächlich in Neben- und Verwaltungsgesetzen, die den Schutz der Umwelt oft nur mittelbar betreffen. Ihr Vorteil gegenüber den Vorschriften des Umweltschutzrahmengesetzes besteht darin, dass sie direkt anwendbar sind.

1478 *Karamanidis*, Umweltschutz, S. 17.

1479 *Karamanidis*, Umweltschutz, S. 17 f.

1480 *Karamanidis*, Umweltschutz, S. 19.

1481 Gesetz Nr. 1650 vom 16.10.1986. Zur vorherigen Rechtslage *Karamanidis*, Umweltschutz, S. 24 ff.

1482 Zu den Anwendungsschwierigkeiten des Gesetzes *Athanassiou*, Strafbarkeit juristischer Personen, S. 200.

Im Strafgesetzbuch wird insbesondere der Gewässerschutz geregelt,[1483] vgl. Art. 279 griechStGB für die Brunnen- und Lebensmittelvergiftung, Art. 421 griechStGB, der die Verletzung der Vorschriften über den Küstenschutz für strafbar erklärt, und Art. 427 griechStGB hinsichtlich der Verletzung von Hygienevorschriften, die von der zuständigen Behörde erlassen worden sind. Fauna und Flora werden durch Art. 265, 266 griechStGB (Brandstiftung im Wald) geschützt. Art. 417 griechStGB schützt vor übermäßiger Lärmbeeinträchtigung, also vor Ruhestörungen. Diese Regeln können aber nicht als umweltstrafrechtliche Bestimmungen, die dem Schutz der Umwelt als eigenständiges Rechtsgut dienen, betrachtet werden.[1484]

Die Art. 417, 420, 421, 427 und 458, 459 griechStGB stellen bloße Übertretungen dar.[1485]

4. Rechtsgüterschutz

Im griechischen Umweltstrafrecht werden zum Teil die klassischen Rechtsgüter Leben und Gesundheit des Menschen, die Umwelt zum Teil als selbständiges und ausschließliches Rechtsgut, zum Teil als Zwischenrechtsgut neben den klassischen Rechtsgütern oder neben Verwaltungsinteressen geschützt. Dieser uneinheitliche Schutz ist letztlich die Konsequenz davon, dass die strafrechtlichen Umweltschutznormen in vielen Rechtsnormen verstreut und oft unabgestimmt nebeneinander stehen.[1486]

Leben und Gesundheit des Menschen sollen insbesondere durch Art. 279 (Brunnenvergiftung) und 417 (Schutz der Gesundheit vor Lärm) griechStGB geschützt werden sowie durch andere Nebengesetze.[1487]

Es ist umstritten, ob Art. 28 Absatz 1 Gesetz Nr. 1650 die Umwelt nur als Zwischenrechtsgut und hauptsächlich die klassischen Rechtsgüter schützt, oder ob erstere als selbständiges Rechtsgut anerkannt wird.[1488] Der Wortlaut legt den Schutz der Umwelt als selbständiges Rechtsgut nahe: Zum einen wird der Mensch nicht erwähnt, zum anderen legt Art. 1 Absatz 3 als Zielsetzung des Umweltschutzrahmengesetzes den Schutz der Umweltmedien und der ökologischen Systeme um ihrer selbst willen fest.

1483 Zu beachten ist auch die nebengesetzliche Regelung im Gesetz über den Schutz der Meere (Gesetz 743/1977), die ebenfalls strafrechtliche Sanktionen für vorsätzliche und fahrlässige Verursachungen vorsieht. Vgl. *Kareklás/Fitrakis*, Landesbericht Griechenland, S. 181; *Karamanidis*, Umweltschutz, S. 22 ff.

1484 *Athanassiou*, Strafbarkeit juristischer Personen, S. 196.

1485 Vgl. *Karamanidis*, Umweltschutz, S.23 f.

1486 Vgl. *Kareklás/Fitrakis*, Landesbericht Griechenland, S. 202.

1487 RV 181/1974 zum Schutz des Lebens vor ionisierenden Strahlen, Gesetz 743/1977 zum Schutz des Lebens vor schweren Meeresverschmutzungen, Art. 28 Absatz 3 Gesetz Nr. 1650, Erlass des Präsidenten (EdP) 1180/1981 zum Schutz vor Lärm und Erlass des Innen- und des Sozialministers (GdA) E 1 b/221/1965 zum Schutz vor industriellen Abwässern u.a. Vgl. *Karamanidis*, Umweltschutz, S. 27 ff.

1488 Zum Streit *Athanassiou*, Strafbarkeit juristischer Personen, S. 204 ff.

Nur das Umweltschutzrahmengesetz erkennt die Umweltgüter in ihrer Gesamtheit als Rechtsgüter an. Ansonsten werden lediglich Teilbereiche der Umwelt durch verschiedene Rechtsnormen geschützt, so dass kein umfassender ökologischer Rechtsgüterschutz gewährleistet wird. Die Teilrechtsgüter werden alle – mit Ausnahme des Meeres[1489] – nur unvollständig geschützt.[1490]

5. Deliktstypen

In Griechenland kommt im Umweltbereich dem Verwaltungsrecht die größte praktische Bedeutung zu.[1491] Die Strafvorschriften sind als *ultima ratio* nur dort eingesetzt, wo das Verwaltungsrecht als weniger einschneidendes Mittel zum wirksamen Schutz der Rechtsgüter nicht ausreicht.[1492] Folglich sind die Normen zum Umweltschutz überwiegend verwaltungsrechtliche und verwaltungsakzessorische Normen mit strafrechtlichen Sanktionen.[1493]

Von daher ist es durchaus richtig zu sagen, dass die Mehrzahl der umweltrechtlichen Vorschriften Verwaltungsinteressen schützen und somit den Verwaltungsungehorsam bestrafen. Da aber die ökologische Funktion und Zielsetzung in vielen Verwaltungsgesetzen deutlich zu Tage tritt, werden dort die ökologischen Rechtsgüter materiell rechtlich anerkannt. Ob ein Gesetz primär Verwaltungsinteressen oder andere Rechtsgüter schützt, ist für jedes Gesetz durch Auslegung gesondert zu ermitteln.[1494]

Der Schutz der Umwelt erfolgt sowohl durch Tätigkeits- als auch durch Erfolgs-[1495] und erfolgsqualifizierte Delikte.[1496] Erstere sind häufig bei solchen Delikten anzutreffen, die strafrechtliche Sanktionen für Zuwiderhandlungen gegen verwaltungsrechtliche Normen vorsehen und neben der Handlung des Täters keinen weiteren Erfolgseintritt verlangen. Es gibt aber auch Verletzungs-,[1497] abstrakte[1498] und konkrete[1499] Gefährdungsdelikte.

[1489] So wird das Gewässer neben dem Schutz durch Art. 421 griechStGB auch durch das Gesetz 743/1977 zur Verhütung von Verschmutzungen des Meeres, durch die EdP 1180/1981 zum Schutz vor industriellen Emissionen und die GdA E 1 b/221/1965 geschützt.

[1490] Zum Schutz der Luft: EdP 1180/1981 und Straßenverkehrsordnung; zum Schutz der Fauna und Flora: Art. 265 und 266 griechStGB, RV 86/1969 (Wald), RV 420/1970 (Fische) und Gesetz 1197/1981 (Nutztiere).

[1491] *Kareklás/Fitrakis*, Landesbericht Griechenland, S. 206: Der Verwaltungsapparat wird bisher als richtiges und effektives Instrument zur Abwehr von Gefahren für die Umwelt durch Verschmutzungen angesehen.

[1492] *Kareklás/Fitrakis*, Landesbericht Griechenland, S. 206, Fn. 287.

[1493] *Kareklás/Fitrakis*, Landesbericht Griechenland, S. 207.

[1494] Vgl. *Athanassiou*, Strafbarkeit juristischer Personen, S. 204; *Kareklás/Fitrakis*, Landesbericht Griechenland, S. 206.

[1495] Art. 265 Absatz 1, 1. Fall, Art. 266 Absatz 2, Art. 381, 382, 417 griechStGB und Art. 28 Absatz 1 Gesetz Nr. 1650 (aber streitig, vgl. *Athanassiou*, Strafbarkeit juristischer Personen, S. 203 m.w.N.).

[1496] Art. 265 Absatz 1, 2. Fall und Absatz 2, Art. 279 Absatz 2 griechStGB und Art. 28 Absatz 2 Gesetz Nr. 1650.

[1497] Art. 265, 266, 417, 421, 427 griechStGB, Art. 28 Absatz 3 Satz 2 und 3 Gesetz Nr. 1650 und Art. 13 Absatz 1a, 1. Fall Gesetz 743/1977.

Die strafrechtlichen Umweltbestimmungen sind hauptsächlich als Vergehen (Verjährung nach fünf Jahren) geregelt und können grundsätzlich nur vorsätzlich begangen werden. Ihre fahrlässige Begehung ist nur dann strafbewehrt, wenn dies gesetzlich bestimmt ist. Das gleiche gilt für die als Übertretung (Verjährung nach einem Jahr) geregelten Straftatbestände.[1500]
Als Verbrechen (Verjährung nach 15 Jahren) ausgestaltet mit der Folge, dass auch der Versuch strafbar ist,[1501] sind Art. 265 Absatz 1, 2. Fall und Absatz 2, 279 griechStGB, Art. 28 Absatz 3 Gesetz Nr. 1650 und Art. 8 Absatz 1b RV 181/1974.

6. Verwaltungsakzessorietät

Bei der Darstellung der umweltstrafrechtlichen Normen hat sich gezeigt, dass trotz variierender Tatbestandstechnik das Grundmodell Blanketttatbestände sind, dass die Mehrheit der Umweltstrafnormen verwaltungsstrafrechtliche Vorschriften sind, die die Verletzung von Verwaltungsnormen voraussetzen.[1502] Damit stellt sich die Frage, ob und wie sich die Rechtswidrigkeit eines Verwaltungsakts auf die Strafbarkeit des Täters auswirkt. Dieses Problem wird im griechischen Strafrecht erkannt, aber nicht eigenständig behandelt. Vielmehr wird auf die deutsche Rechtslage und Literatur verwiesen. Dies lässt vermuten, dass das Problem ähnlich wie in Deutschland gelöst wird. Für eine solche Parallele zwischen dem griechischen und deutschen Recht spricht auch der Umstand, dass das griechische Verwaltungsrecht zwischen nichtigen und rechtswidrigen Verwaltungsakten unterscheidet. Nichtige Verwaltungsakte sind grundsätzlich inexistent und unwirksam. Rechtswidrige Verwaltungsakte sind hingegen solange wirksam, als sie nicht von der Verwaltung zurückgenommen oder durch Verwaltungsgerichte aufgehoben wurden. Nach Ablauf der Anfechtungsfrist sind rechtswidrige Verwaltungsakte bestandskräftig, damit wirksam und zu beachten. Da das Fehlen der Genehmigung bei vielen Umweltstraftatbeständen Tatbestandsmerkmal ist, schließt das Vorliegen der Genehmigung die Tatbestandsmäßigkeit aus. Selbst auf Betrug, Bestechung oder Drohung beruhende Genehmigungen sind bis zu ihrer Rücknahme wirksam. Da ihre Rücknahme *ex tunc* wirkt, liegt der objektive Straftatbestand grundsätzlich vor, doch fehlt infolge eines Tatbestandsirrtums (über das Tatbestandsmerkmal „ohne Genehmigung") auf subjektiver Ebene der Vorsatz.[1503]

1498 Art. 279 griechStGB, Art. 13 Absatz 1a, 2. Fall Gesetz 743/1977 und Art. 8 Absatz 1a und b RV 181/1974.

1499 Nur Art. 28 Absatz 3 Satz 1 Gesetz Nr. 1650 (Art. 28 Absatz 1 Gesetz Nr. 1650 ist wohl ein abstrakt-konkretes Gefährdungsdelikt, vgl. *Karekläs/Fitrakis*, Landesbericht Griechenland, S. 212).

1500 Art. 417, 421, 427 griechStGB und Art. 8 Absatz 2 Gesetz 1197/1981, vgl. *Karekläs/Fitrakis*, Landesbericht Griechenland, S. 212.

1501 Versuchte Vergehen sind ebenfalls strafbar, nicht aber versuchte Übertretungen.

1502 *Athanassiou*, Strafbarkeit juristischer Personen, S. 196: Verwaltungsakzessorietät ist wesentliches Merkmal und Problem des Umweltstrafrechts.

1503 *Gerontas*, Verwaltungsrecht, S. 95.

Daneben gibt es Art. 20 griechStGB, der die Rechtswidrigkeit einer Tat ausschließt, wenn sie in Ausübung eines Rechts oder in Erfüllung einer gesetzlich auferlegten Pflicht erfolgt. *Kareklás* und *Fitrakis* gehen davon aus, dass Art. 20 griechStGB bei Umweltdelikten angewendet werden kann, wenn die tatbestandsmäßige Handlung durch verwaltungsrechtliche Vorschriften oder Verwaltungsakt erlaubt war.[1504] Auf die Rechtmäßigkeit des Verwaltungsakts kommt es nicht an.

Die Kontrolle über die Rechtmäßigkeit von Verwaltungsakten obliegt dem Staatsrat, dem obersten Verwaltungsgericht des Landes. Grundsätzlich dürfen nur die Verwaltungsgerichte über die Nichtigkeit von Verwaltungsakten entscheiden. Eine Ausnahme sieht Art. 2 griechZPO vor, der es den Zivilrichtern erlaubt, im Rahmen eines Zivilverfahrens über die Rechtmäßigkeit eines Verwaltungsakts zu befinden, soweit dies für den Ausgang des Verfahrens erheblich ist. Obwohl es keine vergleichbare Vorschrift für das Strafrecht gibt, ist auch der Strafrichter befugt, die Rechtmäßigkeit einer Genehmigung zu überprüfen, wenn dies für den Ausgang des Strafverfahrens entscheidend ist. Im Fall der Rechtswidrigkeit der Genehmigung kann der Strafrichter sie zwar nicht für ungültig erklären, aber unberücksichtigt lassen.

Schließlich sind Art. 458, 459 griechStGB zu nennen, die die Nichtbefolgung von Verwaltungsanordnungen und Polizeivorschriften pönalisieren, wenn die Verwaltungsvorschrift auf dieses Gesetz verweist.

7. Strafbarkeit von Amtsträgern

Nicht vorgesehen ist in Griechenland die besondere Strafbarkeit von Amtsträgern in Umweltbehörden.[1505] Allerdings wird zum Beispiel das Nichteinschreiten eines Försters als Beihilfe eingestuft, Art. 273 Absatz 2 Forstgesetz (RsV Nr. 86/1969).

8. Strafbarkeit juristischer Personen[1506]

Ausgangspunkt ist der Grundsatz „*societas delinquere non potest*":[1507] Die Anerkennung der direkten strafrechtlichen Haftung von juristischen Personen (Unternehmen) und deren Sanktionierung wird von der herrschenden Meinung als mit dem Schuldprinzip nicht vereinbar angesehen.[1508] Jedoch sieht Art. 28 Absatz 4 Gesetz Nr. 1650 die „*gesamtschuldnerische zivilrechtliche Haftung zur Zahlung von verhängten Geldstrafen*" als neuartige Institution (seit 1986) vor.[1509] Diese gesamtschuldnerische Haftung der juristischen Person unterscheidet sich von der nach Art. 29 Gesetz Nr. 1650 bestehenden Pflicht zur Schadensersatzleistung dadurch, dass erstere nur aufgrund einer schuldhaften

1504 *Kareklás/Fitrakis*, Landesbericht Griechenland, S. 213.

1505 Vgl. *Kareklás/Fitrakis*, Landesbericht Griechenland, S. 222.

1506 Ausführlich und rechtsvergleichend *Athanassiou*, Strafbarkeit juristischer Personen.

1507 *Athanassiou*, Strafbarkeit juristischer Personen, S. 43 f.

1508 Vgl. *Athanassiou*, Strafbarkeit juristischer Personen, S. 44 (zur Schuldfähigkeit: S. 66 ff.).

1509 Vgl. *Athanassiou*, Strafbarkeit juristischer Personen, S. 208 f.

Handlung verhängt werden kann,[1510] während letztere eine objektive Gefährdungshaftung etabliert.[1511]
Handelt es sich um Übertretungen, und nicht um Verbrechen und Vergehen, so akzeptiert das griechische Strafrecht die strafrechtliche Haftung der Organe und leitenden Personen der juristischen Person. Art. 28 Absatz 5 Gesetz Nr. 1650 erklärt diese Ausnahme im Bereich der Umweltdelikte für generell anwendbar: Er legt den Geschäftsführern, Direktoren, Vorsitzenden und den übrigen leitenden Personen die Pflicht auf, auf die Einhaltung der Umweltvorschriften besonders zu achten. Damit enthält er die Garantenpflicht der Unternehmensspitze, Rechtsverstößen der Unternehmensangehörigen durch Aufsicht, Kontrolle und Organisation entgegen zu treten.[1512]

9. Strafen

Gegenüber natürlichen Personen ist gemäß Art. 28 Absatz 1 Gesetz Nr. 1650 als Hauptstrafe Freiheitsstrafe von drei Monaten bis zu zwei Jahren (bei fahrlässiger Begehung bis zu einem Jahr, Art. 28 Absatz 2 Gesetz Nr. 1650) und Geldstrafe vorgesehen. Art. 28 Absatz 3 Gesetz Nr. 1650 enthält Qualifikationstatbestände mit einer Mindeststrafdrohung von einem Jahr. Die Geldstrafe unterteilt sich in die eigentliche Geldstrafe und die Geldstrafe bei Übertretungstatbeständen (Geldbuße).
Als Nebenstrafe kennt das griechische Strafgesetzbuch das Berufsausübungsverbot (Art. 67 griechStGB), die Urteilsbekanntmachung (Art. 68 griechStGB), die vorübergehende oder endgültige Betriebsschließung und die Einziehung, die zum Teil als Sicherungsmaßnahme (im Fall des Art. 76 Absatz 2 griechStGB) und zum Teil als Nebenstrafe (Art. 76 Absatz 1 griechStGB) eingestuft wird.[1513]
In den speziellen Vorschriften des Umweltrechts sind folgende Nebenfolgen vorwiegend verwaltungsrechtlicher Natur vorgesehen: die Untersagung der Anlagenbetreibung, das Verbot, mit dem Schiff weiter zu fahren sowie die Beschlagnahme und die Einziehung.
Gegenüber juristischen Personen ist über Art. 28 Absatz 5 Gesetz Nr. 1650 eine Bestrafung nach dessen Absatz 1 möglich. Daneben sieht Art. 30 Gesetz Nr. 1650 als administrative Sanktion die Geldbuße und das Betriebsverbot für eine Anlage vor.

10. Zwischenergebnis

Infolge des 1986 erlassenen Umweltschutzrahmengesetzes scheint der Schutz der Umweltmedien in Griechenland einheitlicher zu sein als in den anderen untersuchten Ländern. Doch gibt es auch zahlreiche Erlasse, Verordnungen etc., die das Gebiet

---

1510 Deshalb sehen die Autoren darin eine verdeckte objektive strafrechtliche Haftung von juristischen Personen, vgl. *Kareklás/Fitrakis*, Landesbericht Griechenland, S. 221.

1511 *Athanassiou*, Strafbarkeit juristischer Personen, S. 215.

1512 *Athanassiou*, Strafbarkeit juristischer Personen, S. 207 f.

1513 *Kareklás/Fitrakis*, Landesbericht Griechenland, S. 219.

unübersichtlich machen. Insgesamt fehlt ein konsequenter und systematischer strafrechtlicher Umweltschutz.

Infolge von Art. 28 Absatz 5 Gesetz Nr. 1650 sind Organe und leitende Personen der juristischen Person im Umwelt(straf)recht oft strafrechtlich verantwortlich, weil viele Delikte lediglich Übertretungen sind.

V. Das niederländische Umweltstrafrecht

1. Verfassungsrechtliche Verankerung

Die Niederlande haben bereits 1983 die staatliche Fürsorgepflicht für den Schutz und die Verbesserung der Umwelt in die Verfassung aufgenommen, Art. 21 niedVerfassung. Dieses Grundrecht begründet im Gegensatz zu den klassischen Grundrechten keinen Abwehranspruch gegen den Staat; es gehört zu den sozialen Grundrechten und beinhaltet den Auftrag an den Staat, sich für die Umwelt einzusetzen.[1514]

2. Allgemeines

Als der niederländische Gesetzgeber 1989 das Strafgesetzbuch reformierte, hat er davon abgesehen, die Mehrzahl der wichtigen Strafbestimmungen aus den besonderen Umweltgesetzen in das Kernstrafrecht zu überführen. Er erfasste nur bereits nach den zahlreichen besonderen Umweltgesetzen[1515] strafbare Verhaltensweisen als gemeingefährliche Delikte im Strafgesetzbuch.[1516] Strafbar ist danach, wer vorsätzlich oder fahrlässig widerrechtlich Stoffe in den Boden, die Luft oder in ein Oberflächengewässer einbringt, wenn dies eine Gefahr für die öffentliche Gesundheit oder das Leben eines anderen darstellt, §§ 173a und b niedStGB. Straferschwerend ist der Eintritt des Todes eines anderen.[1517] Des Weiteren werden die vorsätzlich oder fahrlässig begangenen Tathandlungen des Aussetzens ionisierender Strahlen sowie des Verseuchens von Menschen, Tieren, Pflanzen, Sachen, Boden, Wasser und Luft erfasst, §§ 161.4° und 5° niedStGB. Straferschwerend ist auch hier der Eintritt des Todes eines anderen beziehungsweise die Herbeiführung der Lebensgefahr für einen anderen.[1518]

Als Übertretung geregelt ist die widerrechtliche Verunreinigung von Oberflächengewässern, durch die anderen bei der gewöhnlichen Nutzung des Gewässers ein Nachteil entstehen kann, § 429.4° niedStGB.

1514 Vgl. *Waling*, Landesbericht Niederlande, S. 2, insbesondere Fn. 9.

1515 Gesetz gegen die Verschmutzung von Oberflächengewässern vom 13.11.1969; Gesetz gegen die Verschmutzung des Meereswassers vom 05.06.1975; Gesetz gegen die Luftverschmutzung vom 26.11.1970; Gesetz gegen Geräuschbelästigungen vom 16.12.1979, Bodenschutzgesetz vom 03.07.1986 etc.

1516 Siehe 2. Kapitel B.

1517 § 173a und b Nr. 2 niedStGB.

1518 §§ 161.4° und 5° Nr. 2 niedStGB.

Alle verwaltungsrechtlichen Umweltgesetze (siehe Fußnote 1515) haben einen strafrechtlichen Schlussteil, in dem meist hinsichtlich der Sanktion auf das Wirtschaftsstrafgesetz verwiesen wird.[1519]

3. Rechtsgüterschutz und Deliktstypen

Die Umweltbestimmungen des Strafgesetzbuches bezwecken in erster Linie den Schutz des Menschen und sind als konkrete Gefährdungsdelikte ausgestaltet. Demgegenüber sind die Strafbestimmungen des Umwelthygienegesetzes auf den Schutz der Umwelt beziehungsweise der Verwaltungsinteressen gerichtet und als abstrakte Gefährdungsdelikte formuliert: Sie schützen die Umwelt als wichtigste Lebensgrundlage des Menschen und sind – ebenso wie die §§ 173a und b niedStGB – verwaltungsakzessorisch ausgestaltet.

4. Verwaltungsakzessorietät

Infolge der verwaltungsrechtlichen Ausgestaltung vieler Umweltstraftatbestände stellt sich die Frage, ob der Strafrichter an Verwaltungsentscheidungen gebunden ist, oder ob er befugt ist, sie auf ihre Rechtmäßigkeit zu überprüfen.[1520] Es gibt weder eine gesetzliche Pflicht noch ein Verbot für den Strafrichter die Rechtmäßigkeit zu überprüfen.[1521] In der Rechtspraxis ist es üblich, dass der Strafrichter das Strafverfahren unterbricht und die Entscheidung des Verwaltungsrichters über die Frage der Rechtmäßigkeit eines Verwaltungsakts abwartet.[1522] In Abweichung dazu soll es ebenfalls üblich sein, dass der Strafrichter einen Verwaltungsakt von Rechts wegen für nichtig erklärt.[1523] Diese Prüfungsbefugnis des ordentlichen Richters ist ausgeschlossen, wenn der Zeitpunkt für das Einreichen einer verwaltungsrechtlichen Klage verstrichen und die Genehmigung formelle Rechtskraft erlangt hat.[1524] Dieses Recht zur Überprüfung ist in den Fällen der Erteilung der Genehmigung durch eine unzuständige Behörde[1525] oder wegen offenkundigem Gesetzesverstoß in Übereinstimmung mit den Wertungen des niederländischen Verwaltungsrechts anerkannt.[1526] Aber auch dann, wenn der Täter die Genehmigung durch Täuschung oder Betrug erschlichen hat, was nach niederländischem Verwaltungsrecht nicht die Nichtigkeit des Verwaltungsakts nach sich zieht, ist der Verwaltungsakt von der Rechtsprechung für nichtig erklärt worden.[1527] Damit kann der Strafrichter eine eigenständige vom Verwaltungs-

---

1519 *Waling*, Landesbericht Niederlande, S. 20.
1520 Ausführlich *Faure/Oudijk*, JZ **1994** 86, 87 ff. mit Beispielen aus der Rechtsprechung.
1521 Vgl. *Faure/Oudijk*, JZ **1994** 86, 87 f.
1522 Vgl. *Waling*, Landesbericht Niederlande, S.140 f.
1523 *Waling*, Landesbericht Niederlande, S. 141.
1524 Vgl. *Faure/Oudijk*, JZ **1994** 86, 91.
1525 Hoge Raad, Urteil vom 10.05.1955, NJ **1956** 21.
1526 Vgl. *Waling*, Landesbericht Niederlande, S. 142.
1527 Hoge Raad, Urteil vom 10.02.1987, NJ **1987** 662; vgl. *Waling*, Landesbericht Niederlande, S. 143.

recht losgelöste Nichtigkeitsprüfung vornehmen.[1528] Da die behördliche Genehmigung nicht rückwirkend ist, ist für die Strafbarkeit des Täters eine später für das vorgeworfene Verhalten erteilte Genehmigung grundsätzlich unerheblich.[1529]
Der stillschweigenden Duldung kommt im niederländischen Strafrecht keine entschuldigende Wirkung zu; sie kann eventuell zu einem Verbotsirrtum führen.[1530] Die Befugnis der Verwaltungsbehörden zur ausdrücklichen Duldung ist zwar nicht gesetzlich geregelt, doch sind sie meist zulässig. Im Rahmen des Opportunitätsprinzips entscheidet die Verwaltung selbst, ob sie einschreitet oder nicht. Da solche ausdrücklichen Duldungen den Anforderungen eines Verwaltungsakts entsprechen, kommt ihnen straffreistellende Kraft zu.[1531]

5. Strafbarkeit von Amtsträgern

Nicht vorgesehen ist die besondere Strafbarkeit von Amtsträgern in Umweltbehörden. Da die meisten Umweltdelikte keine Sonderdelikte darstellen, können sich Amtsträger grundsätzlich nach den allgemeinen Regeln zur Täterschaft und Teilnahme strafbar machen. Nach § 44 niedStGB kann die Strafe bei Beamten sogar um ein Drittel erhöht werden. Relativiert wird dies, indem der Verwaltung im Umweltrecht bei der Erteilung von Genehmigungen zum Teil ein Ermessensspielraum zugestanden wird. Damit sind diese Genehmigungen weitgehend einer strafrechtlichen Bewertung entzogen.[1532]

6. Strafbarkeit juristischer Personen

Nach niederländischem Strafrecht ist die Strafbarkeit juristischer Personen[1533] für das gesamte Strafrecht gemäß § 51 Absatz 1 niedStGB[1534] neben der von natürlichen Personen bereits seit 1976 zulässig.[1535] Ebenso wie im US-amerikanischen Recht können sich juristische Personen wegen *aller* Delikte, die auf einem betriebsbezoge-

---

1528 *Waling*, Landesbericht Niederlande, S. 143 und 150: Dabei ist der Strafrichter nicht an die verwaltungsrechtliche Unterscheidung zwischen Wirksamkeit und Nichtigkeit des Verwaltungsakts gebunden.

1529 Vgl. *Waling*, Landesbericht Niederlande, S. 144.

1530 *Waling*, Landesbericht Niederlande, S. 131.

1531 *Waling*, Landesbericht Niederlande, S. 132 f.

1532 *Waling*, Landesbericht Niederlande, S. 96.

1533 Es ist sogar die Strafbarkeit von nichtrechtsfähigen Unternehmen/Verbänden vorgesehen, Art. 51 Absatz 3 niedStGB. Vgl. *Rogall*, KK-OWiG, § 30, Rn. 240.

1534 Abgedruckt bei: *de Doelder*, in: de Doelder/Tiedemann (Hrsg.), S. 289, 292. *N. N.*, DRiZ **1999** 52, 53; *Wegner*, ZRP **1999** 186, 189.

1535 Zur Entwicklung hin zur Unternehmensstrafbarkeit: *de Doelder*, in: de Doelder/Tiedemann (Hrsg.), S. 289 ff.; *ders.*, Madrid-Symposium, S. 311; *Rogall*, KK-OWiG, § 30, Rn. 240. Zuvor (seit 1951) war deren strafrechtliche Verantwortlichkeit im Wirtschaftsstrafrecht vorgesehen, § 15 Wirtschaftsstrafgesetzbuch (*de Doelder*, in: de Doelder/Tiedemann (Hrsg.), S. 289, 292 und *Eidam*, Unternehmen und Strafe, S. 227). Eine Aktenauswertung aus den Jahren 1982 bis 1984 zeigte, wie wichtig die Strafbarkeit juristischer Personen im niederländischen Umweltstrafrecht ist: bei 23% der verfolgten Umwelttäter handelte es sich um juristische Personen – vgl. *Waling*, Landesbericht Niederlande, S. 105.

nen Fehlverhalten beruhen,[1536] strafbar machen.[1537] Sowohl die Eigenschaft Adressat von Strafgesetzen zu sein als auch die Handlungsfähigkeit juristischer Personen und grundsätzlich der von Gebietskörperschaften sind anerkannt.[1538] Allerdings können sich öffentlich-rechtliche Körperschaften nur strafbar machen, wenn sie wie Privatpersonen am öffentlichen Leben teilnehmen (wenn sie unternehmerisch tätig wurden) und nicht im Rahmen ihrer öffentlichen Aufgaben handeln (die ihr nach Kapitel 7 niederlVerfassung übertragen wurden).[1539]

Der juristischen Person werden Vorsatz und Fahrlässigkeit[1540] der natürlichen Person, die sie vertritt, als eigene zugerechnet. Dogmatisch findet somit auf der Vorsatz- und Schuldebene eine Zurechnung von der unmittelbar für das Unternehmen handelnden natürlichen Person an die juristische Person statt,[1541] wobei nicht zwingend eine bestimmte natürliche Person als Straftäter festgestellt worden sein muss.[1542] Die Straftäter müssen zudem nicht bei dem strafrechtlich verantwortlichen Unternehmen angestellt sein; es genügt, dass sie im gesellschaftlichen Zusammenhang als „Unternehmen" handeln.[1543] Die juristische Person muss so genannter „funktionaler Täter" sein, was der Fall ist, wenn sie Verfügungsgewalt über das strafbare Verhalten hatte und dieses hingenommen hat oder hinzunehmen pflegte.

Daneben besteht die Möglichkeit, die natürliche Person, die zu der verbotenen Handlung der juristischen Person einen Auftrag gegeben hat oder tatsächlich eine führende Rolle gespielt hat, strafrechtlich zu verfolgen.[1544]

Die vorgesehenen Strafen und Maßregeln können gegen die juristische Person als solche verhängt werden.

7. Strafen

Gegen natürliche Personen sind im niederländischen Strafgesetzbuch und im Wirtschaftsstrafgesetzbuch Freiheitsstrafe oder Geldstrafe vorgesehen. Als Nebenstrafe ist die Einziehung möglich.

Gegen juristische Personen sind nach dem niederländischen Recht verschiedene Sanktionen vorgesehen:[1545] die Geldstrafe (die gegenüber der für die natürliche Person geltenden erhöht werden kann),[1546] die öffentliche Bekanntmachung der Verur-

---

1536 *Rogall*, KK-OWiG, § 30, Rn. 240: auch Aufsichtsverstöße werden erfasst.

1537 *de Doelder*, in: de Doelder/Tiedemann (Hrsg.), S. 289, 292.

1538 *de Doelder*, in: de Doelder/Tiedemann (Hrsg.), S. 289, 304.

1539 *de Doelder*, in: de Doelder/Tiedemann (Hrsg.), S. 289, 297 f.; *Rogall*, KK-OWiG, § 30, Rn. 240.

1540 Bezirksgericht Leeuwarden, Urteil vom 23.12.1987, Tijdschrift voor gezondheid **1988** 175.

1541 *de Doelder*, in: de Doelder/Tiedemann (Hrsg.), S. 289, 300, *ders.*, Madrid-Symposium, S. 311 f.; *Rogall*, KK-OWiG, § 30, Rn. 240.

1542 *de Doelder*, in: de Doelder/Tiedemann (Hrsg.), S. 289, 309 f.; *ders.*, Madrid-Symposium, S. 311, 312.

1543 *de Doelder*, in: de Doelder/Tiedemann (Hrsg.), S. 289, 299 f.

1544 *de Doelder*, Madrid-Symposium, S. 311, 312.

1545 *de Doelder*, in: de Doelder/Tiedemann (Hrsg.), S. 289, 306 f.; *N. N.*, DRiZ **1999** 52, 54; *Rogall*, KK-OWiG, § 30, Rn. 240; *Wegner*, ZRP **1999** 186, 189.

1546 *Eidam*, Unternehmen und Strafe, S. 227.

teilung, die Wiedergutmachung, die vollständige oder teilweise Tätigkeitsbeschränkung, die Einsetzung eines gerichtlichen Verwalters, die öffentliche Bekanntmachung dieser Entscheidung, die Auflagenerteilung, der Verfall und die Beschlagnahme.[1547] Daneben ist zivilrechtlich die Unternehmensauflösung als Sanktion zulässig, § 19 niedZivilgesetzbuch.[1548]

8. Zwischenergebnis

Es erstaunt, dass der Gesetzgeber sich gegen eine vollständige Regelung des Umweltstrafrechts im Strafgesetzbuch entschieden hat.

Dafür kennen die Niederlande die Strafbarkeit juristischer Personen als eines der wenigen kontinental-europäischen Länder schon seit vielen Jahren.

VI. Das britische Umweltstrafrecht

1. Verfassungsrechtliche Verankerung

Die Umwelt kann in Großbritannien keinen verfassungsrechtlich verankerten Schutz genießen, weil Großbritannien keine geschriebene Verfassung besitzt.[1549]

2. Allgemeines

Die Vorläufer des heutigen englischen Umwelt(straf)rechts beruhen auf dem am Eigentumsschutz orientierten *Common Law*,[1550] das durch die Rechtsprechung entwickelt wurde.[1551] Etwa mit der Industrialisierung begann sich Mitte des 19. Jahrhunderts im Rahmen des *Statute Law*[1552] als öffentliches Recht ein eher verwaltungsrechtliches Umwelt(straf)recht herauszubilden.[1553] Weder im *Common Law* noch im *Statute law* ist das „Recht auf eine saubere Umwelt" enthalten. In den 80er Jahren des 20. Jahrhunderts wurde das Umweltministerium (*Environment Agency*) errichtet, um die Umwelt-

1547 *Heine/Waling*, JR **1989** 402, 408.

1548 *de Doelder*, in: de Doelder/Tiedemann (Hrsg.), S. 289, 307.

1549 *Kloepfer/Mast*, Umweltrecht des Auslandes, S. 116; *Lomas*, Landesbericht England und Wales, S. 23. Vgl. *Ashworth*, ZStW **110** (1998) S. 461, 462; *Glaser*, DVBl. **1988** 677; *Schwarze*, Europäisches Verwaltungsrecht, S. 136.

1550 *Common Law* wird hier als Richterrecht und nicht als Gegensatz zum *Equity* verstanden.

1551 *Kloepfer/Mast*, Umweltrecht des Auslandes, S. 115; *Lomas*, Landesbericht England und Wales, S. 23.

1552 *Statute law* ist das von der Legislative geschaffene Recht. Es handelt sich hierbei um Gesetze in einem weiten Sinne, weil sowohl parlamentarische als auch nicht parlamentarische Gesetze erfasst werden. Vgl. *Blumenwitz*, Einführung, S. 44.

1553 *Blumenwitz*, Einführung, S. 18: *„Erst das moderne Statute law hat besondere verwaltungsrechtliche Normkomplexe entstehen lassen"*. Siehe nur: *Public Health Act 1848*, *Alcali Act 1863*, *Rivers Pollution Prevention Act 1876*, *Clean Air Act 1950*, *Deposit of Poisonous Waste Act 1972* und als wichtiger Einschnitt der *Control of Pollution Act 1974*.

politik zu koordinieren, was wegen dessen beschränkter Vollzugskompetenz[1554] nur begrenzten Erfolg hatte.
Durch den *Environment Protection Act 1990* wurde die Genehmigungspflicht im Anlagenrecht eingeführt und der Verstoß dagegen mit administrativen Sanktionen belegt.[1555] Verwaltungsunabhängige strafrechtliche Bestimmungen im Bereich des Umweltschutzes sind selten und dann meist an Individuen adressiert (*Litter Act 1983* und *Refuse Disposal Act 1978*). Daneben gibt es strafbewehrte umweltrechtliche Verordnungen (§§ 1, 2, 20 und 46 *Clean Air Act 1993*, §§ 32 bis 35 *Radioactive Substances Act 1993* und § 106 *Environment Act 1995*), die sich an das Führungspersonal von juristischen Personen (§ 52 *Clean Air Act 1993*) sowie die juristische Person selbst (§ 36 *Radioactive Substances Act 1993*) richten.
Die Regel sind Blankettgesetze, die auf verwaltungsrechtliche Vorschriften verweisen und als Adressaten primär Unternehmen anvisieren.

3. Rechtsgüterschutz

Hauptsächlich geschütztes Rechtsgut ist das Verwaltungsinteresse der Umweltbehörden.[1556] Daneben kommen andere Schutzgüter nur insoweit in Betracht als sie in den Präambeln der verschiedenen *Acts* genannt und von den Umweltverwaltungsbehörden im Rahmen ihres Ermessens (*discretion*) durch die Ausführung der Gesetze bestimmt werden.

4. Deliktstypen

Die Mehrzahl der Delikte sind als Tätigkeitsdelikte[1557] und nicht als Erfolgsdelikte[1558] ausgestaltet. Damit entfällt die Notwendigkeit des oft schwierigen Beweises des Schadenseintritts und der individuellen Zurechnung. Zugleich besteht der Nachteil, dass so nur spezielle Handlung(sweis)en erfasst werden können, nicht aber neue Modalitäten, an die der Gesetzgeber bei Erlass der Norm nicht gedacht hat. Diese bleiben erlaubt und damit straflos.
Kennzeichnend für das britische Umweltstrafrecht ist die fast durchgehend verwaltungsakzessorische Ausgestaltung der Tatbestände. Dies ist in zweierlei Hinsicht nicht unbedenklich: Zum einen hat die Verwaltung (*regulatory enforcement agency*) einen weiten Ermessensspielraum[1559] und zum anderen liegt es bei ihr, Genehmigungen

---

[1554] Auf der kommunalen Ebene sind Kommunalbehörden mit zahlreichen Vollzugsaufgaben im Umweltschutz betraut.
[1555] *Kloepfer/Mast*, Umweltrecht des Auslandes, S. 120.
[1556] *Heine*, GA **1986** 67, 69: Die Rolle des Strafrechts beschränke sich vorrangig auf die Sanktionierung spezifizierten Verwaltungsungehorsams. Ferner *Lomas*, Landesbericht England und Wales, S. 53 f.
[1557] *Lomas*, Landesbericht England und Wales, S. 67.
[1558] Der *Salmon and Freshwater Act 1975* und der *Litter Act 1983* enthalten ausnahmsweise Erfolgsdelikte. Vgl. *Lomas*, Landesbericht England und Wales, S. 65.
[1559] Dadurch wird eine (erwünschte) Kooperation zwischen Verwaltungsbehörden und Industrie ermöglicht. Vgl. *Lomas*, Landesbericht England und Wales, S. 26 und 52.

und Erlaubnisse zu erteilen, womit sie entscheidenden Einfluss auf die Strafbarkeit nehmen kann. Das Strafrecht unterwirft sich somit Funktion und Aufgabe des Verwaltungsrechts, was seine Rechtfertigung darin finden mag, dass Verwaltungszwangsmittel in Großbritannien weitgehend fehlen.[1560]

5. Darstellung des Verwaltungsrechts

a. *Einleitung*

Ein Grund für die späte Ausbildung eines Verwaltungsrechts in Großbritannien ist in dem Vorrecht der Krone zu sehen,[1561] die nach dem Prinzip „*The King can do no wrong*"[1562] weder aus Vertrag noch aus Delikt (*tort*) vor Gericht haftete. Da die englische Zentralregierung im Namen der Krone handelte, konnten Angestellte und Beauftragte der öffentlichen Gewalt nicht verantwortlich gemacht werden. Seit dem Erlass des *Crown Proceedings Act 1947* sind nur noch wenige Handlungen der Krone und einige Personen von der Haftung ausgeschlossen (zum Beispiel Polizeibeamte und Ortsbehörden).[1563] Erst seit 1985 soll das königliche Vorrecht gerichtlich überprüfbar sein.[1564]

Verwaltungsstreitigkeiten wurden von den ordentlichen Gerichten nach den Prinzipien des auch für den Privaten geltenden *Common Law* entschieden. Da ein Sonderrecht für die Verwaltung, die durch das Rechtsstaatsprinzip (*rule of law*)[1565] an den Gleichheitssatz gebunden war, den Verdacht begründet hätte, dass Verwaltungsbeamte vor dem Zugriff der ordentlichen Gerichte geschützt werden sollen, gibt es keine eigene Verwaltungsgerichtsbarkeit.[1566] Allerdings hat das Ansteigen der verwaltungsrechtlichen Verfahren zu einer Geschäftsverteilung innerhalb der ordentlichen Gerichte geführt, so dass es nun Richter gibt, die speziell mit Verwaltungsrechtssachen befasst sind.

Infolge der Zurückhaltung der ordentlichen Gerichte bei der Überprüfung der Rechtmäßigkeit von Verwaltungshandlungen und fehlenden schriftlich fixierten Maßstäben[1567] waren die gerichtliche Überprüfung von Verwaltungshandlungen und das Verwaltungsrecht bis in die Nachkriegszeit nur rudimentär ausgearbeitet. In Großbritannien wurde bis in das 20. Jahrhundert hinein insbesondere durch *Dicey* die

---

1560 *Heine*, in: Schulz (Hrsg.), S. 55, 59.

1561 *Glaser*, DVBl. **1988** 677, 678; *Lyall*, Introduction, S. 91. Ferner *Riedel*, Kontrolle, 1976, S. 89.

1562 *Schwarze*, Europäisches Verwaltungsrecht, S. 141.

1563 Vgl. *Lyall*, Introduction, S. 94.

1564 *Lyall*, Introduction, S. 91.

1565 Vgl. *Glaser*, DVBl. **1988** 677, 678.

1566 Vgl. *Glaser*, DVBl. **1988** 677, 678; *Heyen/Mestre*, in: Heyen (Hrsg.), S. VII, *Lyall*, Introduction, S. 32; *McEldowney*, in: Heyen (Hrsg.), S. 20; *Schwarze* Europäisches Verwaltungsrecht, S. 133; *Spoerr*, VerwArch **1992** 25, 53.

1567 Zu den verfassungsrechtlichen Grundprinzipien des englischen Verwaltungsrechts *Glaser*, DVBl. **1988** 677 ff.

Existenz eines Verwaltungsrechts verneint[1568] und es gibt bis heute keine der deutschen Rechtsfigur vergleichbare Konzeption des Verwaltungsakts.[1569]

b. Rechtsschutzmöglichkeiten im Umweltrecht nach dem Common Law

aa. Allgemeines

Das Recht zum Schutz der Umwelt zeigt deutliche Bezüge zum Umwelthaftungsrecht, also zum Zivilrecht auf, das im angelsächsischen Rechtskreis durch das *Common Law* geprägt ist.[1570] Das Umweltrecht wird insbesondere durch die Rechtsquellen des Planungsrechts, des Gesundheitsschutzes und des *Common Law* gespeist. Im Bereich des *Common Law* bietet das gesetzlich nicht geregelte Deliktsrecht (*law of torts*) Handhaben gegen vielfältige Umweltbelastungen und hat nicht nur eine komplementäre Bedeutung wie in Deutschland.[1571]

bb. Neuere Entwicklungen

Für Unternehmen und Private spielt das Zivilrecht noch eine große Rolle, indem es Klagemöglichkeiten bietet, mit deren Hilfe das Eigentum und die Interessen des Geschädigten geschützt werden.[1572]

Im Bereich der Verletzung von *statutory duties* ist insbesondere der *Occupiers Liability Act 1957* zu nennen, der jedem Besitzer eines Grundstücks eine allgemeine Sorgfaltspflicht auferlegt.[1573] Zur Geltendmachung der Verletzung solcher *statutory duties* ist erforderlich, dass die in den Umweltverordnungen vorgesehenen Verpflichtungen und Verbote auch im Interesse oder zum Schutz einer bestimmten Gruppe erlassen worden sind. Selbst wenn eine bestimmte Umweltverordnung ein solches Recht verleiht, so kann in der Regel nur derjenige davon profitieren, der einen bestimmbaren unmittelbaren und substantiellen Schaden erleidet, der sich von dem anderer abhebt; auch *Part I* des *Environmental Protection Act 1990*[1574] verleiht kein solches subjektives Recht.[1575] Eine zivilrechtliche Haftung ist nur in wenigen umweltrechtlichen Verordnungen ausdrücklich vorgesehen.

Innerhalb der verwaltungsrechtlichen Umweltgesetzgebung kommen dem *Control of Pollution Act 1974* und dem *Environmental Protection Act 1990* große Bedeutung zu.[1576] Ersterer hat grundlegende Umweltschutzstandards in Form von Basisgesetzen geschaffen und beinhaltet Regeln zur Abfallwirtschaft[1577] sowie zum Gewässer-[1578] und Lärmschutz. Daneben existieren Einzelgesetze, die die Luftreinhaltung (*Clean Air Act*

1568 Zu Diceys Ansichten *McEldowney*, in: Heyen (Hrsg.), S. 32.

1569 Für das englische Verwaltungsrecht: *Lyall*, Introduction, S. 32; für das schottische Verwaltungsrecht: *Tiemann*, Verwaltung, S. 187.

1570 *Kloepfer*, Umweltrecht, S. 104.

1571 *Kloepfer*, Umweltrecht, S. 133.

1572 *Woolley*, Environmental Law, 2.24 und 17.02.

1573 Klassisches Beispiel hierfür sind glatte Wege. Vgl. *Woolley*, Environmental Law, 17.48.

1574 Vgl. *Woolley*, Environmental Law, 2.34.

1575 Vgl. *Woolley*, Environmental Law, 17.49.

1576 Zu ihrem Verhältnis *Woolley*, Environmental Law, 17.50 Fn. 175.

1577 *Forster*, in: Kimminich/v. Lersner/Storm (Hrsg.), Bd. II, Sp. 2618, 2623.

1578 Vgl. *Woolley*, Environmental Law, 2.35.

1993),[1579] das Anlagenrecht, den Arbeitsschutz und das Atomrecht[1580] regeln. Sowohl der *Environmental Protection Act 1990*[1581] als auch der *Water Industry Act 1991*[1582] schreiben weitere Haftungsgrundlagen fest.[1583] Der Begriff des Umweltschutzes wird durch diese Gesetzgebung erweitert und geht über die klassischen Rechtsgüter (wie Leben und Gesundheit etc.) hinaus.

cc. Verantwortlichkeit von Verwaltungsbehörden und ihren Mitarbeitern

Die deliktische Haftung von Verwaltungsbehörden und deren Angestellten ist grundsätzlich dieselbe wie für private Personen[1584] und erfordert somit die Verletzung eines subjektiven Rechts (siehe oben *bb.*). Die Behörde haftet für die Verletzung verordnungsrechtlicher Pflichten nur, wenn dies in den *Acts* speziell vorgesehen ist, wie in § 209 *Water Industry Act 1991*.[1585] Das Vorgehen gegen eine Behörde wegen Fahrlässigkeit ist schwierig,[1586] da das *House of Lords*[1587] betont hat, dass der Kläger solche Umstände nachweisen muss, die auch eine Sorgfaltspflicht nach *Common Law*-Regeln begründen würden.[1588]

dd. Die Durchsetzung verordnungsrechtlicher Pflichten

Seit 1848 haben die örtlichen Behörden die Möglichkeit, durch *abatement notices* (Bekämpfungs-/Beseitigungsankündigung/-warnung) den verantwortlichen Personen mitzuteilen, was sie zu tun haben, um Umweltbeeinträchtigungen zu vermeiden. Wird eine solche Mitteilung der Behörde nicht beachtet, so stellt dies eine strafbare Handlung dar.[1589] In schwerwiegenden Fällen kann die Behörde sofort eine Verbotsmitteilung erlassen.[1590] Der Verstoß gegen dieses Verbot stellt eine strafbare Handlung dar und ermöglicht sowohl die Bestrafung des Unternehmens als auch die eines Angestellten des Unternehmens (zum Beispiel des Managers[1591]). Die Verlet-

---

1579 Der Schutz der Luftreinheit ist nun zusammenfassend vom *Environmental Protection Act 1990* als Immissionsschutz geregelt (*Forster*, in: Kimminich/v.Lersner/Storm (Hrsg.), Bd. II, Sp. 2618, 2623). Allerdings ist der *Clean Air Act 1993* nicht auf solche Sachverhalte anwendbar, in denen eine behördliche Genehmigung nach dem *Environmental Protection Act 1990* vorliegt (*Woolley*, Environmental Law, 2.19).

1580 §§ 7 bis 10 *Nuclear Installations Act 1965*.

1581 § 73 Absatz 6 in Verbindung mit § 33 Absatz 1 oder § 63 Absatz 2 *Environmental Protection Act 1990*.

1582 § 209 *Water Industry Act 1991*, der gemeinsam mit dem *Water Ressources Act 1991* die gesamte Gesetzgebung hinsichtlich der Wasserverschmutzung abdeckt (*Woolley*, Environmental Law, 2.14).

1583 Vgl. auch §§ 1 und 2 *Oil Pollution Act 1971*.

1584 *Woolley*, Environmental Law, 2.25 und 17.56.

1585 *Woolley*, Environmental Law, 17.58. Ähnlich schon in § 87 *Control of Pollution Act 1974*, der dem § 14 StGB vergleichbare Zurechnungserleichterungen für den Bereich der Organ- und Vertreterhaftung vorsah (*Heine*, GA **1986** 67, 78).

1586 *Woolley*, Environmental Law, 17.59.

1587 *X (minors) v. Bedfordshire CC and others* (1995) 3 W. L. R. 152.

1588 Ferner *Read v. Croydon Corporation* (1938) 4 All. E. R. 631.

1589 Vgl. *Woolley*, Environmental Law, 2.27.

1590 Vgl. *Woolley*, Environmental Law, 2.28.

1591 Die natürliche Person kann – im Gegensatz zur juristischen Person – für diese Pflichtverletzung eine Freiheitsstrafe verbüßen müssen (*Woolley*, Environmental Law, 2.29).

zung der in den behördlichen Mitteilungen enthaltenen Pflichten und Verbote stellen in der Regel verschuldensunabhängige Straftaten dar und können schwere Strafen nach sich ziehen. Es steht aber im Ermessen der Umweltbehörde gegen die betroffene Person vorzugehen, wobei die Frage nach der Absicht des Handelnden und der Vorhersehbarkeit des Vorfalls eine Rolle spielen.[1592]

c. Verwaltungsprozessrecht

Das Verwaltungsprozessrecht ist in Großbritannien nicht in einem *Act* – wie in den USA im *US-Federal Administrative Proceedings Act 1946* – verankert, so dass Anhörungs- und Konsultationsrechte nicht allgemeingültig und nicht schriftlich fixiert existieren.[1593] Das einzige einem Verfahrensgesetz vergleichbare Gesetz ist der *Tribunal and Inquiry Act 1991/1992*, der das Verfahren der *tribunals* regelt. Er sieht für sie eine Begründungspflicht vor, wenn sie unter der Kontrolle des *Council on Tribunals* stehen und eine der beteiligten Parteien noch vor Verkündung der Entscheidung darum bittet.[1594]

aa. Kontrolle der Verwaltung durch tribunals

In den 1960er Jahren wurden die *tribunals* eingeführt.[1595] Ursprünglich handelte es sich hierbei um rein administrative Kollegialorgane oder Schiedsrichter, deren Aufgabe primär nicht die Rechtskontrolle, sondern die Streitschlichtung war.[1596] Heute handelt es sich um Spruchkörper, die in den gesetzlich vorgesehenen Fällen Rechtsschutz gegen Entscheidungen der Verwaltung bieten, indem sie in streitigen Verfahren innerhalb der Verwaltungsstruktur bindend entscheiden.[1597] Der Rechtsschutz durch die *tribunals* ist gewöhnlich der primäre Weg, um gegen eine Verwaltungsentscheidung Rechtsmittel einzulegen, schließt aber die Befassung der ordentlichen Gerichte mit der Sache nicht aus.[1598] Die *tribunals* überprüfen die Richtigkeit der Verwaltungsentscheidung in der Regel umfassend (*on the merits*), das heißt sowohl ihre Recht- als auch ihre Zweckmäßigkeit.[1599]

Seit 1958[1600] gibt es zusätzlich den *Council on Tribunals*, dessen Zuständigkeit sich auf die in *Schedule I* des *Tribunal and Inquiry Act 1991/1992* genannten *tribunals* erstreckt. Er ist keine Rechtsmittelinstanz, die man individuell anrufen kann,[1601] sondern hat die Aufgabe, über die Besetzung der *tribunals*, über formelle Aspekte und die Einhaltung prozessualer Verfahrensvoraussetzungen durch die *tribunals* zu wachen.[1602]

1592 *Woolley*, Environmental Law, 2.29.

1593 Jedoch sind diese in einigen *Statutes* vorgesehen. Vgl. *Schwarze*, Europäisches Verwaltungsrecht, S. 136 f.

1594 Vgl. *Lyall*, Introduction, S. 94 und § 10 *Tribunal and Inquriy Act 1991/1992.*

1595 Zu ihrer Rolle und Aufgabe *Foulkes*, Administrative Law, S. 126 ff.

1596 *Spoerr*, VerwArch **1992** 25, 34.

1597 *Spoerr*, VerwArch **1992** 25, 32.

1598 *Spoerr*, VerwArch **1992** 25, 34.

1599 *Spoerr*, VerwArch **1992** 25, 32 und 34.

1600 *Tribunals and Inquiries Act 1958.*

1601 *Lyall*, Introduction, S. 125.

1602 *Schwarze*, Europäisches Verwaltungsrecht, S. 142.

bb. Kontrolle der Verwaltung durch Gerichte

Die Kontrolle der Verwaltung obliegt in England den ordentlichen Gerichten. Der Rechtsschutz kann kraft ausdrücklicher Zuweisung oder unabhängig von der parlamentarischen Verleihung aufgrund der *ultra vires*-Doktrin des *Common Law* eröffnet sein.[1603] Der Umfang der Überprüfung der Verwaltungsentscheidung durch die ordentlichen Gerichte ist sehr unterschiedlich: Zum Teil können nur Rechts- oder Tatsachenfragen überprüft werden, zum Teil ist sogar eine Überprüfung der Zweckmäßigkeit der Verwaltungsentscheidung möglich, sofern nicht eine gebundene Entscheidung vorliegt.[1604]

Zu unterscheiden ist zwischen einem *appeal on law*, bei dem das Gericht seine Entscheidung an die Stelle der Verwaltungsbehörde setzt und der *judicial review*, bei der das Gericht die Verwaltungsentscheidung lediglich aufhebt und zur Neuentscheidung zurückverweist.[1605] Im Rahmen der *judicial review* gibt es drei Nachprüfungsgründe: *procedural ultra vires* (Verfahrensmängel), *substantive ultra vires* (materiell-rechtliches *ultra vires*), *natural justice* (Prinzip der natürlichen Gerechtigkeit) sowie den Grund des offensichtlichen Rechtsfehlers.[1606]

Verfahrensrechtlich fehlerhafte Verwaltungsentscheidungen sind nicht allein wegen ihrer Unregelmäßigkeit nichtig, sondern müssen geltend gemacht werden.[1607]

Unter den Nachprüfungsgrund des materiell-rechtlichen Fehlverhaltens der Behörde fallen unter anderem die Fälle von Betrug (*fraud*) und Kollusion. Da schon die Verfolgung rechtswidriger Zwecke zur Nichtigkeit der Verwaltungshandlung führt, muss dies erst recht gelten, wenn Betrug (*fraud*) oder Korruption vorlagen.[1608] Da der Grundsatz gilt, dass Betrug alles aufhebt – Urteile, Verträge und überhaupt alle Rechtsgeschäfte werden nichtig – [1609] darf kein Gerichtsurteil und keine ministerielle Entscheidung bestehen bleiben, wenn sie durch Betrug erlangt wurde.[1610] Das gilt zweifellos auch für die Fälle der Erpressung (*duress*) und Nötigung (*blackmail*).[1611] Diese Fallgruppe kann mit dem Rechtsbehelf der *certiorari* vor Gericht geltend gemacht werden.[1612]

1603 *Spoerr*, VerwArch **1992** 25, 37 f.

1604 Vgl. *Spoerr*, VerwArch **1992** 25, 37 f.

1605 *Lyall*, Introduction, S. 129 f.

1606 Einteilung nach *Wade/Forsyth*, Adminsitrative Law, S. 306 ff.

1607 Vgl. *Craig*, Administrative Law, S. 662; *Wade/Forsyth*, Administrative Law, S. 36 und 310. **A.A.:** *Lord Denninger*, in: *Director of Public Prosecutions v. Head* (1959) A. C. 83 (111) und in: R. *v. Paddington Valuation Officer ex p. Peachy Property Corporation Ltd.* (1966) 1 Q. B. 380 (402).

1608 *Riedel*, Kontrolle, S. 98.

1609 *Lazarus Estates Ltd. v. Beasley* (1956) 1 Q. B. 702 (712): "*No judgement of a court, no order of a Minister can be allowed to stand if it has been obtained by fraud. Farud unravels everything. [..] but once it [fraud] is proved, it vitiates judgements, contracts and all transactions whatsoever...*" (Lord Denning); ferner *Padfield v. Minister of Agriculture, Fisheries and Food* (1968) A. C. 997 (1006 f.).

1610 *Lazarus Estates Ltd. v. Beasley* (1956) 1 Q. B. 702 (712).

1611 *Riedel*, Kontrolle, S. 42.

1612 R. *v. Gillyard* (1948) 12 Q. B. 527; R. *v. Fulham, Hammersmith and Kensington Rent Tribunal, ex parte Gomley* (1951) 2 All. E. R. 1030 (1034); *Riedel*, Kontrolle, S. 41.

d. Verwaltungsrecht

aa. Allgemeines

Insbesondere in den letzten hundert Jahren hat das britische Verwaltungsrecht eine bemerkenswerte Entwicklung durchlaufen,[1613] die sowohl durch ausländische Rechtsordnungen als auch durch das Europarecht beeinflusst wurde.[1614] Die in den 1960er Jahren einsetzende Ausdehnung der gerichtlichen Kontrolle über die Verwaltung,[1615] erfolgte hauptsächlich anhand der *grounds of review*: das heißt der *ultra vires*-Doktrin[1616] und des Grundsatzes der *natural justice*.[1617]

Die *ultra vires*-Doktrin, die auf der *rule of law*, der *parliamentary sovereignity* und der *parliamentary supremacy* beruht,[1618] besagte ursprünglich, dass die Behörde den ihr eingeräumten Ermächtigungsrahmen nicht überschreiten und nicht außerhalb ihrer Befugnisse handeln darf (sie darf nicht mehr und nicht weniger tun, als von ihr verlangt wird).[1619] Damit war die gerichtliche Verwaltungskontrolle eine reine Kompetenzprüfung. Erst durch die Rechtsprechung der Gerichte wurde der Anwendungsbereich der *ultra vires*-Doktrin ausgedehnt. Inzwischen wird die *ultra vires*-Doktrin auf Entscheidungen sowohl von Verwaltungsbehörden als auch von *tribunals* und Gerichten angewendet, da es gegen jede Entscheidung, die Rechte der Bürger betrifft, einen Rechtsbehelf geben muss.[1620] Die *ultra vires*-Doktrin gilt für generelle Regelungen und für Einzelakte der Verwaltung.[1621]

bb. Nichtigkeit

Nach der *ultra vires*-Doktrin bedürfen Eingriffe in Rechte der Bürger einer gesetzlichen Grundlage.[1622] Handelt die Behörde ohne rechtliche Ermächtigung, so sind ihre Akte von Anfang an nichtig und bedürfen keiner gerichtlichen Überprüfung.[1623] Auch bei Überschreitung ihres Aufgabenbereiches ist die Behördenentscheidung

---

1613 Für die Zeit vorher vgl. *Doe/Young*, in: Heyen (Hrsg.), S. 1 ff.; *McEldowney*, in: Heyen (Hrsg.), S. 19 ff.

1614 *Schwarze*, DÖV **1996** 771 und 774 f.

1615 *Lyall*, Introduction, S. 126; *Schwarze*, DÖV **1996** 771, 772; *ders.*, Europäisches Verwaltungsrecht, S. 135 m.w.N. in Fn. 20.

1616 In England hat sie ihren Ursprung erst Ende des 19. Jahrhunderts in der Entscheidung *Great Eastern Railways* (1880) 5 A. C. 473 (478), während sie in Schottland bereits seit der Entscheidung *Lord Prestongrange v. Justices of peace of Haddington* (1756) Mor. 7350 (7351) verankert ist. Vgl. *Riedel*, Kontrolle, S. 88 ff., insbesondere 91.

1617 *Schwarze*, Europäisches Verwaltungsrecht, S. 137.

1618 *Schwarze*, DÖV **1996** 771, 772; *ders.*, Europäisches Verwaltungsrecht, S. 138; *Spoerr*, VerwArch **1992** 25, 39. Ferner *Glaser*, DVBl. **1988** 677 f.

1619 *Lyall*, Introduction, S. 130; *Riedel*, Kontrolle, S. 89; *Schwarze*, Europäisches Verwaltungsrecht, S. 138; für das schottische Verwaltungsrecht: *Tiemann*, Verwaltung, S. 187 f.

1620 *Riedel*, Kontrolle, 1976, S. 90; *Spoerr*, VerwArch **1992** 25, 39; für das schottische Verwaltungsrecht: *Tiemann*, Verwaltung, S. 167.

1621 *Schwarze*, Europäisches Verwaltungsrecht, S. 138.

1622 *Glaser*, DVBl. **1988** 677, 678 und 680; *Lyall*, Introduction, S. 93, 94 und 130 (entweder *prerogative power of the Crown*, *common law* oder *statutory authority*); *Riedel*, Kontrolle, S. 43.

1623 *Riedel*, Kontrolle, S. 30.

rechtswidrig und damit nichtig.[1624] Die Entscheidung sollte grundsätzlich keine rechtliche Wirkung[1625] haben.[1626] Da diese Nichtigkeit (*void*) weitreichende Konsequenzen haben kann, wird dieser Grundsatz zur Erzielung gerechter Ergebnisse eingeschränkt. *Ultra vires*-Akte der Behörde sind nicht in einem absoluten, sondern in einem relativen Sinn nichtig: Verwaltungsentscheidungen sind nur dann von Anfang an (*ex tunc*) nichtig, wenn der Betroffene klagebefugt ist, fristgemäß handelte und keine anderen Gründe vorliegen, die dazu führen würden, den Rechtsbehelf abzulehnen (wie die Duldung oder Einwilligung).[1627] Liegt ein solches verfahrensrechtliches Hindernis vor und gibt das Gericht der Klage gegen eine rechtswidrige behördliche Anordnung nicht statt, so bleibt die Anordnung rechtswirksam[1628] (wohl vergleichbar mit der Bestandskraft von Verwaltungsakten im deutschen Verwaltungsrecht).

Zwar gibt es im britischen Recht die Begrifflichkeiten nichtig (*void*) und anfechtbar (*voidable*), allerdings ist letztere nicht einheitlich verwendet worden.[1629] Nach *Craig*[1630] soll der Begriff *voidable* nur verwendet werden, um zum Ausdruck zu bringen, dass die Behörde zwar die Kompetenz zum Handeln besaß (also *intra vires* handelte), aber ihr dabei ein Rechtsfehler unterlaufen ist. Diese Handlungen der Verwaltung sind bis zu ihrer gerichtlichen Aufhebung wirksam. Die Gerichte haben den Begriff *voidable* hingegen verwendet, um die drastischen Folgen der *ex tunc*-Wirkung von nichtigen (*void*) Entscheidungen zu vermeiden:[1631] Das Verwaltungshandeln sollte erst ab der Gerichtsentscheidung (also *ex nunc*) unwirksam sein und nicht bereits ab Erlass der Verwaltungsentscheidung (*ex tunc*).[1632]

e. *Formelle Seite des Verwaltungsrechtsschutzes*

Zur prozessualen Umsetzung stehen in England die Rechtsbehelfe[1633] *Certiorari*, *Mandamus* und *Prohibition* (die mit der Anfechtungs-, Verpflichtungs- und vorbeugenden Feststellungsklage vergleichbar sind), in Schottland *Reduction* (vergleichbar mit der Anfechtungsklage), *Interdict* (Verbot bestimmter Handlung), *Declarator* (vergleichbar

---

[1624] *Glaser*, DVBl. **1988** 677, 679; *Lyall*, Introduction, S. 130; *Spoerr*, VerwArch **1992** 25, 39; *Wade/Forsyth*, Administrative Law, S. 36.

[1625] Jedoch besteht zugunsten der Behörde die Vermutung, dass die öffentliche Verwaltung rechtmäßig handelt. Im Rahmen der Beweislast trifft den Bürger die Last, diese Vermutung zu erschüttern. Vgl. *Craig*, Administrative Law, S. 675; *Wade/Forsyth*, Administrative Law, S. 298 f. (zur Beweislast).

[1626] *Craig*, Administrative Law, S. 660.

[1627] Vgl. *Craig*, Administrative Law, S. 660 ff.; *Wade/Forsyth*, Administrative Law, S. 307 und 308.

[1628] *Wade/Forsyth*, Administrative Law, S. 307.

[1629] *Craig*, Administrative Law, S. 663 ff.

[1630] Administrative Law, S. 665.

[1631] Vgl. *R. v. Paddington Valuation Officer ex p. Peachy Property Corporation Ltd.* (1966) 1 Q. B. 380; *Director of Public Prosecutions v. Head* (1959) A. C. 83 (111-112); *Ejaz v. Secretary of State for the Home Department* (1995) C. O. D. 72; *London and Clydeside Estates Ltd. v. Aberdeen District Council* (1980) 1 W. L. R. 182.

[1632] **Kritisch:** *Craig*, Administrative Law, S. 668 f.; wohl auch *Wade/Forsyth*, Administrative Law, S. 309.

[1633] Zur Entwicklung *Doe/Young*, in: Heyen (Hrsg.), S. 16; *McEldowney*, in: Heyen (Hrsg.), S. 32 f.

mit der Feststellungsklage) und *Implement* (Gebot bestimmter Handlungen) zur Verfügung.[1634]

In England hängt die Zulässigkeit der Klage von der im Ermessen des Gerichts stehenden ausdrücklichen Zulassung ab. Es handelt sich somit um ein zweistufiges Verfahren (vergleichbar mit dem der Zulassungsberufung im deutschen Verwaltungsrecht): Bevor das Gericht in die eigentliche Sachprüfung einsteigt, entscheidet es über den Antrag auf Zulassung.[1635] Dadurch wird in England das gleiche Ergebnis erreicht wie in Deutschland infolge der Differenzierung zwischen nichtigen und anfechtbaren Verwaltungsakten (*ex tunc*- beziehungsweise *ex nunc*-Wirkung).[1636]

f. Materielle Seite des Verwaltungsrechtsschutzes

Bei der *Kontrolle von Rechtsfehlern* wurde bis zur *Anisminic*-Entscheidung des *House of Lords* aus dem Jahre 1969[1637] zwischen einfachen und jurisdiktionellen Rechtsfehlern unterschieden, wobei die *ultra vires*-Doktrin dazu führt, dass die von einer Behörde gemachten Rechtsfehler grundsätzlich nur dann zum gerichtlichen Einschreiten führen, wenn diese hierbei ihre Zuständigkeit überschritten hat.

Problematisch waren einfache Rechtsfehler, da sie nicht zum *ultra vires*-Verdikt führten. In der soeben genannten *Anisminic*-Entscheidung hat das *House of Lords* die gerichtliche Kontrolle von Rechtsfehlern erheblich ausgeweitet:[1638] Es hat entschieden, dass eine Entscheidung der *Foreign Compensation Commission ultra vires* und damit nichtig sei, obwohl es sich hierbei nur um einen einfachen Rechtsfehler dieser Kommission gehandelt hat. Zum Teil wird vertreten,[1639] dass damit die Unterscheidung zwischen einfachen und jurisdiktionellen Fehlern, und damit zwischen nichtigen und anfechtbaren Verwaltungshandlungen, aufgehoben und der Schritt zur vollen Nachprüfung von Rechtsfragen gemacht worden sei.

g. Abhängigkeit des Strafrechts vom Verwaltungsrecht

Zunächst erstaunt es, dass im englischen Strafrecht das Problem der Verwaltungsakzessorietät in den Lehrbüchern nicht behandelt wird.[1640]

Die Erklärung für diese „Abstinenz" im englischen Recht könnte in folgenden drei Umständen begründet liegen:

Erstens sind im englischen Strafrecht die *strict liability*-Delikte gerade bei den *public welfare*-Delikten[1641] weit verbreitet. Es handelt sich in der Regel um gesetzlich geregel-

---

1634 *Spoerr*, VerwArch **1992** 25, 40 f.

1635 *Spoerr*, VerwArch **1992** 25, 42.

1636 *Craig*, Administrative Law, S. 668 f.; *McEldowney*, in: Heyen (Hrsg.), S. 33; *Wade/Forsyth*, Administrative Law, S. 307 und 308: Die behördliche Anordnung bleibt wirksam und ist zu beachten.

1637 *Anisminic Ltd. v. Foreign Compensation Commission* (1969) 2 A. C. 147.

1638 *Wade/Forsyth*, Administrative Law, S. 706 f.

1639 Wohl *Craig*, Administration and Law, S. 664 ff.; *Wade/Forsyth*, Administrative Law, S. 310 f. und 706 f., der sogar der Meinung ist, dass es die Kategorie der *errors of law on the face of the record* nicht mehr gebe (S. 467).

1640 Weder bei *Ashworth* noch bei *Gordon* oder *Smith/Hogan* gibt es einen Abschnitt, der dieses Problem behandelt.

te Delikte,[1642] die bestimmte Handlungen unter Androhung von Sanktionen verbieten, ohne dass *mens rea*[1643] vorliegen muss. Zugleich sind die Verteidigungsrechte des Angeklagten eingeschränkt.[1644] Es ist sogar möglich, für behördlich erlaubte Tätigkeiten verantwortlich zu sein.[1645] Gerade die Vorschriften zum Umweltschutz stellen solche *public welfare*-Delikte[1646] dar und sind somit als *strict liability*-Delikte geregelt. Einer der wichtigsten (*leading*) Fälle zur *strict liability* erging im Umweltstrafrecht. Im Fall *Alphacell v. Woodward*, 1972, A.C. 824, in dem es um die Einleitung wasserverschmutzender Substanzen ging, entschied das *House of Lords*, dass es für die Strafbarkeit des Angeklagten unerheblich ist, dass er von der verursachten Wasserverschmutzung nichts wusste und irrtümlich davon ausging, sein Filtersystem würde ordnungsgemäß funktionieren.[1647] Da *mens rea* für die Strafbarkeit des Betroffenen nicht erforderlich ist, muss es für dessen Strafbarkeit konsequenterweise unbedeutend sein, ob die behördliche Genehmigung rechtswidrig erging oder nicht. Diese strenge Haftung ist bei einigen Gesetzen durch spezielle „Verteidigungsrechte" (*defense*) des Betroffenen gemildert: Er muss beweisen, dass er nicht persönlich schuldhaft (*at fault*) handelte.[1648]

Zweitens erkennt das englische Strafrecht traditionellerweise das Verteidigungsvorbringen (*defense*) des Rechtsirrtums (*mistake of law*) nicht an.[1649] Infolgedessen ist die – infolge der rechtsfehlerhaft ergangenen Genehmigung – fälschliche Annahme einer rechtmäßigen Handlung für die Strafbarkeit des Betroffenen irrelevant. Allerdings wird dieser im englischen Strafrecht geltende Grundsatz an einigen Stellen durchbrochen: So will *Ashworth*[1650] diesen Irrtum zumindest prozessual berücksichtigen, wenn die betroffene Person aufgrund einer behördlichen Fehlinformation handelte und weder wusste noch Grund zur Vermutung hatte, dass die Information unrichtig ist. Dieser Gedanke ist auch im speziellen Verteidigungsgrund des § 3 Absatz 4 *Control of Pollution Act 1974* enthalten.[1651] Damit hat das Vorliegen einer behördlichen Geneh-

---

1641 Auch *regulatory offences* oder *mala prohibita*-Delikte genannt. Zu den *public welfare*-Delikten *Gordon*, Criminal Law, 8-09 und 8-10; *Spencer*, Freiburg-Symposium, S. 435, 437; *Vogel*, GA **1998** 127, 142.

1642 *Clarkson/Keating*, Criminal Law, S. 197 Fn. 34.

1643 Es handelt sich dabei um die subjektive Seite des Tatbestands, um Vorsatz (*intention*) und grobe Fahrlässigkeit (*recklessness*).

1644 *Hughes*, Environmental Law, S. 37 f.

1645 *Hughes*, Environmental Law, S. 38.

1646 Daneben sind auch die Regeln über das Inverkehrbringen von Lebensmitteln, Medikamenten und anderer Waren *public welfare*-Delikte.

1647 Ebenso entschieden im Fall *F.H.J. Wrothwell Ltd. v. Yorkshire Water Authority* (1984) Crim. L. R. 43. Vgl. *Clarkson/Keating*, Criminal Law, S. 198 und Fn. 37.

1648 Vgl. *Spencer*, Freiburg-Symposium, S. 435, 438.

1649 Vgl. nur *Spencer*, Freiburg-Symposium, S. 435, 444.

1650 Principles, S. 243. So auch *Spencer*, Freiburg-Symposium, S. 435, 444: *Abuse of process* unter Hinweis auf *Postermobile v. Brent LBC*, The Times vom 08.12.1997.

1651 *Spencer*, Freiburg-Symposium, S. 435, 444. Dieser Verteidigungsgrund ist abgedruckt bei *Gordon*, Criminal Law, 47-01. Weitere Beispiele sind im *Dumping at Sea Act 1974* und *Prevention of Oil Pollution Act 1971* enthalten.

migung oder Erlaubnis die Wirkung einer kompletten Verteidigung bezüglich des betreffenden Umweltdelikts und schließt die Strafbarkeit des Genehmigungsinhabers aus – soweit er im Rahmen der Genehmigung handelte.[1652] Auf etwaige Mängel dieser Genehmigung kommt es nicht an, weil allein der Verstoß gegen diese Genehmigung die Straftat bildet.[1653]

Drittens führt *Lomas* als Erklärung den Grund an, dass den Verwaltungsbehörden keine Sanktionen verwaltungsrechtlicher, sondern nur strafrechtlicher Art zur Verfügung stehen.[1654] Um ihre Anordnungen durchzusetzen, müssen sie somit auf strafrechtliche Sanktionen zurückgreifen.[1655] Zudem steht der Umweltbehörde in einigen Fällen das tatsächliche Monopol zur Strafverfolgung zu, so dass es zu keinem Konflikt zwischen ihrer Einschätzung und derjenigen des Gerichts kommen kann.

6. Strafbarkeit von Amtsträgern

Die Strafbarkeit von Amtsträgern in Umweltverwaltungsbehörden ist im englischen Recht nicht ausdrücklich vorgesehen.[1656] Möglich ist allenfalls ein „*judicial review of administrative action*". Hierbei handelt es sich jedoch nur um ein verwaltungsrechtliches Rechtsmittel, das in der Praxis zudem selten erfolgreich ist.

7. Strafbarkeit juristischer Personen

In England können Unternehmen auf zwei Arten strafrechtlich verantwortlich gemacht werden:

Zunächst können Unternehmensinhaber für Fahrlässigkeits- und *strict liability*-Delikte im Rahmen der richterrechtlichen Figur der *vicarious liability* für rechtswidrige Handlungen oder Unterlassungen ihrer Angestellten im Wege der Zurechnung fremden Verhaltens strafrechtlich einstehen müssen.[1657] Bei Delikten, die keine *mens rea* erfordern, haftet das Unternehmen selbst zusätzlich zu der Sanktion gegenüber den Angestellten. Es handelt sich um eine stellvertretende Haftung. Da die meisten umweltstrafrechtlichen Regeln „*strict liability*"[1658] vorsehen, ist diese Haftungsmöglichkeit hier von besonderer Bedeutung.

Daneben kennt England eine eigene direkte strafrechtliche Haftung des Unternehmens (für verschuldensunabhängige *strict liability*-Delikte) seit Mitte des 19. Jahrhun-

---

1652 *Lomas*, Landesbericht England und Wales, S. 102.

1653 *Lomas*, Landesbericht England und Wales, S. 101.

1654 *Lomas*, Landesbericht England und Wales, S. 101.

1655 *Lomas*, Landesbericht England und Wales, S. 86 und 101.

1656 *Lomas*, Landesbericht England und Wales, S. 91.

1657 *Clarkson/Keating*, Criminal Law, S. 231; *Eidam*, Unternehmen und Strafe, S. 223 und 224; *Rogall*, KK-OWiG, § 30, Rn. 236; *Tiedemann*, Spinellis-Festschrift, S. 1097, 1101; *Vadillo*, Madrid-Symposium, S. 303; *Wells*, ZStW **107** (1995) S. 676, 680.

1658 Ein Nachweis für Verschulden, Fahrlässigkeit o. ä. ist nicht notwendig.

derts.[1659] Eine Verschuldenszurechnung findet hier nicht statt: Es geht um die eigene Schuld der juristischen Person.[1660]

Bei den Delikten, die *mens rea* voraussetzen, haftet das Unternehmen im Rahmen der Identifikationstheorie, wenn ein „*controlling officer*“ (Vorstandsmitglied) mit *mens rea* handelte.[1661] Allgemeine Anerkennung fand diese eigene strafrechtliche Verantwortlichkeit der juristischen Person erst seit Beginn des 20. Jahrhunderts. Eine Übertragung der „Identifikationstheorie“ (*alter ego*-Theorie) durch die Rechtsprechung auf das Strafrecht fand Mitte des 20. Jahrhunderts statt.[1662] Danach werden bestimmte Entscheidungsträger – zentrale Figuren des Unternehmens, die mit wirklicher Entscheidungsgewalt ausgestattet sind[1663] – innerhalb der juristischen Person rechtlich als mit dieser identisch angesehen.[1664] Wurde die Entscheidungsgewalt der Unternehmensleitung auf untergeordnete Mitarbeiter delegiert, so löst auch deren Handlung die Strafbarkeit des Unternehmens aus.[1665]

Seit der Gerichtsentscheidung von 1990 zum Unglück der britischen Kanalfähre „*Herold of Free Enterprise*“ wird die Identifikationstheorie nicht mehr auf Wirtschafts- und Vermögensdelikte beschränkt, sondern auf alle Straftatbestände angewendet[1666] – außer für Mord kann ein Unternehmen in der Theorie für jede Straftat verantwortlich gemacht werden.[1667]

Der konzeptionelle Unterschied zwischen diesen beiden Arten der Unternehmensverantwortung besteht darin, dass die stellvertretende Haftung in ihrem sachlichen Anwendungsbereich eng, nämlich hauptsächlich bei *strict liability*-Delikten vorkommt, in ihrem persönlichen Anwendungsbereich dagegen weit ist, da sie das Fehlverhalten eines jeden Angestellten erfasst. Bei der unmittelbaren Haftung des Unternehmens verhält es sich demgegenüber genau umgekehrt: Der persönliche Anwendungsbe-

---

1659 Vgl. *Great North of England Railway Co.* (1846) 9 Q. B. 315 und *Griffiths v. Studebackers Ltd.* (1924) 1 K. B. 102.

1660 *Clarkson/Keating*, Criminal Law, S. 232; *Tiedemann*, NJW **1988** 1169, 1174: gleiches gilt in Australien und Kanada.

1661 *Eidam*, Unternehmen und Strafe, S. 224; *Rogall*, KK-OWiG, § 30, Rn. 236; *Wells*, ZStW **107** (1995) S. 676, 681 Fn. 12.

1662 Vgl. *ICR Haulage Co. Ltd.* (1944) K. B. 551; *Harding*, in: de Doelder/Tiedemann (Hrsg.), S. 369 f.

1663 *Eidam*, Unternehmen und Strafe, S. 224; *Rogall*, KK-OWiG, § 30, Rn. 236 – beide unter Hinweis auf die Entscheidung *Tesco Supermarkets Ltd. v. Natrass* (1972) A. C. 153.

1664 Ausnahmen gibt es für bestimmte *Common Law*-Delikte, insbesondere bei Verstößen gegen das Umweltrecht: *Delmas-Marty*, Madrid-Symposium, S. 305, 307. Ferner *Eidam*, Unternehmen und Strafe, S. 224; *Harding*, in: de Doelder/Tiedemann (Hrsg.), S. 369 f., *Rogall*, KK-OWiG, § 30, Rn. 236; *Vadillo*, Madrid-Symposium, S. 297, 303.

1665 Vgl. aber Art. 30 englischer StGB-Entwurf, der danach unterscheidet, ob ein *strict liability*-Delikt vorliegt, bei dem die Handlung eines einfachen Angestellten die Strafbarkeit der juristischen Person auslösen kann, oder ob es sich um eine Straftat mit echtem Verschuldenserfordernis handelt: Dann können nur Handlungen der Leitungspersonen strafbarkeitsbegründend wirken; *Delmas-Marty*, Madrid-Symposium, S. 305, 308.

1666 *DPP v. P & O European Ferries Ltd.* (1991) 93 Cr. App. R. 73. Vgl. *Eidam*, Unternehmen und Strafe, S. 224 f.; *Rogall*, KK-OWiG, § 30, Rn. 236. Ferner *Wells*, ZStW **107** (1995) S. 676 ff.

1667 *Rogall*, KK-OWiG, § 30, Rn. 236; *Wells*, ZStW **107** (1995) S. 676, 681.

reich greift nur, wenn leitende Unternehmensangestellte strafrechtlich relevant handelten, sachlich ist sie grundsätzlich auf alle Delikte anwendbar.[1668] Da es sich im Umweltstrafrecht in der Regel um *strict liability*-Delikte handelt, wird meist die zusätzliche strafrechtliche Haftung der juristischen Person greifen.[1669] Daneben bleibt die Strafbarkeit der natürlichen Person bestehen.

8. Strafen

Als Strafen sind Freiheitsstrafen und Geldstrafen vorgesehen, die aber nicht von der Verwaltung, sondern nur von Gerichten verhängt werden können.[1670] Daneben gibt es kaum andere Sanktionen.[1671]

Gegen juristische Personen ist als einzige strafrechtliche Sanktion die Geldstrafe vorgesehen.[1672]

9. Zwischenergebnis

Insgesamt ist festzuhalten, dass das britische Umweltrecht keine geschlossene Systematik aufweist.[1673] Vielmehr finden sich die ausschließlich strafrechtlichen Sanktionen sehr verstreut in den verschiedenen „*Acts*";[1674] eine klare Struktur oder einheitliche Regelung ist nicht erkennbar.

Auch hier ist hervorzuheben, dass juristische Personen strafrechtlich verantwortlich sind und keine dogmatischen Bedenken bestehen.

VII. Auswertung

1. Bei einem Vergleich der hier behandelten Länder, die das Umweltstrafrecht nebengesetzlich geregelt haben, ergibt sich hinsichtlich der *verfassungsrechtlichen Verankerung* ein uneinheitliches Bild: In Griechenland, Belgien und den Niederlanden ist der Schutz der Umwelt verfassungsrechtlich geregelt – und zwar als Auftrag an den Staat. In Italien, Frankreich und Großbritannien fehlt eine solche Bestimmung in der Verfassung. Allerdings gibt es in Italien das verfassungsrechtlich verbürgte Recht auf Gesundheit und der italienische Kassationsgerichtshof hat ein subjektives Recht auf eine gesunde Umwelt in seinem Urteil aus dem Jahre 1979 etabliert. Erstaunlich ist hingegen, dass es in Frankreich nichts Vergleichbares gibt: Dort gibt es weder das

---

1668 *Wells*, ZStW **107** (1995) S. 676, 681.

1669 *Lomas*, Landesbericht England und Wales, S. 90.

1670 *Lomas*, Landesbericht England und Wales, S. 86: In England gibt es kein Äquivalent zu den deutschen Ordnungswidrigkeiten.

1671 *Lomas*, Landesbericht England und Wales, S. 89.

1672 *Clarkson/Keating*, Criminal Law, S. 233.

1673 Vgl. zur **Kritik:** *Lomas*, DVBl. **1992** 949, 957 f.

1674 Diese können wohl als dem verwaltungsrechtlichen Nebenrecht entsprechend eingeordnet werden.

Grundrecht noch die Staatszielbestimmung auf beziehungsweise für den Schutz einer gesunden Umwelt. In Großbritannien fehlt eine solche Bestimmung, weil es keine geschriebene Verfassung gibt.

2. Bei der Frage nach den *geschützten Rechtsgütern* und der *Ausgestaltung der Delikte* ist das Ergebnis eher einheitlich: Es werden neben anthropozentrischen und ökologischen Interessen auch Verwaltungsinteressen geschützt, wobei mal das eine und mal das andere Rechtsgut im Vordergrund steht. Allerdings steht der Schutz verwaltungsrechtlicher Interessen und nicht der Schutz der Umwelt gerade in den Niederlanden und in Großbritannien im Vordergrund. Bei den Deliktsformen überwiegen die erfolgsunabhängigen Tätigkeitsdelikte und die abstrakten Gefährdungsdelikte. Daneben gibt es aber auch konkrete Gefährdungsdelikte.

3. Wegen der grundsätzlichen Bedeutung dieser Frage wurde vergleichend die verwaltungsrechtliche Rechtslage in Frankreich (stellvertretend für den romanischen Rechtskreis) und in Großbritannien (exemplarisch für den angloamerikanischen Rechtskreis) dargestellt. Die Darstellung des französischen beziehungsweise britischen Verwaltungsrechts geschah ausführlicher als bei den anderen Staaten, weil nur so gewährleistet schien, Missverständnissen und -interpretationen entgegenwirken und fundierte Schlüsse aus der dort bestehenden Rechtslage ziehen zu können. Durch die Untersuchung der Ausgestaltung des Umweltstrafrechts konnte gezeigt werden, dass die umweltstrafrechtlichen Regeln in allen Mitgliedstaaten zum überwiegenden Teil *verwaltungsakzessorisch* ausgestaltet sind und dies kein genuin deutscher Weg ist; selbständige Straftatbestände gibt es nur vereinzelt. Das Strafrecht dient hier hauptsächlich der Durchsetzung und Stärkung des Verwaltungsvollzugs, indem es verwaltungsrechtliche Entscheidungen absichert.[1675] Das hat mit der eigentlichen Aufgabe des Strafrechts, Werte zu bekräftigen und verbindliche Grenzen zu setzen, wenig zu tun.[1676]
In Frankreich wird verwaltungsrechtlich zwischen rechtswidrigen und inexistenten Verwaltungsakten unterschieden. Bei letzteren ist zur Beseitigung der generell vermuteten Wirksamkeit eine richterliche Nichtigerklärung zu erwirken. Hier kommt dem Betroffenen der erleichternde Umstand zugute, dass er weder an eine Frist gebunden ist noch ein bestimmtes Interesse nachweisen muss. Diese „inexistenten" ebenso wie arglistig erschlichene Verwaltungsentscheidungen sind *ex tunc* (mit Wirkung für die Vergangenheit) aufhebbar. Hier steht der Vertrauensschutz des Bürgers, der grundsätzlich nach Ablauf von zwei Monaten ab Bekanntgabe des Verwaltungsakts und dessen Bestandskrafterlangung eintritt, ausnahmsweise nicht entgegen. Bemerkenswert ist weiterhin Art. 122-4 franzStGB, wonach die Strafbarkeit entfällt, wenn bei

---

1675 *Heine*, NJW **1990** 2425, 2426 f.
1676 *Heine*, NJW **1990** 2425, 2427 m.w.N.

verwaltungsakzessorischen Tatbeständen eine Genehmigung vorliegt; bei autonomen Tatbeständen sind behördliche Genehmigungen dagegen grundsätzlich unbeachtlich. Ebenso wenig vermögen behördliche Duldungen eine rechtswidrige Situation zu rechtfertigen. Allerdings ist zu beachten, dass der Strafrichter Verwaltungsakte auf ihre Rechtmäßigkeit hin selbständig überprüfen kann, wenn das für den Ausgang des Strafverfahrens entscheidend ist (Art. 111-5 franzStGB). Die Grenze der Kompetenz des Strafrichters beginnt bei behördlichen Ermessensentscheidungen.

Hinsichtlich der Frage nach der Bindung des Strafrichters an die verwaltungsrechtliche Entscheidung ist festzuhalten, dass sowohl in Frankreich und in Belgien als auch in den Niederlanden der Strafrichter – zum Teil sogar gesetzlich! – befugt ist, den Verwaltungsakt im Strafverfahren eigenständig auf seine Rechtmäßigkeit zu überprüfen; in Belgien und in den Niederlanden kann der Strafrichter den Verwaltungsakt sogar für nichtig erklären. Insoweit besteht also keine Bindung an verwaltungsrechtliche Vorgaben.

Außergewöhnlich und zunächst befremdlich ist die Tatsache, dass es in Großbritannien lange Zeit weder ein Verwaltungsrecht noch Verwaltungsgerichte gab und sich dies erst in jüngerer Zeit zu entwickeln beging. Ebenso wenig gibt es ein dem Verwaltungsakt vergleichbares Institut. Die Kontrolle der Verwaltung und ihres Handelns obliegt neben den *tribunals* den ordentlichen Gerichten. Die Nichtigkeit einer Verwaltungsentscheidung kann darauf beruhen, dass die Behörde zwingende Verfahrensvoraussetzungen nicht beachtet hat, ohne Ermächtigungsgrundlage handelte, ihren Zuständigkeitsbereich überschritten oder rechtswidrige Zwecke verfolgt hat. Wurde die Behörde durch Betrug (*fraud*), Erpressung, Nötigung oder Korruption dazu veranlasst, so zieht das ebenfalls die Nichtigkeit des Verwaltungshandelns nach sich. Denn im britischen Recht gilt der Grundsatz, dass „Betrug" (ebenso wie Nötigung und Erpressung) alles aufhebt, nichtig macht. Erstaunlich war zunächst zudem der Befund, dass sich das britische Strafrecht mit dem Problem der Verwaltungsakzessorietät nicht auseinandersetzt. Als Erklärung dient zum einen die Tatsache der *public welfare*-Delikte, die in der Regel *strict liability*-Delikte darstellen, also gerade kein *mens rea* erfordern. Die Frage, ob die behördliche Genehmigung eine Verteidigung darstellt, ist somit irrelevant. Zum anderen stellen Rechtsirrtümer und somit Irrtümer über die Rechtmäßigkeit des Verwaltungsakts in Großbritannien grundsätzlich keine Verteidigung im Strafverfahren dar. Damit ist die fälschliche Annahme eines rechtmäßigen Handelns für die Strafbarkeit des Betroffenen materiell unerheblich. Allerdings existiert eine verfahrensrechtliche Erleichterung für den Fall, dass die Straftat infolge einer Fehlinformation einer Behörde begangen wurde. Einen solchen Prozess würde das Gericht wegen „Prozessmissbrauchs" (*abuse of process*) stoppen.[1677] Hierzu gibt es allerdings gesetzliche Ausnahmen. Damit lässt sich festhalten, dass sowohl in Frankreich als auch in Großbritannien ebenso wie in Deutschland rechtsmissbräuch-

---

[1677] Siehe oben 2. Kapitel C. VI. 5. g.

lich erlangte Genehmigungen (zum Beispiel durch Betrug, falsche Angaben, Nötigung oder ähnliches) das Verwaltungshandeln inexistent, nichtig machen. Das heißt, dass hier die Akzessorietät grundsätzlich aufgehoben ist. Und zumindest in Frankreich vermag die behördliche Duldung ebenfalls keine rechtfertigende Wirkung zu erzeugen. Über andere materiell rechtswidrige Behördenentscheidungen lässt sich kein gemeinsamer Nenner finden.
In Italien hat der Strafrichter zwar grundsätzlich nicht das Recht zur Überprüfung des Verwaltungsakts; er ist an dessen Bestandskraft gebunden. Das gilt allerdings nicht im Fall eines durch Bestechung oder falsche Angaben erlangten Verwaltungsakts, da dieser nichtig und somit ein Nullum ist. Die behördliche Duldung wirkt in Italien, Frankreich, Belgien und den Niederlanden grundsätzlich nicht strafbefreiend (rechtfertigend). Sie kann aber in all diesen Ländern zu einem strafbefreienden Verbotsirrtum führen. In den Niederlanden wird die ausdrückliche – im Gegensatz zur stillschweigenden – Duldung einem Verwaltungsakt gleichgestellt und hat somit dieselbe strafbefreiende Wirkung wie ein Verwaltungsakt. Zudem kennen viele Staaten als Auffangtatbestand die Bestrafung des Ungehorsams gegen behördliche Verfügungen, wie zum Beispiel Frankreich und Italien.[1678]

4. Eine *Amtsträgerstrafbarkeit* ist nur in Italien und Frankreich vorgesehen, wovon Frankreich insofern hervorzuheben ist, als dort die wissentliche Erteilung einer rechtswidrigen Genehmigung mit Strafe bedroht ist.

5. Hinsichtlich der Frage nach der *Strafbarkeit juristischer Personen* ist das Ergebnis wieder uneinheitlich: Während Italien und Griechenland diese – mangels Schuldfähigkeit der juristischen Person – grundsätzlich nicht vorsehen, gibt es deren strafrechtliche Verantwortlichkeit in Großbritannien, den Niederlanden und neuerdings auch in Frankreich und Belgien.
In Griechenland ist deren gesamtschuldnerische zivilrechtliche Haftung zur Zahlung einer Geldstrafe vorgesehen. In Italien kann im Fall der Geldstrafe bei Zahlungsunfähigkeit der natürlichen Person auf die juristische Person zurückgegriffen werden und in bestimmten Rechtsbereichen (wie im Wettbewerbsrecht, im Telekommunikationsrecht und im Recht des Insider-Handels) gibt es zudem die Möglichkeit, gegen die juristische Person eine Geldbuße zu verhängen.
In Großbritannien haften die Unternehmen sowohl für eigenes als auch für zugerechnetes Verschulden für grundsätzlich alle Straftaten. In Belgien ist die strafrechtliche Verantwortlichkeit der juristischen Person dann begründet, wenn die Straftat zu ihren Gunsten begangen wurde; die Strafbarkeit der natürlichen Person scheidet dann aus. Auch sie haften – wie in Großbritannien – wegen aller Delikte. In Frank-

---

1678 Vgl. *Heine*, GA **1986** 67, 74.

reich handelt es sich um eine eigene Täterschaft und Verantwortung der juristischen Person, die nur eingreift, wenn sie ausdrücklich gesetzlich vorgesehen ist.

6. Als *Strafen* kennen alle Rechtsordnungen Freiheits- und Geldstrafen für Umweltdelikte. Als Nebenstrafen sehen die meisten Länder ein (zeitlich begrenztes) Berufs- oder Tätigkeitsverbot, die Urteilsbekanntmachung, die Beschlagnahme, Einziehung und den Verfall vor. Zum Teil ist auch die Anordnung der Betriebsschließung und die Bestellung eines Verwalters möglich.

D. Ergebnisse

I. Bei diesem *vergleichenden Überblick* fällt auf, dass das Umweltstrafrecht in den Mitgliedstaaten der Europäischen Union in vielen Bereichen trotz grundsätzlicher Unterschiede ähnliche Strukturen aufweist:

1. Bei einem Vergleich der Frage nach der *verfassungsrechtlichen Verankerung* des Umweltschutzes ergibt sich folgendes Bild: Es konnte festgestellt werden, dass in den Ländern, die den strafrechtlichen Schutz der Umwelt im Kernstrafrecht geregelt haben, das Staatsziel Umweltschutz auch in der Verfassung festgeschrieben ist. Im Gegensatz dazu ist der Umweltschutz in den Ländern, die den strafrechtlichen Schutz nebengesetzlich gewähren, seltener verfassungsrechtlich verbürgt.

2. Der *Rechtsgüterschutz* ist in fast allen mitgliedstaatlichen Rechtsordnungen diskutiert und mehrspurig ausgestaltet: Geschützt werden sowohl anthropozentrische als auch ökologische und verwaltungsrechtliche Interessen – mit unterschiedlicher Schwerpunktsetzung. Je nach Delikt kann mal das eine und mal das andere Interesse überwiegen. Auffällig ist vor allem, dass der strafrechtliche Schutz der Umwelt in den Ländern, die ihn im Strafgesetzbuch geregelt haben, in der Regel technisch und inhaltlich wesentlich einheitlicher ist, als bei einer nebenstrafrechtlichen Erfassung, weil die verschiedenen Umweltmedien dann meist gemeinsam geregelt werden. Hingegen sind die Umweltmedien höchst uneinheitlich und in verschiedenen Gesetzen geregelt, wenn ihr Schutz im Nebenstrafrecht erfolgt.

3. Ebenso verhält es sich mit den *Deliktstypen* und der *Tatbestandstechnik*: In der Regel überwiegen die konkreten und abstrakten Gefährdungsdelikte (in einigen Rechtsordnungen auch die erfolgsunabhängigen Tätigkeitsdelikte), während die Verletzungsdelikte die Ausnahme bilden. Blanketttatbestände sind infolge der durchgängig engen Anknüpfung an das Umweltverwaltungsrecht häufig anzutreffen.

4. Dies ist auch der Grund dafür, dass es in allen Mitgliedstaaten fast ausschließlich *verwaltungsakzessorische Tatbestände* gibt – und zwar unabhängig davon, ob sich die Regeln zum Schutz der Umwelt in den Nebengesetzen, in einem speziellen zentralen Umweltschutzstrafgesetzbuch oder im allgemeinen Strafgesetzbuch befinden.
Es konnte weiterhin festgestellt werden, dass die Länder, die das Umweltstrafrecht im Nebenstrafrecht regeln, den Strafrichter in der Regel gesetzlich (so in Frankreich und Belgien) oder in der Rechtspraxis (so in Griechenland, den Niederlanden und teilweise in Großbritannien) für befugt erklären, die Rechtmäßigkeit von Verwaltungsakten eigenständig zu überprüfen. Eine Ausnahme stellt insofern Italien dar, wo der Grundsatz der formellen Bestandskraft dieser Befugnis entgegensteht.
Im Gegensatz dazu kennen die Staaten, die das Umweltstrafrecht in das Strafgesetzbuch integriert haben, dieses Prüfungsrecht des Strafrichters grundsätzlich nicht. Es kommt allein auf die Wirksamkeit des Verwaltungsakts und nicht auf seine Rechtmäßigkeit an.
Alle Länder, die kein Prüfungsrecht des Strafrichters kennen, machen dann eine Ausnahme von der grundsätzlichen Beachtlichkeit der rechtswidrigen Genehmigung, wenn diese rechtsmissbräuchlich erlangt wurde. Durch Täuschung oder Bestechung erlangten Genehmigungen kommt fast durchgängig keine rechtfertigende Wirkung zu (so in Belgien, Großbritannien, Italien, Österreich, Schweden und Spanien) beziehungsweise bestrafen sie dieses Verhalten (so in Dänemark, Portugal und Schweden). Griechenland und Portugal gehen hier in gewisser Weise Sonderwege: In Griechenland sind selbst auf Bestechung, Betrug oder Drohung beruhende Genehmigungen wirksam und rechtfertigen die Umweltstraftat. In Portugal ist für die Unbeachtlichkeit der rechtsmissbräuchlich erlangten Genehmigung zusätzlich erforderlich, dass der Täter in der Absicht handelte, die Umwelt zu beeinträchtigen.
Behördlichen Duldungen wird überwiegend keine rechtfertigende beziehungsweise straffreistellende Wirkung zu erkannt. Eine Ausnahme stellen die Niederlande dar, wo die ausdrückliche behördliche Duldung die Voraussetzungen eines Verwaltungsakts erfüllt und somit rechtfertigend wirkt. Ebenso kann behördlichen Duldungen in Dänemark rechtfertigende Wirkung zu kommen; wenn keine Rechtsgutbeeinträchtigung eingetreten ist, wird das Verhalten nachträglich legalisiert, indem die Duldung uminterpretiert wird.

5. Die Untersuchung führte zu dem Ergebnis, dass fast durchgängig keine *speziellen Straftatbestände für Amtsträger* in Umweltverwaltungsbehörden gesetzlich vorgesehen sind. Als Ausnahme sind insbesondere Dänemark, Spanien, Frankreich und Italien zu nennen. Die anderen Staaten kennen nur die allgemeinen Amtsmissbrauchs- und Dienstpflichtverletzungsdelikte. Österreich und vor allem Schweden sind insofern hervorzuheben, als dort sowohl die Pflicht zur Kooperation von Kontrollorganen als auch eine Anzeigepflicht für Umweltstraftaten besteht. Da alle Staaten ihre Umweltstraftatbestände verwaltungsakzessorisch ausgestaltet haben, sitzen die Amtsträger an der entscheidenden Stelle, um von Umweltstraftaten zu erfahren. Dass dieses Wissen an die zuständigen Strafverfolgungsorgane weitergegeben wird, ist für die Effizienz des Umweltstrafrechts maßgebend. Eine Vorbildfunktion nehmen hier die eben genannten sechs Staaten ein.

6. Anders stellt sich das Bild hinsichtlich der Frage nach der kriminal-*strafrechtlichen Verantwortlichkeit juristischer Personen* dar: Die meisten nicht angloamerikanisch geprägten Rechtsordnungen der Mitgliedstaaten der Europäischen Union kannten bis in die jüngste Zeit hinein nur die persönlich-individuelle Strafbarkeit natürlicher Personen. Der Großteil der Länder regelte die Verbandssanktionen bislang in strafrechtlichen Nebensystemen, auch weil dann die Sanktion als nichtkriminell eingestuft werden kann.[1679]
Erst seit wenigen Jahren wandelt sich dieses Bild: In mehreren Staaten haben die Gesetzgeber die strafrechtliche Verantwortlichkeit juristischer Personen – oft aus pragmatischen Gründen – in die Rechtsordnungen eingeführt, so Belgien, Dänemark, Finnland, Frankreich, die Niederlande und die Schweiz. Hier wird die Verbandssanktion wie in Großbritannien als echtes Kriminalunrecht begriffen.[1680] Damit ist ein Trend zur (Einführung der) strafrechtlichen Verantwortlichkeit von juristischen Personen deutlich zu vermerken.[1681] Da ein Großteil der Umweltkriminalität von Unternehmen ausgeht, ist diese rechtspolitische Entwicklung im Hinblick auf eine Steigerung der Effizienz des Umweltstrafrechts besonders positiv zu werten.

7. Auch bei den *Strafen* besteht ein mehr oder weniger einheitliches Bild: Es sind durchgängig Geld- und Freiheitsstrafen (von in der Regel bis zu zwei Jahren) möglich sowie verschiedene (strafrechtliche) Nebenfolgen, die unter anderem befristete Gewerbe-/Berufsverbote, Gewerbeschließung, Urteilsbekanntmachung und Geldsanktionen umfassen.

II. Bei einer *wertenden Betrachtung* lässt sich Weiteres feststellen:
Den staatlichen Strategien lässt sich entnehmen, dass die meisten Gesetzgeber den Einsatz von Strafen zum Schutz der Umwelt angesichts ihrer Bedrohung für unabweislich halten und auch dort, wo sich der Umweltschutz auf ein Geflecht verwaltungsrechtlicher Normen beschränkt, zu den herkömmlichen zivil- und verwaltungsrechtlichen Regeln eine strafrechtliche Absicherung hinzutritt.
Es hat sich gezeigt, dass in den Staaten, die den Schutz der Umwelt nicht verfassungsrechtlich verankert haben – vorwiegend und quantitativ häufiger als in den anderen Vergleichsstaaten – der Schutz anthropozentrischer und verwaltungsrechtli-

---

1679 Vgl. *Heine*, ÖJZ **1996** 211, 213.
1680 Vgl. *Heine*, ÖJZ **1996** 211, 213 f.
1681 *Rogall*, KK-OWiG, § 30 Rn. 233; *Heine*, ÖJZ **1996** 211, 213.

cher Interessen im Vordergrund steht (der Schutz ökologischer Interessen ist dann eher die Ausnahme), während dort, wo das Ziel des Umweltschutzes verfassungsrechtlich verbürgt ist, häufiger ökologische Interessen geschützt werden.
Der hohe Stellenwert, welcher der Umwelt beigemessen wird, kommt zum einen gerade durch seine Verankerung in der Verfassung zum Ausdruck. Da der Umweltschutz in der Regel als Staatszielbestimmung formuliert ist, ist er bei jedem staatlichen Tätigwerden zu berücksichtigen – das gilt auch für die Auslegung von Straftatbeständen zum Schutz der Umwelt.
Zum anderen wird der hohe Stellenwert des Umweltschutzes dadurch deutlich gemacht, dass die Straftatbestände zum Umweltschutz in das Strafgesetzbuch aufgenommen und nicht als Annexvorschriften in einzelnen Verwaltungsgesetzen geregelt werden. Mit der Integrierung in das allgemeine Strafgesetzbuch findet häufig eine Harmonisierung des Schutzes der verschiedenen Umweltmedien statt; einen einheitlichen Schutz erfahren die Umweltmedien insbesondere dann, wenn sie (zweckmäßigerweise) in einem Straftatbestand gemeinsam geregelt sind.[1682]
Aufgrund dieser Überlegungen erscheint die generelle Regelung der Umweltstraftatbestände im allgemeinen Strafgesetzbuch sinnvoll und erstrebenswert. Zudem wird infolge der vorangehenden Übersicht deutlich, dass auf nationaler Ebene ein Trend hin zur Integrierung der Umweltstrafnormen in das Strafgesetzbuch erkennbar ist.
Daneben ist die Appellfunktion einer Strafnorm des Strafgesetzbuches an die Bevölkerung wesentlich größer als die eines Nebengesetzes,[1683] da die Bürger die Strafgesetze des allgemeinen Strafgesetzbuches, nicht aber die der (unzähligen und unübersichtlichen) Nebengesetze kennen sollten. Daraus resultiert zudem eine größere Anzeigebereitschaft in der Bevölkerung. Mit der Aufnahme der Umweltstraftatbestände in das Strafgesetzbuch ist zugleich eine stärkere bewusstseinsbildende Wirkung des Verbots umweltbeeinträchtigender Handlungen verbunden. Somit ist die generalpräventive Wirkung der Strafnormen größer. Wenn die Normen zum Umweltstrafrecht im Strafgesetzbuch inkorporiert wurden, erscheint auch die Androhung der Strafbarkeit für fahrlässiges Verhalten durchgängig(er) vorgesehen zu sein. Das ist insbesondere deshalb von Bedeutung, weil vorsätzliches Handeln oftmals nicht nachgewiesen werden kann.
Auch wenn allein aus der Lozierung der Strafnormen keine Schlüsse auf einen effektiven Rechtsgüterschutz gezogen werden können,[1684] so ist sie doch ein gewichtiges Indiz, um der dem Umweltschutz beigemessenen Wichtigkeit Ausdruck zu verleihen.

1682 *Kühl*, Freiburg-Symposium, S. 301 f. spricht von einer unnötigen Zersplitterung des Umweltstrafrechts, wenn es in den Nebengesetzen als Annextatbestände geregelt wird. Siehe dazu *Heine*, GA **1986** 67, 69.
1683 *Höpfel*, Triffterer-Festschrift, S. 425, 428 spricht von einer deutlicheren Symbolwirkung der Kriminalstrafe.
1684 Vgl. *Heine*, GA **1986** 67, 69.

Da viele Umweltstraftaten von Unternehmen begangen werden, ist für die Effizienz des Umweltstrafrechts deren strafrechtliche Verantwortlichkeit besonders wichtig. Deshalb ist es erfreulich, dass sowohl auf nationaler als auch auf europäischer Ebene der Trend zu erkennen ist, sie strafrechtlich haften zu lassen.[1685]

Die leider nur selten vorgesehene strafbewehrte Anzeigepflicht für Amtsträger (vgl. Art. 361 italStGB und Art. 329 spanStGB) ist für die effiziente Durchsetzung des Umweltstrafrechts ebenfalls wichtig.

1685 *Rogall*, KK-OWiG, § 30, Rn. 233.

3. Kapitel: Das Übereinkommen des Europarats über den Schutz der Umwelt durch das Strafrecht

Im folgenden Kapitel wird zunächst der historische und rechtliche Hintergrund des Übereinkommens dargestellt, dann folgt die Analyse des Übereinkommens, wobei zunächst die Regelung insgesamt und dann die einzelnen Tatbestände untersucht werden. Diese Untersuchung bildet die Grundlage für den anschließenden Rechtsvergleich des Übereinkommens mit dem deutschen Umweltstrafrecht sowie für die Interpretation der im Rahmenbeschluss getroffenen Regelungen.

A. Die rechtliche Bedeutung des Übereinkommens

I. Entstehungsgeschichte und Ziel des Übereinkommens

Das „Übereinkommen über den Schutz der Umwelt durch das Strafrecht" des Europarats (European Treaties Series [ETS] Nr. 172)[1686] liegt seit dem 04. November 1998 zur Unterzeichnung aus[1687] und kann sowohl von Vertragsstaaten als auch von Nicht-Vertragsstaaten, die bei seiner Erarbeitung mitgewirkt haben, unterzeichnet werden.
Zur Vorbereitung des Entwurfs des Übereinkommens wurde auf der im Juni 1990 in Istanbul stattfindenden 17. Konferenz der Europäischen Justizminister die Resolution Nr. 1 verabschiedet. Diese beauftragte das Ministerkomitee des Europarats einen neuen Sachverständigenausschuss einzusetzen, der sich mit dem Schutz der Umwelt durch das Strafrecht befassen sollte. Der Sachverständigenausschuss nahm seine Arbeit im Oktober 1991 auf und beendete sie im Dezember 1995. In diesen vier Jahren fanden zehn Arbeitsgruppen- und sieben Plenarsitzungen statt.
Der Sachverständigenausschuss hatte den Auftrag, eine Liste mit Delikten zum adäquaten strafrechtlichen Schutz des Wassers, des Bodens, der Luft, der Flora und Fauna und anderer Bestandteile der Umwelt, die Schutz verdienen sowie des Menschen in seiner Umwelt entwerfen sowie folgende Problembereiche zu untersuchen: Inwieweit abstrakte, konkrete und potentielle Gefährdungsdelikte sinnvoll angewendet werden können; wie das Verhältnis vom Straf- zum (Umwelt-) Verwaltungsrecht zu definieren ist; inwiefern die tätige Reue bei der Verurteilung beziehungsweise der

---

1686 Im Folgenden: Übereinkommen.

1687 Bisher haben unterzeichnet: Dänemark, Deutschland, Finnland, Frankreich, Griechenland, Schweden und Island je am 4. November 1998, Rumänien am 15. Februar 1999, Luxemburg am 17. März 1999, Belgien und Österreich am 7. Mai 1999, Italien am 6. November 2000 und Estland am 1. Juni 2001.

Bestrafung Berücksichtigung finden sollte und die Anwendbarkeit einer Europäischen Strafrechtskonvention hinsichtlich Fragen des Internationalen Strafrechts.
Ziel der Arbeit war der Entwurf eines Übereinkommens zur Verbesserung des Umweltschutzes auf europäischem Niveau, die mit Hilfe des Strafrechts als *ultima ratio* und dessen abschreckender und präventiver Wirkung erreicht werden sollte. Zur wirksamen Durchsetzung eines europäischen Niveaus im Umweltschutz, sollte die nationale Gesetzgebung harmonisiert werden, was zugleich die internationale Kooperation verbessern und verstärken sollte.
Deshalb beschloss der Ausschuss zu Beginn seiner Arbeit, einen bindenden internationalen Vertrag zu entwerfen, der Regelungen enthalten sollte, die von den Vertragsstaaten in das nationale Strafrecht inkorporiert (also umgesetzt) werden müssen, um so in Europa strafrechtliche Mindeststandards zu schaffen. Der aus den sieben Plenarsitzungen und zehn Arbeitsgruppentreffen hervorgegangene Entwurf nebst Begründung wurde vom Ministerkomitee im Juni/September 1996 angenommen.
Als erstes beschäftigt sich dieses Übereinkommen mit Handlungen, die für die Umwelt und für den Menschen besonders gefährlich sind und deshalb kriminalisiert werden sollten („harter“ Kern des Übereinkommens).[1688] Danach werden vorsätzlich und fahrlässig begangene Handlungen pönalisiert, die die Beschaffenheit der Luft, des Bodens, des Wassers oder Tiere oder Pflanzen nachhaltig beeinträchtigen oder im Tod oder einer schweren Gesundheitsschädigung eines Menschen resultieren. Sie müssen mit Geld- oder Freiheitsstrafe geahndet werden.[1689]
Im Anschluss daran behandelt das Übereinkommen Fragen der Gerichtsbarkeit und Zuständigkeiten, der Sanktionen und Maßnahmen, erstmalig auch der Verantwortlichkeit von juristischen Personen und prozessuale Themen sowie Prinzipien der internationalen Zusammenarbeit.

II. Zur Bindungswirkung völkerrechtlicher Verträge

Das Übereinkommen des Europarats zum Schutz der Umwelt durch das Strafrecht ist ein völkerrechtlicher Vertrag.[1690] Völkerrechtliche Verträge stellen im internationalen Bereich eine der Hauptrechtsquellen dar[1691] und sind in drei Konventionen (völkerrechtliche Verträge, die allgemeine Regeln enthalten) umfassend geregelt: Wiener Übereinkommen über das Recht der Verträge vom 23. Mai 1969,[1692] Wiener Übereinkommen über das Recht der Verträge zwischen Staaten und Internationalen Organisationen oder zwischen Internationalen Organisationen vom 21. März 1986 und

---

1688 *Möhrenschlager*, wistra **1999** VI, VII.
1689 Art. 6 Übereinkommen.
1690 Zum Europarat – Gründung, Struktur und Aufgabe 4. Kapitel B. II. 1
1691 Vgl. *Seidl-Hohenveldern/Stein*, Völkerrecht, S. 45 und 49 ff.
1692 Abgedruckt in Sartorius II, Internationale Verträge – Europarecht, Nr. 320.

Wiener Übereinkommen über die Staatennachfolge in den Verträgen vom 23. August 1978.

Das Verfahren beim Abschluss eines völkerrechtlichen Vertrags unterteilt sich in mehrere Phasen, wobei neben der Vertragsverhandlung und der Paraphierung die Unterzeichnung des Vertragstexts wichtig ist, da mit ihr der Vertragstext endgültig festgelegt wird, Art. 10 lit. b Wiener Vertragsrechtskonvention. Die innerstaatliche Geltung des Vertrags wird erst durch die nachfolgende innerstaatliche Ratifizierung (in der Regel durch das Parlament als zuständigem Organ) erreicht und nicht bereits mit der Unterzeichnung. Nach der völkerrechtlichen Ratifizierung, die in der Abgabe einer Erklärung des zuständigen staatlichen Organs, dass der Vertrag als völkerrechtlich verpflichtend angesehen wird, besteht, tritt der Vertrag zu dem Zeitpunkt in Kraft, den die Vertragsparteien vereinbart und meist im Vertrag selbst festgelegt haben, Art. 24 Absatz 1 Wiener Vertragsrechtskonvention. Laut Art. 13 Absatz 3 Übereinkommen tritt es „am ersten Tag des Monats in Kraft, der auf einen Abschnitt von drei Monaten nach dem Tag folgt, an dem drei Staaten nach Absatz 1 ihre Zustimmung ausgedrückt haben". Die abgegebene Ratifikationsurkunde wird beim Generalsekretariat des Europarats hinterlegt, Art. 13 Absatz 2 Übereinkommen. Bisher hat – bis auf Estland –[1693] noch kein Vertragsstaat das Übereinkommen des Europarats ratifiziert,[1694] auch nicht die Bundesrepublik Deutschland, so dass das Übereinkommen rechtlich nicht verbindlich ist.

Aus dem allgemeinen Rechtsgrundsatz *„pacta sunt servanda"* (Art. 26 Wiener Vertragsrechtskonvention) folgt der Geltungsgrund völkerrechtlicher Verträge. Der territoriale Geltungsbereich von völkerrechtlichen Verträgen umfasst gemäß Art. 29 Wiener Vertragsrechtskonvention das gesamte Hoheitsgebiet der Vertragsparteien. Bei multilateralen (nicht aber bei bilateralen) Verträgen können Vorbehalte geltend gemacht werden. Vorbehalte sind nach Art. 2 Absatz 1 lit. d Wiener Vertragsrechtskonvention einseitige Erklärungen, durch die die Rechtswirkung einzelner Vertragsbestimmungen ausgeschlossen oder geändert werden soll. Das Überreinkommen bestimmt in seinem Art. 17 Absatz 1, dass die unterzeichnenden Staaten nur von den in dem Übereinkommen selbst vorgesehenen Vorbehalten Gebrauch machen dürfen. Andere Vorbehalte sind ausdrücklich unzulässig (Art. 17 Absatz 1 Satz 2 Übereinkommen). Bisher hat Italien als einziger Vertragspartner bei der Unterzeichnung des Übereinkommens zum Schutz der Umwelt durch das Strafrecht einen Vorbehalt erklärt: Italien nimmt für sich das Recht in Anspruch, Art. 9 Absatz 1 Übereinkommen, der die Verhängung von straf- oder verwaltungsrechtlichen Sanktionen oder Maßnahmen

1693 Estland ratifizierte das Übereinkommen am 26. April 2002, http://conventions.coe.int/Treaty/EN/dadreprincipal.htm.

1694 Stellungnahme des Ausschusses für die Freiheiten und Rechte der Bürger, Justiz und innere Angelegenheiten PE 314.349, S. 32 und die Internetadresse aus Fn. 1695.

gegen juristische Personen vorsieht, nicht anzuwenden.[1695] Dieser Vorbehalt ist nach Art. 9 Absatz 3 Übereinkommen zulässig.
Daneben sind weitere Vorbehalte vorgesehen: Vorbehalte sind möglich hinsichtlich der Strafbarkeit fahrlässigen Verhaltens; sie kann auf grob fahrlässig begangene Straftaten, Art. 3 Absatz 2 Übereinkommen oder auf bestimmte nach Art. 2 Übereinkommen strafbare Handlungen beschränkt werden, Art. 3 Absatz 3 Übereinkommen. Daneben sind Vorbehalte hinsichtlich der in dem Übereinkommen festgelegten Gerichtsbarkeit (Art. 5 Übereinkommen) sowie der danach möglichen Einziehungsmaßnahmen (Art. 7 Absatz 2 Übereinkommen) und hinsichtlich der Zusammenarbeit zwischen den Umweltverwaltungsbehörden und Strafverfolgungsbehörden (Art. 10 Absatz 2 Übereinkommen) möglich.
Des Weiteren regelt das Übereinkommen seinen Geltungsbereich (Art. 15), sein Verhältnis zu anderen Übereinkünften (Art. 16), Änderungsmöglichkeiten (Art. 18), die Beilegung von Streitigkeiten zwischen Vertragsparteien über die Auslegung oder Anwendung dieses Übereinkommens (Art. 19) sowie die Kündigung des Übereinkommens, die jederzeit möglich ist (Art. 20 Absatz 1).
Insgesamt bleibt bezüglich der Bindungswirkung des Übereinkommens des Europarats als völkerrechtlichem Vertrag festzuhalten, dass er erst durch die Ratifizierung (durch die Transformation in nationales Recht) innerstaatliche Geltungskraft erlangt. Zuvor besteht nur eine völkerrechtliche, keine nationale Bindungswirkung.[1696]

B. Die Regelungen des Übereinkommens zum Schutz der Umwelt durch das Strafrecht

In diesem Abschnitt werden vorab allgemeine Fragen, wie der Standort des Umweltstrafrechts, die geschützten Rechtsgüter, die Verwaltungsakzessorietät, die Strafbarkeit von Amtsträgern und die Zusammenarbeit mit den Strafverfolgungsbehörden sowie die Strafbarkeit juristischer Personen untersucht.

I. Allgemein

1. Regelung im allgemeinen Strafgesetzbuch oder in Nebengesetzen?

Zunächst stellt sich die Frage, ob das Übereinkommen die Inkorporation der dort vorgesehenen Tatbestände in die allgemeinen nationalen Strafgesetzbücher vorsieht oder zur Umsetzung strafrechtliche Normen in Nebengesetzen ausreichen lässt.

1695 http://conventions.coe.int/treaty/EN/DeclareList.
1696 Vgl. *Seidl-Hohenveldern/Stein*, Völkerrecht, S. 71 ff.

Eine ausdrückliche Bestimmung über das „Wie" der Umsetzung enthält das Übereinkommen nicht.
Da das Übereinkommen sowohl verwaltungsrechtliche als auch strafrechtliche Sanktionen sowie Maßnahmen vorsieht, könnte man davon ausgehen, dass es den Mitgliedstaaten die Art der Umsetzung überlässt.
Allerdings wird in dem Übereinkommen hervorgehoben, dass der Schutz der Umwelt durch das (Kriminal-) Strafrecht als begleitende Maßnahme wichtig ist, und dass dem Einzelnen bewusst sein oder werden muss, dass umweltbeeinträchtigendes Verhalten strafbar und strafwürdig ist. Deshalb wird in der Präambel des Übereinkommens zur Etablierung eines besseren Umweltschutzes gefordert, dass besonders umweltgefährdende Verhaltensweisen vom Strafrecht erfasst werden müssen.[1697] Zudem legen Art. 2 Absatz 2 und Art. 3 Absatz 1 Übereinkommen ausdrücklich fest, dass die dort genannten Verhaltensweisen im innerstaatlichen Recht als Straftaten geahndet werden müssen. In Art. 6 Satz 2 Übereinkommen sind die zu verhängenden strafrechtlichen Sanktionen präzisiert. Zu diesen Sanktionen gehören zwingend Freiheitsstrafen und finanzielle Sanktionen. Erst durch die Inkorporation in das allgemeine Strafgesetzbuch kann die abschreckende Wirkung des Strafrechts[1698] den Bereich der Umweltkriminalität erfassen. Zudem gewährleistet erst eine international harmonisierte Rechtslage einen effektiven Schutz der Umwelt. Hervorgehoben wird weiter, wie wichtig die Kriminalisierung dieses Bereichs ist.[1699]
Aufgrund dieser Erwägungen spricht vieles dafür, dass das Übereinkommen eine umfassende Regelung des Umweltstrafrechts im allgemeinen Strafgesetzbuch der Länder befürwortet. Es wird deutlich, dass lediglich in verwaltungsrechtlichen Nebengesetzen angedrohte Sanktionen zur Ahndung von Verstößen gegen das Umweltrecht – auch wegen der fehlenden abschreckenden Wirkung – nicht als ausreichend angesehen werden. Um die vom Übereinkommen bezweckte abschreckende Wirkung zu erzielen, müssen die umweltstrafrechtlichen Regeln in das allgemeine Strafgesetzbuch der Länder aufgenommen werden. Wie schon das deutsche Beispiel zeigt, wurde dem Umweltstrafrecht erst durch seine Inkorporation in das Strafgesetzbuch die gewünschte allgemeine und wissenschaftliche Aufmerksamkeit zu Teil und das Bewusstsein der Bürger hierfür geprägt.[1700]
Neben der grundsätzlichen Regelung im allgemeinen Strafgesetzbuch ist es zulässig, die in Art. 4 Übereinkommen genannten weniger schwerwiegenden Straftaten gegen die Umwelt als Verwaltungsunrecht, und somit durch verwaltungsrechtliche Nebengesetze zu ahnden.

1697 http://www.coe.fr/eng/legaltxt/172e.htm
1698 *Tiedemann*, LK Vor § 298, Rn. 3; *ders./Kindhäuser*, NStZ **1988** 337, 339; *ders.*, Neuordnung, S. 18 f., aber streitig.
1699 http://www.coe.fr/eng/legaltxt/172e.htm.
1700 Nachweise in Fn. 1698.

2. Geschützte Rechtsgüter

Im Gegensatz zur Ausgestaltung der deutschen Strafgesetze zum Schutz der Umwelt gewährleistet das Übereinkommen einen einheitlichen Schutz der Umweltmedien Wasser, Boden und Luft sowie der Tier- und Pflanzenwelt („*they are put on the same footing*").[1701] Bei diesen (kollektiven) Rechtsgütern soll der Schwerpunkt des strafrechtlichen Schutzes durch das Übereinkommen liegen.[1702] Daneben werden das Leben und die Gesundheit des Menschen und das kulturelle Erbe vor Umweltgefahren geschützt. Das kulturelle Erbe wird definiert als geschützte (Natur-) Denkmäler, andere geschützte Sachen und Vermögensgegenstände (*property*, das alles umfassen soll, was nicht schon von den anderen aufgezählten Objekten erfasst wird).[1703] Dadurch wird deutlich, dass grundsätzlich der Schutz ökologischer Rechtsgüter vor demjenigen klassischer anthropozentrischer Individualrechtsgüter steht und diesen dominieren soll. Konterkariert wird das ganze, indem der Schutz der Umweltmedien und anderer Güter (wie Tiere und Pflanzen) im Gegensatz zum Schutz des Menschen stets von dem einschränkenden Merkmal der „*erheblichen*" oder „*nachhaltigen*" Beeinträchtigung abhängig gemacht wird. Deshalb bestehen Zweifel, ob das Ziel des Übereinkommens, den einheitlichen Schutz der Umweltmedien sowie der Tier- und Pflanzenwelt schwerpunktmäßig zu gewährleisten, in dem wünschenswerten Umfang erreicht werden kann.

Anders als im deutschen Strafgesetzbuch, wo jedes Umweltmedium durch einen eigenen Paragrafen geschützt wird, widmen sich die einzelnen Artikel des Übereinkommens (Art. 2 bis 4) bestimmten, für die Umwelt gefährlichen Handlungsweisen und nennen die dadurch möglicherweise gefährdeten Rechtsgüter. Durch diese Art der Gesetzgebung wird der in Deutschland geltend gemachten Kritik vorgebeugt, dass die einzelnen Umweltmedien (Wasser, Boden, Luft) einen unterschiedlich großen strafrechtlichen Schutz erfahren.[1704] Indem die Umweltmedien „in einem Atemzug" (gemeinsam in einem – und nicht in verschiedenen – Artikeln) genannt werden, genießen sie den gleichen Schutz. Das Übereinkommen will gerade – in Abkehr zu früher und in Anlehnung an den internationalen Trend – diese „Gleichstellung" der Umweltmedien Wasser, Luft und Boden erreichen.[1705] Nicht mit dieser Trias zusammen genannt und geschützt wird die Ruhe. Sie wird *expressis verbis* nur als Ordnungswidrigkeit geschützt, weil eine Ruhestörung überwiegend als weniger schwerwiegendes Delikt angesehen wird.[1706] Diese Sonderstellung des Rechtsguts Ruhe ist insofern gerechtfertigt, als die Ruhe einen kulturellen Wert darstellt, der in den verschiedenen

---

1701 Explanatory Report, S. 3 Absatz 1/a.

1702 Explanatory Report, S. 3 Absatz 1.

1703 Explanatory Report, S. 4 Absatz 1/b.

1704 *Tröndle/Fischer*, § 325, Rn. 1: Infolge der starken Einschränkung des § 325 StGB erlangt die Luft keinen dem Wasser gleichwertigen Schutz.

1705 Explanatory Report, S. 3.

1706 Explanatory Report, S. 5.

Gesellschaften unterschiedlich bewertet wird. Demgegenüber sind Wasser, Boden und Luft biologische Rechtsgüter, die nicht von gesellschaftlichen Vorstellungen abhängen.

3. Verwaltungsakzessorietät

Alle in dem Übereinkommen aufgeführten strafbaren Handlungen, die auch die Beeinträchtigung von Umweltmedien betreffen, sind verwaltungsakzessorisch ausgestaltet; einzige Ausnahme ist der autonome Art. 1 a) Rahmenbeschluss, der ausschließlich Leben und Gesundheit des Menschen schützt. Der Grund für die verwaltungsakzessorische Ausgestaltung liegt in der engen Verzahnung von Umweltverwaltungsrecht und Umweltstrafrecht. Das nationale Verwaltungsrecht bestimmt weltweit, bis zu welchem Ausmaß umweltverschmutzende und umweltgefährdende Verhaltensweisen akzeptabel (als notwendig angesehen werden) und somit erlaubt sind. Oft ist es den Umweltverwaltungsbehörden überlassen, im Einzelfall die Grenze erlaubter Umweltverschmutzung festzulegen. Da die Bestimmung der erlaubten Nutzung der Umwelt durch Gesetze, Verordnungen, Satzungen oder Behördenentscheidungen erfolgen kann, verwendet das Übereinkommen den weiten Begriff *unlawful*.[1707] Im *Langenscheidt* Großwörterbuch der englischen und deutschen Sprache[1708] wird dieser Begriff übersetzt mit *„ungesetzlich"*, *„rechts-, gesetzeswidrig"*, *„widerrechtlich"*, *„illegal"*, *„unzulässig"* und *„unerlaubt"*. In der nichtamtlichen Übersetzung des Bundesjustizministeriums wird *unlawful* durchgängig mit „rechtswidrig" übersetzt. Art. 1 a) Übereinkommen enthält eine Legaldefinition des Begriffs: *„infringing a law, an administrative regulation or a decision taken by a competent authority, aiming at the protection of the environment"*. Das heißt, dass sowohl der Verstoß gegen Gesetze und Verordnungen als auch die Verletzung von behördlichen Entscheidungen, die von der zuständigen Verwaltungsbehörde erlassen wurden und dem Schutz der Umwelt dienen, erfasst werden. Die verwaltungsrechtliche Regelung darf neben dem Schutz der Umwelt auch anderen Zwecken dienen.[1709] Damit muss es sich nicht ausschließlich um umweltschutzrechtliche Zwecke handeln. Ausgeschlossen sind demnach (lediglich) interne Verwaltungsvorschriften.[1710] Da das Übereinkommen keine Lockerung der Verwaltungsakzessorietät selbst für die Fälle vorsieht, in denen die Genehmigung rechtsmissbräuchlich, also durch unrichtige oder unvollständige Angaben, durch Drohung oder Bestechung, erlangt wurde, ist es streng verwaltungsakzessorisch. Jedoch ist es den Vertragsstaaten erlaubt, die strikte Abhängigkeit vom Verwaltungsrecht weniger restriktiv zu handhaben: Gerade der Fall des Rechtsmissbrauchs (wenn

---

1707 Explanatory Report, S. 2: *„It has a broad scope of application"*.
1708 Der Kleine Muret-Sanders, Englisch-Deutsch.
1709 Explanatory Report, S. 4.
1710 Explanatory Report, S. 2.

eine Verwaltungsentscheidung wesentliches Verwaltungsrecht verletzt) wird ausdrücklich als Beispiel für eine Lockerung genannt.[1711]
Da eine verwaltungsrechtliche Erlaubnis nur bestimmte Handlungen legalisieren, aber nicht absolute Rechte verleihen kann, muss es auch autonome, verwaltungsunabhängige Delikte geben. Die Grenze, bis zu der eine behördliche Erlaubnis legalisierende Wirkung zu entfalten vermag, ist erreicht, wenn der Tod oder die (Gefahr einer) ernsthafte(n) Verletzung eines Menschen verursacht wurde. Deshalb fehlt die Abhängigkeit vom Verwaltungsrecht bei denjenigen Delikten, die ausschließlich den Schutz des Lebens und der Gesundheit des Menschen bezwecken.[1712]

4. Strafbarkeit von Amtsträgern

Das Übereinkommen enthält keine Vorschrift, die die spezielle Strafbarkeit von Amtsträgern vorschreibt, wenn sie entgegen umweltverwaltungsrechtlicher Vorschriften handeln und so die Umwelt gefährden. Infolgedessen können sie sich nur nach den allgemeinen Vorschriften der Täterschaft und Teilnahme strafbar machen. Dass die Teilnahme (Beihilfe und Anstiftung) an den in Art. 2 Absatz 1 genannten vorsätzlich begangenen Handlungen als Straftat erfasst werden muss, bestimmt Art. 2 Absatz 2 Übereinkommen.

5. Zusammenarbeit von Verwaltungsbehörden mit Strafermittlungs- und Strafverfolgungsbehörden (Informationspflicht)

Besondere Aufmerksamkeit verdient Art. 10 Übereinkommen, der Bestimmungen über die Zusammenarbeit von Behörden enthält. Der Grund für die Einführung dieser Norm liegt in der Natur des Umweltstrafrechts begründet, das – wie schon mehrfach hervorgehoben – in allen Nationen durch die starke Verbindung zum Umweltverwaltungsrecht geprägt ist. Auch wenn in einigen Ländern besonders gravierende Umweltverstöße autonom geregelt werden und selbst dann strafbar sind, wenn sie in Übereinstimmung mit dem Verwaltungsrecht erfolgten, so hängt das Eingreifen des Umweltstrafrechts doch meist von Tatsachen ab, die erst durch Verwaltungsbehörden geschaffen wurden.[1713]
Deshalb wurde die Informationspflicht der Strafverfolgungsorgane durch die Umweltbehörden übereinstimmend als so wichtig angesehen, dass sie in dem Übereinkommen festgelegt wurde.[1714] Die Strafverfolgungsbehörden bedürfen dieser Information offensichtlich zur Wahrnehmung ihrer Aufgabe und die primäre Quelle, um sie zu erhalten, sind die für den Umweltschutz zuständigen Verwaltungsbehörden.[1715]
Somit bestimmt Art. 10 Absatz 1 a) Übereinkommen, dass bei Vorliegen eines be-

---

1711 Explanatory Report, S. 2.
1712 Vgl. 3. Kapitel B. II. 1.; *Steindorf*, LK § 330a, Rn. 15 m.w.N. zur h.M.
1713 Explanatory Report, S. 11.
1714 Explanatory Report, S. 11.
1715 Explanatory Report, S. 11.

gründeten Verdachts, die für den Schutz der Umwelt zuständigen Behörden die Strafermittlungs- und Strafverfolgungsbehörden hiervon zwingend und auf eigene Initiative unterrichten müssen.

Art. 10 Übereinkommen enthält keine Definition, wer mit *„als für den Umweltschutz zuständige Behörde"* gemeint ist. Wegen der auf nationaler verwaltungsrechtlicher Ebene bestehenden, zum Teil erheblichen Unterschieden bleibt die Antwort hierauf den nationalen Gesetzgebern überlassen. Allerdings hatte der Sachverständigenausschuss solche Behörden im Auge, die im Umweltschutz eine Aufsichts- und Kontrollfunktion wahrnehmen.[1716]

Der begründete Verdacht einer Umweltstraftat – und damit die Informationspflicht der Aufsichts- und Kontrollbehörden – liegt vor, wenn die Wahrscheinlichkeit (*likelihood*) eines Umweltverstoßes gegeben ist. Der Grad der Wahrscheinlichkeit ist nach der Auffassung des Sachverständigenausschusses mit demjenigen identisch, der für den Anfangsverdacht einer Straftat gefordert wird.[1717] Nach deutscher Rechtslage wird ein Ermittlungsverfahren eingeleitet, wenn ein Anfangsverdacht im Sinne von § 152 Absatz 2 StPO besteht. Nach herrschender Meinung[1718] müssen konkrete tatsächliche Anhaltspunkte vorliegen, die nach den kriminalistischen Erfahrungen die Beteiligung des Betroffenen an einer verfolgbaren (Umwelt-) Straftat als möglich erscheinen lassen. Während bloße Vermutungen zur Begründung des Tatverdachts nicht ausreichen,[1719] ist nach heute herrschender Auffassung[1720] anerkannt, dass den Strafverfolgungsbehörden ein Beurteilungsspielraum zusteht.

Diese Pflicht der Umweltbehörden zur unaufgeforderten Informationsmitteilung an die Strafverfolgungsbehörden ist begrenzt auf die in Art. 2 Übereinkommen aufgelisteten vorsätzlich begangenen, schweren Umweltstraftaten.

Daneben enthält Art. 10 Absatz 1 b) Übereinkommen die Pflicht der Umweltschutzbehörden die Strafermittlungs- und Strafverfolgungsbehörden auf deren Verlangen hin zu informieren. Diese Vorschrift soll sicherstellen, dass die Strafermittlungs- und Strafverfolgungsbehörden – in Übereinstimmung mit dem innerstaatlichen Recht – alle notwendigen Auskünfte von den zuständigen Umweltschutzbehörden zur Wahrnehmung ihrer Aufgabe erhalten können. Was als *„notwendige Auskünfte"* zu gelten hat, soll den anfragenden Behörden zur Entscheidung überlassen bleiben.[1721]

Um zu vermeiden, dass es in den Ländern, in denen die Auferlegung der Pflicht über möglicherweise begangene (schwere) Umweltstraftaten ohne Anfrage zu unterrichten, zu rechtlichen Problemen kommt, ermöglicht Art. 10 Absatz 2 Übereinkommen

---

1716 Explanatory Report, S. 11.

1717 Explanatory Report, S. 11.

1718 BGH, StV **1988** 441; *Beulke*, Strafprozessrecht, Rn. 111 und 311; *Meyer-Goßner*, § 152, Rn. 4.

1719 OLG Hamburg, NJW **1984** 1635, 1636; *Beulke*, Strafprozessrecht, Rn. 311.

1720 BGHSt **37** 48, 51 f.; **38** 214, 228; *Beulke*, Strafprozessrecht, Rn. 311; *ders.*, StV **1990** 180; *Meyer-Goßner*, § 152, Rn. 4 m.w.N.

1721 Explanatory Report, S. 11.

von dieser Bestimmung eine Ausnahme zu machen. Diese Ausnahme gilt nur hinsichtlich der Pflicht aus Art. 10 Absatz 1 a) und nicht hinsichtlich der Auskunftspflicht auf Verlangen aus Art. 10 Absatz 1 b) Übereinkommen. Zwar kann es auch hier zu Problemen mit innerstaatlich geltenden Geheimhaltungspflichten kommen, doch wird bei gesetzlicher Verpflichtung zur Auskunftserteilung der Bruch einer Verschwiegenheitspflicht oder die Haftung hierfür ausgeschlossen. Zudem kann speziellen Erwägungen hierzu auf nationaler Ebene Rechnung getragen werden, wie zum Beispiel bei Geheimhaltungspflichten bezogen auf den Schutz nationaler oder anderer fundamentaler Interessen.[1722]

6. Strafbarkeit juristischer Personen

Mindestens ebenso wichtig wie Art. 10 ist Art. 9 Übereinkommen. Dieser sieht die Einführung der Verantwortlichkeit juristischer Personen für Umweltstraftaten (nach Art. 2 und 3 Übereinkommen) vor, die von ihren Organen, einem Mitglied ihrer Organe oder einem anderen Vertreter für die juristische Person begangen wurden.
Damit trägt das Übereinkommen dem Umstand Rechnung, dass ein Großteil der begangenen Umweltstraftaten von juristischen Personen ausgeht, eine Bestrafung der für sie handelnden natürlichen Person meist an dem Nachweis strafrechtlicher Verantwortlichkeit scheitern muss, weil die Unternehmen inzwischen oft unüberschaubar groß sind und komplexe Organisationsstrukturen aufweisen (Stichwort: organisierte Unverantwortlichkeit).[1723] Daneben wird als Begründung der missliche Umstand genannt, dass selbst wenn eine strafrechtlich verantwortliche natürliche Person ausfindig gemacht werden konnte, die verhängte finanzielle Sanktion problem- (und straf-) los[1724] von der juristischen Person bezahlt werden kann. Diese Vorschrift will sich außerdem dem internationalen Trend, die (sogar) strafrechtliche Verantwortlichkeit juristischer Personen allgemein anzuerkennen, anschließen.[1725] Zur Berücksichtigung nationaler rechtlicher Traditionen überlässt die Vorschrift den Staaten die Entscheidung, ob sie (kriminal-) strafrechtliche oder verwaltungsrechtliche Sanktionen oder Maßnahmen gegenüber juristischen Personen verhängen, Art. 9 Absatz 1 Übereinkommen.
Damit die Vorschrift greifen kann, müssen drei Voraussetzungen erfüllt sein: Es muss sich zunächst um eine vorsätzlich begangene Umweltstraftat nach Art. 2 oder um eine fahrlässig begangene nach Art. 3 Übereinkommen handeln. Diese Umweltstraftat muss zweitens zugunsten oder im Auftrag (*on behalf of*) der juristischen Person und drittens von ihren Organen, Mitgliedern oder einem anderen Vertreter begangen worden sein. Erfasst werden soll auch der faktische und nicht nur der rechtlich be-

---

1722 Explanatory Report, S. 11.
1723 Siehe 1. Kapitel B. VI. 2.
1724 Siehe 1. Kapitel B. VI. 2.
1725 Explanatory Report, S. 10.

stellte Vertreter.[1726] Zur Begründung der Verantwortlichkeit einer der genannten Personen genügt schon die Verletzung von Aufsichtspflichten.[1727]
Art. 9 Absatz 2 Übereinkommen stellt klar, dass die Begründung der Verantwortlichkeit des Unternehmens nicht diejenige des Individuums ausschließt; neben der Verantwortlichkeit eines Organs etc. kann auch das Unternehmen als solches haftbar sein.
Obwohl sich der Sachverständigenausschuss grundsätzlich für die Einführung der strafrechtlichen oder verwaltungsrechtlichen Verantwortlichkeit juristischer Personen entschieden hat, hat er doch eine Ausnahme vorgesehen. Nach Art. 9 Absatz 3 Übereinkommen kann jeder Staat beim Generalsekretariat des Europarats eine Erklärung hinterlegen, dass er Art. 9 Absatz 1 Übereinkommen ganz oder teilweise nicht oder nur auf bestimmte Straftaten anwendet. Dieser Vorbehalt wurde eingefügt, weil es – trotz des zu verzeichnenden internationalen Trends hin zur Einführung einer generellen Verantwortlichkeit juristischer Personen – stets Vertragsstaaten gibt, die dieses Problem ganz oder teilweise im Verwaltungsrecht oder Zivilrecht verorten und so die vorgesehene Bestimmung nicht vollständig anwenden können.

II. Die zentrale Umweltschutzvorschrift (Art. 2 Absatz 1 Übereinkommen)

Art. 2 Übereinkommen umfasst besonders schwerwiegende Umweltdelikte, die durch ein Tun oder Unterlassen vorsätzlich begangen wurden.
Parallel zu der deutschen, sowie anderer europäischer, Regelungen ist die Stufung der Schutzintensität: Handelt es sich ausschließlich um den Schutz des Menschen vor einer schweren Körperverletzung oder dem Tod, so ist der Tatbestand als nicht verwaltungsakzessorisches Erfolgsdelikt ausgestaltet. Das ist sinnvoll, weil eine behördliche Genehmigung nie die Verletzung oder den Tod eines Menschen erlauben (rechtfertigen) kann.[1728]

1. Schutz des Menschen

In dem Übereinkommen schützt der verwaltungsunabhängige Art. 2 Absatz 1 a i) den Menschen vor dem Tod oder einer schweren Körperverletzung, die durch das vorsätzliche Einleiten, Abgeben oder Einbringen von Stoffen oder ionisierender

---

[1726] Explanatory Report, S. 10.
[1727] Explanatory Report, S. 10.
[1728] Im deutschen Recht überwiegende Auffassung: BT-Drs. 8/2382, S. 25; *Bloy*, ZStW **100** (1988) S. 485, 501 f.; *Lackner/Kühl*, § 330a, Rn. 7; *Schönke/Schröder/Cramer/Heine*, § 330a, Rn. 8; *Steindorf*, LK § 330a, Rn. 15 unter Hinweis auf BGH, Urteil vom 13.03.1975 – 4 StR 28/75, vollständig abgedruckt bei *Tiedemann*, Neuordnung, S. 58 ff.; mit interessanter Parallele zur Fahrerlaubnis: *Tröndle/Fischer*, § 330a, Rn. 1. **A.A.:** *Horn*, SK § 330a, Rn. 9.

Strahlung in die Luft, den Boden oder das Wasser verursacht wurde. Von Art. 2 Absatz 1 a) Übereinkommen wird auch die Ruhe geschützt,[1729] wenn die Lärmverursachung eine schwere Körperverletzung verursacht oder die Gefahr einer solchen herbeigeführt hat.[1730] Dem Wortlaut nach wird die Umwelt vor Verschmutzungen nicht geschützt. Jedoch wird in der Begründung ausdrücklich hervorgehoben, dass nationale Vorschriften einen solchen (Verletzungs- oder Todes-) Erfolg von der (negativen) Veränderung der Qualität des Umweltmediums abhängig machen dürfen.[1731]
Art. 2 Absatz 1 a ii) Übereinkommen erfasst die gleichen Handlungen, verlangt hinsichtlich des Todes beziehungsweise der Körperverletzung des Menschen nur eine konkrete Gefährdung. Für den Richter bedeutet das, dass er zwar keinen Kausalzusammenhang, aber eine im Einzelfall vorliegende Gefährdung feststellen muss. Auch hier werden nur die individuellen Rechtsgüter Leben und Gesundheit des Menschen geschützt.

2. Schutz vor unbefugtem Einleiten, Abgeben oder Einbringen von Stoffen oder ionisierender Strahlung

Erst in Art. 2 Absatz 1 b) Übereinkommen werden die überindividuellen Rechtsgüter der Umwelt als Lebensgrundlage des Menschen neben den klassischen Individualrechtsgütern geschützt. Dieser Tatbestand ist verwaltungsakzessorisch ausgestaltet.[1732] Strafbar ist das *rechtswidrige* Einleiten, Abgeben oder Einbringen von Stoffen oder ionisierender Strahlung in die Luft, den Boden oder das Wasser, wenn dadurch eine nachhaltige Verschlechterung oder die Gefahr der nachhaltigen Verschlechterung dieser Medien eintritt, beziehungsweise wenn der Tod oder die Körperverletzung eines Menschen wahrscheinlich oder die wesentliche Schädigung eines (Natur-) Denkmals, anderer geschützter Objekte, Güter, Tiere oder Pflanzen verursacht oder die Gefahr der Schädigung hervorgerufen wird. Auffällig ist insbesondere, dass hinsichtlich der Beschädigung der dort genannten Güter eine „anhaltende" beziehungsweise eine „erhebliche" Beeinträchtigung erforderlich ist. Dies schränkt den Anwendungsbereich von Art. 2 Absatz 1 b) Übereinkommen erheblich ein, was auch gewollt zu sein scheint, da es in der Begründung erwähnt wird.[1733]
Bemerkenswert ist zudem, dass es sich nicht um fremde Sachen handeln muss; herrenlose und eigene Güter stehen ebenfalls unter dem Schutz dieser Regel.[1734]

1729 *Expressis verbis* erfolgt der Schutz der Ruhe nur als Ordnungswidrigkeit durch Art. 4 b) Übereinkommen. Siehe unten 3. Kapitel B. V.
1730 Vgl. Explanatory Report, S. 5.
1731 Explanatory Report, S. 3.
1732 Wie oben gezeigt werden konnte, sind diejenigen Delikte, die den Schutz überindividueller Rechtsgüter intendieren, stets verwaltungsakzessorisch ausgestaltet. Vgl. auch Explanatory Report, S. 3.
1733 Explanatory Report, S. 3.
1734 Explanatory Report, S. 3.

Der Schutz dieser kollektiven – neben den klassischen – Rechtsgüter(n) erfolgt mittels potentiellen Gefährdungsdelikts und nicht mehr durch ein Erfolgsdelikt, wie der Schutz des Lebens und der Gesundheit des Menschen. Das heißt, dass bereits ein niedrigeres und allgemeineres Risiko zur Strafbarkeitsbegründung ausreicht.[1735] Die Ausgestaltung als potentielles Gefährdungsdelikt ist unter anderem dadurch bedingt, dass der Kausalitätsnachweis bei überindividuellen Rechtsgütern nicht oder nur sehr selten erfolgen kann. Dies liegt zum Teil in den vielfältigen und nicht übersehbaren kumulativen, summativen und synergetischen Wirkungsweisen begründet.

3. Schutz vor rechtswidrigem Umgang mit gefährlichen Abfällen

Der *rechtswidrige* Umgang mit gefährlichen Abfällen ist die durch Art. 2 Absatz 1 c) Übereinkommen strafbewehrte Handlung, wenn dadurch der Tod oder die Gesundheit des Menschen verursacht, die erhebliche Verschlechterung der Qualität der Luft, des Bodens oder des Wassers oder ein erheblicher Schaden zum Nachteil von Tieren oder Pflanzen eingetreten ist oder wenn sie in eine solche Gefahr gebracht wurden. Dieser als verwaltungsakzessorisches potentielles Gefährdungsdelikt gefasste Tatbestand schützt anthropozentrische und ökologische Güter gleichermaßen. Wie schon bei Art. 2 Absatz 1 b) Übereinkommen ist auch hier auf die Einschränkung der Anwendbarkeit der Vorschrift infolge des zusätzlichen Erfordernisses der „erheblichen" Verschlechterung oder des „erheblichen" Schadens hinzuweisen.

4. Schutz vor unerlaubtem Betreiben von Anlagen

Die gefährliche Handlung, die Art. 2 Absatz 1 d) Übereinkommen erfasst, ist die des *rechtswidrigen* Betreibens von Anlagen. Auch hier genügt bereits die potentielle Gefährdung des Lebens oder der Gesundheit des Menschen beziehungsweise die erhebliche Beeinträchtigung der Qualität der Luft, des Bodens oder des Wassers oder ein erheblicher Schaden zum Nachteil von Tieren oder Pflanzen. Diese Vorschrift schützt überindividuelle Rechtsgüter auf gleicher Ebene mit individuellen Rechtsgütern – wiederum mit der Einschränkung, dass bei der Verletzung oder Gefährdung der Umweltmedien eine „erhebliche" Beeinträchtigung erforderlich ist. Die Vorschrift greift zudem nicht ein, wenn die Wirkungen der Handlung innerhalb, aber nicht außerhalb der Anlage auftreten. Dies ergibt sich zwar nicht aus dem Gesetzestext selbst, sondern erst aus der Begründung zum Übereinkommen.[1736]

5. Schutz vor unerlaubtem Umgang mit nuklearen oder anderen gefährlichen radioaktiven Stoffen und Materialien

Der Tatbestand des *rechtswidrigen* Umgangs mit nuklearen oder anderen gefährlichen radioaktiven Stoffen und Materialien, Art. 2 Absatz 1 e) Übereinkommen, ist ein

[1735] Explanatory Report, S. 3.
[1736] Explanatory Report, S. 4.

potentielles Gefährdungsdelikt und schützt neben dem Leben und der Gesundheit des Menschen auch die Qualität der Luft, des Bodens und des Wassers sowie Tiere und Pflanzen vor erheblichen Schäden. Auch hier gilt das bei den obigen Delikten Gesagte zu der nicht unerheblichen Einschränkung durch das zusätzliche Erfordernis des „erheblichen" Schadens.

III. Strafbarkeit fahrlässigen Verhaltens

Die Strafbarkeit fahrlässigen Verhaltens regelt das Übereinkommen in Art. 3 Absatz 1 und dehnt so den Anwendungsbereich der in Art. 2 Absatz 1 Übereinkommen geregelten besonders schwerwiegenden Straftaten aus. Grundsätzlich ist jede in Art. 2 Absatz 1 Buchstaben a) bis e) Übereinkommen aufgeführte Straftat auch bei fahrlässiger Begehungsweise als Straftat zu ahnden. Der Maßstab, der an die Schadensvermeidungspflicht anzulegen ist, soll sich nach der gewöhnlich geforderten Sorgfalt, wie sie in gesetzlichen, behördlichen oder technischen Vorschriften oder in allgemein anerkannten Berufspflichten niedergelegt ist, richten.[1737]

Art. 3 Absatz 2 Übereinkommen räumt jedem Vertragsstaat das Recht ein, die Strafbarkeit – ganz oder teilweise – auf grobe Fahrlässigkeit zu begrenzen. Wird die Strafbarkeit auf grobe Fahrlässigkeit begrenzt, so ist eine schwerwiegende Sorgfaltspflichtverletzung erforderlich, wie es in einigen Staaten für das Umweltstrafrecht gefordert wird.[1738]

Eine echte Ausnahme (und nicht nur Begrenzung) sieht Art. 3 Absatz 3 Übereinkommen vor, um den Vertragsstaaten, deren Rechtsordnung nur die Strafbarkeit von vorsätzlich begangenen Gefährdungen kennen, entgegenzukommen.[1739] Er ermöglicht Vertragsstaaten, die Fahrlässigkeitsstrafbarkeit für bestimmte Delikte insgesamt ausschließen. Das gilt zunächst für das konkrete Gefährdungsdelikt des Art. 2 Absatz 1 a ii) Übereinkommen, das primär den Schutz des Menschen bezweckt. Dieses Recht besteht zudem bezüglich Art. 2 Absatz 1 b) Übereinkommen – allerdings nur hinsichtlich der fahrlässigen potentiellen Gefährdung von (Natur-) Denkmälern und anderen geschützten Objekten und Gütern. Ein Strafbarkeitsausschluss für die fahrlässige potentielle Gefährdung der Umweltmedien oder der Tiere oder Pflanzen ist in dem Übereinkommen nicht vorgesehen.[1740] Das macht deutlich, dass die Umwelt als natürliche Lebensgrundlage des Menschen möglichst umfassend und weitgehend geschützt werden soll – und mittelbar der Mensch. Die in Art. 3 Absatz 3 Übereinkommen enthaltene Möglichkeit, die genannten Objekte bei fahrlässigem Verhalten von der Strafbarkeit auszuschließen, verdeutlicht die enthaltene Wertung: (Natur-)

[1737] Explanatory Report, S. 4.
[1738] Explanatory Report, S. 5.
[1739] Explanatory Report, S. 5.
[1740] Explanatory Report, S. 5.

Denkmäler, andere geschützte Gegenstände oder Vermögensgegenstände werden für den Menschen nicht als elementar (im Sinne von überlebens-) wichtig angesehen und bedürfen deshalb nicht eines vergleichbar weiten Schutzes (im Sinne der Erfassung auch fahrlässiger Begehungsweisen).

IV. Strafbarkeit des Versuchs

Auffällig ist, dass das Übereinkommen bezüglich der Strafbarkeit des Versuchs nicht nur keine Regelung trifft, sondern diesen Bereich nicht mal erwähnt.[1741] Dementsprechend haben weder Regeln zum Rücktritt noch zur tätigen Reue Eingang in das Übereinkommen gefunden.

V. Weniger schwerwiegende Umweltbeeinträchtigungen

Die in Art. 4 a) bis g) Übereinkommen aufgeführten rechtswidrigen umweltbezogenen Verhaltensweisen sind bei vorsätzlicher oder fahrlässiger Begehungsweise zu ahnden. Allerdings lässt das Übereinkommen den Vertragsstaaten die Wahl, ob sie diese Handlungen als Straftaten oder als verwaltungsrechtliche Delikte verfolgen. Mögliche verwaltungsrechtliche Sanktionen können Geldbußen, die Beschlagnahme, die Wiederherstellung der Umwelt, die Rücknahme einer Erlaubnis, das Verbot, weitere umweltgefährdende Handlungen oder Verfahren durchzuführen oder die Anordnung, Emissionen zu verringern, sein.[1742]
Die hier geregelten Tatbestände erweitern fast durchgängig die in Art. 2 Absatz 1 Übereinkommen aufgeführten strafbaren Handlungen[1743] und sind durchweg verwaltungsakzessorisch ausgestaltet.[1744] Der verwendete Terminus der „Rechtswidrigkeit“[1745] bedeutet immer die Verletzung eines Gesetzes, einer verwaltungsrechtlichen Verordnung oder Entscheidung, die von einer zuständigen Behörde erlassen beziehungsweise getroffen wurde.[1746] Ein Erfolg wird nur in den Buchstaben f) und g) vorausgesetzt. Im Übrigen genügt allein die als strafwürdig erachtete Tätigkeit. Es handelt sich um abstrakte Gefährdungsdelikte, die sowohl einen gewissen Qualitäts-

---

[1741] Im deutschen Umweltstrafrecht ist die Strafbarkeit des Versuchs fast durchgängig mit Strafe bedroht. Eine Ausnahme bildet § 325a StGB, bei dem stattdessen tätige Reue nach § 330b StGB möglich ist. Auch im Rahmen des § 325 StGB ist die Versuchsstrafbarkeit nur für Absatz 1 (§ 325 Absatz 1 Satz 2 StGB) und nicht für seinen Absatz 2 (Emissionstatbestand) angeordnet. Auch kennt weder § 327 StGB noch § 329 StGB die Strafbarkeit des Versuchs.
[1742] Explanatory Report, S. 5.
[1743] Vgl. Explanatory Report, S. 5 f.
[1744] Es ist stets eine rechtswidrige Handlung erforderlich.
[1745] Siehe oben 3. Kapitel B. I. 3.
[1746] Explanatory Report, S. 5.

standard der Umweltmedien und ihrer ökologischen Funktionen als auch die Kontrollbefugnisse und das Kontrollinteresse der jeweils zuständigen Verwaltungsbehörde schützen sollen. Bei Art. 4 Übereinkommen geht es neben dem Schutz des Rechtsguts Umwelt insbesondere um den Schutz administrativer Interessen.[1747]

Wenn auch nicht als kriminalstrafrechtlich, so doch als verwaltungsrechtlich sanktionswürdig wird die rechtswidrige Verschmutzung der Umweltmedien (Einleiten, Abgeben oder Einbringen von Stoffen oder ionisierender Strahlungen in die Luft, den Boden oder das Wasser),[1748] der rechtswidrige Umgang (Beseitigen, Behandeln, Lagern, Befördern, Aus- oder Einführen) mit (auch ungefährlichem!) Abfall,[1749] das rechtswidrige Betreiben einer Fabrik[1750] (unabhängig davon, ob dort gefährliche Aktivitäten durchgeführt werden),[1751] der rechtswidrige Umgang (Herstellen, Behandeln, Verwenden, Befördern, Aus- oder Einführen) mit Kernmaterial, anderen radioaktiven Stoffen oder gefährlichen Materialien[1752] (also erweitert um gefährliche Chemikalien) angesehen. Das rechtswidrige Verursachen von Lärm[1753] ahndet Art. 4 b) Übereinkommen: Da es überwiegend als weniger schwerwiegendes Delikt angesehen wird, soll es nur bei Vorliegen zusätzlicher qualifizierender Umstände im Sinne von Art. 2 Absatz a) Übereinkommen[1754] als Straftat zu klassifizieren sein.[1755]

Ebenso wird das rechtswidrige Verursachen von Veränderungen, die die natürlichen Bestandteile eines Nationalparks, eines Naturschutzgebiets, eines Wasserschutzgebiets oder anderer geschützter Gebiete beeinträchtigen[1756] sowie der rechtswidrige Umgang mit der geschützten Tier- und Pflanzenwelt (Besitzen, Wegnehmen, Beschädigen, oder Töten geschützter Arten frei lebender Tiere und Pflanzen oder Handeltreiben)[1757] als ahndungswürdig erachtet. Diese beiden letzten in Art. 4 Übereinkommen geregelten Umweltdelikte sind selbständige Regelungen, weisen also keinen Bezug zu Art. 2 Absatz 1 Übereinkommen auf.[1758]

Alle Handlungen (positives Tun) können auch als Unterlassen begangen werden.[1759]

1747 Explanatory Report, S. 5.

1748 Art. 4 a) Übereinkommen.

1749 Art. 4 c) Übereinkommen.

1750 Art. 4 d) Übereinkommen.

1751 Explanatory Report, S. 6.

1752 Art. 4 e) Übereinkommen.

1753 Der Tatbestand der Ruhestörung kann auch als nicht verwaltungsakzessorisch ausgestaltetes Delikt geahndet werden.

1754 Siehe oben 3. Kapitel B. II. 1.

1755 Explanatory Report, S. 5.

1756 Art. 4 f) Übereinkommen.

1757 Art. 4 g) Übereinkommen.

1758 Explanatory Report, S. 6.

1759 Explanatory Report, S. 3.

VI. Sanktionen und Maßnahmen

1. Freiheitsstrafen, finanzielle und andere Strafen (Art. 6 Übereinkommen)

Zur Bewehrung begangener Umweltstraftaten im Sinne von Art. 2 und 3 Übereinkommen[1760] bestimmt Art. 6 Übereinkommen nicht nur, dass geeignete und erforderliche (kriminalstrafrechtliche) Maßnahmen, die der Schwere der Straftat Rechnung tragen von den Vertragsparteien zu treffen sind, Art. 6 Absatz 1 Satz 1 Übereinkommen. Er legt darüber hinaus ausdrücklich fest, dass zu diesen Sanktionen sowohl Freiheitsstrafen als auch finanzielle Sanktionen gehören müssen,[1761] Art. 6 Absatz 1 Satz 2, 1. Halbsatz Übereinkommen. Bei der Einführung der Verhängung dieser Sanktionen, sind bestehende völkerrechtliche Übereinkünfte zu beachten.[1762]
Daneben sind fakultativ Maßnahmen möglich, die die Wiederherstellung der Umwelt bezwecken, Art. 6 Absatz 1 Satz 2, letzter Halbsatz Übereinkommen. Werden solche, die Umwelt wiederherstellenden Maßnahmen vorgesehen, so ist dies dem Generalsekretariat des Europarats mitzuteilen und hat sich nach den in Art. 8 Übereinkommen enthaltenen Bestimmungen zu richten.[1763]
Neben den im Übereinkommen vorgesehenen Sanktionen sind weitere Strafen möglich. In der Begründung zum Übereinkommen wird Gemeindearbeit, die dem Schutz der Umwelt dient, die Beschränkung des Rechts des Täters, bestimmte Aktivitäten oder Positionen in einem bestimmten Beruf auszuüben, die Rücknahme von Genehmigungen oder Erlaubnissen, etc. beispielhaft genannt.[1764]

2. Die Einziehung (Art. 7 Übereinkommen)

In Art. 7 Absatz 1 Übereinkommen ist die generelle Pflicht enthalten, Maßnahmen zur Einziehung von Tatwerkzeugen, Erträgen oder Vermögensgegenständen, deren Wert solchen Erträgen entspricht, für die Straftaten nach Art. 2 und 3 Übereinkommen einzuführen.[1765] Hintergrund dieser Vorschrift ist das Übereinkommen des Europarats über Geldwäsche sowie Ermittlung, Beschlagnahme und Einziehung von Erträgen aus Straftaten vom 8. November 1990.[1766] Die Einführung dieser Maßnahme beruht auf der Annahme, dass gerade die Einziehung von Erträgen eine effektive

---

1760 Explanatory Report, S. 7: Da die in Art. 4 Übereinkommen aufgeführten Delikte entweder straf- oder verwaltungsrechtlich zu ahnden sind, findet Art. 6 nur dann Anwendung, wenn die dort aufgeführten Tatbestände – im nationalen Recht – als Kriminalstraftat qualifiziert werden.

1761 Explanatory Report, S. 7: Die Verhängung von Freiheits- und Geldstrafen muss zumindest möglich sein.

1762 Vgl. Art. 230 Absatz 1 Seerechtsübereinkommen der Vereinten Nationen vom 10.12.1982 (BGBl. 1994 II, S. 1799), der die Verhängung anderer als finanzieller Sanktionen ausschließt.

1763 Sogleich 3. Kapitel B. VI. 3.

1764 Explanatory Report, S. 8.

1765 Explanatory Report, S. 9: Soweit Umweltverstöße nach Art. 4 Übereinkommen als Straftat ausgestaltet werden, steht es den Vertragsstaaten frei, die Einziehungsmaßnahmen des Art. 7 Absatz 1 Übereinkommen auf sie zu erstrecken.

1766 ETS Nr. 141 vom 8. November 1990.

Maßnahme zur Verbrechensbekämpfung darstellt. Gerade im Bereich des Umweltstrafrechts werden viele Umweltverstöße begangen, um entweder direkt illegalen Gewinn zu erzielen (zum Beispiel durch illegalen Abfalltourismus oder illegale Abfallbeseitigung) oder um – indirekt – Ausgaben einzusparen. Deshalb sind Maßnahmen wichtig, welche die Abschöpfung dieser Erträge oder Gewinne grundsätzlich ermöglichen. Neben ihrer erwarteten präventiven Wirkung soll die Einziehung der Wiederherstellung des fairen wirtschaftlichen Wettbewerbs dienen.
Um die Effektivität der Einziehungsmaßnahmen zu gewährleisten, müssen sowohl die erforderlichen Ermittlungen durchgeführt werden können als auch die zuständigen Behörden die Kompetenz besitzen, die lokalisierten körperlichen oder nichtkörperlichen Vermögensgegenstände einzufrieren, da sie bis zur Anordnung oder Durchführung der Einziehung wieder verschwunden sein könnten, vgl. auch Art. 3 und 4 Geldwäsche-Übereinkommen. Des Weiteren ist es sinnvoll, dass der Polizei, der Staatsanwaltschaft und den Gerichten die notwendigen finanziellen Mittel und der wirtschaftliche Sachverstand zur Verfügung gestellt wird.
Alle in Art. 7 Absatz 1 Übereinkommen verwendeten Begriffe sind in Anlehnung an Art. 1 Geldwäsche-Übereinkommen zu verstehen: „*Einziehung*" bedeutet danach, jede strafrechtliche Sanktion oder Maßnahme, die von einem Gericht im Anschluss an ein Verfahren angeordnet wird und auf die endgültige Entziehung von Vermögensgegenständen gerichtet ist. „*Tatwerkzeuge*" sind alle Gegenstände, die in irgendeiner Weise ganz oder nur teilweise gebraucht wurden oder gebraucht werden sollten, um eines der in Art. 2 und 3 Übereinkommen genannten Verbrechen zu begehen. Der Begriff „*Erträge*" beinhaltet alle wirtschaftlichen Vorteile oder Ersparnisse im Sinne niedrigerer Ausgaben, die aus einer der Straftaten herrühren. Das Wort „*Vermögensgegenstand*" ist weit zu verstehen: Darunter fällt jede Art von Vermögensgegenstand, unabhängig davon, ob es sich um körperliche oder nichtkörperliche, um bewegliche oder unbewegliche Sachen oder um rechtserhebliche Schriftstücke, die das Recht auf solche Vermögensgegenstände oder Rechte an ihnen belegen.
National bestehende Unterschiede hinsichtlich der Entziehung illegal erwirtschafteter Gewinne sowie der Möglichkeit der Wiedergutmachung der Verluste der betroffenen Person. Deshalb besteht die Möglichkeit, Einschränkungen bezüglich bestimmter Straftaten oder bestimmter Kategorien von Tatwerkzeugen, Erträgen oder Vermögensgegenständen zu machen, Art. 7 Absatz 2 Übereinkommen.[1767] Nicht notwendig erscheint, dass ein Staat Art. 7 Absatz 1 Übereinkommen insgesamt ausschließt, da jede Nation das Instrument der Einziehung (in der einen oder anderen Form) als Maßnahme bei Straftaten vorsieht.[1768]

1767 Explanatory Report, S. 9 weist ausdrücklich darauf hin, dass diese Vorschrift mit Art. 2 Übereinkommen über Geldwäsche übereinstimmt, da dieser ebenfalls Einschränkungen zulässt.
1768 Explanatory Report, S. 9.

3. Die Wiederherstellung der Umwelt (Art. 8 Übereinkommen)

Die Einführung der Sanktion der Wiederherstellung der Umwelt ist fakultativ und muss dem Generalsekretariat des Europarats von dem Staat, der sie einführen möchte, mitgeteilt werden. Dies scheint notwendig, weil nur wenige Vertragsparteien, das Instrument der Wiederherstellung der Umwelt als strafprozessuale Maßnahme kennen – insbesondere im Stadium vor dem Strafverfahren.[1769] Maßnahmen der Wiederherstellung sind alle vernünftigen Maßnahmen, die darauf abzielen, beschädigte oder zerstörte Bestandteile der Umwelt wiederherzustellen, aber auch vergleichbare Bestandteile in die Umwelt einzuführen, soweit es vernünftig erscheint.[1770]

Die Wiederherstellung der Umwelt hat vor allem zwei positive Wirkungen: Erstens ist sie kein rein retributives Instrument und zweitens dient sie zugleich der Verbesserung der Umweltverhältnisse. Ob, wie und wieweit das nationale Gericht solche wiederherstellenden Maßnahmen des Täters in seine Entscheidung mit einbezieht, soll ihm und seiner Entscheidungsgewalt überlassen bleiben. Das richterliche Ermessen ist hier vor allem deshalb erforderlich, um spontane und signifikante Bemühungen des Täters, die negativen Auswirkungen seiner Tat zu mindern, honorieren und den Täter so zu ihnen anhalten zu können.

Die Festlegung des Verfahrenszeitpunkts, zu dem diese Maßnahme angeordnet wird, erfolgt absichtlich nicht: ihre Anordnung kann bereits vor der Verurteilung[1771] erfolgen – zum Beispiel wenn der Täter keine Umweltstraftat begehen wollte und der Schaden relativ unbedeutend ist –, oder erst später, während des laufenden Verfahrens, stattfinden. Diese Entscheidung steht ebenfalls im Ermessen der national zuständigen Behörden.[1772] Ihre Anordnung kann zudem von bestimmten Bedingungen abhängig gemacht werden, wie dem Fehlen eines Eintrags im Vorstrafenregister, der Rücksprache[1773] mit dem Opfer oder mit Vereinen, Verbänden,[1774] Behörden oder anderen Körperschaften/Gruppen,[1775] die zur Anklageerhebung berechtigt sind.

Diese allgemein gehaltene Bestimmung soll gerade solchen Situationen gerecht werden, in denen eine Konfliktlösung mittels traditioneller strafrechtlicher Sanktionen nicht adäquat erscheint.

Um die Effektivität dieser Maßnahme zu gewährleisten, ist die gerichtliche Kontrolle ihrer Anordnung erforderlich. Wird die Anordnung, die Umwelt wiederherzustellen, nicht befolgt, kann sie entweder von Staats wegen auf Kosten des Täters vollzogen werden oder durch andere strafrechtliche Sanktionen ersetzt oder ergänzt werden, Art. 8 b) Übereinkommen.

1769 Explanatory Report, S. 9 f.

1770 Explanatory Report, S. 10.

1771 Der Explanatory Report spricht von „*prosecution*".

1772 Explanatory Report, S. 10: Die zuständige Behörde kann, in Übereinstimmung mit dem nationalen Recht, sowohl das Gericht als auch die Verwaltungsbehörde oder die Staatsanwaltschaft sein.

1773 „*consultation*".

1774 „*associations*".

1775 „*services and bodies*".

Zum Teil können die begangenen Umweltstraftaten lediglich auf – bei industriellen Verfahren fast unvermeidlichen – technischen Fehlern beruhen. Dies sollte insoweit Berücksichtigung finden, als neben den klassischen Strafen andere Sanktionsmöglichkeiten vorgesehen und gegebenenfalls anwendbar sein sollten. Als interessantes Beispiel für eine solche Sanktionsmöglichkeit sei nur die Gemeindearbeit[1776] genannt, die in jenem, dem Umweltschutz zugute kommenden Bereich, geleistet werden könnte. Daneben soll ein beschränktes Berufs(ausübungs)verbot, die Rücknahme beziehungsweise der Widerruf einer Genehmigung oder Erlaubnis sowie die Beschränkung oder Ablehnung bestimmter finanzieller oder institutioneller Hilfen in Betracht kommen.[1777]

Findet die Anordnung der Widerherstellung der Umwelt noch vor dem Verfahren statt und wird sie ordnungsgemäß durchgeführt, so soll ein Strafverfahren nicht mehr stattfinden. Wird sie erst während des Verfahrens angeordnet, so soll sie als alleinige oder in Kombination mit anderen zusätzlichen Sanktionen (wie der Geldstrafe, der Entziehung einer Erlaubnis etc.) verhängt werden können.[1778]

VII. Die Gerichtsbarkeit

Das Übereinkommen regelt in Art. 5 die Frage der Gerichtsbarkeit. Danach müssen die Vertragsparteien dafür sorgen, dass sie bei Vorliegen der in dem Übereinkommen festgelegten Straftaten in folgenden Konstellationen zuständig sind:

Zunächst wird die Geltung des Territorialitätsprinzips festgelegt, Art. 5 Absatz 1 a) Übereinkommen. Das heißt, dass der Staat zuständig ist, in dessen Hoheitsgebiet die Straftat begangen wurde. Wegen der oft grenzüberschreitenden Umweltverschmutzung kann die Bestimmung der Zuständigkeit oft schwierig sein: Handlungs- und Erfolgsort können auseinander fallen.[1779] Dafür beruft sich der Sachverständigenausschuss auf die Ubiquitäts- und die Erfolgstheorie, die in vielen, wenn auch nicht allen Vertragsstaaten, gelten. Danach liegt der Handlungsort dort, wo auch nur ein Teil des Delikts begangen wurde beziehungsweise dort, wo die Folgen oder der Erfolg eingetreten ist.

Zudem führt diese Vorschrift das – gerade für den Umweltschutz wichtige – traditionelle Flaggenprinzip ein, Art. 5 Absatz 1 b) Übereinkommen.

In Art. 5 Absatz 1 c) Übereinkommen ist die stellvertretende Strafrechtspflege (aktives Personalitätsprinzip) geregelt. Danach müssen Staatsangehörige auch im Ausland die Gesetze des eigenen Landes beachten, um sich nicht strafbar zu machen. Unterliegt der Ort, an dem die Straftat begangen wurde, der Hoheitsgewalt eines anderen

---

1776 „*community service*".
1777 Explanatory Report, S. 8.
1778 Explanatory Report, S. 10.
1779 Siehe 1. Kapitel B. VIII.

Landes, so muss die Verhaltensweise dort ebenfalls strafbewehrt sein (Erfordernis der doppelten Strafbarkeit). Damit soll dem Umstand Rechnung getragen werden, dass die Straftat (nach Art. 2, 3 und 4 Übereinkommen) in einem Nicht-Vertragsstaat begangen worden sein kann und dort eventuell nicht strafbedroht ist.[1780] Handelt es sich nicht um fremdes Hoheitsgebiet (Hohe See, Arktis, Antarktis, etc.), so ist diese Rücksichtnahme auf fremde Hoheitsgewalt nicht notwendig und es bedarf nicht des Erfordernisses der doppelten Strafbarkeit.

Die Vertragsstaaten müssen ihre Zuständigkeit auch für den Fall begründen, dass eine Straftat im Sinne des Übereinkommens begangen wurde, ein Auslieferungsersuchen von einer anderen Vertragspartei gestellt, die Auslieferung des mutmaßlichen Täters aber verweigert wurde (zum Beispiel, weil es sich um einen eigenen Staatsangehörigen handelt), Art. 5 Absatz 2 Übereinkommen.

Da das nationale Strafanwendungsrecht teilweise andere, weitere Prinzipien zur Begründung der Strafbarkeit kennt,[1781] die in dem Übereinkommen mangels allgemeiner internationaler Anerkennung nicht enthalten sind, wird in dem Übereinkommen ausdrücklich hervorgehoben, dass die Ausübung der Strafgerichtsbarkeit nach innerstaatlichem Recht durch das Übereinkommen nicht ausgeschlossen wird, Art. 5 Absatz 3 Übereinkommen.

Wegen der möglichen auftretenden Probleme wie zum Beispiel bei der Auslieferung gibt das Übereinkommen den Vertragsstaaten die Möglichkeit, die Implementierung von Art. 5 Absatz 1 c) und Absatz 2 ganz oder teilweise zu beschränken, Art. 5 Absatz 4 Übereinkommen.

VIII. Das Reziprozitätsprinzip

In Art. 17 Absatz 3 legt das Übereinkommen das völkerrechtliche Prinzip der Reziprozität fest. Demnach kann ein Staat, der von einer oder mehreren Möglichkeiten, einen Vorbehalt einzulegen, Gebrauch gemacht hat, nicht verlangen, dass eine andere Vertragspartei diese Bestimmung anwendet. Bei Teilvorbehalten kann die Vertragspartei die Anwendung nur insoweit verlangen, als sie die Bestimmung selbst angenommen hat, Art. 17 Absatz 3, letzter Halbsatz Übereinkommen.

1780 Explanatory Report, S. 7.

1781 Wie zum Beispiel das in Deutschland geltende Weltrechtsprinzip (§ 6 StGB) und das dem § 5 StGB zugrunde liegende Schutzprinzip. Siehe 1. Kapitel B. VIII. 3. und 5.

IX. Die Klagebefugnis bestimmter Personengruppen

Art. 11 Übereinkommen regelt das Recht von Gruppen, Stiftungen oder Vereinigungen, die nach ihrer Satzung den Schutz der Umwelt zum Ziel haben, sich am Strafverfahren zu beteiligen. Grund hierfür ist nicht allein die Tatsache, dass dieses Recht in einigen Staaten existiert. Vielmehr steht dahinter die Annahme, dass gerade das Umweltstrafrecht kollektive Interessen schützt und viele Formen der Umweltverschmutzung nicht Individualpersonen, sondern ganze Personengruppen betreffen. Da dieses Recht der Klagebefugnis von Gruppen stets hoch umstritten ist, ist dessen Einführung nicht zwingend (*may grant*). Ebenso bleibt es den Vertragsstaaten überlassen, den genauen Inhalt dieses Rechts sowie die Gruppen, denen es zustehen soll, festzulegen. Alleinige Vorgabe ist, dass es sich um konstituierte Gruppierungen mit Satzungen (oder ähnlichem) mit dem eindeutigen Ziel des Umweltschutzes handeln sollte.[1782]

C. Die Regelungen des Übereinkommens des Europarats im Vergleich mit dem deutschen Umweltstrafrecht

I. Bewusste Lücken des deutschen Umweltstrafrechts

1. Sachliche Beschränkungen

Im deutschen Umweltstrafrecht sticht zunächst besonders deutlich hervor, dass im Rahmen des Schutzes der Reinheit der Luft durch § 325 StGB sowie im Rahmen des Ruheschutzes (§ 325a StGB) und des Schutzes besonders luftverschmutzungs- und lärmanfälliger Gebiete durch verbotswidrig betriebene Anlagen (§ 329 Absatz 1 Satz 1 und 2 StGB) die von Kraftfahrzeugen, Schienen-, Luft- und Wasserfahrzeugen ausgehenden Beeinträchtigungen von der Strafbarkeit ausgenommen sind, vgl. § 325 Absatz 5, § 325a Absatz 4 und § 329 Absatz 1 Satz 3 StGB.

In Anbetracht der Tatsache, dass gerade von diesen Fortbewegungsmitteln – auch wegen ihrer großen Zahl – Beeinträchtigungen der Umweltmedien ausgehen können, ist diese Ausnahme besonders misslich und für den Schutz der Umwelt als Lebensgrundlage des Menschen fatal. Ein umfassender Schutz ist durch diese in ihren Konsequenzen weitgehende Ausnahme nicht möglich.[1783]

Insoweit besteht eine Lücke zum Schutz der Umwelt durch das Übereinkommen, weil dieses eine solche sachliche Beschränkung nicht enthält.

1782 Explanatory Report, S. 12.

1783 *Tröndle/Fischer*, Vor § 324, Rn. 23: Diese Einschränkung ist problematisch und gesetzgeberisch nicht zwingend.

2. Quantitative Beschränkungen

In quantitativer Hinsicht gibt es weitere, in den deutschen umweltstrafrechtlichen Tatbeständen enthaltene, Einschränkungen: Zunächst fällt die ausdrückliche Minimaklausel des § 326 Absatz 6 StGB auf.[1784] Danach ist eine Strafbarkeit wegen des verbotenen Umgangs mit Abfällen ausgeschlossen, wenn aufgrund der geringen Menge der Abfälle schädliche Einwirkungen auf die Umwelt offensichtlich (das heißt *ex ante* ohne weiteres erkennbar)[1785] ausgeschlossen sind. Da sich diese offensichtliche Ungefährlichkeit auch aus anderen Umständen, als aus der Abfallmenge ergeben kann, macht diese Regelung wenig Sinn.[1786] Außerdem wird § 326 StGB durch diese Beschränkung praktisch weitgehend bedeutungslos.[1787] Zum anderen werden minimale Beeinträchtigungen der Umweltmedien (bloße Bagatellen und Belästigungen) auch ohne ausdrückliche Minimaklausel von der Strafbarkeit ausgenommen.[1788] So ist im Rahmen des § 324 StGB anerkannt, dass nicht jede geringfügige Verunreinigung des Gewässers ausreicht, um den Tatbestand zu erfüllen,[1789] obwohl eine explizite Erheblichkeitsschwelle fehlt. Das gleiche gilt für § 324a StGB: Damit der Tatbestand erfüllt ist, muss eine nachteilige Bodenveränderung von bedeutendem Umfang vorliegen. Bloße Belästigungen und Störungen scheiden aus.[1790] Neben dem quantitativen Ausmaß der Beeinträchtigung ist die ökologische Relevanz der Veränderung bedeutsam.[1791]

Weitere Einschränkungen enthält § 329 StGB. Die in Absatz 2 erforderlichen wassergefährdenden Stoffe müssen dazu geeignet sein, die Beschaffenheit des Wassers *nachhaltig* (also in erheblichem Umfang und für längere Dauer)[1792] nachteilig zu verändern.[1793] Auch Absatz 3 erfasst ausschließlich nicht unerhebliche Beeinträchtigungen des jeweiligen (in den Nr. 1 bis 8 genannten) Schutzgebiets. Wann eine relevante Beeinträchtigung vorliegt, ergibt sich unmittelbar aus dem Schutzzweck des geschützten Gebiets (vgl. Schutzanordnungen der Bundesländer).[1794] Bloß vorüberge-

---

1784 Die Einordnung ist umstritten: *Lackner/Kühl*, § 326, Rn. 12; *Tröndle/Fischer*, § 326, Rn. 17; *Schönke/Schröder/Lackner/Heine*, § 326, Rn. 17: objektiv wirkender, von den Vorstellungen des Täters unabhängiger Strafausschließungsgrund. **A.A.:** *Steindorf*, LK § 326, Rn. 144: Straffreierklärung *sui generis*.

1785 *Schönke/Schröder/Lackner/Heine*, § 326, Rn. 19.

1786 Zur Kritik: *Lackner/Kühl*, § 326, Rn. 12; *Rogall*, NStZ **1992** 561, 563; *Schönke/Schröder/Lackner/Heine*, § 326, Rn. 17; *Steindorf*, LK § 326, Rn. 146; *Tiedemann*, Neuordnung, S. 37.

1787 *Schönke/Schröder/Lackner/Heine*, § 326, Rn. 17.

1788 Zur Kritik an den weit gefassten Tatbeständen des Umweltstrafrechts, die eine gleichförmige Ausgrenzung von Bagatellfällen erschweren: *Schönke/Schröder/Cramer/Heine*, § 324, Rn. 2.

1789 *Schönke/Schröder/Cramer/Heine*, § 324, Rn. 8 m.w.N. *Tröndle/Fischer*, § 324, Rn. 6 sprechen von einer Verschlechterung in „erheblicher Weise".

1790 *Lackner/Kühl*, § 324a, Rn. 4; *Möhrenschlager*, NStZ **1994** 513, 517; *Schönke/Schröder/Cramer/Heine*, § 324a, Rn. 11 und 12.

1791 *Schönke/Schröder/Cramer/Heine*, § 324a, Rn. 12; **kritisch** *Tröndle/Fischer*, § 324a, Rn. 10.

1792 *Lackner/Kühl*, § 329, Rn. 7.

1793 *Schönke/Schröder/Eser/Heine*, § 329, Rn. 15 und 22.

1794 *Schönke/Schröder/Eser/Heine*, § 329, Rn. 46.

hende Störungen genügen nicht. Vielmehr ist eine gewisse Intensität erforderlich, die das Eintreten konkreter Gefahren für die Schutzgüter wahrscheinlich macht.[1795]
Auch das Übereinkommen schränkt den Anwendungsbereich der umweltschützenden Straftatbestände in quantitativer Hinsicht ein, indem es eine *„erhebliche"* oder *„nachhaltige"* Umweltbeeinträchtigung verlangt, so dass hier kein Handlungsbedarf des deutschen Gesetzgebers besteht.

3. Räumliche Beschränkungen

Zum Teil ist der Tatbestand der Umweltdelikte nicht in quantitativer Hinsicht, sondern in gegenständlich-räumlicher Hinsicht eingeschränkt:
So verlangt der Tatbestand des § 325 Absatz 1 StGB, dass die Beeinträchtigung der Luft beim Betrieb einer Anlage erfolgt ist und sich außerhalb des zur Anlage gehörenden Bereichs manifestiert hat.[1796] Damit sind schädliche luftverunreinigende Wirkungen unerheblich, die in dem zur Anlage gehörenden Betriebsbereich (auf den sich die verletzten verwaltungsrechtlichen Pflichten beziehen)[1797] auftreten. Dies kann auch die Betriebsstätte insgesamt sein.
Ähnliches gilt für den Emissionstatbestand des § 325 Absatz 2 StGB, der durch die zahlreichen Einschränkungen kaum praktische Relevanz gewonnen hat.[1798] Auch hier muss die Beeinträchtigung beim Betrieb einer Anlage erfolgt sein, die Schadstoffe müssen einen bedeutenden Umfang haben[1799] und in die Luft außerhalb des Betriebsgeländes (und nicht nur außerhalb der Anlage!) gelangt sein. Es genügt nicht, dass die Schadstoffe die freisetzende Anlage verlassen haben, aber innerhalb des Betriebsgeländes verbleiben; sie müssen sich vielmehr außerhalb des Betriebsgeländes unkontrolliert in der Luft verbreiten können.[1800]
Diese gegenständlichen Beschränkungen (*„beim Betrieb einer Anlage"* und *„außerhalb des zur Anlage gehörenden Bereiches"*) grenzen auch den Lärmschutztatbestand des § 325a Absatz 1 StGB ein,[1801] so dass das zu § 325 StGB Gesagte gilt.
Zwar beschränkt auch das Übereinkommen die Anwendbarkeit in räumlicher Hinsicht, doch nur insoweit als es die Luft in Gebäuden, nicht aber die Luft auf dem Betriebsgelände aus dem Schutzbereich herausnimmt. Damit besteht eine Lücke im Vergleich des deutschen mit dem im Übereinkommen geregelten Umweltstrafrecht.

1795 *Schönke/Schröder/Eser/Heine*, § 329, Rn. 46.
1796 Vgl. *Lackner/Kühl*, § 325, Rn. 3; *Schönke/Schröder/Stree/Heine*, § 325, Rn. 17.
1797 *Schönke/Schröder/Stree/Heine*, § 325, Rn. 17; *Steindorf*, LK § 325, Rn. 16. Ferner *Tröndle/Fischer*, § 325, Rn. 11: innerhalb von Anlagen erfolgt der Schutz nur durch das Arbeitsrecht.
1798 Vgl. *Lackner/Kühl*, § 325, Rn. 14; *Möhrenschlager*, NStZ **1994** 513, 518.
1799 Maßgebend ist nicht allein die Menge der freigesetzten Schadstoffe, sondern auch ihre Art und Beschaffenheit: Je gefährlicher der Stoff für die potentiellen Gefährdungsobjekte ist, desto eher soll der bedeutende Umfang zu bejahen sein, vgl. *Schönke/Schröder/Stree/Heine*, § 325, Rn. 23.
1800 *Lackner/Kühl*, § 325, Rn. 14; *Möhrenschlager*, NStZ **1994** 513, 518; *Schönke/Schröder/Stree/Heine*, § 325, Rn. 23; *Steindorf*, LK § 325, Rn. 59.
1801 Vgl. *Schönke/Schröder/Stree/Heine*, § 325a, Rn. 11.

4. Thematische Beschränkungen

a. *Ausschluss „urbanistischer" Delikte*

Daneben weist das deutsche Umweltstrafrecht im Vergleich zu den Regeln anderer europäischer Mitgliedstaaten weitere Lücken auf.[1802] Der deutsche Gesetzgeber hat bewusst weder den Denkmalschutz noch die Städteplanung in den Abschnitt der Straftaten zum Schutz der Umwelt, §§ 324 ff. StGB aufgenommen.[1803] Allenfalls zu erwähnen ist hier § 329 Absatz 3 Nr. 8 StGB, der die Errichtung von Gebäuden in Schutzgebieten mit Strafe bedroht.

Der Tatbestand der gemeinschädlichen Sachbeschädigung, § 304 StGB, der die rechtswidrige Zerstörung oder Beschädigung von öffentlichen Denkmälern[1804] und Naturdenkmälern voraussetzt, gehört nicht dem 29. Abschnitt über Umweltstraftaten an. § 304 StGB schützt sowohl tätereigene als auch herrenlose Sachen,[1805] da es nicht um den Schutz des Eigentums, sondern um das öffentliche Nutzungsinteresse an diesen Gegenständen geht.[1806] Der Begriff des öffentlichen Denkmals entspricht dem des Denkmalschutzgesetzes, so dass der Schutz dieser Gegenstände vom Eintrag in das Denkmalbuch abhängen kann. Auch der Schutz des Naturdenkmals[1807] hängt von dessen rechtsverbindlicher Festsetzung als solches durch die zuständige Behörde ab.[1808]

b. *Gemeingefährliche Straftaten*

Keine Umweltschutzdelikte im engeren Sinn sind neben § 304 StGB auch die anderen im 28. Abschnitt geregelten gemeingefährlichen Straftaten wie die Brandstiftungsdelikte, §§ 306 ff. StGB, und die Tatbestände der Explosionsherbeiführung, §§ 307 ff. StGB.[1809] Durch sie werden die klassischen individuellen Rechtsgüter, wie das Leben und die Gesundheit des Menschen[1810] sowie fremde Sachen von bedeutendem Wert,[1811] geschützt. Der Tatbestand des Freisetzens von Kernenergie, § 307 StGB, wird durch § 328 Absatz 2 Nr. 3 und 4 StGB ergänzt, so dass es Überschneidungen der von diesen Abschnitten erfassten Straftaten geben kann.

1802 Art. 319 Código Penal und 2. Kapitel A. IV. 3.

1803 Vgl. *Schönke/Schröder/Cramer/Heine*, § 324a, Rn. 6: Kein Schutz des Bodens vor Flächenverbrauch und Versiegelung, wie zum Beispiel durch Schwarzbauten.

1804 Darunter werden Kultur-, Bau- und Bodendenkmäler verstanden, *Tröndle/Fischer*, § 304, Rn. 8.

1805 *Tröndle/Fischer*, § 304, Rn. 2.

1806 *Tröndle/Fischer*, § 304, Rn. 1.

1807 Das ist nach § 28 BNatSchG die Einzelschöpfung der Natur, die aufgrund ihrer wissenschaftlichen, geschichtlichen oder landeskundlichen Bedeutung schutzbedürftig ist. Ferner *Tröndle/Fischer*, § 304, Rn. 8.

1808 *Tröndle/Fischer*, § 304, Rn. 8.

1809 Erfasst werden die Explosionsherbeiführung durch das Freisetzen von Kernenergie (§ 307 StGB) und mittels Sprengstoff (§ 308 StGB) sowie der Missbrauch und das Freisetzen ionisierender Strahlen, §§ 309 und 311 StGB. Sogar die Vorbereitung von Explosions- und Strahlungsverbrechen wird selbständig geschützt, § 310 StGB.

1810 §§ 307, 308 und 309 StGB.

1811 §§ 307, 308 und 311 StGB.

Zu diesem Abschnitt der gemeingefährlichen Straftaten gehört auch die gemeingefährliche Vergiftung, die durch § 314 StGB strafbewehrt ist: Erfasst wird die Vergiftung von Wasser in gefassten Quellen, Brunnen und Leitungen jeder Art sowie von Wasser in privaten oder öffentlichen Trinkwasserspeichern.[1812] § 314 StGB schützt nur Leib und Leben des Menschen und keine darüber hinausgehenden ökologischen Interessen.[1813]

5. Regelung durch das Übereinkommen?

Diese bewussten und gewollten Lücken des deutschen Umweltstrafrechts werden von dem Übereinkommen des Europarats teilweise abgedeckt:
Begrüßenswert ist, dass das Übereinkommen auf eine generelle Ausnahme zugunsten der Umweltverschmutzung durch Kraftfahrzeuge, Schienen-, Luft- und Wasserfahrzeuge verzichtet: Durch sie verursachte Beeinträchtigungen der Umweltmedien werden zu Recht ebenso für strafbar erklärt, wie alle anderen Umweltverschmutzungen auch.
Hingegen ist der Ausschluss der Strafbarkeit für nicht erhebliche Beeinträchtigungen in dem Übereinkommen des Europarats wesentlich konsequenter durchgeführt: Jeder Straftatbestand des Übereinkommens macht die Erheblichkeit der Beeinträchtigung des jeweiligen Umweltmediums ausdrücklich zur einschränkenden Voraussetzung der Strafbarkeit.[1814]
Der Denkmalschutz wird von dem Übereinkommen nur teilweise über Art. 2 Absatz 1 b),[1815] die Städteplanung (so wie im deutschen Recht) überhaupt nicht erfasst.
Die gemeingefährlichen Straftaten der Brandstiftung (§§ 306 ff. StGB) und der Sprengstoffexplosion (§§ 307 ff. StGB) sind in dem Übereinkommen – vorbehaltlich der Tatbestände, die ionisierende Strahlung, Kernmaterial und radioaktive Stoffe betreffen, Art. 2 Absatz 1 a), b) und e) sowie Art. 4 a) und e) Übereinkommen – ebenfalls nicht geregelt, weil sie nicht als Umweltdelikte im engeren Sinne, sondern als gemeingefährliche Delikte, angesehen werden.

II. Vergleich der einzelnen Tatbestände

1. Gemeinsamkeiten der beiden Regelungen

Bei einem Vergleich der beiden Regelungen zum Schutz der Umwelt fällt auf, dass beide mit der Begründung ergangen sind, die Umwelt als Lebensgrundlage des Men-

---

1812 *Tröndle/Fischer*, § 314, Rn. 2.
1813 *Tröndle/Fischer*, § 314, Rn. 1.
1814 Zur Kritik oben 3. Kapitel B. I. 2.; Explanatory Report, S. 3.
1815 Art. 2 Absatz 1 b) Übereinkommen: „*erheblicher Schaden an geschützten Denkmälern, anderen geschützten Gegenständen*". Art. 3 Absatz 3 zweiter Spiegelstrich Übereinkommen lässt diesbezüglich ausdrücklich eine Ausnahme für die Fahrlässigkeitsstrafbarkeit zu.

schen selbständig zu schützen. Beide Maßnahmen bezwecken einen doppelten Rechtsgüterschutz: den der Umweltmedien und den des Lebens und der Gesundheit des Menschen, wobei mal der eine und mal der andere Aspekt im Vordergrund steht.[1816] Das Übereinkommen und die §§ 324 ff. StGB bestrafen vorsätzliches und fahrlässiges Verhalten und verwenden Erfolgsdelikte, Eignungsdelikte und abstrakte Gefährdungsdelikte.

In beiden Regelungswerken sind die meisten Tatbestände verwaltungsakzessorisch ausgestaltet, so dass ein enger Zusammenhang zwischen Verwaltungs- und Strafrecht das Ergebnis ist (und in beiden Fällen die damit verbundenen Probleme – formelles/materielles verwaltungsrechtswidriges Handeln[1817] – virulent werden können).[1818]

Bei dem Vertragstext des Übereinkommens fällt besonders die klare Staffelung des Rechtsgüterschutzes auf:

Geht es allein um den Schutz des Lebens und der Gesundheit des Menschen, besteht keine Verwaltungsakzessorietät und es handelt sich um Erfolgsdelikte (Verletzungs- beziehungsweise konkretes Gefährdungsdelikt).[1819]

Im deutschen Recht sieht es ähnlich aus: Soll ausschließlich das Leben und die Gesundheit des Menschen geschützt werden, so verwendet der Gesetzgeber autonome (vom Verwaltungsrecht unabhängige) Erfolgsdelikte in Form von konkreten Gefährdungsdelikten.[1820]

Diejenigen Tatbestände des Übereinkommens, die primär den Schutz der Umweltmedien und sekundär den Schutz der oben genannten Individualrechtsgüter bezwecken, sind verwaltungsakzessorische potentielle Gefährdungsdelikte.[1821]

Überwiegen im deutschen Umweltstrafrecht die ökologischen Aspekte des geschützten Rechtsguts, so bedient sich der Normgeber in der Regel gleichfalls verwaltungsakzessorischer Verletzungs- und Eignungsdelikte.[1822]

Sollen in den Schutzbereich auch administrative Interessen neben den Rechtsgütern Reinheit von Luft, Gewässer und Boden miteinbezogen werden und geht es nur noch mittelbar um den Schutz der individuellen Rechtsgüter, so handelt es sich im Übereinkommen um abstrakte Gefährdungsdelikte (die auch als bloße Ordnungswidrigkeit geahndet werden können).[1823]

Das gleiche gilt im deutschen Recht: Sobald administrative Interessen im Vordergrund stehen, gebraucht der Gesetzgeber grundsätzlich abstrakte Gefährdungsdelik-

---

1816 Teilweise wird auch das kulturelle Erbe geschützt, vgl. Art. 1 Absatz 1 b) Übereinkommen und § 325 StGB („*andere Sachen von bedeutendem Wert*").

1817 Vgl. Art. 1 a) Übereinkommen für die Definition des Begriffs *unlawful*.

1818 Zum deutschen Umweltstrafrecht 1. Kapitel B. IV. sowie zu Nutzen und Sinn der Verwaltungsakzessorietät 3. Kapitel B. I. 3.

1819 Art. 2 Absatz 1 a) Übereinkommen.

1820 §§ 325a Absatz 1, 328 Absatz 3 und 330a StGB.

1821 Art. 2 Absatz 1 b) bis e) Übereinkommen.

1822 §§ 324, 324a, 325 Absatz 2 und 329 Absatz 3 StGB; ferner 1. Kapitel B. III. 3. a.

1823 Art. 4 Übereinkommen und oben 3. Kapitel B. V.

te.[1824] Ausnahmen bilden einerseits die §§ 324, 324a StGB, die primär die Umweltgüter Gewässer und Boden schützen und nur mittelbar das menschliche Leben und die Gesundheit: Dennoch sind sie als Erfolgsdelikte ausgestaltet und nicht als potentielle Gefährdungsdelikte. Von der Weite kommen sie potentiellen Gefährdungsdelikten sehr nahe, weil fast jede, nicht ganz unerhebliche Beeinträchtigung (Bagatellen sind ausgenommen)[1825] genügt, um die nachteilige Veränderung der Gewässerqualität herbeizuführen.

Andererseits stellen § 325 Absatz 2 StGB, der vorrangig das Medium Luft schützt und kein Eignugsdelikt ist, sondern ein abstraktes Gefährdungsdelikt ist und § 325a Absatz 1 StGB, der als potentielles Gefährdungsdelikt ausgeformt ist, obwohl er hauptsächlich die Gesundheit schützt, eine Ausnahme dar.

2. Unterschiede der beiden Regelungen

Allein durch diese soeben genannten (Ausnahme-) Beispiele wird deutlich, dass der Schutz der Umwelt im deutschen Recht nicht so klar und harmonisch strukturiert ist, wie in dem Übereinkommen: Dieses schützt insbesondere die Umweltmedien Gewässer, Luft und Boden einheitlich (die Ruhe ist in Art. 4 b) Übereinkommen gesondert geregelt), indem es diese jeweils in einem „Atemzug" nennt.[1826] Das Übereinkommen hat keine eigenen Tatbestände für jedes einzelne dieser Medien geschaffen, sondern schützt die drei Umweltmedien gemeinsam in einem Absatz, der bestimmte Verhaltensweisen pönalisiert. In Deutschland ist der Schutz der unterschiedlichen Umweltmedien trotz der Reform von 1994 noch immer disharmonisch.[1827] Die einzelnen Tatbestände sind zum Teil so eingeschränkt, dass sie in der Praxis fast keine Rolle spielen.[1828]

Damit ist der Schutz der Umweltmedien durch das Übereinkommen einheitlicher und harmonischer als durch das deutsche Umweltstrafrecht.

3. Vergleich der einzelnen Tatbestände

a. Begriffsklärung

Der Begriff des Gewässers ist im Übereinkommen gesetzlich definiert, Art. 1 b). Die dortige Definition korrespondiert mit derjenigen, die in den meisten internationalen Abkommen zum Umweltschutz verwendet wird.[1829] Geschützt werden alle Arten von Wasser: Grund- und Oberflächenwasser einschließlich des Wassers in Seen, Flüssen, Ozeanen und Meeren sowie das Küstenwasser. Ausgeschlossen ist das Wasser in

---

1824 §§ 325 Absatz 1, 325a Absatz 2, 326, 327, 328 und 329 Absatz 1und 2 StGB; ferner 1. Kapitel B. III. 3. b.

1825 Siehe oben 3. Kapitel C. I. 2.

1826 Siehe oben 3. Kapitel B. I. 2.

1827 Siehe 1. Kapitel A.

1828 Vgl. 1. Kapitel B. VII. 2. Zur Einschränkung des Tatbestands *Lackner/Kühl*, § 325, Rn. 14; *Möhrenschlager*, NStZ **1994** 513, 518.

1829 Explanatory Report, S. 2.

Leitungen und Gefäßen (Schwimmbecken, Leitungswasser oder dasjenige in Abwassersystemen).[1830]

Nach der Legaldefinition des § 330d Nr. 1 StGB umfasst der Begriff Gewässer oberirdische Gewässer (dazu gehören Teiche, Seen und Flüsse)[1831] sowie das Grundwasser und das Meer. Zum Meer gehören neben der Hohen See auch alle Küstengewässer.[1832] Gleichfalls nicht geschützt wird das gefasste, sich außerhalb des Wasserkreislaufs befindende Wasser (wie das in Schwimmbecken und Leitungssystemen).[1833] Das gefasste Wasser erfährt Schutz über § 314 StGB (siehe oben 3. Kapitel C. I. 4.b. a. E.).

Keine Legaldefinition enthält das Übereinkommen für die Begriffe Luft, Boden, Verschmutzung und Einbringen.[1834] Die Erläuterung dieser verwendeten Begriffe erfolgt in der Begründung zum Übereinkommen:

Luft als geschütztes Umweltmedium bedeutet nur die Luft außerhalb, und nicht diejenige innerhalb von Gebäuden und Anlagen. Die Luft innerhalb von Gebäuden und Anlagen wird durch arbeitsschutzrechtliche und gesundheitsschutzrechtliche Regeln geschützt.[1835]

Auch in Deutschland werden nur solche Wirkungen der Luftverunreinigung und Lärmbeeinträchtigungen erfasst, die außerhalb des zur Anlage gehörenden Bereichs (§§ 325 Absatz 1 und 325a Absatz 1 StGB)[1836] beziehungsweise außerhalb des Betriebsgeländes (§ 325 Absatz 2 StGB)[1837] eintreten können.

Unter Boden versteht das Übereinkommen die Erdkruste soweit sie ökologischen Zwecken dient.[1838]

Der Begriff des Bodens ist im deutschen Umweltstrafrecht ebenfalls weit zu verstehen: Er erfasst die obere Schicht der Erdkruste einschließlich ihrer flüssigen und gasförmigen Bestandteile, soweit sie als Träger ökologischer Funktionen Bestandteil des Naturhaushalts sind, § 2 Absätze 1 und 2 BBodSchG.[1839] Im deutschen Recht soll die ökologisch bedeutende Funktion des Bodens erhalten werden.[1840]

1830 Explanatory Report, S. 2.

1831 Vgl. *Schönke/Schröder/Cramer/Heine*, § 324, Rn. 4.

1832 *Schönke/Schröder/Cramer/Heine*, § 324, Rn. 6.

1833 *Schönke/Schröder/Cramer/Heine*, § 324, Rn. 4.

1834 Für das verwendete Wort „*discharge*" wird als Übersetzung das Verb „einbringen" gewählt, da es auch in der nichtamtlichen Übersetzung des Übereinkommens des Bundesministeriums der Justiz verwendet wird.

1835 Explanatory Report, S. 3.

1836 *Lackner/Kühl*, § 325, Rn. 14; *Schönke/Schröder/Stree/Heine*, § 325, Rn. 23; *Steindorf*, LK § 325, Rn. 59. Ferner oben 3. Kapitel C. I. 3.

1837 Vgl. *Schönke/Schröder/Stree/Heine*, § 325, Rn. 17 und § 325a, Rn. 5; 3. Kapitel C. I. 3.

1838 Explanatory Report, S. 3.

1839 Vgl. *Möhrenschlager*, NStZ **1994** 513, 516; *Lackner/Kühl*, § 324a, Rn. 2; *Schönke/Schröder/Cramer/Heine*, § 324a, Rn. 3.

1840 *Schönke/Schröder/Cramer/Heine*, § 324a, Rn. 3.

Statt die beiden Begriffe „*Verschmutzung der Meeresumwelt*" und „*Einbringen*" selbst zu definieren, verweist die Begründung zum Übereinkommen auf zwei andere Übereinkommen,[1841] die diese Begriffe ebenfalls verwenden und einer Definition zugeführt haben. Ersterer bedeutet die unmittelbare oder mittelbare Zuführung von Stoffen oder Energie durch den Menschen in die Meeresumwelt einschließlich der Flussmündungen, aus der sich abträgliche Wirkungen (Schädigung/Gefährdung der lebenden Ressourcen, der Tier- und Pflanzenwelt des Meeres, der menschlichen Gesundheit, etc.) ergeben oder ergeben können; letzterer umfasst jede vorsätzliche Beseitigung von Abfällen oder sonstigen Stoffen von Schiffen, Luftfahrzeugen, Plattformen, etc.

Die Tathandlung des Einbringens erfasst nach deutschem Recht nur den finalen Stoffeintrag. Darunter fällt das mit Entledigungswillen vorgenommene Ablassen oder Ablagern von flüssigen oder festen Abfällen, den übermäßigen Einsatz von Pflanzenschutz- oder Düngemittel und ähnlichen unmittelbar auf den Boden zielenden Handlungen.[1842]

Statt des Begriffs Verschmutzung verwendet das deutsche Umweltstrafrecht den Begriff der Verunreinigung. Ein Gewässer ist verunreinigt, wenn es sich nach dem Eingriff des Täters seinem äußeren Erscheinungsbild nach als weniger rein darstellt als zuvor;[1843] der Boden ist verunreinigt, wenn eine äußerlich wahrnehmbare Veränderung der Bodenzusammensetzung vorliegt, die sich ökologisch nachteilig auswirkt.[1844]

b. Verwaltungsunabhängige Tatbestände

Durch den verwaltungsrechtsunabhängigen Art. 2 Absatz 1 a i) Übereinkommen werden Leben und Gesundheit des Menschen vor einer in die Luft, den Boden oder das Wasser eingeleiteten, abgegebenen oder eingebrachten Menge an Stoffen und ionisierender Strahlung geschützt. Diese Aufzählung der verschiedenen Handlungsalternativen soll sicherstellen, dass alle Arten von die Umwelt verschmutzenden Verhaltensweisen erfasst werden.[1845] Sie unterscheiden sich darin, dass sie verschiedene Aggregatzustände des Stoffes (fest, flüssig oder gasförmig) erfassen.[1846]

Im deutschen Recht vergleichbar ist die (verwaltungsrechtsunabhängige) Erfolgsqualifikation des § 330a Absatz 2 StGB, die in ihren Voraussetzungen § 330 Absatz 2 Nr.

1841 Art. Art. 1 Absatz 1 Nr. 4 Seerechtsübereinkommen der Vereinten Nationen und Art. 2 Absatz 3 a) Internationales Übereinkommen zur Vermeidung der Umweltverschmutzung durch Schiffe von 1973 (abgedruckt in Sartorius II Nr. 350).

1842 *Lackner/Kühl*, § 324a, Rn. 6; *Schönke/Schröder/Cramer/Heine*, § 324a, Rn. 7; *Steindorf*, LK § 324a, Rn. 32; *Tröndle/Fischer*, § 324a, Rn. 4.

1843 *Schönke/Schröder/Cramer/Heine*, § 324, Rn.8.

1844 *Lackner/Kühl*, § 324a, Rn. 3; *Schönke/Schröder/Cramer/Heine*, § 324a, Rn. 9.

1845 Explanatory Report, S. 3.

1846 Explanatory Report, S. 3.

2 StGB entspricht. Der Tod eines Menschen muss wenigstens fahrlässig durch eine vorsätzliche Tat nach §§ 324 bis 329 StGB verursacht worden sein.[1847]

Der ebenfalls verwaltungsunabhängige Art. 2 Absatz 1 a ii) Übereinkommen unterscheidet sich zum vorgenannten Tatbestand nur darin, dass er hinsichtlich des Erfolgs eine konkrete Gefahr genügen lässt. Dem entspricht im deutschen Recht § 330a Absatz 1 StGB. Allerdings besteht der gravierende Unterschied, dass § 330a Absatz 1 StGB nur Stoffe erfasst, die Gifte enthalten oder hervorbringen können.[1848] Nicht erfasst ist somit die ionisierende Strahlung.[1849] Davor schützen lediglich die verwaltungsakzessorischen §§ 309 und 328 Absätze 1 und 2 StGB.[1850] § 330a Absatz 1 StGB erfasst jedes Verhalten, durch das sich der Stoff unkontrollierbar (nicht mehr im Gewahrsam oder im Einwirkungsbereich des Täters) und umweltgefährdend ausdehnen und verbreiten kann.[1851] Die schwere Gesundheitsschädigung liegt vor, wenn die konkrete Gefahr des Eintritts einer langwierigen ernsten Krankheit, einer erheblichen Beeinträchtigung der Arbeitsfähigkeit für längere Zeit oder vergleichbar schwere Folgen vorliegt.[1852]

c. *Verwaltungsakzessorische Tatbestände*

aa. *Schutz der Umweltmedien*

Den wichtigsten Umweltschutztatbestand stellt Art. 2 Absatz 1 b) Übereinkommen dar. Er unterscheidet sich zum vorherigen Tatbestand in zwei Punkten:

Erstens ist seine Reichweite nicht auf menschengefährdende Umweltverschmutzungen beschränkt, sondern lässt Verschmutzungen ausreichen, die einen erheblichen Schaden an geschützten Denkmälern, anderen geschützten Gegenständen, an Vermögensgegenständen, Tieren oder Pflanzen verursachen.[1853] Insoweit besteht auch ein Unterschied zu den normalen Sachbeschädigungsdelikten des Strafrechts, die stets die Beschädigung fremder Sachen erfordern und so auf die Eigentumsverhältnisse abstellen. Bezüglich der Gefährdung der Gesundheit und des Lebens von Menschen genügt hier – im Gegensatz zu den ersten beiden Delikten – eine potentielle Gefahr.[1854] Der Begriff Vermögensgegenstand soll sich auf alle möglichen körperlichen Gegenstände und Waren beziehen, die nicht schon von den Begriffen „*geschützte Denkmäler, andere geschützte Gegenstände, Tieren oder Pflanzen*" abgedeckt werden.[1855]

1847 *Schönke/Schröder/Cramer/Heine*, § 330a, Rn. 7a und § 330, Rn. 10; *Tröndle/Fischer*, § 330a, Rn. 5 und § 330, Rn. 9.

1848 *Schönke/Schröder/Cramer/Heine*, § 330a, Rn. 2; *Tröndle/Fischer*, § 330a, Rn. 2.

1849 BT-Drs. 8/2382, S. 26; *Schönke/Schröder/Cramer/Heine*, § 330a, Rn. 2. Ferner *Tröndle/Fischer*, § 330a, Rn. 2.

1850 Vgl. *Schönke/Schröder/Cramer/Heine*, § 330a, Rn. 2.

1851 *Lackner/Kühl*, § 330a, Rn. 3; *Schönke/Schröder/Cramer/Heine*, § 330a, Rn. 4; *Tröndle/Fischer*, § 330a, Rn. 3.

1852 *Lackner/Kühl*, § 330, Rn. 6; *Möhrenschlager*, NStZ **1994** 566, 567; *Schönke/Schröder/Cramer/Heine*, § 330, Rn. 9a; *Steindorf*, LK § 330, Rn. 3; *Tröndle/Fischer*, § 330, Rn. 8.

1853 Explanatory Report, S. 3.

1854 Explanatory Report, S. 3.

1855 Explanatory Report, S. 4.

Der zweite Unterschied ist die verwaltungsakzessorische Ausgestaltung von Art. 2 Absatz 1 b) Übereinkommen. Er setzt voraus, dass verwaltungsrechtliche Gesetze, Vorschriften, Verordnungen oder Entscheidungen der zuständigen Behörde verletzt wurden, wobei letztere auch Verwaltungsakte umfassen, die bestimmte bindende Anordnungen oder Verbote in Bezug auf bestimmte Situationen enthalten.
Im deutschen Recht entsprechen dieser Vorschrift die verwaltungsakzessorischen §§ 324, 324a, 325 StGB, allerdings wiederum mit einem gravierenden Unterschied: Die ionisierende Strahlung wird von diesen Tatbeständen nicht erfasst.[1856]
Wie das Übereinkommen umfasst auch § 325 StGB nur die Luft außerhalb des zur Anlage gehörenden Bereichs; nicht erfasst werden schädliche Auswirkungen innerhalb der Anlage.[1857] Mit dem Merkmal der Erheblichkeit geht das deutsche Umweltstrafrecht wesentlich zurückhaltender um als das Übereinkommen.[1858] So wird nur in den § 324a Absatz 1 Nr. 2, § 325 Absätze 2 und 3 Nr. 2, § 326 Absatz 1 Nr. 4 a und § 329 Absatz 3 StGB vom bedeutenden Umfang der Beeinträchtigung beziehungsweise der freigesetzten Stoffe und der nachhaltigen Verunreinigung beziehungsweise nicht unerheblichen Beeinträchtigung gesprochen. Ansonsten handelt es sich um nicht ausdrückliche Beschränkungen in der Form, dass bloße Bagatellen ausgeschieden werden sollen.

bb. Unerlaubter Umgang mit gefährlichen Abfällen

Dem durch Art. 2 Absatz 1 c) Übereinkommen geregelten unerlaubten Umgang mit gefährlichem Abfall in gefährlicher Weise entspricht im deutschen Umweltstrafrecht § 326 Absatz 1 (ungeordnete Beseitigung besonders gefährlicher Abfälle), Absatz 2 (verbotene und ungenehmigte grenzüberschreitende Abfallverbringung) und Absatz 3 (pflichtwidriges Nichtabliefern radioaktiver Abfälle) StGB.[1859]
Abfälle im Sinne des Übereinkommens sind Substanzen oder Gegenstände, deren man sich entledigt hat, deren man sich entledigen möchte oder deren man sich nach nationalem Recht entledigen muss.[1860] Eine Orientierung für den Begriff der Gefährlichkeit geben Art. 1 Absatz 1 Baseler Übereinkommen sowie Art. 1 Absatz 4 Verordnung 91/689/EWG. Radioaktive Abfälle sind jeweils mit umfasst.[1861] Dieser Tatbestand soll alle wichtigen Phasen des illegalen Umgangs mit Abfall umfassen. Die Beispiele für das Sich-Entledigen, wie das Beseitigen, das Behandeln (biologisch, physikalisch-chemisch), das dauerhafte oder vorübergehende Lagern, das Verbren-

---

1856 *Schönke/Schröder/Cramer/Heine*, § 324a, Rn. 5.

1857 *Schönke/Schröder/Cramer/Heine*, § 325, Rn. 17; oben 3. Kapitel C. I. 3.

1858 Siehe oben 3. Kapitel C. I. 2.

1859 Im Übereinkommen wird einschränkend ein erheblicher Schaden verlangt, der in § 326 StGB zu Recht nicht erforderlich ist.

1860 Explanatory Report, S. 4 unter Verweisung auf Art. 2 Absatz 1 Nr. 1 Baseler Übereinkommen über die Kontrolle der grenzüberschreitenden Verbringung gefährlicher Abfälle und ihrer Entsorgung vom 22.03.1989 (BGBl. 1994 II, S. 2704) sowie Art. 1 a) der Richtlinie 75/442/EWG über Abfall, geändert durch Richtlinie 91/156/EWG vom 18.03.1991, ABl. EG L 78, S. 32.

1861 Explanatory Report, S. 4.

nen, das ins Wasserschütten sind alle im Anhang IV des Baseler Übereinkommens sowie im Anhang IIA der Richtlinie 75/442/EWG genannt. Die Begriffe des Imports und Exports beinhalten alle grenzüberschreitenden Bewegungen,[1862] der des Transports erfasst alle Beförderungen innerhalb eines Vertragsstaats. Die Einführung der (Kriminal-) Strafbarkeit wird nur für eher schwerwiegende Delikte für notwendig erachtet, also, wenn die Gefahr des Todes oder der schweren (Körper-) Verletzung eines Menschen oder der Umwelt wahrscheinlich ist.

§ 326 Absatz 2 StGB erfasst nur das Verbringen (das als jede Beförderung im Sinne einer Ortsveränderung verstanden wird)[1863] von Abfällen in, aus dem oder durch den Geltungsbereich dieses Gesetzes. Damit erfasst er nur das grenzüberschreitende Verbringen von gefährlichen Abfällen,[1864] nicht aber den Transport innerhalb der Bundesrepublik. Da Art. 2 Absatz 1 c) Übereinkommen auch die Beförderung innerhalb eines Vertragsstaats erfasst, bleibt § 326 Absatz 2 StGB im Bereich der Tathandlung hinter Art. 2 Absatz 1 c) Übereinkommen zurück.[1865]

Eine weitergehende Strafbarkeit für bloßen Verwaltungsungehorsam dürfen die Vertragsstaaten vorsehen, vgl. Art. 4 Absatz 1 c) Übereinkommen.[1866]

cc. Unerlaubtes Betreiben von Anlagen

Durch Art. 2 Absatz 1 d) Übereinkommen wird das ungenehmigte Betreiben von Anlagen, in denen gefährliche Tätigkeiten ausgeführt werden, für strafbar erklärt, wenn sie die nahe liegende Gefahr des Todes oder der schweren Körperverletzung eines Menschen beziehungsweise der erheblichen Beeinträchtigung der Umweltmedien nebst Tieren und Pflanzen bergen. Die Begriffsbestimmung für „*Anlage, in der gefährliche Tätigkeiten ausgeführt werden*" überlässt das Übereinkommen den nationalen Rechtsordnungen.[1867] Darunter können sowohl kerntechnische Anlagen als auch chemische Anlagen, in denen gefährliche Substanzen verarbeitet werden, subsumiert werden.[1868] Der Anwendungsbereich dieses Tatbestands erstreckt sich nur auf gefährliche Wirkungen außerhalb der Anlage.[1869]

Im deutschen Recht regelt § 327 StGB das ungenehmigte Betreiben gefährlicher Anlagen. In Absatz 1 werden kerntechnische Anlagen erfasst, während Absatz 2 das ungenehmigte Betreiben anderer Anlagen, von denen schädliche Immissionen ausgehen können (Rohrleitungsanlagen und Abfallentsorgungsanlagen), betrifft. Allerdings geht dieser Tatbestand insofern wesentlich weiter als der des Übereinkommens, als es

1862 Explanatory Report, S. 4 unter Hinweis auf Art. 2 Nr. 3 und Art. 9 Baseler Übereinkommen und der Verordnung 259/93/EWG zur Überwachung und Kontrolle der Verbringung von Abfällen in der, in die und aus der Europäischen Gemeinschaft vom 01.02.1993, ABl. EG L 30, S. 1.

1863 *Schönke/Schröder/Lenckner/Heine*, § 326, Rn. 12c.

1864 *Schönke/Schröder/Lenckner/Heine*, § 326, Rn. 12a und 12c.

1865 *Schönke/Schröder/Cramer/Heine*, Vorbem §§ 324 ff., Rn. 7d.

1866 Explanatory Report, S.4.

1867 Explanatory Report, S. 4.

1868 Explanatory Report, S. 4.

1869 Explanatory Report, S. 4.

keine Beschränkung auf Auswirkungen außerhalb der Anlage gibt: auch innerhalb der Anlage auftretende gefährliche Wirkungen werden von der Strafdrohung erfasst.

dd. Unerlaubter Umgang mit nuklearen oder anderen gefährlichen radioaktiven Stoffen

Den unerlaubten Umgang mit nuklearen oder anderen gefährlichen radioaktiven Stoffen und Materialien bedroht Art. 2 Absatz 1 e) Übereinkommen mit Strafe. Als Ausgangspunkt dieser Vorschrift diente zwar Art. 7 Absatz 1 a) Wiener Übereinkommen über Physikalischen Schutz vor nuklearen Materialien, jedoch geht diese Vorschrift darüber in zweierlei Hinsicht hinaus: Zum einen erfasst sie neben nuklearen Materialien auch andere gefährliche radioaktive Substanzen (wie Zäsium und Strontium). Zum anderen schützt sie Tiere und Pflanzen vor Handlungen, die dazu geeignet sind einen erheblichen Schaden zu verursachen.[1870] Als Tathandlungen erfasst er neben dem Behandeln, Verwenden, Befördern. Aus- oder Einführen auch das Herstellen. Im Übrigen gilt das zu Art. 2 Absatz 1 c) Übereinkommen ausgeführte.

In Deutschland werden diese Handlungen von § 328 StGB erfasst. Jedoch ist darauf hinzuweisen, dass von § 328 StGB nur die Tathandlungen des Aufbewahrens, Beförderns, Be- und Verarbeitens, das sonstige Verwenden sowie das Ein- und Ausführen umfasst werden – nicht jedoch das Herstellen dieser Stoffe und Materialien.[1871] Selbst unter Heranziehung der Legaldefinition des Verwendens in § 3 Nr. 10 ChemG[1872] gelangt man zu keinem anderen Ergebnis, weil auch dort das Herstellen nicht genannt wird. Zudem steht dem der Wortsinn entgegen, muss doch das Herstellen eines Stoffes logischerweise vor seiner Verwendung liegen. Diese Tathandlung wird von Art. 2 Absatz 1 e) Übereinkommen ausdrücklich genannt.[1873] Auch die §§ 307, 309 und § 311 f. StGB umfassen diese Handlung nicht.

Das Atomgesetz erfasst diese Handlung ebenfalls nicht strafrechtlich: Mit der Inkorporation des Umweltstrafrechts in das Strafgesetzbuch (also seit dem 1. Juli 1980) wurden die Strafvorschriften des Atomgesetzes in das Strafgesetzbuch eingegliedert. Das Atomgesetz kennt nur noch die Bußgeldbestimmungen des § 46.

Jedoch könnte die Tathandlung des Herstellens von § 17 Absatz 1 Nr. 1 a und Absatz 2 ChemG (umfassende Ermächtigung zum Erlass von Rechtsverordnungen zur Regelung des Herstellens, etc. bestimmter gefährlicher Stoffe, Zubereitungen oder Erzeugnisse) erfasst sein. Dann müssten radioaktive Stoffe etc. gefährliche Stoffe im Sinne des Chemikalienrechts sein. Die in § 17 ChemG genannten gefährlichen Stoffe etc. sind gemäß § 3a Absatz 1 ChemG Stoffe etc., die explosionsgefährlich (Nr. 1), sehr giftig (Nr. 6), gesundheitsschädlich (Nr. 8), krebserzeugend (Nr. 12), erbgutver-

---

[1870] Explanatory Report, S. 4.

[1871] Vgl. *Möhrenschlager*, NStZ **1994** 566, 567; *Steindorf*, LK § 328, Rn. 11 und 26 a. E.

[1872] Vgl. *Schönke/Schröder/Cramer/Heine*, § 328, Rn. 15, der zur Auslegung des Begriffs *„sonstiges Verwenden"* auf die Legaldefinition in § 3 Nr. 10 ChemG zurückgreift.

[1873] Vgl. *Schönke/Schröder/Cramer/Heine*, Vorbem §§ 324 ff., Rn. 7d.

ändernd (Nr. 14) etc. sind. Radioaktive Stoffe erfüllen diese Anforderungen eindeutig. Ob sie somit gefährliche Stoffe im Sinne des § 17 ChemG sind, ist zweifelhaft, weil § 3a Absatz 1 a. E. ChemG die gefährlichen Eigenschaften von ionisierenden Strahlen ausnimmt. Radioaktive Stoffe sind in der Regel, aber nicht notwendigerweise, aufgrund ihrer Strahlung gefährlich. Deshalb werden zumindest diejenigen radioaktiven Stoffe vom Chemikaliengesetz erfasst, die diese gefährlichen Eigenschaften selbst aufweisen und nicht erst aufgrund ihrer ionisierenden Strahlen (dazu gehören zum Beispiel das hochgiftige Radon und Uran). Wer einer solchen das Herstellen gefährlicher Stoffe regelnden Rechtsverordnung zuwiderhandelt, macht sich nach § 27 Absatz 1 Nr. 1 ChemG strafbar. Damit wird deutlich, dass zwar ein Teil des von Art. 2 Absatz 1 e) Übereinkommen abgedeckten Bereichs auch nach deutschem Recht strafbewehrt ist, aber nicht der gesamte Bereich, so dass eine Lücke besteht. Insofern bleibt der kernstrafrechtliche Schutz eindeutig hinter dem des Übereinkommens zurück.

d. Strafbarkeit der Teilnahme

Die Anstiftungs- und Beihilfehandlungen (Art. 2 Absatz 2 Übereinkommen) sind nach deutschem Recht grundsätzlich nach den allgemeinen Regeln (§§ 26 und 27 StGB) strafbar, werden zum Teil auch selbständig geregelt (vgl. § 328 Absatz 2 Nr. 4 StGB).

e. Strafbarkeit fahrlässigen Verhaltens

Die §§ 324 ff. StGB sehen durchgehend die Strafbarkeit für fahrlässiges Verhalten vor: § 324 Absatz 3, § 324a Absatz 3, § 325 Absatz 3, § 325a Absatz 3 Nr. 1, § 326 Absatz 5, § 327 Absatz 3, § 328 Absatz 5, § 329 Absatz 4 und § 330a Absatz 4 StGB.[1874] Somit besteht zumindest formell völlige Kongruenz mit den Anforderungen des Art. 3 Absatz 1 Übereinkommen. Inhaltlich bestimmt Art. 3 Übereinkommen den Maßstab der Fahrlässigkeit wie folgt: Es geht um die Vermeidung des Schadenseintritts beziehungsweise des Risikos des Schadenseintritts durch die in Art. 2 beschriebenen Verhaltensweisen. Es handelt sich somit um die normale *diligence* wie sie häufig in Gesetzen, administrativen, technischen Regeln oder allgemein anerkannten Regeln bestimmter Berufe niedergelegt sind.[1875]

Der in Deutschland angelegte Sorgfaltsmaßstab ist weit: Ihm wird das Handeln eines umweltbewussten Rechtsgenossen sowie namentlich etwaige bestehende Sonderpflichten des Täters (zum Beispiel für den Leiter eines Klärwerks) zugrunde gelegt.[1876] Der Fahrlässigkeitstatbestand des § 324 StGB greift zum Beispiel selbst dann, wenn jemand schuldhaft einen Verkehrs- oder Betriebsunfall und daraus folgend die Verunreinigung des Gewässers (mit-) verursacht hat.[1877] Eine Beschränkung auf gro-

---

[1874] Zur Strafbarkeit fahrlässigen Verhaltens 1. Kapitel B. II.

[1875] Explanatory Report, S. 4 und oben 3. Kapitel B. III.

[1876] *Lackner/Kühl*, § 324, Rn. 7; siehe 1. Kapitel B. II. 3.

[1877] OLG Hamburg, NStZ **1983** 170 f.; *Lackner/Kühl*, § 324, Rn. 7. Zur Kritik an diesem weiten Verständnis des Fahrlässigkeitsmaßstabs 1. Kapitel B. II. 3.

be Fahrlässigkeit, wie sie Art. 3 Absatz 2 Übereinkommen ermöglicht, ist für Deutschland überflüssig. Die Beschädigung von Denkmälern wird im deutschen Recht nur von § 304 StGB erfasst. Da dieser Straftatbestand nur vorsätzliches und nicht fahrlässiges Verhalten bestraft, kann die sachbezogene Begrenzung der Fahrlässigkeitsstrafbarkeit auf die Umweltmedien, Tiere und Pflanzen für Deutschland relevant werden.

f. Strafbarkeit des Versuchs

Wie oben bereits herausgestellt, enthält das Übereinkommen keine Regelung zum Versuch. Im deutschen Umweltstrafrecht ist der Versuch hingegen in den meisten Fällen mit Strafe bedroht: vgl. § 324 Absatz 2, § 324a Absatz 2, § 325 Absatz 1 Satz 2,[1878] § 326 Absatz 4[1879] und § 328 Absatz 4[1880] StGB.

Nach den allgemeinen Regeln[1881] sind die Verbrechen des § 330 Absatz 2 Nr. 1 (konkretes Gefährdungsdelikt) und Nr. 2 (Erfolgsqualifikation) sowie diejenigen des § 330a Absatz 1 (konkretes Lebensgefährdungsdelikt) und Absatz 2 (Erfolgsqualifikation) StGB strafbar.

Nicht strafbar ist die versuchte Lärmverursachung nach § 325a StGB, das versuchte Betreiben ungenehmigter gefährlicher Anlagen, § 327 StGB, und die versuchte Beeinträchtigung besonders geschützter Gebiete nach § 329 StGB, da sie nicht ausdrücklich angeordnet ist und es sich ausschließlich um Vergehen handelt.[1882]

Auf die strafbewehrten versuchten Umweltstraftaten sind die allgemeinen Regeln des Rücktritts nach § 24 StGB anwendbar, soweit seine Anwendbarkeit nicht durch die Nennung der Vorschrift in § 330b StGB (tätige Reue) ausgeschlossen ist. Die tätige Reue nach § 330b StGB wurde auf die Fälle bloßer abstrakter Gefährdungen ausgedehnt, um im Interesse präventiven Rechtsgüterschutzes einen weiteren Anreiz zu Abwehrmaßnahmen zu geben. § 330b Absatz 2 StGB erfasst die konkreten Gefährdungsdelikte des § 325a Absatz 2 und des § 330a Absätze 1, 3 und 4 sowie die abstrakten Gefährdungstatbestände der §§ 326 Absätze 1 bis 3 und 328 Absätze 1 bis 3 StGB. Die Folge der Anwendung der Vorschrift der tätigen Reue kann entweder das Absehen von Strafe, der Strafmilderung oder das Nichteingreifen von Vergünstigungen sein (vgl. § 330b Absatz 1 Satz 1 StGB), was alles im richterlichen Ermessen liegt, oder sie kann nach § 330b Absatz 1 Satz 2 StGB bei fahrlässigem Verhalten des Täters einen persönlichen Strafaufhebungsgrund in den Fällen der §§ 325a Absatz 3 Nr. 2, 326 Absatz 5 und 330a Absatz 5 StGB darstellen.

1878 Nur der Versuch der Luftveränderung beim Betrieb einer Anlage (Absatz 1), nicht hingegen der Versuch des Emissionstatbestands (Absatz 2).

1879 Auch hier richtet sich die Strafdrohung für den Versuch nur auf die ersten beiden Absätze, nicht auf die versuchte Nichtablieferung radioaktiver Abfälle (Absatz 3).

1880 Ausgenommen von der Versuchsstrafbarkeit ist das versuchte Verleiten oder Fördern einer nuklearen Explosion nach § 328 Absatz 2 Nr. 4, vgl. § 328 Absatz 6 StGB.

1881 Vgl. §§ 12 Absatz 1, 23 Absatz 1 StGB.

1882 Vgl. §§ 12 Absatz 2, 23 Absatz 1 StGB.

g. Weniger schwerwiegende Umweltverstöße

Die in Art. 4 Übereinkommen geregelten Umweltverstöße können sowohl als Straftaten als auch als Ordnungswidrigkeiten im nationalen Recht geregelt sein. Dies wird mit Rücksicht auf nationale strukturelle strafrechtliche Besonderheiten offen gelassen: Denn in einigen Ländern werden Bagatelldelikte[1883] noch der untersten strafrechtlichen Deliktskategorie zugeordnet während sie in anderen Ländern nicht mehr als dem Straf-, sondern dem Bereich des Verwaltungsrechts angehörig angesehen werden und so mit nicht kriminalstrafrechtlichen verwaltungsrechtlichen Bußgeldern sanktioniert werden.[1884] Es handelt sich bei den Umweltverstößen in Art. 4 Übereinkommen durchgängig um verwaltungsakzessorische[1885] abstrakte Gefährdungsdelikte, bei denen in der Regel ein irgendwie gearteter Erfolg entbehrlich ist: Allein das fahrlässige Verhalten ist strafbewehrt. Die hierdurch geschützten Rechtsgüter sind zum einen das Interesse an der Erhaltung eines bestimmten Qualitätsstandards und an den ökologischen Funktionen der Umweltmedien und zum anderen das Kontrollinteresse der Verwaltung.[1886]

aa. Schutz der Umweltmedien

Art. 4 a) schützt, ebenso wie Art. 2 Absatz 1 a) und b) Übereinkommen, die vorsätzliche oder fahrlässige Verschmutzung der Umweltmedien (Luft, Boden, Wasser) durch das unerlaubte Einleiten, Abgeben oder Einbringen von einer Menge an Stoffen oder ionisierender Strahlung. Die Kriminalisierung dieser Verhaltensweisen kann davon abhängig gemacht werden, ob die Wahrscheinlichkeit des Schadenseintritts geringer oder ob der nachteilige Effekt weniger schlimm ist.

Im deutschen Recht sind diese Verhaltensweisen durch die §§ 324, 324a, 325 und 326 StGB abgedeckt, allerdings nicht vollständig: Die Einwirkung auf die Umweltmedien durch ionisierende Strahlung wird nicht erfasst.[1887]

bb. Unerlaubtes Verursachen von Lärm

Durch Art. 4 b) Übereinkommen erfolgt der Schutz vor rechtswidriger Lärmverursachung. In der Begründung wird ausdrücklich darauf hingewiesen, dass dieses Verhalten überwiegend als weniger gravierend angesehen wird und im nationalen Recht durchaus auch verwaltungsrechtsunabhängig ausgestaltet werden kann.

Diese Verhaltensweise regelt der verwaltungsakzessorische § 325a StGB umfassend und weitergehend als das Übereinkommen als Straftat.

1883 *„petty offences"*.

1884 Vgl. Explanatory Report, S. 5.

1885 Vgl. die oben dargestellte Definition, die in Art. 1 a) Übereinkommen enthalten ist oben 3. Kapitel B. I. 3.

1886 Explanatory Report, S. 5.

1887 BT-Drs. 8/2382, S. 26; *Schönke/Schröder/Cramer/Heine*, § 330a, Rn. 2; ferner oben 3. Kapitel C. I. 4. b.

cc. Unerlaubter Umgang mit Abfällen

Art. 4 c) deckt sich teilweise mit Art. 2 Absatz 1 c) Übereinkommen; er ist ein allgemeines Abfalldelikt, das schon sehr leichte Verstöße erfasst. Dieser Tatbestand erweitert den Anwendungsbereich von Art. 2 Absatz 1 c) Übereinkommen auf die Fälle des Umgangs mit ungefährlichen Abfällen, Verstöße gegen Gesetze, Verordnungen und Auflagen beziehungsweise Bedingungen behördlicher Entscheidungen.

Der im deutschen Umweltstrafrecht geltende § 326 StGB entspricht dieser Regelung des Übereinkommens nicht; er erfasst nur gefährliche Abfälle beziehungsweise solche, die aufgrund ihrer (großen) Menge umweltgefährdend sind. Diese im deutschen Strafrecht erforderliche Gefährlichkeit soll nach Art. 4 c) Übereinkommen gerade nicht notwendig sein.[1888]

Allerdings enthält der § 61 KrW-/AbfG, der auch ungefährliche Abfälle erfasst, in seinen Absätzen 1 und 2 Bußgeldvorschriften. Danach handelt ordnungswidrig, wer vorsätzlich oder fahrlässig gegen die dort genannten Pflichten verstößt. Diese Verstöße sind in den Fällen des Absatz 1 mit bis zu 50 000 Euro in den Fällen des Absatz 2 mit bis zu 10 000 Euro bußgeldbewehrt, vgl. § 61 Absatz 3 KrW-/AbfG.

dd. Unerlaubtes Betreiben einer Anlage

Auch Art. 4 d) Übereinkommen dient der Erweiterung des Anwendungsbereiches des Art. 2 Absatz 1 d) Übereinkommen: Das unerlaubte Betreiben einer Anlage soll selbst dann strafbar sein, wenn keine gefährlichen Aktivitäten ausgeführt werden.[1889] Auch hier ist die Wahrscheinlichkeit des Schadenseintritts entbehrlich.

Im deutschen Strafrecht wird durch § 327 StGB nur das ungenehmigte Betreiben von für die Umwelt gefährlichen Anlagen erfasst. Es muss sich um Anlagen handeln, in denen für die Umwelt gefährliche Handlungen vorgenommen oder mit für die Umwelt gefährlichen Stoffen umgegangen wird. Andere Verstöße gegen das Verwaltungsrecht, insbesondere gegen das Bundesimmissionsschutzgesetzes, sind nach § 62 Absätze 1 und 2 BImSchG als vorsätzlich und fahrlässig begangene Ordnungswidrigkeiten bußgeldbewehrt. Das Bußgeld kann in den Fällen des Absatz 1 bis zu 10 000 Euro in den Fällen des Absatzes 2 bis zu 50 000 Euro betragen, vgl. § 62 Absatz 3 BImSchG.

ee. Unerlaubter Umgang mit Kernmaterial, anderen radioaktiven Stoffen oder gefährlichen Chemikalien

Durch Art. 4 e) wird die Vorschrift des Art. 2 Absatz 1 e) Übereinkommen (der nur Kernmaterial und andere gefährliche radioaktive Stoffe umfasst) um – nach nationalem, internationalem, supranationalem oder EU-Recht – gefährliche Chemikalien ergänzt. Die Tathandlungen sind mit denen aus Art. 2 Übereinkommen identisch.

Die entsprechende Regel im deutschen Recht ist § 328 StGB, wobei seine Absätze 1 und 2 nur Kernbrennstoffe und sonstige radioaktive Stoffe erfassen. Erst sein dritter

---

[1888] Explanatory Report, S. 5.

[1889] Explanatory Report, S. 6.

Absatz umfasst neben radioaktiven Stoffen auch Gefahrstoffe im Sinne des § 19 Absatz 2 ChemG – sogar Heizöl! –[1890] sowie andere gefährliche Güter im Sinne des § 330d Nr. 3 StGB. Gefahrstoffe im Sinne des § 19 Absatz 2 ChemG sind auch gefährliche Stoffe[1891] und Zubereitungen[1892] nach § 3a ChemG. Darunter fallen unter anderem umweltgefährdende Stoffe, § 3a Absatz 1 Nr. 5 ChemG. Die Umweltgefährlichkeit eines Stoffes ist zu bejahen, wenn er geeignet ist, die Beschaffenheit des Naturhaushalts, von Wasser, Boden oder Luft, Klima, Tieren, Pflanzen oder Mikroorganismen derart zu verändern, dass dadurch sofort oder später Gefahren für die Umwelt herbeigeführt werden können, § 3a Absatz 2 ChemG. Damit besteht insoweit keine Lücke im deutschen Strafrecht im weiteren Sinn. Allerdings bleibt er bezüglich des Gefährdungsgrads hinter Art. 4 e) Übereinkommen zurück: Er verlangt eine konkrete statt einer abstrakten Gefahr.

ff. Schutz schutzwürdiger Gebiete

Art. 4 f) Übereinkommen schützt bestimmte besonders schutzwürdige Gebiete vor dem rechtswidrigen Verursachen von Veränderungen. Unter besonders schutzbedürftigen und schutzwürdigen Gebieten versteht das Übereinkommen Nationalparks, Naturschutzgebiete sowie Wasserschutzgebiete,[1893] einschließlich Trinkwasserreservoirs. Andere geschützte Gebiete sind solche, die aufgrund ihrer ökologischen[1894] Qualität, wie ihres besonders schönen Landschaftsbilds, der Biotope oder aufgrund besonderer Gefahren, wie sie in Smog-Gebieten herrschen oder Gebiete, die zur Erhaltung eines bestimmten hohen Standards, wie in Wasser- und Heilquellenschutzgebieten (Badekurorten),[1895] schützenswert sind.

Diese besonders schutzbedürftigen und schutzwürdigen Gebiete schützt im deutschen Umweltstrafrecht § 329 Absätze 2 und 3 StGB weniger umfassend. § 329 Absatz 3 StGB bleibt hinsichtlich des Schutzes von Nationalparks und Naturschutzgebieten als Verletzungstatbestand hinter dem abstrakten Gefährdungsdelikt des Art 4 f) Übereinkommen zurück. Das Bundesnaturschutzgesetz regelt zwar die Erklärung bestimmter Gebiete zu Schutzgebieten, vgl. §§ 22 ff. BNatSchG, doch erfahren sie weder ordnungswidrigkeitsrechtlichen noch strafrechtlichen Schutz; die in §§ 65 f. BNatSchG enthaltenen Buß- und Strafvorschriften schützen nur wild lebende Tier- und Pflanzenarten, aber nicht bestimmte Gebiete.

1890 Vgl. *Tröndle/Fischer*, § 328, Rn. 16 unter Hinweis auf BayObLG, NJW **1995** 540, 541 mit Anm. *Heine*, JR **1996** 300 ff.

1891 *Stoffe* sind in § 3 Nr. 1 ChemG als chemische Elemente oder deren Verbindungen definiert.

1892 § 3 Nr. 4 ChemG definiert *Zubereitungen* als ein aus zwei oder mehr Stoffen bestehendes Gemenge, Gemisch oder Lösung.

1893 „*water conservation areas and water protection zones*".

1894 „*environmental*".

1895 „*spa resorts*".

Schutz erfahren diese Gebiete zumindest teilweise auf Länderebene: Die Naturschutzgesetze der Länder enthalten Bußgeldtatbestände, die auch Eingriffe in besonders geschützte Gebiete erfassen.[1896]

gg. Schutz frei lebender Tiere und Pflanzen

Art. 4 g) Übereinkommen bezweckt den Schutz geschützter Arten frei lebender Tiere und Pflanzen und lehnt sich an das Washingtoner Artenschutzübereinkommen[1897] an. Dieses Übereinkommen (CITES) verpflichtet in seinem Art. 8 dazu, den Handel und/oder den Besitz solcher Arten zu sanktionieren und die Beschlagnahme sowie die Rückführung oder den Rücktransport in den Export-Staat zu gewährleisten. Laut Art. 1 c) Übereinkommen CITES bedeutet Handel die Ausfuhr, Wiederausfuhr, Einfuhr und Einführung über die See.[1898] Art. 4 g) Übereinkommen geht in seinem Anwendungsbereich über das Übereinkommen CITES hinaus, weil er auch den Handel *innerhalb* eines Vertragsstaats, und nicht nur den internationalen Handel, erfasst. Zudem schließt er das rechtswidrige Fangen, Beschädigen und Töten ein, das zum Teil auch schon durch nationales Jagdrecht abgedeckt ist. In Deutschland werden frei lebende besonders geschützte Arten von Tieren und Pflanzen durch § 329 Absatz 3 Nr. 6 und 7 StGB vor dem Töten, Fangen und Nachstellen sowie dem Beschädigen und Entfernen geschützt. Zwar meint Entfernen alle Handlungen, durch welche die Pflanze aus dem geschützten Gebiet verbracht wird,[1899] dennoch ist das Handeltreiben mit diesen geschützten Arten nicht selbstständig sanktionierbar.

Jedoch ist das Besitzen, Verkaufen, das zu Verkaufszwecken Vorrätighalten, das Anbieten und Befördern besonders geschützter Arten im Sinne von § 10 Absatz 2 Nr. 10 a) und b) BNatSchG nach § 42 Absatz 2 Nr. 1 und 2 a) BNatSchG verboten und nach § 65 Absatz 1 Nr. 3 und Absatz 3 Nr. 1 und 3 BNatSchG als Ordnungswidrigkeit sanktionierbar.[1900] Auch hier sind Geldbußen von bis zu 50 000 Euro möglich, vgl. § 65 Absatz 5 BNatSchG.

Bei gewerbs- oder gewohnheitsmäßiger (vorsätzlicher) Begehung dieser Delikte stellen sie sogar eine Straftat nach § 66 Absatz 1 BNatSchG dar. Eine mit einem höheren Strafmaß (bis zu fünf Jahren) belegte Straftat liegt vor, wenn es sich bei der betroffenen Art um eine streng geschützte Tier- oder Pflanzenart[1901] handelt.[1902] Nur für den letzteren Fall ist auch die fahrlässige Begehung strafbar.[1903]

1896 Vgl. § 64 NatSchG Baden-Württemberg, nach dessen Absatz 3 können Geldbußen von bis zu 50 000 Euro verhängt werden. Für weitere Nachweise zu den Naturschutzgesetzen anderer Bundesländer siehe *Buddendiek*, in: Erbs/Kohlhaas (Hrsg.), Registerband, Rn. 552, II. B.

1897 BT-Drs. 12/192, S. 26. Dieses Übereinkommen ist sowohl durch EU-Gesetzgebung (vgl. Verordnung Nr. 3626/82) als auch durch nationale Gesetze umgesetzt worden.

1898 Vgl. Art. 1 c), d) und e) Übereinkommen CITES.

1899 *Schönke/Schröder/Eser/Heine*, § 329, Rn. 44b.

1900 Das gleiche gilt für das Erwerben, zur Schau stellen oder sonstige Verwenden zu kommerziellen Zwecken, § 42 Absatz 2 Nr. 2 b) BNatSchG.

1901 Was streng geschützte Arten sind, bestimmt § 10 Absatz 2 Nr. 11 BNatSchG.

1902 Vgl. § 66 Absätze 2 und 3 BNatSchG. Ferner 5. Kapitel C. V. 4. f.

1903 Vgl. § 66 Absatz 4 BNatSchG.

h. Sanktionen

Im Übereinkommen regelt Art. 6 die zu verhängenden Sanktionen für Umweltstraftaten.[1904] Er bezieht sich direkt auf die in Art. 2 und 3 Übereinkommen festgelegten Straftaten, für die (kriminal-) strafrechtliche Sanktionen vorzusehen sind, die der Schwere dieser Straftaten Rechnung tragen (Satz 1). Laut seinem Satz 2, 1. Halbsatz müssen zu diesen Sanktionen sowohl Freiheits- als auch Geldstrafen gehören. Daneben kann als Sanktion die Wiederherstellung der Umwelt vorgesehen werden (Satz 2, letzter Halbsatz).[1905] Auf Art. 4 Übereinkommen, der ausdrücklich verwaltungsrechtliche Sanktionen genügen lässt, ist diese Vorschrift nicht direkt anwendbar. Sie kann Anwendung finden, wenn diese Verstöße gegen die Umwelt auf nationaler Ebene ebenfalls (Kriminal-) Unrecht darstellen. Die Verpflichtung zur Einführung angemessener, schwerer Sanktionen für die genannten Umweltstraftaten, wird als notwendig angesehen, um dem Übereinkommen das notwendige Gewicht zu verleihen.[1906]

Neben der zwingenden Pflicht, Freiheits- und Geldstrafen vorzusehen, besteht die Möglichkeit, weitere Sanktionen und Maßnahmen einzuführen, die ebenfalls der Schwere der Straftaten angemessen sind. Im Hinblick auf finanzielle Sanktionen wird deutlich, dass die Geldstrafe (die ausreichend hoch sein sollte, um abschreckend zu wirken)[1907] neben anderen Sanktionen nur eine Möglichkeit der Bestrafung ist. Die Höhe der Geldstrafe kann sich an der subjektiven Seite oder daran orientieren, wie profitable der Verstoß für den Täter war und so eine präventive Wirkung entfalten. Mit der Maßnahme der Wiederherstellung der Umwelt soll ein System kombiniert werden können, das die finanzielle Sanktion nicht vollständig im Voraus festsetzt.[1908] Neben der Wiederherstellung der Umwelt als fakultative sonstige Maßnahme (Art. 8) sieht das Übereinkommen die Einziehung von Tatwerkzeugen, Erträgen oder Vermögensgegenständen, deren Wert solchen Erträgen entspricht (Art. 7) vor.[1909]

Das deutsche Umweltstrafrecht sieht in allen Straftatbeständen Freiheits- oder Geldstrafen vor.[1910] Neben einer verhängten Freiheitsstrafe ist kumulativ die Verhängung einer Geldstrafe nach § 41 StGB möglich.[1911] Insoweit kommt Deutschland also der Pflicht aus Art. 6 Übereinkommen nach.

Allerdings kennt das deutsche Umweltstrafrecht nicht die Sanktion der Wiederherstellung der Umwelt nach Art. 6 Satz 2 letzter Halbsatz in Verbindung mit Art. 8 Übereinkommen. Eine vergleichbare Sanktion könnte allenfalls die in Deutschland

---

1904 Siehe oben 3. Kapitel B. VI. 1.

1905 Die Wiederherstellung der Umwelt dient nur als Beispiel für weitere mögliche Sanktionen und Maßnahmen, vgl. Explanatory Report, S. 8.

1906 Explanatory Report, S. 7.

1907 Explanatory Report, S. 8.

1908 Explanatory Report, S. 8.

1909 Siehe oben 3. Kapitel B. VI. 2. und 3.

1910 Siehe 1. Kapitel B. VII. 1. a.

1911 Siehe 1. Kapitel B. VII. 1. a.

mögliche tätige Reue (§ 330b Absatz 1 StGB) sein. Der entscheidende Unterschied zur Regelung des Art. 8 Übereinkommen liegt darin, dass Voraussetzung für das Eingreifen der tätigen Reue zum einen das Fehlen eines erheblichen Schadens und zum anderen das freiwillige Tätigwerden des Täters ist, § 330b Absatz 1 StGB. Sowohl bei konkreten als auch bei abstrakten Gefährdungsdelikten muss der Täter freiwillig entweder die Gefahr abwenden oder den von ihm verursachten Zustand beseitigen, bevor ein erheblicher Schaden entstanden ist. Diese Bemühungen muss der Täter, vor dem strafrechtlichen Verfahren unternommen haben. Anders bei der Maßnahme der Wiederherstellung der Umwelt, die auch noch während des Verfahrens angeordnet werden kann. Darin liegt der zweite große Unterschied: Die Wiederherstellung der Umwelt, die von der zuständigen Behörde (Gericht, Staatsanwaltschaft oder Verwaltungsbehörde) bei Vorliegen einer Straftat nach dem Übereinkommen angeordnet wird, kann mit Bedingungen verknüpft und bei Nichtbefolgung von Staats wegen und auf Kosten des Täters vollzogen oder durch zusätzliche Sanktionen ergänzt werden.[1912] Lediglich in den Rechtsfolgen (und nicht in ihren Voraussetzungen) sind diese beiden Vorschriften vergleichbar: Im Rahmen des § 330b Absatz 1 Satz 1 StGB steht es im pflichtgemäßen Ermessen des zuständigen Richters, ob er von der Verhängung der Strafe absieht, sie mildert oder nur Vergünstigungen nicht eingreifen lässt.[1913] Bei Art. 8 Übereinkommen steht es ebenfalls im Ermessen des Richters, ob und inwieweit er die wiedergutmachende Leistung des Täters bei seiner Entscheidung berücksichtigt.

Da die Einführung der Maßnahme der Wiederherstellung der Umwelt nur eine mögliche (nicht zwingend vorzusehende) Sanktionsmaßnahme darstellt, ist der deutsche Gesetzgeber nicht in Zugzwang.[1914]

Weitere zwingend vorzusehende Maßnahmen sind die in Art. 7 Übereinkommen geregelten Einziehungsmaßnahmen,[1915] deren Wichtigkeit zur Verbrechensbekämpfung ausdrücklich betont wird.[1916] Die deutsche Rechtsordnung sieht die Gewinnabschöpfung ebenfalls als extrem wichtig an. Dahinter steht die Erkenntnis, dass sich Umweltstraftaten in Form ersparter Aufwendungen nicht lohnen dürfen. Umweltstraftaten sind ein Teilbereich der Wirtschaftskriminalität, weil sie häufig vom Gewinngedanken und der Gewinnkalkulation getragen sind: Durch umweltgefährdendes

---

1912 Art. 8 a) Satz 2 und b) Übereinkommen.

1913 § 330b Absatz 1 Satz 2 StGB stellt hingegen bei fahrlässigem Verhalten des Täters einen persönlichen Strafaufhebungsgrund dar.

1914 Zwar gibt es im deutschen Recht auch § 16 Umwelthaftungsgesetz, der dem Geschädigten das Recht gibt, die von ihm aufgebrachten Verwendungen zur Wiederherstellung der Natur oder Landschaft vom Schädiger als Schadensersatz zurückzuverlangen (§ 16 Absatz 1 Umwelthaftungsgesetz in Verbindung mit § 251 Absatz 2 BGB) beziehungsweise sie als Vorschuss zu verlangen (§ 16 Absatz 2 Umwelthaftungsgesetz), doch ist dies keine Maßnahme im Sinne von Art. 8 Übereinkommen.

1915 Siehe oben 3. Kapitel B. VI. 2.

1916 Explanatory Report, S. 7.

Verhalten sollen Kosten eingespart werden.[1917] Die Abschöpfung des Gewinns ist nach deutschem Recht durch die Anordnung des Verfalls (§§ 73 ff. StGB)[1918] und der Einziehung (§§ 74 ff. StGB)[1919] möglich. Von der ersteren wird der unmittelbare Gewinn, also der Vermögenszuwachs, den der Täter oder ein Teilnehmer aus der Tat erlangt hat sowie ersparte Aufwendungen, die wegen ihrer Beschaffenheit nicht für verfallen erklärt werden können (sog. Wertersatzverfall),[1920] erfasst. Die Anordnung der Einziehung (§ 74 Absatz 1 StGB) steht – im Gegensatz zur Verfallsanordnung – im Ermessen des Richters; sie erfordert eine vorsätzliche Tat. Das heißt, dass sie bei bloß fahrlässig begangenen Straftaten nicht angeordnet werden kann. Nur bei gefährlichen Gegenständen im Sinne von § 74 Absatz 2 Nr. 2 StGB genügt eine rechtswidrige Tat (§ 74 Absatz 3 StGB). Die Einziehung erfasst alle Gegenstände, die durch eine vorsätzliche Tat hervorgebracht oder zu ihrer Begehung oder Vorbereitung gebraucht worden oder dazu bestimmt gewesen sind – also Tatmittel (Produkte und Tatwerkzeuge). Im Umweltstrafrecht werden aufgrund des § 330c Nr. 2 StGB daneben die ansonsten nicht erfassten Beziehungsgegenstände (Sachen, die notwendig Gegenstand der Tat selbst sind, wie gefährliche Abfälle, Kernbrennstoffe und kerntechnische Anlagen) einbezogen. Zudem ist die Erweiterung des Anwendungsbereichs der Einziehung durch § 330c Nr. 1 StGB auf Fahrlässigkeitstaten nach §§ 326 Absatz 5, 328 Absatz 5 und 329 Absatz 4 StGB besonders hervorzuheben. Angeordnet werden kann sowohl die Einziehung täterfremder Sachen[1921] als auch der Wertersatz.[1922] Damit sollen die Einziehungsmöglichkeiten im Umweltstrafrecht an diejenigen des Nebenstrafrechts[1923] angeglichen werden.[1924]

Da das Übereinkommen Ausnahmen bezüglich der Einführung der Maßnahme der Einziehung ermöglicht (vgl. Art. 7 Absatz 2 Übereinkommen), bleibt das deutsche Umweltstrafrecht insoweit nicht hinter den Sanktionen des Übereinkommens zurück.

Nach §§ 61 Nr. 1, 70 und 71 StGB ist die Verhängung eines Berufsverbots als Maßnahme der Besserung und Sicherung möglich.[1925]

Als Maßnahmen der Gefahrenabwehr sind die Gewerbeschließung (§ 35 GewO) und die Betriebsschließung (§ 20 Absatz 3 BImSchG[1926] und § 19 Absatz 3 Satz 2 Nr. 3

[1917] Zur Rentabilität von Umweltdelikten *Schwind*, Kriminologie, Rn. 41.

[1918] Siehe 1. Kapitel B. VII. 1. c. aa.

[1919] Siehe 1. Kapitel B. VII. 1. c. bb.

[1920] § 73a StGB.

[1921] Sogar über § 74 Absatz 2 Nr. 2 StGB hinaus gemäß § 330c Satz 2 in Verbindung mit § 74a StGB, vgl. *Tröndle/Fischer*, § 330c, Rn. 4.

[1922] § 74c StGB.

[1923] Vgl. § 62 KrW-/AbfG und § 67 BNatSchG.

[1924] Durch diese Regelung wird auch dann eine Zugriffsmöglichkeit eröffnet, wenn zum Beispiel das unerlaubte Betreiben einer Anlage mit angemieteten oder geliehenen Tatwerkzeugen erfolgt, vgl. *Tröndle/Fischer*, § 330a, Rn. 4.

[1925] Siehe 1. Kapitel B. VII. 1. b.

AtG[1927]) sowie die möglichen Geldbußen im Umweltordnungswidrigkeitenrecht (als verwaltungsrechtliche Sanktionen) nach § 46 AtG,[1928] § 41 WHG,[1929] § 61 KrW-/AbfG,[1930] § 65 BNatSchG[1931] und § 62 BImSchG zu nennen.[1932]
Die in Art. 9 Übereinkommen vorgesehene Sanktionsmöglichkeit gegen juristische Personen[1933] lässt schon in ihrem ersten Absatz wahlweise strafrechtliche oder administrative Sanktionen zu, in ihrem Absatz 3 ist sogar die Möglichkeit vorgesehen, Absatz 1 ganz oder teilweise gar nicht anzuwenden. Da es in Deutschland die Möglichkeit der Verhängung einer Verbandsgeldbuße nach § 30 OWiG gibt,[1934] die sich sowohl gegen juristische Personen als auch gegen Personenhandelsgesellschaften richten kann und ebenfalls der vollen Abschöpfung des wirtschaftlichen Vorteils dient, ist auch hier kein Zurückbleiben selbst hinter der fakultativ vorzusehenden Sanktion festzustellen.

III. Ergebnisse

1. Übereinstimmungen

Beim Vergleich des Übereinkommens mit der deutschen Rechtslage konnten folgende Übereinstimmungen festgestellt werden:
Bezüglich der geschützten Umweltmedien (Gewässer, Luft und Boden) bestehen hinsichtlich der Begrifflichkeiten und wie sie zu verstehen sind, keine Unterschiede. Sie sind grundsätzlich weit zu verstehen.[1935] Das gleiche gilt für die Begriffe der Verschmutzung und des Einbringens.[1936]
Auch bezüglich der geschützten Rechtsgüter und Tathandlungen decken sich die deutschen Regeln mit denen des Übereinkommens. Sie schützen Wasser, Boden,

---

1926 Die Betriebsschließung ist danach nur möglich, wenn sie wegen Unzuverlässigkeit der Person bezüglich der Einhaltung von Rechtsverordnungen zum Schutz vor schädlichen Umwelteinwirkungen zum Wohl der Allgemeinheit geboten ist.

1927 Die Betriebsschließung nach dem Atomgesetz kann einstweilen oder endgültig angeordnet werden.

1928 Hier sind Geldbußen von bis zu 50 000 Euro beziehungsweise (bei Vorliegen des § 46 Absatz 1 Nr. 2d und Nr. 5 AtG) von bis zu 500 Euro möglich, § 46 Absatz 2 AtG.

1929 Nach § 41 Absatz 2 WHG sind Geldbußen von bis zu 50 000 Euro beziehungsweise (bei Vorliegen des § 41 Absatz 1 Nr. 7 WHG) von bis zu 10 000 Euro möglich.

1930 Auch im KrW-/AbfG sind Geldbußen von bis zu 50 000 Euro beziehungsweise (bei Vorliegen des § 61 Absatz 2 KrW-/AbfG) von bis zu 10 000 Euro vorgesehen, § 61 Absatz 3 KrW-/AbfG.

1931 § 65 Absatz 5 BNatSchG sieht auch Geldbußen von bis zu 50 000 beziehungsweise von bis zu 10 000 Euro vor.

1932 Die gleiche Geldbußenhöhe wie im Abfall- und Bundesnaturschutzrecht sieht auch § 62 Absatz 3 BImSchG vor.

1933 Siehe oben 3. Kapitel B. I. 6.

1934 Siehe 1. Kapitel B. VI. 1. b. aa. und VII. 1. d.

1935 Siehe oben 3. Kapitel C. II. 3. a.

1936 Siehe oben 3. Kapitel C. II. 3. a.

Luft, Tiere, Pflanzen und andere Sachen von bedeutendem Wert unabhängig von den Eigentumsverhältnissen.[1937]

Eine Lücke besteht weder hinsichtlich der Strafbarkeit der Beteiligung (Anstiftung und Beihilfe) noch hinsichtlich der Strafbarkeit fahrlässigen Verhaltens.[1938]

Da das deutsche Umweltstrafrecht für fahrlässig und vorsätzlich begangene Delikte Freiheits- und Geldstrafen vorsieht, besteht bezüglich der durch das Übereinkommen vorgesehenen Sanktionen für die dort genannten Straftaten kein Handlungsbedarf.

Die Verantwortlichkeit juristischer Personen kann gemäß Art. 9 Übereinkommen als Ordnungswidrigkeit geregelt werden. Folglich besteht insoweit kein Handlungsbedarf für den deutschen Gesetzgeber.

Zwar gibt es in Deutschland keine Informationspflicht von Amtsträgern gegenüber Strafverfolgungsbehörden wie sie Art. 10 Absatz 1 a) Übereinkommen vorsieht, da sie aber nicht zwingend einzuführen ist (vgl. Art. 10 Absatz 2 Übereinkommen), besteht insoweit keine Pflicht für Deutschland, sie einzuführen.[1939] Die Möglichkeit zur Auskunftseinholung wie sie Art. 10 Absatz 1 b) Übereinkommen vorsieht, besteht im deutschen Recht bereits.

Das deutsche Recht kennt das Territorialitätsprinzip (§ 3 StGB), das Flaggenprinzip (§ 4 StGB) und das aktive Personalitätsprinzip (§ 7 Absatz 2 StGB),[1940] so dass hinsichtlich der Begründung der deutschen Gerichtsbarkeit keine Lücke besteht, die ein Tätigwerden des deutschen Gesetzgebers erfordern würde.

Das Recht für Verbände, an Verfahren teilzunehmen (Art. 11 Übereinkommen), kann fakultativ gewährt werden. Damit besteht kein Defizit des deutschen Umweltstrafrechts, obwohl es dieses Recht nur sehr beschränkt gewährt.[1941]

Das deutsche Umweltstrafrecht bleibt auch nicht deshalb hinter dem Übereinkommen zurück, weil sein § 325 Absatz 1 StGB nur die Luft außerhalb des zur Anlage gehörenden Bereichs vor Verunreinigungen schützt.[1942] Auch das Übereinkommen erfasst nur die Luft außerhalb von Gebäuden und Anlagen.[1943]

Durch die durch Art. 4 a) Übereinkommen vorgenommene Ergänzung von Art. 2 Absatz 1 a) und b) Übereinkommen werden die Umweltmedien bereits abstrakt geschützt; der Schutzbereich wird also vorverlagert. In Deutschland erfahren Luft, Boden und Wasser durch die §§ 324, 324a und 325 StGB keinen abstrakten Schutz: Es ist stets eine zumindest potentielle Gefährdung des geschützten Rechtguts notwendig. Allerdings erfolgt der – abstrakte – Schutz der Umweltmedien durch das Neben-

---

1937 *Schönke/Schröder/Cramer/Heine*, § 324a, Rn. 11; *Schönke/Schröder/Stree /Heine*, § 25, Rn. 5 f.; oben 3. Kapitel C. II. 3. c.

1938 Siehe oben 3. Kapitel C. II. 3. d. und e.

1939 Zur Strafanzeigepflicht 1. Kapitel B. V. 3. b.

1940 Siehe 1. Kapitel B. VIII. 3.

1941 Vgl. § 61 BNatSchG.

1942 Siehe oben 3. Kapitel C. I. 3.

1943 Siehe oben 3. Kapitel C. II. 3. a. und Explanatory Report, S. 3.

strafrecht als Ordnungswidrigkeit, was den Anforderungen des Übereinkommens genügt (vgl. §§ 26 BBodSchG und 41 WHG, etc.).
Auch bezüglich des unerlaubten Umgangs mit ungefährlichen Abfällen kommt das deutsche Umweltstrafrecht nur mit verwaltungsstrafrechtlichen Regeln den Anforderungen des Übereinkommens nach: § 326 StGB ist zwar ein abstraktes Gefährdungsdelikt, erfasst aber nur gefährliche Abfälle.[1944] Hingegen regelt § 61 KrW-/AbfG diesen Bereich übereinstimmend mit Art. 4 c) Übereinkommen.
Das gleiche gilt für das unerlaubte Betreiben einer Anlage, das nicht unter § 327 StGB fällt, der nur gefährliche Anlagen erfasst. Diesen Bereich erfasst verwaltungsrechtlich der Ordnungswidrigkeitentatbestand des § 62 BImSchG.
Ähnliches gilt für die Kongruenz von Art. 4 g) Übereinkommen und § 329 Absatz 3 Nr. 6 und 7 StGB: Die Regeln des Strafgesetzbuches schützen die dort genannten Tier- und Pflanzenarten nur, wenn damit eine Verletzung des Schutzzwecks einhergeht. Jedoch besteht infolge §§ 65 f. BNatSchG, die wild lebende Tier- und Pflanzenarten schützen, keine Lücke.

2. Weitergehendes deutsches Umweltstrafrecht

In folgenden Bereichen weisen die beiden Regelungswerke Übereinstimmungen auf beziehungsweise geht das deutsche Umweltstrafrecht über das Übereinkommen hinaus:
Beide Regelungswerke sind verwaltungsakzessorisch ausgestaltet. Das Übereinkommen erreicht diese Abhängigkeit vom Verwaltungsrecht, indem es durchgehend den Begriff *unlawful* verwendet. Ein Handeln ist dann rechtswidrig, wenn es gegen ein Gesetz, eine Verordnung oder eine behördliche Entscheidung verstößt.[1945] Das deutsche Umweltstrafrecht geht über diese Regelung insofern hinaus, als es ein Verhalten auch dann als rechtswidrig und somit genehmigungslos ansieht, wenn es rechtsmissbräuchlich im Sinne von § 330d Nr. 5 StGB ist, die behördliche Entscheidung aufgrund Drohung, Bestechung oder Kollusion erwirkt beziehungsweise durch unrichtige oder unvollständige Angaben erschlichen wurde.[1946] Diese Fälle des aufgrund rechtsmissbräuchlich erlangter Genehmigungen rechtswidrigen Handelns erfasst der Begriff *unlawful* des Übereinkommens nicht. Allerdings wird in der Begründung zum Übereinkommen betont, dass die Vertragsstaaten rechtsmissbräuchliches Handeln über das Übereinkommen hinaus als rechtswidrig einstufen dürfen.[1947]
Der zentrale Umweltschutztatbestand des Übereinkommens ist Art. 2 Absatz 1 b): Dies wird schon dadurch deutlich, dass er in einem einzigen Tatbestand regelt, wofür es in Deutschland drei Tatbestände bedarf. Der Schutz der Umweltmedien Luft, Boden und Wasser erfolgt verwaltungsakzessorisch und im Übereinkommen mittels

---

1944 *Schönke/Schröder/Lenckner/Heine*, § 326, Rn. 12d.
1945 Siehe oben 3. Kapitel B. I. 3.
1946 Siehe 1. Kapitel B. IV. 3. b. cc.
1947 Vgl. Explanatory Report, S. 2 und oben 3. Kapitel B. I. 3. a. E.

eines potentiellen Gefährdungsdelikts. Das deutsche Umweltstrafrecht ist hier uneinheitlicher: Während die §§ 324 und 324a Absatz 1 Nr. 2 StGB Verletzungsdelikte sind, die allerdings so weit zu verstehen sind, dass sie einem potentiellen Gefährdungsdelikt nahe kommen, sind die §§ 324a Absatz 1 Nr. 1 und 325 Absatz 1 StGB potentielle Gefährdungsdelikte, bei denen die Eignung zur Schädigung genügt.[1948] § 325 Absatz 2 StGB ist als abstraktes Gefährdungsdelikt noch weiter. Insoweit deckt sich das deutsche Umweltstrafrecht mit dem des Übereinkommens beziehungsweise geht hinsichtlich § 325 Absatz 2 StGB darüber hinaus.

Das unerlaubte Betreiben gefährlicher Anlagen schützt das deutsche Umweltstrafrecht mit § 327 StGB weitergehend als das Übereinkommen mit Art. 2 Absatz 1 d): § 327 StGB ist ein abstraktes Gefährdungsdelikt, so dass es auf eine etwaige Schädigungseignung (anders als bei Art. 2 Absatz 1 d) Übereinkommen) nicht ankommt. Zudem müssen die schädigenden Wirkungen nicht außerhalb der Anlage eintreten können.[1949]

Der Schutz der Umwelt durch Gefahren durch den unerlaubten Umgang mit Kernbrennstoffen oder anderen gefährlichen radioaktiven Stoffen nach dem deutschen Umweltstrafrecht deckt sich mit beziehungsweise geht über den des Übereinkommens hinaus, was die Reichweite des Schutzbereichs, der durch die Deliktsart festgelegt wird, angeht: § 328 Absätze 1 und 2 StGB sind – bis auf § 328 Absatz 1 Nr. 4 StGB – als abstrakte Gefährdungsdelikte ausgestaltet, so dass eine Schädigungseignung anders als in Art. 2 Absatz 1 e) Übereinkommen nicht erforderlich ist. Diese wird erst in § 328 Absatz 3 StGB (dann allerdings als konkrete Gefahr) verlangt.

3. Zurückbleibendes deutsches Umweltstrafrecht

Die Regelungen des deutschen Umweltstrafrechts im Strafgesetzbuch sind auf folgenden Gebieten gegenüber den Regelungen des Übereinkommens defizitär, und genügen dessen Anforderungen nur infolge der nebenstrafrechtlichen Vorschriften:

Der Schutz vor Lärm erfolgt im Übereinkommen als abstraktes Gefährdungsdelikt, während § 325a Absatz 1 StGB als potentielles Gefährdungsdelikt ausgestaltet und somit enger ist.[1950] Indem § 325a Absatz 1 Satz 2 StGB Kraft-, Schienen-, Luft- und Wasserfahrzeuge aus seinem Anwendungsbereich ausklammert und die menschliche Lärmerzeugung nicht erfasst,[1951] bleibt er zusätzlich hinter dem durch das Übereinkommen vorgesehenen Mindestschutz zurück. Da das Übereinkommen keine kriminalstrafrechtliche Regelung der Strafbarkeit der Lärmverursachung verlangt, sondern die ordnungswidrigkeitenrechtliche Erfassung genügen lässt, genügen die Regeln des § 62 BImSchG und seiner Lärmschutzverordnungen diesem Mindestschutz.

[1948] Siehe 1. Kapitel B. III. 4. a.

[1949] Siehe oben 3. Kapitel C. II. 3. c. und Explanatory Report, S. 4.

[1950] § 325 Absatz 2 StGB ist sogar ein konkretes Gefährdungsdelikt.

[1951] *Schönke/Schröder/Stree/Heine*, § 325a, Rn. 4.

§ 328 Absatz 3 StGB erfasst zwar die von Art. 4 e) Übereinkommen zusätzlich aufgeführten gefährlichen Stoffe, nämlich Gefahrstoffe im Sinne des § 19 Absatz 2 ChemG.[1952] Dies gilt jedoch nur, wenn eine konkrete Gefahr für die dort genannten Schutzobjekte eingetreten ist – abstrakte Gefahren werden nicht erfasst. Hierfür hält das deutsche Recht Tatbestände im Ordnungswidrigkeitenrecht vor (vgl. § 26 ChemG und § 46 AtG).

Der Schutz besonders gefährdeter Gebiete wird teilweise von § 329 Absätze 2 und 3 StGB abgedeckt: Absatz 2 schützt Wasser- und Heilquellenschutzgebiete bereits abstrakt und genügt so Art. 4 f) Übereinkommen. Bezüglich des Schutzes von Nationalparks und Naturschutzgebieten verlangt § 329 Absatz 2 StGB eine Verletzung beziehungsweise Beeinträchtigung der dort genannten Güter. Damit ist er weniger weitreichend als Art. 4 f) Übereinkommen, der eine abstrakte Gefährdung genügen lässt. Auch werden die „*sonst geschützten Gebiete*“[1953] nicht vollständig von § 329 StGB abgedeckt. Zwar werden sie vom §§ 22 ff. BNatSchG erfasst, aber nicht über §§ 65 f. BNatSchG sanktioniert. Ein ordnungswidrigkeitenrechtlicher Schutz erfolgt nur auf Landesebene über die Landesnaturschutzgesetze, vgl. § 64 NatSchG Baden-Württemberg.

Die Maßnahme der Wiederherstellung der Umwelt kennt das deutsche Umweltstrafrecht in der Form des Art. 8 Übereinkommen nicht, doch ist diese Sanktion nicht zwingend.[1954] Die Maßnahme der Einziehung kennt das deutsche Strafrecht für das Umweltstrafrecht in umfassender Weise.[1955] Aber auch im Umweltstrafrecht ist die Einziehung nicht möglich, wenn eine Straftat nach §§ 324, 324a, 325, 325a oder 327 StGB nur fahrlässig begangen wurde. Denn § 330c Nr. 1 StGB erweitert die Möglichkeit der Anordnung der Einziehung nur auf fahrlässige Taten nach §§ 326 Absatz 5, § 328 Absatz 5 und 329 Absatz 3 in Verbindung mit Absatz 4 StGB (wohl deshalb weil dort die Einziehung bei fahrlässig begangenen Ordnungswidrigkeiten schon nebenrechtlich möglich ist).[1956] Das Übereinkommen sieht in Art. 7 Absatz 1 hingegen grundsätzlich die Einführung von Einziehungsmaßnahmen für vorsätzlich oder fahrlässig begangene Umweltstraftaten nach Art. 2 Übereinkommen vor. Das deutsche Strafrecht bleibt nur deshalb nicht hinter diesen Anforderungen zurück, weil Art. 7 Absatz 2 Übereinkommen die Möglichkeit gibt, bezüglich bestimmter Straftaten die Nichtanwendung des Art. 7 Absatz 1 Übereinkommen zu erklären.

4. Lücken im deutschen Umweltstrafrecht

Lücken weist das deutsche Umweltstrafrecht gegenüber dem Übereinkommen bei folgenden Vorschriften auf:

1952 Siehe oben 3. Kapitel C. II. 3. g. ee.
1953 Siehe oben 3. Kapitel C. II. 3. g. ff.
1954 Siehe oben 3. Kapitel B. VI. 3.
1955 Siehe 1. Kapitel B. VI. 1. c. bb. und VII. 1. c. bb. und 3. Kapitel C. II. 3. h.
1956 Vgl. oben 3. Kapitel C. II. 3. h.

Während der das Leben und die Gesundheit des Menschen schützende Art. 2 Absatz 1 a) Übereinkommen als Handlungsobjekt jeden Stoff und ionisierende Strahlung erfasst, erfasst der vergleichbare deutsche Straftatbestand (§ 330a StGB) nur Stoffe, die Gift enthalten oder hervorbringen können, und ionisierende Strahlung gerade nicht.[1957] Allerdings sind diese Handlungsweisen durch die allgemeinen Körperverletzungs- und Tötungsdelikte (§§ 223 ff. und 211 ff. StGB) erfasst, so dass hier ebenfalls kein Nachbesserungsbedarf besteht.

Zudem bleibt der Schutz der Luft in zweierlei Hinsicht hinter dem Übereinkommen zurück: Zum einen schützt § 325 Absatz 2 StGB nur die Luft im Gebäude, nimmt also über § 325 Absatz 1 StGB hinaus die Luft auf dem Betriebsgelände aus seinem Schutzbereich heraus: Eine solche Beschränkung kennt Art. 2 Absatz 1 b) Übereinkommen nicht. Zum anderen bleibt § 325 StGB dadurch hinter dem Übereinkommen zurück, dass die Luftverschmutzungen, die durch den Betrieb von Kraft-, Schienen-, Luft- und Wasserfahrzeugen entstehen, ausnimmt, vgl. § 325 Absatz 5 StGB.

Im Bereich des unerlaubten Umgangs mit gefährlichen Abfällen bleibt das deutsche Umweltstrafrecht hinter dem Schutz des Übereinkommens zurück: Zwar besteht keine Lücke bezüglich der Schutzweite infolge des Deliktstyps (beide sind potentielle Gefährdungsdelikte – beziehungsweise ist § 326 StGB sogar ein abstraktes Gefährdungsdelikt), doch wird von § 326 Absatz 2 StGB nur die grenzüberschreitende Verbringung von gefährlichen Abfällen erfasst.[1958] Verbringen bedeutet jede Beförderung im Sinne einer Ortsveränderung – also das Ein-, Aus- und Durchführen gefährlicher Abfälle. Art. 2 Absatz 1 c) Übereinkommen bestimmt weitergehend, dass auch das rechtswidrige Befördern, und damit der innerstaatliche, nicht grenzüberschreitende, Transport, strafbar ist. Insoweit ist eine Erweiterung des deutschen Umweltstrafrechts bezüglich der Tathandlung erforderlich.

Ähnlich wie § 326 Absatz 2 StGB ist § 328 StGB bezüglich der als strafbar erachteten Tathandlung enger als das Übereinkommen: Er erfasst – im Gegensatz zu Art. 2 Absatz 1 e) Übereinkommen – nicht das Herstellen nuklearer oder radioaktiver Stoffe. Hier besteht ebenfalls Erweiterungsbedarf.

Damit scheinen Nachbesserungen vor allem hinsichtlich der Tathandlungen des § 326 Absatz 2 und des § 328 StGB sowie bezüglich § 325 Absatz 2 StGB, der die Luft auf dem Betriebsgelände nicht vor Verschmutzungen schützt, erforderlich zu sein. Zudem sind die Beschränkung durch §§ 325 Absatz 5, 325a Absatz 4 und 329 Absatz 1 Satz 3 StGB nicht mit dem Übereinkommen kongruent.

1957 Siehe oben 3. Kapitel C. II. 3. b.

1958 *Schönke/Schröder/Lenckner/Heine*, § 326, Rn. 12c.

D. Bewertung der Regelungen des Übereinkommens

I. Die Regelungen des Übereinkommens

1 Allgemein

Zunächst ist festzuhalten, dass das Übereinkommen nur einen Mindestschutz der Umwelt als Lebensgrundlage des Menschen strafrechtlich abzusichern sucht. Es bezweckt also weder einen maximalen noch einen optimalen Schutz der Umwelt durch das Strafrecht.[1959] Das ist bei der Bewertung dieses Regelungswerks zu beachten.
Die Einigung der Vertragsstaaten des Europarats auf Mindeststandards liegt in der Natur der Sache: Da es sich beim Europarat um einen völkerrechtlichen Zusammenschluss von inzwischen 44 souveränen europäischen Staaten handelt, ist es nicht verwunderlich, dass die Einigung auf ein Übereinkommen zum strafrechtlichen Schutz der Umwelt (welches in Anbetracht der weltweiten Brisanz des Umweltschutzes zwar dringend erforderlich, aber dennoch ein Novum ist) nur einen Mindestschutz gewährleisten kann. Solchen Einigungen ist immanent, dass sie oft nur auf einem niedrigsten Schutzlevel erzielt werden können: Für ein höheres Schutzniveau wäre eine Einigung nicht möglich. Doch ist die Einigung auf einen – wenn auch niedrigen – gemeinsamen Level ein großer Schritt, da sich eine Vielzahl souveräner Staaten gegenüber stehen, die jeweils eigene (gewachsene) Rechtstraditionen und Interessen haben und verfolgen.[1960] Jeder Staat versucht eine Regelung zu erzielen, die seiner nationalen Situation am nächsten kommt und sich am einfachsten in das jeweilige innerstaatliche Rechtssystem einfügen lässt.
Somit ist allein das Zustandekommen des Übereinkommens als Errungenschaft zu werten. In diesem Zusammenhang soll nochmals die bemerkenswerte Bestimmung des Art. 13 Absatz 3 Übereinkommen hervorgehoben werden, nach der das Übereinkommen drei Monate nach der Ratifizierung durch nur drei Vertragsstaaten in Kraft treten soll.[1961]

2. Im Einzelnen

Besonders zu begrüßen ist die Befürwortung durch den Europarat, das Umweltstrafrecht grundsätzlich in das allgemeine Strafgesetzbuch zu inkorporieren und so die

1959 Vgl. auch oben 3. Kapitel A. I.

1960 Zur unterschiedlichen Regelung des Umweltstrafrechts in den Mitgliedstaaten der Europäischen Union 2. Kapitel A. und C. Daneben zeigen die aus Rücksicht auf die verschiedenen Rechtstraditionen im Übereinkommen vorgesehenen Ausnahmemöglichkeiten die Schwierigkeit der Einigung selbst auf einen Mindestschutz.

1961 Da bislang nur Estland das Übereinkommen (am 26.04.2002) ratifiziert hat, bedarf es zu dessen Inkrafttreten noch zwei weiterer Ratifizierungen.

abschreckende Wirkung und die größere Aufmerksamkeit in der Bevölkerung sicher zu stellen.[1962]

Daneben ist der durch das Übereinkommen gewährleistete einheitliche Schutz der verschiedenen Umweltmedien sowie die klare Staffelung des Rechtsgüterschutzes positiv zu bewerten.[1963] Das ist ein sinnvoller Schritt zu einem gleich hohen Schutzniveau aller für den Menschen als Lebensgrundlage wichtigen Bestandteile der Natur. Einem effektiven Umweltschutz zuträglich ist der Umstand, dass das Übereinkommen Umweltverunreinigungen, die von Kraft-, Schienen-, Luft- oder Wasserfahrzeugen verursacht werden, nicht von der Strafbarkeit ausnimmt. Allerdings ist die „einheitliche" Eingrenzung des Schutzes der Umweltmedien durch das Erfordernis der Erheblichkeit weniger positiv zu werten. Zwar steht dahinter der legitime Zweck, Bagatellen ausschließen zu wollen, doch steht zu befürchten, dass mit dieser Tatbestandsbeschränkung eine erhebliche Effektivitätseinbuße einhergeht.

Positiv hervorzuheben ist auch Art. 4 Übereinkommen: Obwohl das Übereinkommen nur Mindeststandards zum strafrechtlichen Schutz der Umwelt schaffen möchte, regelt es in diesem Artikel sogar weniger schwerwiegende Umweltbeeinträchtigungen. Infolgedessen bedürfen die dort genannten Handlungen nicht zwingend einer strafrechtlichen Ahndung, vielmehr genügt schon die verwaltungsrechtliche Ahndung.

Entgegen dem proklamierten Mindestschutz sieht das Übereinkommen grundsätzlich die Strafbarkeit einfach fahrlässigen Verhaltens vor.[1964] Damit erfasst das Übereinkommen mehr als nur die schwere Umweltkriminalität; selbst die leichteste Unachtsamkeit wird strafrechtlich erfasst.[1965] In Anbetracht der fast uferlosen Weite der strafrechtlichen Haftung für einfache Fahrlässigkeit hätte es guten Grund gegeben, auf europäischer Ebene die Fahrlässigkeitsstrafbarkeit auf Leichtfertigkeit (beziehungsweise mit den Worten des Übereinkommens: auf grobe Fahrlässigkeit) zu begrenzen, statt diese Begrenzung auf vertragsstaatlicher Ebene lediglich zu ermöglichen.[1966]

Dass das Übereinkommen die Verwaltungsakzessorietät beibehält, kann nicht schlechthin negativ gewertet werden: Die Verwaltungsakzessorietät stellt trotz der durch sie auftretenden (Durchsetzungs-) Probleme ein notwendiges „Übel" des Umweltstrafrechts dar, wenn nicht nur Unrechtsspitzen sanktioniert werden sollen.[1967] Leider enthält das Übereinkommen selbst keine Regelung zum Rechtsmissbrauch. Nur die Begründung zum Übereinkommen erläutert, dass den Vertragsstaaten das Recht zu steht, den Rechtsmissbrauch als verwaltungsrechtlich nicht geneh-

[1962] Siehe oben 3. Kapitel B. I. 1.
[1963] Siehe oben 3. Kapitel B. I. 2.
[1964] Zu den vorgesehenen Ausnahmemöglichkeiten oben 3. Kapitel B. III.
[1965] Vgl. 1. Kapitel B. II. 1 und 3.
[1966] Zu den möglichen Einschränkungen der Fahrlässigkeitsstrafbarkeit 1. Kapitel B. II. 2. und 3. b.
[1967] Siehe 1. Kapitel B. IV

migtes Handeln strafrechtlich zu erfassen und so die Abhängigkeit von verwaltungsrechtlichen Vorgaben zu lockern. Doch genügt dies nicht zur Erreichung eines harmonischen europäischen Schutzniveaus. Eine einheitliche Regelung wäre wünschenswert, da die strafrechtliche Erfassung rechtsmissbräuchlichen umweltschädigenden Handelns ein wichtiges Element für die effektive Durchsetzung der umweltstrafrechtlichen Regeln ist.

Leider sieht das Übereinkommen keine Regel über die Strafbarkeit von Amtsträgern in Umweltbehörden vor. Der Grund für diese Abstinenz könnte darin liegen, dass die meisten Vertragsstaaten eine solche Regel auf nationaler Ebene weder kennen noch einführen wollen.[1968]

Deshalb ist die in Art. 10 Übereinkommen vorgesehene Informationspflicht von Verwaltungsbehörden gegenüber Strafermittlungs- und Strafverfolgungsbehörden umso bedeutsamer. Dieser sieht zweierlei vor: Bei Vorliegen eines begründeten Verdachts einer Umweltstraftat muss die für den Schutz der Umwelt zuständige Behörde die Strafermittlungs- und Strafverfolgungsbehörden auf eigene Initiative unterrichten. Daneben trifft sie die Pflicht, den Strafermittlungs- und Strafverfolgungsbehörden auf deren Verlangen hin Auskünfte zu erteilen. Diese Vorschrift zur Zusammenarbeit der Behörden ist für ein effizientes Umweltstrafrecht sehr wichtig und ist trotz der für die Informationspflicht bestehenden Ausnahmemöglichkeit wichtig und gelungen und insgesamt zu befürworten.[1969]

Das gilt auch für die Bestimmung über die (strafrechtliche) Verantwortlichkeit juristischer Personen, Art. 9 Übereinkommen, die das Übereinkommen grundsätzlich vorsieht:[1970] Mit Rücksicht auf einige Vertragsstaaten, die – aus dogmatischen Gründen – nicht bereit sind, die strafrechtliche Verantwortlichkeit juristischer Personen einzuführen, obwohl das Bedürfnis hierzu fast einstimmig bejaht wird, ermöglicht das Übereinkommen auch hier Ausnahmen.

Ebenso sinnvoll ist die in Art. 11 Übereinkommen vorgesehene Möglichkeit, Verbänden die Teilnahme am Strafverfahren rechtlich zu ermöglichen, da das Umweltstrafrecht keine individuellen, sondern kollektive Rechtsgüter schützt und so oftmals die Interessen ganzer Personengruppen betroffen sind.[1971]

1968 Schon innerhalb der Europäischen Union gibt es nur wenige Staaten, die eine Vorschrift bezüglich der Strafbarkeit von Amtsträgern vorsehen, vgl. 2. Kapitel A. und C. Selbst in Deutschland ist dieser Teilbereich umstritten, obwohl es sich um ein Land handelt, das für sich in Anspruch nimmt, sehr fortschrittlich und weitgehend beim strafrechtlichen Schutz der Umwelt zu sein, vgl. 1. Kapitel B. V.

1969 Vgl. oben 3. Kapitel B. I. 5.; zur Kritik am Fehlen einer solchen Regel im deutschen Umweltstrafrecht 1. Kapitel B. V.

1970 Vgl. oben 3. Kapitel B. I. 6.

1971 Siehe oben 3. Kapitel B. IX.

II. Rechtspolitische Bedeutsamkeit der Existenz des Übereinkommens

Die Wirkung, die von dem Übereinkommen des Europarats zum Schutz der Umwelt durch das Strafrecht allein durch seine Existenz ausgeht, sollte nicht unterschätzt werden.[1972]

Zunächst ist es keine Selbstverständlichkeit, dass sich die Vertragsstaaten des Europarats auf solche umweltstrafrechtlichen Mindeststandards einigen und sie mittels eines völkerrechtlichen Vertrags festschreiben. Zudem ist zu vermerken, dass die Einigung auf Mindeststandards in einer Zeit erfolgte, als der „Boom" des Umweltstrafrechts bereits vorbei war, es den Vertragsstaaten wirtschaftlich nicht mehr so gut ging, wie zu Beginn der 1980er Jahre und sich das öffentliche Bewusstsein wieder verstärkt anderen Themenbereichen zugewendet hat.

Als unmittelbare, positive Konsequenz dieses Übereinkommens ist die rege Tätigkeit der Gremien der Europäischen Union auf dem Gebiet des Umweltstrafrechts zu sehen, die sich zeitlich unmittelbar an den Erlass des Übereinkommens anschließt.[1973]

Auch wenn das Übereinkommen, als völkerrechtlicher Vertrag, für die Vertragsstaaten innerstaatlich erst verbindlich wird, wenn sie es in nationales Recht transformiert haben[1974] – und dies bislang in nur einem Vertragsstaat erfolgt ist –[1975] so ist allein der Einfluss, den die Tätigkeit des Europarats auf die Tätigkeit der Europäischen Union hat, ein wichtiger Erfolg dieser Regelung.

Durch die Verabschiedung des Übereinkommens wird die Wichtigkeit der Umwelt und ihres (strafrechtlichen) Schutzes wieder in das Bewusstsein der Regierungen der Mitgliedstaaten und das ihrer Bürger gerufen. Der Schutz der Umwelt darf grundsätzlich nicht von den wirtschaftlichen Verhältnissen eines Staats abhängen; ihr Schutz ist als Lebensgrundlage des Menschen vielmehr unerlässlich. Diese wichtige Zeichen vermochte der Europarat mit der Verabschiedung des Übereinkommens zum Schutz der Umwelt durch das Strafrecht zu setzen.

III. Ergebnis

Auch wenn das Übereinkommen zum Schutz der Umwelt durch das Strafrecht nicht der „große Wurf" ist und in vielen Teilbereichen nicht weit und nicht konsequent

---

1972 Zur Frage, ob Strafdrohungen im Umweltrecht besser dem Verwaltungs- oder dem Strafrecht zuzuordnen seien *Höpfel*, Triffterer-Festschrift, S. 425, 428 f.

1973 Siehe 5. Kapitel C. I.

1974 Siehe oben 3. Kapitel A. II.

1975 Vgl. *Höpfel*, Triffterer-Festschrift, S. 425, 428: Die Verpflichtung zum Erlass strafrechtlicher Bestimmungen kann sich innenpolitisch als „Bremsklotz" herausstellen und schon die Ratifizierung eines Vertrags im ganzen herauszögern.

genug ist, so ist es doch ein unentbehrlicher Meilenstein auf dem Weg zu einem harmonisierten europäischen Umweltstrafrecht. Zwar regelt es Teilbereiche – aus Rücksicht auf Vertragsstaaten und mit Blick auf die Einigung zu einem völkerrechtlichen Vertrag – nicht konsequent, doch spricht es wichtige und kritische Punkte an und gibt den Staaten die Möglichkeit, über das durch das Übereinkommen gewährleistete Mindestschutzniveau der Umwelt durch das Strafrecht hinaus zu gehen.

So enthält es zwar keine Vorschrift, welche die Strafbarkeit von Amtsträgern vorsieht, doch wird deren Informationspflicht als so wichtig angesehen, dass sie im Übereinkommen geregelt ist. Das gilt auch für die Strafbarkeit juristischer Personen im Umweltbereich. Diese wird als so bedeutsam gewertet, dass das Übereinkommen eine Regelung vorhält.

4. Kapitel: Europäisches Strafrecht

A. Die Europäische Grundrechte-Charta

I. Allgemeines und Hintergründe zum Entwurf der Grundrechte-Charta

1. Allgemeines

Seit Jahren[1976] besteht die Forderung, für die Europäische Union einen Grundrechte-Katalog einzuführen, der die Rechte der EU-Bürger festschreibt. Trotz mehrerer Initiativen[1977] wurde dieses Projekt bis 2000 nicht konsequent umgesetzt. Dies änderte sich mit den Tagungen des Europäischen Rats in Köln (3. und 4. Juni 1999) und in Tampere (15. und 16. Oktober 1999), auf denen er ein Gremium (den Grundrechte-Konvent) damit beauftragte, eine Grundrechte-Charta für die Europäische Union zu entwerfen. Damit wollte er sicherstellen, dass die Europäische Union noch vor der Osterweiterung auch als Wertegemeinschaft und nicht nur als Zoll- und Währungsunion definiert wird.[1978] Gemäß dem Europäischen Rat ist der Grund für dieses Projekt, dass es infolge der fortschreitenden Zusammenarbeit der Mitgliedstaaten der Europäischen Union – von der wirtschaftlichen bis hin zur innen- und rechtspolitischen Zusammenarbeit – notwendig erscheint, den Bürgern der Europäischen Union ihre Grundrechte unmittelbar in einem Katalog im Primärrecht der Europäischen Union zu verbürgen[1979] und sie so sichtbarer zu machen.[1980] Außerdem ist die Wahrung der Grundrechte eines der Gründungsprinzipien der Europäischen Union und unerlässliche Voraussetzung für ihre Legitimität.[1981]

2. Gründe für den Entwurf der Grundrechte-Charta

Als Begründung für die Ausarbeitung einer europäischen Grundrechte-Charta werden von allen Seiten[1982] folgende Punkte genannt:

1976 BVerfGE **37** 271, 280 (Solange I); *Lenz*, NJW **2000** 3289; *Schmitz*, JZ **2001** 833 f. m.w.N.

1977 Europäisches Parlament ABl. 1989 C 120/51 und ABl. 1994 C 61/155. Zu den Vorläufern der Grundrechte-Charta *Schröder*, JZ **2002** 849.

1978 *Hirsch*, FAZ vom 12.10.2000, S. 11; *Meyer*, ZRP **2000** 114.

1979 *Eickmeier*, DVBl. **1999** 1026; *Hirsch*, NJW **2000** 46, 47; *Losch/Radau*, NJ **1999** 632, 633; *Limbach*, www.rewi.hu-berlin.de/WHI/; *Zachert*, NZA **2000** 621, 625.

1980 Vgl. *Pietsch*, ZRP **2003** 1; *Schwarze*, NJW **2002** 993, 996; *Zachert*, NZA **2001** 1041, 1042.

1981 Vgl. Absatz 1 und 2 der Präambel der Grundrechte-Charta der Europäischen Union und http://db.consilium.eu.int/DF/intro.asp?lang=fr, Projet de charte des droits fondamentaux de l'Union européenne, I. Les traités

1982 Beschluss der 24. EMK vom 2./3.12.1999, Top 5 Punkt 3; *Däubler-Gmelin*, EuZW **2000** 1; *Eickmeier*, DVBl. **1999** 1026 f.; *Hirsch*, NJW **2000** 46 f.; *Lenz*, NJW **1997** 3289; *Limbach*, www.fewi.hu-

Es wird hervorgehoben, dass die Europäische Menschenrechtskonvention eine erhöhte Glaubwürdigkeit im Rahmen der Außen- und Sicherheitspolitik und in der Entwicklungszusammenarbeit erlangt, wenn die Europäische Union einen Grundrechte-Katalog hat.
Daneben wird die Bedeutung herausgestellt, die die Grundrechte-Charta hinsichtlich des Beitritts neuer Mitgliedstaaten infolge Art. 49 in Verbindung mit Art. 6 Absatz 1 EUV hat. Die Europäische Union kann von anderen, zukünftigen Mitgliedstaaten die Einhaltung der Menschenrechte und den Aufbau eines funktionierenden Rechtsstaats glaubwürdiger verlangen, wenn sie selbst klare, einheitlich kodifizierte Prinzipien besitzt.
Betont wird des Weiteren, die legitimationsstärkende Wirkung der Charta für die Europäische Union und die durch ihre Einführung geschaffene Transparenz.
Weitere wichtige Gründe für die Einführung der Charta sind die stärkere Identifizierung der EU-Bürger mit der Union[1983] und die Schließung von Rechtsschutzlücken, die infolge der Zusammenarbeit im Bereich Justiz und Inneres drohen.[1984]

3. Hintergründe und Ziele des Entwurfs

Zwar besteht gegenwärtig auf europäischer Ebene wohl kein Rechtsschutzdefizit,[1985] jedoch sind die Grundrechte der Europäischen Union verstreut im System der Allgemeinen Grundsätze des Gemeinschaftsrechts durch den Europäischen Gerichtshof, der Europäischen Menschenrechtskonvention, der Sozialcharta des Europarats von 1961 und in der Gemeinschaftscharta der sozialen Grundrechte von 1989 wieder zu finden.[1986] Dieses „System" entbehrt der für einen „Rechtsstaat" notwendigen Transparenz[1987] und ist daher ungeeignet, das Vertrauen der Bürger in die Europäische Union zu stärken. Die Grundrechte-Charta soll keine neuen Grundrechte für die EU-Bürger schaffen,[1988] sondern soll durch die Formulierung gemeinsamer Werte (der auf nationaler Ebene bereits garantierten Grundrechte) die Grundlage für eine

---

berlin.de/WHI/; *Meyer*, ZRP **2002** 272; *Pernice*, www.fewi.hu-berlin.de/WHI/; *ders.*, DVBl. **2000** 847, 849 f.; *Riedel*, ZRP **2002** 241, 246; *Schwarze*, NJW **2002** 993, 996; *ders.*, EuZW **2001** 517, 522; *Zachert*, NZA **2000** 621, 625.

1983 *Pernice*, DVBl. **2000** 847, 849; *Riedel*, ZRP **2002** 241, 246; *Schwarze*, EuZW **2001** 517, 522.

1984 *Leutheusser-Schnarrenberger*, ZRP **2002** 329, 330; *Losch/Radau*, ZRP **2000** 84, 86.

1985 *Knöll*, NJW **2000** 1845; *Lenz*, NJW **1997** 3289. **A.A.:** *Leutheusser-Schnarrenberger*, ZRP **2002** 329, 330, die den gegenwärtigen Grundrechtsschutz in der Europäischen Union als lückenhaft und unbefriedigend charakterisiert: *„Auch die umfangreichste Rechtsprechung bleibt letztlich kasuistisch und ersetzt keinen geschriebenen Grundrechtskatalog."*

1986 Zu dem gemeinschaftsrechtlichen Grundrechtsschutz *Losch/Radau*, ZRP **2000** 84, 85.

1987 *Hirsch*, FAZ vom 12.10.2000, S. 11: Die Rechtsordnung muss transparent sein, damit die Rechte und Pflichten für die „Rechtsunterworfenen" beleg- und begreifbar sind. So schon *Lenz*, NJW **1997** 3289. Ferner *Riedel*, ZRP **2002** 241, 246; *Schwarze*, NJW **2002** 993, 996; *ders.*, EuZW **2001** 517, 522.

1988 Vgl. *Häberle*, DVBl. **2000** 840, 846; *Riedel*, ZRP **2002** 241, 246; *Schwarze*, EuZW **2001** 517, 522; *Pietsch*, ZRP **2003** 1.

gemeinsame Identität legen.[1989] Der Entwurf einer Charta aller Grundrechte soll Vorhersehbarkeit, Rechtssicherheit und Rechtsklarheit für die Bürger der Europäischen Union schaffen, dazu beitragen, dass sich die Bürger mit der Europäischen Union besser identifizieren können und ihnen deutlich machen, dass es in erster Linie um ihre Freiheiten und nicht um die Marktfreiheit innerhalb der Europäischen Union geht.[1990] Damit liegt der wahre Wert der Grundrechte-Charta nicht in der Formulierung der Menschenwürde, der Freiheiten, der Gleichheit und der Solidarität der EU-Bürger, sondern in der Festschreibung verbindlicher gemeinsamer Werte.
Deswegen ist Ziel des Entwurfs,[1991] die Grundrechte so auszugestalten, dass sich der Einzelne vor den Gerichten unmittelbar auf sie berufen kann.[1992] Dies soll sowohl für die klassischen Abwehr- als auch für Gleichheits-, Teilhabe- und Leistungsrechte gelten.

Ausgangspunkt der zukünftigen Grundrechte-Charta ist ihr Beruhen auf dem Recht der Mitgliedstaaten der Europäischen Union sowie ihre rechtliche Verbindlichkeit.[1993] *Hirsch*[1994] hebt hervor, dass die Grundrechte weder durch ihre feierliche Proklamation noch durch ihre formelle Inkorporation in die Römischen Verträge geschaffen oder verliehen werden: Sie existieren aus eigenem Recht und sind dem Gemeinschaftsgesetzgeber vorgegeben und übergeordnet, also von ihm zu respektieren. Deshalb ist es irrelevant, dass die Europäische Union kein Staat ist.[1995] Durch die Übertragung der teilweisen Souveränität der Mitgliedstaaten auf die Institutionen der Europäischen Union besitzen diese unmittelbar wirkende Hoheitsgewalt, die von den Grundrechten begrenzt wird. Folgerichtig hat der Europäische Gerichtshof bereits Ende der 1960er Jahre erklärt, dass die Europäische Menschenrechtskonvention integraler Bestandteil des EG-Rechts ist.

Bei dem Entwurf der Charta war ihr genauer Inhalt[1996] sowie ihre Ausgestaltung problematisch,[1997] weil keine neuen Kompetenzen der Europäischen Union begrün-

---

[1989] *Däubler-Gmelin*, EuZW **2000** 1; *Eickmeier*, DVBl. **1999** 1026, 1027; *Hirsch*, NJW **2000** 46, 47; *Lenz*, NJW **1997** 3289; *Pernice*, www.rewi.hu-berlin.de/WHI/; *ders.*, DVBl. **2000** 847, 849. Dies ist in Anbetracht der Tatsache, dass EU-Bürgern das Leben und Arbeiten im EU-Ausland stets sehr schwer gemacht wird (vgl. Die Zeit vom 29.08.2002), notwendig.

[1990] *Vitorino*, SZ vom 12.10.2000, S. 12.

[1991] Vgl. Absätze 4, 5 und 7 der Präambel in Verbindung mit Art. 47 EU-Charta.

[1992] *Meyer*, ZRP **2002** 272; *Schwarze*, NJW **2002** 993, 996.

[1993] Jedoch soll es bei dem Entwurf nicht um eine Vorarbeit für eine europäische Verfassung gehen, sondern allein um die Frage der Menschenrechte. Grund für diese Zurückhaltung dürften die Widerstände aus einigen EU-Mitgliedstaaten sein, vgl. *Vitorino*, Süddeutsche ZeitungZ vom 12.10.2000, S. 12; *Meyer*, ZRP **2000** 114, 116: Die Grundrechte-Charta könne *„geradezu das Herzstück der europäischen Verfassung werden"*.

[1994] FAZ vom 12.10.2000, S. 11.

[1995] Zur **Kritik** *Lindner*, DÖV **2000** 543, 545.

[1996] Vertreten wurde insbesondere eine Parallelität der Kompetenzen der Europäischen Union und des Grundrechtsschutzes: Durch die Charta sollten nur solche Grundrechte geschützt werden, die effektiv auf Grundrechtsgefährdungen abstellen, die von der Europäischen Union ausgehen (Grundrechte als „negative Kompetenznormen"). Wegen des Weiterwachsens der Europäischen Union sollte dieser

det werden sollten, vgl. Art. 5 EUV und Art. 5 Absatz 1 EGV (Prinzip der begrenzten Einzelermächtigung).[1998] Speziell die Abgrenzung zwischen Grundrechten und politischen Zielvorstellungen sowie die Einbeziehung von sozialen Grundrechten war sehr umstritten,[1999] da letztere in den Verfassungen der Mitgliedstaaten teilweise gegensätzliche Bedeutung haben.[2000]

Obwohl die Charta weitgehend Anerkennung gefunden hat,[2001] gehören auch drei Jahre nach der feierlichen Proklamation der Annahme der Charta der Grundrechte der Europäischen Union durch den Europäischen Rat, das Europäische Parlament und die Europäische Kommission am 7. Dezember 2000 ihre rechtliche Bindungswirkung, die Frage des Status der Charta und die Befürchtung, dass sie neue Kompetenzen begründen könnte, zu den am meisten diskutierten Bereichen.[2002] Trotzdem die Grundrechte-Charta bereits vom Europäischen Gericht und von mehreren Generalanwälten in ihren Schlussanträgen erwähnt wurde,[2003] kommt ihr derzeit kein rechtsverbindlicher Charakter zu.[2004] Zwar bemühten die Generalanwälte die Charta zur Untermauerung der aus anderen Rechtsquellen des Gemeinschaftsrechts gefundenen Lösungen und der zusätzlichen Abstützung gemeineuropäischer Grundrechtsüberzeugungen,[2005] doch werden die Bürger ihre Grundrechte auf EU-Ebene erst einklagen können, wenn die Charta in die Europäischen Verträge eingebunden ist.[2006]

Katalog für künftige Entwicklungen und neue Kompetenzen der Europäischen Union offen sein. Vgl. Beschluss der 24. EMK vom 2./3.12.1999, Top 5 Punkt 7; *Schröder*, JZ **2002** 849 m.N. in Fn. 11 ff.; *Knöll*, NJW **2000** 1845, 1846 ff., der davor warnt, die Charta mit Versprechungen zu überfrachten, die juristisch – mangels Kompetenz der Europäischen Union – nicht gewährleistet werden können (S. 1248); *Pernice*, www.rewi.hu-berlin.de/WHI/; *ders.*, DVBl. **2000** 847, 852 f.; *Däubler-Gmelin*, EuZW **2000** 1, die die Offenheit der Grundrechte hervor hebt. Enger: *Lindner*, DÖV **2000** 543, 545 f. und 549.

1997 Vgl. die vom Sekretariat des Europa-Ausschusses des Bundestags herausgegebene Materialsammlung, Öffentliche Anhörung der EU-Ausschüsse des Deutschen Bundestags und des Bundesrats, 5. April 2000, Abgeordnetenhaus von Berlin, Zur Charta der Grundrechte der EU.

1998 Deshalb wurde in Art. 51 Absatz 2 EU-Charta ausdrücklich bestimmt, dass die Charta keine neuen Kompetenzen schafft. Vgl. *Schmitz*, JZ **2001** 833, 835; *Schröder*, JZ **2002** 849, 851.

1999 Die sozialen Grundrechte (wie das ausdrückliche Streikrecht, Art. 28 EU-Charta, und das Recht auf kostenlose Arbeitsvermittlung, Art. 29 EU-Charta) finden sich zum Beispiel im deutschen Grundgesetz nicht wieder und stoßen auf heftige Kritik von Seiten der britischen Arbeitgeber, vgl. *von Salzen*, Tagesspiegel-online vom 26.08.2000; *Pernice*, DVBl. **2000** 847, 853.

2000 Zum Problem sozialer Grundrechte in der Charta *Pitschas*, VSSR **2000** 207, 212 ff.

2001 Vgl. *Pietsch*, ZRP **2003** 1, 2 m.w.N.

2002 Vgl. *Leutheusser-Schnarrenberger*, ZRP **2002** 329 ff.; *Pietsch*, ZRP **2003** 1 ff.; *Schwarze*, EuZW **2001** 517 ff.

2003 Vgl. *Schmitz*, JZ **2001** 833, 835 Fn. 29, *Schröder*, JZ **2002** 849, 850 Fn. 31; *Schwarze*, EuZW **2001** 517, 518.

2004 *Leutheusser-Schnarrenberger*, ZRP **2002** 329, 331 (die Charta habe aber eine indirekte Bindungswirkung); *Schmitz*, JZ **2001** 833, 835; *Schwarze*, EuZW **2001** 517.

2005 Vgl. *Schwarze*, EuZW **2001** 517, 518 m.N.

2006 Vgl. *Hirsch*, Frankfurter Allgemeine Zeitung vom 12.10.2000, S. 11: Es gebe keinen „*würdigeren und geeigneteren Gegenstand für ein Referendum*"; *Häberle*, DVBl. **2000** 840, 846; *Losch/Radau*, ZRP **2000** 84, 87; *Meyer*, ZRP **2000** 114; *Pernice*, www.rewi.hu-berlin.de/WHI/; *ders.*, DVBl. **2000** 847, 858 f.; *Weber*, NJW **2000** 537, 544, die es als sinnvoll ansehen, ergänzend für Verletzungen der Grundrechte aus der

Bei der Frage nach Status und zukünftiger Bindungswirkung der Charta werden vor allem eine Direktaufnahme der Charta in die Verträge der Europäischen Union und die Ergänzung des Art. 6 Absatz 2 EUV um eine Bezugnahme auf die Charta diskutiert.[2007] Gegen einen Verweis in Art. 6 Absatz 2 EUV spricht, dass die Charta dadurch keine unmittelbare rechtliche Bindungswirkung hätte. Diese erlangt sie nur durch eine direkte Aufnahme in die bestehenden EG- und EU-Verträge beziehungsweise durch Integration in einen neu zu erarbeitenden Verfassungstext.[2008] Die Grundrechte-Charta wurde in dem seit dem 18. Juli 2003 vorliegendem Verfassungsentwurf der Europäischen Union (Teil I, Titel II) fast unverändert inkorporiert.[2009]

II. Der Entwurf der Grundrechte-Charta[2010]

1. Allgemeines

Am 11. Oktober 2000 hatte der Konvent einen für alle Seiten zustimmungsfähigen Entwurf der Grundrechte-Charta erarbeitet. Aufgrund des Aufeinandertreffens von unterschiedlichen Rechtstraditionen stellt der vorliegende Entwurf einen Kompromiss dar.[2011] In 52 Artikeln sind die Grundrechte der EU-Bürger festgeschrieben. Sie unterteilen sich in folgende sieben Kapitel: Menschenwürde, Freiheiten, Gleichheit, Solidarität, Bürgerrechte, justizielle Rechte sowie die allgemeinen Bestimmungen. Mit der Aufnahme des Verbots der Todesstrafe (Art. 2 Absatz 2), der Folter (Art. 4 Absatz 1) und der Sklaverei (Art. 5 Absatz 1) und dem Gebot der Verhältnismäßigkeit des Strafmaßes und der Schwere der Tat (Art. 47 Absatz 3) normiert die Charta einen umfassenden und modernen Grundrechte-Katalog,[2012] in dem auch Grundrechte der

---

Charta einen direkten Weg zum Europäischen Gerichtshof vorzusehen, etwa als Grundrechtsbeschwerde oder Verfassungsbeschwerde nach innerstaatlicher Rechtswegerschöpfung.

[2007] Vgl. *Pietsch*, ZRP **2003** 1, 2; *Schmitz*, JZ **2001** 833, 835; *Schröder*, JZ **2002** 849, 852 f.

[2008] *Leutheusser-Schnarrenberger*, ZRP **2002** 329, 332. Zum verabschiedeten Verfassungsentwurf *Oppermann*, DVBl. **2003** 1165 ff. und 1234 ff.; Text CONV 850/03 unter http://european-convention.eu.int/docs/Treaty/cv00850.de03.pdf. Zu den Konsequenzen der Aufnahme der Grundrechte-Charta in das Primärrecht und seinem Standort im Vertragswerk *Schröder*, JZ **2002** 849, 851 ff.

[2009] Http://european-convention.eu.int/docs/Treaty/cv00850.de03.pdf.

[2010] In der Fassung vom 28. September 2000: Charte 4487/00, Convent 50.

[2011] Vgl. *Schwarze*, EuZW **2001** 517, 522.

[2012] Vgl. *Wittinger*, Jura **1999** 405, 410: Danach enthielt die Afrikanische Charta der Menschenrechte und Rechte der Völker (AfrC) – im Gegensatz zu der Europäischen und der Amerikanischen Menschenrechtskonvention – hinsichtlich der materiell geschützten Rechte neben den „klassischen" bürgerlichen und politischen Grundrechten auch wirtschaftliche und soziale Rechte sowie „neue" Rechte – üblicherweise als Menschenrechte der dritten Generation bezeichnet – wie zum Beispiel das Recht der Völker auf Selbstbestimmung, Art. 20 AfrC, und das Recht auf eine zufriedenstellende Umwelt, Art. 24 AfrC und war die erste bindende Menschenrechtskonvention, die die verschiedenen Kategorien der Menschenrechte in einem Dokument vereinte. Dies könnte sich nun mit der EU-Grundrechte-Charta ändern, wenn diese rechtsverbindlich wird.

dritten Generation[2013] aufgenommen wurden. Um einen Widerspruch zwischen diesem erschöpfenden Grundrechte-Katalog und der begrenzten Kompetenzordnung der Gemeinschaft zu vermeiden, stellt die Charta in Art. 51 Absatz 2[2014] ausdrücklich klar, dass durch sie keine neuen Zuständigkeiten und Aufgaben der Gemeinschaft begründet werden. Die Charta wird, wenn sie rechtsverbindlich werden sollte, ausschließlich für Akte der Organe und Einrichtungen der Union gelten. In den Mitgliedstaaten erlangt sie nur dann Geltung, wenn diese EU-Recht durchführen.[2015] Dennoch besteht weiterhin die Befürchtung, eines schleichenden Kompetenzzuwachses der Europäischen Union.[2016]

2. Der Umweltschutz in der Grundrechte-Charta

Neu ist der im vierten Kapitel, das die Überschrift „Solidarität" trägt, enthaltene Art. 37 über den Umweltschutz: *„Ein hohes Umweltschutzniveau und die Verbesserung der Umweltqualität müssen in die Politiken der Union einbezogen und nach dem Grundsatz der nachhaltigen Entwicklung sichergestellt werden.*" Als „neues" Grundrecht[2017] gehört er dem problematischen Teil des Grundrechtskatalogs an. Zwar wird schon lange gefordert, soziale, kulturelle und umweltrechtliche Grundrechte in eine moderne europäische Grundrechte-Charta aufzunehmen,[2018] weil sie Ausdruck einer neueren Entwicklungsphase im Verhältnis des Staats zum Bürger seien und von vielen modernen Grundrechtssystemen erfasst werden,[2019] doch sind sie meist nicht als subjektive Rechte formuliert. Weder wird ihre unmittelbare Verwirklichung garantiert noch sind sie einklagbar. Sie legen in der Regel nur die Leitgrundsätze der staatlichen Aufgabenerfüllung fest, für die der Staat politisch einzustehen hat. Deswegen fordern *Losch/Radau*,[2020] die Aufnahme moderner Grundrechte in die Charta, aber in einem von den klassischen Grundrechten gesonderten Abschnitt über Grundrechtsdirektiven, um deutlich zu machen, dass es sich um Leitgrundsätze der Gemeinschaft

---

2013 Grundrechte der dritten Generation sind "neue" Rechte wie zum Beispiel der Umweltschutz. Siehe Fn. 2021.

2014 *„Diese Charta begründet weder neue Zuständigkeiten noch neue Aufgaben für die Gemeinschaft und für die Union, noch ändert sie die in den Verträgen festgelegten Zuständigkeiten und Aufgaben."*

2015 Art. 51 Absatz 1 EU-Charta.

2016 Vgl. *Leutheusser-Schnarrenberger*, ZRP **2002** 329, 331 f.; *Pietsch*, ZRP **2003** 1, 3 m.w.N. Für eine klare Kompetenzabgrenzung spricht sich auch *Schwarze* aus (EuZW **2001** 517, 523).

2017 Das Gemeinschaftsrecht kannte zwar kein geschriebenes Grundrecht auf eine gesunde Umwelt, aber es gab bereits zuvor den umweltpolitischen Handlungsgrundsatz im EGV: Verankert waren das Vorbeuge-, Ursprungs- und Verursacherprinzip, die allesamt bindende, wenn auch nicht einklagbare Rechtsprinzipien darstellen. Besonders wichtig ist die „Querschnittsklausel" des Art. 6 EGV, wonach die Umweltschutzerfordernisse bei der Festlegung und Durchführung der anderen Gemeinschaftspolitiken einzubeziehen sind. Vgl. *Bosselmann*, Ökologische Grundrechte, S. 195.

2018 Das Europäische Parlament hat in seiner Entschließung 1989 bereits den Umweltschutz im Art. 24 gefordert. *Losch/Radau*, NJ **1999** 632, 634; *Weber*, NJW **2000** 537, 541.

2019 Vgl. Art. 20a GG, Art. 45 spanVerfassung, Art. 9, 66, 81 und 91 portVerfassung, Art. 24 griechVerfassung und Art. 21 niedVerfassung.

2020 NJ **1999** 632, 634; ZRP **2000** 84, 87.

(„Gemeinschaftszielbestimmungen") und nicht um unmittelbar geltende Grundrechte handelt.[2021] Mangels ihrer Durchsetzbarkeit äußern andere Zweifel daran, ob sie überhaupt in die Charta Eingang finden sollten.[2022] *Pitschas*[2023] ist gegen die Aufnahme umfassender individueller Ansprüche auf eine gesunde Umwelt oder auf sozialen Schutz durch subjektiv einklagbare soziale Leistungsversprechen in eine Grundrechte-Charta, vielmehr sollte versucht werden, verschiedene objektivierte Wirkschichten der Sorgeverpflichtung des Staats freizulegen, um auf jeder dieser Ebenen gesonderte Bindungswirkung und Durchsetzbarkeit von Rechtsgarantien, Schutz- und Förderaufträgen bestimmen zu können.[2024] Insgesamt sieht auch er die Verankerung sozialer Grundrechte als Nagelprobe dafür an, ob die Europäische Union willens ist, dem Sozialstaat gleiche Bedeutung beizumessen wie der wirtschaftlichen Dimension.[2025]

Gemäß Art. 37 EU-Charta muss die Europäische Union bei ihrem Tätigwerden darauf achten, ein hohes Niveau des Umweltschutzes anzusetzen sowie die Qualität der Umwelt zu verbessern. Art. 37 EU-Charta ist damit lediglich als Handlungsauftrag an die Gemeinschaft formuliert und stellt kein subjektives Recht auf eine gesunde Umwelt dar. Zwar vertritt *Däubler-Gmelin* in ihrem Vortrag an der Humboldt-Universität zu Berlin am 19. Oktober 2000 die Meinung, dass die Charta keine bloßen Zielbestimmungen, sondern auf klare Rechtspositionen gerichtete Formulierungen enthalte,[2026] doch kann diese Auffassung zumindest hinsichtlich Art. 37 EU-Charta nicht geteilt werden.[2027] Ergänzt wird dieses Gemeinschaftsziel Umweltschutz durch den in Art. 35 Satz 2 EU-Charta geregelten Gesundheitsschutz,[2028] der ebenfalls nur einen Handlungsauftrag an die Union formuliert.

Somit ist der Entwurf nicht der Forderung nachgekommen, diese Zielbestimmungen in einem getrennten Kapitel zu erfassen: Vielmehr enthält das vierte Kapitel neben klassischen Grundrechten wie dem Schutz der Familie (Art. 33 Absatz 1) und dem Schutz der Gesundheit (Art. 35) auch neue Grundrechte wie den Zugang zu Dienst-

---

2021 *Eickmeier*, NJW **2000** 1026, 1028: Im Interesse der Rechtsklarheit wären deutliche Formulierungen wünschenswert, die die Verschiedenheit von subjektiven Rechten und Gesetzgebungsaufträgen oder Zielbestimmungen aufzeigen; *Hirsch*, NJW **2000** 46: Unverbindliche Zielbestimmungen, Politikaufgaben, sozial oder ethisch wünschenswertes, das vom einzelnen nicht als subjektives Recht gegenüber dem Grundrechtsverpflichteten durchgesetzt werden kann, sollte nicht mit dem falschen Etikett „Grundrecht" versehen werden. Ferner *Häberle*, DVBl. **2000** 840, 846; *Meyer*, ZRP **2000** 114.

2022 Vgl. Beschluss der 24. EMK vom 2./3.12.1999, Top 5 Punkt 6; *Knöll*, NJW **2000** 1845, 1847 f.; *Leutheusser-Schnarrenberger*, ZRP **2002** 329, 332.

2023 VSSR **2000** 207, 217.

2024 Diese Wirkschichten sieht er in den Leistungs- und Erfüllungspflichten, in den gleichheitsbegründenden Schutzaufträgen und in den sozialen Förderpflichten des Staats, VSSR **2000** 207, 218 f.

2025 *Pitschas*, VSSR **2000** 207, 220.

2026 www.rewi.hu-berlin.deWHI/.

2027 *Grabenwarter*, DVBl. **2000** 1, 10; ferner *Schmitz*, JZ **2001** 833, 841.

2028 *„Jede Person hat das Recht auf Zugang zur Gesundheitsvorsorge und auf ärztliche Versorgung nach Maßgabe der einzelstaatlichen Rechtsvorschriften und Gepflogenheiten. Bei der Festlegung und Durchführung aller Politiken und Maßnahmen der Union wird ein hohes Gesundheitsschutzniveau sichergestellt."*

leistungen von allgemeinem wirtschaftlichem Interesse (Art. 36) und den Schutz der Verbraucher (Art. 38).
Zum Teil hat der Konvent sogar Grundrecht und Zielbestimmung in einem Absatz desselben Artikels – lediglich in zwei verschiedenen Sätzen – geregelt.[2029] Damit entbehrt die Charta zumindest insoweit einer klaren Trennung von klassischen, einklagbaren Grundrechten und bloßen Leitbestimmungen.
Ob die Geltendmachung des Unionsziels des Umweltschutzes auch Verbänden (als Verbandsklage)[2030] zusteht, geht aus den Artikeln der Charta – insbesondere aus den Artikeln zu den Bürger- und justiziellen Rechten sowie den allgemeinen Bestimmungen – nicht eindeutig hervor.[2031] Insoweit kann mangels spezieller Regelung, nach der Einbeziehung der Charta in die Verträge der Europäischen Union, auf die allgemeinen Regeln des EU-Vertrags zurückgegriffen werden.

3. Art. 37 EU-Charta als Staatszielbestimmung

Als Staatszielbestimmung ist das Handlungsziel des Art. 37 EU-Charta (wie bei Art. 20a GG) „verfassungsrechtlich" verbindlich und von den Gemeinschaftsorganen bei ihren Tätigkeiten fortlaufend zu beachten.[2032] Primärer Adressat sind die Organe der Gemeinschaft, denen ein weiter Gestaltungs-, Wertungs- und Einschätzungsspielraum zukommt.[2033] Doch wird (wie auch auf deutscher Ebene) das Optimierungsgebot gelten, wobei das Maß der Erfüllung dieses Gebots von den tatsächlichen und rechtlichen Möglichkeiten abhängt.[2034] Trotz der Formulierung „hohes Umweltschutzniveau" dürfte Art. 37 EU-Charta keinen maximalen Umweltschutz gebieten und sich zwischen den Eckpfeilern Minimalanforderung und Maximalmöglichem bewegen.
Im Gegensatz zum deutschen Recht wurde nicht die Formulierung *„Schutz der natürlichen Lebensgrundlage auch in Verantwortung für künftige Generationen"* gewählt, sondern allein der Begriff der „Umwelt" verwendet. Es drängt sich somit die Frage auf, ob damit etwas anderes gemeint ist. Dafür spricht, dass die EU-Charta in keinerlei Hinsicht ausdrücklich auf den Menschen (und dessen Leben und Gesundheit) Bezug nimmt. Diese Formulierung legt die Vermutung nahe, dass ökologische Interessen dominieren und ein anthropozentrischer Bezug in den Hintergrund treten soll (im

---

2029 Art. 35 Satz 1 enthält ein subjektives Recht, während Satz 2 nur eine Gemeinschaftszielbestimmung darstellt.
2030 Vgl. *Pernice*, www.rewi.hu-berlin.de/WHI/, der die Zulässigkeit der Verbandsklage gerade für die in den Unionszielen festgelegten Werte fordert. Die Vertretung dieser allgemeinen, öffentlichen „diffusen" Interessen durch Verbände sei erforderlich, um ein Gegengewicht zur ökonomischen Macht herzustellen; *Bosselmann*, Ökologische Grundrechte, S. 232; *Pernice*, DVBl. **2000** 847, 857 f.
2031 Genannt werden dort entweder Unionsbürger, Unionsbürger und natürliche oder juristische Personen oder jede beziehungsweise jede angeklagte Person.
2032 *Schmidt-Radefeldt*, Ökologische Menschenrechte S. 246; *Scholz*, in: Maunz-Dürig, Art. 20a, Rn. 35; *Steinberg*, NJW **1996** 1985, 1991.
2033 *Schmidt-Radefeldt*, Ökologische Menschenrechte, S. 246.
2034 *Schmidt-Radefeldt*, Ökologische Menschenrechte, S. 249.

Sinne der ökologischen Theorie). Dagegen spricht, dass die EU-Grundrechte-Charta insgesamt anthropozentrisch geprägt ist und sich diese Prägung auch auf Art. 37 auswirkt.[2035] Außerdem spricht eine Parallele zum deutschen Verfassungsrecht für einen gleichbedeutenden Begriffsinhalt: Vor Einführung des Art. 20a GG gab es einen nur lückenhaften verfassungsrechtlich gewährleisteten Umweltschutz,[2036] der hauptsächlich aus Art. 2 Absatz 2 und 14 GG hergeleitet wurde. Die Umwelt wurde nicht um ihrer selbst willen, sondern nur insoweit geschützt als die gefährdeten Rechtsgüter Schutz zur Abwehr von Verletzungen und Gefahren für die körperliche Unversehrtheit oder das Eigentum bedurften.[2037] Seit Einführung des Art. 20a GG werden die Natur und die Landschaft, die Lebensräume von Tieren, die Luft, das Wasser und das Klima vom Schutzbereich des Umweltschutzes erfasst, ohne dass ein Individualrechtsgutbezug erforderlich ist.[2038] Damit werden nach deutschem Recht alle Umweltgüter geschützt, soweit sie Grundlage menschlichen, tierlichen und pflanzlichen Lebens sind. Ausgeschlossen ist allerdings der äußerst relevante Bereich des Schutzes vor Lärm.[2039] Da die Begrifflichkeiten „natürliche Lebensgrundlagen" und „Umwelt" zumindest im deutschen Recht gleichbedeutend verstanden werden,[2040] wird wohl auf europäischer Ebene ein zumindest ähnlicher, wenn nicht gleicher Schutzbereich erfasst sein.

B. Die Strafrechtssetzungskompetenz der Europäischen Union

I. Notwendigkeit der Schaffung eines Europäischen Strafrechts[2041]

Das Europäische Strafrecht hat im Vergleich zu anderen Rechtsgebieten im Rahmen des Gemeinschaftsrechts nur eine untergeordnete Rolle gespielt.[2042] Genuines Gemeinschaftsstrafrecht gibt es selten, weil der Gemeinschaft in diesem Bereich nur wenige Kompetenzen zustehen.[2043] Der Grund hierfür liegt darin, dass das Strafrecht

---

2035 Zum deutschen Recht *Scholz*, in: Maunz-Dürig, Art. 20a, Rn. 39.

2036 *Bosselmann*, Ökologische Grundrechte, S. 80 ff.; *Scholz*, in: Maunz-Dürig, Art. 20a, Rn. 31; *Steinberg*, NJW **1996** 1985 ff. m.w.N.

2037 *Steinberg*, NJW **1996** 1985, 1986 f.

2038 *Steinberg*, NJW **1996** 1985 und 1991.

2039 *Schmidt-Radefeldt*, Ökologische Menschenrechte, S. 248.

2040 *Bosselmann*, Ökologische Grundrechte, S. 205; *Schmidt-Radefeldt*, Ökologische Menschenrechte, S. 247; *Scholz*, in: Maunz-Dürig, Art. 20a, Rn. 36.

2041 Zum Begriff *Hecker*, ZStW **115** (2003) S. 880, 894 f.

2042 Vgl. *Schomburg*, NJW **1999** 540 ff.; *Hamm*, StV **2001** 81: „*Ein europäisches Strafrecht gibt es noch nicht. Ebensowenig ein europäisches Strafprozessrecht.*"

2043 Zur fehlenden demokratischen Legitimation der Europäischen Gemeinschaft *Lenz*, ZStW **105** (1993) S. 230, 233.

im Gegensatz zu den anderen Rechtsgebieten – wie Zivil- und öffentlichem Recht – als wichtiger Kernbestand der nationalen Souveränität angesehen wird und folglich die Mitgliedstaaten der Europäischen Union hier nur sehr zögernd ihre Zuständigkeiten aufgeben und auf die Gemeinschaft übertragen.[2044] Dabei sind gerade im Strafrecht supranationale Regeln wünschenswert: Angesichts der grenzüberschreitend agierenden Täter sind einzelstaatliche Maßnahmen zur Kriminalitätsbekämpfung nur wenig effektiv.[2045] Die Grenzen sind für die Straftäter durchlässig, nicht aber für die Ermittlungsbehörden.[2046] Gerade im Bereich des Umwelt- und Wirtschaftsstrafrechts ist eine Harmonisierung der Strafrechtsordnungen wichtig, weil durch unterschiedliche Regelungen auf diesen Gebieten Wettbewerbs- und Standortvorteile produziert werden. Da der Abbau von Wettbewerbsverszerrungen eine der Hauptaufgaben der Europäischen Gemeinschaft darstellt,[2047] ist ein Europäisches Strafrecht zur gleichmäßigen Durchsetzung von Gebots- und Verbotsnormen unerlässlich.[2048]

Die Notwendigkeit der Vereinheitlichung sowohl des Strafverfahrens als auch des materiellen Strafrechts und der Strafverfolgungs- und Strafzumessungspraxis wird überwiegend anerkannt.[2049] Die Gründe für die Notwendigkeit der Vereinheitlichung[2050] liegen erstens in der Vermeidung von Wanderbewegungen und Verlagerungen der Kriminalität und den Risiken, die sich entlang der unterschiedlichen Strafverfolgungsbedingungen regelmäßig entwickeln, zweitens in der Steigerung der Effizienz der Strafverfolgung und Durchsetzbarkeit von Rechten im sensiblen Bereich des Strafrechts, die im wesentlichen von einer einheitlichen und raumübergreifenden Organisation strafrechtlicher Ermittlungen abhängig ist und drittens bildet die Europäisierung des Strafrechts einen bedeutsamen Bestandteil der politischen Union Europas.

Dass der Schutz der finanziellen Interessen der Gemeinschaft im Vordergrund ihrer Bemühungen steht,[2051] darf nicht darüber hinweg täuschen, dass gerade für den Be-

---

2044 *Dannecker*, Jura **1998** 79, 87; *ders.*, in: Ulsamer (Hrsg.), S. 302, 307; *Moll*, Europäisches Strafrecht, S. 3; *Schmalenberg*. Europäisches Umweltstrafrecht, S. 17; *Sieber*, in: Delmas-Marty (Hrsg.), S. 2; *Tiedemann*, GA **1998** 107, 108; *ders.*, in: Kreuzer (Hrsg.), S. 133, 135.

2045 *Kudlich*, JA **1999** 525; *Sieber*, JZ **1997** 369. **A.A.**: *Albrecht, P.-A. et al.*, KritV **1999** 279, 286. Deshalb sind die Art. 29 ff. EUV eingeführt worden.

2046 Vgl. *Lenz*, ZStW **105** (1993) S. 230; *Sieber*, JZ **1997** 369, 370.

2047 *Grabitz*, Kommentar zum EWG-V, Art. 101, Rn. 6 ff.

2048 *Tiedemann*, in: Kreuzer (Hrsg.), S. 133, 147 m.w.N.

2049 *Albrecht, H.-J.*, Europäisierung des Strafrechts, S. 41; *Sieber*, in: Delmas-Marty (Hrsg.), S. 2; *Tiedemann*, Roxin-Festschrift, S. 1401, 1412. Ferner *Dannecker*, in: Ulsamer (Hrsg.), S. 302. **A.A.**: *Albrecht, P.-A. et al.*, KritV **1999** 279, 286.

2050 Vgl. *Albrecht, H.-J.*, Die Europäisierung des Strafrechts, S. 41 f.; *Dannecker*, in: Ulsamer (Hrsg.), S. 302, 314 m.w.N.; *Sieber*, in: Delmas-Marty (Hrsg.), S. 3.

2051 Richtlinie des Rats 89/592 EWG vom 13.11.1989 „Zur Koordinierung der Vorschriften betreffend Insider-Geschäfte", ABl. EG Nr. L 334/30 vom 18.11.1989 und 91/308 EWG vom 10.06.1991 „Zur Verhinderung der Nutzung der Finanzsysteme zum Zweck der Geldwäsche", ABl. EG Nr. L 166/77 vom 18.06.1991. Siehe auch Konvention über den Schutz der Finanzinteressen der Gemeinschaft vom 27.11.1995, ABl. EG Nr. C 316/48 sowie das Erste Zusatzprotokoll zur Bekämpfung der

reich des Umweltstrafrechts supranationales Strafrecht wichtig ist.[2052] Im Übrigen eignet sich dieser Bereich besonders für eine Harmonisierung der mitgliedstaatlichen Strafrechtsordnungen.[2053]

II. Unterscheidung zwischen dem Recht des Europarats und dem Recht der Europäischen Union

Bevor auf die Frage der Strafrechtssetzungskompetenz der Gemeinschaft eingegangen wird, bedarf es zunächst im Rahmen des Europäischen Strafrechts der Unterscheidung und Klarstellung zwischen dem Recht des Europarats und dem Recht der Europäischen Union.

1. Der Europarat

Der Europarat besteht aufgrund völkerrechtlichen Zusammenschlusses souveräner europäischer Staaten mit Sitz in Straßburg. Er wurde am 05. Mai 1949 von zehn[2054] Staaten[2055] gegründet und stellte zunächst die Keimzelle und den Mittelpunkt der europäischen Einigungspolitik dar. Zu seinen Zielen gehört unter anderem die Suche nach Lösungen für größere gesellschaftliche Probleme wie für den Umweltschutz.[2056] Gerade auf diesem Sektor sehen sich die Vertragsstaaten des Europarats vor verschiedene Probleme gestellt, die oft nur auf internationaler Ebene zu lösen sind.

Da der Europarat eine Institution der europäischen zwischenstaatlichen Zusammenarbeit ist, kann er keine für die Vertragsstaaten unmittelbar geltenden Rechtsvorschriften erlassen.[2057] Er kann lediglich rechtlich unverbindliche Entschließungen, Konventionen und Abkommen verabschieden, die nur für die Vertragsstaaten Gesetzeskraft erlangen, die den Vertrag unterzeichnet beziehungsweise ratifiziert ha-

---

Korruption vom 27.09.1996, ABl. EG 1996 Nr. C 313 und das Zweite Zusatzprotokoll vom 19.06.1997, ABl. EG 1997 Nr. C 221, das die Mitgliedstaaten verpflichtet, die Geldwäsche unter Strafe zu stellen und die Verantwortlichkeit juristischer Personen vorzusehen. Vgl. *Tiedemann*, in: Kreuzer (Hrsg.), S. 133, 135 f. **Kritisch** zu dieser „selektiven" Entwicklung: *Albrecht, P.-A. et al.*, KritV **1999** 279, 282 f.; zustimmend *Kaiafa-Gbandi*, KritV **1999** 290, 294.

2052 *Dannecker*, JZ **1996** 869, 878; *Kudlich*, JA **1999** 525; *Sieber*, JZ **1997** 369, 374; *Tiedemann*, in: Kreuzer (Hrsg.), S. 133, 137 und 146. Vgl. 1. Kapitel B. VIII.

2053 *Tiedemann*, in: Kreuzer (Hrsg.), S. 133, 146; ferner *Satzger*, Freiburg-Symposium, S. 71 ff., der sich in seinem Beitrag oft exemplarisch auf die Umweltstraftatbestandsvorschläge bezieht, was deren Eignung zur Harmonisierung unterstreicht.

2054 Heute sind es 44 Mitgliedstaaten.

2055 Belgien, Dänemark, Frankreich, Irland, Italien, Luxemburg, Niederlande, Norwegen, Schweden und Großbritannien.

2056 Zum Beispiel: Konvention zum Schutz von wildlebenden Tieren und natürlicher Lebensräume, Initiative zum Schutz und zur Pflege der natürlichen Umwelt in Europa und zur Erhaltung und lebenswerten Gestaltung der Umwelt der Menschen sowie die Konvention zum Schutz der Umwelt durch das Strafrecht von 1998, ETS. Nr. 172.

2057 *Eisele*, JA **2000** 424, 427; *Oppermann*, Europarecht, Rn. 61.

ben.[2058] Im Vordergrund der Zusammenarbeit in der Strafrechtspflege steht die Europäische Konvention zum Schutz der Menschenrechte und Grundfreiheiten vom 04. November 1950 mit ihren Zusatzprotokollen (EMRK) sowie das Europäische Auslieferungsübereinkommen vom 13. Dezember 1957 und das Europäische Übereinkommen über Rechtshilfe in Strafsachen vom 20. April 1959.[2059] Mittels dieser völkerrechtlichen Verträge ist die Erweiterung der beschränkten innerstaatlichen Strafgewalt möglich.[2060]

2. Die Europäische Union

Die Europäische Union ist hingegen ein Zusammenschluss eigener Art, eine supranationale, internationale Organisation: Gegenüber anderen internationalen Organisationen des allgemeinen Völkerrechts weist sie die Besonderheit auf, unmittelbar in die Mitgliedstaaten hineinwirken zu können,[2061] da die Mitgliedstaaten einzelne Hoheitsrechte auf die Gemeinschaft übertragen haben. Die Organe der Europäischen Union[2062] können nur in diesem übertragenen Bereich[2063] eigenes Gemeinschaftsrecht schaffen und üben hier eine gegenüber den Mitgliedstaaten selbständige und unabhängige öffentliche Gewalt aus.

III. Grenzen der Kompetenzen der Europäischen Union auf dem Gebiet des Strafrechts

Die Europäische Gemeinschaft ist nur dann für die Rechtsetzung zuständig, wenn die Verträge ausdrücklich eine Ermächtigung zum Tätigwerden der Gemeinschaftsorgane enthalten. Die Gemeinschaft besitzt insbesondere keine Kompetenz-Kompetenz und entscheidet nicht selbst über ihre Zuständigkeit.[2064]

Aus diesem Prinzip der enumerativen Einzelkompetenzzuweisung des EG-Vertrags folgt, dass die Europäische Gemeinschaft einer ausdrücklichen Kompetenzzuweisung bedarf, wenn sie in zulässiger Weise Strafrecht normieren will. Laut Art. 5 EUV üben die Rechtsetzungsorgane der Gemeinschaft (Europäisches Parlament, Rat und Kommission) ihre Befugnisse nach Maßgabe und im Sinne der Verträge aus und

---

2058 *Jescheck/Weigend*, AT, S. 183.

2059 *Eisele*, JA **2000** 424, 427 ff.

2060 *Möhrenschlager*, in: Dannecker (Hrsg.), S. 165, 169.

2061 *Dannecker*, in: Ulsamer (Hrsg.), S. 302.

2062 Rat der EU (Art. 202 ff. EGV), Kommission (Art. 211 ff. EGV), Europäisches Parlament (Art. 189 ff. EGV) und Europäischer Gerichtshof (Art. 220 ff. EGV).

2063 Prinzip der begrenzten Einzelermächtigung, vgl. Art. 5 Absatz 1, Art. 7 Absatz 1 Satz 2, Art. 249 Absatz 1 EGV und Art. 5 EUV.

2064 Statt aller *Beutler/Bieber*, Europäische Union, S. 82; *Oppermann*, Europarecht, Rn. 516; *Schmalenberg*, Europäisches Umweltstrafrecht, S. 17.

dürfen ohne entsprechende Kompetenzzuweisung keine Regelungen treffen.[2065] Ergänzend ist auf das Subsidiaritätsprinzip (Art. 5 Absatz 2 EGV) hinzuweisen, wonach die Gemeinschaft auf Rechtsgebieten, die nicht in ihre ausschließliche Zuständigkeit fallen, nur tätig wird, sofern und soweit die Ziele der in Betracht kommenden Maßnahmen auf der Ebene der Mitgliedstaaten nicht ausreichend erreicht werden können.[2066]

1. Umfassende Kriminalstrafsetzungsgewalt der Europäischen Union?

a. *Jurisdiction to prescribe und jurisdiction to enforce*

Nach ganz herrschender Meinung[2067] hat die Europäische Union keine eigene Kriminalstrafsetzungsgewalt – und zwar weder eine *jurisdiction to prescribe* noch eine *jurisdiction to enforce.*[2068] Die Gemeinschaft kann weder (Kriminal-) Straftatbestände setzen, noch können die Organe der Gemeinschaft Kriminalstrafen verhängen. Für den Bereich des Strafrechts wird den Rechtsetzungsorganen der Gemeinschaft keine – jedenfalls keine umfassende, bereichsunabhängige – Kompetenz eingeräumt.[2069]

b. *Lehre vom effet utile*

Auch die Lehre vom „*effet utile*", die auf Art. 10 EGV (Grundsatz der Gemeinschaftstreue) beruht und die Gewährleistung der praktischen Wirksamkeit des Gemeinschaftsrechts bezweckt, vermag eine Sanktionskompetenz mangels Souveränitätsübertragung durch die Mitgliedstaaten nicht zu begründen.[2070] Sie bewirkt nur, dass bei der Umsetzung von Richtlinien die von den Mitgliedstaaten getroffenen Maßnahmen im Interesse der praktischen Wirksamkeit des Gemeinschaftsrechts hinreichend effektiv sein müssen. So müssen die für Richtlinienverstöße vorgesehenen Sanktionen geeignet sein, einen tatsächlichen und wirksamen Rechtsschutz zu gewährleisten, abschreckende Wirkung haben und im angemessenen Verhältnis zum erlittenen Schaden stehen. Zudem sind Gemeinschaftsrechtsverstöße nach ähnlichen

---

2065 Vgl. *Moll*, Europäisches Strafrecht, S. 4.

2066 *Dannecker*, in: Ulsamer (Hrsg.), S. 302, 303; *Satzger*, Freiburg-Symposium, S. 71, 77.

2067 *Jescheck/Weigend*, AT, S. 184; *Oppermann*, Europarecht, Rn. 698; *Möhrenschlager*, in: Dannecker (Hrsg.), S. 162; *Moll*, Europäisches Strafrecht, S. 4, Fn. 15 (für weitere Nachweise); *Sieber*, ZStW **103** (1991) S. 957, 969 ff.; *Tiedemann*, Miyazawa-Festschrift, S. 673, 676; *ders.*, NJW **1993** 23 m.w.N. in Fn. 1; *Vogel*, in: Dannecker (Hrsg.), S. 170, 175; *Zuleeg*, JZ **1992** 761, 762. **A.A.:** Europäisches Parlament in Entschließung vom 24.10.1991, ABl. EG 1991, C 305, S. 106, 107; *Pache*, Schutz der finanziellen Interessen, S. 355.

2068 *Moll*, Europäisches Strafrecht, S. 7; *Tiedemann*, Roxin-Festschrift, S. 1401, 1403; *ders.*, Miyazawa-Festschrift, S. 673, 676; *ders.*, NJW **1993** 23, 24. Zur europäischen Strafverfolgung: *Gleß/Lüke*, Jura **1998** 70 ff. sowie zur Einführung eines europäischen Staatsanwalts (geplanter Art. 280a EGV): *Tiedemann*, Roxin-Festschrift, S. 1401, 1413.

2069 Vgl. *Moll*, Europäisches Strafrecht, S. 4; *Dannecker*, in: Ulsamer (Hrsg.), S. 302, 303; *Kudlich*, JA **1999** 525; *Musil*, NStZ **2000** 68, 69. **A.A.:** *Tiedemann*, Roxin-Festschrift, S. 1401, 1406 ff., der zumindest für den Bereich des strafrechtlichen Schutzes der Finanzinteressen der Gemeinschaft eine Strafrechtssetzungskompetenz derselben mittels Richtlinien und Verordnungen aus Art. 280 EGV ableitet.

2070 *Dannecker*, in: Ulsamer (Hrsg.), S. 302, 307; *Vogel*, in: Dannecker (Hrsg.), S. 170, 177.

sachlichen und verfahrensrechtlichen Regeln zu ahnden wie nach Art und Schwere gleichartige Verstöße gegen nationales Recht.

c. *Implied powers-Lehre*

Ebenso wenig kann die Ausprägung der Lehre vom *effet utile*, die „*implied powers*"-Lehre die Sanktionskompetenz der Gemeinschaft begründen.[2071] Nach dieser integrationsfreundlichen, weiten Auslegung der vertraglichen Einzelermächtigungen durch den Europäischen Gerichtshof, stehen der Gemeinschaft die Kompetenzen zu, die zur wirksamen und sinnvollen Erfüllung der bereits ausdrücklich eingeräumten Befugnisse ergänzend erforderlich sind.[2072] Darunter fällt auch die Befugnis zur Einführung aller Sanktionen, die für die wirksame Anwendung der Regelungen auf dem Gebiet der gemeinsamen Agrarpolitik erforderlich sind.[2073]

Gegen den Rückgriff auf diese beiden Theorien (Lehre vom *effet utile* und *implied powers*-Lehre) spricht, dass dadurch das Prinzip der begrenzten Einzelermächtigung durchbrochen wird.[2074]

d. *Art. 280 Absatz 4 EGV*

Mit dem Vertrag von Amsterdam wurde Art. 280 EGV um einen Absatz 4 ergänzt. Seitdem wird diskutiert, ob damit eine Kompetenz zur Kriminalstrafrechtssetzung des Rats der Europäischen Union eingeführt wurde.[2075] Dafür spricht der Wortlaut von Art. 280 Absatz 4 Satz 1 EGV: Danach ist der Rat ermächtigt, im Mitentscheidungsverfahren die erforderlichen Maßnahmen zur Bekämpfung von Betrügereien, die sich gegen die finanziellen Interessen der Gemeinschaft richten, zu beschließen. Dagegen spricht der Wortlaut von Art. 280 Absatz 4 Satz 2 EGV, der bestimmt, dass die Anwendung des Strafrechts der Mitgliedstaaten und ihrer Strafrechtspflege von diesen Maßnahmen unberührt bleibt. Dieser offensichtliche Widerspruch zwischen Satz 1 und Satz 2 lässt es zweifelhaft erscheinen, ob überhaupt und wenn ja, inwieweit[2076] Art. 280 Absatz 4 EGV als Rechtsgrundlage für Strafnormen auf Gemeinschaftsebene herangezogen werden kann.[2077]

2071 *Dannecker*, in: Ulsamer (Hrsg.), S. 302, 307.

2072 Vergleichbar mit der Kompetenz kraft Sachzusammenhang beziehungsweise der Annexkompetenz im deutschen Staatsrecht. Vgl. auch *Schmalenberg*, Europäisches Umweltstrafrecht, S. 28.

2073 *Vogel*, in: Dannecker (Hrsg.), S. 170, 177.

2074 *Dannecker*, in: Ulsamer (Hrsg.), S. 302, 307 unter Hinweis auf BVerfGE **89** 155, 210 ff. (Maastricht-Urteil).

2075 Vgl. *Eisele*, JA **2000** 896 ff.; *Jescheck/Weigend*, AT, S. 186; *Musil*, NStZ **2000** 68 ff.; *Satzger*, Europäisierung des Strafrechts, S. 105 f. und S. 138 ff. m.w.N.; *ders.*, ZRP **2001** 549 ff.; *Tiedemann*, Roxin-Festschrift, S. 1401 ff.

2076 Zur umstrittenen Reichweite vgl. *Kudlich*, JA **1999** 525, 526; *Satzger*, Freiburg-Symposium, S. 71 ff.; *ders.*, ZRP **2001** 549 ff.; *Tiedemann*, Roxin-Festschrift, S. 1401 ff.

2077 *Satzger*, Europäisierung des Strafrechts, S. 106.

Zum Teil wird Art. 280 Absatz 4 EGV weit verstanden.[2078] *Tiedemann* ist der Auffassung, dass die Europäische Gemeinschaft seit dem Vertrag von Amsterdam mit Art. 280 EGV eine echte Strafrechtssetzungskompetenz nicht nur im Rahmen des Dritten Pfeilers (Art. 29 ff. EUV), sondern im Rahmen des Ersten Pfeilers[2079] erhalten hat, um den (strafrechtlichen) Schutz der Finanzinteressen der Gemeinschaft zu sichern.[2080] Dafür spreche Wortlaut und Systematik: Zur „effektiven" und „gleichwertigen" Bekämpfung von Betrügereien zum Nachteil der Europäischen Union erforderliche Maßnahmen seien auch echte Strafen und nicht nur Verwaltungssanktionen. Art. 280 Absatz 2 und Absatz 4 verwenden den Begriff der Maßnahme, so dass ein einheitliches Verständnis dieses Begriffs nahe liegt. Da Absatz 2 von der Bekämpfung von Betrügereien spricht, seien mit dem Begriff der Maßnahme eindeutig auch kriminalstrafrechtliche Maßnahmen gemeint, was auch für Absatz 4 gelten müsse. Diese Kompetenz zum Erlass unmittelbar geltender Verordnungen im Sinne von Art. 249 Absatz 2 EGV soll erst enden, wenn Rat und Europäisches Parlament der Auffassung sind, dass das nationale Strafrecht weder defizitär noch ineffektiv ausgestaltet ist. Damit ist das europäische Strafrechtsmodell gegenüber nationalem Strafrecht komplementär und subsidiär.[2081]

Gegen diese Auffassung spricht der Wille der Vertragsparteien: Die Mitgliedstaaten gingen davon aus, dass der Gemeinschaft mit Art. 280 Absatz 4 EGV keine strafrechtliche Rechtsetzungskompetenz eingeräumt wird,[2082] was durch den Wortlaut von Art. 280 Absatz 4 Satz 2 EGV unterstützt wird, der eindeutig gegen eine Strafrechtssetzungskompetenz des Rats spricht.[2083] Eine erstmalige Übertragung kriminalstrafrechtlicher Kompetenzen und dem damit einhergehenden Souveränitätsverlust der Mitgliedstaaten hätte zudem ausdrücklich und unmissverständlich zum Ausdruck gebracht werden müssen.[2084] Unterstützung findet diese Ansicht durch die Systematik

---

2078 *Tiedemann*, GA **1998** 108, Fn. 7; *ders.*, Lenckner-Festschrift, S. 411, 415; zustimmend *Delmas-Marty*, in: Delmas-Marty/Vervaele (Hrsg.), Vol. I, S. 55 ff., ähnlich *Kühne*, Strafprozessrecht, Rn. 54, Fn. 29; *Moll*, Europäisches Strafrecht, S. 6 ff.

2079 Die Europäische Union beruht auf drei Pfeilern (oder Pfeilern). Mit dieser Terminologie soll zum Ausdruck gebracht werden, dass der EU-Vertrag alle wesentlichen Stränge der europäischen Integration unter einem Dach zusammenfasst. Die Erste Pfeiler besteht aus den Verträgen der drei Gemeinschaften EGKS (unterzeichnet in Paris am 18. April 1951, in Kraft getreten am 23. Juli 1952), E(W)G und EAG und ist Gemeinschaftsrecht; die Zweite Pfeiler bildet die Gemeinsame Außen- und Sicherheitspolitik und die Dritte Pfeiler beinhaltet die polizeiliche und justizielle Zusammenarbeit in Strafsachen und bildet mit der Zweiten Pfeiler den Bereich der intergouvernementalen Zusammenarbeit. Vgl. *Moll*, Europäisches Strafrecht, S. 5, Fn. 18.

2080 *Tiedemann*, Roxin-Festschrift, S. 1401, 1408 ff.; *ders.*, GA **1998** 107, 108. **A.A.**: *Musil*, NStZ **2000** 68, 69; *Kaiafa-Gbandi*, KritV **1999** 290, 291 f.; *Satzger*, Europäisierung des Strafrechts, S. 138 ff.; *ders.*, ZRP **2001** 549, 553; *ders.*, StV **1999** 132.

2081 Vgl. *Satzger*, Europäisierung des Strafrechts, S. 140.

2082 *Dannecker*, Hirsch-Festschrift, S. 141, 144; *Satzger*, Europäisierung des Strafrechts, S. 137 m.w.N. zum Willen der Bundesregierung in Fn. 709 f.

2083 *Satzger*, Europäisierung des Strafrechts, S. 141 unter Hinweis auch auf das Verständnis der Vertragsparteien in Fn. 721. **A.A.**: *Tiedemann*, AGON, Nr. 23 (1999), S. 7.

2084 *Satzger*, Europäisierung des Strafrechts, S. 141.

von EG- und EU-Vertrag: Der Vertrag von Maastricht hat unter anderem den Bereich der Zusammenarbeit in Strafsachen aufgrund entsprechender Souveränitätsvorbehalte der Mitgliedstaaten nicht in den EG-Vertrag miteinbezogen, sondern hat diesen Bereich als Angelegenheit von gemeinsamem Interesse dem Dritten Pfeiler zugewiesen. Diese Zusammenarbeit ist damit systematisch nicht in die supranationale Zuständigkeitsordnung der Europäischen Gemeinschaft eingegliedert worden. Es handelt sich vielmehr um eine völkerrechtlich vereinbarte Form des Zusammenwirkens im Sinne einer rein intergouvernementalen Kooperation ohne gemeinschaftsrechtliche Qualität.[2085] Dafür spricht auch, dass dem Europäischen Gerichtshof in den im EU-Vertrag geregelten Politikbereichen keine beziehungsweise nur eine bedingte Rechtsprechungsgewalt zusteht, Art. 46 EUV.[2086]

Somit ist bewusst keine Rechtssetzungskompetenz der Gemeinschaft begründet worden.[2087] Der Vertrag von Amsterdam hat diese Sonderrolle des Strafrechts hinsichtlich der Kompetenzverteilung bestätigt, indem er an der Differenzierung zwischen Vergemeinschaftung (Erster Pfeiler) und intergouvernementaler Zusammenarbeit zwischen den Mitgliedstaaten im Rahmen des Dritten Pfeilers festhält.[2088]

Im Kapitel über die polizeiliche und justizielle Zusammenarbeit in Strafsachen sieht Art. 31 EUV zwar eine schrittweise Annäherung der Vorschriften über Strafsachen in den Mitgliedstaaten gemäß Art. 31 e) EUV vor,[2089] doch ist zu beachten, dass von diesem gemeinsamen Vorgehen bei der justiziellen Zusammenarbeit in Strafsachen nur im Rahmen des Dritten Pfeilers gesprochen wird. Damit sind und bleiben die Mitgliedstaaten für die schrittweise Annäherung verantwortlich; ihnen darf durch die Europäische Union keine Maßnahme oktroyiert werden.[2090] Unterstützt wird dies durch Art. 34 Absatz 2 b) EUV, der vorsieht, dass Rahmenbeschlüsse nur hinsichtlich ihres Ziels verbindlich sind, den Mitgliedstaaten aber die Wahl der Form und Mittel überlässt und ihnen so einen deutlichen Freiraum bei der Ausgestaltung der eigenen Strafrechtsordnung garantiert.[2091] Die im Rahmen des Dritten Pfeilers ergangenen Rahmenbeschlüsse sind – ebenso wie Richtlinien im Sinne des Art. 249 Absatz 3 EGV – nicht unmittelbar wirksam, sondern bedürfen der Umsetzung durch die

---

2085 BVerfGE **89** 155, 176 und 190; *Satzger*, Europäisierung des Strafrechts, S. 141 f. Ferner *Moll*, Europäisches Strafrecht, S. 5. Zum Unionsvertrag *Dannecker*, in: Ulsamer (Hrsg.), S. 302, 303.

2086 Art. 35 Absatz 6 EUV sieht im Bereich der polizeilichen und justiziellen Zusammenarbeit in Strafsachen für Rahmenbeschlüsse und Beschlüsse generell eine Art Nichtigkeitsklage zum Europäischen Gerichtshof vor.

2087 *Dannecker*, Jura **1998** 79, 80; *Moll*, Europäisches Strafrecht, S. 5, *Satzger*, Europäisierung des Strafrechts, S. 142; *Sieber*, Madrid-Symposium, S. 349, 356.

2088 *Dannecker*, Jura **1998** 79, 80; *Satzger*, Europäisierung des Strafrechts, S. 142; *Streinz*, Europarecht, Rn. 32a.

2089 Zu den möglichen strafrechtlichen Harmonisierungsmaßnahmen auf Unionsebene *Satzger*, Europäisierung des Strafrechts, S. 465 ff.

2090 *Moll*, Europäisches Strafrecht, S. 5 m.w.N.; *Satzger*, Europäisierung des Strafrechts, S. 142.

2091 *Satzger*, Europäisierung des Strafrechts, S. 466.

Mitgliedstaaten.[2092] Infolge des Ratifizierungserfordernisses verbleibt den nationalen Parlamenten die Entscheidung über das „Ob“ der in den Rahmenbeschlüssen vorgesehenen Straftatbestände.[2093] In dieser Delegation von Legislativbefugnissen liegt weder ein Verstoß gegen das Demokratieprinzip noch gegen den strafrechtlichen Parlamentsvorbehalt.[2094] Damit ist eine Rechtsangleichung des nationalen (Kriminal-) Strafrechts auf Unionsebene zulässig. Infolge des geltenden Einstimmigkeitserfordernisses bieten völkerrechtliche Verträge durch die häufig zeitaufwendigen Ratifizierungsverfahren in den Mitgliedstaaten[2095] allenfalls mittel- und langfristige Lösungen.[2096]

Eine umfassende Übertragung von Hoheitsrechten[2097] auf die Europäische Union fand in diesen beiden Bereichen somit weder durch den Vertrag von Maastricht noch durch denjenigen von Amsterdam statt.[2098]

2. Begrenztes Europäisches Strafrecht

Dennoch besteht in gewissen Grenzen ein Europäisches Strafrecht. Dies beruht unter anderem darauf, dass das Gemeinschaftsrecht oftmals einen verdeckten Einfluss auf die nationalen Rechtsordnungen – insbesondere im Wege der richtlinienkonformen Auslegung und Blankettverweisungen – ausübt.[2099] Im Folgenden werden die Möglichkeiten der Einflussnahme auf nationales Strafrecht mit der Folge der Schaffung eines „Europäischen Strafrechts“ dargestellt.

a. *Verwaltungssanktionen*

Als nicht kriminalstrafrechtliche Sanktionen gibt es die eigene Bußgeldgewalt der Europäischen Union und die Sanktionen im Agrar- und Fischereibereich.

2092 *Moll*, Europäisches Strafrecht, S. 6; *Musil*, NStZ **2000** 68, 69; *Satzger*, Europäisierung des Strafrechts, S. 142, Fn. 728 und S. 466; *ders.*, ZRP **2001** 549, 553.

2093 Zu den ebenfalls im Rahmen des Dritten Pfeilers möglichen völkerrechtlichen Übereinkommen, und insbesondere dem ergangenen Übereinkommen über den Schutz der finanziellen Interessen der Europäischen Gemeinschaft (PIF-Konvention) *Satzger*, Europäisierung des Strafrechts, S. 467 ff.

2094 *Moll*, Europäisches Strafrecht, S. 283; *Tiedemann*, Roxin-Festschrift, S. 1401, 1402 und 1405 f.

2095 Zum „Schicksal“ der PIF-Konventionen: *Satzger*, Europäisierung des Strafrechts, S. 467 ff. m.w.N.

2096 *Satzger*, Europäisierung des Strafrechts, S. 470.

2097 Allerdings ist zu beachten, dass nach Art. 280 Absatz 4 EGV die Einführung sachlich begrenzter Strafrechtskompetenz (zur Verhütung und Bekämpfung von Betrügereien, die sich gegen die finanziellen Interessen der Gemeinschaft richten) bevorstehen könnte. Vgl. *Moll*, Europäisches Strafrecht, S. 6 Fn. 22 unter Verweis auf *Tiedemann*, GA **1998** 107, 108 Fn. 7; *Tiedemann*, Roxin-Festschrift, S. 1401, 1412.

2098 *Hecker*, ZStW **115** (2003) S. 880, 895; *Moll*, Europäisches Strafrecht, S. 5; weitergehend *Musil*, NStZ **2000** 68, 69 (keine Strafrechtssetzungskompetenz der Gemeinschaft zum Schutz ihrer finanziellen Interessen) und *Satzger*, Europäisierung des Strafrechts, S. 140 f.; *ders.*, ZRP **2001** 549, 553. **A.A.**: *Tiedemann*, Roxin-Festschrift, S. 1401, 1412.

2099 *Hecker*, ZStW **115** (2003) S. 880, 895. Wegen der fehlenden Strafrechtssetzungskompetenz der Gemeinschaft stößt dieser auf Umwegen erzielte Einfluss auf nationale Strafrechtsordnungen und das so geschaffene „Europäische Strafrecht“ auf Bedenken; vgl. *Albrecht, P.-A.*, KritV **1999** 267; *Moll*, Europäisches Strafrecht, S. 4.

aa. Eigene Bußgeldgewalt der Europäischen Union

Zunächst kommt der Europäischen Union in den engen Grenzen der von den Mitgliedstaaten übertragenen Kompetenzen eine eigene Bußgeldgewalt zu, die keine Kriminalstrafen darstellen, sondern ganz überwiegend als Strafrecht im weiteren Sinne qualifiziert werden.[2100] So sieht Art. 83 Absatz 2 a) EGV[2101] eine eigene Bußgeldgewalt der Gemeinschaft zum Schutz des Wettbewerbs auf dem gemeinsamen Markt vor.[2102]

bb. Sanktionen nicht strafrechtlicher Art im Agrar- und Fischereibereich

Des Weiteren besitzt die Gemeinschaft jedenfalls im Agrar- und Fischereibereich eine Kompetenz zum Erlass von Sanktionsvorschriften nicht strafrechtlicher Art, wie Verwaltungssanktionen, Zwangsgelder und Zwangsmaßnahmen,[2103] die von nationalen Stellen verhängt werden.[2104]

b. Harmonisierungsmöglichkeiten

aa. Integration in nationales Strafrecht

Daneben können die Mitgliedstaaten durch ihr eigenes nationales Straf- oder sonstiges Sanktionsrecht Rechtsgüter der Europäischen Union in den Schutzbereich ihrer Strafnormen integrieren und diese so unmittelbar schützen. Als Beispiel ist hier § 264 Absatz 7 Satz 1 Nr. 2 StGB zu nennen, der Subventionen der Europäischen Gemeinschaft in den Tatbestand des Subventionsbetrugs mit einbezieht sowie § 108e Absatz 1 StGB, der auch die Bestechung von Abgeordneten hinsichtlich einer Wahl oder Abstimmung im Europäischen Parlament erfasst.

bb. Verweisungen auf nationales Strafrecht

Ebenso können – umgekehrt – Rechtsnormen der Europäischen Union auf nationale Straftatbestände verweisen und so deren Anwendungsbereich erweitern.[2105] Diese Art der Setzung von Kriminalstrafen im engsten, klassischen Sinn von Freiheitsstrafen und Geldstrafen kennt das Gemeinschaftsrecht nur in Ausnahmefällen, wie im Bereich des primären Gemeinschaftsrechts des Meineids vor dem Europäischen Gerichtshof[2106] und des Geheimnisverrats innerhalb der Atomgemeinschaft.[2107] Eine

---

2100 *Dannecker*, in: Ulsamer (Hrsg.), S. 302, 304; *Eisele*, JA **2000** 896, 899 je m.w.N.; ferner *Satzger*, Europäisierung des Strafrechts, S. 143 f. **Kritisch** zum nichtstrafrechtlichen Charakter *Weigend*, StV **2001** 63, 66 f.

2101 Ebenso Art. 64 EGKSV und Art. 83 EAGV.

2102 Zu Art. 83 Absatz 2 a) und Art. 110 Absatz 3 EGV *Satzger*, Europäisierung des Strafrechts, S. 100 ff. Zu den zu Art. 83 Absatz 2 a) EGV ergangenen Verordnungen vgl. *Dannecker/Fischer-Fritsch*, EG-Kartellrecht; *Eisele*, JA **2000** 896, 899.

2103 *Vogel*, in: Dannecker (Hrsg.), S. 170, 173; ferner *Dannecker*, in: Ulsamer (Hrsg.), S. 302, 304 ff.; *Tiedemann*, Miyazawa-Festschrift, S. 673, 677. Die herrschende Meinung geht auch hier von einer Bußgeldgewalt der Gemeinschaft infolge von Art. 83 EGV aus; statt aller *Tiedemann*, NJW **1993** 23, 27 m.w.N. in Fn. 35; ferner *Satzger*, Europäisierung des Strafrechts, S. 103 ff.

2104 *Tiedemann*, NJW **1993** 23, 27.

2105 *Dannecker*, in: Ulsamer (Hrsg.), S. 302, 303 m.w.N.; *Satzger*, Europäisierung des Strafrechts, S. 189 ff. und 385 ff.; *Tiedemann*, NJW **1993** 23, 25.

2106 Art. 27 der Satzung des Gerichtshofes der EWG von 1957 (Eidesverletzung eines Zeugen oder Sachverständigen).

solche Erweiterung des Strafgesetzbuches zum Schutz ausländischer Rechtsgüter ist nach herrschender Meinung zulässig.[2108]

cc. Blankettnormen

Im sekundären Gemeinschaftsrecht[2109] erfolgt die Ausdehnung der Schutzbereiche nationaler Straftatbestände häufig mit Hilfe von Blankettgesetzen.[2110] Hier erlässt zum Beispiel der deutsche Gesetzgeber Blankettnormen auf dem Gebiet des Strafrechts, die zur näheren Beschreibung des Straftatbestands auf die Regelungen einer EG-Verordnung (ausfüllende Norm) verweisen. Durch diese gebilligte Technik der Gesetzgebung[2111] wird deren Schutz auf die in der Verweisungsnorm genannten Rechtsgüter unmittelbar ausgedehnt. Allerdings verbleibt die Verfolgungs- und Ahndungskompetenz (*jurisdiction to enforce*) bei den Mitgliedstaaten.[2112] Durch diese Technik verbleibt die legislative Zuständigkeit formell beim nationalen Gesetzgeber, doch werden die eigentlich tragenden Inhalte in Brüssel mittels Verordnungen entschieden und so unmittelbar geltendes Recht. Dies stößt im Hinblick auf die fehlende unmittelbare demokratische Legitimation[2113] auf erhebliche verfassungsrechtliche Bedenken (vgl. Art. 103 Absatz 2 und Art. 104 Absatz 1 Satz 1 GG).[2114]

dd. Anweisungskompetenz

Die Europäische Union kann[2115] (durch den Rat oder die Kommission) – zumindest für den Bereich des Wirtschaftsstrafrechts – die Mitgliedstaaten durch Verordnungen oder Richtlinien verpflichten, Handlungen, die gegen die Marktordnung der Gemeinschaft verstoßen, durch nationales Recht zu verbieten und zu sanktionieren.[2116] Wie

---

2107 Art. 194 Absatz 1 Satz 2 des Vertrags zur Gründung der Europäischen Atomgemeinschaft von 1957 (Verletzung von Geheimhaltungsvorschriften). Vgl. *Möhrenschlager*, in: Dannecker (Hrsg.), S. 165; *Vogel*, in: Dannecker (Hrsg.), S. 170, 173.

2108 Vgl. *Tröndle/Fischer*, Vor § 3, Rn. 5; *Tiedemann*, Roxin-Festschrift, S. 1401, 1403 m.w.N.

2109 *Tiedemann*, NJW **1993** 23, 25; **krit.**: *Eisele*, JA **2000** 896, 900.

2110 **Kritisch** *Moll*, Europäisches Strafrecht, S. 224 ff.; ferner: *Satzger*, Europäisierung des Strafrechts, S. 206 ff. und 391 ff.; *Tiedemann*, Roxin-Festschrift, S. 1401, 1404 f. m.w.N.

2111 *Dannecker*, Jura **1998** 79, 85; *Eisele*, JA **2000** 991, 997 m.w.N.; *Tiedemann*, Roxin-Festschrift, S. 1401, 1404.

2112 *Tiedemann*, Roxin-Festschrift, S. 1401, 1404; *Vogel*, in: Dannecker (Hrsg.), S. 170, 173.

2113 *Moll*, Europäisches Strafrecht, S. 12 f. und 270 ff.: Strafrechtskonstituierende Wirkungen müssen auf Wertentscheidungen der nationalen Parlamente zurückzuführen sein; ihnen muss insbesondere die Entscheidung über das „Ob" der Strafnorm zustehen (S. 272); ferner *Albrecht, P.-A.*, KritV **1999** 267; *Tiedemann*, NJW **1993** 23, 26. **Krit.** *Everling*, NJW **1967** 465, 470.

2114 Ausführlich *Moll*, Europäisches Strafrecht, S. 275 ff.

2115 **Streitig:** *Dannecker*, in: Ulsamer (Hrsg.), S. 302, 308; *ders./Streinz*, in: Rengeling (Hrsg.), Bd. I, § 8, Rn. 62 m.w.N. in Fn. 266; *Eisele*, JA **2000** 991, 994. **Kritisch** *Moll*, Europäisches Strafrecht, S. 271: Gegen die Anweisungskompetenz der Gemeinschaft spreche, dass damit den nationalen Parlamenten die Entscheidung über das „Ob" einer strafrechtlichen Sanktionierung genommen wird; hinsichtlich des Konflikts mit dem Demokratieprinzip *Tiedemann*, Miyazawa-Festschrift, S. 673, 678. Ausführlich *Gröblinghoff*, Verpflichtung des deutschen Strafgesetzgebers; *Heitzer*, Punitive Sanktionen; *Satzger*, Europäisierung des Strafrechts, S. 393 ff.

2116 *Tiedemann*, Miyazawa-Festschrift, S. 673, 677; *ders.*, NJW **1993** 23, 26: Richtlinien leiden nicht an einem Demokratiedefizit, da an ihrer Vorbereitung die Mitwirkung nationaler Parlamente verbürgt sei und ihnen bei deren Umsetzung in nationales Recht ein Spielraum belassen bleibt.

der Verstoß gegen Gemeinschaftsrecht sanktioniert wird (ob durch echte Kriminalstrafe, durch Geldbuße nach dem Ordnungswidrigkeitenrecht oder mittels sonstiger administrativer Sanktionen), muss sie den Mitgliedstaaten überlassen.[2117] Als Beispiel solcher Anweisungen sei § 326 Absatz 2 StGB genannt, der infolge einer Richtlinie der Gemeinschaft den Abfalltourismus verbietet.[2118]

cc. Pflicht zur Assimilation

Seit dem Urteil des Europäischen Gerichtshofs vom 21. September 1989[2119] zum so genannten griechischen Maisskandal besteht eine Pflicht zur Assimilation. Aus dem in Art. 10 EGV niedergelegten Prinzip der Gemeinschaftstreue hat der Europäische Gerichtshof die Pflicht der Mitgliedstaaten, für Verstöße gegen Interessen der Europäischen Union wirksame, verhältnismäßige und abschreckende Sanktionen anzuordnen und durchzusetzen, gefolgert.[2120] Durch dieses Erfordernis wird auf die Mitgliedstaaten ein gewisser Zwang in Richtung Mindeststandards, also einer Mindestharmonisierung, ausgeübt.[2121] Die Mitgliedstaaten trifft die Pflicht, Gemeinschaftsinteressen (insbesondere die EG-Finanzinteressen)[2122] wie die entsprechenden nationalen Interessen (gegebenenfalls strafrechtlich) zu schützen und deren Strafverfolgung ebenso sorgfältig und nachdrücklich zu betreiben.[2123] Als weiteres Schutzgut der Europäischen Gemeinschaft kommt insbesondere die Durchsetzung der Gemeinschaftspolitik auf dem Gebiet des Umweltschutzes in Betracht.[2124] Allerdings wird durch die Pflicht zur Assimilation keine echte Harmonisierung[2125] der Strafrechtsordnungen der Mitgliedstaaten, sondern nur eine innerstaatliche Harmonisierung supranationaler Interessen erreicht.[2126]

2117 *Möhrenschlager*, in: Dannecker (Hrsg.), S. 162; *Dannecker*, Jura **1998** 79, 82 ff. m.N.; *ders.*, in: Ulsamer (Hrsg.), S. 302, 308 f.; *Tiedemann*, Roxin-Festschrift, S. 1401, 1403 f. (mit Beispielen); *ders.*, NJW **1993** 23, 26.

2118 *Kühl*, ZStW **109** (1997) S. 777, 784.

2119 EuGH Slg. 1989, 2965 ff., mit Anm. *Tiedemann* EuZW **1990** 99, 100 f. Ferner *Dannecker*, in: Ulsamer (Hrsg.), S. 302, 306.

2120 Vgl. Art. 209a Vertrag von Maastricht – heute Art. 280 EGV; ausführlich *Satzger*, Europäisierung des Strafrechts, S. 360 ff.

2121 *Möhrenschlager*, in: Dannecker (Hrsg.), S. 166.

2122 Vgl. § 264 Absatz 7 Satz 1 Nr. 2 StGB, der Subventionen der Europäischen Gemeinschaft in den Tatbestand des Subventionsbetrugs miteinbezieht und § 263 StGB, der das Vermögen der Europäischen Gemeinschaft schützt, auch wenn er dies nicht ausdrücklich hervorhebt. Vgl. *Dannecker*, in: Dannecker (Hrsg.), S. 31; *Kühl*, ZStW **109** (1997) S. 777, 781 f.; *Lackner/Kühl*, § 263, Rn. 2; *Satzger*, Europäisierung des Strafrechts, S. 104 und 144; *Tiedemann*, Miyazawa-Festschrift, S. 673, 676.

2123 Vgl. *Moll*, Europäisches Strafrecht, S. 18; *Tiedemann*, Miyazawa-Festschrift, S. 673, 676; *ders.*, Roxin-Festschrift, S. 1401, 1405.

2124 *Hecker*, ZStW **115** (2003) S. 880, 896 f.

2125 Zu den Möglichkeiten einer Harmonisierung *Tiedemann*, in: Kreuzer (Hrsg.), S. 133 ff.; *ders.*, NJW **1993** 23 ff.

2126 *Tiedemann*, NJW **1993** 23. Zu den rechtsstaatlichen Legitimationserfordernissen bei von der Gemeinschaft erlassenen Sanktionsnormen: *Moll*, Europäisches Strafrecht, S. 270 ff.; *Musil*, NStZ **2000** 68, 69 f.; *Vogel*, in: Dannecker (Hrsg.), S. 170, 181 ff.; ferner *Albrecht, P.-A.*, KritV **1999** 267.

ff. Anwendungsvorrang

Das deutsche Strafrecht wird zudem vom Recht der Europäischen Union beeinflusst, weil der Europäische Gerichtshof in ständiger Rechtsprechung das Gemeinschaftsrecht als eigenständige Rechtsordnung ansieht und im Falle der Kollision mit nationalem Recht von seinem Anwendungsvorrang ausgeht.[2127] Das bedeutet, dass das Gemeinschaftsrecht in seinem Anwendungsbereich nationales Recht verdrängt beziehungsweise zur Anpassung zwingt,[2128] aber nicht dessen Unwirksamkeit zur Folge hat.[2129]

gg. Richtlinienkonforme Auslegung

Daneben ist das nationale Recht richtlinienkonform auszulegen. Das heißt, dass jedes nationale Gericht bei der Anwendung nationalen Rechts Wortlaut und Zweck von EG-Richtlinien zu berücksichtigen hat, insbesondere wenn die nationale Vorschrift zur Umsetzung einer Richtlinie erlassen wurde.[2130] Im Umweltstrafrecht hatte dies zur Folge, dass der Bundesgerichtshof[2131] im Anschluss an die Entscheidung des Europäischen Gerichtshofs[2132] unter dem Begriff „Abfall" im Sinne von § 326 StGB auch wieder verwertbare Stoffe, die für den Besitzer wertlos geworden sind, versteht. Ebenso führte der Erlass der Verordnung Nr. 259/93 vom 1. Februar 1993 dazu, dass § 326 Absatz 2 StGB eingeführt wurde, um den Abfalltourismus zu erfassen.

3. Neue Kompetenzen der Europäischen Union auf dem Gebiet des Strafrechts nach dem Verfassungsentwurf?

Der Europäische Konvent[2133] hat am 13. Juni und 10. Juli 2003 nach nur 16 Monaten[2134] im Konsensverfahren den endgültigen Entwurf eines Vertrags über eine Verfassung für Europa angenommen und diesen Verfassungsentwurf am 18. Juli 2003 dem Präsidenten des Europäischen Rats in Rom überreicht. Ob nach der Vertagung der Beratungen über den Verfassungsentwurf eine Annahme im Jahr 2004 erfolgt, bleibt zweifelhaft. Der Konvent wurde mit dem Mandat von Nizza und Laeken eingesetzt und erhielt den Auftrag, eine neue verfassungsmäßige Ordnung für die Europäische Union zu schaffen, damit diese mit Blick auf die bevorstehende Erweiterung der Europäischen Union von 15 auf 25 und mehr Mitglieder handlungsfähig bleibt. Zugleich sollten die unübersichtlich gewordenen Integrationsverträge vereinfacht

---

2127 EuGH Slg. 1963, 1 ff. (Van Gend & Loos), BVerfGE **37** 271 ff. (Solange I) und BVerfGE **73** 339 ff. (Solange II).

2128 Für weitere Beispiele *Dannecker*, in: Ulsamer (Hrsg.), S. 302, 309; *Eisele*, JA **2000** 896, 900 f.

2129 *Tiedemann*, Roxin-Festschrift, S. 1401, 1408.

2130 *Eisele*, JA **2000** 991, 998.

2131 BGHSt **37** 333 ff.

2132 EuGH Slg. 1990, 1461 ff. zu den Art. 1 der Richtlinien des Rats 75/442 und 78/319.

2133 Zur Zusammensetzung, Charakterisierung und zum Verlauf des Konvents *Oppermann*, DVBl. **2003** 1166 f.

2134 Die Eröffnung des Konvents fand am 28.02.2002, die Abschlusssitzung am 10.07.2003 statt. Vgl. *Oppermann*, DVBl. **2003** 1165 f.

und für den Bürger lesbar gemacht werden. Damit war es Aufgabe des Konvents, eine genauere Kompetenzverteilung zwischen der Europäischen Union und ihren Mitgliedstaaten zu schaffen, den Status der Grundrechte-Charta zu regeln und die Verträge der Europäischen Union zu vereinfachen, ohne sie inhaltlich zu verändern.

Der Verfassungsentwurf umfasst neben der Präambel vier Teile, von denen der erste die „Organisationsverfassung", der zweite die Grundrechte-Charta, der dritte die Politikbereiche und Arbeitsweise und der vierte die Schlussbestimmungen enthält.

In Übereinstimmung mit dem Mandat, die Verträge inhaltlich nicht zu ändern, sieht der Verfassungsentwurf vor, dass der Grundsatz der begrenzten Einzelermächtigung weiterhin Geltung hat,[2135] so dass alle nicht ausdrücklich der Europäischen Union zugewiesenen Zuständigkeiten bei den Mitgliedstaaten verbleiben, Art. I-9 Absatz 2 Verfassungsentwurf.

Hinsichtlich der Kompetenzverteilung zwischen der Europäischen Union und ihren Mitgliedstaaten ist der Entwurf wesentlich klarer als die geltenden Verträge der Europäischen Gemeinschaften; der Entwurf legt fest,[2136] dass bestimmte, abschließend aufgezählte Politiken in die ausschließliche Zuständigkeit der Union fallen,[2137] während andere, nicht abschließend aufgezählte Bereiche – wie der Umweltschutz und neuerdings der Raum der Sicherheit und des Rechts – in den Bereich der geteilten Zuständigkeiten fallen.[2138] Für diese Politiken gilt, dass die ursprüngliche Zuständigkeit bei den Mitgliedstaaten liegt.[2139] Spezielle Regeln zu Umfang und Art der Ausübung der geteilten Zuständigkeiten sind im dritten Teil des Verfassungsentwurfs enthalten.

Als Rechtsakte der Union (die in der Sache den heutigen Verordnungen, Richtlinien und Entscheidungen entsprechen und nur eine neue Bezeichnung tragen)[2140] sind das Europäische Gesetz,[2141] das Europäische Rahmengesetz,[2142] die Europäische Verordnung[2143] und der Europäische Beschluss[2144] vorgesehen. Daneben sind rechtlich nicht verbindliche Empfehlungen und Stellungnahmen möglich.[2145] Das Regelverfahren für die Gesetzgebung soll künftig (zur Stärkung des Europäischen Parlaments und des Demokratieprinzips) das Mitentscheidungsverfahren sein, Art. I-33 Verfassungsentwurf.[2146]

2135 Vgl. Art. I-9 Absatz 1 Verfassungsentwurf.
2136 Vgl. Art. I-11 Verfassungsentwurf.
2137 Vgl. Art. I-12 Absatz 1 Verfassungsentwurf.
2138 Vgl. Art. I-13 Absatz 2 Verfassungsentwurf.
2139 *Oppermann*, DVBl. **2003** 1165, 1172.
2140 *Oppermann*, DVBl. **2003** 1234, 1237.
2141 Art. I-32 Absatz 1 Unterabsatz 2 Verfassungsentwurf.
2142 Art. I-32 Absatz 1 Unterabsatz 3 Verfassungsentwurf.
2143 Art. I-32 Absatz 1 Unterabsatz 4 Verfassungsentwurf.
2144 Art. I-32 Absatz 1 Unterabsatz 5 Verfassungsentwurf.
2145 Art. I-32 Absatz 1 Unterabsatz 6 Verfassungsentwurf.
2146 Vgl. *Oppermann*, DVBl. **2003** 1234, 1238.

In anderen Bereichen geht der Verfassungsentwurf über das Mandat von Nizza und Laeken hinaus. Davon betroffen ist vor allem der Bereich der Strafrechtsetzungskompetenz der Europäischen Union (vgl. Art. III.-171 ff. Verfassungsentwurf). Indem der Zweite (Gemeinsame Außen- und Sicherheitspolitik) und Dritte Pfeiler (Raum der Freiheit, der Sicherheit und des Rechts) aufgelöst und in die allgemeine Unionsstruktur integriert wurden,[2147] hat die Europäische Union neue Zuständigkeiten erhalten.
Im Rahmen der Gemeinsamen Außen- und Sicherheitspolitik (Zweiter Pfeiler) sind Europäische Gesetze und Rahmengesetze sowie die Kontrolle durch den Gerichtshof ausgeschlossen;[2148] möglich sind Europäische Beschlüsse, vgl. Art. III-198 ff. Verfassungsentwurf. Im Gegensatz dazu sind im Rahmen der Zuständigkeiten der Europäischen Union für den Raum der Freiheit, der Sicherheit und des Rechts (Dritter Pfeiler) Europäische Gesetze und Rahmengesetze sowie eine weite Rechtskontrolle des Gerichtshofs möglich.[2149] Das Initiativrecht bezüglich der Polizeilichen und Justiziellen Zusammenarbeit in Strafsachen (Abschnitte 4 und 5) zum Erlass dieser Gesetze liegt bei der Kommission und einem Viertel der Mitgliedstaaten.[2150] Der Ministerrat hat das Recht, Europäische Gesetze und Beschlüsse zu erlassen.[2151]
Bei der Justiziellen Zusammenarbeit in Strafsachen ist Art. III-172 Absatz 1 Verfassungsentwurf besonders interessant und brisant: Nach Unterabsatz 1 können durch Europäische Rahmengesetze Mindestvorschriften zur Festlegung von Straftaten und Strafen in Bereichen besonders schwerer Kriminalität festgelegt werden, die aufgrund der Art und/oder der Auswirkungen der Straftaten oder aufgrund einer besonderen Notwendigkeit, sie von gemeinsamen Grundlagen aus zu bekämpfen, eine grenzüberschreitende Dimension haben. Unterabsatz 2 nennt beispielhaft die anvisierten Kriminalitätsbereiche[2152] und Unterabsatz 3 gibt dem Ministerrat das Recht, durch Beschluss andere, die Kriterien dieses Absatzes erfüllende Kriminalitätsbereiche zu bestimmen. Das heißt, dass die Europäische Union zukünftig mittels Europäischen Rahmengesetzes (also inhaltlich mittels einer Richtlinie) auf dem Gebiet des Strafrechts tätig werden können soll. Darüber hinaus soll die Europäische Union in Zukunft selbst bestimmen können, ob und welche weiteren Kriminalitätsbereiche aufgrund der Kriminalitätsentwicklung zu diesem Zuständigkeitsbereich hinzukommen

---

[2147] Sie sind nun in Teil III, Titel III, Kapitel IV, Art. III-158 bis Art. III-185 und Titel IV, Kapitel II, Art. III-195 bis Art. III-215 Verfassungsentwurf enthalten.

[2148] Vgl. *Oppermann*, DVBl. **2003** 1234, 1238.

[2149] Art. III-270 Absatz 1 Verfassungsentwurf: „*Der Gerichtshof überwacht die Rechtmäßigkeit der Europäischen Gesetze und Rahmengesetze* (...)." Vgl. *Oppermann*, DVBl. **2003** 1234, 1239.

[2150] Art. I-41 Absatz 3 in Verbindung mit Art. III-165 Verfassungsentwurf.

[2151] Art. III-171 Absatz 2 d), Art. III-172 Absatz 1 Unterabsatz 3 und Art. III-175 Absatz 1 Verfassungsentwurf.

[2152] Genannt werden: Terrorismus, Menschenhandel und sexuelle Ausbeutung von Frauen und Kindern, illegaler Drogen- und Waffenhandel, Geldwäsche, Korruption, Fälschung von Zahlungsmitteln, Computerkriminalität und organisierte Kriminalität.

und besitzt so eine Kompetenz-Kompetenz. Das steht nicht nur im Gegensatz zu dem Auftrag des Konvents, keine inhaltlichen Änderungen der Verträge vorzunehmen, sondern auch zu dem beibehaltenen Grundsatz der begrenzten Einzelermächtigung.
Ebenso bemerkenswert ist Art. III-172 Absatz 2 Verfassungsentwurf, welcher der Europäischen Union das gleiche Recht für den Fall einräumt, dass sich die Angleichung strafrechtlicher Normen als unerlässlich für die wirksame Durchführung einer Politik der Union auf einem Gebiet, auf dem Harmonisierungsmaßnahmen erfolgt sind, erweist. Diese Annexkompetenz würde zum Beispiel für das Gebiet des Umweltschutzes zutreffen.
In Anbetracht der Streitigkeiten auf EU-Ebene über die Kompetenz zum Erlass von Strafrechtsnormen auf dem Gebiet des Umweltschutzes ist diese klarstellende Regelung zwar zu begrüßen, doch ist erstaunlich, dass in der (öffentlichen) Diskussion über den Verfassungsentwurf, dieser Bereich unstreitig zu sein scheint.[2153] Bei den Verhandlungen zu dem Verfassungsentwurf sah das noch anders aus: Zu den Art. III-171 ff. Verfassungsentwurf (und Art. III-41 Verfassungsentwurf) gab es unzählige Änderungsvorschläge, die zum Teil die Streichung von Unterabsatz 3 und Absatz 2 vorsahen.[2154] So begründet *Erwin Teufel*[2155] die vorgeschlagene Streichung damit, dass *„im traditionell national geprägten, sensiblen Bereich des Strafrechts nach derzeitigem Integrationsstand eine Kompetenzerweiterungsklausel im Sinne des Unterabsatzes 3"* und *„eine Annexkompetenz, wie sie Absatz 2 vorsieht, abzulehnen"* seien.

IV. Kompetenz der Europäischen Union im Umweltstrafrecht

Von den soeben dargestellten grundsätzlichen Möglichkeiten der Europäischen Union Strafrecht setzend tätig zu werden, sind nur wenige speziell für den Bereich des Umweltstrafrechts relevant.

1. Grundlagen zur Rechtsetzung im Umweltstrafrecht

Auf das nationale Umweltstrafrecht kann das Gemeinschaftsrecht auf verschiedene Weise Einfluss nehmen. Bedeutsam sind hier insbesondere die gemeinschaftskonforme Auslegung nationalen Strafrechts, die Annexkompetenz zu Art. 174 ff. EGV, die allgemeinen Harmonisierungsbestimmungen nach Art. 94 ff. EGV sowie die Assimilationspflicht.

2153 In der öffentlichen Diskussion dominiert der Streit über das künftige Stimmenverhältnis der Mitgliedstaaten im Ministerrat und damit über den Einfluss der Mitgliedstaaten im Ministerrat.

2154 http://european-convention.eu.int/amendments.asp?content=850&lang=DE.

2155 http://european-convention.eu.int/Docs/Treaty/pdf/850/Art%20III%20167%20Teufel%20DE.pdf.

Vor allem die aus der Pflicht zur Gemeinschaftstreue (Art. 10 Absatz 2 EGV) folgende *gemeinschaftsrechtskonforme Auslegung* des nationalen Strafrechts (die sowohl Richtlinien als auch Verordnungen umfasst und für das Strafrecht grundsätzlich Geltung beansprucht[2156]) hat das deutsche Umweltstrafrecht bezüglich der Auslegung des Abfallbegriffs entscheidend beeinflusst.[2157]

Der Europäische Gerichtshof hat in der Rechtssache „*Vessoso und Zanetti*"[2158] festgestellt, dass der Begriff Abfall im Sinne des Art. 1 der Richtlinie des Rats 75/442 und des Art. 1 der Richtlinie des Rats 78/319 Stoffe nicht ausschließt, die wirtschaftlich wiederverwertet werden können. Würde der Ausschluss der wirtschaftlichen Wiederverwertung der Stoffe vorausgesetzt, so würden die Ziele der Richtlinien – der Schutz der menschlichen Gesundheit und der Umwelt – beeinträchtigt. Diese Interpretation des Europäischen Gerichtshofs hat der Bundesgerichtshof bei seiner Bestimmung des strafrechtlichen Abfallbegriffs übernommen: Für den Besitzer wertlos gewordene, wieder verwertbare Stoffe sind in den Schutzbereich des § 326 StGB miteinbezogen.[2159] Diese Form der richtlinienkonformen Auslegung tritt neben die klassischen Auslegungsmethoden[2160] und erreicht ihre Grenze dort, wo gegen allgemeine Rechtsgrundsätze, insbesondere den Grundsatz der Rechtssicherheit (strafrechtliches Bestimmtheitsgebot) und das Rückwirkungsverbot, verstoßen werden müsste.[2161]

In der Literatur wird nahezu einhellig die Ansicht vertreten,[2162] dass der Rat zur Angleichung, Koordinierung oder Harmonisierung mitgliedstaatlicher Rechtsordnungen auch hinsichtlich strafrechtlicher (Sekundär-) Normen als *Annexkompetenz* befugt ist. Seit der Einheitlichen Europäischen Akte[2163] existiert mit Art. 175 EGV eine spezielle Ermächtigungsgrundlage für umweltpolitische Maßnahmen, ohne dass der Rat auf einen bestimmten Rechtsakt festgelegt wird. In Absatz 1 ist schlicht die Rede vom „Tätigwerden", in Absatz 2 von „Vorschriften" und „Maßnahmen". Die Ziele der Umweltpolitik nennt Art. 174 Absatz 1 EGV. Danach ist die Umwelt zu erhalten und zu schützen, ihre Qualität zu verbessern, die menschliche Gesundheit zu schützen, natürliche Ressourcen sind umsichtig und rationell zu verwenden und Maßnahmen auf internationaler Ebene zur Bewältigung regionaler oder globaler Umweltprobleme sind zu fördern. Bisher bezogen sich die Harmonisierungsaktivitäten der

---

2156 *Dannecker/Streinz*, in: Rengeling (Hrsg.), Bd. I, § 8, Rn. 60 m.w.N.

2157 *Dannecker/Streinz*, in: Rengeling (Hrsg.), Bd. I, § 8, Rn. 78, Fn. 358 ff. und oben 4. Kapitel B. II. 2. b. gg.

2158 EuGH Slg. 1990, S. 1461.

2159 BGHSt **37** 333 ff.

2160 Grammatische, teleologische, historische und systematische Auslegung.

2161 *Dannecker/Streinz*, in: Rengeling (Hrsg.), Bd. I, § 8, Rn. 61.

2162 *Appel*, in: Dannecker (Hrsg.), S. 165, 178 f.; *Dannecker/Streinz*, in: Rengeling (Hrsg.), Bd. I, § 8, Rn. 62; *Schmalenberg*, Europäisches Umweltstrafrecht, S. 29; *Vogel*, JZ **1995** 331, 335 m.w.N. Ferner *Satzger*, Europäisierung des Strafrechts, S. 403 und S. 407 ff.

2163 ABl. EG Nr. L 169/1 vom 29.06.1987.

Gemeinschaft hauptsächlich auf den Gewässerschutz, die Luftreinhaltung, die Lärmbekämpfung und das Abfallrecht. Damit ist der Umweltschutz kraft ausdrücklicher Zuweisung durch Art. 174 ff. EGV Sache der Gemeinschaft. Aus dieser Zuständigkeit der Gemeinschaft für den Umweltschutz folgt mit der herrschenden Meinung die Annexkompetenz der Gemeinschaft, Regeln im Umweltstrafrecht zu erlassen. Von dieser Rechtsangleichungskompetenz der Gemeinschaft können insbesondere die Ordnungswidrigkeitentatbestände der §§ 62 f. BImSchG und § 61 KrW-/AbfG sowie die §§ 324 ff. StGB betroffen sein.[2164]
Zum Teil werden die *allgemeinen Harmonisierungsbestimmungen* der Art. 94 ff. EGV herangezogen, insbesondere Art. 95 Absatz 3 EGV, der den Erlass von Richtlinien zur Angleichung gewisser Rechtsvorschriften im Bereich der Umweltpolitik regelt.[2165] Diese Angleichungsermächtigungen zielen darauf ab, das Funktionieren des Binnen- beziehungsweise Gemeinsamen Markts zu gewährleisten und erlauben folglich vor allem die Beseitigung wettbewerbsverfälschender Rechtsunterschiede zwischen den Mitgliedstaaten.[2166] Gerade im Bereich des Umweltrechts können unterschiedliche Strafvorschriften in den Mitgliedstaaten zu spürbaren Wettbewerbsstörungen führen: So hat es zum Beispiel Auswirkungen auf den Wettbewerb, wenn ein Unternehmer in einem Mitgliedstaat für eine fahrlässige Gewässerverunreinigung nur zivilrechtlich haftet oder nur mit einem geringen Bußgeld belegt werden kann, während ihm in einem anderen Mitgliedstaat (vielleicht sogar ohne jeden Verschuldensnachweis)[2167] eine längere Freiheitsstrafe droht.[2168] Die Anweisung zum Erlass strafrechtlicher Regeln im Bereich des Umweltschutzes dient unzweifelhaft dazu, die Errichtung und das Funktionieren des Gemeinsamen Markts zu verbessern. Folglich steht auch das Subsidiaritätsprinzip (Art. 5 Absatz 2 EGV) dieser Angleichungskompetenz der Gemeinschaft nicht entgegen.[2169] Da das Strafrecht Standortfaktor ist, sind einheitliche Strafrahmen und eventuelle Maßstäbe für eine gleiche Strafzumessung wichtig.[2170] Bislang hat es der Rat der Europäischen Union unterlassen, Art und Ausmaß der Sanktionen in den Richtlinien näher festzulegen; dies überließ er den nationalen Gesetzgebern und ordnete lediglich die Schaffung geeigneter Maßnahmen zum Schutz bestimmter Interessen an.[2171]

2164 Vgl. *Satzger*, Freiburg-Symposium, S. 71, 75; *ders.*, Europäisierung des Strafrechts, S. 415.
2165 Vgl. *Satzger*, Freiburg-Symposium, S. 71, 75; *ders.*, Europäisierung des Strafrechts, S. 418 ff.
2166 *Satzger*, Freiburg-Symposium, S. 71, 75.
2167 Vgl. Großbritannien, 2. Kapitel C. VI.
2168 *Satzger*, Freiburg-Symposium, S. 71, 76.
2169 Vgl. *Dannecker/Streinz*, in: Rengeling (Hrsg.), Bd. I, § 8, Rn. 62 m.w.N.; *Satzger*, Freiburg-Symposium, S. 71, 77; *Tiedemann*, Roxin-Festschrift, S. 1401, 1412; *Vogel*, JZ **1995** 331, 336.
2170 *Sieber*, JZ **1997** 369, 370; *Tiedemann*, Roxin-Festschrift, S. 1401, 1412; *ders.*, in: Kreuzer (Hrsg.), S. 133, 147 m.w.N.
2171 Vgl. *Dannecker/Streinz*, in: Rengeling (Hrsg.), Bd. I, § 8, Rn. 63 m.w.N.; *Satzger*, Freiburg-Symposium, S. 71, 78.

Infolge des Urteils im *griechischen Mais-Fall* sind die Mitgliedstaaten verpflichtet, alle geeigneten Maßnahmen zu treffen, um die Geltung und die Wirksamkeit des Gemeinschaftsrechts zu gewährleisten.[2172] Zwar verbleibt den Mitgliedstaaten die Wahl der Sanktionen, aber sie sind wirksam, verhältnismäßig und abschreckend auszugestalten (sog. Mindesttrias). Darin liegt das Gebot, zur innerstaatlichen Harmonisierung des strafrechtlichen Schutzes supranationaler und nationaler Interessen (Harmonisierungsprinzip). Da der Umweltschutz durch Art. 174 ff. EGV eigenes Ziel und nicht bloß Mittel zur Erreichung der Vertragsziele ist, spricht vieles dafür, den Umweltschutz als europäisches Interesse im Sinne dieser Rechtsprechung des Europäischen Gerichtshofs anzusehen.[2173]
Daneben gibt es zahlreiche gemeinschaftsrechtliche Vorgaben zum materiellen Umweltrecht,[2174] die zur Annäherung der außerstrafrechtlichen Umweltnormen in den Mitgliedstaaten führen. Infolge der Verwaltungsakzessorietät des Umweltstrafrechts führt dies ebenfalls zu einer, wenn auch nur mittelbaren, Vereinheitlichung des strafrechtlichen Schutzes der Umwelt.[2175]

2. Mögliche Wege zur Schaffung einheitlicher Regeln

a. *Modellstrafgesetzbuch*

Einheitliche Regeln können erstens über ein rechtlich unverbindliches Modellstrafgesetzbuch (nach dem Vorbild des Model Penal Code in den USA) geschaffen werden.[2176] Ein solches Modellstrafgesetzbuch für die Europäische Union hat eine Arbeitsgruppe von Strafrechtsexperten unter der Leitung von Prof. Dr. Dr. h. c. mult. Klaus Tiedemann erarbeitet, das unter anderem einen eigenen Abschnitt für Umweltstraftatbestände enthält (siehe 5. Kapitel B.).

b. *Völkerrechtlich verbindliche Verträge*

Möglich ist der Weg über zumindest völkerrechtlich verbindliche Verträge wie Übereinkommen und völkerrechtliche Abkommen. Danach steht jedem Staat zu, Vertragspartner zu werden und die dort enthaltenen Regeln durch Transformation mittels Ratifikationsgesetz in innerstaatlich geltendes Recht umzuwandeln.[2177] Bei dieser Art der Vereinheitlichung besteht der Nachteil, dass die Verträge oft zahlreiche Vorbehalte enthalten,[2178] von denen die Staaten regen Gebrauch machen sowie der oft nur sehr zögerlichen, Jahre dauernden Umsetzung in nationales Recht, die zudem

---

2172 EuGH Slg. 1989, 2965 – Rs. 68/88; *Satzger*, Freiburg-Symposium, S. 71, 78.
2173 *Dannecker/Streinz*, in: Rengeling (Hrsg.), Bd. I, § 8, Rn. 66; *Hecker*, ZStW **115** (2003) S. 880, 897.
2174 Siehe Anhang zum Vorschlag einer Richtlinie der Europäischen Kommission vom 13.03.2001, KOM (2001) 139 endg.; *Satzger*, Europäisierung des Strafrechts, S. 415, Fn. 1789.
2175 *Dannecker/Streinz*, in: Rengeling (Hrsg.), Bd. I, § 8, Rn. 96; *Sieber*, JZ **1997** 369, 374 Fn. 56.
2176 *Sieber*, JZ **1997** 369 ff. (376 ff.).
2177 Siehe Übereinkommen des Europarats zum Schutz der Umwelt durch das Strafrecht von 1998.
2178 Zu den Ausnahmen im Übereinkommen des Europarats zum Schutz der Umwelt durch das Strafrecht 3. Kapitel B.

sehr unterschiedlich ausfallen kann.[2179] Beispiel für ein Tätigwerden mittels völkerrechtlichen Vertrags ist das Übereinkommen des Europarats zum Schutz der Umwelt durch das Strafrecht von 1998 (siehe 3. Kapitel).

c. *Rahmenbeschlüsse*

Im Rahmen der intergouvernementalen Zusammenarbeit besitzt die Europäische Union seit 1992 das Recht, in Bezug auf Betrug, Korruption, organisiertes Verbrechen, Menschenhandel, Drogen- und Waffenhandel, etc. die Strafvorschriften der Mitgliedstaaten, soweit erforderlich, mittels Rahmenbeschluss des Rats anzunähern, Art. 29 ff. EUV,[2180] um so die Erreichung der Ziele der Gemeinschaft zu unterstützen.[2181] Gemäß Art. 31 e) EUV erfolgt diese Annäherung schrittweise durch die Annahme von Maßnahmen, welche Mindestvorschriften über Tatbestandsmerkmale strafbarer Handlungen festlegen. Taugliche Instrumente zur Schaffung eines einheitlichen Rechtsraums sind internationale Übereinkommen und Rahmenbeschlüsse, die nicht unmittelbar wirksam sind, sondern (ebenso wie Richtlinien)[2182] erst der Umsetzung durch die Mitgliedstaaten bedürfen, vgl. Art. 34 Absatz 2 b) EUV. Danach sind zur Schaffung einheitlicher umweltstrafrechtlicher Regeln Rahmenbeschlüsse, zwischenstaatliche Konventionen und Übereinkommen möglich.[2183] Dies stellt den derzeit unumstrittensten Weg zur Schaffung „Europäischen Strafrechts“ dar. Allerdings ist nicht zu verkennen, dass dieser Weg über zwischenstaatliche Abkommen mühselig ist und kaum dem raschen Wandel des Gemeinschaftsrechts Rechnung tragen kann,[2184] da Rahmenbeschlüsse weder *self-executing* sind noch die nationalen Parlamente binden und infolge der bedingten Rechtsprechungsgewalt des Europäischen Gerichtshofs nicht durchsetzbar sind, Art. 46 EUV.[2185]

Ein Beispiel für ein Tätigwerden im Rahmen des Dritten Pfeilers ist die Initiative des Königreichs Dänemark vom Februar 2000 zur Bekämpfung der schweren Umweltkriminalität, die auf die Verabschiedung eines Rahmenbeschlusses durch den Rat abzielt (siehe 5. Kapitel C. 2.).

2179 *Pradel*, Freiburg-Symposium, S. 55, 61 f., *Satzger*, Europäisierung des Strafrechts, S. 467 ff.; zur Umsetzung des Geldwäsche-Übereinkommens des Europarats und der Geldwäsche-Richtlinie der Gemeinschaft *Vogel*, ZStW **109** (1997) S. 335 ff. (S. 343).

2180 Vgl. *Tiedemann*, Roxin-Festschrift, S. 1401 ff.

2181 *Streinz*, Europarecht, Rn. 422.

2182 Art. 249 Absatz 3 EGV.

2183 Insbesondere finde dadurch keine verdeckte, rechtstaatlich bedenkliche Delegation von Gesetzgebungskompetenzen statt. Vgl. *Moll*, Europäisches Strafrecht, S. 281 ff. **A.A.**: *Schmalenberg*, Europäisches Umweltstrafrecht, S: 25 und 33: Das Umweltstrafrecht falle nicht in den Anwendungsbereich von Art. 31 e) EUV.

2184 *Moll*, Europäisches Strafrecht, S. 283; ferner *Eisele*, JA **2000** 991, 992.

2185 Als Beispiel für die langsame und zögerliche Umsetzung solcher Regelungen in nationales Recht ist auf die Konvention zum Schutz der finanziellen Interessen der Gemeinschaft (PIF-Konvention – *Protection des Intérêts Financiers*) hinzuweisen. Diese schon seit 1995 verabschiedete Konvention ist noch immer nicht von allen Mitgliedstaaten unterzeichnet worden, vgl. *Satzger*, Europäisierung des Strafrechts, S. 467 ff.; *ders.*, ZRP **2001** 549, 550.

d. *EU-rechtlich verbindliche Regelungen*

Daneben besteht aufgrund der Annexkompetenz zu Art. 174 ff. EGV und Art. 94 ff. EGV[2186] die Möglichkeit, EU-rechtlich verbindliche Regelungen zu schaffen. Der Rat hat die Kompetenz mittels Verordnungen Sanktionen nicht strafrechtlicher Art als Annex zu sektoralen Kompetenzen mit zu regeln (Art. 174 ff. EGV).[2187] Eine eigene Strafrechtsetzungskompetenz für eine Verordnung besteht im Rahmen des EG-Vertrags hingegen nicht.[2188] Zudem hat die Gemeinschaft eine Harmonisierungskompetenz im Rahmen von Art. 94, 95 EGV und kann mittels Richtlinie tätig werden, um die Errichtung und das Funktionieren des Binnenmarkts zu gewährleisten.

Ob die Kommission eine Richtlinien-Kompetenz zum Erlass von Verbotstatbeständen im Bereich des Umweltstrafrechts (als Annex zu Art. 174 ff. EGV) hat, ist umstritten.[2189] Zwar hat die Europäische Kommission am 15. März 2001 einen Vorschlag für eine Richtlinie über den strafrechtlichen Schutz der Umwelt, beruhend auf Art. 174 Absatz 2 und Art. 175 Absatz 1 EGV, vorgelegt und sie wie folgt begründet:[2190] Die Richtlinie soll die bessere Durchsetzung vorhandener Vorschriften zum Schutz der Umwelt mit Hilfe wirksamer, abschreckender und angemessener Sanktionen, Art. 10 EGV, gewährleisten[2191] und einen Mindest- oder Besitzstand der Europäischen Union im Umweltstrafrecht festschreiben.[2192] Ziel dieser Maßnahme ist eine bessere und einheitliche Anwendung des Gemeinschaftsrechts in allen Mitgliedstaaten; dieses Ziel lässt sich auf Gemeinschaftsebene leichter erreichen als auf der Ebene der Mitgliedstaaten, vgl. Art. 5 Absatz 2 EGV.[2193]

Doch steht dagegen die Auffassung des Rats (und der Mitgliedstaaten), der von einer Kompetenz für den Erlass eines Rahmenbeschlusses ausgeht.

e. *Positionen von Kommission und Rat hinsichtlich der Frage der Strafrechtsetzungskompetenz*

Der Streit um die Strafrechtsetzungskompetenzen auf EU-Ebene spiegelt sich in den unterschiedlichen Positionen von Kommission und Rat zum Erlass umweltstrafrechtlicher Maßnahmen wieder.[2194]

Die Kommission ist der Auffassung, dass die Europäische Union strafrechtsetzend mittels Richtlinien tätig werden kann.[2195] Diese Kompetenz folge daraus, dass der

---

2186 Siehe oben 4. Kapitel B. IV. 1.

2187 *Vogel*, JZ **1995** 331, 334 ff.

2188 *Schmalenberg*, Europäisches Umweltstrafrecht, S. 17 f.

2189 Vgl. zum Streit *Schmalenberg*, Europäisches Umweltstrafrecht, S. 27 ff.

2190 KOM (2001) 139 endg. – 2001/0076 (COD), ABl. EG C 180 E/238 vom 26.06.2001.

2191 Vgl. EuGH C-186/98 Nunes – De Matos, Slg. 1999, I-4883 und EuGH C-77/97 Unilever, Slg. 1999, I-431; Mitteilung der Kommission vom 03.05.1995 KOM (95) 162 endg.; Entschließung des Rats vom 29.06.1995 ABl. C 188 vom 22.07.1995.

2192 Bulletin EU 3-2001:1.4.39. Der Vorschlag stellt für den strafrechtlichen Schutz der Umwelt lediglich Mindestanforderungen auf, vgl. Art. 176 EGV.

2193 Ausführlich zur Subsidiarität *Schmalenberg*, Europäisches Umweltstrafrecht, S. 29 ff.

2194 Vgl. dazu *Hecker*, ZStW **115** (2003) S. 880, 903 ff.

2195 Vgl. bei PE 314.349, S. 12.

Umweltschutz als grundlegendes Ziel der Gemeinschaft (vgl. Art. 3 und 6 EGV) durch die Gemeinschaftspolitik zu verfolgen ist. Infolgedessen sei die Gemeinschaft befugt, zur Erreichung dieses Gemeinschaftsziels Verhaltensregeln festzulegen. Als Annex soll sie die Kompetenz besitzen, Rechtsvorschriften zu erlassen, die vorschreiben, dass für die Nichteinhaltung der Verhaltensregeln auf nationaler Ebene Sanktionen vorzusehen sind. Kann die wirksame Durchsetzung des Gemeinschaftsrechts nur mittels Strafrechts gewährleistet werden, so soll sie strafrechtliche Sanktionen vorsehen können.[2196] Diese Kompetenz folge, wenn auch nicht ausdrücklich aus dem Gemeinschaftsrecht, so doch aus der Rechtsprechung des Europäischen Gerichtshofs zu Art. 10 EGV. Zudem bietet die Richtlinie den Vorteil, dass der Europäische Gerichtshof uneingeschränkt zuständig ist, und dass der Bürger das Recht hat, einen Mitgliedstaat zur Verantwortung zu ziehen (Schadensersatzanspruch). Diese Möglichkeiten bestehen bei einem Rahmenbeschluss nicht. Zudem sollen die Art. 47 und 29 EUV dem Gemeinschaftsrecht eindeutig Vorrang verleihen. Fällt danach ein Gegenstand in den Zuständigkeitsbereich der Gemeinschaft, so ist es nicht möglich, im Rahmen des Dritten Pfeilers gemeinsame Regeln zu verabschieden, die diese Befugnisse der Gemeinschaft beschneiden. Da die Union innerhalb des Dritten Pfeilers nur ergänzende Befugnisse hat, dürfte sie in einem Rahmenbeschluss nur Regeln über die Zuständigkeit in Strafsachen, über Maßnahmen zur Gewährleistung der gegenseitigen Auslieferung und bezüglich der Koordinierung der Strafverfolgung und Ermittlung treffen. Die Fassung von Tatbestandsmerkmalen von Straftaten würde einen Verstoß gegen Art. 47 EUV darstellen. Deshalb sei für einen Rechtsakt nach Art. 34 EUV kein Raum.[2197] Neben dieser Richtlinie und über ihre Bestimmungen hinaus könnten im Rahmen des EU-Vertrags weitere Schritte hinsichtlich einer verbesserten justiziellen Zusammenarbeit unternommen werden. So sei auch ein Rahmenbeschluss nach Art. 34 Absatz 2 b) EUV denkbar, der Regelungen zur internationalen Zuständigkeit, zu Maßnahmen zur Gewährleistung der gegenseitigen Auslieferung und/oder zur Koordinierung von gegenseitigen Ermittlungen und der Strafverfolgung beinhaltet. Damit geht die Kommission davon aus, dass dies keine sich ausschließenden, sondern vielmehr sich ergänzende Instrumentarien darstellen könnten: Die Richtlinie enthielte die Tatbestände des Umweltstrafrechts und die vorzusehenden Sanktionen, der Rahmenbeschluss enthielte hingegen die Regeln der Zusammenarbeit, der Zuständigkeit, etc.
Die Überzeugung der Kommission in diesem Bereich Zuständigkeiten zu besitzen, kommt zusätzlich darin zum Ausdruck, dass sie am 05.03.2003 (also nur einen Monat nach Verabschiedung des Rahmenbeschlusses zum Schutz der Umwelt) erneut einen Richtlinienvorschlag mit strafrechtlichen Regeln zum Schutz des Meeres angenom-

2196 SEK (2001) 227.
2197 Kommission in ihrer Begründung zum Richtlinienvorschlag KOM (2001) 139 endg., S. 3.

men hat.[2198] Anlass für den Richtlinienvorschlag waren die Tankerunfälle der Erika im Dezember 1999 und der Prestige im November 2002. Als richtige Rechtsgrundlage für die Einführung strafrechtlicher Sanktionen zur wirksamen und einheitlichen Durchsetzung der internationalen Regeln über Einleitungen von Schiffen ins Meer, die im MARPOL-Übereinkommen 73/78 festgelegt wurden, sieht die Kommission auch hier ein Tätigwerden im Rahmen des Ersten Pfeilers, gestützt auf Titel V, insbesondere Art. 80 Absatz 2 EGV an.

Der Rat ist hingegen der Meinung, dass die Europäische Union nur im Rahmen des Dritten Pfeilers strafrechtsetzend tätig werden kann, da die Mitgliedstaaten ihre Zuständigkeit im Bereich des Strafrechts nicht auf die Europäische Union übertragen haben.

Der Rat hat sich gegen den Vorschlag zum Erlass einer Richtlinie entschieden, weil er zu dem Schluss gekommen ist, dass die für ihre Annahme erforderliche Mehrheit im Rat nicht erreicht würde;[2199] dieser vertritt nämlich mehrheitlich die Meinung, dass der Richtlinienvorschlag über die der Gemeinschaft durch den Vertrag zur Gründung der Europäischen Gemeinschaft übertragenen Befugnisse hinausgeht, und dass die in der Richtlinie verfolgten Ziele durch die Annahme eines auf Titel VI EU-Vertrags gestützten Rahmenbeschlusses verwirklicht werden können. Zudem ist der Rat der Auffassung, dass der vorliegende Rahmenbeschluss ein geeignetes Instrument zur Verpflichtung der Mitgliedstaaten, strafrechtliche Sanktionen vorzusehen, darstellt. Zu einer Änderung ihres Richtlinienvorschlags hat sich die Kommission nicht bereit erklärt: weder zu einer Änderung der Rechtsgrundlage noch zu einer Aufteilung in zwei Rechtsakte (von denen sich der eine auf Art. 175 EGV und der andere auf Art. 34 EUV stützen würde).[2200]

f. Ergebnis

Aufgrund der kompetenzrechtlichen und inhaltlichen Bedenken bezüglich des Richtlinienvorschlags wurde der Entwurf eines Rahmenbeschlusses (der in seinem Kernbereich auf dem Übereinkommen des Europarats zum Umweltstrafrecht von 1998 beruht) im Lichte der Kommissionsvorschläge ergänzt und vom Ausschuss der ständigen Vertreter am 19.12.2001 gebilligt und am 27. Januar 2003 verabschiedet.

Dennoch hat die Kommission im April 2003 beim Europäischen Gerichtshof Klage auf Nichtigerklärung des Rahmenbeschlusses zum Schutz der Umwelt durch das Strafrecht eingereicht.[2201] Die Klage basiert auf Art. 35 Absatz 6 EUV, der wohl das erste Mal Anwendung findet. Materiell rügt die Kommission den Verstoß gegen Art. 47 EUV, der den Vorrang des Gemeinschaftsrechts vor dem Unionsrecht fest-

---

2198 KOM (2003) 92 endg.

2199 Auch die überwältigende Mehrheit der Mitgliedstaaten lehnte die Richtlinie zum Schutz der Umwelt, also das Handeln im Rahmen des Ersten Pfeilers ab.

2200 Vgl. Bericht des Europäischen Parlaments PE 314.349, S. 26 f.; 5. Kapitel C. I. 2. b.

2201 Dokument 9088/03, Case C-176/03.

legt.[2202] Zur Begründung der Klage führt sie die bereits genannten Argumente zur richtigen Rechtsgrundlage und der Kompetenz der Gemeinschaft, rechtsetzend tätig zu werden an. Die Kommission sieht die Anrufung des Europäischen Gerichtshofs als notwendig an, weil es sich bei der Festlegung der Befugnisse des Gemeinschaftsgesetzgebers im Bereich des Strafrechts um eine Frage von wesentlicher Bedeutung handelt.

Dadurch wird deutlich, dass der kompetenzrechtliche Streit um die richtige Rechtsgrundlage im Bereich des Strafrechts trotz Verabschiedung des Rahmenbeschlusses noch nicht endgültig geklärt ist. Vielmehr bleibt abzuwarten, wie der Europäische Gerichtshof diese Rechtssache – in einigen Jahren – entscheiden wird.[2203]

3. Stellungnahme

a. *De lege lata*

Es ist deutlich geworden, dass auf europäischer Ebene sowohl innerhalb der Ersten als auch innerhalb des Dritten Pfeilers strafrechtliche Regeln zum Schutz der Umwelt getroffen werden können.

Innerhalb des Ersten Pfeilers können aufgrund der Kompetenz der Gemeinschaft, Regeln zum Umweltschutz zu erlassen (vgl. Art. 94 ff. und 174 ff. EGV), als „Annex“ auch strafrechtliche Regeln getroffen werden. Dazu steht das Instrument der Richtlinie zur Verfügung. Diese hat den Vorteil, für die nationalen Parlamente bindend zu sein und zudem kann deren Umsetzung erforderlichenfalls vor dem Europäischen Gerichtshof erzwungen werden.

Die Gemeinschaft kann außerdem innerhalb des Dritten Pfeilers umweltstrafrechtliche Regelungen treffen. Im Rahmen der intergouvernementalen Zusammenarbeit in polizeilichen und justiziellen Angelegenheiten besteht die Möglichkeit, mittels Rahmenbeschlusses Regeln auf dem Gebiet des Strafrechts zu harmonisieren.[2204] Da hier die Souveränität der Mitgliedstaaten weitergehend gewahrt wird als bei Aktivitäten der Gemeinschaft im Rahmen des Ersten Pfeilers, erscheint dies der besser durchsetzbare Weg zu sein.

b. *De lege ferenda*

Nach dem Verfassungsentwurf des Konvents vom 18. Juli 2003 soll die Europäische Union auf dem Gebiet des Strafrechts wesentlich weitergehende Kompetenzen erhalten. Indem der Dritte Pfeiler aufgelöst und integriert wird, soll die Union bei der justiziellen Zusammenarbeit in Strafsachen zukünftig mittels Europäischen Rahmen-

2202 Zum Verhältnis von EU- und EG-Vertrag *Schmalenberg*, Europäisches Umweltstrafrecht, S. 25 ff., der sich gegen eine Sperrwirkung des Art. 31 e) EUV ausspricht.

2203 Bis zur Entscheidung durch den Europäischen Gerichtshof könnte sich die Rechtslage insofern verändert haben, als eine neue EU-Verfassung verabschiedet worden sein kann, in der die Frage nach der richtigen Rechtsgrundlage beantwortet sein könnte.

2204 Siehe den im März 2003 verabschiedeten Rahmenbeschluss zum Schutz der Umwelt durch das Strafrecht des Rats; 5. Kapitel C. II.

gesetzes (der Sache nach mittels Richtlinie) Mindestvorschriften für Straftaten und Strafen festlegen können (vgl. Art. III-172 Absatz 1 Verfassungsentwurf). Daneben enthält Art. III-172 Absatz 2 Verfassungsentwurf eine Annexkompetenz:[2205] Diese ermächtigt die Europäische Union zur Angleichung strafrechtlicher Normen, wenn dies zur wirksamen Durchführung einer Unionspolitik auf einem Gebiet, auf dem bereits Harmonisierungsmaßnahmen erfolgt sind, unerlässlich ist.

Sollte der Verfassungsentwurf von den Mitgliedstaaten so ratifiziert werden, bestünden hinsichtlich der Wahrung der Souveränität der Mitgliedstaaten künftig keine Bedenken mehr. Die Europäische Union könnte aufgrund der in der zukünftigen Verfassung enthaltenen Kompetenzen mittels Europäischen Rahmengesetzes umweltstrafrechtliche Regeln treffen.

2205 Eine solche Annexkompetenz wird schon heute zum Teil hinsichtlich Art. 174 ff. EGV angenommen, siehe 4. Kapitel B. IV. 1.

5. Kapitel: Aktuelle strafrechtssetzende Vorhaben und Regelungen auf EU-Ebene

A. Das „Corpus Juris zum Schutz der finanziellen Interessen der Europäischen Union"

Trotz der umstrittenen Frage der Kompetenz der Gemeinschaft, kriminalstrafrechtliche Regelungen zu erlassen, hat das Europäische Parlament im Jahre 1995 eine internationale Arbeitsgruppe von Strafrechtsprofessoren beauftragt, ein „Corpus Juris zum Schutz der finanziellen Interessen der Europäischen Union"[2206] zu erarbeiten. Dieses Regelwerk verfolgt das ehrgeizige Ziel, in einem weitgehend vereinheitlichten europäischen Rechtsraum ein gerechteres, einfacheres und effizienteres Sanktionensystem zu ermöglichen.[2207]

Es beginnt mit einem Besonderen Teil, in dessen Mittelpunkt Betrügereien zum Nachteil der Vermögensinteressen der Europäischen Gemeinschaft stehen. Den zentralen Tatbestand bildet der Betrug zum Nachteil des Gemeinschaftshaushalts (Art. 1 CJ), der durch die Regeln zum Ausschreibungsbetrug (Art. 2 CJ), der Hehlerei und Geldwäsche (Art. 3 CJ), der Beteiligung an einer verbrecherischen Vereinigung (Art. 4 CJ) sowie verschiedene Pflichtverstöße von Amtsträgern (Art. 5 bis 8 CJ) ergänzt wird. Daneben enthält das Corpus Juris einige materiell-rechtliche Regeln zum Allgemeinen Teil. Er behandelt die Fragen des subjektiven Tatbestands einschließlich des Irrtums (Art. 9 bis 10 CJ), der Versuchsstrafbarkeit (Art. 11 bis CJ), von Täterschaft und Teilnahme (Art. 11 CJ) sowie die strafrechtliche Verantwortlichkeit des „*head of business*" (Art. 12 CJ). Ferner wird in Art. 13 CJ ausdrücklich die Strafbarkeit juristischer Personen angeordnet. Der Allgemeine Teil des Corpus Juris wird durch relativ ausführliche Vorschriften zu den möglichen Sanktionen abgeschlossen (Art. 14 bis 17 CJ). Einen weitreichenden Eingriff in die Souveränitätsrechte der Mitgliedstaaten impliziert die in den Art. 18 bis 24 CJ vorgesehene Einrichtung einer Europäischen Staatsanwaltschaft, die umfangreiche Ermittlungsbefugnisse auf dem Gebiet der gesamten Europäischen Gemeinschaft erhalten soll. Weitere verfahrensrechtliche Vorschriften sind in den Art. 25 bis 35 CJ enthalten.[2208] Dieses Projekt könnte einen

---

2206 Auf deutsch ist die vorläufige Fassung erhältlich: Delmas-Marty, Mireille (Hrsg.), Corpus Juris der strafrechtlichen Regelungen zum Schutz der finanziellen Interessen der Europäischen Union, 1998; die endgültige Fassung ist in englischer und französisch erhältlich: Delmas-Marty, Mireille/Vervaele, John (Hrsg.), La mise en oeuvre du Corpus Juris dans les Etats Membres, Volume I – V, 2000. Vgl. Tagungsbericht von *Schulz*, StV **2001** 85 ff.

2207 *Delmas-Marty*, in: Delmas-Marty (Hrsg.), S. 11, 28.

2208 Vgl. *Kudlich*, JA **1999** 525, 526; *Ruegenberg*, ZStW **112** (2000) S. 269 ff. (Tagungsbericht); *Sieber*, in: Delmas-Marty (Hrsg.), S. 6 ff.; *Weigend*, StV **2001** 63, 65.

ersten relativ realistischen Schritt zu einem gesamteuropäischen Strafrecht sein. Derzeit richtet sich der Umfang des Corpus Juris allein am Schutz der finanziellen Interessen der Europäischen Union aus. Aufgrund seines Modellcharakters eignet es sich jedoch für eine unkomplizierte Erweiterung des Besonderen Teils um weitere Delikte, wie Umweltdelikte.[2209]

Allerdings ist die Rechtsgrundlage, welche die Umsetzung erlauben könnte, noch offen.[2210] Zu beachten ist, dass die Kommission auf dem EU-Gipfel in Nizza im Dezember 2000 den Entwurf eines Art. 280a EUV[2211] vorgelegt hat, der dem Rat ausdrücklich die Befugnis verleihen würde, „*Vorschriften zur Festlegung der Tatbestandsmerkmale von Betrug und anderen rechtswidrigen Handlungen, die gegen die finanziellen Interessen der Gemeinschaft gerichtet sind sowie der Strafe für alle Straftatbestände*" zu schaffen. Dieser Entwurf basiert auf dem Corpus Juris wie auch sein prozessualer Teil zeigt, wonach der Rat das Amt eines europäischen Staatsanwalts beschließen soll.[2212]

B. Die „Europa-Delikte"

Im Anschluss wurde von einer internationalen Arbeitsgruppe bestehend aus Strafrechtsexperten unter Leitung von Klaus *Tiedemann* zur Harmonisierung des Europäischen Strafrechts ein Modellstrafgesetzbuch mit strafrechtlichen Mindeststandards („Europa-Delikte")[2213] erarbeitet, das im Gegensatz zum Corpus Juris auf privater Initiative beruht. Neben Vorschriften zum Algemeinen Teil, die weitgehend mit den Regeln des Allgemeinen Teils des Corpus Juris übereinstimmen, enthält es Regelungen im Besonderen Teil, die über die Tatbestände des Corpus Juris hinausgehen. Der Sache nach ergänzen die Europa-Delikte das Corpus Juris; die Tatbestandsvorschläge betreffen die Bereiche der Grundfreiheiten des EG-Vertrags und der (zunächst außerstrafrechtlichen) Harmonisierungskompetenzen der Gemeinschaft. Es regelt die Bereiche des Umwelt-, Arbeits-, Insolvenz-, Lebensmittel- und Embargostrafrechts, den Schutz des Wettbewerbs, der Verbraucher, des Kredit-, Börsen- und Finanzwesens sowie der Gemeinschaftsmarke und geographischer Herkunftsangaben.

2209 Zu den Zukunftsperspektiven *Sieber*, in: Delmas-Marty (Hrsg.), S. 1, 9 f., der es als „trojanisches Pferd" bezeichnet.

2210 *Eisele*, JA **2000** 896, 901 f.; **kritisch** *Albrecht, P.-A. et al.*, KritV **1999** 279, 286 f., ferner *Satzger*, Europäisierung des Strafrechts, S. 89, 138 ff. und 434 ff.

2211 Drs. KOM (2000) 608, S. 10.

2212 Zur Schaffung einer Europäischen Staatsanwaltschaft *Satzger*, Europäisierung des Strafrechts, S. 88 f.

2213 Wirtschaftsstrafrecht in der Europäischen Union, Rechtsdogmatik, Rechtsvergleich, Rechtspolitik, Freiburg-Symposium, *Tiedemann* (Hrsg.), 2002; *Waßmer*, JZ **2001** 134 ff. (Tagungsbericht). **Kritisch** zur Durchsetzbarkeit *Eisele*, JA **2000** 896, 901 m.w.N. in Fn. 46 f.

Leitgedanke bei der Aufnahme der Umweltdelikte war, dass ein europäisches Projekt zur Harmonisierung der nationalen Strafgesetzbücher es nicht versäumen darf, ein Kapitel zum Umweltstrafrecht einzuführen.[2214] Das Kapitel über den strafrechtlichen Schutz der Umwelt empfiehlt den Schutz der Rechtsgüter Wasser, Luft und Boden, der Tier- und Pflanzenwelt und der Ruhe – als Lebensgrundlage des Menschen. So wie das deutsche Strafgesetzbuch gibt es für die zu schützenden Rechtsgüter Einzelstraftatbestände: Art. 38 schützt das Gewässer vor Verunreinigungen, Art. 39 schützt vor Lärmbelästigungen und Luftverunreinigungen und Art. 40 schützt den Boden vor Verunreinigungen. Die Absätze 2 ordnen jeweils die Strafbarkeit des Versuchs an, die Absätze 3 die Fahrlässigkeitsstrafbarkeit. Die Art. 41 bis 43 regeln den unerlaubten Umgang mit gefährlichen Abfällen, das unerlaubte Betreiben gefährlicher Anlagen und den unerlaubten Umgang mit geschützten Tier- und Pflanzenarten. Von diesen drei Tatbeständen droht nur Art. 41 in Absatz 2 die Strafbarkeit des Versuchs und in Absatz 3 die Fahrlässigkeitsstrafbarkeit an. Besonders hervorzuheben ist zudem Art. 44 Absatz 1, der die spezielle Strafbarkeit von Amtsträgern für den Fall vorsieht, dass dieser seine Pflichten gegenüber der Umwelt grob vernachlässigt[2215] sowie Art. 44 Absatz 2, der bestimmt, dass auch derjenige ohne Genehmigung handelt, der eine Genehmigung durch Bestechung, Kollusion, Drohung oder Täuschung erlangt hat. Art. 44 Absatz 3 regelt die Wiedergutmachung, die sich zum Teil in Art. 340 und Art. 339 des spanischen sowie § 330b des deutschen Strafgesetzbuches wieder findet.[2216]

Auch die Umsetzung dieses Werks ist unsicher. Grundsätzlich wäre seine Umsetzung im Rahmen des EG-Rechts entweder innerhalb des Ersten Pfeilers (als Verordnung oder Richtlinie, Art. 249 Absätze 2 und 3 EGV) oder innerhalb des Dritten Pfeilers (als Rahmenbeschluss oder Übereinkommen, Art. 34 Absatz 2 Satz 2 b) und d) EUV) realisierbar. Unproblematischer und konsensfähiger erscheint die Umsetzung innerhalb des Dritten Pfeilers.[2217]

2214 *Pradel*, Freiburg-Symposium, S. 295. **Kritisch** zu den Umweltstraftatbestandsvorschlägen *Kühl*, Freiburg-Symposium, S. 301 ff. (rechtsvergleichend mit den deutschen Regeln S. 305 ff.).

2215 Dieser Tatbestand lehnt sich unmittelbar an Art. 320 und 329 spanStGB an; vgl. *Pradel*, Freiburg-Symposium, S. 295, 299.

2216 *Pradel*, Freiburg-Symposium, S. 295, 299.

2217 *Satzger*, Freiburg-Symposium, S. 71, 80 ff., 81 ff. und 87 (nur unzureichende Möglichkeit der Umsetzung innerhalb des Ersten Pfeilers; Instrument der Rahmenbeschlüsse – Dritte Pfeiler – sei wesentlich geeigneter) und 4. Kapitel B. IV. 2. d. und 3. a.

C. Der Rahmenbeschluss des Rats über den Schutz der Umwelt durch das Strafrecht

I. Der Weg zu einer einheitlichen europäischen Regelung im Umweltstrafrecht

1. Der kompetenzrechtliche Konflikt innerhalb der Europäischen Union[2218]

Nachdem das Übereinkommen des Europarats zum Schutz der Umwelt durch das Strafrecht 1998 verabschiedet worden ist, gab es innerhalb der Europäischen Union Bestrebungen, einen einheitlichen Schutz der Umwelt vor schwerwiegenden Verletzungen durch das Strafrecht zu etablieren. Der Europäische Rat hat im Oktober 1999 in Tampere bestätigt, dass Umweltkriminalität mittels gemeinsamer Definitionen und über das nationale Strafrecht bekämpft werden soll, indem gemeinsame Begriffsbestimmungen, Straftatbestände und Sanktionen, die sich auf eine begrenzte Zahl besonders wichtiger Bereiche der Umweltkriminalität beziehen, festgelegt werden. Ziel ist es, europäische Werte der Umweltpolitik zu definieren, deren Verfolgung durch das nationale Strafrecht sichergestellt werden soll. Dabei soll es den Mitgliedstaaten überlassen bleiben, strengere Maßnahmen zum Schutz der Umwelt anzuwenden. Daneben haben der Rat „Justiz und Inneres"[2219] und das Europäische Parlament[2220] sich umweltstrafrechtlichen Maßnahmen gegenüber befürwortend geäußert.

Bei der Frage nach der geeigneten Rechtsgrundlage, die gemäß Art. 36 EUV ausgiebig erörtert worden ist, geht es im Kern um die Verteilung der Befugnisse zwischen der Gemeinschaft und der Union. Durch eine solche Maßnahme sind sowohl der Umweltschutz als auch die justizielle Zusammenarbeit in Strafsachen betroffen, so dass sich die Frage stellt, ob nach dem Vertrag der Europäischen Gemeinschaften (EGV) oder nach dem Vertrag der Europäischen Union (EUV) vorzugehen ist. Da die Strafrechtssetzungskompetenz der Europäischen Union im Rahmen des EG-Vertrags umstritten ist, gab es verschiedene Vorschläge der EU-Institutionen,[2221] bevor sich eine Maßnahme durchsetzen konnte.

Zunächst gab es zwei inhaltsgleiche Initiativen des Königreichs Dänemark.[2222] Nach Neufassung des Vertrags der Europäischen Union, der das Rechtsinstitut der Ge-

---

2218 Siehe 4. Kapitel B. IV. 2. e.

2219 Einigung auf Festlegung des Besitzstands bei Umweltstraftaten am 28.09.2000.

2220 EP-Dok. Nr. A5-0178/2000 zur Initiative des Königreichs Dänemark.

2221 Siehe Bericht des Europäischen Parlaments PE 314.349, S. 26 f. (Stellungnahme des Ausschusses für Recht und Binnenmarkt [*Matti Wuori*]) und 4. Kapitel B. IV.

2222 Die erste Initiative zielte auf die Annahme einer Gemeinsamen Maßnahme gemäß den Art. K. 3 Absatz 2 b) EUV in der Fassung von Maastricht ab, die zweite auf einen Rahmenbeschluss gemäß Art. 31 und 34 Absatz 2 b) EUV in der Fassung von Amsterdam.

meinsamen Maßnahme durch den Rahmenbeschluss ersetzte,[2223] war die Anpassung der Initiative Dänemarks an die neue Rechtslage notwendig. Sowohl die Gemeinsame Maßnahme als auch der Rahmenbeschluss sind Handlungsformen der Europäischen Union im Rahmen des Dritten Pfeilers (intergouvernementale Zusammenarbeit).[2224]

Inhaltlich regelt die Initiative des Königreichs Dänemark als Mindestvoraussetzungen den strafrechtlichen Schutz der Umweltmedien Wasser, Luft, Boden und Untergrund vor Verschmutzungen sowie die unerlaubte Lagerung und Entsorgung von Abfällen oder ähnlichen Stoffen, die jeweils eine erhebliche Schädigung oder ein eindeutiges Risiko der Umwelt bedeuten würden. Dieser Schutz muss zwingend mittels strafrechtlicher, wirksamer, der Straftat angemessener und abschreckender Sanktionen und Maßnahmen erfolgen. Zudem sieht die Initiative die strafrechtliche Verantwortlichkeit juristischer Personen zwingend vor.[2225] Infolge der Initiative hat der Rat der Europäischen Union die Arbeiten an einem Rahmenbeschluss zum Schutz der Umwelt durch das Strafrecht aufgenommen.

Im März 2001 schlug die Kommission[2226] eine Richtlinie zum strafrechtlichen Schutz der Umwelt vor. Diese Richtlinie, die auf Art. 175 Absatz 1 EGV beruht und im Mitentscheidungsverfahren (Art. 251 EGV) ergeht, stellt eine rechtsetzende Maßnahme der Europäischen Union innerhalb des Ersten Pfeilers dar. Der Vorschlag betrifft nur schwerwiegendste Verstöße gegen Umweltschutzvorschriften der Gemeinschaft und soll zu wirksamen Strafvorschriften führen. Die Mitgliedstaaten sollen nach dieser Richtlinie dafür sorgen, dass eine Reihe von Tätigkeiten, die bereits nach den geltenden EU-Vorschriften verboten sind, als Straftaten geahndet werden, wenn sie vorsätzlich oder grob fahrlässig begangen werden.[2227] Ebenso sind Anstiftung und Beihilfe mit abschreckenden, angemessenen und wirksamen strafrechtlichen Sanktionen zu ahnden – in schwerwiegenden Fällen muss sogar die Ahndung mit Freiheitsentzug möglich sein.[2228] Die gegen juristische Personen möglichen Sanktionen müssen nicht zwingend strafrechtlicher Natur sein. Nach Art. 176 EGV steht es den Mitgliedstaaten frei, verstärkte Schutzmaßnahmen beizubehalten oder einzuführen. So können sie zusätzliche Straftatbestände und/oder zusätzliche Sanktionen oder Strafen vorsehen, wie zum Beispiel die an natürliche Personen gerichtete Untersagung, Tätigkeiten auszuüben, die einer behördlichen Genehmigung oder Erlaubnis bedürfen oder das Verbot, eine Gesellschaft oder Stiftung zu gründen, zu führen oder zu leiten.

2223 *Möhrenschlager*, wistra **2003** V, VI; *Streinz*, Europarecht, Rn. 423c.
2224 Siehe 4. Kapitel B. IV. 2. c.
2225 Siehe 5. Kapitel C. I. 2. a. und Art. 2 Absatz 1 b) Initiative.
2226 Gemäß Art. 251 Absatz 2 EGV legt die Kommission Richtlinien-Vorschläge dem Europäischen Parlament und dem Rat vor.
2227 So zum Beispiel die Gewässerverschmutzung, verschiedene Formen der Luftverschmutzung, der Handel mit geschützten Arten und schwerwiegende Schädigungen geschützter Lebensräume.
2228 Bulletin EU 3-2001:1.4.39.

Damit gab es zwei, auf verschiedene Rechtsgrundlagen gestützte, legislative Initiativen zur Bekämpfung der Umweltkriminalität.[2229] Sowohl der Rahmenbeschluss als auch die Richtlinie haben in der Regel[2230] keine unmittelbar bindende Wirkung für die Mitgliedstaaten.[2231] In beiden Fällen bedarf es noch der Umsetzung in das nationale Recht, um bindendes Recht zu schaffen: Nur die enthaltenen Ziele sind für die Vertragsstaaten rechtsverbindlich, hinsichtlich der Art der Umsetzung sind sie weitgehend frei.[2232]
Infolge des (institutionellen) Konflikts zwischen der Kommission und dem Rat und der streitigen Frage, ob im Rahmen des Ersten oder des Dritten Pfeilers gehandelt werden muss, sind die Verhandlungen und Arbeiten an der Richtlinie ins Stocken geraten und kaum fortgeschritten. Zudem haben die Mitgliedstaaten der Europäischen Union gegen den Richtlinienvorschlag Bedenken sowohl inhaltlicher als auch kompetenzrechtlicher Art erhoben: Wie der Rat sind sie der Meinung, dass im Rahmen des Ersten Pfeilers keine strafrechtlichen Regelungen zulässig sind.
Schließlich wurden die Arbeiten an einem Rahmenbeschluss wieder aufgenommen. Der Entwurf des Rahmenbeschlusses, den der Rat um die Vorschläge der Kommission (Aufnahme von Regelungen über den Artenschutz und über Fluor-Chlor-Kohlenwasserstoffe) ergänzt hat, ist im Dezember 2001 im Ausschuss der ständigen Vertreter gebilligt worden. Diese Handlungsweise erfordert (ebenso wie die der Richtlinie) die Beteiligung des Europäischen Parlaments im Konsultationsverfahren gemäß Art. 39 EUV, das wegen des erheblichen Abweichens des Rahmenbeschlusses von der (ursprünglichen) Initiative Dänemarks vom Februar 2000 nochmals zu beteiligen war. Diesen Rahmenbeschluss hat der Rat am 27. Januar 2003 angenommen.[2233]

2. Der Inhalt der einzelnen Maßnahmen zum strafrechtlichen Schutz der Umwelt

a. *Die Initiativen des Königreichs Dänemark*

Die vom Königreich Dänemark eingebrachten Vorschläge für eine Gemeinsame Maßnahme beziehungsweise einen Rahmenbeschluss zur Bekämpfung der schweren

---

2229 Vgl. *Jackson* im Namen des Ausschusses für Umweltfragen, Volksgesundheit und Verbraucherpolitik, PE 310.956/1-15 vom 31. Oktober 2001.
2230 Zu den Ausnahmen *Streinz*, Europarecht, Rn. 394 ff.
2231 Vgl. *Satzger*, Europäisierung des Strafrechts, S. 466; abweichend *Oppermann*, Europarecht, Rn. 1576 und *Streinz*, Europarecht, Rn. 384 und 423c.
2232 Zu den Anforderungen an Form und Mittel bei der Umsetzung einer Richtlinie *Streinz*, Europarecht, Rn. 391.
2233 ABl. EG L 29, S. 55 ff. vom 05.02.2003.

Umweltkriminalität,[2234] stützen sich auf den EU-Vertrag und beruhen auf dem Übereinkommen des Europarats zum Umweltstrafrecht.[2235]
Ziel beider Initiativen ist, bei der durch schwere Umweltkriminalität bedrohten Umwelt mittels zwischen den Mitgliedstaaten abgestimmten Maßnahmen, ein hartes Durchgreifen zu ermöglichen. Um auf das wachsende Ausmaß der Umweltkriminalität mit oftmals grenzüberschreitenden Auswirkungen zu reagieren, ist eine effizientere polizeiliche, strafrechtliche und administrative Zusammenarbeit zwischen den nationalen Verwaltungen sowie ein verstärkter Informationsaustausch zwischen den Mitgliedstaaten erforderlich und soll mit Hilfe des Rahmenbeschlusses gewährleistet werden.[2236] Materiell soll der Rahmenbeschluss Handlungen und Unterlassungen unter erschwerenden Umständen und unter Verstoß gegen einzelstaatliche Umweltvorschriften (Verwaltungsakzessorietät!) erfassen, die eine Verschmutzung der Luft, des Wassers, des Bodens oder des Untergrunds betreffen sowie die Lagerung oder Entsorgung von Abfällen oder ähnlichen Stoffen, wenn sie zu einer erheblichen Schädigung oder einer eindeutigen Gefahr für die Umwelt führen.[2237] Der Begriff *„erschwerende Umstände“* des Art. 1 Absatz 1 Initiative wird in Absatz 2 legal definiert[2238] und erfasst insbesondere Handlungen oder Unterlassungen, die nicht als Teil eines normalen, alltäglichen Vorgangs einer ansonsten rechtmäßigen Tätigkeit angesehen werden können sowie Straftaten von beträchtlichem Ausmaß und die Erlangung oder Erstrebung eines finanziellen Vorteils. Art. 1 Absatz 3 Initiative enthält Kriterien zur Bestimmung einer Straftat beträchtlichen Ausmaßes.[2239] Darunter sollen fallen: (1) regelmäßiges oder anhaltendes Verhalten, das auf eine bewusste Missachtung grundlegender Umweltschutzprinzipien hindeutet, (2) die Planung der begangenen Straftat im Voraus und (3) die Vergrößerung des Schadens oder der Gefahr, weil die Verschmutzung oder Lagerung verheimlicht werden sollte und so Säuberungs- oder Präventionsmaßnahmen überhaupt nicht oder erst zu einem späteren Zeitpunkt ergriffen werden konnten.
Art. 2 Absatz 1 a) Initiative bestimmt, dass auf schwere Umweltkriminalität mit strafrechtlich wirksamen, der Straftat angemessenen und abschreckenden Sanktionen reagiert werden muss, die zur Auslieferung führen können. Zudem soll sichergestellt werden, dass bei schwerer Umweltkriminalität auch juristische Personen gemäß dem nationalen Recht strafrechtlich zur Verantwortung gezogen werden können.[2240] Art. 2 Absatz 2 Initiative befasst sich mit den Maßnahmen der Gewinnabschöpfung, also

2234 Vgl. BT-Drs. 14/3434, S. 47. Der Vorschlag selbst ist abgedruckt unter: http://ue.eu.int/jai/article.asp?lang=de&id=89905579 und ABl. EG C 39, S. 4 ff. vom 11.02.2000.
2235 Siehe 3. Kapitel.
2236 Regelungen zur verstärkten Zusammenarbeit enthalten insbesondere Art. 6 ff. Initiative.
2237 Art. 1 Absatz 1 a) und b) Initiative.
2238 Art. 1 Absatz 2 a) bis c) Initiative.
2239 Art. 1 Absatz 3 a) bis c) Initiative.
2240 Art. 2 Absatz 1 b) Initiative.

der Beschlagnahme, der Einziehung und des Verfalls[2241] und verweist in diesem Zusammenhang auf das Übereinkommen des Europarats über Geldwäsche sowie Ermittlung, Beschlagnahme und Einziehung von Erträgen aus Straftaten vom 08.11.1990.[2242] Weitere Sanktionsmaßnahmen sehen Art. 2 Absatz 2 c), d) und e) Initiative vor. Diese beinhalten das Verbot, bestimmte Tätigkeiten auszuüben, das Verbot, Gründer, leitendes Mitglied oder Direktor einer GmbH oder anderen Gesellschaft, Vereinigung, die einer besonderen amtlichen Genehmigung bedarf, oder Stiftung zu sein sowie Regeln zum effizienten Schadensersatz und zur Umweltsanierung. Neben den auf nationaler Ebene vorzusehenden strafrechtlichen Maßnahmen[2243] sind die Mitgliedstaaten aufgefordert, dafür Sorge zu leisten, dass ihre Strafverfolgungsorgane bei Fällen schwerer Umweltkriminalität strafrechtliche Ermittlungen durchführen und die Strafverfolgung einleiten können.[2244]

Dieser Initiative hat das Europäische Parlament – vorbehaltlich einiger (auch redaktioneller) Änderungen – im Rahmen des Konsultationsverfahren (Art. 39 EUV) zugestimmt.[2245] Die vom Europäischen Parlament eingebrachten Änderungsvorschläge zielen vor allem darauf ab, den Rahmenbeschluss von der (zwischenzeitlich) vorgeschlagenen Richtlinie[2246] abhängig zu machen und streichen aus dem Rahmenbeschluss die Maßnahmen, die bereits von der Richtlinie abgedeckt werden.

b. Der Vorschlag einer Richtlinie[2247]

Die Richtlinie findet nur auf Tätigkeiten[2248] Anwendung, die entweder das Umweltrecht der Gemeinschaft oder die Vorschriften der Mitgliedstaaten, die das Gemeinschaftsrecht umsetzen, verletzen. Deswegen sind die in der Richtlinie verwendeten Begriffe in Übereinstimmung mit den entsprechenden Definitionen im bestehenden Gemeinschaftsrecht zu verstehen: So verweist die Wendung „*Ableiten von Altölen in Gewässer*" auf die Richtlinie 75/439/EWG des Rats vom 16.06.1975 über die Entsorgung von Altölen.[2249]

Eine wichtige Einschränkung des Anwendungsbereichs der Richtlinie ergibt sich aus der Beschränkung auf wichtige Formen der Umweltverschmutzung, die (natürlichen) Einzelpersonen oder juristischen Personen zugeordnet werden können. Handelt es sich bloß um leichte Umweltverschmutzungen oder um solche aus diffusen, nicht zuordenbaren Quellen, so findet die Richtlinie keine Anwendung.

2241 Art. 2 Absatz 2 a) Initiative.
2242 Art. 2 Absatz 2 b) Initiative.
2243 Art. 1 und 2 Absatz 1 und Absatz 2 a) bis d) Initiative.
2244 Art. 3, 4 und 5 Initiative.
2245 ABl. EG C 121 vom 24.04.2001.
2246 Siehe unten 5. Kapitel C. I. 2. b.
2247 KOM (2001) 139 endg. – 2001/0076 (COD), ABl. EG C 180 vom 26.06.2001.
2248 Gemäß Art. 2 b) Richtlinie: „*aktives Verhalten und pflichtwidriges Unterlassen, soweit eine Rechtspflicht zum Handeln besteht*".
2249 ABl. EG L 194, S. 23 vom 25.07.1975.

Als Straftaten im Sinne der Richtlinie gelten nur vorsätzlich oder grob fahrlässig begangene Umweltverschmutzungen, wenn sie tatsächlich oder potentiell eine wesentliche Verschlechterung der Umwelt bewirken oder diese erheblich schädigen. Als Straftaten im Sinne der Richtlinie wurden des Weiteren nur solche Verstöße gegen Verpflichtungen aus dem Umweltschutzrecht der Gemeinschaft beziehungsweise aus den Rechtsvorschriften der Mitgliedstaaten zur Umsetzung des Gemeinschaftsrechts ausgewählt, welche die Umwelt schwerwiegend beeinträchtigen.[2250] Aus Gründen der Rechtssicherheit sind diese von der Richtlinie erfassten Vorschriften in ihrem Anhang abschließend aufgeführt.[2251] Einige der aufgeführten Aktivitäten sind *per se* und ohne Rücksicht auf den Nachweis einer Umweltschädigung verboten. Da das Risiko für die Umwelt in der Aktivität als solcher, unabhängig von der Verursachung eines Schadens liegt, genügt die abstrakte Gefährdung. Das Gemeinschaftsrecht sieht allein die Handlung als umweltschädlich oder besonders gefährlich an und betrachtet sie als Straftat. Erfasst werden (1) das Ableiten von Kohlenwasserstoffen, Altölen oder Klärschlamm in Gewässer, (2) das Ablagern, Ableiten oder Beseitigen einer Menge von Stoffen in die Atmosphäre, den Boden oder in Gewässer, (3) die Behandlung, Beseitigung, Lagerung und Beförderung sowie Ein- und Ausfuhr gefährlicher Abfallstoffe, (4) die Beseitigung von Abfällen auf dem oder in den Boden oder in Gewässer einschließlich des Betriebs von Abfalldeponien, (5) der Besitz, die Entnahme, Beschädigung oder Tötung von sowie der Handel mit geschützten wildlebenden Tier- oder Pflanzenarten oder Teilen davon, (6) die erhebliche Schädigung geschützter Lebensräume, (7) der Handel mit Stoffen, die zum Abbau der Ozonschicht führen und (8) der Betrieb einer Anlage, in der gefährliche Tätigkeiten ausgeübt werden oder in der gefährliche Stoffe oder Zubereitungen gelagert oder verwendet werden.

Hinsichtlich der zu ergreifenden Sanktionen bestimmt die Richtlinie lediglich, dass die Mitgliedstaaten für wirksame, abschreckende und angemessene strafrechtliche Sanktionen bezüglich der von der Richtlinie erfassten Verletzungen von Umweltschutzvorschriften zu sorgen haben.[2252] Die Kommission hält es zudem für erforderlich, die Beteiligung (Beihilfe und Anstiftung) an Straftaten mit Strafe zu bewehren. In schwerwiegenden Fällen müssen die Mitgliedstaaten strafrechtliche Sanktionen, einschließlich des Freiheitsentzugs ermöglichen[2253] – allerdings verfügen die Mitgliedstaaten bezüglich der Festlegung schwerwiegender Fälle über einen Ermessensspielraum.

2250 Vgl. Art. 3 a) bis g) Richtlinie.

2251 **Kritisch** Europäisches Parlament in seiner Stellungsnahme PE 317.190, S. 5, das statt eines Anhangs (der die vom Schutzbereich erfassten Umweltvorschriften abschließend aufzählt) einen allgemeinen Verweis auf die Verbote und Umweltschutzvorschriften der Gemeinschaft in Art. 3 Richtlinie vorschlägt.

2252 Art. 4 Richtlinie.

2253 Art. 4 a) Richtlinie.

Zur Durchsetzung des Umweltrechts sieht es die Kommission als wichtig an, dass juristische Personen, die Art. 2 a) Richtlinie legal definiert,[2254] überall in der Gemeinschaft verantwortlich gemacht und Sanktionen gegen sie verhängt werden können.[2255] Unter Hinweis auf die grundlegenden Prinzipien der Rechtssysteme einiger Mitgliedstaaten sind gegenüber juristischen Personen keine zwingend strafrechtlichen Sanktionen vorgeschrieben. Sanktionen anderer Rechtsnatur können angewendet werden, solange sie wirksam, abschreckend und angemessen sind.[2256] Als Beispiele für solche nicht strafrechtlichen Sanktionen nennt die Richtlinie (1) die Verhängung administrativer Geldbußen, (2) die Möglichkeit der Unterstellung der juristischen Person unter richterliche Aufsicht beziehungsweise (3) die Möglichkeit die juristische Person aufgrund richterlicher Anordnung aufzulösen, (4) ihr vorübergehend oder ständig Handelstätigkeiten zu verbieten oder (5) ihr die Berechtigung zum Erhalt öffentlicher Zuwendungen oder Hilfen abzuerkennen.[2257]

Die Richtlinie trifft hingegen keine Regelungen in den Bereichen der Ermittlungsverfahren, der Strafverfolgung und des Strafverfahrens. Die Justizbehörden der Mitgliedstaaten sollen entscheiden, ob die Straftaten in jedem Fall zu verfolgen sind, oder ob sie die Möglichkeiten zum Absehen von Strafe in Fällen geringerer Bedeutung (wenn Auswirkungen auf die Umwelt vernachlässigt werden können) vorsehen.

c. Der Entwurf eines Rahmenbeschlusses[2258]

Der Rahmenbeschluss beruht inhaltlich auf der Initiative Dänemarks und wird ergänzt um die von der Kommission im Richtlinienvorschlag eingebrachten Änderungen. Er regelt die Strafbarkeit der Verschmutzung der Hohen See, von Küstengewässern und der Küste selbst, der illegalen Beseitigung und der illegalen Exporte von gefährlichen Abfällen sowie des strafrechtlichen Artenschutzes und des strafrechtlichen Schutzes der Ozonschicht vor Gefährdungen durch FCKW-Stoffe.

II. Die Verabschiedung eines Rahmenbeschlusses

Nach diesen Zwischenschritten auf dem Weg zu einem einheitlichen europäischen Standard im Umweltstrafrecht hat am 27. Januar 2003 der Rat der Europäischen Union gestützt auf Art. 29, 31 e) und 34 Absatz 2 b) EUV auf die Initiative des König-

---

[2254] Eine juristische Person ist „*eine Rechtspersönlichkeit, die diesen Status nach dem einzelstaatlichen Recht hat, ausgenommen Staaten und andere Körperschaften des öffentlichen Rechts, die in Ausübung ihrer Hoheitsrechte und für internationale Organisationen des öffentlichen Rechts handeln*“.

[2255] Das Europäische Parlament unterstützt die Einführung der (strafrechtlichen) Verantwortlichkeit der juristischen Person in seiner Stellungnahme vom 09.04.2002 und weist darauf hin, dass Verstöße gegen das Umweltrecht der Gemeinschaft in großem Umfang im Interesse oder zum Vorteil juristischer Personen begangen werden (PE 317.190, S. 4).

[2256] Vgl. Bulletin EU 3-2001:1.4.39.

[2257] Art. 4 b) Richtlinie.

[2258] Ratsdokumente 15526/01 und 15525/01.

reichs Dänemark und nach Stellungnahme des Europäischen Parlaments einen Rahmenbeschluss über den Schutz der Umwelt durch das Strafrecht verabschiedet, mit dem Mindeststandards für die Bekämpfung der Umweltkriminalität für alle Mitgliedstaaten geschaffen werden.[2259] Damit gibt es nun eine EU-weite einheitliche Grundlage für die strafrechtliche Verfolgung schuldhaft herbeigeführter Umweltverschmutzungen, welche die über die Grenzen der Staaten hinweg spürbaren Auswirkungen der Umweltkriminalität mittels abgestimmter Maßnahmen effizienter bekämpfen. Dieser Beschluss ist insbesondere deshalb von Bedeutung, weil er in seiner Bindungswirkung über das Übereinkommen des Europarats über den Schutz der Umwelt durch das Strafrecht von 1998 hinausgeht: Die Mitgliedstaaten verpflichten sich (völkerrechtlich), den Inhalt des Rahmenbeschlusses bis zum 26.01.2005 in innerstaatliches Recht umzusetzen.[2260] Allerdings bleibt der Rahmenbeschluss hinter einer Richtlinie insofern zurück, als im Falle seiner Nichtumsetzung die Umsetzung nicht mittels Anrufung des Europäischen Gerichtshofs erzwungen werden kann.[2261]

III. Der Inhalt des Rahmenbeschlusses

1. Allgemein

Mit den Bestimmungen des Rahmenbeschlusses soll dem Übereinkommen des Europarats über den strafrechtlichen Schutz der Umwelt von 1998 Rechnung getragen werden. Infolgedessen stimmen die beiden Regelungen in weiten Teilen überein. Deshalb wird vermutet und im Folgenden davon ausgegangen, dass die zum Übereinkommen des Europarats ergangene Begründung auch als Erläuterung zum Rahmenbeschluss herangezogen werden kann, solange nicht eindeutig von diesem abgewichen wird.[2262]

Da der Rahmenbeschluss nur besonders schwerwiegende Umweltstraftaten erfassen will (siehe oben 3. Kapitel B. I. 1.), ist auch hier davon auszugehen, dass die Umsetzung als kernstrafrechtliche Regelung erfolgen soll.

Wie im Übereinkommen des Europarats ist auch im Rahmenbeschluss das erste Delikt[2263] autonom (also nicht verwaltungsakzessorisch) geregelt. Alle anderen Straftatbestände sind verwaltungsakzessorisch ausgestaltet. Das heißt, dass die strafbare Handlung rechtswidrig erfolgt sein muss.

Die beiden Regelungen stimmen auch hinsichtlich der geschützten Rechtsgüter überein: Während der nicht verwaltungsakzessorisch ausgestaltete Straftatbestand allein

---

2259 Rahmenbeschluss 2003/80/JI des Rats, ABl. EG L 29, S. 55 ff. vom 05.02.2003.

2260 Art. 10 Absatz 1 Rahmenbeschluss. Zur Verbindlichkeit von Rahmenbeschlüssen vgl. *Oppermann*, Europarecht, Rn. 1576 und *Streinz*, Europarecht, Rn. 422c.

2261 Presseerklärung der Kommission IP/03/461 vom 31.03.2003.

2262 Vereinigtes Königreich siehe Dok. 15526/01, S. 3.

2263 Art. 1 a) Rahmenbeschluss.

das Leben und die Gesundheit des Menschen schützt, erfassen und schützen die vier folgenden Straftatbestände[2264] neben den Rechtsgütern Luft, Boden, Wasser, Leben auch die Gesundheit des Menschen sowie Tiere und Pflanzen vor erheblichen Schäden. Damit liegt diesen Tatbeständen ein doppelter Rechtsgüterschutz zugrunde.
Da alle Umweltmedien (Luft, Boden und Wasser) – ebenso wie im Übereinkommen des Europarats – gemeinsam, in einem Absatz genannt und geregelt werden,[2265] geht der Schutzbereich jeweils gleich weit und es gibt keine Abstufung zwischen den geschützten Umweltmedien. Allerdings sind die Tatbestände des Rahmenbeschlusses durch das Merkmal des „erheblichen Schadens" ebenso wie im Übereinkommen stark eingeschränkt.
Die beiden letzten Straftatbestände des Rahmenbeschlusses, Art. 1 f) und g) schützen weitergehend als das Übereinkommen wild lebende Tier- und Pflanzenarten und die Ozonschicht.
Während Art. 1 a) Rahmenbeschluss ein Erfolgsdelikt ist, sind die folgenden Tatbestände Eignungs- beziehungsweise potentielle Gefährdungsdelikte. Die beiden Straftatbestände zum Schutz wild lebender Tiere und Pflanzen und zum Schutz der Ozonschicht sind schlichte (abstrakt gefährliche) Handlungsdelikte, so dass es zu ihrer Verwirklichung weder eines bestimmten Erfolgs noch einer konkreten Gefährdung bedarf.
Des Weiteren sieht der Rahmenbeschluss neben der Strafbarkeit für vorsätzliches auch die Strafbarkeit für (zumindest grob) fahrlässiges Verhalten vor, Art. 3 Rahmenbeschluss. Der dem Fahrlässigkeitsbegriff des Rahmenbeschlusses zugrunde liegende Sorgfaltsmaßstab wird derselbe sein, der auch im Rahmen des Übereinkommens des Europarats gilt: Danach handelt fahrlässig, wer die gewöhnlich geforderte Sorgfalt außer Acht lässt; grob fahrlässig handelt, wer eine solche (aus gesetzlichen, behördlichen oder technischen Vorschriften oder aus allgemein anerkannten Berufspflichten folgende) Sorgfaltspflicht schwerwiegend verletzt.[2266]
Der Rahmenbeschluss stellt klar, dass sowohl die Anstiftung als auch die Beteiligung an einer in Art. 2 Rahmenbeschluss genannten Straftaten strafbar sein muss.[2267]
Art. 5 Rahmenbeschluss behandelt die vorzusehenden Strafen: Absatz 1 bestimmt, dass die Mitgliedstaaten sicherstellen müssen, dass die in den Art. 2 und 3 Rahmenbeschluss genannten Handlungen mit wirksamen, angemessenen und abschreckenden Strafen bedroht werden. Bei schwerwiegenden Fällen muss es sich um Freiheitsstrafen handeln, die zu einer Auslieferung führen können. Gemäß § 3 Absatz 2 Gesetz über die internationale Rechtshilfe in Strafsachen (IRG) ist die Auslieferung möglich, wenn es sich um eine Freiheitsstrafe von einem Mindesthöchstmaß von einem Jahr handelt. Allerdings sieht der Rahmenbeschluss über den Europäischen

---

[2264] Art. 1 b) bis e) Rahmenbeschluss.
[2265] Sie werden „in einem Atemzug" genannt: Vgl. 3. Kapitel B. I. 2.; Explanatory Report, S. 3.
[2266] 3. Kapitel B. III. und Explanatory Report, S. 4.
[2267] Art. 4 Rahmenbeschluss.

Haftbefehl[2268] in Art. 2 Absatz 2 vor, dass bei Umweltstraftaten die Übergabe der gesuchten Person aufgrund eines Europäischen Haftbefehls ohne Überprüfung des Vorliegens der beiderseitigen Strafbarkeit erfolgt, wenn die Umweltstraftat nach dem Recht des Ausstellungsmitgliedstaats mit einer Freiheitsstrafe (oder freiheitsentziehenden Maßregel der Sicherung) im Höchstmaß von mindestens drei Jahren bedroht ist.

Dass mit diesen zwingend vorgesehenen Strafen andere Sanktionen und Maßnahmen einhergehen können, regelt Art. 5 Absatz 2 Rahmenbeschluss.

Mit der Verantwortlichkeit juristischer Personen beschäftigt sich Art. 6, mit den Sanktionen für juristische Personen Art. 7 Rahmenbeschluss. Die juristische Person ist nicht nur dann verantwortlich, wenn eine leitende Person eine Straftat zu ihren Gunsten begangen hat, sondern auch dann, wenn sie die strafbaren Handlungen infolge mangelnder Überwachung oder Kontrolle ermöglicht hat.[2269] Neben der Verantwortlichkeit der juristischen Person bleibt die strafrechtliche Verfolgung natürlicher Personen als Täter, Anstifter oder Gehilfe zu den in Art. 2 und 3 Rahmenbeschluss genannten Handlungen bestehen.[2270] Die Mitgliedstaaten haben zudem sicherzustellen, dass gegen eine nach Art. 6 Rahmenbeschluss verantwortliche juristische Person wirksame, angemessene und abschreckende Sanktionen verhängt werden können, zu denen strafrechtliche oder nichtstrafrechtliche Geldsanktionen gehören müssen. Daneben sind weitere, andere Sanktionen möglich,[2271] wie der Ausschluss öffentlicher Zuwendungen und Hilfen, das vorübergehende oder ständige Verbot der Ausübung einer Gewerbe- oder Handelstätigkeit, die richterliche Aufsicht, die richterlich angeordnete Auflösung und die Verpflichtung zu Maßnahmen, um die Folgen der umweltschädigenden Handlung zu beseitigen, Art. 6 a) bis e) Rahmenbeschluss.

Art. 9 Rahmenbeschluss beschäftigt sich mit der Auslieferung und Verfolgung von Straftätern.

Zudem fordert der Rat die Mitgliedstaaten auf, hinsichtlich der Umweltkriminalität eine weitreichende gerichtliche Zuständigkeit zu schaffen.[2272] Er hebt hervor, dass natürliche oder juristische Personen nicht bloß deshalb der Strafverfolgung entgehen sollten, weil die Straftat in einem anderen Hoheitsgebiet begangen wurde.

2268 2002/584/JI, ABl. EG L 190, S. 1 ff. vom 18.07.2002.
2269 Art. 6 Absatz 2 Rahmenbeschluss.
2270 Art. 6 Absatz 3 Rahmenbeschluss.
2271 Art. 7 Rahmenbeschluss.
2272 Vgl. Art. 8 Rahmenbeschluss.

2. Die Bestimmungen im Einzelnen

a. *Begriffsbestimmungen*

Wie das Übereinkommen des Europarats von 1998 enthält der Rahmenbeschluss des Rats in Art. 1 Begriffsbestimmungen: Er gibt Legaldefinitionen für die Begriffe „*rechtswidrig*", „*Wasser*" und „*juristische Person*".

aa. *Rechtswidrig*

Demnach ist eine Handlung rechtswidrig, wenn sie gegen ein Gesetz, eine verwaltungsrechtliche Vorschrift oder eine Entscheidung einer zuständigen Behörde, die jeweils dem Schutz der Umwelt dienen, verstößt. Erfasst werden auch diejenigen Entscheidungen, die bindenden Bestimmungen des Gemeinschaftsrechts Wirkung verleihen.[2273]

bb. *Wasser*

Der Begriff Wasser umfasst alle Arten von Grundwasser und Oberflächenwasser einschließlich des Wassers von Seen, Flüssen, Ozeanen und Meeren.[2274]

cc. *Juristische Person*

Anders als im Übereinkommen wird im Rahmenbeschluss zusätzlich definiert, was unter einer juristischen Person zu verstehen ist:[2275] Darunter fällt jedes Rechtssubjekt, das diesen Status nach dem jeweils geltenden Recht besitzt, mit Ausnahme von Staaten oder sonstigen Körperschaften des öffentlichen Rechts in der Ausübung ihrer hoheitlichen Befugnisse und der öffentlich-rechtlichen internationalen Organisationen.

b. *Umweltstraftaten*

Art. 2 Rahmenbeschluss bestimmt sodann, welche vorsätzlich begangenen umweltschädigenden Handlungen als Straftaten zu gelten haben.

aa. *Schutz des Menschen*

Zunächst ist in Art. 2 a) Rahmenbeschluss ein autonomes (nicht verwaltungsakzessorisches) Erfolgsdelikt geregelt. Hier ist – ebenso wie im Übereinkommen – das geschützte Rechtsgut allein das Leben und die körperliche Unversehrtheit des Menschen. Die nachfolgenden Delikte sind verwaltungsakzessorisch ausgestaltet; die Handlungen müssen stets rechtswidrig erfolgt sein.[2276] Durch diesen sowie den nachfolgenden Tatbestand (Art. 2 a und b Rahmenbeschluss) wird auch das (rechtswidrige) Verursachen von Lärm erfasst.[2277]

bb. *Schutz der Umweltmedien*

Art. 2 b) Rahmenbeschluss erfasst das Einleiten, Abgeben oder Einbringen einer Menge von Stoffen oder ionisierender Strahlung in die Luft, den Boden oder das Wasser, wenn dadurch deren anhaltende oder erhebliche Verschlechterung oder der

---

[2273] Art. 1 a) Rahmenbeschluss.
[2274] Art. 1 b) Rahmenbeschluss.
[2275] Art. 1 c) Rahmenbeschluss.
[2276] Vgl. Legaldefinition in Art. 1 a) Rahmenbeschluss.
[2277] Vgl. Explanatory Report, S. 3 und 5 und 3. Kapitel B. II. 2. und C. II. 3. b.

Tod oder eine schwere Körperverletzung einer Person oder erhebliche Schäden an geschützten Denkmälern, sonstigen geschützten Gegenständen, Vermögensgegenständen, Tieren oder Pflanzen verursacht wird oder eine Eignung dazu besteht. Der Anwendungsbereich dieser Vorschrift wird durch das Erfordernis der *„erheblichen"* oder *„anhaltenden"* Verschlechterung der Umweltmedien beziehungsweise des Eintritts eines erheblichen Schadens an den anderen Schutzobjekten nicht unerheblich eingeschränkt und ist ein Eignungsdelikt.

cc. Rechtswidriger Umgang mit gefährlichen und anderen Abfällen

Art. 2 c) Rahmenbeschluss erfasst den rechtswidrigen Umgang mit Abfällen einschließlich gefährlicher Abfälle. Aus dieser Art der Formulierung folgt, dass auch ungefährliche Abfälle erfasst werden. Als Tathandlung erfasst die Vorschrift die Beseitigung, Behandlung, Lagerung, Beförderung, Aus- oder Einfuhr solcher Abfälle, wenn sie den Tod oder die schwere Körperverletzung einer Person oder erhebliche Schäden hinsichtlich Luft-, Boden- oder Wasserqualität sowie Tiere oder Pflanzen verursacht oder zu verursachen geeignet ist. Auch hier handelt es sich um ein Eignungsdelikt.

dd. Rechtswidriges Betreiben von Anlagen

Art. 2 d) Rahmenbeschluss erklärt das rechtswidrige Betreiben einer Fabrik, in der gefährliche Tätigkeiten durchgeführt werden, für strafbar, wenn die erheblichen Beeinträchtigungen der geschützten Umweltgüter außerhalb der Fabrik eintreten. Damit wird dieser Tatbestand durch das weitere Merkmal *„außerhalb der Fabrik"* noch weitergehend eingeschränkt[2278] als die anderen Tatbestände mittels des Merkmals *„erheblich"*.

ee. Rechtswidriger Umgang mit Kernmaterial und anderen gefährlichen radioaktiven Stoffen

Der rechtswidrige Umgang mit Kernmaterial und anderen gefährlichen radioaktiven Stoffen wird von Art. 2 e) Rahmenbeschluss strafrechtlich geregelt.[2279] Als Tathandlungen umfasst er die Herstellung, Behandlung, Lagerung, Verwendung, Beförderung, Aus- und Einfuhr solcher Stoffe. Auch hier reicht die potentielle Gefährdung der geschützten Güter.

ff. Schutz frei lebender Tier- und Pflanzenarten

Geschützte wild lebende Tier- und Pflanzenarten werden vor dem rechtswidrigen Besitzen, Entnehmen, Beschädigen oder Töten sowie dem rechtswidrigen Handel mit ihnen als schlichtes Handlungsdelikt geschützt. Dieser Schutz muss zumindest für den Fall gewährleistet sein, dass sie – nach den nationalen Bestimmungen – vor dem Aussterben bedroht sind, Art. 2 f) Rahmenbeschluss.

2278 Vgl. 3. Kapitel B. II. 4. und C. I. 3. und II. 3. c.

2279 Art. 2 e) Rahmenbeschluss.

gg. Schutz der Ozonschicht

Art. 2 g) Rahmenbeschluss erfasst den rechtswidrigen Handel mit Stoffen, die zum Abbau der Ozonschicht (Fluor-Chlor-Kohlenwasserstoffe – FCKW –) führen als abstraktes Gefährdungsdelikt.

c. Strafbarkeit fahrlässigen Verhaltens

In Art. 3 Rahmenbeschluss wird die Strafbarkeit fahrlässigen Handelns beziehungsweise grob fahrlässigen Handelns für die in Art. 2 genannten Straftatbestände bestimmt.

d. Strafbarkeit der Teilnahme

Die Strafbarkeit der Beteiligung und Anstiftung an den Straftaten des Art. 2 Rahmenbeschluss legt Art. 4 Rahmenbeschluss fest.

e. Strafbarkeit von Amtsträgern

Die Strafbarkeit von Amtsträgern ist im Rahmenbeschluss nicht geregelt. Er enthält auch keine Vorschrift über die Zusammenarbeit von Behörden.

f. Strafbarkeit juristischer Personen

Juristische Personen sollen dann verantwortlich sein,[2280] wenn eine der nach Art. 2 und 3 Rahmenbeschluss strafbaren Handlungen zu ihren Gunsten von einer Person begangen wird, die entweder allein oder als Teil eines Organs der juristischen Person gehandelt hat. Zudem muss diese handelnde Person innerhalb der juristischen Person eine Führungsposition innehaben. Diese Führungsposition liegt vor, wenn die Person befugt ist, die juristische Person zu vertreten, für sie Entscheidungen zu treffen oder eine Kontrollbefugnis innerhalb der juristischen Person besitzt. Die Verantwortlichkeit trifft sie auch bei Beihilfe oder Anstiftung zur Begehung der in Art. 2 genannten Handlungen. Daneben muss die Verantwortlichkeit der juristischen Person auch in den Fällen eingreifen, in denen aufgrund mangelnder Überwachung oder Kontrolle seitens der in Absatz 1 genannten (Führungs-) Personen die Begehung einer der in den Art. 2 und 3 genannten Handlungen durch eine unterstellte Person zugunsten der juristischen Person ermöglicht wurde, Art. 6 Absatz 2 Rahmenbeschluss. Art. 6 Absatz 3 Rahmenbeschluss stellt weiter klar, dass die Verantwortlichkeit der juristischen Person nicht die strafrechtliche Verfolgung natürlicher Personen als Täter, Anstifter oder Gehilfen ausschließt.

Auch gegen die verantwortliche juristische Person müssen wirksame, angemessene und abschreckende Sanktionen vorgesehen werden.[2281] Zu diesen Sanktionen müssen strafrechtliche oder nichtstrafrechtliche Geldsanktionen gehören – andere Sanktionen können dazu gehören. Für diese anderen Sanktionen nennt Art. 7 Buchstaben a) bis e) Rahmenbeschluss folgende Beispiele: den Ausschluss von öffentlichen Zuwendungen und Hilfen, das vorübergehende oder ständige Verbot der Ausübung einer Gewerbe- oder Handelstätigkeit, die richterliche Aufsicht, die richterlich ange-

---

2280 Art. 6 Absatz 1 Rahmenbeschluss.

2281 Art. 7 Rahmenbeschluss.

ordnete Auflösung und die Verpflichtung zum Ergreifen spezieller Maßnahmen, um die Folgen der die strafrechtliche Verantwortlichkeit begründenden Handlung zu beseitigen (Maßnahmen der Wiederherstellung der Umwelt und der Schadenswiedergutmachung).

g. Sanktionen

Die Bestimmung über die einzuführenden Strafen, Art. 5 Rahmenbeschluss, enthält die im EU-Recht übliche Formulierung: Es sind „*wirksame, angemessene und abschreckende Strafen*" einzuführen, die zumindest in schwerwiegenden Fällen Freiheitsstrafen umfassen müssen, die zu einer Auslieferung führen können.[2282] Das heißt, dass gemäß § 3 Absatz 2 IRG eine Höchstfreiheitsstrafe von einem Jahr vorgesehen sein muss.[2283] Nach Art. 5 Absatz 2 Rahmenbeschluss können die Strafen nach Absatz 1 mit anderen Sanktionen und Maßnahmen einhergehen. Als Beispiel werden folgende Verbote genannt: für natürliche Personen das Verbot der Aufnahme einer Tätigkeit, die eine offizielle Genehmigung oder Billigung erfordert, das Verbot ein Unternehmen oder eine Stiftung zu gründen, zu verwalten oder zu leiten, wenn sich aus dem Sachverhalt, aufgrund dessen sie abgeurteilt wurde, das eindeutige Risiko ergibt, dass sie die gleiche Art der kriminellen Aktivität fortsetzen werden.

h. Gerichtsbarkeit

Wie oben hervorgehoben, ist es für die Durchsetzung dieser umweltschützenden Regelungen gerade wegen ihrer oft grenzüberschreitenden Wirkungen besonders wichtig, eine weitreichende gerichtliche Zuständigkeit zu etablieren. Nach Art. 8 Absatz 1 Rahmenbeschluss muss deshalb jeder Mitgliedstaat die Maßnahmen ergreifen, die seine Gerichtsbarkeit für folgende zwei Begehungsweisen begründen: Erstens für den Fall, dass die Straftat ganz oder teilweise in seinem Hoheitsgebiet begangen wurde, auch wenn die Folgen der Straftat gänzlich an einem anderen Ort auftreten (Territorialitätsprinzip)[2284] und zweitens für den Fall, dass sie an Bord eines Schiffs oder Flugzeugs, das bei ihm eingetragen ist oder sein Flagge führt, begangen wurde (Flaggenprinzip).[2285] Die Begründung der gerichtlichen Zuständigkeit für die in Art. 8 c) und d) genannten Begehungsweisen ist nicht zwingend.[2286] Nach Art. 8 Absatz 1 c) Rahmenbeschluss soll die gerichtliche Zuständigkeit für den Fall begründet werden, dass die Straftat zugunsten einer juristischen Person, die ihren Sitz im Hoheitsgebiet hat, begangen wurde und nach Art. 8 Absatz 1 d) Rahmenbeschluss für den Fall, dass die Straftat von einem Staatsangehörigen an einem Ort begangen wurde, an dem die Straftat nach dem Recht des Tatorts ebenfalls strafbewehrt ist, beziehungsweise

2282 Art. 5 Absatz 1 Rahmenbeschluss.

2283 Zum Rahmenbeschluss über den Europäischen Haftbefehl 2002/584/JI, ABl. EG L 190, S. 1 ff. vom 18.07.2002 siehe oben 5. Kapitel C. III. 1.

2284 Vgl. §§ 3 und 9 StGB: Der Tatort ist dort, wo der Täter gehandelt hat beziehungsweise dort, wo der zum Tatbestand gehörende Erfolg eingetreten ist; 1. Kapitel B. VIII. 3.

2285 Vgl. § 4 StGB und 1. Kapitel B. VIII. 3.

2286 Art. 7 Absatz 2 Rahmenbeschluss gibt den Mitgliedstaaten das Recht, die dort genannten Zuständigkeitsregeln ganz oder teilweise nicht anzuwenden.

wenn der Tatort keiner Gebietshoheit untersteht (Prinzip der stellvertretenden Strafrechtspflege).[2287]

i. Auslieferung

Mit der Auslieferung und Verfolgung von Umweltstraftätern befasst sich Art. 9 Rahmenbeschluss: In Absatz 1 a) ordnet er an, dass Mitgliedstaaten, die nach ihrem Recht eigene Staatsangehörige nicht ausliefern, ihre Gerichtsbarkeit für diejenigen Fälle begründen müssen, in denen eigene Staatsangehörige außerhalb ihres Hoheitsgebiets Straftaten begangen haben. Zudem muss der Mitgliedstaat, der den Betroffenen allein aufgrund seiner Staatsangehörigkeit nicht ausliefert, seine zuständigen Behörden mit dem nach Art. 2 und 3 Rahmenbeschluss strafbaren Fall befassen, damit gegebenenfalls eine Verfolgung durchgeführt werden kann.[2288] Zu diesem Zweck sind die erforderlichen Akten, Unterlagen und Gegenstände im Verfahren nach Art. 6 Absatz 2 Europäisches Auslieferungsübereinkommen vom 13.12.1957 zu übermitteln und der ersuchende Mitgliedstaat ist über die eingeleitete Verfolgung sowie über deren Ergebnisse zu unterrichten. Absatz 2 enthält einen Verweis für die Auslegung des Begriffs „*Staatsangehöriger*", die gemäß den hinterlegten Erklärungen des Staats über den Begriff „*Staatsangehöriger*" nach Art. 6 Absatz 1 b) Europäisches Auslieferungsübereinkommen erfolgt. Die Beurteilung der Eigenschaft Staatsangehörigkeit erfolgt grundsätzlich für den Zeitpunkt der Auslieferung, Art. 6 Absatz 1 c) Europäisches Auslieferungsübereinkommen.

IV. Die Regelungen des Rahmenbeschlusses im Vergleich mit dem Übereinkommen des Europarats

1. Begriffsbestimmungen

Bei einem Vergleich der beiden europäischen Instrumente zur Einführung von Mindeststandards für den Schutz der Umwelt durch das Strafrecht ist schon bei der Betrachtung des ersten Artikels zu den Begriffsbestimmungen die Ähnlichkeit des (zeitlich nachfolgenden) Rahmenbeschlusses mit dem Übereinkommen augenfällig:[2289] Nicht nur der Wortlaut der Legaldefinitionen,[2290] sondern auch die Reihenfolge der enthaltenen Definitionen ist identisch: unter a) wird der Begriff „*rechtswidrig*" und unter b) der Begriff „*Wasser*" definiert.

In zwei Bereichen unterscheidet sich der Rahmenbeschluss von dem Übereinkommen: Zum einen fügt er bei der Beantwortung der Frage, wann ein Verhalten als rechtswidrig anzusehen ist, der (mit dem Übereinkommen des Europarats identi-

---

[2287] Da das StGB nur auf natürliche Personen anwendbar ist, kann hier allenfalls das OWiG (insb. § 7) greifen. Ferner unten 5. Kapitel C. IV. 9.

[2288] Art. 9 Absatz 1 b) Rahmenbeschluss.

[2289] *Möhrenschlager*, wistra **2003** V, VI.

[2290] Vgl. *Möhrenschlager*, wistra **2003** V, VI.

schen) Begriffsbestimmung den Halbsatz an, dass auch die Entscheidungen einer zuständigen Behörde, die bindenden Bestimmungen des Gemeinschaftsrechts Wirkung verleihen, umfasst werden. Ein Zusatz, der erforderlich ist, um den Umweltschutzvorschriften des Gemeinschaftsrechts mittels des Strafrechts Geltungskraft zu verschaffen und sie durchzusetzen.
Zum anderen geht der Rahmenbeschluss über das Übereinkommen hinaus und enthält insofern eine echte Ergänzung, als er den Terminus *„juristische Person"* in Art. 1 c) Rahmenbeschluss definiert. Einer solchen Erläuterung enthält sich das Übereinkommen und der dazu ergangenen Explanatory Report vollkommen.

2. Straftaten nach Art. 2

Auch die meisten Straftatbestände des Rahmenbeschlusses sind mit denen des Übereinkommens weitgehend identisch.[2291]
Identisch (sogar vom Wortlaut her!) sind Art. 2 a) Rahmenbeschluss und Art. 2 Absatz 1 a) i) Übereinkommen: Sie regeln das autonome Erfolgsdelikt, bei dem durch das Einleiten, Abgeben oder Einbringen von einer Menge von Stoffen oder ionisierender Strahlung in die Umweltmedien Luft, Boden oder Wasser der Tod oder eine schwere Körperverletzung einer Person verursacht wird. Als kulturell unterschiedlich verstandenes gesellschaftliches Interesse wird das Rechtsgut Ruhe nicht *expressis verbis* geregelt. Allerdings kann die Ruhe von Art. 2 a) Rahmenbeschluss und Art. 2 Absatz 1 a) Übereinkommen erfasst werden. Anders als das Übereinkommen enthält der Rahmenbeschluss keine dem Art. 2 Absatz 1 a) ii) Übereinkommen vergleichbare Regelung:[2292] Zwar wird von Art. 2 b) Rahmenbeschluss das gleiche Verhalten erfasst, jedoch ist dieser Tatbestand (anders als der des Übereinkommens) weder autonom noch als konkretes Gefährdungsdelikt ausgestaltet; er ist ein verwaltungsakzessorisches, potentielles Gefährdungsdelikt. Dieser Tatbestand des Rahmenbeschlusses ist wiederum identisch mit dem zentralen Umweltschutztatbestand des Übereinkommens, mit Art. 2 Absatz 1 b) Übereinkommen.[2293]
Des Weiteren sind Art. 2 Absatz 1 c) Übereinkommen und Art. 2 c) Rahmenbeschluss zum unerlaubten Umgang mit Abfall größtenteils identisch. Der Rahmenbeschluss ist insofern weitergehend, als er auch nicht gefährliche Abfälle in seinen Schutzbereich mit einbezieht.[2294] Das Übereinkommen erfasst diesen Sachverhalt erst in Art. 4 c), der als bloß verwaltungsrechtliches Delikt ausgestaltet sein kann und

---

2291 *Möhrenschlager*, wistra **2003** V, VI.
2292 *Möhrenschlager*, wistra **2003** V, VI.
2293 **A.A.**: *Möhrenschlager*, wistra **2003** V, VI: Art. 2 b) des Übereinkommens sei enger ausgestaltet als Art. 2 b) Rahmenbeschluss, da gemäß dem Übereinkommen eine anhaltende Verschlechterung der Umweltmedien notwendig ist. Doch verlangt auch der Rahmenbeschluss eine anhaltende oder eine erhebliche Verschlechterung der Umweltmedien, so dass darin wohl keine wesentliche Erweiterung des Straftatbestandes gesehen werden kann.
2294 Art. 2 Absatz 1 c) Übereinkommen erfasst nur den rechtswidrigen Umgang mit gefährlichen Abfällen. Vgl. *Möhrenschlager*, wistra **2003** V, VI und 3. Kapitel B. II. 3.

weder einen schädlichen Erfolg verursacht noch die Eignung dazu gehabt haben muss. Dort reicht schon die Begründung einer abstrakten Gefahr aus.[2295]

Auch Art. 2 Absatz 1 d) Übereinkommen und Art. 2 d) Rahmenbeschluss stimmen weitgehend überein:[2296] Auf den ersten Blick scheint der Rahmenbeschluss insoweit enger, als er nur außerhalb der Fabrik verursachte Schädigungen erfasst. Das Übereinkommen enthält in Art. 2 Absatz d) keine solche Einschränkung. Diese Einschränkung des Tatbestands des Art. 2 Absatz 1 d) Übereinkommen folgt erst aus der dazu ergangenen Begründung.[2297]

Die Regelungen zum rechtswidrigen Umgang mit Kernmaterial und anderen gefährlichen radioaktiven Stoffen[2298] sind wieder absolut identisch ausgestaltet:[2299] Sie sind beide als verwaltungsakzessorisches Erfolgs- und Eignungsdelikt geregelt und schützen die gleichen Rechtsgüter.

Des Weiteren ordnen beide Regelungen an, dass die genannten Handlungen auch dann, wenn sie (zumindest grob) fahrlässig begangen worden sind strafbar sein müssen.[2300] Allerdings können die Mitgliedstaaten nach Art. 3 Absatz 3 Übereinkommen hiervon bezüglich der Beschädigung geschützter Denkmäler, anderer geschützter Gegenstände oder Vermögensgegenstände[2301] sowie bei Herbeiführung einer erheblichen Gefahr für Leben oder Gesundheit eines Menschen[2302] Ausnahmen vorsehen. Diese Möglichkeit eröffnet der Rahmenbeschluss nicht.

Der in dem Rahmenbeschluss geregelte Straftatbestand zum Schutz wild lebender Tier- und Pflanzenarten[2303] ist in dem Übereinkommen abweichend geregelt: Zum einen muss dieser Tatbestand kein Straftatbestand sein; ein verwaltungsrechtliches Delikt genügt. Zum anderen wird nur die Tier- oder Pflanzenart als ganze und nicht schon ihre Teile geschützt. Indem Art. 4 g) Übereinkommen das Handeltreiben mit den geschützten Tier- und Pflanzenarten allgemein strafrechtlich schützt,[2304] ist der Schutz durch das Übereinkommen weitergehend als der des Rahmenbeschlusses, der nur den rechtswidrigen Handel mit geschützten Tier- und Pflanzenarten erfasst.

Ein ganz neues Delikt ist Art. 2 g) Rahmenbeschluss, der den rechtswidrigen Handel mit Stoffen, die zum Abbau der Ozonschicht führen, erfasst. Das Übereinkommen kennt diesen Tatbestand nicht.[2305] Eine solche Handlung könnte allenfalls von Art. 4 e) Übereinkommen erfasst sein, der das rechtswidrige Herstellen, Behandeln, Ver-

---

2295 Vgl. 3. Kapitel B. V.

2296 *Möhrenschlager*, wistra **2003** V, VI.

2297 Vgl. Explanatory Report, S. 3 und 4.

2298 Art. 2 Absatz 1 e) Übereinkommen und Art. 2 e) Rahmenbeschluss.

2299 *Möhrenschlager*, wistra **2003** V, VI.

2300 Art. 4 Absätze 1 und 2 Übereinkommen und Art. 3 Rahmenbeschluss.

2301 Art. 2 Absatz 1 b) Übereinkommen.

2302 Art. 2 Absatz 1 a) ii) Übereinkommen.

2303 Art. 2 f) Rahmenbeschluss.

2304 Art. 4 g) Übereinkommen.

2305 *Möhrenschlager*, wistra **2003** V, VI.

wenden, Befördern, Aus- oder Einführen von Kernmaterial, anderen radioaktiven Stoffen oder gefährlichen Chemikalien regelt. Dann müsste das danach erforderliche „*rechtswidrige Ein- oder Ausführen*" dem „*rechtswidrigen Handel*" im Sinne des Art. 2 g) Rahmenbeschluss gleichstehen. Dagegen spricht schon der Wortsinn: Denn das Ein- und Ausführen umfasst nur grenzüberschreitende kaufmännische Tätigkeiten, während das Handeltreiben auch innerstaatliche Geschäfte beinhaltet. Somit ist die vom Rahmenbeschluss erfasste Handlung wesentlich weiter als diejenige des Übereinkommens. Außerdem müsste der im Übereinkommen verwendete Begriff „*gefährliche Chemikalien*" Stoffe erfassen, die zum Abbau der Ozonschicht führen, also FCKW. Gefährliche Chemikalien im Sinne des Übereinkommens sind Chemikalien, die nach nationalem, internationalem oder supranationalem Recht als gefährlich deklariert worden sind.[2306] Nach diesem doch eher weiten Verständnis dieses Begriffs ist wahrscheinlich, dass er auch solche Stoffe beinhaltet, die zum Abbau der Ozonschicht führen. Zumindest erfasst § 3 a ChemG umweltgefährdende Stoffe, also FCKW.
Zudem ist der schon öfter aufgezeigte Unterschied nicht zu übersehen, dass die in Art. 4 Übereinkommen aufgeführten Tatbestände als bloß verwaltungsrechtliche Delikte ausgestaltet sein können, während der Rahmenbeschluss (die Schaffung von) Straftatbestände(n) verlangt.
Da der Rahmenbeschluss weder die schlichten Tätigkeitsdelikte des Art. 4 Übereinkommen noch die Tatbestände des rechtswidrigen Verursachens von Lärm oder den Schutz besonders gefährdeter, schutzbedürftiger Gebiete kennt, bleibt er insofern hinter dem Übereinkommen zurück.

3. Strafbarkeit fahrlässigen Verhaltens

Die Strafbarkeit für fahrlässig begangene Straftaten sehen sowohl das Übereinkommen als auch der Rahmenbeschluss vor. Nach beiden Regelungen muss nach den einzelstaatlichen Rechtsordnungen eine Tat nach Art. 2 Rahmenbeschluss und Art. 2 Übereinkommen als Straftat gelten, wenn sie fahrlässig oder zumindest grob fahrlässig begangen wurde.[2307] Damit können die Mitgliedstaaten nach beiden Regelungen die Strafbarkeit auf grob fahrlässiges Verhalten beschränken. Wann strafbares fahrlässiges (beziehungsweise grob fahrlässiges) Verhalten vorliegt, wird in beiden Regelungen identisch zu verstehen sein. Allerdings sieht der Rahmenbeschluss keine Ausnahmemöglichkeiten für die Einführung der Strafbarkeit grober Fahrlässigkeit vor. Hinsichtlich der in Art. 3 Absatz 3 erster Querstrich Übereinkommen vorgesehenen Ausnahmemöglichkeit ist das nicht verwunderlich: Dieser erklärt, dass bezüglich der Straftat nach Art. 2 Absatz 1 a ii) Übereinkommen die Fahrlässigkeitsstrafbarkeit keine oder nur teilweise Anwendung findet. Da ein solches konkretes Gefährdungsdelikt im Rahmenbeschluss fehlt, bedarf es einer solchen Ausnahmemöglichkeit auch

---

2306 Explanatory Report, S. 6.
2307 Zum Sorgfaltsmaßstab oben 5. Kapitel C. III. 1.

nicht.[2308] Eine Lücke besteht jedoch bezogen auf die andere in Art. 3 Absatz 3 Übereinkommen vorgesehenen Ausnahmemöglichkeit: Danach kann die Strafbarkeit auf vorsätzliches Handeln begrenzt werden, wenn nach Art. 2 b) Übereinkommen geschützte Denkmäler, sonstige geschützte Gegenstände oder Vermögensgegenstände beeinträchtigt wurden. Obwohl der Rahmenbeschluss mit Art. 2 b) Rahmenbeschluss einen vergleichbaren Tatbestand kennt, sieht er diese Begrenzung der Fahrlässigkeitsstrafbarkeit nicht vor.

4. Strafbarkeit der Teilnahme

Beide Regelungen bestimmen einheitlich, dass die Teilnahme (Anstiftung und Beihilfe) zu den in Art. 2 Übereinkommen beziehungsweise Art. 2 Rahmenbeschluss genannten Straftaten strafbar sein muss.[2309]

5. Strafbarkeit von Amtsträgern

Weder das Übereinkommen noch der Rahmenbeschluss sehen einen speziellen Tatbestand zur Strafbarkeit von Amtsträgern in Umweltbehörden vor – obwohl einige mitgliedstaatliche Rechtsordnungen eine solche kennen.[2310] Anders als das Übereinkommen enthält der Rahmenbeschluss keine Vorschrift über die Zusammenarbeit (Anzeige- und Informationspflicht) der zuständigen Verwaltungsbehörden mit den Strafermittlungsbehörden und den Strafverfolgungsbehörden (sogleich 5. Kapitel C. IV. 8.).

6. Strafbarkeit juristischer Personen

In beiden Regelungen befinden sich Bestimmungen zur Verantwortlichkeit juristischer Personen.[2311]

Während das Übereinkommen in Art. 9 Absatz 1 recht allgemein bestimmt, dass gegen juristische Personen straf- oder verwaltungsrechtliche Sanktionen oder Maßnahmen verhängt werden können müssen, wenn von ihren Organen, einem Mitglied ihrer Organe oder einem anderen Vertreter eine der in den Art. 2 und 3 genannten Straftaten gegen die Umwelt begangen worden ist, sind Art. 6 und 7 Rahmenbeschluss wesentlich präziser.[2312] Nach Art. 6 Absatz 1 Rahmenbeschluss muss die in den Art. 2 und 3 genannte strafbare Handlung von einer Person begangen worden sein, die zu Gunsten der juristischen Person handelte – egal, ob allein oder als Teil eines Organs dieser juristischen Person. Zudem muss die handelnde Person aufgrund

---

2308 Oben 5. Kapitel C. IV. 2.: konkretes verwaltungsunabhängiges Gefährdungsdelikt zum Schutz von Leben und Gesundheit des Menschen.

2309 Vgl. Art. 2 Absatz 2 Übereinkommen und Art. 4 Rahmenbeschluss.

2310 2. Kapitel D.

2311 Art. 6 Rahmenbeschluss und Art. 9 Übereinkommen.

2312 Dies zeigt sich schon darin, dass Art. 1 c) Rahmenbeschluss eine Definition des Begriffs „juristische Person“ enthält, während das Übereinkommen des Europarats sich einer etwaigen Begriffsbestimmung enthält.

einer Vertretungs-, Entscheidungs- oder Kontrollbefugnis, eine Führungsposition innegehabt haben. Durch diese Formulierung ist der Anwendungsbereich wesentlich genauer bestimmt und eine Reihe von ansonsten umstrittenen Punkten fallen weg. Dem dient auch die Bestimmung, dass Beihilfe und Anstiftung zu den in Art. 2 Rahmenbeschluss genannten Straftaten die Verantwortlichkeit der juristischen Person zu begründen vermögen.[2313]

Eine weitere Klarstellung ist insoweit getroffen, als Art. 6 Absatz 2 Rahmenbeschluss festlegt, dass die juristische Person auch dann verantwortlich ist, wenn die mangelnde Kontrolle seitens einer der in Absatz 1 genannten Personen die Begehung einer nach Art. 2 und 3 strafbaren Handlung durch eine unterstellte Person zugunsten der juristischen Person ermöglicht hat. Eine Parallele zeigen die beiden Instrumente hinsichtlich der Frage, ob die Verantwortlichkeit der juristischen Person die strafrechtliche Verfolgung einer natürlichen Person ausschließt: Das ist in beiden Fällen nicht der Fall.[2314] Während Art. 9 Absatz 1 Übereinkommen schlicht von den erforderlichen straf- oder verwaltungsrechtlichen Sanktionen oder Maßnahmen gegen juristische Personen spricht, ist auch hier die im Rahmenbeschluss getroffene Reglung wesentlich genauer: Die möglichen Sanktionen müssen wirksam, angemessen und abschreckend sein; zu ihnen gehören strafrechtliche oder nichtstrafrechtliche Geldsanktionen – daneben sind andere Sanktionen möglich.[2315]

Zudem ist zu begrüßen, dass der Rahmenbeschluss zu der Verantwortlichkeit juristischer Personen für gegen die Umwelt begangene Straftaten keine Ausnahme vorsieht, weil gerade im Bereich der Umweltdelikte ein Großteil der Straftaten von Unternehmen begangen werden soll.[2316] Das Übereinkommen sieht eine solche Ausnahme in Art. 9 Absatz 3 vor: Die Mitgliedstaaten haben das Recht, Art. 9 Absatz 1 oder Teile davon nicht anzuwenden oder nur auf bestimmte Straftaten.

7. Sanktionen

Wesentlich präziser ist das Übereinkommen bezüglich der anzudrohenden Strafen: Nach Art. 6 müssen zu den möglichen strafrechtlichen Sanktionen Freiheits- und Geldstrafe gehören. Indessen bestimmt der Rahmenbeschluss lediglich, dass die Strafen wirksam, angemessen und abschreckend sein müssen. Nur bei schwerwiegenden Fällen muss die Verhängung von Freiheitsstrafe möglich sein,[2317] die dann so hoch sein muss, dass die Auslieferung möglich ist. Das heißt, dass die Freiheitsstrafe mindestens ein Jahr betragen muss, § 3 Absatz 2 IRG.

Nach beiden Regelungen sind daneben weitere Sanktionen denkbar. Im Gegensatz zum Übereinkommen regelt der Rahmenbeschluss die Maßnahmen der Einziehung

---

2313 Vgl. Art. 6 Absatz 1 a.E Rahmenbeschluss.

2314 Vgl. Art. 9 Absatz 2 Übereinkommen sowie Art. 6 Absatz 3 Rahmenbeschluss.

2315 Vgl. Art. 7 Rahmenbeschluss und oben 5. Kapitel C. III. 1. a. E.

2316 Vgl. 1. Kapitel B. VI. 1. a. und Explanatory Report, S. 10.

2317 Art. 5 Absatz 1 Rahmenbeschluss.

und des Verfalls nicht. Der Grund für diese Enthaltung wird darin liegen, dass die Europäische Union auf diesem Gebiet bereits tätig geworden ist: Neben dem Übereinkommen des Europarats über Geldwäsche sowie Ermittlung, Beschlagnahme und Einziehung von Erträgen aus Straftaten vom 08.11.1990 hat der Rat am 03.12.1998 eine Gemeinsame Maßnahme betreffend Geldwäsche, die Ermittlung, das Einfrieren, die Beschlagnahme und die Einziehung von Tatwerkzeugen und Erträgen aus Straftaten[2318] und am 26.06.2001 einen Rahmenbeschluss über Geldwäsche sowie Ermittlung, Einfrieren, Beschlagnahme und Einziehung von Tatwerkzeugen und Erträgen aus Straftaten[2319] angenommen. Nicht ganz nachvollziehbar erscheint die Privilegierung der natürlichen gegenüber der juristischen Person hinsichtlich der Maßnahme der Wiederherstellung der Umwelt: Diese Maßnahme soll nach dem Rahmenbeschluss nur gegenüber juristischen Personen angeordnet werden können, nicht aber gegenüber natürlichen Personen.[2320] Das Übereinkommen sieht diese Maßnahme hingegen generell vor.[2321]

8. Zusammenarbeit der Behörden

Die im Übereinkommen enthaltene Regelung zur Zusammenarbeit der Behörden ist für eine effektivere Durchsetzung des Umweltstrafrechts notwendig und fehlt im Rahmenbeschluss. Schon innerhalb Deutschlands wird teilweise bemängelt,[2322] dass die zuständigen Verwaltungsbehörden nicht ausreichend mit den für die Strafverfolgung zuständigen Behörden zusammenarbeiten. Dass diese Zusammenarbeit im grenzüberschreitenden, europäischen Raum ohne gesetzliche Regelung noch seltener und noch unvollständiger erfolgen wird, steht zu erwarten.

9. Gerichtsbarkeit

Beide Regelungen weisen sich ähnelnde Vorschriften zur Gerichtsbarkeit auf: Das Flaggenprinzip[2323] und das Prinzip der stellvertretenden Strafrechtspflege[2324] sind sowohl im Übereinkommen als auch im Rahmenbeschluss enthalten. Daneben regeln beide das Tatortprinzip – allerdings erfasst das Übereinkommen wohl nur Straftaten, die insgesamt in dem Hoheitsgebiet eines Vertragsstaats begangen worden sind,[2325] während der Rahmenbeschluss es genügen lässt, dass sie teilweise dort begangen

---

[2318] ABl. (EG) L 333 vom 09.12.1998, S. 1.

[2319] ABl. (EG) L 182 vom 05.07.2001, S. 1.

[2320] Vgl. Art. 7 e) Rahmenbeschluss.

[2321] Art. 8 Übereinkommen.

[2322] Vgl. *Franzheim/Pfohl*, Umweltstrafrecht, Rn. 612; *Kloepfer/Vierhaus*, Umweltstrafrecht, Rn. 45 ff., insb. 48; *Schwinge*, Sanktionen, S. 24 und 87 ff.; *Winkelbauer*, Verwaltungsakzessorietät, S. 31 f. Infolgedessen wird teilweise auch eine verstärkte Zusammenarbeit der Behörden gefordert. Vgl. 1. Kapitel B. V. 2. Dezidiert gegen einen Sonderstraftatbestand für Amtsträger in Umweltbehörden *Hansmann*, NVwZ **1989** 913, 916 f. und *Tröndle*, NVwZ **1989** 918, 925 ff.

[2323] Art. 5 Absatz 1 b) Übereinkommen und Art. 8 Absatz 1 b) Rahmenbeschluss.

[2324] Art. 5 Absatz 1 c) Übereinkommen und Art. 8 Absatz 1 d) Rahmenbeschluss.

[2325] Art. 5 Absatz 1 a) Übereinkommen.

wurden, selbst wenn die Folgen der Straftat an einem anderen Ort auftreten.[2326] Der Rahmenbeschluss ist auch im Hinblick auf die Verantwortlichkeit juristischer Personen weiter (beziehungsweise klarer) als das Übereinkommen: Art. 8 Absatz 1 c) Rahmenbeschluss stellt klar, dass die gerichtliche Zuständigkeit eines Mitgliedstaats auch dann begründet ist, wenn die Straftat zugunsten einer juristischen Person mit Sitz in seinem Hoheitsgebiet begangen worden ist. Beide Abkommen ermöglichen den Vertrags- beziehungsweise Mitgliedstaaten Ausnahmen zur Einführung der gerichtlichen Zuständigkeit insofern, als es um die Einführung des Prinzips der stellvertretenden Strafrechtspflege geht, vgl. die Ausnahme in Art. 8 Absatz 2 b) Rahmenbeschluss für Absatz 1 d). Zudem ermöglicht Art. 8 Absatz 2 a) Rahmenbeschluss für Straftaten, die zugunsten einer juristischen Person mit Sitz im Hoheitsgebiet begangen wurden, die Nicht- oder nur teilweise[2327] Anwendbarkeit der Zuständigkeitsregel nach Art. 8 Absatz 1 c) Rahmenbeschluss.
Des Weiteren sind die in den Art. 5 Absatz 2 Übereinkommen und Art. 9 Absatz 1 a) Rahmenbeschluss enthaltenen Regeln vergleichbar: Danach trifft den Vertrags- oder Mitgliedstaat die Pflicht, seine Gerichtsbarkeit für die Fälle zu begründen, in denen er einen eigenen Staatsangehörigen, der sich in seinem Hoheitsgebiet aufhält, aber außerhalb dieses eine nach Art. 2 und 3 strafbare Handlung begangen hat, (noch) nicht ausliefert, obwohl ein Auslieferungsersuchen gestellt wurde. Einen Unterschied weisen beide Regelungen im Folgenden auf: Während Art. 5 Absatz 3 Übereinkommen die Ausübung der eigenen Strafgerichtsbarkeit nach innerstaatlichem Recht lediglich nicht ausschließt, ordnet Art. 9 Absatz 1 b) Rahmenbeschluss eine Befassung der zuständigen Behörden mit dem nach Art. 2 und 3 strafbaren Fall zwingend an. Insofern – so wie auch hinsichtlich der Zulassung einer Ausnahme zur Begründung der gerichtlichen Zuständigkeit im Falle der Nichtauslieferung[2328] – ist der Rahmenbeschluss strenger als das Übereinkommen und scheint eine Strafverfolgung konsequenter durchsetzen zu wollen. Eine Erklärung für dieses konsequentere Vorgehen könnte darin liegen, dass der Rahmenbeschluss nur schwerwiegende(re) Straftaten gegen die Umwelt erfasst. Im Gegensatz dazu ist das Übereinkommen des Europarats bezüglich seines Anwendungsbereichs wesentlich weiter und erfasst auch leichtere Umweltdelikte.[2329]

10. Zusammenfassung und Wertung der Ergebnisse

Da das Übereinkommen Vorbild für den Rahmenbeschluss war und letzterer zum Teil identische Formulierungen enthält, stimmen beide Regelungswerke weitestgehend überein. Dies gilt insbesondere hinsichtlich der Verwaltungsakzessorietät der

2326 Art. 8 Absatz 1 a) Rahmenbeschluss.
2327 Art. 8 Absatz 1 c) und d) können nur in bestimmten Fällen oder unter bestimmten Umständen angewendet werden, Art. 8 Absatz 2 Rahmenbeschluss.
2328 Vgl. Art. 5 Absatz 4 Übereinkommen.
2329 Vgl. Art. 4 Übereinkommen.

Tatbestände, der Art und Weise der geschützten Rechtsgüter sowie der sie schützenden Deliktstypen.
Eine zu begrüßende Erweiterung des Übereinkommens stellt Art. 1 c) Rahmenbeschluss dar. Durch die dortige Definition der „juristischen Person" werden eventuell auftretende Streitigkeiten, was darunter zu verstehen ist, vermieden. Der Ausschluss von Staaten und Körperschaften des öffentlichen Rechts ist erforderlich, um diese Regel auf europäischer Ebene durchsetzen zu können. So wird der Staat (der Gesetzgeber) vor Prozessen gegen sich selbst geschützt.
Die Klarstellung, dass ein Handeln auch dann rechtswidrig ist, wenn es entgegen einer behördlichen Entscheidung, die bindenden Bestimmungen des Gemeinschaftsrechts Wirkung verleiht, verstößt, erklärt sich aus der Natur des EU-Rechts.
Eine echte Lücke zwischen Rahmenbeschluss und Übereinkommen stellt das Fehlen einer dem Art. 2 Absatz 1 a ii) Übereinkommen entsprechenden Regel dar. Damit ist nach dem Recht der Europäischen Union die gewollte konkrete Gefährdung von Leib und Leben des Menschen durch die die Umwelt verschmutzenden Handlung – unabhängig davon, ob sie rechtswidrig oder rechtmäßig erfolgte – nicht strafbar.
Während der zentrale Tatbestand zum Schutz der Umwelt (Art. 2 b) Rahmenbeschluss und Art. 2 b) Übereinkommen) wortlautidentisch sind, enthält Art. 2 c) Rahmenbeschluss zum unerlaubten Umgang mit Abfällen eine begrüßenswerte Erweiterung. Er umfasst neben gefährlichen auch ungefährliche Abfälle und erhöht so den strafrechtlichen Mindeststandard zum Schutz der Umwelt vor Abfällen im Vergleich zum Übereinkommen.
Scheinbar enger als im Übereinkommen erscheint der Schutz der Umwelt vor dem unerlaubten Betreiben von Fabriken, in denen gefährliche Tätigkeiten durchgeführt werden. Denn schon der Tatbestand des Art. 2 d) Rahmenbeschluss scheidet solche erheblichen Schäden aus seinem Anwendungsbereich aus, die innerhalb dieser Fabrik aufgetreten sind. Obwohl der Wortlaut des Art. 2 Absatz 1 d) Übereinkommen eine solche Beschränkung nicht enthält, ergibt sich diese aus der Begründung zum Übereinkommen.[2330] Dort wird erläutert, dass nur außerhalb der Fabrik auftretende Schäden tatbestandsmäßig sind.
Die strafrechtliche Erfassung des rechtswidrigen Umgangs mit Kernmaterial und anderen gefährlichen radioaktiven Stoffen ist sogar vom Wortlaut her identisch.
Einen erhöhten Schutz der Umwelt, nämlich den wild lebender Tier- und Pflanzenarten, sieht Art. 2 f) Rahmenbeschluss vor: Danach ist das rechtswidrige Besitzen, Entnehmen, Beschädigen oder Töten sowie der rechtswidrige Handel mit geschützten wild lebenden Tier- und Pflanzenarten oder Teilen davon strafbar. Im Gegensatz dazu können diese Handlungen nach dem Übereinkommen als bloße Ordnungswid-

[2330] Vgl. 3. Kapitel C. II. 3. a.; Explanatory Report, S. 3 sowie 3. Kapitel C. II. 3. c. cc.; Explanatory Report, S. 4.

rigkeit ahndbar sein.[2331] Einen weitergehenden Schutz erzielt der Rahmenbeschluss zudem dadurch, dass diese Handlungen auch dann strafbar sind, wenn nur Teile dieser Tier- und Pflanzenarten betroffen sind. Allerdings ist die Schwelle für das Eingreifen des Art. 2 f) Rahmenbeschluss dadurch erhöht, dass die geschützten Arten vom Aussterben bedroht sein müssen.

Den völlig neuen Straftatbestand zum Schutz der Ozonschicht vor rechtswidrigem Handel mit FCKW, den das Übereinkommen selbst als bloße Ordnungswidrigkeit nicht kennt, enthält Art. 2 g) Rahmenbeschluss.[2332] In Anbetracht der weltweit akuten Gefahr der Ozonschicht und der damit verbundenen weitreichenden Konsequenzen ist dies eine sehr sinnvolle Erweiterung des Schutzes der Umwelt.[2333]

Eine Diskrepanz besteht auch hinsichtlich der Strafbarkeit fahrlässigen Verhaltens: Zwar sehen beide Regelungen die Strafbarkeit für (grob) fahrlässiges Verhalten vor, doch ist der Rahmenbeschluss insoweit strikter, als Art. 3 Rahmenbeschluss (anders als Art. 3 Absatz 3 zweiter Querstrich Übereinkommen) keine Ausnahme von der Fahrlässigkeitsstrafbarkeit hinsichtlich der durch Art. 2 b) Rahmenbeschluss geschützten Denkmäler, sonstigen geschützten Gegenständen und Vermögensgegenständen ermöglicht.[2334]

Eine parallele Regelung ist diejenige der Strafbarkeit der Beteiligung und Anstiftung.

Dass der Rahmenbeschluss keine dem Art. 4 Übereinkommen vergleichbare Bestimmung enthält, mag bedauernswert sein, erklärt sich jedoch dadurch, dass der Rahmenbeschluss ausschließlich Straftaten festlegt, also nur schwerwiegende Verstöße gegen die Umwelt zu erfassen sucht und nicht schon solche, die bloßes Verwaltungsunrecht begründen können.

Der Grund für die Zurückhaltung des Rahmenbeschlusses, was die zu verhängenden Strafen angeht, liegt in dem Problem der Strafrechtssetzungskompetenz der Europäischen Union begründet.[2335] Denn zumindest die Festsetzung der Rechtsfolgen der für strafbar erklärten Handlung muss dem nationalen Gesetzgeber vorbehalten bleiben.[2336]

Die sehr präzise und detaillierte Fassung von Art. 6 und 7 Rahmenbeschluss zur Verantwortlichkeit juristischer Personen ist sehr zu begrüßen – auch wenn sie dadurch in ihrem Anwendungsbereich eingeengt sein mag.[2337] Sie stellt insofern eine Ausnahme innerhalb des Rahmenbeschlusses dar, als die in Art. 2 und 3 genannten Handlungen für die juristische Person als bloße Ordnungswidrigkeiten und nicht als Straftaten ahndbar sind. Gegenüber juristischen Personen genügen nichtstrafrechtliche Geld-

---

2331 Vgl. Art. 4 g) Übereinkommen.

2332 Oben 5. Kapitel C. III. 2. b. gg.

2333 In Anbetracht der Tatsache, dass internationale Abkommen wie das Kyoto-Protokoll bis heute nicht in Kraft sind, gilt das verstärkt.

2334 Oben 5. Kapitel C. III. 2. b. bb.

2335 Siehe dazu 4. Kapitel B.

2336 *Satzger*, Freiburg-Symposium, S. 71, 73.

2337 Oben 5. Kapitel C. III. 2. f.

sanktionen als Sanktion. Das Fehlen von Ausnahmen zu ihrer Verantwortlichkeit ist eine positive Abweichung des Rahmenbeschlusses vom Übereinkommen, das Ausnahmen durch Art. 9 Absatz 3 zulässt.
Hinsichtlich der Begründung der Zuständigkeit der nationalen Gerichte geht der Rahmenbeschluss über das Übereinkommen in dreierlei Hinsicht hinaus: Erstens fasst er das Tatortprinzip weiter als das Übereinkommen, da auch die teilweise inländische Begehung genügt. Zweitens sieht er – wenn auch nur fakultativ –[2338] die Begründung der Zuständigkeit eines Mitgliedstaats vor, wenn die juristische Person, zu deren Gunsten gehandelt wurde, ihren Sitz im Hoheitsgebiet hat. Drittens ordnet Art. 9 Absatz 1 b) Rahmenbeschluss eine Befassung der zuständigen Behörde mit dem nach Art. 2 und 3 strafbaren Fall an, wenn sie den mutmaßlichen Täter nicht ausliefert. Damit erzwingt der Rahmenbeschluss die strafrechtliche Verfolgung der Umweltstraftat wesentlich konsequenter.
Bedauernswert ist das Zurückbleiben des Rahmenbeschlusses hinter dem Übereinkommen im Hinblick auf die Zusammenarbeit der nationalen Behörden sowie der internationalen und europäischen Zusammenarbeit.
Durch diesen Vergleich wurde deutlich, dass sich der Rahmenbeschluss in weiten Teilen (insbesondere hinsichtlich der Fassung der Tatbestände zum Schutz vor schweren Umweltstraftaten) nicht nur stark am Übereinkommen des Europarats orientiert, sondern sich oftmals wortlautgetreu daran hält.

V. Die Regelungen des Rahmenbeschlusses im Vergleich mit dem deutschen Umweltstrafrecht

Da sich die Bestimmungen des Übereinkommens und die des Rahmenbeschlusses inhaltlich kaum unterscheiden,[2339] kann bei einem Vergleich der deutschen Regeln zum Umweltstrafrecht mit denen des Rahmenbeschlusses in zweierlei Hinsicht auf die Ausführungen zum Übereinkommen Bezug genommen werden: Sowohl bezüglich der Frage, was von den Regeln des Rahmenbeschlusses erfasst wird (ergo deren Auslegung) als auch bezüglich des Vergleichs des Übereinkommens mit dem deutschen Umweltstrafrecht.

1. Geschützte Rechtsgüter

Sowohl der Rahmenbeschluss als auch die §§ 324 ff. StGB bezwecken einen doppelten Rechtsgüterschutz: Im Rahmenbeschluss ist neben der Qualität der Umweltmedien (Boden, Luft und Wasser) stets auch der Schutz des Lebens und der Gesundheit des Menschen geschützt. Eine Ausnahme hierzu bilden Art. 2 a) Rahmenbeschluss

[2338] Siehe die Ausnahmemöglichkeit in Art. 8 Absatz 2 Rahmenbeschluss.
[2339] Oben 5. Kapitel C. III. 1. und IV.

und § 330a Absatz 2 StGB, die ausschließlich das Leben und die Gesundheit des Menschen schützen und autonom ausgestaltet sind. Anders als das deutsche Umweltstrafrecht schützen die Tatbestände des Rahmenbeschlusses die Qualität der Umweltmedien sowie die Tier- und Pflanzenwelt einheitlich, indem sie stets zusammen genannt werden und nicht wie im deutschen Umweltstrafrecht jedes Umweltmedium einen eigenen Straftatbestand erhält. Damit sucht der Rahmenbeschluss (ebenso wie das Übereinkommen) einen harmonischen Schutz der Umweltmedien zu schaffen. Dies gilt nicht für das kulturell bedingt unterschiedlich verstandene Rechtsgut Ruhe.[2340] In Deutschland ist der Schutz der Umweltmedien trotz der Reform von 1994 stets disharmonisch und hinsichtlich einiger Tatbestände und Rechtsgüter so weit eingeschränkt, dass diese in der Praxis fast keine Rolle spielen.[2341]
Da die Ausgestaltung der Straftatbestände des Rahmenbeschlusses weitgehend identisch ist mit derjenigen des Übereinkommens liegt auch beim Rahmenbeschluss der Schwerpunkt des strafrechtlichen Schutzes beim Schutz kollektiver Rechtsgüter. Daneben werden die klassischen Rechtsgüter wie Leben und Gesundheit des Menschen vor Umweltgefahren geschützt.[2342] Neben Art. 2 a) stellen die Art. 2 f) und g) Rahmenbeschluss eine Ausnahme von dieser Art des Rechtsgüterschutzes dar: Während Art. 2 a) Rahmenbeschluss allein Leben und Gesundheit des Menschen schützt, bezwecken die Art. 2 f) und g) hingegen den Schutz des Lebens und der Gesundheit des Menschen allenfalls mittelbar. Sie schützen primär ökologische Interessen. Das ist im deutschen Umweltstrafrecht anders, weil je nach Delikt mal der eine und mal der andere Aspekt des Rechtsgüterschutzes überwiegt.[2343]

2. Tatbestandsstruktur

Der Rahmenbeschluss und das deutsche Umweltstrafrecht bestrafen sowohl vorsätzliches als auch fahrlässiges Handeln und verwenden Erfolgsdelikte und potentielle Gefährdungsdelikte – zum Teil abstrakte Gefährdungsdelikte in der Form von schlichten Tätigkeitsdelikten.[2344] Anders als das deutsche Umweltstrafrecht sieht der Rahmenbeschluss zum Schutz der Umwelt keine konkreten Gefährdungsdelikte vor.
Ebenso wie im Übereinkommen fällt im Rahmenbeschluss die klare Stufung des Rechtsgüterschutzes auf: Geht es allein um den Schutz des Lebens und der Gesundheit des Menschen, so ist das Delikt als autonomes Erfolgsdelikt ausgestaltet. Handelt es sich um Delikte, die neben dem Individualrechtsgüterschutz auch dem Schutz der Umweltmedien dienen, so sind sie als verwaltungsakzessorische Erfolgsdelikte sowie potentielle und abstrakte Gefährdungsdelikte ausgestaltet. Im deutschen Um-

---

2340 3. Kapitel. B. II. 2. und oben 5. Kapitel C. III. 2. b. aa.
2341 1. Kapitel A. und B III.
2342 Vgl. 3. Kapitel B. I. 2.
2343 1. Kapitel B. III.
2344 Vgl. Art. 2 g) und f) Rahmenbeschluss sowie §§ 326 (bis auf Absatz 1 Nr. 4), 327, 328 Absätze 1 und 2 und 329 Absätze 1 und 2 StGB.

weltstrafrecht verhält es sich ganz ähnlich: Wird ausschließlich der Schutz des Lebens und der Gesundheit des Menschen bezweckt, so ist der Tatbestand als autonomes Erfolgsdelikt ausgestaltet, während beim Schutz (auch) ökologischer Aspekte in der Regel potentielle Gefährdungsdelikte verwendet werden, die vom (Umwelt-) Verwaltungsrecht abhängig sind. Da der Zweck des Rahmenbeschlusses der Schutz der Umwelt vor schwerwiegenden Straftaten ist, enthält er – bis auf in Art. 2 g) und f) – keine Regeln, die allein den Schutz administrativer Interessen bezwecken; damit fehlt es grundsätzlich[2345] an abstrakten Gefährdungsdelikten wie sie sowohl im deutschen Umweltstrafrecht als auch im Übereinkommen des Europarats vorhanden sind, die jeweils auch weniger schwerwiegende Umweltdelikte erfassen.
Das stets erforderliche Merkmal der „*erheblichen Schäden*“ und die damit verbundene Einschränkung des Anwendungsbereichs der Vorschriften des Rahmenbeschlusses ist insofern konsequent, als der Rahmenbeschluss nur schwerwiegende Umweltverstöße erfassen soll. Insoweit gehen die deutschen Umweltvorschriften größtenteils über die Regeln des Rahmenbeschlusses hinaus: Sie verwenden dieses einschränkende Merkmal wesentlich seltener.[2346]

3. Verwaltungsakzessorietät

Das deutsche sowie das EU-rechtliche Umweltstrafrecht hat die Straftatbestände fast durchgängig verwaltungsakzessorisch ausgestaltet, was auf der sachlichen Nähe zum Umweltverwaltungsrecht beruht.[2347] Leider fehlt eine dem § 330d Nr. 5 StGB vergleichbare Bestimmung, die ein Handeln aufgrund einer durch Drohung, Bestechung oder Kollusion erwirkten oder durch unrichtige oder unvollständige Angaben erschlichenen Genehmigung genehmigungslosem Handeln gleichstellt. Damit ist die Verwaltungsakzessorietät wie sie der Rahmenbeschluss vorsieht wesentlich strikter als in Deutschland. Seit der Einführung des § 330d Nr. 5 StGB ist die Abhängigkeit vom Verwaltungsrecht gelockert und eine eigene Wertung möglich.

4. Die einzelnen Straftatbestände

a. Schutz des Menschen

Der Regelung des Art. 2 a) Rahmenbeschluss entspricht im deutschen Umweltstrafrecht am ehesten § 330a Absatz 2 StGB, der ebenfalls verwaltungsunabhängig ausgestaltet ist und bei dem der Tod eines Menschen zumindest fahrlässig durch eine vorsätzliche Tat nach §§ 324 bis 329 StGB verursacht worden sein muss.

b. Schutz der Umweltmedien

Den zentralen Tatbestand zum Schutz der Umwelt stellt Art. 2 b) Rahmenbeschluss dar. Er lässt durch Umweltverschmutzung entstandene, erhebliche Schäden an ge-

---

2345 Eine Ausnahme bilden Art. 2 g) und f) Rahmenbeschluss.
2346 Vgl. 3. Kapitel C. I. 2.
2347 1. Kapitel B. IV. und 3. Kapitel B. I. 3.

schützten Denkmälern, sonstigen geschützten Gegenständen, Vermögensgegenständen,[2348] Tieren oder Pflanzen genügen. Da es sich nicht um fremde Sachen handeln muss, besteht ein Unterschied zu den Sachbeschädigungsdelikten des allgemeinen Strafrechts: Die §§ 303 ff. StGB setzen die Beschädigung oder Zerstörung fremder Sachen voraus.

Hinsichtlich der Beeinträchtigung der geschützten Rechtsgüter genügt bereits die Verursachung einer potentiellen Gefahr. Im deutschen Umweltstrafrecht decken die §§ 324, 324a und 325 StGB den Regelungsbereich dieser Vorschrift weitgehend ab. Allerdings besteht die gravierende Lücke, dass die deutschen Regeln die ionisierende Strahlung nicht erfassen.[2349]

c. Unerlaubter Umgang mit Abfällen

Der rechtswidrige Umgang mit gefährlichem und ungefährlichem Abfall ist im Rahmenbeschluss in Art. 2 c) als Eignungsdelikt und in § 326 Absätze 1 bis 3 StGB als abstraktes Gefährdungsdelikt[2350] geregelt. Diese Vorschriften decken den gleichen Bereich ab, da sie beide (sowie auch Art. 2 Absatz 1 c) Übereinkommen) auf dem Baseler Übereinkommen,[2351] den europäischen Richtlinien[2352] und der Verordnung[2353] hierzu beruhen.

Allerdings weist das deutsche Abfallstrafrecht in zwei Richtungen Lücken auf: Erstens erfasst § 326 Absatz 2 StGB anders als Art. 2 c) Rahmenbeschluss und Art. 2 Absatz 1 c) Übereinkommen nicht den Transport gefährlichen Abfalls innerhalb, sondern nur den Transport in, aus und durch die Bundesrepublik.[2354] Zweitens fordert Art. 2 c) Rahmenbeschluss über Art. 2 Absatz 1 c) Übereinkommen hinaus, dass auch der unerlaubte Umgang mit ungefährlichen Abfällen als Straftat ahndbar ist. Nach dem Übereinkommen genügt es, wenn der unerlaubte Umgang mit ungefährlichen Abfällen als bloßes Verwaltungsunrecht geahndet werden kann.[2355] Auch § 326 StGB erfasst nur gefährliche Abfälle beziehungsweise solche, die aufgrund ihrer Menge umweltgefährdend sind. Da das Kreislaufwirtschafts- und Abfallgesetz den unerlaubten Umgang mit ungefährlichen Abfällen nur als Ordnungswidrigkeit ahndet, besteht im deutschen Umweltstrafrecht mit Blick auf Art. 2 c) Rahmenbeschluss ein relativ weit gehender Nachbesserungsbedarf.[2356]

2348 Zur Definition vergleiche 3. Kapitel C. II. 3. c. aa. und Explanatory Report, S. 4.

2349 *Schönke/Schröder/Cramer/Heine*, § 324a, Rn.

2350 Dieser wird in der Praxis allerdings teilweise als Eignungsdelikt verstanden; *Möhrenschlager*, wistra **2003** V, VI.

2351 Baseler Übereinkommen über die Kontrolle der grenzüberschreitenden Verbringung gefährlicher Abfälle und ihrer Entsorgung vom 22.03.1989, BGBl. 1994 II, S. 2704.

2352 Richtlinie 91/689/EWG des Rats vom 12.12.1991 über gefährliche Abfälle (ABl. EG L 377, S. 20) und Richtlinie 75/442/EWG des Rats vom 15.07.1975 über Abfälle (ABl. EG L 194, S. 39).

2353 Verordnung 259/93/EWG.

2354 Vgl. 3. Kapitel C. II. 3. c. bb.; *Möhrenschlager*, wistra **2003** V, VI.

2355 Vgl. Art. 4 c) Übereinkommen; 3. Kapitel B. V.

2356 Vgl. 3. Kapitel C. II. 3. g. cc.

d. *Unerlaubtes Betreiben von Anlagen*

Das ungenehmigte Betreiben einer Fabrik beziehungsweise einer Anlage wird von Art. 2 d) Rahmenbeschluss und § 327 StGB erfasst. Da die Bestimmung des Begriffs „*Fabrik, in der gefährliche Tätigkeiten durchgeführt werden*" den nationalen Rechtsordnungen überlassen bleibt,[2357] können darunter kerntechnische und chemische Fabriken verstanden werden. Somit wird dieser Straftatbestand nicht nur von der deutschen Regel abgedeckt, vielmehr geht § 327 StGB über Art. 2 d) Rahmenbeschluss hinaus: Da der Rahmenbeschluss nur solche Auswirkungen erfasst, die außerhalb der Fabrik auftreten, ist er in seinem Anwendungsbereich enger als § 327 StGB, der auch die Schäden erfasst, die innerhalb der Anlage auftreten.

e. *Unerlaubter Umgang mit Kernmaterial oder anderen gefährlichen radioaktiven Stoffen*

Der von Art. 2 e) Rahmenbeschluss geregelte unerlaubte Umgang mit Kernmaterial oder anderen gefährlichen radioaktiven Stoffen[2358] wird im deutschen Umweltstrafrecht von § 328 StGB geregelt. Dieser deckt den Anwendungsbereich des Art. 2 e) weitestgehend ab: Allerdings bleibt er insofern dahinter zurück, als er die Handlung des Herstellens dieser Stoffe nicht für strafbar erklärt.[2359]

f. *Schutz wild lebender Tier- und Pflanzenarten*

Den strafrechtlichen Schutz wild lebender Tier- und Pflanzenarten vor rechtswidrigem Umgang und Handel regelt Art. 2 f) Rahmenbeschluss – zumindest für die Fälle, in denen sie vom Aussterben bedroht sind.[2360] Im deutschen Umweltstrafrecht sind diese Schutzobjekte vom Schutzbereich des § 329 Absatz 3 Nr. 6 und 7 StGB gedeckt. Anders als Art. 2 f) Rahmenbeschluss erfasst der deutsche Straftatbestand weder den nationalen noch den internationalen Handel mit diesen geschützten Arten[2361] und bleibt insofern hinter dem Rahmenbeschluss zurück.

Allerdings sieht das Nebenstrafrecht, in § 66 Absätze 2 bis 4 BNatSchG, die Strafbarkeit des Handeltreibens mit streng geschützten Tier- oder Pflanzenarten vor.[2362] Nach dem Bundsnaturschutzgesetz sind nur solche Tier- und Pflanzenarten streng geschützt, die vom Aussterben bedroht sind.[2363] Somit ist der strafrechtliche Schutz vom Aussterben bedrohter wild lebender Tier- und Pflanzenarten vor rechtswidrigem Handel in Deutschland gewährleistet, und es besteht hinsichtlich der Tatbestandsseite kein Nachbesserungsbedarf.

2357 Vgl. 3. Kapitel C. II. 3. c. cc.; Explanatory Report, S. 4.

2358 Vgl. 3. Kapitel C. II. 3. c. dd.; Explanatory Report, S. 4.

2359 Vgl. 3. Kapitel C. II. 3. g ee.

2360 Vgl. oben 5. Kapitel C. III. 2. b. ff.

2361 Vgl. 3. Kapitel C. II. 3. g gg.

2362 Vgl. 3. Kapitel C. II. 3. g. gg.

2363 Während der Begriff „*streng geschützte Arten*" in § 20e Absatz 2 BNatSchG a.F. noch selbst definiert war (die heimischen Arten mussten im Inland vom Aussterben bedroht sein), verweist § 10 Absatz 2 Nr. 10 und Nr. 11 BNatSchG n.F. zur Erklärung des Begriffs auf Verordnungen und Richtlinien der Europäischen Gemeinschaft.

Hinsichtlich der Rechtsfolgenseite ist jedoch nachzubessern, weil § 66 Absatz 2 BNatSchG als Mindeststrafmaß eine Freiheitsstrafe von nur drei Monaten androht, während nach Art. 5 Absatz 2 Rahmenbeschluss in Verbindung mit § 3 Absatz 2 IRG das Mindeststrafmaß ein Jahr betragen muss.

g. Schutz der Ozonschicht

Den strafrechtlichen Schutz der Ozonschicht vor dem unerlaubten Handel mit Stoffen, die zu ihrem Abbau führen, sieht Art. 2 g) Rahmenbeschluss vor. Ein Pendant dazu gibt es im deutschen Umwelt(kern)strafrecht nicht; weder § 325 noch § 328 Absatz 3 StGB erfassen Fluor-Chlor-Kohlenwasserstoffe. Einen strafrechtlichen Schutz der Ozonschicht gewährleisten auch das Bundesimmissionsschutzgesetz und die dazu ergangen Verordnungen (insbesondere die Zweite Bundesimmissionsschutzverordnung zur Emissionsbegrenzung von leichtflüchtigen Halogenkohlenwasserstoffen) nicht. Zwar erfasst die Zweite Bundesimmissionsschutzverordnung Fluor-Chlor-Kohlenwasserstoffe, doch erfasst sie weder den Handel mit diesen Stoffen noch enthält sie Straftatbestände.[2364] Fluor-Chlor-Kohlenwasserstoffe fallen außerdem in den Anwendungsbereich des Chemikaliengesetzes.[2365] Neben den möglichen Bußgeldern nach § 26 ChemG (bis zu 10 000 oder bis zu 50 000 Euro)[2366] sieht § 27 ChemG auch Freiheits- und Geldstrafen vor. Bei Gefährdung von Leben oder Gesundheit eines anderen oder einer fremden Sache von bedeutendem Wert ist sogar eine Freiheitsstrafe von bis zu fünf Jahren möglich.[2367] Nach § 27 Absatz 1 Nr. 1 ChemG macht sich strafbar, wer entgegen § 2 Absatz 1 Chemikalien Straf- und Bußgeldverordnung geregelte Stoffe und geregelte Stoffe enthaltende Erzeugnisse (vgl. Verordnung (EG) Nr. 3039/94 des Rats vom 15.12.1994 über Stoffe, die zum Abbau der Ozonschicht führen)[2368] in Verkehr bringt.[2369] Da das Inverkehrbringen auch das nicht gewerbsmäßige, nicht gegen Bezahlung erfolgende Inumlaufbringen von Waren erfasst, ist dieser Begriff weiter als der vom Rahmenbeschluss erfasste Begriff des Handeltreibens, der nur den gewerbsmäßigen Ein- und Verkauf von Waren umfasst. Damit fällt das Handeltreiben im Sinne von Art. 2 g) Rahmenbeschluss unter das Inverkehrbringen des Chemikalienrechts.

Daneben ermöglicht auch § 27 Absatz 1 Nr. 3 ChemG die Strafverfolgung, wenn gegen unmittelbar geltende Vorschriften der Gemeinschaft (also Verordnungen der EG)[2370] verstoßen wurde, die inhaltlich einer Regelung entspricht, zu der die in § 27

2364 § 18 2. BImSchV regelt nur Ordnungswidrigkeiten.

2365 § 3 Nr. 1 und 4 und § 3a Absatz 1 Nr. 15 in Verbindung mit Absatz 2; ferner *Möhrenschlager*, wistra **2003** V, VI.

2366 § 26 Absatz 2 ChemG.

2367 § 27 Absatz 2 ChemG.

2368 ABl. EG L 333, S. 1.

2369 § 27 Absatz 1 Nr. 1 ChemG in Verbindung mit § 2 Absatz 2 Chemikalien Straf- und Bußgeldverordnung.

2370 Art. 249 Absatz 2 EGV sowie *Streinz*, Europarecht, Rn. 380 (zur unmittelbaren Wirkung von Richtlinien Rn. 394 ff.).

Absatz 1 Nr. 1 ChemG genannten Vorschriften ermächtigen. Einen solchen Straftatbestand, der auf die Blankettbestimmung des § 27 Absatz 1 Nr. 2 ChemG verweist, enthält § 1 Chemikalien Straf- und Bußgeldverordnung. Dadurch sind auch die in § 1 Chemikalien Straf- und Bußgeldverordnung genannten Verstöße gegen die Verordnung (EG) Nr. 3093/94 vom 15.12.1994 über Stoffe, die zum Abbau der Ozonschicht führen, strafbar. Strafrechtlich nicht erfasst sind Verstöße gegen die Verordnung (EG) Nr. 2037/2000 vom 29.06.2000 über Stoffe, die zum Abbau der Ozonschicht führen.[2371] Die Verordnung (EG) Nr. 2037/2000 bezweckt – weitergehend als die Verordnung (EG) Nr. 3093/94 – neben dem Verbot der Produktion von Fluor-Chlor-Kohlenwasserstoffen (etc.) das Inverkehrbringen und die Verwendung dieser Stoffe. Das Bundesministerium für Umwelt, Naturschutz und Reaktorsicherheit plant jedoch die Anpassung der Chemikalien Straf- und Bußgeldverordnung an das neue Recht und Verstöße gegen diese EG-Verordnung unmittelbar straf- und bußgeldzubewehren. Zudem ist eine kriminalstrafrechtliche Sanktion gemäß § 27 Absatz 2 ChemG möglich, wenn durch die Nichtbefolgung einer vollziehbaren Anordnung nach § 23 Absatz 1 ChemG das Leben oder die Gesundheit eines anderen oder fremde Sachen von bedeutendem Wert gefährdet werden.
Trotz der (Noch-) Nichteinbeziehung der Verordnung der EG Nr. 2037/2000 scheint eine Ergänzung des deutschen Umweltstrafrechts inhaltlich nicht erforderlich zu sein: Das Inverkehrbringen erfasst auch den (unentgeltlichen) Handel, da es diesem quasi vorgelagert ist.

5. Strafbarkeit fahrlässigen Verhaltens

Ebenso wenig besteht Nachbesserungsbedarf bezüglich der Strafbarkeit für fahrlässiges Verhalten,[2372] da die §§ 324 ff. StGB die Strafbarkeit hierfür durchgängig androhen.[2373] Indem Art. 3 Rahmenbeschluss die Beschränkung der Strafbarkeit auf grobe Fahrlässigkeit ermöglicht, steht er einer Eingrenzung der Fahrlässigkeit im deutschen Umweltstrafrecht wie oben (1. Kapitel B. II.) erörtert, nicht entgegen. Zur Gewährleistung eines optimalen strafrechtlichen Umweltschutzes ist die sehr weitgehende Strafbarkeit für jede Form der Fahrlässigkeit nicht erforderlich.[2374]

6. Strafbarkeit der Teilnahme

Die Strafbarkeit der Anstiftung und Beihilfe zu den Delikten gegen die Umwelt[2375] ist im deutschen Recht durch die allgemeinen Regeln (§§ 26 und 27 StGB) gewährleistet.

2371 ABl. EG L 244, S. 1.
2372 Vgl. Art. 3 Rahmenbeschluss.
2373 Vgl. 1. Kapitel B. II.
2374 Siehe 1. Kapitel B. II. 2. und 3.
2375 Art. 4 Rahmenbeschluss.

7. Strafbarkeit juristischer Personen

Die nach dem Rahmenbeschluss vorgesehene Verantwortlichkeit und Strafbarkeit juristischer Personen[2376] geht nicht über die im deutschen Recht existierenden Regelungen hinaus, obwohl die juristische Person nach deutschem Recht nur ordnungswidrigkeitenrechtlich haftet: Die §§ 30 und 130 OWiG sehen die ordnungswidrigkeitenrechtliche Verantwortlichkeit juristischer Personen und Personenvereinigungen sowie des Betriebsinhabers, des gesetzlichen Vertreters, des Betriebsleiters und der speziell aufsichtspflichtigen Person dann vor, wenn eine Person als vertretungsberechtigtes Organ oder Organmitglied beziehungsweise als Generalbevollmächtigter, Prokurist oder Handlungsbevollmächtigter in leitender Stellung[2377] zugunsten der juristischen Person handelte oder wenn eine mangelnde Überwachung oder Kontrolle (Unterlassen der erforderlichen Aufsichtsmaßnahme)[2378] die Straftat ermöglicht hat.[2379] Juristische Personen sind die Aktiengemeinschaft, die Gesellschaft mit beschränkter Haftung, die Genossenschaft, der eingetragene Verein, die Stiftung und juristische Personen des öffentlichen Rechts beziehungsweise öffentliche Unternehmen.[2380] § 130 OWiG gilt allerdings nicht für Stellen, die öffentliche Verwaltungsaufgaben wahrnehmen.[2381] Die Gesellschaft des bürgerlichen Rechts (§§ 705 ff. BGB) wird von § 30 OWiG nicht erfasst. Personenvereinigungen sind Personenhandelsgesellschaften wie die offene Handelsgesellschaft, die Europäische Wirtschafts- und Interessensvereinigung und die Kommanditgesellschaft sowie nichtrechtsfähige Vereine wie Gewerkschaften und große Sportvereine. Auch wenn die deutschen Regeln nicht ausdrücklich die strafrechtliche Verantwortlichkeit der natürlichen neben der der juristischen Person zulassen, so ist dies mittelbare Folge aus dem Grundsatz *ne bis in idem*, der dadurch nicht verletzt würde.[2382] Diese Regelung deckt sich mit den Vorschriften des Rahmenbeschlusses in materieller Hinsicht. Aber auch hinsichtlich der Rechtsfolgen besteht im deutschen Recht kein Nachbesserungsbedarf, da es keiner strafrechtlichen Sanktionen gegen die juristische Person bedarf: Die Verhängung bloß verwaltungsrechtlicher Sanktionen ist gemäß Art. 7 Rahmenbeschluss „*strafrechtliche oder nichtstrafrechtliche Geldsanktionen*“ ausreichend.

8. Sanktionen

Da in den §§ 324 ff. StGB neben Geldstrafe stets auch Freiheitsstrafe angedroht wird, deckt sich das deutsche Umweltstrafrecht auch bezüglich der nach Art. 6 Absatz 1 Rahmenbeschluss anzudrohenden (kriminalstrafrechtlichen) Sanktionen.

2376 Art. 6 und 7 Rahmenbeschluss.

2377 § 30 Absatz 1 Nr. 4 OWiG: Personen, die in leitender Stellung verantwortlich handeln, wobei unerheblich ist, ob der Bestellungsakt wirksam ist, da die faktische Betrachtungsweise maßgebend ist.

2378 Echtes Unterlassensdelikt.

2379 Vgl. § 130 OWiG und 1. Kapitel B. VI. 1. b. bb.

2380 *Göhler*, OWiG, § 30, Rn. 2 und § 130, Rn. 23.

2381 *Göhler*, OWiG, § 130, Rn. 24.

2382 Vgl. *Göhler*, OWiG, § 30, Rn. 29.

Daneben können die Mitgliedstaaten (fakultativ) weitere Sanktionen oder Maßnahmen für die genannten Umweltdelikte vorsehen, Art. 6 Absatz 2 Rahmenbeschluss. Das deutsche Recht kennt das Berufsverbot als Maßnahme der Besserung und Sicherung, §§ 61 Nr. 1, 70 und 71 StGB[2383] sowie die Gewerbe- und Betriebsschließung.[2384]

9. Gerichtsbarkeit

Die gerichtliche Zuständigkeit für Auslandstaten regelt Art. 8 Rahmenbeschluss. In Art. 8 Absatz 1 a) Rahmenbeschluss ist das Territorialprinzip geregelt: Danach ist eine Straftat dort begangen, wo der Täter ganz oder teilweise gehandelt hat – unerheblich ist der Ort, an dem die Folgen der Tat aufgetreten sind. Allein der Handlungsort ist maßgebend. Auch wenn nach deutschem Strafanwendungsrecht (§ 3 in Verbindung mit § 9 Absätze 1 und 2 StGB) daneben der Erfolgsort maßgebend sein kann (Äquivalenzprinzip),[2385] so decken sich diese Regeln dennoch.
Das gilt auch für die Regeln zum Flaggenprinzip nach Art. 8 Absatz 1 b) Rahmenbeschluss und § 4 StGB.
Zudem soll gemäß Art. 8 Absatz 1 c) Rahmenbeschluss die gerichtliche Zuständigkeit für den Fall begründet werden,[2386] dass die juristische Person zu deren Gunsten gehandelt wurde, ihren Sitz im Hoheitsgebiet hat. Da die §§ 3 ff. StGB nur auf natürliche Personen Anwendung finden können, sind hier die entsprechenden Regeln des Ordnungswidrigkeitenrechts, die auf juristische Personen anwendbar sind, heranzuziehen. Im Ordnungswidrigkeitenrecht gilt ebenfalls der Gebietsgrundsatz, so dass das deutsche Ordnungswidrigkeitenrecht für alle in der Bundesrepublik begangenen Ordnungswidrigkeiten gilt (§ 5 OWiG). Für Auslandshandlungen des Täters gilt § 7 OWiG, dessen Absatz 1 dem § 9 Absatz 1 StGB nachgebildet ist. Damit gilt im Ordnungswidrigkeitenrecht ebenfalls das Äquivalenzprinzip: Der Handlungsort ist dort, wo der Tätigkeits- beziehungsweise der Erfolgsort liegt. Damit ist eine Handlung im Gebiet der Bundesrepublik begangen, wenn sie sich hier als Zuwiderhandlung auswirkt – was zum Beispiel dann der Fall sein soll, wenn ein im Ausland begangener Verstoß gegen Unternehmenspflichten in die Bundesrepublik hineinwirkt.[2387] Das ist wohl der Fall, wenn der Täter zwar im Ausland handelt, dadurch aber eine Pflicht des inländischen Unternehmens verletzt wird. Damit scheint dieser Fall des Art. 8 Absatz 1 c) Rahmenbeschluss zwar inhaltlich durch § 7 OWiG erfasst zu sein, doch besteht insofern eine Lücke, als eine eigene Anknüpfung für die juristische Person nicht besteht. Da dies jedoch keine zwingende Bestimmung ist, besteht kein zwingender Nachbesserungsbedarf im deutschen Strafanwendungsrecht.

2383 Siehe 1. Kapitel B. VII. 1. b.
2384 Siehe 1. Kapitel B. VII. 1. f.; ferner 3. Kapitel C. II. 3. h.
2385 Siehe 1. Kapitel B. VIII. 3.
2386 Diese Regel ist nicht zwingend! Vgl. Art. 8 Absatz 2 a) Rahmenbeschluss.
2387 *Göhler*, OWiG, § 5, Rn. 3a.

Kein Nachbesserungsbedarf besteht zudem bezüglich der ohnehin nicht zwingenden Zuständigkeitsregel des Art. 8 Absatz 1 d) Rahmenbeschluss, da § 7 Absatz 2 Nr. 1 StGB den Fall, dass ein eigener Staatsangehöriger eine Straftat an einem Ort begangen hat, wo sie auch strafbar ist beziehungsweise an einem Ort, der keiner Gebietshoheit untersteht, erfasst.

Problematisch scheint hingegen, ob die in Art. 9 Absatz 1 a) Rahmenbeschluss enthaltene Regel ein Pendant im deutschen Strafanwendungsrecht hat: Danach muss die Zuständigkeit für den Fall begründet werden, dass ein eigener Staatsangehöriger, der außerhalb des Hoheitsgebiets eine Straftat begangen hat, nicht ausgeliefert wird. Diese Fallkonstellation wird nicht von § 7 Absatz 2 Nr. 2 StGB geregelt, da er nur für Ausländer und nicht für eigene Staatsangehörige gilt. Ebenso wenig erfasst § 7 Absatz 1 StGB diese Konstellation, da er nur Fälle erfasst, in denen sich die Taten gegen Deutsche richten. Das gleiche gilt für § 6 Nr. 9 und § 5 Nr. 11 StGB, die jeweils andere Fallkonstellationen regeln.[2388]

Jedoch besteht infolge des Rahmenbeschlusses des Rats vom 13. Juni 2002 über den Europäischen Haftbefehl und die Übergabeverfahren zwischen den Mitgliedstaaten[2389] keine Lücke: Danach wird die im Ausstellungsmitgliedstaat gesuchte Person unabhängig von ihrer Staatsangehörigkeit[2390] (und eventuell auch ohne Überprüfung des Vorliegens der beiderseitigen Strafbarkeit, vgl. Art. 2 Absatz 2 Rahmenbeschluss über den Europäischen Haftbefehl) vom Vollstreckungsmitgliedstaat festgenommen und an den Ausstellungsmitgliedstaat übergeben (Art. 1 Absatz 1 Rahmenbeschluss über den Europäischen Haftbefehl).

10. Handlungsbedarf seitens des deutschen Gesetzgebers

Es ist abschließend festzuhalten, dass der deutsche Gesetzgeber in mehreren Bereichen des Umweltstrafrechts tätig werden muss, um den im Rahmenbeschluss aufgestellten Mindestanforderungen zum strafrechtlichen Schutz der Umwelt vor schwerwiegenden Beeinträchtigungen nachzukommen.

Zunächst muss der deutsche Gesetzgeber den Anwendungsbereich des § 326 StGB so erweitern, dass auch ungefährliche Abfälle erfasst werden beziehungsweise muss er wenigstens im Kreislaufwirtschafts- und Abfallgesetz einen entsprechenden Straftatbestand (und nicht eine bloße Ordnungswidrigkeit) vorhalten. Zudem besteht die Notwendigkeit, die Tathandlung des nicht grenzüberschreitenden Transports von (gefährlichen und ungefährlichen) Abfällen mit Strafe zu bedrohen.

Eine Erweiterung der strafbaren Tathandlungen ist auch im Rahmen des § 328 StGB erforderlich, da dieser das Herstellen von Kernmaterial oder anderen radioaktiven Stoffe nicht erfasst.

2388 Vgl. 1. Kapitel B. VIII. 3. und 4. a.

2389 ABl. EG L 190, S. 1 vom 18.07.2002.

2390 Dies folgt mittelbar aus Art. 5 Nr. 3 Rahmenbeschluss über den Europäischen Haftbefehl.

Da § 66 BNatSchG das rechtswidrige Handeltreiben mit streng geschützten Tier- oder Pflanzenarten als Straftat erfasst, besteht im Hinblick auf Art. 2 f) Rahmenbeschluss keine Notwendigkeit gesetzgeberischen Tätigwerdens. Das gilt auch bezüglich der Strafbarkeit des rechtswidrigen Handels mit Stoffen, die zum Abbau der Ozonschicht führen, vgl. § 27 ChemG. Allerdings wäre bezüglich dieser beiden letztgenannten Straftaten in Erwägung zu ziehen, sie aus dem Nebenstrafrecht (Bundesnaturschutzgesetz und Chemikaliengesetz) herauszulösen und in das Strafgesetzbuch zu inkorporieren. Dafür sprechen mehrere Gründe: Zum einen regelt der Rahmenbeschluss nur schwerwiegendste Umweltstraftaten, also solche, die ansonsten (als Kernbereich des Umweltstrafrechts) Eingang in das Strafgesetzbuch gefunden haben. Zum zweiten wird die besondere Verwerflichkeit und Missbilligung dieser Handlungen erst durch die Inkorporation in das Strafgesetzbuch in das Bewusstsein der Bevölkerung gebracht.[2391]

Dringender Handlungsbedarf besteht zudem bezüglich der vom deutschen Umweltstrafrecht generell ausgenommenen Strafbarkeit von Umweltschädigungen durch Kraftfahrzeuge, Schienen-, Luft- und Wasserfahrzeuge,[2392] die der Rahmenbeschluss nicht vorsieht.

Nach Ansicht des Bundesministerium für Justiz[2393] besteht auch hinsichtlich der gerichtlichen Zuständigkeit für Auslandstaten Deutscher[2394] ein Nachbesserungsbedarf.

2391 Vgl. Begründung des Richtlinienvorschlags KOM (2001) 139 endg., S. 3.

2392 Siehe 3. Kapitel C. I. 1.

2393 So die Mitteilung der Presse des Bundesministerium der Justiz, Nr. 04/2003 Berlin, am 27.01.2003 unter http://www.bmj.bund.de/ger/service/pressemitteilungen.

2394 Vgl. Art. 9 Abs. 1 a) Rahmenbeschluss.

Zusammenfassung

Im Rahmen der Zusammenfassung werden zunächst die gewonnenen Ergebnisse der vorherigen Teile in einem ersten Abschnitt zusammengefasst. Dabei werden die Ergebnisse des Vergleichs des Rahmenbeschlusses mit den deutschen Regeln des Umweltstrafrechts wegen ihrer herausragenden Bedeutung in einem eigenen Abschnitt dargestellt. Im Anschluss an diese Darstellung, die von der Frage geleitet wird, ob das deutsche Umweltstrafrecht den Mindeststandards des Rahmenbeschlusses genügt, erfolgt die Skizzierung dessen, was das optimale Umweltstrafrecht im Sinne der Einleitung[2395] sein könnte.

A. Die Ergebnisse der Kapitel 1 bis 5

I. Deutsche Rechtslage auf dem Gebiet des Umweltstrafrechts

Im Einzelnen kann zur deutschen Rechtslage auf dem Gebiet des Umweltstrafrechts festgehalten werden:

1. Legitimität des Umweltstrafrechts
Bei der Erörterung der verfassungsrechtlichen Anforderungen an das Strafrecht und damit der Frage nach der Legitimation des Umweltstrafrechts hat sich herausgestellt, dass der Gesetzgeber im Bereich des Umweltrechts grundsätzlich frei entscheiden kann, ob und welche Verhaltensnormen mit strafrechtlichen Sanktionsnormen flankiert werden. Ein wichtiges Kriterium für die Strafbewehrung von Verhaltensnormen ist die Sozialschädlichkeit solcher Verhaltensweisen. Da umweltverschmutzende Verhaltensweisen Existenz- und/oder Entfaltungsbedingungen der gegenwärtig und zukünftig lebenden Menschen gefährden, beeinträchtigen oder sogar vernichten können, sind solche Verhaltensweisen aufgrund ihrer Sozialschädlichkeit besonders strafwürdig.

2. Entkriminalisierung des Umweltstrafrechts
Die Erörterung (und Widerlegung) der stets wiederholten Forderung nach einer Entkriminalisierung des Umweltstrafrechts aufgrund der mangelnden Effektivität hat gezeigt, dass dieses Anliegen nicht nur in der Sache ein unzutreffender Ansatz, sondern auch rechtspolitisch überholt ist. So konnte gezeigt werden, dass der Grund für

---

[2395] Siehe Einleitung V.

die mangelnde Anwendung und Durchsetzung der umweltstrafrechtlichen Normen in Deutschland nicht darin liegt, dass es sich um „modernes" (im Sinne eines symbolischen) Strafrecht handelt, sondern eher in seiner Abhängigkeit vom Verwaltungsrecht (und damit in staatlich erlaubten Umweltverschmutzungen) sowie in der fehlenden Strafbarkeit von Amtsträgern und juristischen Personen zu finden ist.
Auch der Blick in die Rechtsordnungen der anderen Mitgliedstaaten der Europäischen Union und die europäischen Rechtsakte haben gezeigt, dass Umweltbeeinträchtigungen grundsätzlich als (kriminal-) strafwürdig angesehen werden.

3. Strafbarkeit fahrlässigen Verhaltens

Bei der Erörterung der Frage, ob durch leicht fahrlässiges Verhalten entstandene Umweltbeeinträchtigungen (generell) straffrei bleiben sollten, wurde festgestellt, dass eine sinnvolle Beschränkung der strafrechtlichen Verantwortung zweckmäßig ist. Mit der Einführung einer dritten Kategorie, der Leichtfertigkeit im Sinne und nach dem Vorbild der Länder England und Frankreich, die nicht dem Konzept der groben Fahrlässigkeit folgen, sondern darauf abstellen, dass jemand angesichts des Risikos der Tatbestandsverwirklichung (bewusst) handelt,[2396] wäre die Einschränkung besonders überzeugend möglich. Diese hätte gegenüber der generellen Straffreistellung jeglichen fahrlässigen Verhaltens den Vorteil, dass sowohl die Fälle der Tatsachenblindheit als auch die Fälle extrem risikoreicher Tätigkeiten sowie die Fälle mit Schäden großen Ausmaßes angemessen erfasst werden könnten. Ausgeschieden würde dadurch aber bloß nachlässiges sowie nicht vorwerfbares Verhalten, das jedermann treffen kann. Daneben ist – mit Abstrichen – sowohl die Beschränkung der Fahrlässigkeit auf Leichtfertigkeit im herkömmlichen Sinne als auch die Beschränkung der Fahrlässigkeitsstrafbarkeit auf Sonderdelikte ein (wohl rechtspolitisch leichter) begehbarer Weg.

4. Rechtsgüterschutz

Die Erörterung der im Umweltstrafrecht geschützten Rechtsgüter hat verdeutlicht, dass bereits hier, quasi Vorab, die Reichweite der Straftatbestände zum Schutz der Umwelt festgelegt wird, da dem Rechtsgut bei der Auslegung des jeweiligen Straftatbestandes zentrale Bedeutung zukommt. Das Verständnis vom Begriff „Umwelt" hat gezeigt, dass zum einen der Anwendungsbereich des Umweltstrafrechts hierdurch maßgeblich geprägt wird und zum anderen die der Umwelt beigemessene Wichtigkeit als Lebensgrundlage des Menschen deutlich werden. So konnte gezeigt werden, dass das Rechtsgut unter anderem dazu dient, die Grenzen strafwürdigen Verhaltens festzulegen. Sanktioniert werden dürfen nur Verletzungen von elementaren Werten der Sozialordnung, die für das verträgliche Zusammenleben in der Gesellschaft unerlässlich sind. Da die Umwelt des Menschen und die in den §§ 324 ff. StGB geschützten

[2396] *Weigend*, ZStW **93** (1981) S. 657, 687 ff.; ferner *Vogel*, Freiburg-Symposium, S. 125, 141 f.

Rechtsgüter (Reinheit des Wassers, des Bodens und der Luft) Lebensgrundlage für die Menschen sind, ist ihr Schutz durch das Strafrecht elementar und unerlässlich. Wichtig und deshalb besonders hervorzuheben ist zudem die Feststellung, dass die Bestimmung des geschützten Rechtsguts im deutschen Umweltstrafrecht nicht einheitlich für alle Tatbestände des 29. Abschnitts getroffen werden kann, sondern für jedes Delikt gesondert festgestellt werden muss. Dadurch ist der strafrechtliche Schutz der Umweltgüter unterschiedlich intensiv ausgestaltet. Wird nicht nur das Umweltgut als solches geschützt (wie es bei § 324 StGB der Fall ist), sondern ist daneben die Gefährdung der Gesundheit oder des Lebens des Menschen erforderlich (§§ 325 Absatz 1 und 325a Absatz 1 StGB), so wird der strafrechtliche Schutz durch dieses zusätzliche Erfordernis eingeschränkt.
Indem die Umweltmedien Wasser, Luft und Boden in unterschiedlichen Tatbeständen geregelt sind, ist auch der Schutz der elementaren, biologischen Umweltmedien verschieden weit und disharmonisch.

5. Deliktstypen

Die Abstufung des Schutzes der Umweltgüter wird verstärkt durch die vom Gesetzgeber gewählten Deliktstypen: Bei Erfolgsdelikten ist der Schutz weniger weitgehend als bei abstrakten Gefährdungsdelikten, da die Voraussetzungen, insbesondere die Anforderungen an den Kausalitätsnachweis, bei ersteren höher sind. Gerade die Tatbestände der §§ 326, 327 und 328 StGB belegen den weitreichenden Schutz abstrakter Gefährdungstatbestände beispielhaft: Der Eintritt einer konkreten Schädigungsgefahr ist bei abstrakten Gefährdungsdelikten nicht erforderlich; er darf nur nicht offensichtlich ausgeschlossen sein. Dazwischen liegt die Deliktsform der konkreten Gefährdungstatbestände, die dadurch gekennzeichnet sind, dass der tatbestandsmäßige Erfolg in einer konkreten Gefährdung des Handlungssubjekts besteht. Diese Tatbestände werden in der Regel zum Schutz anthropozentrischer Interessen, wie Gesundheit und Leben des Menschen, verwendet.

6. Verwaltungsakzessorietät

a. Die Verwaltungsakzessorietät war von Anfang an und ist stets einer der heftig umstrittenen Bereiche des deutschen Umweltstrafrechts geblieben. So wird immer wieder behauptet, dass sie für die Ineffektivität des deutschen Umweltstrafrechts verantwortlich sei.[2397] Infolgedessen wird regelmäßig vorgebracht, dass das Umweltstrafrecht verwaltungsrechtsunabhängig auszugestalten sei.[2398] Dies sei erforderlich, um eine effektive Anwendung zu gewährleisten. Abgemildert fordern andere Autoren – differenzierter – eine moderate Unabhängigkeit des Umweltstrafrechts vom (Um-

---

2397 Vgl. 1. Kapitel B. IV.
2398 Vgl. 1. Kapitel B. IV.

welt-) Verwaltungsrecht in Form der Verwaltungs*rechts*akzessorietät.[2399] Die herrschende Meinung geht hingegen davon aus, dass die gegenwärtig bestehende Abhängigkeit der umweltstrafrechtlichen Regeln vom (Umwelt-) Verwaltungsrecht grundsätzlich unabdingbar und sinnvoll ist, um eine widerspruchsfreie Anwendung beider Rechtsgebiete zu gewährleisten. Die Frage ist und bleibt aber, wie weit diese Abhängigkeit gehen soll und wo sie ihre Grenzen findet. Der deutsche Gesetzgeber hat in § 330d Nr. 5 StGB die Ausnahmeregel getroffen,[2400] dass bei den dort genannten (Rechtsmissbrauchs-) Fällen das Nichtvorliegen einer verwaltungsrechtlichen Genehmigung fingiert wird. Insoweit löst sich das (Umwelt-) Strafrecht von den verwaltungsrechtlichen Vorgaben und normiert eigenständige Nichtigkeitsgründe, die dem Postulat der Einheit der Rechtsordnung widersprechen.

b. Wegen der grundsätzlichen Bedeutung der Verwaltungsakzessorietät für das Umweltstrafrecht wurde vergleichend die verwaltungsrechtliche Rechtslage in Frankreich (stellvertretend für den romanischen Rechtskreis) und in Großbritannien (exemplarisch für den angloamerikanischen Rechtskreis) in die Untersuchung einbezogen. Hierbei hat sich gezeigt, dass sowohl in Frankreich als auch in Großbritannien – ebenso wie in Deutschland – rechtsmissbräuchlich (zum Beispiel durch Betrug, falsche Angaben, Nötigung oder ähnliches) erlangte Genehmigungen das Verwaltungshandeln inexistent und nichtig machen. Das heißt, dass hier die Verwaltungsakzessorietät des Strafrechts grundsätzlich aufgehoben ist. Und zumindest in Frankreich vermag die behördliche Duldung ebenfalls keine rechtfertigende Wirkung zu erzeugen. Über andere materiell rechtswidrige Behördenentscheidungen lässt sich ein gemeinsamer Nenner nicht finden: So kann in Frankreich der Strafrichter aufgrund von Art. 111-5 franzStGB über die formelle und materielle Rechtmäßigkeit eines Verwaltungsakts als Vorfrage entscheiden, wenn dies für den Ausgang des Verfahrens entscheidend ist. Im Gegensatz dazu erkennt das britische Strafrecht das Verteidigungsvorbringen der irrtümlichen Annahme rechtmäßigen Handelns (zum Beispiel infolge einer behördlichen Genehmigung) grundsätzlich nicht an. Ausnahmen hierzu sind aber zum Teil in Umweltgesetzen ausdrücklich vorgesehen. Dann schließen behördliche Genehmigungen die Strafbarkeit für eine Umweltstraftat aus.

c. Bezeichnend ist zudem, dass es innerhalb des deutschen Rechtskreises weitere Rechtsgebiete gibt, wie zum Beispiel das Waffen- und das Außenwirtschaftsrecht, die ebenfalls verwaltungsakzessorisch ausgestaltet sind, wo es aber keine solche Kritik und Flut an kritischen Stellungnahmen in der Literatur gibt. Dort scheint die Abhängigkeit des Strafrechts vom Verwaltungsrecht grundsätzlich akzeptiert zu werden; das Wenige, was dort zu diesem Problem geschrieben wird, erschöpft sich in einem Verweis auf die Literatur zum Umweltstrafrecht und dem Anschluss an die dort herrschende Meinung. Dies liegt wohl auch daran, dass das Umweltstrafrecht eben nicht

---

2399 Vgl. 1. Kapitel B. IV.

2400 Eine vergleichbare Regelung findet sich in § 34 Absatz 8 AWG und § 16 Absatz 4 CWÜAG.

mehr Nebenstrafrecht ist, sondern sich im allgemeinen Strafgesetzbuch findet und ihm daher eine erhöhte Aufmerksamkeit gewidmet wird.

7. Strafbarkeit von Amtsträgern

Die Untersuchung der (Nicht-) Regelung der Amtsträgerstrafbarkeit in Deutschland hat gezeigt, dass es infolge der Verwaltungsakzessorietät nur wenige Fallgruppen gibt, in denen sich Amtsträger nach geltendem Recht strafbar machen können. Die wiederholte und bewusste Entscheidung des deutschen Gesetzgebers gegen eine Amtsträgerstrafbarkeit führt nicht nur dazu, dass die allgemeinen Regeln zu Täterschaft und Teilnahme zwecks Erfassung dieses Behördenverhaltens ausgeweitet werden, sondern auch zu einer Unsicherheit bei den Umweltbeamten. Die Amtsträger können sich nicht (mehr) sicher sein, wann und durch welches Verhalten sie sich strafbar machen.

a. Es konnte weiterhin festgestellt werden, dass sich Umweltbeamte bei den Sonderdelikten (die den Großteil der Umweltdelikte ausmachen) weder als Täter noch als Teilnehmer strafbar machen können – abgesehen von dem Fall, dass die Behörde selbst Betreiber einer öffentlichen (umweltverschmutzenden) Anlage ist. Eine Strafbarkeit kommt nur bei den wenigen Allgemeindelikten (§§ 324, 326 Absatz 1 und 330a StGB) in Betracht. Bei der Erteilung fehlerhafter und wirksamer Erlaubnisse kann sich nach herrschender Meinung der Amtsträger als mittelbarer Täter strafbar machen, weil er durch Erteilung der fehlerhaften Genehmigung eine rechtliche Schranke für ein verbotenes Handeln beseitigt, kraft Einschätzungsprärogative überlegenes Sachwissen besitzt und so die Tat beherrscht. Ansonsten kommt bei der Erteilung fehlerhafter Erlaubnisse eine Strafbarkeit nur bei rechtsmissbräuchlich erlangten oder nichtigen Genehmigungen in Betracht. Unterlässt es der Amtsträger, einen rechtsfehlerhaften Verwaltungsakt zu widerrufen, so macht er sich nach herrschender Meinung in der Regel strafbar, da ihn eine Garantenstellung trifft. Allerdings muss eine verwaltungsrechtliche Rücknahmepflicht bestehen – das heißt, dass ihm bezüglich dieser Entscheidung kein Ermessen zustehen darf. Nimmt er den Verwaltungsakt fahrlässig nicht zurück, so liegt die für eine Strafbarkeit erforderliche Sorgfaltspflichtverletzung nur vor, wenn sich dem Amtsträger begründete Zweifel an der Rechtmäßigkeit des Verwaltungsakts aufdrängen mussten. Des Weiteren ist eine strafrechtliche Verantwortung (in Folge einer Beschützergarantenstellung) möglich, wenn der Amtsträger von einem Umweltdelikt weiß und trotz bestehender Pflicht nicht dagegen einschreitet.

b. Wegen der bestehenden Strafbarkeitslücken, die es gerade infolge der Verwaltungsakzessorietät gibt, vermag die Amtsträgerstrafbarkeit nach den allgemeinen Regeln nicht zu überzeugen. Deshalb wurden die bisherigen Vorschläge, die zur Lösung dieser unbefriedigenden bestehenden Rechtslage in der Literatur erörtert wurden, vorgestellt und kritisch gewürdigt sowie andere Rechtsgebiete (Steuer- und Insolvenzrecht) vergleichend herangezogen. Dabei wurde festgestellt, dass die Einführung einer gesetzlichen Anzeigepflicht für Amtsträger in Umweltverwaltungsbehörden zumindest für Umweltstraftaten, die mittlere und schwere Umweltschädigungen (also §§ 330, 330a StGB) verursachen, dringend erforderlich ist (so wie es sie sowohl im Steuer- als auch im Insolvenzrecht bereits gibt). Die erlassweise eingeführten Anzeigepflichten auf Länderebene genügen deshalb nicht, weil die Behördenvertreter weder Anzeige erstatten, noch bei einem Verstoß gegen diese Pflicht disziplinarrechtlich verfolgt werden und die Strafverfolgungsorgane die Verletzung bloßer Verwaltungsvorschriften nicht verfolgen und ahnden können. Zudem wäre eine gesetzliche Strafanzeigepflicht über die §§ 258, 258a StGB strafbewehrt.

8. Strafbarkeit juristischer Personen

a. Die Strafbarkeit juristischer Personen stellt eine rechtspolitisch brisante Frage dar: zum einen, weil das Übereinkommen des Europarats zum Schutz der Umwelt durch das Strafrecht die Strafbarkeit juristischer Personen[2401] vorsieht; zum anderen, weil es sich um eines der aktuell – nicht nur in Deutschland – stark diskutierten Gebiete des Strafrechts handelt und hier vieles im Umbruch ist. So haben viele Mitgliedstaaten der Europäischen Union die Strafbarkeit juristischer Personen zwischenzeitlich eingeführt. Die Niederlande ermöglichen im Rahmen des Zurechnungsmodells (Zurechnung auf den Ebenen des Vorsatzes und der Schuld) die Bestrafung der juristischen Person. Auch Finnland hat die strafrechtliche Verantwortlichkeit juristischer Personen eingeführt und zwar als von natürlichen Personen abgeleitete Verantwortlichkeit. Frankreich hingegen sieht die Möglichkeit der Strafbarkeit juristischer Personen als Ausdruck eigener Täterschaft und Verantwortung vor. 1999 haben auch Belgien und 2003 die Schweiz die Strafbarkeit juristischer Personen eingeführt und Österreich scheint kurz vor deren Einführung zu stehen; zumindest gibt es konkrete Tatbestandsvorschläge,[2402] die das Bundesjustizministerium derzeit prüft.[2403] In Großbritannien gibt es – ebenso wie in Dänemark (wo das Unternehmen sowohl für eigene Organisationsfehler als auch für zugerechnetes Fehlverhalten von Angestellten haftet) – die Möglichkeit einer stellvertretenden und einer eigenen direkten strafrechtlichen Haftung der juristischen Person, bei der es um deren eigene Schuld geht. Dagegen werden juristische Personen in Deutschland trotz der Vorstöße Ende der 90er Jahre, die Verbandsstrafe für juristische Personen einzuführen[2404] (ebenso wie in Italien, Spanien, Portugal, und noch in Österreich) strafrechtlich privilegiert, indem nur Geldbußen beziehungsweise Verwaltungssanktionen verhängt werden können, was vor diesem Hintergrund unzeitgemäß und unbefriedigend anmutet. Dies umso mehr, als inzwischen auch Rechtsakte des Europarats – Empfehlung des Europarats Nr. R (88) 18 – und der Europäischen Union – Übereinkommen über den Schutz

[2401] Art. 9 Übereinkommen.
[2402] Von und abgedruckt bei *Zeder*, ÖJZ **2001** 630, 641 f.
[2403] Vgl. *Venier*, ÖJZ **2002** 718 ff.
[2404] Siehe 1. Kapitel B. VI. 5.

der finanziellen Interessen der EG – zunehmend eine strafrechtliche oder (mit Rücksicht auf die deutsche, italienische, spanische etc. Rechtslage) eine ordnungswidrigkeiten- oder verwaltungsrechtliche Verantwortlichkeit juristischer Personen empfehlen.

b. Es wurden in diesem Abschnitt nicht nur der Stand der Diskussion und die *de lege lata* möglichen Sanktionen gegen juristische Personen aufgezeigt, sondern auch ausgelotet, was in Deutschland mach- und durchsetzbar ist.

De lege lata ist eigentlich nur die Verhängung der Verbandsgeldbuße nach § 30 OWiG sowie die Anordnung der Einziehung (§§ 73 ff. StGB) und des Verfalls (§§ 74 ff. StGB) gegen juristische Personen möglich. Und es konnte gezeigt werden, dass die herrschende deutsche Dogmatik der Einführung einer kriminalstrafrechtlichen Verantwortlichkeit nicht (mehr) unüberwindlich entgegensteht. Da juristische Personen in Deutschland Träger von Rechten und Pflichten, mithin reale Subjekte, sind, können sie sowohl Adressaten von Rechtsnormen als auch handlungsfähige Subjekte sein. Versteht man die Schuld als sozial-ethischen (statt individual-ethischen) Vorwurf, so folgt daraus deren Schuldfähigkeit infolge ihrer unzulänglichen Unternehmensphilosophie und defizitären Unternehmensstruktur. Mit der Durchsetzung der Präventionstheorie (der abschreckenden Wirkung von Strafe) ist die Straffähigkeit von Unternehmen evident: Sie nehmen das ihnen zugefügte Übel durchaus wahr und sollen von der weiteren Begehung von Straftaten – ebenso wie andere Straftäter – abgehalten werden. Geeignete Strafen sind neben der Geldstrafe Tätigkeitsbeschränkungen (Lizenzentziehung), Aufsichtsmaßnahmen, wie die Unternehmenskuratell und trotz der Kritik die Urteilsveröffentlichung. Auch die vorübergehende Betriebsschließung sowie die Auflösung des Verbandes sind effektive Maßnahmen, die aber wegen ihrer verfassungsrechtlichen Komplikationen nur unter engen Voraussetzungen zugelassen werden sollten.

9. Sanktionen gegen natürliche Personen

In dem Abschnitt über die im Umweltstrafrecht möglichen Sanktionen gegen natürliche Personen wurde dieses Rechtsgebiet möglichst vollständig und umfassend dargestellt; gerade auch in Anbetracht der häufig geäußerten – und durchaus berechtigten – Kritik, dass das zulässige Strafmaß in der Regel von den Strafverfolgungsorganen nicht voll ausgeschöpft wird, war eine nähere Untersuchung geboten. Hierbei hat sich gezeigt, dass zwischen den zulässigen und den tatsächlich verhängten Sanktionen eine große Diskrepanz besteht. Besonders auffällig ist nicht nur der seltene Gebrauch von Freiheitsstrafen, obwohl sie bei allen Straftatbeständen vorgesehen sind, sondern auch die sehr niedrig ausfallenden Geldstrafen.

Das Übereinkommen zum Schutz der Umwelt durch das Strafrecht enthält keine Vorgaben für die Sanktionshöhe; dort ist lediglich festgelegt, ob der Verstoß als Straftat, als verwaltungsrechtlicher Verstoß etc. zu ahnden ist. Lediglich der Rahmenbeschluss sieht vor, dass bei bestimmten Straftaten das Mindeststrafmaß ein Jahr betragen muss, vgl. Art. 5 Absatz 2 Rahmenbeschluss in Verbindung mit § 3 Absatz 2 IRG.

10. Strafanwendungsrecht

Die Behandlung des Strafanwendungsrechts ist für das deutsche Umweltstrafrecht von großer Bedeutung, weil es in seinen §§ 3 ff. StGB die Frage nach der Geltung der deutschen Strafgewalt für Sachverhalte mit Auslandsbezug regelt. Diese Regelungen legen somit die Anwendbarkeit des nationalen Strafrechts fest und sind entscheidend für das tatsächliche Auftreten von Lücken im grenzüberschreitenden Umweltstrafrecht.

a. Die Frage nach der Anwendbarkeit des deutschen Umweltstrafrechts auf auch im Ausland begangene beziehungsweise grenzüberschreitende Umweltdelikte ist gerade für das Umweltstrafrecht so wichtig, weil die meisten der durch die §§ 324 ff. StGB geschützten Rechtsgüter (wie Luft und Wasser) transnational sind und vom Gesetzgeber als abstrakte und potentielle Gefährdungsdelikte ausgestaltet sind. Als besonders problematisch stellt sich das Eingreifen des deutschen Strafrechts im Umweltstrafrecht dann dar, wenn der Handlungsort nicht innerhalb des deutschen Staatsgebiets liegt. Dann muss nämlich an den Erfolgsort angeknüpft werden,[2405] dessen Bestimmung sich bei potentiellen und abstrakten Gefährdungsdelikten schwierig gestaltet: Ihnen ist gerade das Fehlen eines Erfolgsorts eigen.[2406] Mit der herrschenden (restriktiven) Meinung[2407] kann bei diesen Delikten mangels eines tatbestandsmäßigen Erfolges nicht an den Erfolgsort angeknüpft werden. Infolge des relativ neuen Mediums Internet und den damit verbundenen Möglichkeiten, strafbare Äußerungen einem potentiell weltweiten Personenkreis zugänglich zu machen, wird dieses Problem so eingehend diskutiert,[2408] dass eine Darstellung der neuen Ideen und Meinungen wegen ihrer Relevanz für das Umweltstrafrecht lohnend und geboten war: Sie wurden auf ihre Brauchbarkeit für das Umweltstrafrecht untersucht.

b. Es konnte gezeigt werden, dass die Anwendbarkeit des deutschen Umweltstrafrechts nur für im deutschen Inland begangene Straftaten unproblematisch ist, nicht hingegen bei den im Ausland begangenen Umweltstraftaten, die sich im deutschen

[2405] § 9 Absatz 1, 3. Alt. StGB.

[2406] H. M.: *Tiedemann/Kindhäuser*, NStZ **1988** 337, 346. Für weitere Nachweise siehe *Dannecker/Streinz*, in: Rengeling (Hrsg.), Bd. I, § 8 Rn. 49; *Kloepfer*, DVBl. **1984** 245, 246 (unter Hinweis auf *Tröndle/Fischer*, § 9, Rn. 3); *Martin*, Grenzüberschreitende Umweltbeeinträchtigungen, S. 10.

[2407] *Horn/Hoyer*, JZ **1987** 965, 966; *Lackner/Kühl*, § 9, Rn. 2; *Satzger*, NStZ **1998** 112, 115; *Schönke/Schröder/Eser*, StGB, § 9, Rn. 6; *Tiedemann/Kindhäuser*, NStZ **1988** 337, 346; *Wegscheider*, DRiZ **1983** 56, 58; *Wimmer*, ZfW **1991** 141, 150.

[2408] BGH, NJW **2001** 624 ff. (**krit.** *Heghmanns*, JA **2001** 276 ff. und *Kudlich*, Jura **2001** 305 ff., der für eine „rechtssichere Lösung" des Problems der Äußerungsdelikte für eine Ergänzung des Katalogs des § 6 StGB plädiert); BGH, NStZ **1990** 36; *Breuer*, MMR **1998** 141 ff.; *Collardin*, CR **1995** 618 ff.; *Cornils*, JZ **1999** 394 ff.; *Derksen*, NJW **1997** 1878 ff; *Heghmanns*, JA **2001** 276 ff.; *Heinrich*, GA **1999** 72 ff.; *Hilgendorf*, NJW **1997** 1873 ff.; *Kudlich*, Jura **2001** 305 ff.; *Satzger*, NStZ **1998** 112 ff.; *Sieber*, NJW **1999** 2065 ff.; *Werle/Jeßberger*, JuS **2001** 35 ff.

Inland auswirken. Hier fehlt in der Regel der erforderliche Anknüpfungspunkt: der Erfolg. Zwar versuchen einige Autoren, auch bei den abstrakten und potentiellen Gefährdungsdelikten einen Erfolg zu „konstruieren", jedoch können diese Lösungsansätze in letzter Konsequenz nicht überzeugen. Weder der kriminalpolitisch zu wünschenswerten Ergebnissen führende Ansatz *Martins*, noch der von *Sieber* sind zufrieden stellend, weil sie entweder in der abstrakten Gefahr den Erfolg des Delikts sehen oder aber den Erfolg im Sinne von § 9 Absatz 1, 3. Alt. StGB als Tathandlungserfolg (eigenständig) definieren. Beide Ansätze führen zwar zu dem erwünschten Ergebnis der Anwendbarkeit des deutschen Umweltstrafrechts, sind aber keine dogmatisch sauberen und überzeugenden Lösungen.

c. Ein weiteres Problem bei der Frage nach der Anwendbarkeit des deutschen Strafrechts auf Umweltdelikte resultiert aus der verwaltungsakzessorischen Ausgestaltung. Denn hier tritt das Problem auf, ob bei dem Erfordernis der Verletzung verwaltungsrechtlicher Pflichten (Verstoß gegen einen Verwaltungsakt) auf ausländisches Verwaltungsrecht abgestellt werden kann. Einigkeit besteht in zweierlei Hinsicht: Deutsche Verwaltungsakte gelten nur innerhalb Deutschlands, und eine sowohl am Handlungsort als auch in Deutschland verbotene Tätigkeit kann nach deutschem Recht bestraft werden. Komplizierter wird die Rechtslage erst bei Vorliegen eines Souveränitätskonflikts, wenn ein und dieselbe Tat nach deutschem Recht eigentlich strafbar wäre, aber im Ausland infolge einer (ausländischen) Genehmigung erlaubtes Verhalten darstellt. Hier kann die Strafbarkeit nach deutschem Recht entweder dadurch entfallen, dass der ausländische Hoheitsakt anerkannt wird, dieser somit in Deutschland Geltungskraft erlangt und folglich das in Frage stehende Verhalten auch in Deutschland zu einem befugten wird, oder dadurch, dass man aus dem Grundsatz der Völkerrechtsfreundlichkeit folgert, dass völkerrechtlich zulässige grenzüberschreitende Umweltbeeinträchtigungen nicht strafbar sein dürfen. Zwar besteht daneben auch eine gewisse völkerrechtliche Pflicht zur Duldung nicht erheblicher grenzüberschreitender Umweltbeeinträchtigungen, die aber einen Gegenpart hat, der besagt, dass grenzüberschreitende Umweltbeeinträchtigungen grundsätzlich zu unterlassen sind. Wo hier die Grenze im Einzelnen verlaufen soll, ist nicht abschließend geklärt. So sind zum Teil schon bloße Gefährdungen durch besonders gefährliche Tätigkeiten in Grenznähe (Kernkraftwerke oder ähnliche Anlagen) völkerrechtlich verboten.

d. Dies alles zeigt, dass die Anwendbarkeit deutschen Umweltstrafrechts vor allem aus drei Gründen ungewiss ist: Zum einen schützen die Tatbestände überindividuelle (transnationale) Rechtsgüter, so dass der Auslandsbezug häufiger als bei anderen individual-schützenden Delikten gegeben ist. Zum anderen folgt aus ihrer Ausgestaltung als abstrakte und potentielle Gefährdungsdelikte das Problem des fehlenden Erfolges als Anknüpfungspunkt für das deutsche Strafrecht. Und schließlich gestaltet sich auch hier die Verwaltungsakzessorietät des Umweltstrafrechts als Unsicherheits-

faktor, da völkerrechtlich nicht sicher gesagt werden kann, wann ausländische Hoheitsakte im innerstaatlichen Recht Geltung besitzen.
Da das deutsche Strafrecht *de lege lata* mit der dogmatisch konsequenten Lösung der herrschenden Meinung bei grenzüberschreitenden Umweltstraftaten oft unanwendbar ist[2409] und auch durch die Ratifikation völkerrechtlicher Verträge nur einen ungenügenden strafrechtlichen Schutz erfahren kann, ist eine EU-einheitliche Regelung unerlässlich – denn entsprechende klarstellende Änderungen durch den nationalen Gesetzgeber sind zwar wünschenswert, aber eher unwahrscheinlich.

II. Die verschiedenen Modelle des Umweltstrafrechts

Die Ausführungen zu den verschiedenen Modellen des Umweltstrafrechts hat zum einen einen Überblick über die verschiedenen Möglichkeiten, das Umweltstrafrecht zu regeln, sowie über dessen Gebrauch und Verteilung in der Europäischen Union gegeben und zugleich einen „Entwicklungstrend" hin zu kernstrafrechtlichen Regelungen, die verwaltungsakzessorisch ausgestaltet sind, soweit es nicht um den Schutz der Gesundheit und des Lebens geht, aufgezeigt. Zum anderen wurde damit verdeutlicht, dass es in allen Mitgliedstaaten der Europäischen Union bei der Erfassung dieser Art der Kriminalität nicht nur parallele Problemschwerpunkte – Rechtsgüterschutz, Verwaltungsakzessorietät, Amtsträgerstrafbarkeit, Strafbarkeit juristischer Personen – gibt, sondern oftmals auch vergleichbare und nicht selten gleiche Lösungswege, insbesondere die Ausgestaltung der Straftatbestände als Gefährdungs- und Tätigkeitsdelikte, beschritten werden.

1. Kernstrafrechtliche Regelung

Im Einzelnen auffällig war zunächst, dass die Entwicklung des strafrechtlichen Schutzes der Umwelt meist von verstreuten strafrechtlichen Regelungen in umweltverwaltungsrechtlichen Nebengesetzen – so in Italien, Frankreich, Belgien, Griechenland, Großbritannien und den Niederlanden – hin zu entweder einem zentralen Umweltschutzgesetz – so in Japan und der Schweiz – oder zur Inkorporation eines eigenen Abschnitts in dem allgemeinen Strafgesetzbuch – so in Österreich, Schweden, Portugal, Spanien, Dänemark, Finnland und Deutschland – verlief. Damit kann berechtigterweise von einem „Trend" zur kriminalstrafrechtlichen Erfassung der Delikte gegen die Umwelt gesprochen werden.

2409 Dies beruht darauf, dass die Mehrzahl der Umweltdelikte als abstrakte und potentielle Gefährdungsdelikte ausgestaltet sind und ihnen somit ein Erfolg als Anknüpfungspunkt im Sinne von § 9 Absatz 1, 3. Alt. StGB fehlt.

2. Rechtsgüterschutz

Daneben ist in fast allen Ländern das Problem des geschützten Rechtsguts diskutiert. Meist ist der Rechtsgüterschutz – so wie in Deutschland – „mehrspurig" ausgestaltet, das heißt, dass ökologische, anthropozentrische und administrative Interessen nebeneinander geschützt werden. Der Schwerpunkt des jeweils geschützten Interesses variiert dabei von Tatbestand zu Tatbestand. Die Länder, welche die Umweltmedien gemeinsam in einem Straftatbestand regeln, gewährleisten so einen einheitlichen gleich weiten Schutz der verschiedenen Rechtsgüter.

3. Deliktstypen

Ebenso verhält es sich mit der Regelungstechnik: Die meisten Umweltstraftatbestände sind als (abstrakte oder konkrete) Gefährdungsdelikte ausgestaltet. Oft sind es Blankettatbestände, die auf das eng verknüpfte (Umwelt-) Verwaltungsrecht verweisen. So handelt es sich im französischen Umweltstrafrecht um Blankettvorschriften, die pauschal bestimmte Verstöße gegen spezielle Umweltgesetze oder die darauf beruhenden Verwaltungsverfügungen pönalisieren, während in Großbritannien Blankettgesetze verbreitet sind, die auf verwaltungsrechtliche Vorschriften verweisen. Vereinzelt überwiegen in einigen Staaten die erfolgsunabhängigen Tätigkeitsdelikte.

4. Verwaltungsakzessorietät

Auf der engen Verknüpfung von Straf- und (Umwelt-) Verwaltungsrecht beruht die Verwaltungsakzessorietät. In allen Mitgliedstaaten sind die Tatbestände des Umweltstrafrechts verwaltungsakzessorisch ausgestaltet – und zwar unabhängig von der Lozierung der Tatbestände.[2410] Dabei wird überwiegend sowohl auf Umweltverwaltungsakte als auch auf Umweltschutzvorschriften in Verwaltungsgesetzen verwiesen. Anderes gilt nur bei Tatbeständen, die ausschließlich den Schutz von Leben und Gesundheit des Menschen bezwecken, wie § 330a dStGB, Art. L. 232-2 Landwirtschaftsgesetz und Art. 22 französisches Wassergesetz.

5. Strafbarkeit von Amtsträgern

Auch die Frage nach der besonderen Strafbarkeit von Amtsträgern in Umweltbehörden wird in fast allen Mitgliedstaaten erörtert, aber nur zum Teil ausdrücklich geregelt. Spezielle gesetzliche Regelungen finden sich meist in den Ländern, die ihre Strafgesetzbücher in den letzten Jahren reformiert haben, wie zum Beispiel in Spanien (Art. 329 spanStGB) und in Italien (Art. 361 italStGB). In den übrigen Staaten wird nur der Amtsmissbrauch und die Dienstpflichtverletzung mit Strafe bewehrt. Da die Stoßrichtung dieser Strafnormen eine andere ist, wird nicht deutlich, dass es sich um die Bestrafung umweltschädlicher Handlungen handelt.

[2410] Dies gilt nicht für das japanische Umweltstrafrecht (ohnehin kein Mitgliedsland der EU), wo die Regelungen anthropozentrische Interessen selbständig zu schützen suchen.

6. Strafbarkeit juristischer Personen

Seit einigen Jahren heftig diskutiert und in mehreren Ländern neuerdings auch eingeführt, ist die strafrechtliche Verantwortlichkeit von juristischen Personen. Neben den angloamerikanisch geprägten Rechtsordnungen, welche die Strafbarkeit juristischer Personen kennen, haben mehr und mehr Staaten, die bislang nur die persönlich-individuelle Strafbarkeit natürlicher Personen kannten, die Verbandsstrafbarkeit eingeführt. Zu nennen sind hier zunächst Belgien (Art. 5 und 7bis belgStGB), Dänemark (§§ 25 bis 27 dänStGB), Finnland (9. Kapitel des finnStGB), Frankreich (Art. 121-2 franzStGB), die Niederlande (§ 51 Absatz 1 niedStGB) und die Schweiz (Art. 100quater schweizStGB) sowie traditioneller Weise auch Großbritannien infolge der *strict liability*-Delikte und Japan (§ 4 USG). Auch hier zeigt sich ein sehr deutlicher Trend hin zur Einführung der Verbandsstrafbarkeit, der sich auch auf europarechtlicher und EU-rechtlicher Ebene widerspiegelt.

7. Strafen

Bezüglich der im Umweltstrafrecht möglichen Strafen ist das Bild wieder sehr homogen: Grundsätzlich sind Freiheitsstrafen von einem bis zu drei Jahren und Geldstrafen vorgesehen sowie verschiedene (strafrechtliche) Nebenfolgen.

8. Wertung

Aus wertender Sicht lässt sich sagen, dass in den meisten Mitgliedstaaten der Einsatz von Strafen zum Schutz der Umwelt aufgrund ihrer Bedeutung für die heute und in Zukunft lebenden Menschen für unabweislich gehalten wird und zumindest flankierend zum zivilrechtlichen und/oder verwaltungsrechtlichen Schutz hinzutritt. Der hohe Stellenwert, welcher der Umwelt beigemessen wird, spiegelt sich nur teilweise in ihrer verfassungsrechtlichen Verbürgung und ihrem kernstrafrechtlichen Schutzes wider. Zu dieser Feststellung gehört neben dem zu verzeichnenden Trend hin zur Konstitutionalisierung des Umweltschutzes auch der Trend hin zur Einführung der Strafbarkeit juristischer Personen, die (neben dem Wirtschaftsstrafrecht im engeren Sinne) gerade für das Umweltstrafrecht von besonderer Bedeutung ist, da viele Umweltstraftaten von Unternehmen beziehungsweise aus ihnen heraus begangen werden. Aufgrund dieser fehlenden Ahndungsmöglichkeiten bleiben gravierende Umweltbeeinträchtigungen und wirtschaftliche Schäden großen Ausmaßes ungestraft.

III. Das Übereinkommen des Europarats

Die Untersuchung des Übereinkommens des Europarats zum Schutz der Umwelt durch das Strafrecht hat ergeben, dass zum einen das Ziel verfolgt wird, die strafrechtlichen Regelungen zum Schutz der Umwelt international zu harmonisieren, und zum anderen, die internationale Zusammenarbeit auf diesem Gebiet zu verstärken.

1. Bindungswirkung

Um diese Vorgaben zu erreichen, hielt man ein Übereinkommen mit Bindungswirkung für Vertragsstaaten für das geeignete Instrument.

2. Analyse der Regelungen

Sodann wurden die einzelnen in dem Übereinkommen getroffenen Regelungen analysiert, und zwar vorrangig unter dem Aspekt der geschützten Rechtsgüter, der Deliktstypen, der Verwaltungsakzessorietät, der Strafbarkeit von Amtsträgern und juristischen Personen und der Zusammenarbeit von Verwaltungsbehörden mit Strafverfolgungs- und Strafermittlungsbehörden.

a. Das Übereinkommen des Europarats geht grundsätzlich davon aus, dass schwerwiegende Umweltstraftaten in den allgemeinen Strafgesetzbüchern der Vertragsstaaten und nicht in die Nebengesetze aufzunehmen sind. Lediglich weniger schwerwiegende Verstöße gegen die Umwelt können als Verwaltungsunrecht in den Nebengesetzen geregelt werden. Dem liegt die Annahme zugrunde, dass die im Strafgesetzbuch aufgeführten Delikte in der Bevölkerung besser bekannt sind und so eine größere (abschreckende) Wirkung entfalten.

b. Des Weiteren konnte gezeigt werden, dass das Übereinkommen eine erstrebenswerte „Gleichstellung" der Umweltmedien Luft, Wasser und Boden erreicht, indem es diese drei Medien – der Schutz der Ruhe ist hingegen gesondert geregelt – stets gemeinsam nennt. So ist der Schutzbereich dieser drei Umweltmedien stets gleich weitgehend. Besonders auffallend ist auch der abgestufte Rechtsgüterschutz: Bei Tatbeständen, die allein den Schutz von Leben und Gesundheit des Menschen bezwecken, handelt es sich im autonome Erfolgsdelikte; die Tatbestände, die primär auf den Schutz der Umweltmedien und nur sekundär auf den Schutz von Individualrechtsgütern gerichtet sind, sind als verwaltungsakzessorische abstrakt-konkrete Gefährdungsdelikte ausgestaltet. Geht es neben dem Schutz der Umweltmedien um den Schutz administrativer Interessen und nur mittelbar um den Schutz individueller Rechtsgüter, so wurden abstrakte Gefährdungstatbestände gewählt.

c. Auch bezüglich der Verwaltungsakzessorietät konnte gezeigt werden, dass das Übereinkommen grundsätzlich von der engen Verzahnung des Umweltverwaltungsrechts und des Umweltstrafrechts ausgeht und infolgedessen die Umweltstraftatbestände verwaltungsakzessorisch ausgestaltet – ausgenommen sind lediglich (wie stets) die Tatbestände, die ausschließlich den Schutz von Leben und Gesundheit des Menschen bezwecken. Hierbei geht das Übereinkommen grundsätzlich von einer *strikten* Abhängigkeit des Umweltstrafrechts vom Verwaltungsrecht aus. Das heißt, dass es insbesondere den Fall des Rechtsmissbrauchs nicht losgelöst (eigenständig) vom Verwaltungsrecht behandelt. Allerdings bleibt es den Vertragsstaaten erlaubt, die Abhängigkeit des Strafrechts vom Verwaltungsrecht weniger strikt auszugestalten und gerade in den Fällen des Rechtsmissbrauchs dem Strafrecht eine selbstständige Wertung zuzugestehen.

d. Ebenso wie das deutsche Recht sieht auch das Übereinkommen keinen Sondertatbestand für die Strafbarkeit von Amtsträgern vor. Diese sind nur nach den allgemeinen Regeln der Täterschaft und Teilnahme strafbar – also bei Sonderdelikten gerade nicht.

Jedoch wird – anders als im deutschen Recht – die Zusammenarbeit zwischen den Umweltverwaltungsbehörden mit den Strafermittlungs- und Strafverfolgungsbehörden als so wichtig angesehen, dass die Umweltverwaltungsbehörde bei Vorliegen des begründeten Verdachts einer Umweltstraftat die Strafermittlungs- und Strafverfolgungsbehörden zwingend und auf eigene Initiative (also ohne Anfrage) informieren muss. Diese Informationen sind für die Strafermittlungs- und Strafverfolgungsbehörden zur Wahrnehmung ihrer Aufgaben unerlässlich. Die primäre Quelle, um diese Informationen zu erhalten, sind die zuständigen Behörden. Damit wurde in dem Übereinkommen der Schritt gewagt (den Deutschland zu gehen nicht bereit war),[2411] die Umweltbehörden zur Zusammenarbeit mit den Strafermittlungs- und Strafverfolgungsbehörden in bestimmten schwerwiegenden Fällen zu verpflichten. Allerdings ist die Einführung dieser Informationspflicht auf nationaler Ebene nicht zwingend vorgesehen, vgl. Art. 10 Absatz 2 Übereinkommen.

e. Die Notwendigkeit, juristische Personen strafrechtlich zur Verantwortung ziehen zu können, kommt in Art. 9 Übereinkommen zum Ausdruck. Allein mit Rücksicht auf nationale Rechtstraditionen bleibt es den Vertragsstaaten überlassen, juristische Personen bloß verwaltungsrechtlich verantwortlich zu machen.

f. Nach diesen allgemeinen, alle Delikte betreffenden Regelungen werden die einzelnen Tatbestände in dem Übereinkommen sowie die verfahrensrechtlichen Regelungen analysiert, um eine Grundlage für den Rechtsvergleich mit dem deutschen Umweltstrafrecht zu schaffen.

3. Rechtsvergleich mit dem deutschen Umweltstrafrecht

Bei dem anschließenden Rechtsvergleich konnte festgestellt werden, dass das deutsche Umweltstrafrecht zwar in einigen Bereichen über das Übereinkommen hinaus geht (a.), in Teilbereichen deckungsgleich ist (c.) und in anderen Bereichen erheblich dahinter zurückbleibt (b.).

a. In folgenden Bereichen geht das deutsche Umweltstrafrecht über das in dem Übereinkommen Geregelte hinaus:

Dies betrifft zum einen den Bereich der Verwaltungsakzessorietät, wo § 330d Nr. 5 StGB festlegt, dass ein Verhalten auch dann rechtswidrig ist, wenn die Genehmigung rechtsmissbräuchlich erlangt wurde. Demgegenüber geht das Übereinkommen von einer strikten Verwaltungsakzessorietät aus und erfasst solches Verhalten nicht, da es nach seinem Verständnis rechtmäßig wäre.

[2411] Siehe 1. Kapitel B. V.

Auch bezüglich der Weite der Schutzbereiche einiger Straftatbestände geht das deutsche Umweltstrafrecht deutlich über das Übereinkommen hinaus: Dies betrifft den Emissionstatbestand des § 325 Absatz 2 StGB, den Schutz der Ruhe durch § 325a StGB, den unerlaubten Umgang mit gefährlichen Abfällen(§ 326 Absatz 2 StGB), das unerlaubte Betreiben gefährlicher Anlagen (§ 327 StGB) und den unerlaubten Umgang mit Kernbrennstoffen oder anderen gefährlichen radioaktiven Stoffen nach § 328 Absätze 1 und 2 Nr. 1 bis 3 StGB. Während das Übereinkommen nur solche Handlungen erfasst, die eine potentielle Gefahr verursachen, lässt das deutsche Recht bereits die abstrakte Gefährdung der geschützten Rechtsgüter genügen.
Zudem ist § 327 StGB insofern weiter als das Übereinkommen, als er auch schädigende Wirkungen, die innerhalb der Anlage auftreten, erfasst.
b. Daneben gibt es aber auch wesentliche Bereiche, in denen das deutsche Umweltstrafrecht hinter dem Übereinkommen zurückbleibt:
Betroffen ist zunächst der Schutz der Luft. Von § 325 Absatz 2 StGB werden zum einen solche Beeinträchtigungen der Luft nicht erfasst, die nicht über den Bereich des Betriebsgeländes hinausgehen, und zum anderen sind solche Luftverschmutzungen generell ausgenommen, die durch den Betrieb von Kraftfahrzeugen, Luft-, Schienen- und Wasserfahrzeugen entstehen (§ 325 Absatz 5 StGB). Diese generelle Ausnahme der Umweltbeeinträchtigungen durch Kraftfahrzeuge, Schienen-, Luft- und Wasserfahrzeuge ist auch in § 325a Absatz 4 und § 329 Absatz 1 Satz 3 StGB vorgesehen, so dass das deutsche Umweltstrafrecht hier wesentliche Lücken im Vergleich zum Übereinkommen aufweist und Handlungsbedarf für den Gesetzgeber besteht.
Daneben ist der Bereich des unerlaubten Umgangs mit gefährlichen Abfällen im nationalen Recht insofern enger gefasst, als von § 326 Absatz 2 StGB nur die grenzüberschreitende Verbringung gefährlicher Abfälle erfasst wird und nicht auch das rechtswidrige Befördern innerhalb Deutschlands.
Enger als die entsprechende Regelung in dem Übereinkommen ist auch § 328 Absatz 3 StGB, da er erstens eine konkrete statt einer potentiellen Gefährdung verlangt und zweitens das Herstellen nuklearer oder anderer gefährlicher radioaktiver Stoffe nicht erfasst.
c. Im Übrigen sind die Regelungen des Übereinkommens und die des deutschen Strafrechts (meist unter Heranziehung des Nebenstrafrechts) deckungsgleich. Übereinstimmung besteht auch insoweit als Straftaten wie die Brandstiftung und die Herbeiführung einer Sprengstoffexplosion nicht als Umweltdelikte klassifiziert werden. Auch das Errichten von Schwarzbauten und der Verstoß gegen Denkmalschutzvorschriften werden nicht als Umweltdelikte bewertet.

IV. Europäisches Strafrecht

In dem 4. Kapitel, das sich mit dem Europäischen Strafrecht befasst, wurden die verschiedenen Vorschläge, zu einer strafrechtlichen Erfassung von Umweltbeeinträchtigungen (nämlich die Initiative des Königreiches Dänemarks zur Bekämpfung der schweren Umweltkriminalität, ABl. C 39/4 vom 11.02.2000, der Vorschlag der Kommission der Europäischen Union für eine Richtlinie des Europäischen Parlaments und des Rats über den strafrechtlichen Schutz der Umwelt vom 13.03.2001 sowie der Entwurf eines Rahmenbeschlusses über den Schutz der Umwelt durch das Strafrecht, welche die Europäische Union in Folge des Übereinkommens des Europarats vorgeschlagen hat), erörtert.

1. Grundrechte-Charta der Europäischen Union

Mit der Grundrechte-Charta der Europäischen Union, die bislang noch nicht geltendes Recht, also nicht rechtsverbindlich ist und nur unterstützend bei der Auslegung des EU-Rechts herangezogen werden kann,[2412] hat der Schutz der Umwelt als „Gemeinschaftszielbestimmung" Eingang in den Grundrechte-Katalog des Verfassungsentwurfs der Europäischen Union gefunden. So wie Art. 20a GG (und die verfassungsrechtlichen Bestimmungen in den anderen Mitgliedstaaten der Europäischen Union) auf die Bestimmung der durch die §§ 324 ff. StGB geschützten Rechtsgüter Einfluss nimmt, kann auch Art. 37 EU-Charta Bedeutung erlangen. Er richtet sich als Gemeinschaftszielbestimmung an alle Organe der Europäischen Union und ist von diesen bei jedem Tätigwerden zu beachten. Mit Blick auf die verschiedenen Initiativen zur Schaffung eines strafrechtlichen Umweltschutzes auf EU-rechtlicher Ebene ist dieser Umstand sowie die Feststellung, dass der Begriff „Umwelt" auch hier – und trotz der fehlenden direkten Bezugnahme auf den Menschen – anthropozentrisch zu verstehen ist, bedeutsam. Ein subjektives Recht, das einklagbar ist, will Art. 37 EU-Charta nicht begründen.

2. Strafrechtssetzungskompetenz der Europäischen Union

Der sodann folgende Teil befasst sich mit der Strafrechtssetzungskompetenz der Europäischen Union. Dass dieser Bereich von großer Wichtigkeit ist, hat sich gerade im Hinblick auf die beiden letzten Aktivitäten der Europäischen Union auf diesem Gebiet gezeigt: So hat die Kommission im März 2001 den Vorschlag zum Erlass einer Richtlinie zum Schutz der Umwelt durch das Strafrecht vorgelegt, der vom Rat jedoch abgelehnt wurde. Der Grund für diese Ablehnung liegt auf kompetenzrechtlicher und nicht auf inhaltlicher Ebene. Das Argument des Rats lautete: Eine, basierend auf Art. 175 Absatz 1 EG-Vertrag, erlassene Richtlinie, würde über die der Europäischen Gemeinschaft übertragenen Befugnisse hinausgehen. Zudem könnten die

[2412] Siehe 4. Kapitel A. I. 3. a. E.

mit der Richtlinie verfolgten Ziele auch durch einen Rahmenbeschluss, der auf Titel VI des EU-Vertrags zu stützen wäre, verwirklicht werden. Gerade Art. 34 Absatz 2 in Verbindung mit Art. 29 und 31e) EU-Vertrag stellten das geeignete Instrument dar, um die Mitgliedstaaten der Europäischen Union zum Erlass strafrechtlicher Sanktionen zum Schutz der Umwelt zu verpflichten. Deshalb hat der Rat Ende 2001 erneut einen Vorschlag für den Erlass eines Rahmenbeschlusses verabschiedet, um diesen kompetenzrechtlichen Schwierigkeiten aus dem Weg zu gehen. Hiergegen hat die Kommission Klage eingereicht und die Verletzung ihrer gemeinschaftsrechtlichen Kompetenz, der Vorrang vor dem Dritten Pfeiler zukomme, gerügt. Hierin spiegelt sich nach wie vor die sehr strittige Frage nach den Zuständigkeiten der Europäischen Union, im Strafrecht rechtsetzend tätig zu werden, und den neuen Befugnissen der Europäischen Union auf diesem Gebiet wider. Die Kommission beruft sich auf eine Annexkompetenz zu Art. 174 ff. EGV, aus der sie die Möglichkeit herleitet, die Mitgliedstaaten zur Einführung von Straftatbeständen zu verpflichten. Diese Rechtsposition kann auch auf das Urteil im griechischen Mais-Skandal gestützt werden: Da vieles dafür spricht, den Umweltschutz als europäisches Interesse anzusehen (vgl. Art. 174 ff. EGV), haben die Mitgliedstaaten alle geeigneten Maßnahmen zu treffen, dessen Geltung und Wirksamkeit mittels wirksamer, verhältnismäßiger und abschreckender Sanktionen zu gewährleisten.

Demgegenüber kann sich der Rat auf die unstreitigere und damit besser durchsetzbare Möglichkeit berufen, im Rahmen des Dritten Pfeilers auf dem Gebiet des Umweltstrafrechts tätig zu werden. Gemäß den Art. 34 Absatz 2, 29 und 31 lit. e EUV kann der Rat Rahmenbeschlüsse und zwischenstaatliche Übereinkommen abschließen, die aber erst durch Ratifikation innerstaatlich geltendes Recht werden.

Durch die Kompetenzstreitigkeiten zwischen Rat und Kommission wird die Durchsetzungs- und Umsetzungswahrscheinlichkeit europäischer Mindeststandards für ein Umweltstrafrecht erheblich herabgesetzt und so der Effektivität einer europäischen umweltstrafrechtlichen Initiative entgegengewirkt. Da erst durch eine Entscheidung des Europäischen Gerichtshofs Rechtsklarheit geschaffen wird, in wessen Kompetenz das Umweltstrafrecht fällt, ist eine Verpflichtung der EU-Mitgliedstaaten zur Vereinheitlichung des Umweltstrafrechts auf absehbare Zeit nicht zu erwarten.

V. Der Rahmenbeschluss der Kommission

Das letzte Kapitel der Arbeit befasst sich mit aktuellen strafrechtsetzenden Vorhaben auf EU-Ebene, insbesondere mit dem Inhalt des im Januar 2003 verabschiedeten Rahmenbeschlusses der Europäischen Union zum Schutz der Umwelt durch das Strafrecht.

1. Rechtsvergleich mit dem Übereinkommen

Bei der Darstellung des Inhalts des Rahmenbeschlusses, insbesondere aber durch den Vergleich mit dem Übereinkommen des Europarats, wurde deutlich, dass sich der Rahmenbeschluss zum Schutz der Umwelt durch das Strafrecht sehr stark an dem Übereinkommen des Europarats orientiert: In weiten Teilen sind die formulierten Straftatbestände sogar vom Wortlaut her identisch. So sind die Tatbestände in beiden Regelungswerken in gleicher Weise verwaltungsakzessorisch ausgestaltet, schützen die gleichen Rechtsgüter in identischer Weise – was auch für den Schutz der Ruhe gilt, die nicht einmal ausdrücklich genannt wird – und sehen die gleichen Deliktstypen vor. Beide Regelungswerke weisen zum Teil die gleichen Lücken auf: So fehlt in beiden eine Regelung, die die Strafbarkeit von Amtsträgern vorsieht sowie eine, die die Strafbarkeit des Versuchs regelt.

a. In einigen Bereichen geht der Rahmenbeschluss über das Übereinkommen hinaus: Indem der Rahmenbeschluss sogar den Begriff „juristische Person" legal definiert, wird nicht nur deutlich, dass deren Verantwortlichkeit als besonders wünschenswert erachtet wird, sondern zugleich werden Streitigkeiten über den Inhalt dieses Begriffes vermieden. Dies wird dadurch unterstrichen, dass der Rahmenbeschluss – anders als das Übereinkommen – keine Ausnahme bezüglich der Einführung der strafrechtlichen oder nichtstrafrechtlichen Verantwortlichkeit juristischer Personen vorsieht. Dass die gegenüber juristischen Personen verhängten Sanktionen auch bloße ordnungswidrigkeitenrechtliche Geldbußen sein können, stellt innerhalb des Rahmenbeschlusses eine Einzigartigkeit dar – erfasst er doch ausschließlich schwerwiegendste Umweltstraftaten, die für natürliche Personen stets mit strafrechtliche Sanktionen bewehrt sind.

Auch bezüglich der Strafbarkeit fahrlässig begangener Taten sieht der Rahmenbeschluss keine Ausnahme vor und ist insofern strikter als das Übereinkommen des Europarats. Allerdings erlaubt auch der Rahmenbeschluss die Begrenzung der Fahrlässigkeitsstrafbarkeit auf Fälle grob fahrlässigen Verhaltens.

Der Rahmenbeschluss reicht auch insofern weiter als das Übereinkommen, als er die Strafbarkeit des unerlaubten Umgangs gefährlichen und ungefährlichen Abfällen erfasst. Nach dem Übereinkommen können letztere auch als bloße Ordnungswidrigkeit geahndet werden.

Das gleiche gilt für den Schutz frei lebender Tier- und Pflanzenarten: Wer mit ihnen in unerlaubter Weise umgeht, begeht nach dem Rahmenbeschluss eine Straftat, nach dem Übereinkommen evtl. nur eine Ordnungswidrigkeit.

Eine echte Neuerung bedeutet der strafrechtliche Schutz der Ozonschicht vor dem rechtswidrigen Handel mit FCKW. Das Übereinkommen sieht diesen Tatbestand nicht einmal als Ordnungswidrigkeit vor.

Eine konsequentere Verfolgung von in der Europäischen Union begangenen Umweltstraftaten durch die Mitgliedstaaten ermöglicht Art. 9 Rahmenbeschluss: Er fasst nicht nur das Tatortprinzip weiter als das Übereinkommen, sondern sieht die Zuständigkeit nationaler Gerichte auch dann als begründet an, wenn die juristische Person, für die gehandelt wurde, ihren Sitz im Hoheitsgebiet eines Mitgliedstaats hat. Daneben wird die strafrechtliche Verfolgung des mutmaßlichen Täters in dem Fall erzwungen, dass ein Mitgliedstaat diesen nicht ausliefert; dann sind die zuständigen Behörden des nicht ausliefernden Staats verpflichtet, sich mit dem Fall zu befassen und strafrechtliche Ermittlungen vorzunehmen.

b. In einigen Bereichen bleibt der Rahmenbeschluss jedoch auch hinter den Regelungen des Übereinkommens zurück. Dies ist hinsichtlich des Tatbestands der gewollten konkreten Gefährdung von Leib und Leben des Menschen durch umweltverschmutzende Handlungen (Art. 2 Absatz 1 a ii) Übereinkommen) der Fall. Warum der Rahmenbeschluss diesen autonomen Tatbestand nicht übernommen hat, ist nicht ersichtlich.

Erklärlich ist hingegen, dass der Rahmenbeschluss keine dem Art. 4 Übereinkommen vergleichbare Regelung über umweltrechtliche Ordnungswidrigkeiten enthält: Der Rahmenbeschluss bezweckt die Schaffung einheitlicher Mindeststandards zum Schutz der Umwelt nur für schwerwiegendste Umweltverstöße. Art. 4 Übereinkommen regelt hingegen solche die Umwelt beeinträchtigenden Handlungen, die auch als bloße Ordnungswidrigkeit geahndet werden können, also nicht unbedingt als schwerwiegend angesehen werden (müssen).

Das Auslassen der Ausgestaltung der (notwendigen) Zusammenarbeit nationaler, europäischer und internationaler Behörden im Rahmenbeschluss des Rats ist bedauernswert, lässt aber hoffen und vermuten, dass diese Zusammenarbeit in einem anderen Regelungswerk auf EU-Ebene erfolgen soll und wird.

2. Rechtsvergleich mit dem deutschen Umweltstrafrecht

Da sich der Rahmenbeschluss inhaltlich stark an das Übereinkommen anlehnt, führt der Vergleich mit den deutschen Regeln nur zu wenigen von dem obigen Vergleich (zwischen dem Übereinkommen und dem deutschen Umweltstrafrecht) abweichenden Ergebnissen:

a. So muss der deutsche Gesetzgeber den Anwendungsbereich des § 326 StGB (unerlaubter Umgang mit Abfällen) so erweitern, dass sowohl die Strafbarkeit des nicht grenzüberschreitenden Transports von gefährlichen Abfällen als auch die des Umgangs mit ungefährlichen Abfällen gewährleistet ist.

b. Ein Tätigwerden des deutschen Gesetzgebers ist zudem im Bereich des § 328 StGB erforderlich: Hier ist die Einführung der Strafbarkeit der Tathandlung des „Herstellens" von Kernmaterial oder anderen radioaktiven Stoffen notwendig. Aber auch die im deutschen Umweltstrafrecht von der Strafbarkeit generell ausgenommenen Umweltverschmutzungen durch Kraftfahrzeuge, Schienen-, Luft- und Wasserfahrzeuge kann nicht aufrechterhalten werden, wenn der deutsche Gesetzgeber europäische Mindeststandards im Umweltstrafrecht nachkommen muss. Eine solche Ausnahme sieht der Rahmenbeschluss des Rats nicht vor.

c. Zwar besteht auf Tatbestandsseite des § 66 BNatSchG kein Nachbesserungsbedarf bezüglich des Schutzes von frei lebenden Tier- und Pflanzenarten vor unerlaubtem Handeltreiben, doch ist auf Rechtsfolgenseite das Mindeststrafmaß von drei Monaten auf ein Jahr hoch zu setzen.
d. Auch der unerlaubte Handel mit Stoffen, welche die Ozonschicht beeinträchtigen, wird durch das deutsche Nebenstrafrecht (Chemikalienrecht) bereits erfasst, so dass grundsätzlich kein Nachbesserungsbedarf besteht.
e. Die Überführung dieser nebengesetzlich geregelten Straftatbestände zum Schutz frei lebender Tier- und Pflanzenarten sowie zum Schutz der Ozonschicht in das Kernstrafrecht ist ernsthaft in Erwägung zu ziehen: Zwar sieht der Rahmenbeschluss dies nicht ausdrücklich vor, doch könnte die Notwendigkeit hierzu aus seinem Zweck, nur schwerwiegendste Umweltstraftaten einer einheitlichen europäischen Regelung zuzuführen, folgen. Diese Straftaten gegen die Umwelt verdienen ob ihrer Schwere eine Regelung im allgemeinen Strafgesetzbuch und nicht in den Nebengesetzen. Erst durch die Inkorporierung in das Strafgesetzbuch macht der Gesetzgeber deutlich, dass diese Delikte keine Bagatell- und Kavaliersdelikte sind, sondern besonders strafwürdige Verhaltensweisen erfassen. Infolgedessen ist es auch empfehlens- und erstrebenswert, den strafrechtlichen Schutz frei lebender Tier- und Pflanzenarten sowie den Schutz der Ozonschicht als „neue" Straftatbestände in den 29. Abschnitt des Strafgesetzbuches einzustellen und sie nicht in den Nebengesetzen zu belassen.

3. Ergebnis

Somit kann zu diesem Bereich festgehalten werden, dass das deutsche Umweltstrafrecht, obwohl es allgemein als fortschrittlich und umfassend bezeichnet wird, hinter den im Rahmenbeschluss festgelegten Mindeststandards zum strafrechtlichen Schutz der Umwelt vor schwerwiegendsten Beeinträchtigungen in einigen Bereichen zurückbleibt. Das bedeutet aber, dass das deutsche Umweltstrafrecht keinen Mindestschutz und erst Recht keinen optimalen Schutz der Umwelt gewährleistet.

B. Optimierung der Umweltstrafrechtsordnungen

Es ist zunächst zu klären, was unter dem Begriff „Optimierung" zu verstehen ist. Dieser Begriff wird in dieser Untersuchung im Sinne der Staatszielbestimmung des Art. 20a GG verstanden. Danach werden die Staatsorgane weder zu einem absoluten noch zu einem bestmöglichen Umweltschutz verpflichtet;[2413] ein maximaler Umweltschutz, der die Umwelt von jedem menschlichen Eingriff freihalten und jede Schadstoffbelastung der Umweltgüter ausschließen soll, gebietet Art. 20a GG eindeutig

2413 *Murswiek*, NVwZ **1996** 222, 225.

nicht. Vielmehr setzt Art. 20a GG die Existenz der Industriegesellschaft und damit auch ein gewisses Maß an Umweltbelastungen voraus. Aber allein die Erfüllung der Minimalanforderungen an den Umweltschutz (Erhalt aller Güter, die auf Dauer Voraussetzung für menschliches Leben sind, in dem Umfang, dass die der heutigen Bevölkerung entsprechende Zahl von Menschen überleben und ohne gravierende umweltbedingte Gesundheitsschäden leben kann)[2414] genügt nicht. Vielmehr ist das Staatsziel als Optimierungsgebot in dem Sinne zu verstehen, dass die natürlichen Lebensgrundlagen so gut zu schützen sind, wie dies rechtlich und faktisch möglich ist, ohne die Verwirklichung anderer öffentlicher Aufgaben unmöglich zu machen.[2415] Bezogen auf das Umweltstrafrecht bedeutet dies, dass es um eine Optimierung, wenn auch nicht um eine Maximierung des Einsatzes strafrechtlicher Mittel zum Schutz der Umwelt geht.[2416]

I. Notwendigkeit einer Vereinheitlichung der Umweltstrafrechtsordnungen

Das Ziel eines optimierten Umweltschutzes durch das Strafrecht kann nur international erreicht werden und ist Aufgabe jedes einzelnen Staats gegenüber der Staatengemeinschaft. Diese internationale Komponente des Umweltstrafrechts liegt darin begründet, dass das Rechtsgut Umwelt per se übernational zu verstehen ist: Die Umwelt hat letztlich keine anderen Grenzen als die des Planeten. Deshalb ist es erforderlich, ihren strafrechtlichen Schutz weltweit auf gleich hohem Niveau zu gewährleisten.

Es ist auch durchaus sinnvoll, die Umwelt schwerwiegend beeinträchtigende Verhaltensweisen als Straftat im Sinne des Völkerrechts anzuerkennen – wird sie doch gelegentlich sogar als Druckmittel in kriegerischen Auseinandersetzungen eingesetzt.[2417]

II. Kernstrafrechtliche Regelung

Für die strafrechtliche Erfassung der die Umwelt beeinträchtigenden Verhaltensweisen spricht der hohe Stellenwert der Umwelt als Lebensgrundlage des Menschen, die Sozialschädlichkeit der die Umwelt beeinträchtigenden Verhaltensweisen sowie die Befriedungsfunktion des Strafrechts, der nicht nur bei Verbrechen, sondern auch im Bereich der mittleren Kriminalität besondere Bedeutung zu kommt.

2414 *Murswiek*, NVwZ **1996** 222, 226.
2415 *Murswiek*, NVwZ **1996** 222, 226.
2416 *Höpfel*, Triffterer-Festschrift, S. 425, 435.
2417 Beispiele bei *Höpfel*, Triffterer-Festschrift, S. 425, 426: das in Kuwait in Brand gesetzte Erdöl.

Bei der Frage nach dem Standort der strafrechtlichen Regelungen zum Umweltschutz – als Annexvorschriften in den Verwaltungsgesetzen oder als Straftatbestände des Strafgesetzbuches – bietet die Einstellung in das Strafgesetzbuch erhebliche Vorteile: Zum einen kommt den kernstrafrechtlichen Regeln eine stärkere bewusstseinsbildende Wirkung zu als den Straftatbeständen des Nebenrechts. Erst durch die Inkorporierung in das Strafgesetzbuch kommt den Regelungen erhöhte wissenschaftliche Aufmerksamkeit zu. Auch die Bevölkerung kennt regelmäßig nur die Straftatbestände des Strafgesetzbuches, aber nicht diejenigen der Nebengesetze. Außerdem macht der Gesetzgeber dadurch deutlich, dass dies keine Kavaliersdelikte sind.

Daneben wird eine unübersichtliche Regelung in den verschiedensten Nebengesetzen, eine Zersplitterung der umweltstrafrechtlichen Regeln vermieden.[2418] Durch die vollständige Einstellung der umweltstrafrechtlichen Vorschriften in das Strafgesetzbuch werden auch Inkongruenzen vermieden, wie sie derzeit hinsichtlich des Schutzes der Ozonschicht und des Schutzes frei lebender Tier- und Pflanzenarten im Vergleich zum Abfalltourismus etc. bestehen.[2419]

III. Begrenzung der Strafbarkeit fahrlässigen Verhaltens

Die Analyse der Strafbarkeit fahrlässigen Verhaltens hat gezeigt, dass die Fahrlässigkeitsstrafbarkeit im Umweltstrafrecht sehr weit, um nicht zu sagen: zu weit geht.

Deshalb ist eine Begrenzung angezeigt: Die Begrenzung der Fahrlässigkeitsstrafbarkeit kann in Anlehnung an die Regelungen des Übereinkommens beziehungsweise des Rahmenbeschlusses erfolgen, so dass nur grob fahrlässige Verhaltensweisen unter Strafandrohung gestellt werden.

Bei einer Begrenzung auf grob fahrlässige Verhaltensweisen sollte aber zwischen Allgemein- und Sonderdelikten differenziert werden: Während diejenigen Tatbestände, die jedermann begehen kann, nur für grob fahrlässige Verhaltensweisen eine Fahrlässigkeitsstrafbarkeit vorsehen sollten, wäre es angemessen bei Sonderdelikten bereits einfach fahrlässige Tatbestandserfüllung genügen zu lassen. Die Adressaten der Sonderdelikte zeichnen sich unter anderem dadurch aus, dass sie besonderes Fachwissen besitzen und ihnen bestimmte Informations- und Sonderpflichten obliegen beziehungsweise zumutbar sind. Sie sind gehalten, besonders sorgsam zu handeln.

Durch die Einführung einer neuen, dritten Kategorie nach englischem (*recklessness*) und französischem (*mise en danger déliberée*) Vorbild könnte die Strafbarkeit noch sachgerechter eingeschränkt werden. Diese dritte Kategorie der „Leichtfertigkeit“ könnte

2418 *Kühl*, Freiburg-Symposium, S. 301, 302.
2419 Vgl. *Höpfel*, Triffterer-Festschrift, S. 425, 430.

einfach fahrlässiges Verhalten von vornherein von der Strafbarkeit ausnehmen, während die Tatsachenblindheit angemessen erfasst würde.
Doch ist dieser Eingriff in das „dualistische Modell" durch die Etablierung der Leichtfertigkeit als dritte, vorsatznahe Zwischenkategorie des subjektiven Tatelements gravierender und von daher eine Umsetzung in das deutsche Recht wenig wahrscheinlich.

IV. Rechtsgüterschutz

Der strafrechtliche Schutz der Umwelt als Lebensgrundlage des Menschen ist verfassungsrechtlich geboten. Doch sollte der Schutz der Umweltmedien – insbesondere der biologischen Rechtsgüter Wasser, Boden und Luft – harmonisch gestaltet werden sollte. Das heißt, dass sie – wie im Übereinkommen und im Rahmenbeschluss – stets gemeinsam geregelt werden sollten, um auf diese Weise einen einheitlichen Schutz zu erzielen. Neben dem gleich weiten Schutz jedes der Umweltmedien hat diese Art der Regelung den Vorteil der Übersichtlichkeit.
Sowohl die Stufung des Rechtsgüterschutz als auch die verschiedenen Schwerpunkte der geschützten Rechtsgüter – ob anthropozentrische, ökologische oder administrative Schutzaspekte überwiegen – sind sinnvoll.

V. Verwaltungsakzessorietät

1. Grundsätzliche Beibehaltung der Verwaltungsakzessorietät

Die Beibehaltung der Anbindung des Umweltstrafrechts an verwaltungsrechtliche Vorgaben ist aus mehreren Gründen unabdingbar und sinnvoll: Zum einen ist die Verwaltungsakzessorietät notwendig, um nicht nur Unrechtsspitzen, sondern auch mittlere Umweltkriminalität erfassen zu können. Zum anderen ist die Verwaltungsakzessorietät notwendige Konsequenz dessen, dass das Umweltstrafrecht als sekundäre Rechtsordnung dem Verwaltungsrecht als primärer Verhaltensordnung nachgelagert ist. Infolgedessen darf das Umweltstrafrecht Verhaltensweisen, die das Verwaltungsrecht erlaubt, nicht mit Strafe bedrohen (Gebot der Einheit der Rechtsordnung).

2. Lockerung der Verwaltungsakzessorietät

Gleichwohl ist eine strikte Anbindung des Umweltstrafrechts an verwaltungsrechtliche Wertungen kontraproduktiv. Deshalb ist eine Lockerung der Verwaltungsakzessorietät sinnvoll. Um eine einheitliche Loslösung von verwaltungsrechtlichen Wertungen zu erreichen, ist es angemessen, für die Fälle des Rechtsmissbrauchs eine eigenständige strafrechtliche Wertung nach dem Vorbild des § 330d Nr. 5 StGB zuzulassen. Diese Art der Lockerung bietet gegenüber der in einigen mitgliedstaatlichen Rechtsordnungen vorgesehenen Möglichkeit der strafrichterlichen (Rechtmäßigkeits-) Prüfung von Verwaltungsakten den Vorteil, dass Verwaltungsakte in den vorgesehenen Rechtsmissbrauchsfällen als nichtig gelten. Es kommt deshalb nicht auf die Wertungen des einzelnen Strafrichters an, so dass eine erhöhte Rechtssicherheit gewährleistet würde. Als Rechtsmissbrauch sollten die Fälle der durch Täuschung, Drohung und Bestechung erlangten Verwaltungsakte erfasst werden.

3. Internationales Verwaltungsrecht

Aufgrund des internationalen und grenzüberschreitenden Charakters des Umweltstrafrechts kann sein Eingreifen und damit seine Effektivität auch von ausländischen Genehmigungen abhängig sein. Wie das Steuerstrafrecht (vgl. § 370 AO) sollte auch das Umweltstrafrecht generell – und nicht nur bereichsspezifisch wie es § 328 Absatz 1 Nr. 2 StGB vornimmt – die Bestimmung enthalten, dass ein Verstoß gegen ausländisches Verwaltungsrecht oder gegen Verordnungen der Europäischen Gemeinschaft nach deutschem Recht strafbar ist.

VI. Strafbarkeit von Amtsträgern

Die Strafbarkeit von Amtsträgern sollte im Umweltstrafrecht grundsätzlich vorgesehen sein. Besonders geeignet zur effektiven Durchsetzung umweltschützender Vorschriften ist die strafbewehrte Anzeige- und Informationspflicht der zuständigen Umweltverwaltungsbehörden. Zwar sehen weder das Übereinkommen noch der Rahmenbeschluss eine solche Amtsträgerstrafbarkeit spezial gesetzlich vor, doch enthält das Übereinkommen eine Regelung, die die Zusammenarbeit der zuständigen Verwaltungsbehörden mit den Strafermittlungs- und Strafverfolgungsbehörden vorsieht. So sind diese Behörden beim Vorliegen des begründeten Verdachts einer Straftat nach Art. 2 Übereinkommen zwingend und auf eigene Initiative zu unterrichten, hinsichtlich anderer Informationen müssen die Verwaltungsbehörden auf Verlangen Auskunft erteilen. Nach diesem Beispiel sollte die Pflicht der Behördenvertreter ausgestaltet sein. Um die Durchsetzbarkeit dieser Informations- und Anzeigepflicht für schwere Umweltstraftaten zu gewährleisten, ist diese Pflicht gesetzlich vorzusehen, damit sie über die Tatbestände der §§ 258, 258a StGB strafbewehrt ist.

VII. Strafbarkeit juristischer Personen

Die Strafbarkeit juristischer Personen ist für die Optimierung der Umweltstrafrechtsordnungen unerlässlich: Ein Großteil der Umweltdelikte wird von Unternehmen beziehungsweise aus diesen heraus begangen[2420] und die durch Unternehmen verursachten Umweltbeeinträchtigungen sind in der Regel wesentlich gravierender als die von Privaten begangen Umweltstraftaten, die sich oftmals im Bagatellbereich bewegen.

Durch die Einführung der Verbandsstrafbarkeit würde auch deutlich gemacht, dass die von Unternehmen verursachten Schäden nicht toleriertes Kriminalunrecht darstellen und juristische Personen gegenüber natürlichen Personen nicht länger privilegiert werden. Das ist vor allem deshalb von großer Bedeutung, weil die von Unternehmen verursachten Umweltschäden regelmäßig schwerwiegender sind als die von natürlichen Personen verursachten.

VIII. Sanktionen

Die für Umweltstraftaten gesetzlich vorgesehen Sanktionen müssen weder erhöht noch sonst geändert werden; es ist lediglich darauf hinzuweisen, dass die Ausschöpfung der vorgesehenen Strafrahmen geboten ist, um dem Willen des Gesetzgebers und dem Präventionszweck des Umweltstrafrechts gerecht zu werden.

IX. Strafanwendungsrecht

Das Strafanwendungsrecht sollte Bestimmungen vorsehen, die gewährleisten, dass grenzüberschreitende Umweltstraftaten auch dann vom nationalen Strafrecht erfasst werden, wenn sie als potentielle und/oder abstrakte Gefährdungsdelikte ausgestaltet sind. Als Anknüpfungspunkt sollte folglich nicht – wie es bislang im deutschen Strafrecht der Fall ist – allein auf den Erfolg abgestellt werden; eine Gefährdung der relevanten Schutzgüter muss einen ebensolchen Anknüpfungspunkt darstellen.

Zudem ist darauf zu achten, dass eine eigene Anknüpfung für Straftaten juristischer Personen eingeführt wird, wenn diese im Ausland einen Umweltverstoß begehen, vgl. hierzu die Regelung des Art. 8 Absatz 1 c) Rahmenbeschluss.

2420 Laut einer empirischen Studie des Max-Planck-Instituts für ausländisches und internationales Strafrecht in Freiburg werden 80% der Fälle registrierter Wirtschaftskriminalität unter dem Deckmantel einer handelsrechtlichen Gesellschaft begangen.

X. Ausblick

Durch eine diesen Vorgaben entsprechende, optimierte Umweltstrafrechtsordnung kann deutlich gemacht werden, dass Umweltbeeinträchtigungen von der Gesellschaft entschieden missbilligt werden. Dies kann nur mittels strafrechtlicher Sanktionen zum Ausdruck gebracht werden. Zudem sind die Instrumente der Strafverfolgung einschneidender als die des Verwaltungs- oder Zivilrechts und damit besser geeignet, präventiv zu wirken und die Umwelt nachhaltig vor Beeinträchtigungen zu schützen.
Als Problem wird bestehen bleiben, dass infolge der kumulativen, summativen und synergetischen Effekte die Kausalität der Umweltverschmutzungen nicht oder nur sehr schwer nachweisbar sind. Insofern kann eine uneingeschränkt effektive Durchsetzung der Straftatbestände zum Umweltschutz nicht erfolgen.
Doch ist für die Bewusstseinsbildung in der Bevölkerung eine kernstrafrechtliche Regelung des Umweltstrafrechts unverzichtbar. Sie dient nicht der bloßen Symbolik im Sinne der „Frankfurter Schule“, sondern trägt der Bedeutung der Umwelt für das Leben und die Gesundheit der heute und in Zukunft lebenden Menschen Rechnung.

Literaturverzeichnis

Achenbach, Hans, Ahnende Sanktionen gegen Unternehmen und für sie handelnden Personen im deutschen Recht, In: Bausteine des europäischen Strafrechts, Coimbra-Symposium für Claus Roxin, Hrsg.: Schünemann, Bernd/de Figueiredo Dias, Jorge, Köln, Berlin, Bonn, München, 1995, S. 283 ff., (zitiert: *Achenbach*, Coimbra-Symposium, S. 283,)

Albrecht, Hans-Jörg, Die Europäisierung des Strafrechts und die innere Sicherheit in Europa, In: Kriminalitätsbekämpfung im zusammenwachsenden Europa, Hrsg.: Bundeskriminalamt, 2000, (zitiert: *Albrecht*, Die Europäisierung des Strafrechts und die innere Sicherheit in Europa, 2000, S.)

Albrecht, Peter-Alexis, Kriminologie, München, 1999, (zitiert: *P.-A. Albrecht*, Kriminologie)

Albrecht, Peter-Alexis, Editorial, KritV 1999, 267 f., (zitiert: *Albrecht*, KritV **1999** 267,)

Albrecht, Peter-Alexis et al., 11 Thesen zur Entwicklung rechtsstaatlicher Grundlagen europäischen Strafrechts, KritV 1999, 279 ff., (zitiert: *Albrecht P. A. et al.*, KritV **1999** 279,)

Appel, Ivo, Rechtsgüterschutz durch Strafrecht?, Anmerkungen aus verfassungsrechtlicher Sicht, KritV 1999, 278 ff., (zitiert: *Appel*, KritV **1999** 278,)

Appel, Ivo, Verfassung und Strafe, Zu den verfassungsrechtlichen Grenzen staatlichen Strafens, Berlin, 1998, (zitiert: *Appel*, Verfassung und Strafe, S.)

Appel, Ivo, Kompetenzen der Europäischen Gemeinschaft zur Überwachung und sanktionsrechtlichen Ausgestaltung des Lebensmittelrechts, In: Lebensmittelstrafrecht und Verwaltungssanktionen in der Europäischen Union, Hrsg.: Dannecker, Gerhard, Köln, 1994, S. 165 ff., (zitiert: *Appel*, in: Dannecker (Hrsg.), S. 165,)

Arzt, Gunther, Probleme der Kriminalisierung und Entkriminalisierung, sozialschädlichen Verhaltens, Kriminalistik 1981, 117 ff., (zitiert: *Arzt*, Kriminalistik **1981** 117,)

Arzt, Gunther/Weber, Ulrich, Strafrecht Besonderer Teil, Bielefeld, 2000, (zitiert: *Arzt/Weber*, BT,)

Asada, Kazushige, Entstehung und Entwicklung des Umweltstrafrechts in Japan, In: Umweltschutz und Recht in Deutschland und Japan Symposium der rechtswissenschaftlichen Fakultäten der Albert-Ludwigs-Universität Freiburg und der Städtischen Universität Osaka, Hrsg.: Leipold, Dieter, Heidelberg, 2000, S. 403 ff., (zitiert: *Asada*, in: Leipold (Hrsg.), S. 403,)

Ashworth, Andrew, Principles of Criminal Law, 4. Auflage, Oxford, 2003, (zitiert: *Ashworth*, Criminal Law, S.),

Ashworth, Andrew, Grunderfordernisse des Allgemeinen Teils für ein europäisches Sanktionenrecht – Landesbericht England, ZStW 110 (1998) S. 461 ff., (zitiert: *Ashworth*, ZStW **110** (1998) S. 461,)

Athanassiou, Chariklia, Die Strafbarkeit der juristischen Personen am Beispiel des Umweltstrafrechts, Eine rechtsvergleichende Untersuchung zum deutschen, griechischen und angloamerikanischen Recht, Frankfurt am Main, Berlin, Bern, Bruxelles, New York, Oxford, Wien 2002, (zitiert: *Athanassiou*, Strafbarkeit juristischer Personen, S.)

Backes, Otto, Umweltstrafrecht, JZ 1973, 337 ff., (zitiert: *Backes*, JZ **1973** 337,)

Bauer, Christina, Fragen der Verbandsstrafbarkeit, Überlegungen zur strafrechtlichen Verantwortlichkeit von juristischen Personen und Personengesellschaften als Unternehmensträger unter besonderer Berücksichtigung der betrieblichen Umweltkriminalität, Linz, 2003, (zitiert: *Bauer*, Verbandsstrafbarkeit, S.)

Baum, Michael, Abgabenordnung, Hrsg.: Koch, Karl, 5. Auflage, Köln, Berlin, Bonn, München, 1996, (zitiert: Baum, Abgabenordnung)

Baumann, Jürgen/Weber, Ulrich/Mitsch, Wolfgang, Strafrecht Allgemeiner Teil, 11. Auflage, Bielefeld, 2003, (zitiert: *Baumann/Weber/Mitsch*, AT, S.)

Baumann, Jürgen, Der strafrechtliche Schutz der menschlichen Lebensgrundlage, Ein Beitrag zum Thema Umweltschutz, ZfW 1973, 63 ff., (zitiert: *Baumann*, ZfW **1973** 63,)

Beisel, Daniel/Heinrich, Bernd, Die Strafbarkeit der Ausstrahlung pornographischer Sendungen in codierter Form durch das Fernsehen, JR 1996, 95 ff., (zitiert: *Beisel/Heinrich*, JR **1996** 95,)

Bergmann, Susanne, Der Schutz der Umwelt im französischen Recht, Eine Darstellung der Grundstrukturen privatrechtlichen, verwaltungsrechtlichen und strafrechtlichen Umweltschutzes unter besonderer Berücksichtigung der Rechtsverfolgungschancen Privater, Berlin, 1996, (zitiert: *Bergmann*, Umweltschutz, S.)

Bertel, Christian/Schwaighofer, Klaus, Österreichisches Strafrecht, Besonderer teil II §§ 169 bis 321 StGB, 5. Auflage, Wien, New York, 2002, (zitiert: *Bertel/Schwaighofer*, BT II, §§ 180, 181, Rn.)

Beulke, Werner, Strafprozessrecht, 6. Auflage, Heidelberg, 2002, (zitiert: *Beulke*, Strafprozessrecht, Rn.)

Beulke, Werner, Die Vernehmung des Beschuldigten – Einige Anmerkungen aus der Sicht der Prozessrechtswissenschaft, StV 1990, 180 ff., (zitiert: *Beulke*, StV **1990** 180,)

Beutler, Bengt/Bieber, Roland/Pipkorn, Jörn/Streil, Jochen, Die Europäsche Union – Rechtsordnung und Politik, 5. Auflage, Baden-Baden, 2001, (zitiert: *Beutler/Bieber*, Europäische Union, S.)

Bieber, Horst, Die neue alte Überheblichkeit, In: Die Zeit Nr. 45 vom 03.11.1989, S. 60, (zitiert: *Bieber*, Die Zeit Nr. 45, S. 60)

Bieneck, Klaus, Handbuch zum Außenwirtschaftsrecht, einschließlich Kriegswaffenkontrollrecht, Münster, 1998, (zitiert: *Bieneck*, Außenwirtschaftsrecht,)

Bittmann, Folker/Rudolph, Carolin, Das Verwendungsverbot gemäß § 97 Absatz 1 Satz 3 InsO, wistra 2001, 81 ff., (zitiert: *Bittmann/Rudolph*, wistra **2001** 81,)

Bloy, René, Die Straftaten gegen die Umwelt im System des Rechtsgüterschutzes, ZStW 100 (1988) S. 485 ff., (zitiert: *Bloy*, ZStW **100** (1988) S. 485,)

Bloy, René, Umweltstrafrecht:, Geschichte – Dogmatik – Zukunftsperspektiven, JuS 1997, 577 ff., (zitiert: *Bloy*, JuS **1997** 577,)

Blumenwitz, Dieter, Einführung in das anglo-amerikanische Recht, Rechtsquellenlehre, Methode der Rechtsfindung, Arbeiten mit praktischen Rechtsfällen, 7. Auflage, München, 2003, (zitiert: *Blumenwitz*, Einführung, S.)

Bock, Michael, Kriminologie, 2. Auflage, München, 2000, (zitiert: *Bock*, Kriminologie,)

Bock, Michael, Die Mitteilungspflicht der Gerichte nach § 116 AO, NJW 1992, 101 f., (zitiert: *Bock*, NJW **1992** 101,)

Bockelmann, Paul, Das strafrechtliche Risiko, Hamburg, 1967, (zitiert: *Bockelmann*, Das strafrechtliche Risiko, S.)

Böckenförde, Ernst-Wolfgang, Grundrechtstheorie und Grundrechtsinterpretation, NJW 1974, 1529 ff., (zitiert: *Böckenförde*, NJW **1974** 1529,)

Böse, Martin, Die Strafbarkeit wegen Steuerhinterziehung und der nemo-tenetur Grundsatz, wistra 2003, 47 ff., (zitiert: *Böse*, wistra **2003** 47,)

Bohne, Eberhard (Hrsg.), Perspektiven für ein Umweltgesetzbuch, Beiträge zum 1. Speyerer UGB-Forum vom 21. und 22. Oktober 1999 und zum 2. Speyerer UGB-Forum vom 19. und 20. Oktober 2001an der Deutschen Hochschule für Verwaltungswissenschaften Speyer, Berlin, 2002, (zitiert: *Bearbeiter*, in: Bohne (Hrsg.),)

Boix, Reig, Javier, Protección penal del medio ambiente, Cuadernos de derecho Judicial XXXVI «Intereses difusos y Código Penal», Madrid, 1994, S. 113 ff., (zitiert: Boix Reig, Protección, S. 113,)

Bolesch, Cornelia, Kuchen vom ehrlichen Makler, Die Grundrechte-Charta ist fertig – und darf niemanden aufregen –, Süddeutsche Zeitung vom 12. Oktober 2000, S. 12, (zitiert: *Bolesch*, Süddeutsche Zeitung, S. 12)

Bosch, Johanna, Neues Strafrecht in Italien, JZ 1985, 476 f., (zitiert: *Bosch*, JZ **1985** 476,)

Bosselmann, Klaus, Ökologische Grundrechte, Zum Verhältnis zwischen individueller Freiheit und Natur, 1. Auflage, Baden-Baden, 1998, (zitiert: *Bosselmann*, Ökologische Grundrechte, S.)

Bothe, Michael, Die Entwicklung des Umweltvölkerrechts 1972/2002, In: Umweltrecht im Wandel, Bilanz und Perspektiven aus Anlass des 25-jährigen Bestehens der Gesellschaft für Umweltrecht (GfU), Hrsg.: Dolde, Klaus-Peter, Berlin, 2001, S. 51 ff., (zitiert: *Bothe*, in: Dolde (Hrsg.), S. 51,)

Bottke, Wilfried, Das zukünftige Umweltstrafrecht, JuS 1980, 539 ff., (zitiert: *Bottke*, JuS **1980** 539,)

Bouloc, Bernard, La Criminalisation du Comportement Collectif – France, In: Criminal Liability of Corporations, Hrsg.: de Doelder, Hans/Tiedemann, Klaus, Den Haag, 1996, S. 235 ff., (zitiert: *Bouloc*, in: de Doelder/Tiedemann (Hrsg.), S. 235,)

Braibant, Guy/Stirn, Bernard, Le droit administratif francais, 6. Auflage, Paris, 2002 (zitiert: *Braibant/Stirn*, Droit administratif, S.)

Breuer, Barbara, Anwendbarkeit des deutschen Strafrechts auf exterritorial handelnde Internet-Benutzer, MMR 1998, 141 ff., (zitiert: *Breuer*, MMR **1998** 141,)

Breuer, Rüdiger, Verwaltungsrechtlicher und strafrechtlicher Umweltschutz, Vom Ersten zum Zweiten Umweltkriminalitätsgesetz, JZ 1994, 1077 ff., (zitiert: *Breuer*, JZ **1994** 1077,)

Breuer, Rüdiger, Probleme der Zusammenarbeit zwischen Verwaltung und Strafverfolgung auf dem Gebiet des Umweltschutzes, AöR 115 (1990) S. 448 ff., (zitiert: *Breuer*, AöR **115** (1990) S. 448,)

Brockmeyer, Hans Bernhard, Abgabenordnung, In: Abgabenordnung; einschließlich Steuerstrafrecht, Begr.: Klein, Franz, 8. Auflage, München, 2003, (zitiert: *Brockmeyer*, Abgabenordnung,)

Brockmeyer, Hans Bernhard, Kommentar zum Grundgesetz, Hrsg.: Schmidt-Bleibtreu, Bruno/Klein, Franz, 9. Auflage, Neuwied, Kriftel, 1999, (zitiert: Brockmeyer, in: Schmidt-Bleibtreu/Klein (Hrsg.), Art. 20a, Rn.)

Buddendiek, Hans, Registerband, In: Strafrechtliche Nebengesetze, Siehe: Erbs, Georg/Kohlhaas, Max, (zitiert: *Buddendiek*, in: Erbs/Kohlhaas (Hrsg.), Registerband,)

Busch, Ralf, Unternehmen und Strafrecht, 1. Auflage, Osnabrück, 1997, (zitiert: *Busch*, Unternehmen, S.)

Calvo Charro, María, Sanciones medioambientales, Madrid, 1999, (zitiert: *Calvo Charro*, Sanciones, S.)

Catenacci, Mauro, Umweltstrafrecht in Italien (Landesbericht), In: Umweltstrafrecht in mittel- und südeuropäischen Ländern, Hrsg.: Heine, Günter, Freiburg im Breisgau, 1997, S. 267 ff., (zitiert: *Catenacci*, Landesbericht Italien, S.)

Cho, Byung-Sun, Umweltstrafrecht in Korea und Japan, Eine rechtsvergleichende Untersuchung der normativen und dogmatischen Grundlagen und der Praxis, Freiburg im Breisgau, 1993, S. 83 ff., (zitiert: *Cho*, Umweltstrafrecht in Japan, S.)

Clarkson, Christopher M. V./Keating, Heather M., Criminal Law, Text and materials, 5. Auflage, London, 2003, (zitiert: *Clarkson/Keating*, Criminal Law, S.)

Collardin, Marcus, Straftaten im Internet, CR 1995, 618 ff., (zitiert: *Collardin*, CR **1995** 618,)

Cornils, Karin, Der Begehungsort von Äußerungsdelikten im Internet, JZ 1999, 394 ff., (zitiert: *Cornils*, JZ **1999** 394,)

Cornils, Karin/Greve, Vagn, Das dänische Strafgesetz, – Straffeloven –, Deutsche Übersetzung und Einführung, Freiburg im Breisgau, Stand 1. Januar 1998, (zitiert: *Cornils/Greve*, Das dänische Strafgesetz,)

Cornils, Karin, Umweltstrafrecht in Schweden (Landesbericht), In: Umweltstrafrecht in den nordischen Ländern, Hrsg.: Cornils, Karin/Heine, Günter, Freiburg im Breisgau, 1994, S. 477 ff., (zitiert: *Cornils*, Landesbericht Schweden, S.)

Craig, Paul P., Administrative Law, 4. Auflage, London, 1999, (zitiert: *Craig*, Administrative Law, S.)

Däubler-Gmelin, Herta, Eine europäische Charta der Grundrechte, Beitrag zur gemeinsamen Identität, EuZW 2000, 1, (zitiert: *Däubler-Gmelin*, EuZW **2000** 1)

Dannecker, Gerhard, Der Beitrag des Strafrechts zur Europäischen Rechtskultur, In: Jahrbuch des öffentlichen Rechts der Gegenwart, Neue Folge/Band 52, Hrsg.: Häberle, Peter, 2004, S. 127 ff., (zitiert: *Dannecker*, Jahrbuch des öffentlichen Rechts, S. 127,)

Dannecker, Gerhard, Zur Notwendigkeit der Einführung kriminalrechtlicher Sanktionen gegen Verbände, Überlegungen zu den Anforderungen und zur, Ausgestaltung eines Verbandsstrafrechts, GA 2001, 101 ff., (zitiert: *Dannecker*, GA **2001** 101,)

Dannecker, Gerhard, Der Allgemeine Teil eines europäischen Strafrechts als Herausforderung für die Strafrechtswissenschaft, In: Festschrift für Hans Joachim Hirsch zum 70. Geburtstag am 11. April 1999, Hrsg.: Weigend, Thomas/ Küpper, Georg, Berlin, 1999, S. 141 ff., (zitiert: *Dannecker*, Hirsch-Festschrift, S. 141,)

Dannecker, Gerhard, Die Entwicklung des Strafrechts unter dem Einfluß des Gemeinschaftsrechts, Jura 1998, 79 ff., (zitiert: *Dannecker*, Jura **1998** 79,)

Dannecker, Gerhard, Strafrecht in der Europäischen Gemeinschaft, JZ 1996, 869 ff., (zitiert: *Dannecker*, JZ **1996** 869,)

Dannecker, Gerhard, Europäische Gemeinschaft und Strafrecht, In: Lexikon des Rechts – Strafrecht/Strafverfahrensrecht, Hrsg.: Ulsamer, Gerhard, 2. Auflage, Neuwied, Kriftel, Berlin, 1996, S. 302 ff., (zitiert: *Dannecker*, in: Ulsamer (Hrsg.), S. 302,)

Dannecker, Gerhard, Lebensmittelstrafrecht und Verwaltungssanktionen in der Europäischen Union, Köln, 1994, (zitiert: *Bearbeiter*, in: Dannecker (Hrsg.), S.)

Dannecker, Gerhard, Erfahrungen im Bereich der Subventionskriminalität und rechtspolitische Bestrebungen zur Verbesserung des Schutzes der EG-Finanzinteressen, In: Die Bekämpfung des Subventionsbetrugs im EG-Bereich, Hrsg.: Dannecker, Gerhard, Köln,. 1993, S. 31, (zitiert: *Dannecker*, in: Dannecker (Hrsg.), S. 31,)

Dannecker, Gerhard/Appel, Ivo, Auswirkungen der Vollendung des Europäischen Binnenmarktes auf den Schutz der Gesundheit und der Umwelt, Nationale Schutzinteressen als Grenzen der Rechtsangleichung im Agrar-, Lebensmittel-

und Umweltrecht, Zeitschrift für Vergleichende Rechtswissenschaft, Band 89, 1990, S. 127 ff., (zitiert: *Dannecker/Appel*, ZVglRWiss 89 (1990) S. 127,)

Dannecker, Gerhard/Fischer-Fritsch, Jutta, Das EG-Kartellrecht in der Bußgeldpraxis, Köln, 1989, (zitiert: *Dannecker/Fischer-Fritsch*, Das EG-Kartellrecht, S.)

Dannecker, Gerhard, Steuerhinterziehung im internationalen Wirtschaftsverkehr, Köln, 1984, (zitiert: *Dannecker*, Steuerhinterziehung, S.)

Daxenberger, Matthias, Kumulationseffekte:, Grenzen der Erfolgszurechnung im Umweltstrafrecht, 1. Auflage, Baden-Baden, 1997, (zitiert: *Daxenberger*, Kumulationseffekte, S.)

de Doelder, Hans, Criminal Liability of Corporations – Netherlands, In: Criminal Liability of Corporations, Hrsg.: de Doelder, Hans/Tiedemann, Klaus, Den Haag, 1996, S. 289 ff., (zitiert: *de Doelder*, in: de Doelder/Tiedemann (Hrsg.), S. 289,)

de Doelder, Hans, Zur Strafbarkeit juristischer Personen in den Niederlanden, In: Bausteine des europäischen Wirtschaftsstrafrechts, Madrid-Symposium für Klaus Tiedemann, Hrsg.: Schünemann, Bernd/Suárez González, Carlos, Köln, Berlin, Bonn, München, 1994, S. 311 ff., (zitiert: *de Doelder*, Madrid-Symposium, S. 311,)

Delmas-Marty, Mireille, Necessity, legitimity and feasibilty of the Coprus Juris, In: The implementation of the Corpus Juris in the member states, Hrsg.: Delmas-Marty, Mireille/Vervaele, J.A.E., Antwerpen, Groningen, Oxford, 2000, S. 3 ff., (zitiert: *Delmas-Marty*, in: Delmas-Marty/Vervaele (Hrsg.), S. 3,)

Delmas-Marty, Mireille, Erläuterung der Motive, In: Corpus Juris der strafrechtlichen Regelungen zum Schutz der der finanziellen Interessen der Europäischen Union, Hrsg.: Delmas-Marty, Mireille, Köln, Bonn, München, 1998, S. 13 ff., (zitiert: *Delmas-Marty*, in: Delmas-Marty (Hrsg.), S. 13,)

Delmas-Marty, Mireille, Die Strafbarkeit juristischer Personen nach dem neuen französischen Code Pénal, In: Bausteine des europäischen Wirtschaftsstrafrechts, Madrid-Symposium für Klaus Tiedemann, Hrsg.: Schünemann, Bernd/Suárez González, Carlos, Köln, Berlin, Bonn, München, 1994, S. 305 ff., (zitiert: *Delmas-Marty*, Madrid-Symposium, S. 305,)

Derksen, Roland, Strafrechtliche Verantwortung für in internationalen Computernetzen verbreitete Daten mit strafbarem Inhalt, NJW 1997, 1878 ff., (zitiert: *Derksen*, NJW **1997** 1878,)

Despax, Michel, Droit de l'environnement, Paris, 1980, (zitiert: *Despax*, Droit de l'environnement, Rn.)

Desportes, Frédéric/LeGunehec, Francis, Le nouveau droit pénal, Tome I, Droit pénal général, 4. Auflage, Paris, 1997, (zitiert: *Desportes/LeGunehec*, Droit pénal, Rn.)

Deutsch, Erwin, Arztrecht und Arzneimittelrecht, Berlin, Heidelberg, 1983, (zitiert: *Deutsch*, Arztrecht, Rn.)

Doe, Norman/Young, James, Law and Administration in England from the Middle Ages to the 17th Century, In: Verwaltung und Verwaltungsrecht in Frankreich und

England (18./19. Jh.), Hrsg.: Heyen, Erk Volkmar, Baden-Baden, 1996, S. 1 ff., (zitiert: *Doe/Young*, in: Heyen (Hrsg.), S. 1,)

Dohmen, Hans Jürgen, Entkriminalisierung – Königsweg oder Notlösung?, ZRP 1994, 200, (zitiert: *Dohmen*, ZRP **1994** 200)

Duttge, Gunnar, Zur Bestimmtheit des Handlungsunwerts von Fahrlässigkeitsdelikten, Tübingen, 2001, (zitiert: *Duttge*, Handlungsunwert, S.)

Ehrmann, Markus, Erfüllungskontrolle im Umweltvölkerrecht, Verfahren der Erfüllungskontrolle in der umweltvölkerrechtlichen Vertragspraxis, 1. Auflage, Baden-Baden, 2000, (zitiert: *Ehrmann*, Erfüllungskontrolle, S.)

Eickmeier, Sylvia, Eine europäische Charta der Grundrechte, Bericht über das gemeinsame Forum des Bundesministeriums der Justiz und der Vertretung der Europäischen Kommission in Deutschland, DVBl. 1999, 1026 ff., (zitiert: *Eickmeier*, DVBl. **1999** 1026,)

Eidam, Gerd, Unternehmen und Strafe, Vorsorge und Krisenmanagement, 2. Auflage, Köln, 2001, (zitiert: *Eidam*, Unternehmen und Strafe, S.)

Eidam, Gerd, Straftäter Unternehmen, München, 1997, (zitiert: *Eidam*, Straftäter Unternehmen, S.)

Eisele, Jörg, Internationale Bezüge des Strafrechts, JA 2000, 424 ff., (zitiert: *Eisele*, JA **2000** 424,)

Eisele, Jörg, Einführung in das Europäische Strafrecht, JA 2000, 896 ff., (zitiert: *Eisele*, JA **2000** 896,)

Eisele, Jörg, Europäisches Strafrecht – Systematik des Rechtsgüterschutzes durch die Mitgliedstaaten, JA 2000, 991 ff., (zitiert: *Eisele*, JA **2000** 991,)

Eisenberg, Ulrich, Kriminologie, 5. Auflage, München, 2000, (zitiert: *Eisenberg*, Kriminologie)

Engelsberger, Christian, Der Vollzug europarechtlicher Vorschriften auf dem Gebiet des Umweltschutzes, Rechtliche Vorgaben und Verwaltungspraxis anhand einer empirischen Umfrage bei Behörden und Umweltschutzverbänden in Deutschland, Berlin, 1998, (zitiert: *Eisenberger*, Der Vollzug europarechtlicher Vorschriften auf dem Gebiet des Umweltschutzes, 1998)

Epiney, Astrid, Das Bonner Grundgesetz Kommentar, Band 2, Art. 20 bis 78, Hrsg.: von Mangoldt, Hermann/Klein, Friedrich/Starck, Christian, 4. Auflage, München, 2000, (zitiert: *Epiney*, in: v. Mangoldt/Klein/Starck (Hrsg.), Art. 20a, Rn.)

Epiney, Astrid, Unmittelbare Anwendbarkeit und objektive Wirkung von Richtlinien, Zur Entscheidung des EuGH vom 11.8.1995, Rs. C-431/92 – Großkrotzenburg – DVBl. 1996, 424, DVBl. 1996, 409 ff., (zitiert: *Epiney*, DVBl. **1996** 409,)

Erbs, Georg/Kohlhaas, Max, Strafrechtliche Nebengesetze, Loseblattsammlung, München, Hrsg.: Ambs, Friedrich, - Registerband: 26. Ergänzungslieferung, Stand April 2002, - Band I: 151. Ergänzungslieferung, Stand November 2003, - Band II: 151. Ergänzungslieferung, Stand November 2003, (zitiert: *Bearbeiter*, in: Erbs/Kohlhaas (Hrsg.),)

Eser, Albin/Heine, Günter/Huber, Barbara (Hrsg.), Criminal Responsibility of Legal and Collective Entities, International Colloquium Berlin 1998, Freiburg im Breisgau, 1999, (zitiert: *Bearbeiter*, in: Eser/Heine/Huber (Hrsg.),)

Eser, Albin, Medizin und Strafrecht: Eine schutzorientierte Problemübersicht, ZStW 97 (1985) S. 1 ff., (zitiert: *Eser*, ZStW **97** (1985) S. 1,)

Eser, Albin/Heine, Günter (Hrsg.), Umweltstrafrecht in England, Kanada und den USA, Freiburg im Breisgau, 1994, (zitiert: *Bearbeiter*, Landesbericht, S.)

Fahrenhorst, Irene, Strafrecht, Funktion, In: Lexikon des Rechts – Strafrecht/ Strafverfahrensrecht, Hrsg.: Ulsamer, Gerhard, 2. Auflage, Neuwied, Kriftel, Berlin, 1996, Sp. 934 ff., (zitiert: *Fahrenhorst*, in: Ulsamer (Hrsg.), Sp. 934,)

Faria Costa, José de, Die strafrechtliche Haftung des Unternehmens und seiner Organe. Eine strafrechtliche Untersuchung zum Vertreterbegriff bei Verbandspersonen, In: Bausteien des Strafrechts, Coimbra-Symposium für Claus Roxin, Hrsg.: Schünemann, Bernd/de Figueiredo Dias, Jorge, Köln, Berlin, Bonn, München, 1995, S. 337 ff., (zitiert: *Faria Costa*, Coimbra-Symposium, S. 337,)

Faure, Michael, Criminal Responsibilities of Legal and Collective Entities: Developments in Belgium, In: Criminal Responsibility of Legal and Collective Entities, Hrsg.: Eser, Albin/Heine, Günter/Huber, Barbara, Freiburg im Breisgau, 1999, S. 105 ff., (zitiert: *Faure*, in: Eser/Heine/Huber (Hrsg.), S. 105,)

Faure, Michael/Oudijk, Johannes, Die strafgerichtliche Überprüfung von Verwaltungsakten im Umweltrecht, JZ 1994, 86 ff., (zitiert: *Faure/Oudijk*, JZ **1994** 86,)

Faure, Michael/Oudijk, Johannes/Koopmanns, Ingebirg, Ökonomische Analyse der Amtsträgerstrafbarkeit, Eine Skizze strafrechtlicher Steuerung von Umweltdelinquenz, wistra 1992, 121 ff., (zitiert: *Faure/Oudijk/Koopmanns*, wistra **1992** 121,)

Faure, Michael, Umweltrecht in Belgien, Strafrecht im Spannungsverhältnis von Zivil- und Verwaltunsgrecht, Freiburg im Breisgau, 1992, (zitiert: *Faure*, Belgien, S.)

Fenner, Nicola, Der Rechtsmissbrauch im Umweltstrafrecht im System des Strafrechts und des öffentlichen Rechts, 1. Auflage, Baden-Baden, 2000, (zitiert: *Fenner*, Rechtsmissbrauch im Umweltstrafrecht, S.)

Felix, Dagmar, Einheit der Rechtsordnung, Zur verfassungsrechtlichen Relevanz einer juristischen Argumentationsfigur, Tübingen, 1998, (zitiert: *Felix*, Einheit, S.)

Forkel, Hans-Walter, Grenzüberschreitende Umweltbelastungen und deutsches Strafrecht, Zugleich ein Beitrag zu der Lehre von der Funktion und Legitimation des Strafrechts, Kiel, 1988, (zitiert: *Forkel*, Grenzüberschreitende Umweltbelastungen, S.)

Forster, Malcolm J., Vereinigtes Königreich von Großbritannien und Nordirland, In: Handwörterbuch des Umweltrechts, Band II, Hrsg.: Kimminich, Otto/ Lersner, Heinrich Freiherr von/Storm, Peter-Christian, 2. Auflage, Berlin, 1994, Sp. 2618 ff., (zitiert: *Forster*, in: Kimminich/Lersner/Storm (Hrsg.), Bd. II, Sp. 2618,)

Fortun, Steffen, Die behördliche Genehmigung im strafrechtlichen Deliktsaufbau, Berlin, 1998, (zitiert: *Fortun*, Behördliche Genehmigung, S.)

Foulkes, David, Administrative Law, 6. Auflage, London, 1986, (zitiert: *Foulkes*, Administrative Law, S.)

Franzen, Klaus/Gast-de Haan, Brigitte (Begr.), Steuerstrafrecht mit Steuerordnungswidrigkeiten und, Verfahrensrecht, Kommentar §§ 369 – 412 AO, § 32 ZollVO, Begr.: Franzen, Klaus/Gast-de Haan, Brigitte, 5. Auflage, München, 2001, (zitiert: *Bearbeiter*, in: Franzen/Gast (Begr.),)

Franzheim, Horst/Pfohl, Michael, Umweltstrafrecht, 2. Auflage, Köln, Berlin, Bonn, München, 2001, (zitiert: *Franzheim/Pfohl*, Umweltstrafrecht, Rn.)

Franzheim, Horst, Die Bewältigung der Verwaltungsrechtsakzessorietät in der Praxis, JR 1988, 319 ff., (zitiert: *Franzheim*, JR **1988** 319,)

Franzheim, Horst, Der Verfall des Vermögensvorteils in Umweltstrafsachen – sein Umfang und seine Berechnung, wistra 1989, 87 ff., (zitiert: *Franzheim*, wistra **1989** 87,)

Franzheim, Horst, Die Umgrenzung der wasserrechtlichen Einleitungserlaubnis als Rechtfertigungsgrund des Straftatbestandes der Gewässerverunreinigung, NStZ 1987, 437 ff., (zitiert: *Franzheim*, NStZ **1987** 437,)

Franzheim, Horst, Gewinnabschöpfung im Umweltstrafrecht, wistra 1986, 253 ff., (zitiert: *Franzheim*, wistra **1986** 253,)

Frisch, Wolfgang, Grundlinien und Kernprobleme des deutschen Umweltstrafrechts, In: Umweltschutz und Recht in Deutschland und Japan Symposium der rechtswissenschaftlichen Fakultäten der Albert-Ludwigs-Universität Freiburg und der Städtischen Universität Osaka, Hrsg.: Leipold, Dieter, Heidelberg, 2000, S. 361 ff., (zitiert: *Frisch*, in: Leipold (Hrsg.), S. 361,)

Frisch, Wolfgang, Verwaltungsakzessorietät und Tatbestandsverständnis im Umweltstrafrecht, Zum Verhältnis von Umweltverwaltungsrecht und Strafrecht und zur strafrechtlichen Relevanz behördlicher Genehmigungen, Heidelberg, 1993, (zitiert: *Frisch*, Verwaltungsakzessorietät, S.)

Frisch, Wolfgang, An den Grenzen des Strafrechts, In: Festschrift für Walter Stree und Johannes Wessels zum 70. Geburtstag, Heidelberg, 1993, S. 69 ff., (zitiert: *Frisch*, Stree/Wessels-Festschrift, S. 69,)

Frisch, Wolfgang, Vorsatz und Risiko, Grundfragen des tatbestandsmäßigen Verhaltens und des Vorsatzes, Köln, Berlin, Bonn, München, 1983, (zitiert: *Frisch*, Vorsatz und Risiko, S.)

Galonska, Wolfgang, Amtsdelikte im Umweltrecht, ein Beitrag zu der Frage der Strafbarkeit von Amtsträgern in Aufsichtsbehörden, Würzburg, 1986, (zitiert: *Galonska*, Amtsdelikte, S.)

Gardocki, Lech, Über den Begriff des Internationalen Strafrechts, ZStW 98 (1986) S. 703 ff., (zitiert: *Gardocki*, ZStW **98** (1986) S. 703,)

Gerontas, Apostoles, Das griechische Verwaltungsrecht, Eine Einführung unter Berücksichtigung der Rechtsprechung des Staatsrats, Kehl, Straßburg, Arlington, 1993, (zitiert: *Gerontas*, Verwaltungsrecht, S.)

Geulen, Reiner, Grundlegende Neuregelung des Umweltstrafrechts, ZRP 1988, 323 ff., (zitiert: *Geulen*, ZRP **1988** 323,)

von Gierke, Otto, Das deutsche Genossenschaftsrecht, Berlin, (zitiert: *v. Gierke*, Das deutsche Genossenschaftsrecht)

Glaser, Erhard, Verfassungsrechtliche Grundprinzipien des englischen Verwaltungsrechts, DVBl. 1988, 677 ff., (zitiert: *Glaser*, DVBl **1988** 677,)

Gleß, Sabine/Lüke, Monika, Strafverfolgung über die Grenzen hinweg, Formen der Zusammenarbeit europäischer Länder zur Kriminalitätsbekämpfung, Jura 1998, 70 ff., (zitiert: *Gleß/Lüke*, Jura **1998** 70,)

Göhler, Erich, Die neue Regelung zum Verfall im StGB und OWiG, wistra 1992 133 ff., (zitiert: *Göhler*, wistra **1992** 133,)

Göhler, Erich, Gesetz über Ordnungswidrigkeiten, 13. Auflage, München, 2002, (zitiert: *Göhler*, OWiG,)

Göppinger, Hans, Kriminologie, 5. Auflage, München, 1997, (zitiert: *Göppinger*, Kriminologie,)

Gössel, Karl Heinz, Alte und neue Wege der Fahrlässigkeitslehre, In: Festschrift für Karl Bengl, Hrsg.: Lang, August R., München, 1984, S. 23 ff., (zitiert: *Gössel*, Bengl-Festschrift, S. 23,),

Gordon, Gerald H., The Criminal Law of Scotland, 2. Auflage, Edinburgh, 1980, (zitiert: *Gordon*, Criminal Law, S.)

Grabitz, Eberhard, In: Kommentar zum EWG-Vertrag, Stand Juni 1990, Art. 101, Rn. 1 ff., (zitiert: *Grabitz*, Kommentar zum EWG-V,)

von der Grün, Ursula-Isabel, Garantenstellung und Anzeigepflichten von Amtsträgern im Umweltbereich, Konstanz, 2003, (zitiert: *v. d. Grün*, Garantenstellung, S.)

Greve, Vagn, Criminal responsibility of legal persons in Denmark, In: Bausteine des europäischen Wirtschaftsstrafrechts, Madrid-Symposium für Klaus Tiedemann, Hrsg.: Schünemann, Bernd/Suárez González, Carlos, Köln, Berlin, Bonn, München, 1994, S. 313 ff., (zitiert: *Greve*, Madrid-Symposium, S. 313,)

Gröblinghoff, Stefan, Die Verpflichtung des deutschen Strafgesetzgebers zum Schutz der Interessen der Europäischen Gemeinschaften, Heidelberg, 1996, (zitiert: *Gröblinghoff*, Verpflichtung des deutschen Strafgesetzgebers, S.)

Gronemeyer, Steffen, Spanien, In: Handwörterbuch des deutschen Umweltrechts, Band III, Hrsg.: Kimminich, Otto/Lersner, Heinrich Freiherr von/Storm, Peter-Christoph, 2. Auflage, Berlin, 1994, Sp. 1840 ff., (zitiert: *Gronemeyer*, in: Kimminich/v.Lersner/Storm (Hrsg.), Sp. 1840,)

Grünwald, Gerald, Zur gesetzlichen Regelung der unechten Unterlassungsdelikte, ZStW 70 (1958) S. 412 ff., (zitiert: *Grünwald*, ZStW **70** (1958) S. 412,)

Gürbüz, Sabahat , Zur Strafbarkeit von Amtsträgern im Umweltstrafrecht: unter vergleichender Berücksichtigung der Reformentwürfe für das erste und zweite Gesetz zur Bekämpfung der Umweltkriminalität, Frankfurt am Main, 1997, (zitiert: *Gürbüz*, Strafbarkeit von Amtsträgern, S.)

Häberle, Peter, Europa als werdende Verfassungsgemeinschaft, DVBl. 2000, 840 ff., (zitiert: *Häberle*, DVBl. **2000** 840,)

Häberle, Peter, Grundrechte im Leistungsstaat, In: Die Dogmatik des Verwaltungsrechts vor den Gegenwartsaufgaben der Verwaltung, Hrsg.: Bachhof, Otto/ Brohm, Winfried, Veröffentlichungen der Vereinigung der Deutschen Staatsrechtslehrer, Heft 30, 1972, (zitiert: *Häberle*, VVDStRL **30** 43,)

Hall, Karl Alfred, Über die Leichtfertigkeit – Ein Vorschlag de lege ferenda, Festschrift für Edmund Mezger zum 70. Geburtstag am 15. Oktober 1953, München, 1954, S. 229 ff., (zitiert: *Hall*, Mezger-Festschrift, S. 229,)

Hallwaß, Carsten, Die behördliche Duldung als Unrechtsausschließungsgrund im Umweltrecht, Kiel, 1987, (zitiert: *Hallwaß*, Behördliche Duldung als Unrechtsausschließungsgrund, S.),

Hamm, Rainer, Der Einsatz heimlicher Ermittlungsmethoden und der Anspruch auf ein faires Verfahren, StV 2001, 81 ff., (zitiert: *Hamm*, StV **2001** 81,)

Hamm, Rainer, Auch das noch: Strafrecht für Verbände!, NJW 1998, 662 f., (zitiert: *Hamm*, NJW **1998** 662,)

Hamm, Rainer, Im Zweifel für die Natur ... und gegen das Strafrecht im Umweltschutz, In: Die Zeit Nr. 44 vom 27.10.1989, S. 64, (zitiert: *Hamm*, Die Zeit Nr. 44, S. 64)

Hansmann, Klaus, Schwierigkeiten bei der Umsetzung und Durchführung des europäischen Umweltrechts?, NVwZ 1995, 320 ff., (zitiert: *Hansmann*, NVwZ **1995** 320,)

Hansmann, Klaus, Verwaltungshandeln und Strafverfolgung – konkurrierende Instrumente des Umweltrechts?, NVwZ 1989, 913 ff., (zitiert: *Hansmann*, NVwZ **1989** 913,)

Harding, Christopher, Criminal Liability of Corporations, In: Criminal Liability of Corporations, Hrsg.: de Doelder, Hans/Tiedemann, Klaus, Den Haag, 1996, S. 369 ff., (zitiert: *Harding*, de Doelder/Tiedemann (Hrsg.), S. 369,)

Hassemer, Winfried, Das Symbolische am symbolischen Strafrecht, In: Festschrift für Claus Roxin zum 70. Geburtstag am 15. Mai 2001, Hrsg.: Schünemann, Bernd/Achenbach, Hans/Bottke, Wilfried/Haffke, Bernhard/Rudolphi, Hans-Joachim, Berlin, 2001, S. 1001 ff., (zitiert: *Hassemer*, Roxin-Festschrift, S. 1001,)

Hassemer, Winfried, Symbolisches Strafrecht und Rechtsgüterschutz, NStZ 1989, 553 ff., (zitiert: *Hassemer*, NStZ **1989** 553,)

Hassemer, Winfried, Kennzeichen und Krisen des modernen Strafrechts, ZRP 1992, 378 ff., (zitiert: *Hassemer*, ZRP **1992** 378,)

Hecker, Bernd, Die Strafbarkeit grenzüberschreitender Luftverunreinigungen im deutschen und europäischen Umweltstrafrecht, ZStW 115 (2003) S. 880 ff., (zitiert: *Hecker,* ZStW **115** (2003) S. 880,)

Hefendehl, Roland, Kollektive Rechtsgüter im Strafrecht, Köln, Berlin, Bonn, München, 2002, (zitiert: *Hefendehl,* Kollektive Rechtsgüter, S.)

Heghmanns, Michael, Grundzüge einer Dogmatik der Straftatbestände zum Schutz von Verwaltungsrecht oder Verwaltungshandeln, Berlin, 2002, (zitiert: *Heghmanns,* Dogmatik der Straftatbestände, S.)

Heghmanns, Michael, Internationales Strafrecht, Anmerkung zum BGH Urteil vom 12.12.2000, JA 2001, 276 ff., (zitiert: *Heghmanns,* JA **2001** 276,)

Heghmanns, Michael, Besprechung der Dissertation von Jünemann, GA 2000, 197 ff., (zitiert: *Heghmanns,* GA **2000** 197,)

Heider, Karsten, Die Bedeutung der behördlichen Duldung im Umweltstrafrecht, Tübingen, 1994, (zitiert: *Heider,* Bedeutung der behördlichen Duldung, S.)

Heine, Günter, Umweltstrafrecht in mittel- und südeuropäischen Ländern, Freiburg im Breisgau, 1997, (zitiert: *Bearbeiter,* Landesbericht, S.)

Heine, Günter, Anmerkung zu BayObLG, JR 1996, 500 ff., (zitiert: *Heine,* JR **1996** 500,)

Heine, Günter, Strafrecht und „Abfalltourismus", In: Festschrift für Otto Triffterer zum 65. Geburtstag, Wien, 1996, S. 401 ff., (zitiert: *Heine,* Triffterer-Festschrift, S. 401)

Heine, Günter, Die strafrechtliche Verantwortlichkeit von Unternehmen: internationale Entwicklung – nationale Konsequenzen, ÖJZ 1996, 211 ff., (zitiert: *Heine,* ÖJZ **1996** 211,)

Heine, Günter, Die strafrechtliche Verantwortlichkeit von Unternehmen, Von individuellem Fehlverhalten zu kollektiven Fehlentwicklungen, insbesondere bei Großrisiken, 1. Auflage, Baden-Baden, 1995, (zitiert: *Heine,* Strafrechtliche Verantwortlichkeit, S.)

Heine, Günter, Beweislastumkehr im Strafverfahren?, JZ 1995, 651 ff., (zitiert: *Heine,* JZ **1995** 651,)

Heine, Günter, Die Verwaltungsakzessorietät im deutschen Umweltstrafrecht unter Berücksichtigung des österreichischen Rechts, ÖJZ 1991, 370 ff., (zitiert: *Heine,* ÖJZ **1991** 370,)

Heine, Günter, Verwaltungsakzessorietät des Umweltstrafrechts, Rechtsvergleichende Funktionsanalysen – unbestimmte Rechtsbegriffe – Reichweite von Genehmigungen, In: Ökologie und Recht, Hrsg.: Schulz, Lorenz, Köln, 1991, S. 55 ff., (zitiert: *Heine,* in: Schulz (Hrsg.), S. 55,)

Heine, Günter, Verwaltungsakzessorietät des Umweltstrafrechts, Rechtsvergleichende Funktionsanalysen – unbestimmte Rechtsbegriffe – Reichweite von Genehmigungen, NJW 1990, 2425 ff., (zitiert: *Heine,* NJW **1990** 2425,)

Heine, Günter/Waling, Conélie, Die Durchsetzung des Umweltstrafrechts in den Niederlanden, JR 1989, 402 ff., (zitiert: *Heine/Waling*, JR **1989** 402,)

Heine, Günter, Zur Rolle des strafrechtlichen Umweltschutzes, Rechtsvergleichende Beobachtungen zu Hintergründen, Gestaltungsmöglichkeiten und Trends, ZStW 101 (1989) S. 722 ff., (zitiert: *Heine*, ZStW **101** (1989) S. 722,)

Heine, Günter/Catenacci, Mauro, Umweltstrafrecht in Italien, Problemschwerpunkte eines nebenstrafrechtlichen Schutzprogramms, ZStW 101 (1989) S. 163 ff., (zitiert: *Heine/Catenacci*, ZStW **101** (1989) S. 163,)

Heine, Günter, Ökologie und Recht:, Zur historischen Entwicklung normativen Umweltschutzes, GA 1989, 116 ff., (zitiert: *Heine*, GA **1989** 116,)

Heine, Günter/Meinberg, Volker, Gutachten D für den 57. Deutschen Juristentag, 1988, (zitiert: *Heine/Meinberg*, Gutachten D für den 57. Deutschen Juristentag, München, 1988)

Heine, Günter, Aspekte des Umweltstrafrechts im internationalen Vergleich, GA 1986, 67 ff., (zitiert: *Heine*, GA **1986** 67,)

Heinitz, Ernst, Mitteilungen – 40. deutscher Juristentag, NJW 1953, 1462 f., (zitiert: *Heinitz*, NJW **1953** 1462,)

Heinrich, Bernd, Der Erfolgsort beim abstrakten Gefährdungsdelikt, GA 1999, 72 ff., (zitiert: *Heinrich*, GA **1999** 72,)

Heitzer, Anne, Punitive Sanktionen im Europäischen Gemeinschaftsrechts, Heidelberg, 1997, (zitiert: *Heitzer*, Punitive Sanktionen, S.)

Hennau-Hublet, C., La Criminalisation du Comportement Collectif – Belgique, In: Criminal Liability of Corporations, Hrsg.: de Doelder, Hans/Tiedemann, Klaus, Den Haag, 1996, S. 129 ff., (zitiert: *Hennau-Hublet*, in: de Doelder/ Tiedemann (Hrsg.), S. 129,)

Hernández, Alonso Roberto, Prevariación del funcionario público en elá rea medioambiental, Actualidad Penal Nr. 9, 1999, Rn. 179 ff., (zitiert: *Hernández*, Rn.)

Herzog, Felix, Gesellschaftliche Unsicherheit und strafrechtliche Daseinsvorsorge, Studien zur Vorverlegung des Strafrechtsschutzes in den Gefährdungsbereich, Heidelberg, 1991, (zitiert: *Herzog*, Gesellschaftliche Unsicherheit, S.)

Hettinger, Michael (Hrsg.), Reform des Sanktionenrechts, Band 3: Verbandsstrafe, Baden-Baden, 2002, (zitiert: *Hettinger*, Reform des Sanktionenrechts, Bd. 3)

Hetzer, Wolfgang, Wirtschaft und Kriminalität, Kriminalpolitische Betrachtungen zu Unternehmerschaft, und Täterschaft, Kriminalistik 1999, 570 ff., (zitiert: *Hetzer*, Kriminalistik **1999** 570,)

Hetzer, Wolfgang, Schuldlose Sanktionssubjekte?, Unternehmenskriminalität und Verbandsstrafe, wistra 1999, 361 ff., (zitiert: *Hetzer*, wistra **1999** 361,)

Heyen, Erk Volkmar (Hrsg.), Verwaltung und Verwaltungsrecht in Frankreich und England (18./19. Jh.), Baden-Baden, 1996, (zitiert: *Bearbeiter*, in: Heyen (Hrsg.), S.)

Hildenstab, Bernd, Die Gewinnabschöpfung im Umweltstrafverfahren, Köln, 1990, (zitiert: *Hildenstab*, Gewinnabschöpfung, S.)

Hilgendorf, Eric, Überlegungen zur strafrechtlichen Interpretation des Ubiquitätsprinzips im Zeitalter es Internet, NJW 1997, 1873 ff., (zitiert: *Hilgendorf*, NJW **1997** 1873,)

Hirsch, Günter, EG: Kein Staat, aber eine Verfassung?, NJW 2000, 46 f., (zitiert: *Hirsch*, NJW **2000** 46,)

Hirsch, Günter, Ein Bekenntnis zu den Grundwerten, Die Grundrechte-Charta wird der Europäischen Union den Weg weisen, Frankfurter Allgemeine Zeitung vom 12.10.2000, S. 11, (zitiert: *Hirsch*, Frankfurter Allgemeine Zeitung, S. 11)

Hirsch, Hans Joachim, Die Frage der Straffähigkeit von Personenverbänden, Opladen, 1993, (zitiert: *Hirsch*, Straffähigkeit von Personenverbänden, S.)

Hirsch, Hans Joachim, Strafrechtliche Verantwortlichkeit von Unternehmen, ZStW 107 (1995), S. 285 ff., (zitiert: *Hirsch*, ZStW **107** (1995) S. 285,)

Höpfel, Frank, Die Internationale Dimension des Umweltstrafrechts, In: Festschrift für Otto Triffterer zum 65. Geburtstag, Hrsg.: Schmoller, Kurt, Wien, 1996, S. 425 ff., (zitiert: *Höpfel*, Triffterer-Festschrift, S. 425,)

Hoffmann, Friedrich, Fahrlässige Körperverletzung im Straßenverkehr – eine Straftat?, NZV 1993, 209 ff., (zitiert: *Hoffmann*, NZV **1993** 209,)

Hohmann, Harald (Hrsg.), Ausfuhrrecht Kommentar mit EG-Dual-Use-Verordnung, EG-Ausfuhrverordnung, Außenwirtschaftsgesetz, Außenwirtschaftsverordnung, Kriegswaffenkontrollgesetz, München, 2002, (zitiert: *Bearbeiter*, in: Hohmann (Hrsg.),)

Hohmann, Olaf, Das Rechtsgut der Umweltdelikte, Grenzen des strafrechtlichen Umweltschutzes, Frankfurt am Main, 1990, (zitiert: *Hohmann*, Rechtsgut, S.)

Hohmann, Olaf, Von den Konsequenzen einer personalen Rechtsgutsbestimmung im Umweltstrafrecht, GA 1992, 76 ff., (zitiert: *Hohmann*, GA **1992** 76,)

Honko, Jaakko, Wirtschaftliche Steuerung des Umweltschutzes: Überlegungen aus finnischer Sicht, Berlin, New York, 1991, (zitiert: *Honko*, Wirtschaftliche Steuerung, S.)

Horn, Eckhard, Strafbares Fehlverhalten von Genehmigungs- und Aufsichtsbehörden, NJW 1981, 1 ff., (zitiert: *Horn*, NJW **1981** 1,)

Horn, Eckhard/Hoyer, Andreas, Rechtsprechungsübersicht zum Umweltstrafrecht, JZ 1991, 703 ff., (zitiert.: *Horn/Hoyer*, JZ **1991** 703,)

Horn, Eckhard/Hoyer, Andreas, Rechtsprechungsübersicht zum 27. Abschnitt des StGB, „Gemeingefährliche Straftaten", JZ 1987, 965 ff., (zitiert: *Horn/Hoyer*, JZ **1987** 965,)

Horn, Eckhard, Umweltschutz-Strafrecht: eine After-Disziplin?, UPR 1983, 362 ff., (zitiert: *Horn*, UPR **1983** 362,)

Hoyer, Andreas, Die Eignungsdelikte, Berlin, 1987, (zitiert: *Hoyer*, Eignungsdelikte, S.)

Hübenett, Carolin, Rechtswidrige behördliche Genehmigung als Rechtfertigungsgrund – ein gelöstes strafrechtliches Problem?, dargestellt an § 324 StGB (Gewässerverunreinigung), Bonn, 1986, (zitiert: *Hübenett*, Rechtswidrige behördliche Genehmigung, S.)

Hübner, Ulrich/Constaninesco, Vlad, Einführung in das französische Recht, 4. Auflage, München, 2001, (zitiert: *Hübner/Constaninesco*, Einführung, S.)

Huembs-Krusche, Margret/Krusche, Matthias, Die strafrechtliche Erfassung von Umweltbelastungen, Strafrecht als Ultima ratio der Umweltpolitik?, Eine empirische Untersuchung, Stuttgart, 1983, (zitiert: *Huembs-Krusche/Krusche*, Erfassung von Umweltbelastungen, S.)

Hünerfeld, Peter, Umweltstrafrecht in Portugal (Landesbericht), In: Umweltstrafrecht in mittel- und südeuropäischen Ländern, Hrsg.: Heine, Günter, Freiburg im Breisgau, 1997, S. 359 ff., (zitiert: *Hünerfeld*, Landesbericht Portugal, S. 359,)

Hüting, Ralf, Die Wirkung der behördlichen Duldung im Umweltstrafrecht, Berlin, 1996, (zitiert: *Hüting*, Wirkung der behördlichen Duldung, S.)

Hughes, David, Environmental Law, 2. Auflage, London, 1992, (zitiert: *Hughes*, Environmental Law, S.)

Hund, Horst, Entkriminalisierung – Königsweg oder Notlösung?, ZRP 1994, 4 ff., (zitiert: *Hund*, ZRP **1994** 4,)

Immel, Burkhard, Die Notwendigkeit eines Sondertatbestandes im Umweltstrafrecht – Umweltuntreue, ZRP 1989, 105 ff., (zitiert: *Immel*, ZRP **1989** 105,)

Immel, Burkhard, Strafrechtliche Verantwortlichkeit von Amtsträgern im Umweltstrafrecht, – Umweltuntreue –, Frankfurt am Main, 1987, (zitiert: *Immel*, Umweltuntreue, S.)

Ipsen, Knut (Hrsg.), Völkerrecht, 4. Auflage, München, 1999, (zitiert: *Bearbeiter*, in: Ipsen (Hrsg.), Rn.)

Jakobs, Günther, Strafrecht Allgemeiner Teil, Die Grundlagen und die Zurechnungslehre, 2. Auflage, Berlin, 1991, (zitiert: *Jakobs*, AT,)

Jarass, Hans D., Besonderheiten des französischen Verwaltungsrechts im Vergleich, DÖV 1981, 813 ff., (zitiert: *Jarass*, DÖV **1981** 813,)

Jepsen, Jorgen, Umweltstrafrecht in Dänemark (Landesbericht), In: Umweltstrafrecht in den nordischen Ländern, Hrsg.: Cornils, Karin/Heine, Günter, Freiburg im Breisgau, 1994, S. 1 ff., (zitiert: *Jepsen*, Landesbericht Dänemark, S.)

Jescheck, Hans-Heinrich/Weigend, Thomas, Lehrbuch des Strafrechts Allgemeiner Teil, 5. Auflage, Berlin, 1996, (zitiert: *Jescheck/Weigend*, AT, S.)

Joecks, Wolfgang, Studienkommentar zum StGB, 4. Auflage, München, 2003, (zitiert: *Joecks*, Studienkommentar)

Joecks, Wolfgang, In: Franzen/Gast (Begr.), Siehe dort

Jünemann, Matthias, Rechtsmissbrauch im Umweltstrafrecht:, Zugleich ein Beitrag zur befugnisverleihenden Wirkung behördlicher Genehmigungen, Berlin, 1998, (zitiert: *Jünemann*, Rechtsmissbrauch, S.)

Jünemann, Matthias, Zum Verhältnis von Verwaltungsunrecht und Strafrecht unter besonderer Berücksichtigung von § 330d Nr. 5 StGB, UPR 1997, 399 ff., (zitiert: *Jünemann*, UPR **1997** 399,)

Kaiafa-Gbandi, Maria, Bemerkungen zur Entwicklung rechtsstaatlicher Grundlagen Europäischen Strafrechts, KritV 1999, 290 ff., (zitiert: *Kaiafa-Gbandi*, KritV **1999** 290,)

Kaiser, Günther, Kriminologie, Ein Lehrbuch, 3. Auflage, Heidelberg, 1996, (zitiert: *Kaiser*, Kriminologie, 1996)

Kaiser, Günther, Kriminologie: Eine Einführung in die Grundlagen, 8. Auflage, Heidelberg, 1989, (zitiert: *Kaiser*, Kriminologie, 1989)

Kaiser, Günther, Gewinnabschöpfung als kriminologisches Problem und kriminalpolitische Aufgabe, In: Festschrift für Herbert Tröndle zum 70. Geburtstag am 24. August 1989, Hrsg.: Jescheck, Hans-Heinrich, Berlin, 1989, S. 685 ff., (zitiert: *Kaiser*, Tröndle-Festschrift, S. 685,)

Karamanidis, Georgius, Der strafrechtliche Umweltschutz in Griechenland, 1985, Pfaffenweiler, (zitiert: *Karamanidis*, Umweltschutz, S.)

Kareklás, Stefanos Emm./Fitrakis, Eftichis El., Umweltstrafrecht in Griechenland (Landesbericht), In: Umweltstrafrecht in mittel- und südeuropäischen Ländern, Hrsg.: Heine, Günter, Freiburg im Breisgau, 1997, S. 139 ff., (zitiert: *Kareklás/Fitrakis*, Landesbericht Griechenland, S.)*Kareklás, Stefanos Emm.*, Die Lehre vom Rechtsgut und das Umweltstrafrecht, Tübingen, 1990, (zitiert: *Kareklás*, Rechtsgut, S.)

Karlsruher Kommentar, zum Gesetz über Ordnungswidrigkeiten, Hrsg.: Boujong, Karlheinz, 2. Auflage, München, 2000, (zitiert: *Rogall*, KK-OWiG,)

Keßeböhmer, Elisabeth/Schmitz, Roland, Hinterziehung ausländischer Steuern und Steuerhinterziehung im Ausland, § 370 Abs. 6 und 7 AO,. wistra 1995, 1 ff., (zitiert: *Keßeböhmer/Schmitz*, wistra **1995** 1,)

Kimminich, Otto/Hobe, Stephan, Einführung in das Völkerrecht, 7. Auflage, Tübingen und Basel, 2000, (zitiert: *Kimminich/Hobe*, Völkerrecht, S.)

Kindhäuser, Urs, Zur Legitimität der abstrakten Gefährdungsdelikte im Wirtschaftsstrafrecht, In: Bausteine des europäischen Wirtschaftsstrafrechts, Madrid-Symposium für Klaus Tiedemann, Hrsg.: Schünemann, Bernd/ Suárez González, Carlos, Köln, Berlin, Bonn, München, 1994, 125 ff., (zitiert: *Kindhäuser*, Madrid-Symposium, S. 125,)

Klein, Hans, Ein Grundrecht auf saubere Umwelt?, In: Festschrift für Werner Weber zum 70. Geburtstag dargebracht von Freunden, Schülern und Kollegen, Hrsg.: Schneider, Hans, Berlin, 1974, S. 643 ff, (zitiert: *Klein*, Weber-Festschrift, S. 643,)

Kloepfer, Michael/Vierhaus, Hans-Peter, Umweltstrafrecht, 2. Auflage, München, 2002, (zitiert: *Kloepfer/Vierhaus*, Umweltstrafrecht, Rn.)

Kloepfer, Michael, Umweltrecht, 2. Auflage, München, 1998, (zitiert: *Kloepfer*, Umweltrecht, S.)

Kloepfer, Michael/Mast, Ekkehart, Das Umweltrecht des Auslandes, Berlin, 1995, (zitiert: *Kloepfer/Mast*, Umweltrecht des Auslandes, S.)

Kloepfer, Michael, Grenzüberschreitende Umweltbelastungen als Rechtsproblem, DVBl. 1984, 245 ff., (zitiert: *Kloepfer*, DVBl. **1984** 245,)

Knöll, Ralf, Die Diskussion um die Grundrechtscharta der Europäischen Union aus dem Blickwinkel der deutschen Länder, NJW 2000, 1845 ff., (zitiert: *Knöll*, NJW **2000** 1845,)

Koch, Birgit, Die Strafbarkeit juristischer Personen nach dem neuen französischem Code pénal, ZStW 107 (1995) S. 405 ff., (zitiert: *Koch*, ZStW **107** (1995) S. 405,)

Koch, Johannes, Verwaltungsrechtsschutz in Frankreich: eine rechtsvergleichende Untersuchung zu den verwaltungsinternen und verwaltungsgerichtlichen Rechtsbehelfen des Bürgers gegenüber der Verwaltung, Berlin, 1998, (zitiert: *Koch*, Verwaltungsrechtsschutz, S.)

Kommentar zur Abgabenordnung und Finanzgerichtsordnung, Hrsg.: Hübschmann, Walter/ Hepp, Ernst/Spitaler, Armin, Loseblattsammlung, Köln, Stand August 1985, (zitiert: *Hübner*, in: Hübschmann/Hepp/Spitaler (Hrsg.), Rn.)

Korte, Matthias, Der Schutz der finanziellen Interessen der Europäischen Gemeinschaften mit den Mitteln des Strafrecht, – Das „Zweite Protokoll", NJW 1998, 1464 ff., (zitiert: *Korte*, NJW **1998** 1464,)

Kottula, Michael, Verfassungsrechtliche Aspekte im Zusammenhang mit der Einführung eines Umweltgrundrechtes in das Grundgesetz, KJ 2000, 22 ff., (zitiert: *Kottula*, KJ **2000** 22,)

Kracht, Michael, Gewinnabschöpfung und Wiedergutmachung bei Umweltdelikten, wistra 2000, 326 ff., (zitiert: *Kracht*, wistra **2000** 326,)

Krekeler, Wilhelm, Brauchen wir ein Umweltstrafrecht?, In: Festschrift für Ernst-Walter Hanack zum 70. Geburtstag am 30. August 1999, Hrsg.: Ebert, Udo, Berlin, 1999, S. 639 ff., (zitiert: *Krekeler*, Hanack-Festschrift, S. 639,)

Krey, Volker, Strafrecht Besonderer Teil 1, 12. Auflage, Stuttgart, 2002, (zitiert: *Krey*, BT 1, Rn.)

Kromarek-Voitellier, Pascale, Frankreich, In: Handwörterbuch des Umweltrechts, Band I, Hrsg.: Kimminich, Otto/Lersner, Heinrich Freiherr von/Storm, Peter-Christoph, 2. Auflage, Berlin, 1994, Sp. 773 ff., (zitiert: *Kromarek-Voitellier*, in: Kimminich/v.Lersner/Storm (Hrsg.), Bd. I, Sp. 773,)

Krüger, Ralf, Entkriminalisierung – Verfassungsrechtliche Aspekte zu Grenzlinien des Strafrechts, Kriminalistik 1995, 306 ff., (zitiert: *Krüger*, Kriminalistik **1995** 306,)

Kube, Edwin/Seitz, Norbert, Zur „Rentabilität" von Umweltdelikten oder: Viel passiert, wenig geschieht, DRiZ 1987, 41 ff., (zitiert: *Kube/Seitz*, DRiZ **1987** 41,)

Kudlich, Hans, Altes Strafrecht für neue Medien?, Jura 2001, 305 ff., (zitiert: *Kudlich*, Jura **2001** 305,)

Kudlich, Hans, Auf dem Weg zu einem Europäischen Rechtsraum, JA 1999, 525 ff., (zitiert: *Kudlich*, JA **1999** 525,)

Kühl, Kristian, Probleme der Verwaltungsakzessorietät des Strafrechts, insbesondere im Umweltstrafrecht, In: Festschrift für Karl Lackner zum 70. Geburtstag am 18. Februar 1987, Hrsg.: Küper, Wilfried, Berlin, 1987, S. 815 ff., (zitiert: *Kühl*, Lackner-Festschrift, S. 815,)

Kühl, Kristian, Anthropozentrische oder nichtanthropozentrische Rechtsgüter im Umweltstrafrecht?, In: Ökologische Ethik und Rechtstheorie, Hrsg.: Nida-Rümelin, Julian/v.d. Pfordten, Dietmar, 1. Auflage, Baden-Baden, 1995, S. 245 ff., (zitiert: *Kühl*, in: Nida-Rümelin/v.d. Pfordten (Hrsg.), S. 245,)

Kühl, Kristian, Europäisierung der Strafrechtswissenschaft, ZStW 109 (1997) S. 777 ff., (zitiert: *Kühl*, ZStW **109** (1997) S. 777,)

Kühl, Kristian, Strafrechtlicher Schutz der Umwelt, In: Wirtschaftsstrafrecht in der Europäischen Union Rechtsdogmatik, Rechtsvergleich, Rechtspolitik, Freiburg-Symposium, Hrsg.: Tiedemann, Klaus, Köln, Berlin, Bonn, München, 2002, S. 301 ff., (zitiert: *Kühl*, Freiburg-Symposium, S. 301,)

Kühne, Hans Heiner, Strafprozessrecht, Eine systematische Darstellung des deutschen und europäischen Strafverfahrensrechts, 6. Auflage, Heidelberg, 2003, (zitiert: *Kühne*, Strafprozessrecht, Rn.)

Kürzinger, Josef, Kriminologie: Eine Einführung in die Lehre vom Verbrechen, 2. Auflage, Stuttgart, Dresden, 1996, (zitiert: *Kürzinger*, Kriminologie,)

Kuhlen, Lothar, Der Handlungserfolg der strafbaren Gewässerverunreinigung (§ 324 StGB), GA 1986, 389 ff., (zitiert: *Kuhlen*, GA **1986** 389,)

Kuhlen, Lothar, Zum Umweltstrafrecht in der Bundesrepublik Deutschland, (1. Teil), WiVerw 1991, 181 ff., (zitiert: *Kuhlen*, WiVerw **1991** 181,)

Kuhlen, Lothar, Zum Umweltstrafrecht in der Bundesrepublik Deutschland, (2. Teil), WiVerw 1992, 215 ff., (zitiert: *Kuhlen*, WiVerw **1992** 215,)

Kuhlen, Lothar, Umweltstrafrecht, - auf der Suche nach einer neuen Dogmatik, ZStW 105 (1993) S. 697 ff., (zitiert: *Kuhlen*, ZStW **105** (1993) S. 697,)

Kuhlen, Lothar, Umweltstrafrecht in Deutschland und Österreich, Linz, 1994, (zitiert: *Kuhlen*, Österreich, S.)

Kuner, Christopher, Internationale Zuständigkeitskonflikte im Internet, CR 1996, 453 ff., (zitiert: *Kuner*, CR **1996** 453,)

Lackner, Karl/Kühl, Kristian, Strafgesetzbuch mit Erläuterungen, 24. Auflage, München, 2001, (zitiert: *Lackner/Kühl*,)

Landau, Herbert/Fünfsinn, Helmut, Polizeiliches Strafgeld als Reaktion auf den Ladendiebstahl, ZRP 2000, 5 ff., (zitiert: *Landau/Fünfsinn*, ZRP **2000** 5,)

Lange, Richard, Der Strafgesetzgeber und die Schuldlehre, Zugleich ein Beitrag zum Unrechtsbegriff bei den Zuwiderhandlungen, JZ 1956, 73 ff., (zitiert: *Lange*, JZ **1956** 73,)

Lange, Richard, Zur Strafbarkeit von Rechtsverbänden, JZ 1952, 261 ff., (zitiert: *Lange,* JZ **1952** 261,)

Langsted, Lars Bo/Garde, Peter/Greve, Vagn, Criminal Law in Denmark, Den Haag, 1998, (zitiert: *Langsted/Garde/Greve,* S.)

Larguier, Jean, Droit pénal général, 19. Auflage, Paris, 2003, (zitiert: *Larguier,* Droit pénal, S.)

Leipold, Dieter (Hrsg.), Umweltschutz und Recht in Deutschland und Japan, Symposium der rechtswissenschaftlichen Fakultäten der Albert-Ludwigs-Universität Freiburg und der Städtischen Universität Osaka, Heidelberg, 2000, (zitiert: *Bearbeiter,* in: Leipold (Hrsg.), S.)

Leipziger Kommentar, Strafgesetzbuch. Großkommentar, Hrsg.: Jähnke, Burkhard/Laufhütte, Heinrich Wilhelm/Odersky, Walter, 11. Auflage, Berlin, New York; 14. Lieferung: §§ 15 – 18. Bearbeiter: Schroeder, Friedrich-Christian, 1994; 16. Lieferung: §§ 28 – Vor 32. Bearbeiter: §§ 28 – 31: Roxin, Claus, Vor § 32: Hirsch, Hans-Joachim, 1994; 25. Lieferung: §§ 311c – 314; 324 – 335a. Bearbeiter: §§ 311c, d; 324 – 330d: Steindorf, Joachim, §§ 311e – 314: Wolff, Hagen, §§ 331 – 335a: Jescheck, Hans-Heinrich, 1997; 26. Lieferung: § 3 – 12. Bearbeiter: Gribbohm, Günter, 1997; 41. Lieferung: §§ 288 – 302. Bearbeiter: §§ 288 – 297 Schünemann, Bernd, §§ 298 – 302 Tiedemann, Klaus, 2002, (zitiert: *Bearbeiter,* LK)

Lenz, Carl Otto, Ein Grundrechtskatalog für die Europäische Gemeinschaft?, NJW 1997, 3289 f., (zitiert: *Lenz,* NJW **1997** 3289,)

Lenz, Friedrich, Europäische Einigung und Europäisches Strafrecht, ZStW 105 (1993) S. 230 ff., (zitiert: *Lenz,* ZStW **105** (1993) S. 230,)

Leutheusser-Schnarrenberger, Sabine, Die Entwicklung des Schutzes der Grundrechte in der EU, ZRP 2002, 329 ff., (zitiert: *Leutheusser-Schnarrenberger,* ZRP **2002** 329,)

Limbach, Jutta, Die Kooperation der Gerichte in der zukünftigen Europäischen Grundrechtsarchitektur, www.fewi.hu-berlin.de/WHI/, (zitiert: *Limbach,* www.fewi.hu-berlin.de/WHI/)

Lindner, Josef Franz, EG-Grundrechtscharta und gemeinschaftsrechtlicher Kompetenzvorbehalt, – Probleme und Thesen –, DÖV 2000, 543 ff., (zitiert: *Lindner,* DÖV **2000** 543,)

Lobo Moutinho, José/Salinas Monteiro, Henrique, La criminalisation du comportement collectif – Portugal, In: Criminal Liability of Corporations, Hrsg.: de Doelder, Hans/Tiedemann, Klaus, Den Haag, 1996, S. 311 ff., (zitiert: *Lobo Moutinho/Salinas Monteiro,* in: de Doelder/Tiedemann (Hrsg.), S. 311,)

Löschnig-Gspandl, Marianne, Zur Bestrafung von juristischen Personen, ÖJZ 2002, 241 ff., (zitiert: *Löschnig-Gspandl,* ÖJZ **2002** 241,)

Lomas, Owen, Umweltrechtstrafrecht in England und Wales (Landesbericht), In: Umweltstrafrecht in England, Kanada und den USA, Hrsg.: Eser, Albin/Heine,

Günter, Freiburg im Breisgau, 1994, S. 1 ff., (zitiert: *Lomas*, Landesbericht England und Wales, S. 1,)

Lomas, Owen, Umweltrecht in Großbritannien – ein Rechtsgebiet im Aufbau, DVBl. 1992, 949 ff., (zitiert: *Lomas*, DVBl. **1992** 949,)

Lorenz, Dieter, Die Folgepflicht gegenüber rechtswidrigen Verwaltungsakten und die Strafbarkeit des Ungehorsams, DVBl. 1971, 165 ff., (zitiert: *Lorenz*, DVBl. **1971** 165,)

Losch, Bernhard/Radau, Wiltrud Christine, Europäische Grundrechte als Integrationsfaktor, NJ 1999, 632 ff., (zitiert: *Losch/Radau*, NJ **1999** 632,)

Losch, Bernhard/Radau, Wiltrud Christine, Grundrechtskatalog für die Europäische Union, ZRP 2000, 84 ff., (zitiert: *Losch/Radau*, ZRP **2000** 84,)

Lotz, Heinrich, Praktische Ermittlungsprobleme und Ansätze zu ihrer Lösung, In: Umweltstrafrecht, Hrsg.: Meinberg, Volker/Möhrenschlager, Manfred/Link, Wolfgang, Düsseldorf, 1989, S. 228 ff., (zitiert: *Lotz*, in: Meinberg/Möhrenschlager/Link (Hrsg.), S. 228,)

Lyall, Francis, An Introduction to British Law, 1. Auflage, Baden-Baden, 1994, (zitiert: *Lyall*, Introduction, S.)

Marauhn, Thilo, Zum Verhältnismäßigkeitsgrundsatz in Großbritannien, Die Bedeutung polizei(recht)licher Schranken für die Entwicklung materieller Kontrollstandards, VerwArch 1994, 52 ff., (zitiert: *Marauhn*, VerwArch **1994** 52,)

Martin, Jörg, Grenzüberschreitende Umweltbeeinträchtigungen im deutschen Strafrecht, ZRP 1992, 19 ff., (zitiert: *Martin*, ZRP **1992** 19,)

Martin, Jörg, Strafbarkeit grenzüberschreitender Umweltbeeinträchtigungen: Zugleich ein Beitrag zur Gefährdungsdogmatik und zum Umweltvölkerrecht, Freiburg im Breisgau, 1989, (zitiert: *Martin*, Grenzüberschreitende Umweltbeeinträchtigungen, S.)

Marx, Claudius, Die behördliche Genehmigung im Strafrecht, 1. Auflage, Baden-Baden, 1993, (zitiert: *Marx*, Behördliche Genehmigung, S.)

Marx, Michael, Zur Definition des Begriffs „Rechtsgut“, Prolegomena einer materialen Verbrechenslehre , Köln, 1972, (zitiert: *M. Marx*, Rechtsgut, S.)

Mata Barranco, Norberto J. de la, Protección penal del ambiente y accessoriedad administrativa, Tratamiento penal de comportamientos perjudiciales para el ambiente amparados en una autorización administrativa ilícita, Barcelona, 1996, (zitiert: *Mata Barranco*, Protección Penal, S.)

Maurach, Reinhart/Gössel, Karl Heinz/Zipf, Heinz, Strafecht Allgemeiner Teil 2, Erscheinungsformen des Verbrechens und Rechtsfolgen der Tat, 7. Auflage, Heidelberg, 1989, (zitiert: *Maurach/Gössel/Zipf*, AT 2,)

Maurach, Reinhart/Zipf, Heinz, Strafrecht Allgemeiner Teil, Teilband 1, Grundlehren des Strafrechts und Aufbau der Straftat, 8. Auflage, Heidelberg, 1992, (zitiert: *Maurach/Zipf*, AT 1,)

McEldowney, John F., Administration and Law in England in the 18th and 19th Centuries, In: Verwaltung und Verwaltungsrecht in Frankreich und England, Hrsg.: Heyen, Erk Volkmar, Baden-Baden, 1996, S. 19 ff., (zitiert: *McEldowney*, in: Heyen (Hrsg.), S. 19,)

Meier, Bernd-Dieter, Umleitung der Geldstrafe für Zwecke der Wiedergutmachung, ZRP 1991, 68 ff., (zitiert: *B.-D. Meier*, ZRP **1991** 68,)

Meinberg, Volker, Organisatorische Grundlagen und Rechtstatsachen zum Vollzug des Umweltstrafrechts, In: Umweltstrafrecht, Hrsg.: Meinberg, Volker/Möhrenschlager, Manfred/Link, Wolfgang, Düsseldorf, 1989, S. 211 ff., (zitiert: *Meinberg*, in: Meinberg/Möhrenschlager/Link (Hrsg.), S. 211,)

Meinberg, Volker, Empirische Erkenntnisse zum Vollzug des Umweltstrafrechts, ZStW 100 (1988) S. 112 ff., (zitiert: *Meinberg*, ZStW **100** (1988) S. 112,)

Meinberg, Volker, Amtsträgerstrafbarkeit bei Umweltbehörden, NJW 1986, 2220 ff., (zitiert: *Meinberg*, NJW **1986** 2220,)

Meine, Hans-Gerd, Die Reichweite des Verwertungsverbotes nach § 393 Abs. 2 AO, wistra 1985, 186 f., (zitiert: *Meine*, wistra **1985** 186,)

Mendelowitz, Michael S., Umwelthaftung im Vereinigten Königreich, PHi 1995, 151 ff., (zitiert: *Mendelowitz*, PHi **1995** 151,)

Merkel, Reinhard, Die Placebo-Paragraphen, In: Die Zeit Nr. 43 vom 20.10.1989, S. 66, (zitiert: *Merkel*, Die Zeit Nr. 43, S. 66)

Merle, Roger/Vitu, André, Traité de droit criminel, Band 1, 6. Auflage, Paris, 1988, (zitiert: *Merle/Vitu*, Droit criminel, Nr.)

Merten, Detlef, Rechtsstaat und Gewaltmonopol, Tübinge, 1975, (zitiert: *Merten*, Rechtsstaat, S.)

Meyer, Jürgen, ZRP-Rechtsgespräch mit Prof. Dr. Jürgen Meyer, Der Schritt von der Wirtschaftsgemeinschaft zur Werteordnung, ZRP 2002, 272 ff., (zitiert: *Meyer*, ZRP **2002** 272,)

Meyer, Jürgen, Die EU ist auch eine Wertegemeinschaft, Die Grundrechtscharta soll die Integration fördern, ZRP 2000, 114 ff., (zitiert: *Meyer*, ZRP **2000** 114,)

Meyer-Goßner, Lutz, Kommentar zur Strafprozessordnung, 46. Auflage, München, 2003, (zitiert: *Meyer-Goßner*,)

Michalke, Regina, Umweltstrafsachen, 2. Auflage, Heidelberg, 2000, (zitiert: *Michalke*, Umweltstrafsachen, Rn.)

Militello, Vincenzo, Die strafrechtliche Haftung des Unternehmens und der Unternehmensorgane in Italien, In: Bausteine des Strafrechts, Coimbra-Symposium für Claus Roxin, Hrsg.: Schünemann, Bernd/de Figueiredo Dias, Jorge, Köln, Berlin, Bonn, München, 1995, S. 321 ff., (zitiert: *Militello*, Coimbra-Symposium, S. 321,)

Miller, Alexander, Das Umweltstrafrecht im Königreich Spanien und der Bundesrepublik Deutschland, Eine rechtsvergleichende Untersuchung unter besonderer Berücksichtigung der Verwaltungsakzessorietät, der Amtsträgerstrafbarkeit und der Unternehmensstrafbarkeit, Münster, 2003, (zitiert: *Miller*, Umweltstrafrecht, S.)

Möhrenschlager, Manfred, Bericht über Rechtsentwicklungen auf nationaler und europäischer Ebene, 4. EU-Umweltstrafrecht, wistra 2003, Heft 5, V ff., (zitiert: *Möhrenschlager*, wistra **2003** V,)

Möhrenschlager, Manfred, Übereinkommen des Europarates über den Schutz der Umwelt durch das Strafrecht, wistra 1999, VI ff., (zitiert: *Möhrenschlager*, wistra **1999** VI,)

Möhrenschlager, Manfred, Revision des Umweltstrafrechts, Das Zweite Gesetz zur Bekämpfung der Umweltkriminalität, NStZ 1994, 513 ff. und 566 ff., (zitiert: *Möhrenschlager*, NStZ **1994** 513/566,)

Möhrenschlager, Manfred, Einbeziehung ausländischer Rechtsgüter in den Schutzbereich nationaler Straftatbestände, In: Die Bekämpfung des Subventionsbetrugs im EG-Bereich Hrsg.: Dannecker, Gerhard, Köln, 1993, S. 165 ff., (zitiert: *Möhrenschlager*, in: Dannecker (Hrsg.), S. 165,)

Möhrenschlager, Manfred, Kausalitätsprobleme im Umweltstrafrecht des Strafgesetzbuches, WiVerw 1984, 47 ff., (zitiert: *Möhrenschlager*, WiVerw **1984** 47,)

Möhrenschlager, Manfred, Neuere Entwicklungen im Umweltstrafrecht des Strafgesetzbuches, Anwendung und Auslegung, NuR 1983, 209 ff., (zitiert: *Möhrenschlager*, NuR **1983** 209,)

Moll, Dietmar, Europäisches Strafrecht durch nationale Blankettstrafgesetzgebung?, Göttingen, 1998, (zitiert: *Moll*, Europäisches Strafrecht, S.)

Moreau, Jacques, Droit Administrative, Paris, 1989, (zitiert: *Moreau*, Droit Administrative, S.)

Müller-Gugenbrger, Christian/Bender, Peter (Hrsg.), Wirtschaftsstrafrecht, Handbuch des Wirtschaftsstraf- und ordnungswidrigkeitenrechts, 3. Auflage, Münster, 2000, (zitiert: *Bearbeiter*, in: Müller-Gugenberger/Bender (Hrsg.), Rn.)

Müller-Metz, Reinhard, Zur Reform von Vergehenstatbeständen und Rechtsfolgen im Bereich der Verkehrsdelikte, NZV 1994, 89 ff., (zitiert: *Müller-Metz*, NZV **1994** 89,)

Munoz Conde, Francisco, Derecho penal, Parte especial, 14. Auflage, 2002, (zitiert: *Munoz Conde*, Derecho Penal, S.)

Murswiek, Dietrich,Kommentar zum Grundgesetz, Hrsg.: Sachs, Michael, 3. Auflage, München, 2003, (zitiert: Murswiek, in: Sachs (Hrsg.), Art. 20a, Rn.)

Murswiek, Dietrich, Staatsziel Umweltschutz (Art. 20a GG) – Bedeutung für Rechtsetzung und Rechtsanwendung, NVwZ 1996, 222 ff., (zitiert: *Murswiek*, NVwZ **1996** 222,)

Musil, Andreas, Umfang und Grenzen europäischer Rechtssetzungsbefugnisse im Bereich des Strafrechts nach dem Vertrag von Amsterdam, NStZ 2000, 68 ff., (zitiert: *Musil*, NStZ **2000** 68,)

Nadler, Hermann, Zur Informationskrise auf dem Gebiete des Rechts, JZ 1977, 296 ff., (zitiert: *Nadler*, JZ **1977** 296,)

Navarrete, Miguel Polaino, Umweltstrafrecht in Spanien (Landesbericht), In: Umweltstrafrecht in mittel- und südeuropäischen Ländern, Hrsg.: Heine, Günter, Freiburg im Breisgau, 1997, S. 497 ff., (zitiert: *Navarrete*, Landesbericht Spanien, S. 497,)

N.N., Umweltschutz und Kriminalistik, Kriminalistik 1978, 559 f., (zitiert: *N. N.*, Kriminalistik **1978** 559,)

N. N., Unmittelbare Strafbarkeit auch für Unternehmen?, Justizminister will entsprechende Vorschläge prüfen, International Kollektivstrafrecht durchaus üblich, DRiZ 1999, 52 ff., (zitiert: *N. N.*, DRiZ **1999** 52,)

Nowakowski, Friedrich, Die Grund- und Menschenrechte in Relation zur strafrichterlichen Gewalt, ÖJZ 1965, 281 ff., (zitiert: *Nowakowski*, ÖJZ **1965** 281,)

Nultsch, Wilhelm, Allgemeine Botanik, 11. Auflage, Stuttgart, New York, 2001, (zitiert: *Nultsch*, Allgemeine Botanik, S.)

Oehler, Dietrich, Internationales Strafrecht, 2. Auflage, Köln, Berlin, Bonn, München, 1983, (zitiert: *Oehler*, Internationales Strafrecht, S.)

Oppermann, Thomas, Eine Verfassung für die Europäische Union, DVBl. 2003, 1165 ff. (Teil 1) und 1234 ff. (Teil 2), (zitiert: *Oppermann*, DVBl. **2003** 1165/1234,)

Oppermann, Thomas, Europarecht: Ein Studienbuch, München, 1999, (zitiert: *Oppermann*, Europarecht, Rn.)

Otto, Harro, Die Haftung für kriminelle Handlungen in Unternehmen, Jura 1998, 409 ff., (zitiert: *Otto*, Jura **1998** 409,)

Otto, Harro, Das neue Umweltstrafrecht, Jura 1995, 134 ff., (zitiert: *Otto*, Jura **1995** 134,)

Otto, Harro, Die Strafbarkeit von Unternehmen und Verbänden, Berlin, New York, 1993, (zitiert: *Otto*, Strafbarkeit von Unternehmen, S.)

Otto, Harro, Grundsätzliche Problemstellung des Umweltstrafrechts, Jura 1991, 308 ff., (zitiert: *Otto*, Jura **1991** 308,)

Otto, Harro, Strafwürdigkeit und Strafbedürftigkeit als eigenständige Deliktskategorien?, Überlegungen zum Deliktsaufbau, In: Gedächtnisschrift für Horst Schröder, Hrsg.: Stree, Walter/Lenckner, Theodor/Cramer, Peter/Eser, Albin, München, 1978, S. 53 ff., (zitiert: *Otto*, Schröder-Gedächtnisschrift, S. 53,

Pache, Eckhard, Der Schutz der finanziellen Interessen der Gemeinschaften, Berlin, 1993, (zitiert: *Pache*, Schutz der finanziellen Interessen, S.)

Paetzold, Harald, Die Neuregelung rechtsmißbräuchlich erlangter Genehmigungen durch § 330d Nr. 5 StGB, NStZ 1996, 170 ff., (zitiert: *Paetzold*, NStZ **1996** 170,)

Paliero, Carlo Enrico, Grunderfordernisse des Allgemeinen Teils für ein europäisches Sanktionenrecht – Landesbericht Italien, ZStW 110 (1998) S. 427 ff., (zitiert: *Paliero*, ZStW **110** (1998) S. 427,)

Paliero, Carlo Enrico, Criminal Liability of Corporations – Italy, In: Criminal Liability of Corporations, Hrsg.: de Doelder, Hans/Tiedemann, Klaus, Den Haag, 1996, S. 251 ff., (zitiert: *Paliero,* in: de Doelder/Tiedemann (Hrsg.), S. 251,)

Papier, Hans-Jürgen, Strafbarkeit von Amtsträgern im Umweltrecht NJW 1988, 1113 ff., (zitiert: *Papier,* NJW **1988** 1113,)

Papier, Hans-Jürgen, Zur Disharmonie zwischen verwaltungs- und strafrechtlichen Bewertungsmaßstäben im Gewässerstrafrecht, NuR 1986, 1 ff., (zitiert: *Papier,* NuR **1986** 1,)

Partsch, Christoph J./Scheffner, Tilmann, Die Anzeigepflicht nach § 6 Subventionsgesetz, NJW 1996, 2492 f., (zitiert: *Partsch/Scheffner,* NJW **1996** 2492,)

Pernice, Ingolf, Eine Grundrechte-Charta für die Europäische Union, www.rewi.hu-berlin.de/WHI/, (zitiert: *Pernice,* www.rewi.hu-berlin.de/WHI/)

Pernice, Ingolf, Eine Grundrechte-Charta für die Europäische Union, DVBl. 2000, 847 ff., (zitiert: *Pernice,* DVBl. **2000** 847,)

Perschke, Stefan, Die Verwaltungsakzessorietät des Umweltstrafrechts nach dem 2. UKG, wistra 1996, 161 ff., (zitiert: *Perschke,* wistra **1996** 161,)

Pieth, Mark, Internationale Anstöße zur Einführung einer strafrechtlichen Unternehmenshaftung in der Schweiz, ZStR 2001, 1 ff., (zitiert: *Pieth,* ZStR **2001** 1,)

Pietsch, Jörg, Die Grundrechtecharta im Verfassungskonvent, ZRP 2003, 1 ff., (zitiert: *Pietsch,* ZRP **2003** 1,)

Pitschas, Rainer, Europäische Grundrechte-Charta und soziale Grundrechte, VSSR 2000, 207 ff., (zitiert: *Pitschas,* VSSR **2000** 207,)

Polizeiliche Kriminalstatistik 1999, Kriminalität in Berlin , Band I, Allgemeiner Teil, Landeskriminalamt, (zitiert: Polizeiliche Kriminalstatistik)

Pottmeyer, Klaus, Kommentar zum Kriegswaffenkontrollgesetz, 2. Auflage, Köln, Berlin, Bonn, München, 1994, (zitiert: *Pottmeyer,* Kriegswaffenkontrollgesetz,)

Pradel, Jean, Wege zur Schaffung eines einheitlichen Europäischen Rechtsraums, In: Wirtschaftsstrafrecht in der Europäischen Union Rechtsdogmatik, Rechtsvergleich, Rechtspolitik, Freiburg-Symposium, Hrsg.: Tiedemann, Klaus, Köln, Berlin, Bonn, München, 2002, S. 55 ff., (zitiert: *Pradel,* Freiburg-Symposium, S. 55,)

Pradel, Jean, Leitgedanken zum Kapitel „Umweltstrafrecht", In: Wirtschaftsstrafrecht in der Europäischen Union Rechtsdogmatik, Rechtsvergleich, Rechtspolitik, Freiburg-Symposium, Hrsg.: Tiedemann, Klaus, Köln, Berlin, Bonn, München, 2002, S. 295 ff., (zitiert: *Pradel,* Freiburg-Symposium, S. 295,)

Pradel, Jean, Droit pénal général, 11. Auflage, Paris, 1996, (zitiert: *Pradel,* Droit pénal, Rn.)

Randelzhofer, Albrecht, Umweltschutz im Völkerrecht, Grundstrukturen und Prinzipien, Jura 1992, 1 ff., (zitiert: *Randelzhofer,* Jura **1992** 1,)

Ransiek, Andreas, Unternehmensstrafrecht:, Strafrecht, Verfassungsrecht, Regelungsalternativen, Heidelberg, 1996, (zitiert: *Ransiek,* Unternehmensstrafrecht, S.)

Rehberg, Jörg, StGB, Schweizerisches Strafgesetzbuch mit den zugehörigen Verordnungen und weiteren einschlägigen Erlassen, 15. Auflage, Zürich, 1999, (zitiert: *Rehberg*, StGB, S.)

Reichart, Matthias, Umweltschutz durch völkerrechtliches Strafrecht, Frankfurt am Main, Berlin, Bern, Wien, 1999, (zitiert: *Reichart*, Umweltschutz, S.)

Rengeling, Hans-Werner (Hrsg.), Handbuch zum europäischen und deutschen Umweltrecht, Eine systematische Darstellung des europäischen Umweltrechts mit seinen Auswirkungen auf das deutsche Recht und mit rechtspolitischen Perspektiven, Band I Allgemeines Umweltrecht, 2. Auflage, Köln, Berlin, Bonn, München, 2003, (zitiert: *Bearbeiter*, in: Rengeling (Hrsg.),)

Rengeling, Hans-Werner, Einführung, In: Handbuch zum europäischen und deutschen Umweltrecht (siehe oben)

Rengeling, Hans-Werner, In: Handbuch zum europäischen und deutschen Umweltrecht (siehe oben)

Rengeling, Hans-Werner, Ein europäisches Umweltgesetz: Utopie oder Vision?, In: Umweltrecht im Wandel, Hrsg.: Dolde, Klaus-Peter, Berlin, 2001, S. 171 ff., (zitiert: *Rengeling*, in: Dolde (Hrsg.), S. 171,)

Rengier, Rudolf, Strafrecht Besonderer Teil 2: Delikte gegen die Person und die Allgemeinheit, 2. Auflage, München, 1999, (zitiert: *Rengier*, BT 2,)

Rengier, Rudolf, Anmerkung zu BGHSt 40, 79, JR 1996, 34 ff., (zitiert: *Rengier*, JR **1996** 34,)

Rengier, Rudolf, Zur Reichweite von Sorgfaltspflichten und verwaltungsrechtlichen Pflichten im Umweltstrafrecht, In: Festschrift für Karlheinz Boujong zum 65. Geburtstag Verantwortung und Gestaltung, Hrsg.: Ebenroth, Carsten Thomas, München, 1996, S. 791 ff., (zitiert: *Rengier*, Boujong-Festschrift, S. 791,)

Rengier, Rudolf, Überlegungen zu den Rechtsgütern und Deliktstypen im Umweltstrafrecht, In: Ökologie und Recht, Hrsg.: Schulz, Lorenz, Köln, 1991, (zitiert: *Rengier*, in: Schulz (Hrsg.), S.)

Rengier, Rudolf, Zur Bestimmung und Bedeutung der Rechtsgüter im Umweltstrafrecht, NJW 1990, 2506 ff., (zitiert: *Rengier*, NJW **1990** 2506,)

Rengier, Rudolf, Die öffentlich-rechtliche Genehmigung im Strafrecht, ZStW 101 (1989) S. 874 ff., (zitiert: *Rengier*, ZStW **101** (1989) S. 874,)

Richter, Hans, Auskunfts- und Mitteilungspflichten nach §§ 20, 97 Abs. 1 ff. InsO, wistra 2000, 1 ff., (zitiert: *Richter*, wistra **2000** 1,)

Riedel, Norbert, Der Konvent zur Zukunft Europas, Die Erklärung von Laeken zur Zukunft der Europäischen Union, ZRP 2002, 241 ff., (zitiert: *Riedel*, ZRP **2002** 241,)

Riedel, Eibe H., Kontrolle der Verwaltung im englischen Rechtssystem: Eine Darstellung der gerichtlichen und außergerichtlichen Kontrollen der Verwaltung, zugleich ein Erklärungsversuch für das fehlen eines umfassenden Systems des öffentlichen Rechts in England, Berlin, 1976, (zitiert: *Riedel*, Kontrolle, S.)

Ries, Maren Kirsten, Die Durchbrechung der Verwaltungsakzessorietät durch § 330d Nr. 5 StGB, Tübingen, 2003, (zitiert: *Ries*, Verwaltungsakzessorietät, S.)

Riklin, Franz, Schweizerisches Strafrecht, Allgemeiner Teil I, Verbrechenslehre, 2. Auflage, Zürich, 2002, (zitiert: *Riklin*, AT I, § 12, Rn.)

Riihijärvi, M., Criminal Liability of Corporations – Finland, In: Criminal Liability of Corporations, Hrsg.: de Doelder, Hans/Tiedemann, Klaus, Den Haag, 1996, S. 203 ff., (zitiert: *Riihijärvi*, in: de Doelder/Tiedemann (Hrsg.), S. 203,)

Robbers, Gerhard, Sicherheit als Menschenrecht, Aspekte der Geschichte, Begründung und Wirkung einer Grundrechtsfunktion, Baden-Baden, 1987, (zitiert: *Robbers*, Sicherheit als Menschenrecht, S.)

Robert, Jacques-Henri/Remond-Gouilloud, Martine, Droit pénal de l'Environnement, Paris, 1983, (zitiert: *Robert/Remond-Gouilloud*, Droit pénal, N°)

Rodrigues, Anabela Miranda, Poluciao, In: Comentário Conimbricense do Código Penal, Parte especial, Tomo II, Artiguos 220 – 307, Hrsg.: Figureido Dias, Jorge de, Coimbra, 1999, (zitiert: *Rodrigues*, Código Penal,)

Rogall, Klaus, Umweltschutz durch Strafrecht – eine Bilanz, In: Umweltrecht im Wandel, Hrsg.: Dolde, Klaus-Peter, Berlin, 2001, S. 795 ff., Hrsg.: Dolde, Klaus Peter, (zitiert: *Rogall*, in: Dolde (Hrsg.), S. 795,)

Rogall, Klaus, Legenden und Skripts, Zur Lage des Umweltstrafrechts, ZfU 1997, 35 ff., (zitiert: *Rogall*, ZfU **1997** 35,)

Rogall, Klaus, Die Duldung im Umweltstrafrecht, NJW 1995, 922 ff., (zitiert: *Rogall*, NJW **1995** 922,)

Rogall, Klaus, Die Verwaltungsakzessorietät des Umweltstrafrechts, Alte Streitfrage, neues Recht, GA 1995, 299 ff., (zitiert: *Rogall*, GA **1995** 299,)

Rogall, Klaus, Grundprobleme des Abfallstrafrechts, NStZ 1992, 561 ff., (zitiert: *Rogall*, NStZ **1992** 561,)

Rogall, Klaus, Die Strafbarkeit von Amtsträgern im Umweltbereich, Forschungsbericht, Berlin, 1991, (zitiert: *Rogall*, Die Strafbarkeit von Amtsträgern, S.)

Rogall, Klaus, Gegenwartsprobleme des Umweltstrafrechts, In: Festschrift der Rechtswissenschaftlichen Fakultät zur 600-Jahr-Feier der Universität zu Köln, Köln, Berlin, Bonn, München, 1988, S. 505 ff., (zitiert: *Rogall*, Köln-Festschrift, S. 505,)

Ronzani, Marco, Erfolg und individuelle Zurechnung im Umweltstrafrecht, Eine Studie zur Funktionalität der Strafrechtsdogmatik im Umweltschutz unter besonderer Berücksichtigung des schweizer Rechts, Freiburg im Breisgau, 1992, (zitiert: *Ronzani*, Erfolg und individuelle Zurechnung, S.)

Roth, Frank, Zur Strafbarkeit leicht fahrlässigen Verhaltens, Berlin, 1995, (zitiert: *Roth*, Strafbarkeit leicht fahrlässigen Verhaltens, S.)

Roxin, Claus, Strafrecht Allgemeiner Teil Band 1, 3. Auflage, München, 1997, (zitiert: *Roxin*, AT 1, Rn.)

Rudolphi, Hans-Joachim, Primat des Strafrechts im Umweltschutz?, NStZ 1984, 193 ff., (zitiert: *Rudolphi*, NStZ **1984** 193,)

Rudolphi, Hans-Joachim, Schutzgut und Rechtfertigungsprobleme der Gewässerverunreinigung i. S. des § 324 StGB, ZfW 1982, 197 ff., (zitiert: *Rudolphi*, ZfW **1982** 197,)

Rüdiger, Wolfgang, Zur Bekämpfung sozialgefährlicher Umweltverstöße durch das Kriminalstrafrecht: mit einem systematisch aufgebauten und durchformulierten Gesetzesvorschlag zur Aufnahme umweltstrafrechtlicher Normen in das Strafgesetzbuch, Giessen, 1976, (zitiert: *Rüdiger*, Bekämpfung sozialgefährlicher Umweltverstöße, S.)

Ruegenberg, Guido, Das Corpus Juris als Grundlage eines Europäischen Strafrechts, ZStW 112 (2000) S. 269 ff., (zitiert: *Ruegenberg*, ZStW **112** (2000) S. 269,)

Rühl, Ulli F. H., Grundfragen der Verwaltungsakzessorietät, JuS 1999, 521 ff., (zitiert: *Rühl*, JuS **1999** 521,)

Rüping, Hinrich, Steuerfahndungsergebnisse und ihre Verwertbarkeit, Köln, 1981, (zitiert: *Rüping*, Steuerfahndungsergebnisse, S.)

Rüther, Werner, „Immanente“ oder „radikale“ Reform des Umweltstrafrechts ?, KritV 1993, 227 ff., (zitiert: *Rüther*, KritV **1993** 227,)

Rüther, Werner, Ursache für den Anstieg polizeilich festgestellter Umweltschutzdelikte, Umweltforschungsplan des Bundesministers des Innern, Berlin, 1986, (zitiert: *Rüther*, Ursache für den Anstieg polizeilich festgestellter Umweltschutzdelikte)

Rupp, Hans Heinrich, Die verfassungsrechtliche Seite des Umweltschutzes, JZ 1971, 401 ff., (zitiert: *Rupp*, JZ **1971** 401,)

Sack, Hans-Jürgen, Novellierung des Umweltstrafrechts, (Zweites Gesetz zur Bekämpfung der Umweltkriminalität), MDR 1990, 286 ff., (zitiert: *Sack*, MDR **1990** 286,)

Sailer, Christian, Subjektives Recht und Umweltschutz, DVBl. 1976, 521 ff., (zitiert: *Sailer*, DVBl. **1976** 521,)

Salzen, Claudia von, “Europa wächst einen entscheidenden Schritt zusammen”, Tagesspiegel vom 26.08.2000, (zitiert: *von Salzen*, Tagespiegel-online vom 26.08.2000)

Samson, Erich, Kausalitäts- und Zurechnungsprobleme im Umweltstrafrecht, ZStW 99 (1987) S. 617 ff., (zitiert: *Samson*, ZStW **99** (1987) S. 617,)

Sanden, Joachim, Umweltrecht, 1. Auflage, Baden-Baden, 1999, (zitiert: *Sanden*, Umweltrecht, S.)

Satzger, Helmut, Rechtspolitische Möglichkeiten zur Realisierung der Tatbestandsvorschläge der „Euro-Delikte“, In: Wirtschaftsstrafrecht in der Europäischen Union Rechtsdogmatik, Rechtsvergleich, Rechtspolitik, Freiburg-Symposium, Hrsg.: Tiedemann, Klaus, Köln, Berlin, Bonn, München, 2002, S. 71 ff., (zitiert: *Satzger*, Freiburg-Symposium, S. 71,)

Satzger, Helmut, Die Europäisierung des Strafrechts: Eine Untersuchung zum Einfluß der Europäischen Gemeinschaftsrechts auf das deutsche Strafrecht, Köln, Berlin, Bonn, München, 2001, (zitiert: *Satzger,* Europäisierung des Strafrechts, S.)

Satzger, Helmut, Auf dem Weg zu einem Europäischen Strafrecht, ZRP 2001, 549 ff., (zitiert: *Satzger,* ZRP **2001** 549,)

Satzger, Helmut, Anmerkung zu EuGH 1998-06-16, Rs. C-226/97, StV 1999, 132 f., (zitiert: *Satzger,* StV **1999** 132,)

Satzger, Helmut, Die Anwendung des deutschen Strafrechts auf grenzüberschreitende Gefährdungsdelikte, NStZ 1998, 112 f., (zitiert: *Satzger,* NStZ **1998** 112,)

Schall, Hero, Zur Reichweite der verwaltungsbehördlichen Erlaubnis im Umweltstrafrecht, In: Festschrift für Claus Roxin zum 70. Geburtstag am 15. , Mai 2001, Hrsg.: Schünemann, Bernd/Achenbach, Hans/Bottke, Wilfried/Haffke, Bernhard/Rudolphi, Hans-Joachim, Berlin, 2001, S. 927 ff., (zitiert: *Schall,* Roxin-Festschrift, S. 927,)

Schall, Hero/Schreibauer, Marcus, Gegenwärtige und zukünftige Sanktionen bei Umweltdelikten, NuR 1996, 440 ff., (zitiert: *Schall/Schreibauer,* NuR **1997** 440,)

Schall, Hero, Zur Strafbarkeit von Amtsträgern in Umweltverwaltungsbehörden – BGHSt 38, 325, JuS 1993, 719 ff., (zitiert: *Schall,* JuS **1993** 719,)

Schall, Hero, Möglichkeiten und Grenzen eines verbesserten Umweltschutzes durch das Strafrecht, wistra 1992, 1 ff., (zitiert: *Schall,* wistra **1992** 1,)

Schall, Hero, Systematische Übersicht der Rechtsprechung zum Umweltstrafrecht, NStZ 1992, 209 ff. und 265 ff., (zitiert: *Schall,* NStZ **1992** 209/265,)

Schall, Hero, Umweltschutz durch Strafrecht: Anspruch und Wirklichkeit, NJW 1990, 1263 ff., (zitiert: *Schall,* NJW **1990** 1263,)

Scheele, Rolf, Zur Bindung des Strafrichters an fehlende behördliche Genehmigungen im Umweltstrafrecht, Berlin, 1993, (zitiert: *Scheele,* Bindung des Strafrichters, S.)

Schendel, Frank Andreas, Probleme des Umweltstrafrechts aus der Sicht der industriellen Praxis/Verteidigung, In: Umweltstrafrecht, Hrsg.: Meinberg, Volker/ Möhrenschlager, Manfred/Link, Wolfgang, Düsseldorf, 1989, S. 246 ff., (zitiert: *Schendel,* in: Meinberg/Möhrenschlager/Link (Hrsg.), S. 246,)

Scheu, Udo, Anzeigepflicht von Verwaltungsbediensteten bei Umweltverstößen, NJW 1983, 1707 f., (zitiert: *Scheu,* NJW **1983** 1707,)

Scheuner, Ulrich, Der Einfluß des französischen Verwaltungsrechts auf die deutsche Rechtsentwicklung, DÖV 1963, 714 ff., (zitiert: *Scheuner,* DÖV **1963** 714,)

Schick, Peter J., Grunderfordernis des Allgemeinen Teils für ein europäisches Sanktionenrecht, Landesbericht Österreich, ZStW 110 (1998) S. 473 ff., (zitiert: *Schick,* ZStW **110** (1998) S. 473,)

Schink, Alexander, Vollzug des Umweltstrafrechts durch die Umweltbehörden?, DVBl. 1986, 1073 ff., (zitiert: *Schink,* DVBl. **1986** 1073,)

Schleifer, Carl-Hermann, Zum Verhältnis von Besteuerungs- und Steuerstrafverfahren, wistra 1986, 250 ff., (zitiert: *Schleifer,* wistra **1986** 250,)

Schmalenberg, Florian, Ein europäisches Umweltstrafrecht, Anforderungen und Umsetzungsprobleme unter Berücksichtigung des Richtlinienvorschlags KOM (2001) 139 endg., Berlin, 2003, (zitiert: *Schmalenberg*, Europäisches Umweltstrafrecht, S.)

Schmidhäuser, Eberhard, Strafrecht Allgemeiner Teil, 2. Auflage, Tübingen, 1975, (zitiert: *Schmidhäuser*, AT, S.)

Schmidhäuser, Eberhard, Strafrecht Besonderer Teil, 2. Auflage, Tübingen, 1983, (zitiert: *Schmidhäuser*, BT,)

Schmidt, Andreas/Schöne, Thomas, Das neue Umweltstrafrecht, NJW 1994, 2514 ff., (zitiert: *Schmidt/Schöne*, NJW **1994** 2514,)

Schmidt-Radefeldt, Roman, Ökologische Menschenrechte, Ökologische Menschenrechtsinterpretation der EMRK und ihre Bedeutung für die umweltschützenden Grundrechte des Grundgesetzes, 1. Auflage, Baden-Baden, 2000, (zitiert: *Schmidt-Radefeldt*, Ökologische Menschenrechte, S.)

Schmitz, Thomas, Die EU-Grundrechtecharta aus grundrechtsdogmatischer und grundrechtstheoretischer Sicht, JZ 2001, 833 ff., (zitiert: *Schmitz*, JZ **2001** 833,)

Schmitz, Roland, Verwaltungshandeln und Strafrecht, Zur Verwaltungsakzessorietät des Umweltstrafrechts, Heidelberg, 1992, (zitiert: *Schmitz*, Verwaltungshandeln, S.)

Schneider, Hans Joachim, Kriminologie, Berlin, 1987, (zitiert: *Schneider*, Kriminologie,)

Schönke, Adolf/Schröder, Horst, Strafgesetzbuch Kommentar, 26. Auflage, München, 2001, (zitiert: *Schönke/Schröder/Bearbeiter*,)

Scholz, Rupert, In: Kommentar zum Grundgesetz Band III, Maunz, Theodor/Dürig, Günter, Stand März 2001, (zitiert: *Scholz*, in: Maunz-Dürig, Art. 20a, Rn.)

Scholz, Rupert, Strafbarkeit juristischer Personen?, ZRP 2000, 435 ff., (zitiert: *Scholz*, ZRP **2000** 435,)

Schomburg, Wolfgang, Strafsachen in der Europäischen Union, NJW 1999, 540 ff., (zitiert: *Schomburg*, NJW **1999** 540,)

Schröder, Meinhard, Wirkungen der Grundrechtscharta in der europäischen Rechtsordnung, JZ 2002, 849 ff., (zitiert: *Schröder*, JZ **2002** 849,)

Schünemann, Bernd, Deutsche Wiedervereinigung:, Die Rechtseinheit/Arbeitskreis Strafrecht, Band III, Unternehmenskriminalität, Hrsg.: Schünemann, Bernd, Köln, Berlin, Bonn, München, 1996, (zitiert: *Schünemann*, Deutsche Wiedervereinigung, S.)

Schünemann, Bernd, Zur Dogmatik und Kriminalpolitik des Umweltstrafrechts, In: Festschrift für Otto Triffterer zum 65. Geburtstag, Hrsg.: Schmoller, Kurt, Wien, 1996, S. 437 ff., (zitiert: *Schünemann*, Triffterer-Festschrift, S. 437,)

Schünemann, Bernd, Die Strafbarkeit der juristischen Personen aus deutscher und europäischer Sicht, In: Bausteine des europäischen Wirtschafsstrafrechts, Madrid-Symposium für Klaus Tiedemann, Hrsg.: Schünemann, Bernd/Suárez

González, Carlos, Köln, Berlin, Bonn, München, 1994, S. 265 ff., (zitiert: *Schünemann*, Madrid-Symposium, S. 265,)

Schünemann, Bernd, Die Strafbarkeit von Amtsträgern im Gewässerstrafrecht, wistra 1986, 235 ff., (zitiert: *Schünemann*, wistra **1986** 235,)

Schünemann, Bernd, Die Unterlassungsdelikte und die strafrechtliche Verantwortlichkeit für Unterlassungen, ZStW 96 (1984) S. 287 ff., (zitiert: *Schünemann*, ZStW **96** (1984) S. 287,)

Schünemann, Bernd, Unternehmenskriminalität und Strafrecht, Eine Untersuchung der Verantwortlichkeit der Unternehmen und ihrer Führungskräfte nach geltendem Straf- und Ordnungswidrigkeitenrecht, Köln, 1979, (zitiert: *Schünemann*, Unternehmenskriminalität, S.)

Schwaighofer, Klaus, Strafrechtliche Verantwortung für Umweltschäden, Grundfragen des StGB und des VStG, ÖJZ 1994, 226 ff., (zitiert: *Schwaighofer*, ÖJZ **1994** 226,)

Schwarz, Andreas, Zum richtigen Verständnis der Verwaltungsakzessorietät des Umweltstrafrechts, GA 1993, 318 ff., (zitiert: *Schwarz*, GA **1993** 318,)

Schwarze, Jürgen, Europäische Verfassungsperspektiven nach Nizza, NJW 2002, 993 ff., (zitiert: *Schwarze*, NJW **2002** 993,)

Schwarze, Jürgen, Der Grundrechtsschutz für Unternehmen in der Europäischen Grundrechtecharta, EuZW 2001, 517 ff., (zitiert: *Schwarze*, EuZW **2001** 517,)

Schwarze, Jürgen, Die Entwicklung der französischen Verwaltungsgerichtsbarkeit aus deutscher Sicht, DVBl. 1999, 261 ff., (zitiert: *Schwarze*, DVBl. **1999** 261,)

Schwarze, Jürgen, Die gerichtliche Kontrolle der Verwaltung in England, DÖV 1996, 771 ff., (zitiert: *Schwarze*, DÖV **1996** 771,)

Schwarze, Jürgen, Grundlinien und neuere Entwicklungen des Verwaltungsrechtsschutzes in Frankreich und Deutschland, NVwZ 1996, 22 ff., (zitiert: *Schwarze*, NVwZ **1996** 22,)

Schwarze, Jürgen, Europäisches Verwaltungsrecht, Band I, Entstehung und Entwicklung im Rahmen der Europäischen Gemeinschaften, Baden-Baden, 1988, S. 97 ff. und 133 ff., (zitiert: *Schwarze*, Europäisches Verwaltungsrecht, S.)

Schwind, Hans-Dieter, Kriminologie, Eine praxisorientierte Einführung mit Beispielen, 11. Auflage, Heidelberg, 2001, (zitiert: *Schwind*, Kriminologie, Rn.)

Schwinge, Christina, Strafrechtliche Sanktionen gegenüber Unternehmen im Bereich des Umweltstrafrechts, Pfaffenweiler, 1996, (zitiert: *Schwinge*, Sanktionen, S.)

Seidl-Hohenveldern, Ignaz/Stein, Torsten, Völkerrecht, 10. Auflage, Köln, Berlin, Bonn, München, 2000, (zitiert: *Seidl-Hohenveldern/Stein*, Völkerrecht,)

Sendler, Horst, Europäisches Umweltrecht und künftiges deutsches Umweltgesetzbuch, Entwurf der unabhängigen Sachverständigenkommission zum Umweltgesetzbuch (UGB-KomE), In: Handbuch zum europäischen und deutschen Umweltrecht, Band II, S. 1901 ff., (siehe Rengeling, Hans-Werner)

Senge, Lothar, Abgabenordnung und Rechtsberatungsgesetz, In: Strafrechtliche Nebengesetze, Siehe: Erbs, Georg/Kohlhaas, Max, (zitiert: *Senge*, in: Erbs/ Kohlhaas (Hrsg.),)

Serrano Gómez, Alfonso, Derecho penal, Parte especial II: Delitos contra la colectividad; Delitos contra los recursos naturales y medio ambiente, 3. Auflage, Madrid, 1998, (zitiert: *Serrano Gómez*, Derecho penal, S.)

Sieber, Ulrich, Internationales Strafrecht im Internet, NJW 1999, 2065 ff., (zitiert: *Sieber*, NJW **1999** 2065,)

Sieber, Ulrich, Auf dem Weg zu einem europäischen Strafrecht, In: Corpus Juris der strafrechtlichen Regelungen zum Schutz der finanziellen Interessen der Europäischen Union, Hrsg.: Delmas-Marty, Mireille, Köln, Berlin, Bonn, München, 1998, S. 1 ff., (zitiert: *Sieber*, in: Delmas-Marty (Hrsg.), S.)

Sieber, Ulrich, Memorandum für ein Europäisches Modellstrafgesetzbuch, JZ 1997, 369 ff., (zitiert: *Sieber*, JZ **1997** 369,)

Sieber, Ulrich, Entwicklungsstand und Perspektiven des europäischen Wirtschaftsstrafrechts, In: Bausteine des europäischen Wirtschafsstrafrechts, Madrid-Symposium für Klaus Tiedemann, Hrsg.: Schünemann, Bernd/Suárez González, Carlos, Köln, Berlin, Bonn, München, 1994, S. 349 ff., (zitiert: *Sieber*, Madrid-Symposium, S. 349,)

Sieber, Ulrich, Europäische Einigung und Europäisches Strafrecht, ZStW 103 (1991) S. 957 ff., (zitiert: *Sieber*, ZStW **103** (1991) S. 957,)

Silva-Sánchez, Jesús-Maria, Die strafrechtliche Haftung des Unternehmens und der Unternehmensorgane, In: Bausteine des europäischen Strafrechts, Coimbra-Symposium für Claus Roxin, Hrsg.: Schünemann, Bernd/Figueiredo Dias, Jorge de, Köln, Berlin, Bonn, München, 1995, S. 307 ff., (zitiert: *Silva-Sánchez*, Coimbra-Symposium, S. 307,)

Silva-Sánchez, Jesús-Maria, Delitos contra el medioambiente, Derecho Penal del medioambiente, Madrid, 1997, (zitiert: *Silva-Sánchez*, Delitos, S.)

Sommermann, Karr-Peter, Kommentar zum Grundgesetz, Band II, Hrsg.: von Münch, Ingo/Kunig, Philip, 5. Auflage, München, 2001, (zitiert: *Sommermann*, in: v. Münch/Kunig (Hrsg.), Art. 20a, Rn.)

Sonnenberger, Hans-Jürgen/Schweinberger, Eugen, Einführung in das französische Recht, 2. Auflage, Darmstadt, 1986, (zitiert: *Sonnenberger/Schweinberger*, Einführung, Nr.)

Spaniol, Margret/Hilgers, Benno, Umweltstrafrecht in Frankreich (Landesbericht), In: Umweltstrafrecht in mittel- und südeuropäischen Ländern, Hrsg.: Heine, Günter, Freiburg im Breisgau, 1997, S. 1 ff., (zitiert: *Spaniol/Hilgers*, Landesbericht Frankreich, S. 1,)

Spencer, John, Kritische Anmerkungen aus englischer Sicht, In: Wirtschaftsstrafrecht in der Europäischen Union Rechtsdogmatik, Rechtsvergleich, Rechtspolitik, Freiburg-Symposium, Hrsg.: Tiedemann, Klaus, Köln, Berlin, Bonn, München, 2002, S. 435 ff., (zitiert: *Spencer*, Freiburg-Symposium, S. 435,)

Spoerr, Wolfgang, Verwaltungsrechtsschutz in Großbritannien, Entwicklung und Reform, VerwArch 1992, 25 ff., (zitiert: *Spoerr*, VerwArch **1992** 25,)

Stéfani, Gaston/Levasseur, Georges/Bouloc, Bernard, Droit pénal général, 18. Auflage, Paris, 2003, (zitiert: *Stéfani/Levasseur/Bouloc*, Droit pénal, Rn.)

Steinberg, Rudolf, Verfassungsrechtlicher Umweltschutz durch Grundrechte und Staatszielbestimmung, NJW 1996, 1985 ff., (zitiert: *Steinberg*, NJW **1996** 1985,)

Steindorf, Joachim, Kurzkommentar zum Waffenrecht: Waffengesetz mit Durchführungsverordnung, Kriegswaffenkontrollgesetz und Nebenbestimmungen, 7. Auflage, München, 1999, (zitiert: *Steindorf*, Waffenrecht,)

Steindorf, Joachim, Verbote und behördliche Gestattungen im deutschen Waffenrecht, In: Festschrift für Hannskarl Salger zum Abschied aus dem Amt als Vizepräsident des Bundesgerichtshofes, Hrsg.: Eser, Albin, Köln, 1995, S. 167 ff., (zitiert: *Steindorf*, Salger-Festschrift, S. 167,)

Stiegel, Ute, Grünbuch der Kommission zur Schaffung einer Europäischen Staatsanwaltschaft, ZRP 2003, 172 ff., (zitiert: *Stiegel*, ZRP **2003** 172,)

Storm, Peter-Christoph, Bericht der dritten umweltrechtlichen Fachtagung in Berlin, JZ 1980, 366 f., (zitiert: *Storm*, JZ **1980** 366,)

Strasburger, Eduard/Sitte, Peter, Lehrbuch der Botanik für Hochschulen, 35. Auflage, Heidelberg, Berlin, 2002, (zitiert: *Strasburger*, Lehrbuch der Botanik, S.)

Stratenwerth, Günter, Strafrecht Allgemeiner Teil, Band 1, 4. Auflage, Köln, Berlin, Bonn, München, 2000, (zitiert: *Stratenwerth*, AT I)

Stratenwerth, Günter, Schweizerisches Strafrecht, Besonderer Teil I: Straftaten gegen Individualinteressen, 5. Auflage, Bern, 1995, (zitiert: *Stratenwerth*, BT I, § 25, Rn.)

Streck, Michael, Der Beschluss des Bundesverfassungsgerichts zum strafrechtlichen Verwertungsverbot bei Aussagen des Gemeinschuldners und seine Auswirkungen im Steuerstrafrecht, StV 1981, 362 ff., (zitiert: *Streck*, StV **1981** 362,)

Streck, Michael, Betriebsprüfung und Steuerstrafverfahren, BB 1980, 1539 ff., (zitiert: *Streck*, BB **1980** 1539,)

Streinz, Rudolf, Europarecht, 6. Auflage, Heidelberg, 2001, (zitiert: *Streinz*, Europarecht, Rn.)

Systematischer Kommentar zum Strafgesetzbuch, Hrsg.: Rudolphi, Hans-Joachim/Horn, Eckhard/Samson, Erich, Gesamtredaktion: Rudolphi, Hans-Joachim, Neuwied, Kriftel, Berlin, Loseblattausgabe, Band 1, Allgemeiner Teil, §§ 1 – 79b, 7., teilweise 8. Auflage, Stand April 2003, Band 2, Besonderer Teil, §§ 267 – 358, 6. Auflage, Stand Juli 2001, (zitiert: *Bearbeiter*, SK)

Szczekalla, Peter Die sogenannten grundrechtlichen Schutzpflichten im deutschen und europäischen Recht: Inhalt und Reichweite einer „gemeineuropäischen Grundrechtsfunktion", Berlin, 2002, (zitiert: *Szczekalla*, Schutzpflichten, S.)

Teuchert, Bernd, Prozeßrechtliche Grundlagen der Umweltstrafverfolgung, In: Umweltstrafrecht, Hrsg.: Meinberg, Volker/Möhrenschlager, Manfred/Link,

Wolfgang, Düsseldorf, 1989, S. 147 ff., (zitiert: *Teuchert*, in: Meinberg/ Möhrenschlager/Link (Hrsg.), S. 147,)

Tiedemann, Klaus, Tatbestandsvorschläge, In: Wirtschaftsstrafrecht in der Europäischen Union Rechtsdogmatik, Rechtsvergleich, Rechtspolitik, Freiburg-Symposium, Hrsg.: Tiedemann, Klaus, Köln, Berlin, Bonn, München, 2002, S. 471 ff., (zitiert: *Tiedemann*, Freiburg-Symposium, S. 471,)

Tiedemann, Klaus, „Europa-Delikte", Vorschläge zur Harmonisierung des Wirtschaftsstrafrecht der EU, In: Festschrift für Dionysios Spinellis, Hrsg.: Courakos, Nestor, Athen, 2001, S. 1097 ff., (zitiert: *Tiedemann*, Spinellis-Festschrift, S. 1097,)

Tiedemann, Klaus, Die EG (EU) als Rechtsquelle des Strafrechts, In: Festschrift für Claus Roxin zum 70. Geburtstag am 15. Mai 2001, Hrsg.: Schünemann, Bernd/Achenbach, Hans/Bottke, Wilfried/Haffke, Bernhard/Rudolphi, Hans-Joachim, Berlin, 2001, S. 1401 ff., (zitiert: *Tiedemann*, Roxin-Festschrift, S. 1401,)

Tiedemann, Klaus, Réflexions sur la base juridiques du Corpus Juris, AGON, Nr. 23 (1999) S. 7 f., (zitiert: *Tiedemann*, AGON, Nr. 23 (1999) S.)

Tiedemann, Klaus, Der Allgemeine Teil des Strafrechts m Lichte der europäischen Rechtsvergleichung, In: Festschrift für Theodor Lenckner zum 70. Geburtstag, Hrsg.: Eser, Albin, München, 1998, S. 411 ff., (zitiert: *Tiedemann*, Lenckner-Festschrift, S. 411,)

Tiedemann, Klaus, Lehren von der Straftat im Allgemeinen Teil der Europäischen Systeme Einleitung: Re-Europäisierung des Strafrechts versus Nationalismus der (deutschen) Strafrechtslehre, GA 1998, 107 ff., (zitiert: *Tiedemann*, GA **1998** 107,)

Tiedemann, Klaus, Die Europäisierung des Strafrechts, In: Die Europäisierung der mitgliedstaatlichen Rechtsordnungen in der Europäischen Union, Hrsg.: Kreuzer, Karl F., 1. Auflage, Baden-Baden, 1997, S. 133 ff., (zitiert: *Tiedemann*, in: Kreuzer (Hrsg.), S. 133,)

Tiedemann, Klaus, Strafbarkeit von juristischen Personen?, Eine rechtsvergleichende Bestandsaufnahme mit Ausblicken für das deutsche Recht, In: Freiburger Begegnungen, Hrsg.: Schoch, Friedrich/Stoll, Hans/Tiedemann, Klaus, Heidelberg, 1996, S. 30 ff., (zitiert: *Tiedemann*, in: Schoch/Stoll/Tiedemann (Hrsg.), S.)

Tiedemann, Klaus, Das deutsche Wirtschaftsstrafrecht im Rahmen der europäischen Union, In: Festschrift für Kiochi Miyazawa: dem Wegbereiter des japanisch-deutschen Strafrechtsdiskurses, Hrsg.: Kühne, Hans-Heiner, 1. Auflage, Baden-Baden, 1995, S. 673 ff., (zitiert: *Tiedemann*, Miyazawa-Festschrift, S. 673,)

Tiedemann, Klaus, Umweltstrafrecht, In: Handwörterbuch des Umweltrechts, Band II, Hrsg.: Kimminich, Otto/Lersner, Heinrich Freiherr von/Storm, Peter-Christoph, 2. Auflage, Berlin, 1994, Sp. 2440 ff., (zitiert: *Tiedemann*, in: Kimminich/v.Lersner/Storm (Hrsg.), Bd. II, Sp. 2440)

Tiedemann, Klaus, Europäisches Gemeinschaftsrecht und Strafrecht, NJW 1993, 23 ff., (zitiert: *Tiedemann*, NJW **1993** 23,)

Tiedemann, Klaus, Zur Geschichte eines Straftatbestandes des ungenehmigten Rüstungsexports, In: Festschrift für Günter Spendel zum 70. Geburtstag am 11. Juli 1992, Hrsg.: Seebode, Manfred, Berlin, 1992, S. 591 ff., (zitiert: *Tiedemann*, Spendel-Festschrift, S. 591,)

Tiedemann, Klaus, Verfassungsrecht und Strafrecht, Heidelberg, 1991, (zitiert: *Tiedemann*, Verfassungsrecht, S.)

Tiedemann, Klaus, Anmerkung zu EuGH Slg. 1989, 2965 ff., EuZW 1990, 100 f., (zitiert: *Tiedemann*, EuZW **1990** 100,)

Tiedemann, Klaus/Kindhäuser, Urs, Umweltstrafrecht – Bewährung oder Reform?, NStZ 1988, 337 ff., (zitiert: *Tiedemann/Kindhäuser*, NStZ **1988** 337,)

Tiedemann, Klaus, Die „Bebußung" von Unternehmen nach dem 2. Gesetz Zur Bekämpfung der Wirtschaftskriminalität, NJW 1988, 1169 ff., (zitiert: *Tiedemann*, NJW **1988** 1169,)

Tiedemann, Klaus, Das deutsche Umweltstrafrecht von 1980 im westeuropäischen Zusammenhang, Der Kriminalist 1988, 389 ff., (zitiert: *Tiedemann*, Kriminalist **1988** 389,)

Tiedemann, Klaus, Die strafrechtliche Vertreter- und Unternehmenshaftung, NJW 1986, 1842 ff., (zitiert: *Tiedemann*, NJW **1986** 1842,)

Tiedemann, Klaus, Théorie et réforme du droit pénal de l'environnement., étude de droit comparé, Revue de science criminelle et de droit pénal comparé, 1986, S. 263 ff., (zitiert: *Tiedemann*, Rev. Sc. Crim. **1986** 263,)

Tiedemann, Klaus, Der Allgemeine Teil des europäischen supranationalen Strafrechts, In: Festschrift für Hans-Heinrich Jescheck zum 70. Geburtstag, Hrsg.: Vogler, Theo, Brlin, 1985, S. 1411 ff., (zitiert: *Tiedemann*, Jescheck-Festschrift, S. 1411,)

Tiedemann, Klaus, Die Neuordnung des Umweltstrafrechts gutachterliche Stellungnahme zu dem Entwurf eines 16. Strafrechtsänderungsgesetzes, Berlin, New York, 1980, (zitiert: *Tiedemann*, Neuordnung, S.)

Tiedemann, Klaus, Kartellrechtsverstöße und Strafrecht, Köln, Berlin, Bonn, München, 1976, (zitiert: *Tiedemann*, Kartellrechtsverstöße, S.)

Tiedemann, Klaus, Wirtschaftsstrafrecht und Wirtschaftskriminalität, Band 1, Allgemeiner Teil, Reinbek bei Hamburg, 1976, (zitiert: *Tiedemann*, Wirtschaftsstrafrecht, S.)

Tiedemann, Klaus, Tatbestandsfunktionen im Nebenstrafrecht: Untersuchungen zu einem rechtsstaatlichen Tatbestandsbegriff entwickelt am Problem des Wirtschaftsstrafrecht, Tübingen, 1969, (zitiert: *Tiedemann*, Tatbestandsfunktionen, 1969, S.)

Tiegs, Harald, Das neue Umweltstrafrecht in Österreich, wistra 1989, 41 ff., (zitiert: *Tiegs*, wistra **1989** 41,)

Tiemann, Axel, Gerichtliche Kontrolle der Verwaltung in Schottland, Berlin, 1988, (zitiert: *Tiemann*, Verwaltung, S.)

Többens, Hans W., Die Bekämpfung der Wirtschaftskriminalität durch die Troika der §§ 9, 130 und 30 des Gesetzes über Ordnungswidrigkeiten, NStZ 1999, 1 ff., (zitiert: *Többens*, NStZ **1999** 1,)

Träskman, Per Ole, Umweltstrafrecht in Finnland (Landesbericht), In: Umweltstrafrecht in den nordischen Ländern, Hrsg.: Cornils, Karin/Heine, Günter, Freiburg im Breisgau, 1994, S. 237 ff., (zitiert: *Träskman*, Landesbericht Finnland, S.)

Triffterer, Otto, Umweltstrafrecht, In: Lexikon des Rechts – Strafrecht/Strafverfahrensrecht, Hrsg.: Ulsamer, Gerhard, 2. Auflage, Neuwied, Kriftel, Berlin, 1996, Sp. 1034 ff., (zitiert: *Triffterer*, in: Ulsamer (Hrsg.), Sp. 1034,)

Triffterer, Otto, Zur gegenwärtigen Situation des österreichischen Umweltstrafrechts, ÖJZ 1991, 799 ff., (zitiert: *Triffterer*, ÖJZ **1991** 799,)

Triffterer, Otto, Thesen zur Bewältigung der Umweltkrise, ÖJZ 1988, 545 ff., (zitiert: *Triffterer*, ÖJZ **1988** 545,)

Triffterer, Otto, Umweltstrafrecht, Einführung und Stellungnahme zum Gesetz zur Bekämpfung der Umweltkriminalität, Baden-Baden, 1980, (zitiert: *Triffterer*, Umweltstrafrecht, S.)

Tröndle, Herbert/Fischer, Thomas, Kommentar zum StGB, 51. Auflage, München, 2003, (zitiert: *Tröndle/Fischer*,)

Uhlenbruck, Wilhelm, Insolvenzordnung, 12. Auflage, Neuwied, Kriftel, Berlin, 2003, (zitiert: *Uhlenbruck*, Insolvenzordnung,)

Ulsamer, Gerhard (Hrsg.), Lexikon des Rechts – Strafrecht/Strafverfahrensrecht, 2. Auflage, Neuwied, Kriftel, Berlin, 1996, (zitiert: *Bearbeiter*, in: Ulsamer (Hrsg.),)

Vadillo, Enrique Ruiz, Die strafrechtliche Verantwortlichkeit juristischer Personen im europäischen Rechtsdenken, aus spanischer und rechtsvergleichender Sicht, In: Bausteine des europäischen Wirtschaftsstrafrechts, Madrid-Symposium für Klaus Tiedemann, Hrsg.: Schünemann, Bernd/Suárez González, Carlos, Köln, Berlin, Bonn, München, 1994, S. 297 ff., (zitiert: *Vadillo*, Madrid-Symposium, S. 297,)

Venier, Andreas, Eine Alternative zu einem Strafverfahren gegen juristische Personen, ÖJZ 2002, 718 ff., (zitiert: *Venier*, ÖJZ **2002** 718,)

Vest, Hans/Ronzani, Marco, Umweltstrafrecht in der Schweiz (Landesbericht), In: Umweltstrafrecht in mittel- und südeuropäischen Ländern, Hrsg.: Heine, Günter, Freiburg im Breisgau, 1997, S. 373 ff., (zitiert: *Vest/Ronzani*, Landesbericht Schweiz, S.)

Vitorino, A, Süddeutsche Zeitung vom 12.10.2000, S. 12, (zitiert: *Vitorino*, Süddeutsche Zeitung, S. 12)

Vitzthum, Wolfgang/Bothe, Michael, Völkerrecht, 2. Auflage, Berlin, 2001, (zitiert: *Vitzthum/Bothe*, Völkerrecht,)

Vogel, Joachim, Voraussetzungen und Ausschluss der subjektiven Voraussetzungen, In: Wirtschaftsstrafrecht in der Europäischen Union Rechtsdogmatik, Rechtsvergleich, Rechtspolitik, Freiburg-Symposium, Hrsg.: Tiedemann, Klaus, Köln, Berlin, Bonn, München, 2002, S. 125 ff., (zitiert: *Vogel*, Freiburg-Symposium, S. 125,)

Vogel, Joachim, Elemente der Straftat – Bemerkungen zur französischen Straftatlehre und zur Straftatlehre des common law, GA 1998, 127 ff., (zitiert: *Vogel*, GA **1998** 127,)

Vogel, Joachim, Geldwäsche – ein europaweit harmonisierter Straftatbestsand?, ZStW 109 (1997) S. 335 ff., (zitiert: *Vogel*, ZStW **109** (1997) S. 335,)

Vogel, Joachim, Strafrechtsgüterschutz und Rechtsgüterschutz durch Strafrecht im Spiegel der Rechtsprechung des Bundesverfassungsgerichts, StV 1996, 110 ff., (zitiert: *Vogel*, StV **1996** 110,)

Vogel, Joachim, Wege zu europäisch-einheitlichen Regelungen im Allgemeinen Teil des Strafrechts, JZ 1995, 331 ff., (zitiert: *Vogel*, JZ **1995** 331,)

Vogel, Joachim, Die Kompetenz der EG zur Einführung supranationaler Sanktionen, In: Die Bekämpfung des Subventionsbetrugs im EG-Bereich, Hrsg.: Dannecker, Gerhardt, Köln, 1993, S. 170 ff., (zitiert: *Vogel*, in: Dannecker (Hrsg.), S. 170,)

Volk, Klaus, Zur Bestrafung von Unternehmen, JZ 1993, 429 ff., (zitiert: *Volk*, JZ **1993** 429,)

Von Heinegg, Heintschel, Internationales öffentliches Umweltrecht, In: Völkerstrafrecht, Hrsg.: Ipsen, Kurt, 4. Auflage, München, 1999, (zitiert: *von Heinegg*, in: Ipsen (Hrsg.), Rn.)

Vorholz, Fritz, Grün macht schlapp, Die Zeit Nr. 45 vom 30.10.2003, S. 17 f., (zitiert: *Vorholz*, Die Zeit Nr. 45, S. 17,)

Wade, William/Forsyth, Christopher, Administrative Law, 8. Auflage, Oxford, 2000, (zitiert: *Wade/Forsyth*, Administrative Law, S.)

Waling, Cornélie, Das niederländische Umweltstrafrecht (Landesbericht), Freiburg im Breisgau, 1991, (zitiert: *Waling*, Landesbericht Niederlande, S.)

Walter, Tonio, Betrugstrafrecht in Frankreich und Deutschland, Heidelberg, 1999, (zitiert: *Walter*, Betrugstrafrecht, S.)

Wasmuth, Johannes/Koch, Matthias, Rechtfertigende Wirkung der behördlichen Duldung im Umweltstrafrecht, NJW 1990, 2434 ff., (zitiert: *Wasmuth/Koch*, NJW **1990** 2434,)

Waßmer, Martin, Tagungsbericht:, Die Harmonisierung des Europäischen Strafrechts, JZ 2001, 134 ff., (zitiert: *Waßmer*, JZ **2001** 134,)

Webel, Karsten, Strafbarkeit leicht fahrlässigen Verhaltens?, Zugleich ein Beitrag zur Strafbarkeit von corprate agents nach dem Strafrecht der USA, 1. Auflage, Baden-Baden, 1999, (zitiert: *Webel*, Fahrlässigkeitsstrafbarkeit, S.)

Weber, Albrecht, Die Europäische Grundrechtscharta, – auf dem Weg zu einer europäischen Verfassung, NJW 2000, 537 ff., (zitiert: *Weber*, NJW **2000** 537,)

Weber, Ulrich, Zur Reichweite sektoraler gesetzlicher „Missbrauchsklauseln", insbesondere des § 330d Nr. 5 StGB, In: Festschrift für Hans Joachim Hirsch zum 70. Geburtstag am 11. April 1999, Hrsg.: Weigend, Thomas/Küpper, Georg, Berlin, 1999, S. 795 ff., (zitiert: *Weber*, Hirsch-Festschrift, S. 795,)

Weber, Ulrich, Das zweite Gesetz zur Bekämpfung der Wirtschaftskriminalität (2. WiKG), NStZ 1986, 481 ff., (zitiert: *Weber*, NStZ **1986** 481,)

Wegener, Bernhard W., Verwaltungsakzessorietät im Umweltstrafrecht, Zur Auslegung von § 330 d Nr. 5 StGB, NStZ 1998, 608 ff., (zitiert: *Wegener*, NStZ **1998** 608,)

Wegner, Carsten, Strafrecht für Verbände? Es wird kommen!, ZRP 1999, 186 ff., (zitiert: *Wegner*, ZRP **1999** 186,)

Wegscheider, Herbert, Zur Entwicklung des Umweltstrafrechts in Österreich, In: Festschrift für Otto Triffterer zum 65. Geburtstag, Hrsg.: Schmoller, Kurt, Wien, 1996, S. 457 ff., (zitiert: *Wegscheider*, Triffterer-Festschrift, S. 457,)

Wegscheider, Herbert, Die Praxis des Umweltstrafrechts nach der Reform 1989, ÖJZ 1994, 648 ff., (zitiert: *Wegscheider*, ÖJZ **1994** 648,)

Wegscheider, Herbert, Die Praxis des Umweltstrafrechts, Erste Ergebnisse einer empirischen Untersuchung behördlich erfaßter Umweltkriminalität in Oberösterreich, ÖJZ 1985, 481 ff., (zitiert: *Wegscheider*, ÖJZ **1985** 481,)

Wegscheider, Herbert, Probleme grenzüberschreitender Umweltkriminalität, DRiZ 1983, 56 ff., (zitiert: *Wegscheider*, DRiZ **1983** 56,)

Weigend, Thomas, Spricht Europa mit zwei Zungen?, StV 2001, 63 ff., (zitiert: *Weigend*, StV **2001** 63,)

Weigend, Thomas, Der Grundsatz der Verhältnismäßigkeit als Grenze staatlicher Strafgewalt, In: Festschrift für Hans Joachim Hirsch zum 70. Geburtstag am 11. April 1999, Hrsg.: Weigend, Thomas/Küpper, Georg, Berlin, 1999, S. 917 ff., (zitiert: *Weigend*, Hirsch-Festschrift, S 917,)

Weigend, Thomas, Zwischen Vorsatz und Fahrlässigkeit, ZStW 93 (1981) S. 655 ff., (zitiert: *Weigend*, ZStW **93** (1981) S. 655,)

Wells, Celia, Die strafrechtliche Verantwortlichkeit von Unternehmen in England und Wales – Sich wandelnde Vorstellungen und Gesetzesreform, ZStW 107 (1995) S. 676 ff., (zitiert: *Wells*, ZStW **107** (1995) S. 676,)

Werle, Gerhard/Jeßberger, Florian, Grundfälle zum Strafanwendungsrecht, JuS 2001, 35 ff., (zitiert: *Werle/Jeßberger*, JuS **2001** 35,)

Wernicke, Konrad, Das neue Wasserstrafrecht, NJW 1977, 1662 ff., (zitiert: *Wernicke*, NJW **1977** 1662,)

Wessels, Johannes/Hettinger, Michael, Strafrecht Besonderer Teil 1, 27. Auflage, Heidelberg, 2003, (zitiert: *Wessels/Hettinger*, BT/1, Rn.)

Wessels, Johannes/Beulke, Werner, Strafrecht Allgemeiner Teil, 33. Auflage, Heidelberg, 2003,. (zitiert: *Wessels/Beulke*, AT, Rn.)

Westphal, Simone, Art. 20a GG – Staatsziel „Umweltschutz", JuS 2000, 339 ff., (zitiert: *Westphal*, JuS **2000** 339,)

Wimmer, Klaus, Strafbarkeit aufgrund einer erschlichenen behördlichen Genehmigung, JZ 1993, 67 ff., (zitiert: *Wimmer*, JZ **1993** 67,)

Wimmer, Klaus, Die Strafbarkeit grenzüberschreitender Umweltbeeinträchtigungen, Zugleich Besprechung der gleichnamigen Dissertation von Jörg Martin, ZfW 1991, 141 ff., (zitiert: *Wimmer*, ZfW **1991** 141,)

Winkelbauer, Wolfgang, Aspekte des Abfallstrafrechts, – OLG Zweibrücken, NJW 1992, 2841, JuS 1994, 112 ff., (zitiert: *Winkelbauer*, JuS **1994** 112,)

Winkelbauer, Wolfgang, Die behördliche Genehmigung im Strafrecht, NStZ 1988, 201 ff., (zitiert: *Winkelbauer*, NStZ **1988** 201,)

Winkelbauer, Wolfgang, Die strafrechtliche Verantwortung von Amtsträgern im Umweltstrafrecht, NStZ 1986, 149 ff., (zitiert: *Winkelbauer*, NStZ **1986** 149,)

Winkelbauer, Wolfgang, Zur Verwaltungsakzessorietät des Umweltstrafrechts, Berlin, 1985, (zitiert: *Winkelbauer*, Verwaltungsakzessorietät, S.)

Winkemann, Thomas, Probleme der Fahrlässigkeit im Umweltstrafrecht, – erläutert anhand des § 324 Absatz 3 StGB, Frankfurt am Main, 1991, (zitiert: *Winkemann*, Fahrlässigkeit, S.)

Wise, E. M., Criminal Liability of Corporations – USA, In: Criminal Liability of Corporations, Hrsg.: de Doelder, Hans/Tiedemann, Klaus, Den Haag, 1996, S. 383 ff., (zitiert: *Wise*, in: de Doelder/Tiedemann (Hrsg.), S. 383,)

Wittinger, Michaela, Die drei regionalen Menschenrechtssysteme, Ein vergleichender Überblick über die Europäische Menschenrechtskonvention, die Amerikanische Menschenrechtskonvention und die Afrikanische Charta der Menschenrechte und Rechte der Völker, Jura 1999, 405 ff., (zitiert: *Wittinger*, Jura **1999** 405,)

Wodicka, Josef M., Anmerkung zu BGH vom 07.11.1990, NStZ 1991, 487 f., (zitiert: *Wodicka*, NStZ **1991** 487,)

Woehrling, Jean-Marie, Rechtsschutz im Umweltrecht in Frankreich, NVwZ 1999, 502 ff., (zitiert: *Woehrling*, NVwZ **1999** 502,)

Woehrling, Jean-Marie, Die deutsche und die französische Verwaltungsgerichtsbarkeit an der Schwelle zum 21. Jahrhundert, NVwZ 1998, 462 ff., (zitiert: *Woehrling*, NVwZ **1998** 462,)

Woehrling, Jean-Marie, Verwaltungsrechtlicher Rechtsschutz in Frankreich auf dem Gebiet des Umweltrechts, Unter Einschluss der Probleme der grenzüberschreitenden Verfahrensbeteiligung, Saarbrücken, 1986, (zitiert: *Woehrling*, Verwaltungsrechtlicher Rechtsschutz, S.)

Wohlers, Wolfgang, Verwaltungsrechtsakzessorietät und Rechtsmissbrauchsklauseln – am Beispiel des § 330d Nr. 5 StGB, JZ 2001, 850 ff., (zitiert: *Wohlers*, JZ **2001** 850,)

Wohlers, Wolfgang, Deliktstypen des Präventionsstrafrechts – zur Dogmatik „moderner“ Gefährdungsdelikte, Berlin, 2000, (zitiert: *Wohlers*, Deliktstypen, S.)

Wohlers, Wolfgang, Der Erlaß rechtsfehlerhafter Genehmigungsbescheide als Grundlage mittelbarer Täterschaft, ZStW 108 (1996) S. 61 ff., (zitiert: *Wohlers*, ZStW **108** (1996) S. 61,)

Wolfrum, Rüdiger, Die grenzüberschreitende Luftverschmutzung im Schnittpunkt von nationalem Recht und Völkerrecht, DVBl. 1984, 493 ff., (zitiert: *Wolfrum*, DVBl. **1984** 493,)

Woolley, David u. a., Environmental Law, 1. Auflage, Oxford, 2000, (zitiert: *Woolley*, Environmental Law,)

Würtenberger, Thomas, Rechtsfriede und Strafrecht, In: Festschrift für Karl Peters zum 70. Geburtstag, Hrsg.: Baumann, Jürgen, Tübingen, 1974, S. 209 ff., (zitiert: *Würtenberger*, K. Peters-Festschrift, S. 209,)

Yamanaka, Keiichi, Umweltkatastrophen, Massenprozesse und rechtlicher Ökologieschutz in Japan, In: Ökologie und Recht, Hrsg.: Schulz, Lorenz, Köln, 1991, S. 105 ff., (zitiert: *Yamanaka*, in: Schulz (Hrsg.), S.)

Zachert, Ulrich, Die Arbeitnehmergrundrechte in einer Europäischen Grundrechtscharta, NZA 2001, 1041 ff., (zitiert: *Zachert*, NZA **2001** 1041,)

Zachert, Ulrich, Auf dem Weg zu europäischen Arbeitnehmergrundrechten?, NZA 2000, 621 ff., (zitiert: *Zachert*, NZA **2000** 621,)

Zapatero, Luis Arroyo, Grunderfordernisse des Allgemeinen Teils für ein europäisches Sanktionenrecht – Landesbericht Spanien, ZStW 110 (1998) S. 438 ff., (zitiert: *Zapatero*, ZStW **110** (1998) S. 438,)

Zeder, Fritz, Ein Strafrecht juristischer Personen: Grundzüge einer Regelung in Österreich, ÖJZ 2001, 630 ff., (zitiert: *Zeder*, ÖJZ **2001** 630,)

Zeitler, Stefan, Auch Amtsträger sind Normadressaten des StGB § 324 (f), NStZ 1984, 220 ff., (zitiert: *Zeitler*, NStZ **1984** 220,)

Zielinski, Diethard, In: Alternativkommentar Band I, 1990, (zitiert: *Zielinski*, AK §§ 15, 16, Rn.)

Zieschang, Frank, Die Gefährdungsdelikte, Berlin, 1998, (zitiert: *Zieschang*, Gefährdungsdelikte, S.)

Zieschang, Frank, Tagungsbericht, ZStW 110 (1998) S. 515 ff., (*Zieschang*, ZStW **110** (1998) S. 515,)

Zuleeg, Manfred, Der Beitrag des Strafrechts zur europäischen Integration, JZ 1992, 761 ff., (zitiert: *Zuleeg*, JZ **1992** 761,)

Internet-Adressen:

Der Europarat online	http://europarat.de bzw. www.coe.int/de
	http://conventions.coe.int/Treaty
Die Europäische Union online	http://www.europa.eu.int
Der Konvent online	http://db.consilium.eu.int/DF/intro.asp?lang=fr
Der Tagesspiegel online	http://www.tagesspiegel.de

FSC
www.fsc.org
MIX
Papier | Fördert gute Waldnutzung
FSC® C083411

Kolibri 360 GmbH
Ferdinand-Jühlke-Straße 7
99095 Erfurt, Deutschland
produktsicherheit@kolibri360.de